Anthony Kemp

Metz 1944

« *One more river to cross* »

Traduction : Georges Bernage

HEIMDAL

Conception : Georges Bernage

Texte : Anthony Kemp

Réalisation : Xavier Hourblin

Traduction : Georges Bernage

Maquette : Francine Gautier

Mise en pages : Christel Lebret

Photogravure : Christian Caïra et Philippe Gazagne

Cartes : Bernard Paich

Infographie : Philippe Gazagne

Iconographie :   - Bundesarchiv, Koblenz (BA).
                        - Collections Josef Charita et Heimdal.
                        - National Archives.
                        - Collections privées (Thanks GI's et vétérans).

Editions Heimdal
Château de Damigny - BP 61350 - 14406 BAYEUX Cedex
Tél. : 02.31.51.68.68 - Fax : 02.31.51.68.60 - E-mail : Editions.Heimdal@wanadoo.fr

ISBN 2-84048-169-3

Sommaire - *Contents*

Acknowledgments

The Unknown Battle was written with great difficulty on a steam-fired typewriter, but in the meanwhile the information age has dawned – e-mail and the internet have made an author's task far simpler. I will attempt to express my sincere gratitude to my many collaborators both in the USA and France who via personal or electronic contact have made this book possible.

I owe two people in the USA a very special debt of gratitude. Firstly Tom Tucker, a veteran of the 7th Combat Engineer Battalion who was a tireless ferret, digging around for obscure documents and obtaining photographs as well as giving me the benefit of his experience of military engineering techniques. Secondly, Laurie Campbell Toth, the daughter of a 5th Inf. Div. staff officer who likewise made numerous telephone calls on my behalf and turned up documents and photos from her collection. The secretaries and other officials of the 5th, 90th and 95th Divisional Associations kindly assisted my researches and made me welcome at their annual reunions

Then of course the veterans who have made it all come alive again, gave me use of their memoires, their photographs and in some cases their books. Chuck Wood, Charles Crawford, Stephen Bodnar, Herbie Williams. Dick Sieckmann, Major-General Kelly Lemmon, Major-General Autry Maroun, Richard Durst, Richard Hunton, Ceo Bauer, Pat Thornton; Lawrence Nickell, Vincent Geiger, Joe Januskiewicz, Robert Gazdusek, Charles Felix, Jerry Fishman, J.T.Russell, Rocky Gedaro, Karl Johnson.

The following, although not themselves veterans of Lorraine 1944, helped me materially, and many of them are family members of those who took part in the campaign. James Polk Jnr, Dr Christopher Gabel (Ft. Leavenworth), Paul Martin, historian of the 3rd Armored Cavalry Gp., Frank Messina, Ron Maddox, Robert Long, Richard Minter III, Dr Stephen Weiss, Julia and Thomas Yuill, John Wasilewski, Norman Richards. French friends have been equally kind and helpful. Indeed, Elisabeth and Alain Gozzo are responsible for the fact that this book was written as they give me the impetus. They and their members of the Association Thanks-GI's assisted me in so many ways, they opened their archives, made available their photo collection and took me to many interesting places. I both admire and respect the work they do so unselfishly for the US veterans who visit the area. There is another Association with which I am Involved, Moselle River 1944, presided over by Pascal Moretti. He also devoted his time to assist me in getting around his locality. The following kindly helped with photographs, provided documents, hospitality and Norbert and Claudine Sins, Ewin Neiss, Henri Levaufre, Jean-Pascal Speck (Hôtel l'Horizon, Thionville), Arnaud Qaranta, Jean-Marc Paulin.

Bibliographie - *Bibliography*

Dans l'édition originale de 1981, la bibliographie était quelque peu maigre, reflet d'une bataille alors encore « inconnue ». Depuis lors, de nombreux livres ont été publiés, souvent par des auteurs français. Je n'ai mis là que les publications utiles et j'ai omis de mauvais historiques d'unités publiés après la guerre. Il fut réconfortant de voir que récemment un certain nombre de vétérans, souvent peu gradés, ont noté leurs impressions de « leur » guerre pour le plus grand bénéfice de la postérité.

In the original 1981 edition the bibliography was somewhat meagre, as a result of the history of the battle being «unknown» at that time. Since then a number of books have appeared, many of them by French authors, some of them keen to prove how they liberated themselves with a little help from their friends (XX Corps)! I have only included books that have proved useful and have omitted many dubious unit histories published shortly after the war. What is refreshing is that recently a number of veterans of comparatively lowly rank have recorded their impressions of «their» war for the benefit of posterity.

Abrams, Joe. *A History of the 90th Division in World War II.* Baton Rouge, 1946.

Allan, Robert. *Lucky Forward.* Macfadden, 1965.

Ambrose, Stephen. *Citizen Soldiers.*

Ammons, Jack. *I dug 1001 foxholes.* Priv. Pub. 1961 & 87.

Anonymous *The XX Corps: Its History and Service in World War II.* Osaka, Japan, 1951.

Anonymous. *The Attack on Fort Koenigsmacker.* Mayot Enterprises, Eagle Lake, Minn., 1977.

Anonymous. (in fact the principal editor was Capt. Bruce Campbell). *The Fifth Infantry Division in the European Theater of Operations.* Albert Love Enterprises, Atlanta, 1945.

Anonymous. *The Reduction of Fortress Metz – XX Corps Operation Report,* 1 September-6 December 1944. No date or place of publication.

Anonymous. *11th Infantry Regiment History.* Baton Rouge, 1947.

Bradley, Omar. *A Soldier's Story.* Eyre and Spottis-woode, 1951.

Caboz, René. *La Bataille de Metz.* Editions Perron, Sarreguemines, 1984.

Colby, John. *War from the ground up – the 90th Division in WWII.* Nortex Press, Austin.

Cole, H.M. *The Lorraine Compaign.* Government Printing Office, Washington, 1950.

Combat Studies Institute, Fort Leavenworth. KA. *The Battle of Metz. CSO Battlebook13-A.* Ft. Leavenworth 1984.

De Busson. Paul. *Paul de Busson – Reporter.* Editions Serpenoise. Metz, 1984.

Denis. Gen. Pierre. *La Liberation de Metz.* Editions Serpenoise. Metz. 1994.

Denis. Gen. Pierre. *La Libération de la Moselle.* Serpenoise. Metz, 1997.

Eisenhower, Dwight. *Crusade in Europe.* Heinemann, 1948.

Elliott-Wright, Philipp. *Gravelotte-St-Privat 1870.* Osprey campaign series no. 21 1993.

Essame, H. *Patton: A study in Command.* Scribner, 1974.

Farago, Ladislas. *Patton: Ordeal and Triumph.* Arthur Barker, 1966.

Felix, Charles Reis. *Crossing the Sauer.* Burford Books. Short Hills NJ. 2002.

Fuermann, G., and Cranz, F. *95th Infantry Division History 1919-46.* Albert Love Enterprises, Atlanta, 1947. Reprinted by the Battery Press, Nashville, 1988.

Gabel, Dr. Christopher. *The Lorraine Campaign, an overview.* Combat Studies Institute, Fort Leavenworth. KA. 1985.

Gaber, Stéphane. *La Lorraine fortifiée.* Editions Serpenoise, Metz, 1997.

Gajdusek, Robert E. *Resurrection.* Univ. of Notre Dame Press. Indiana. 1997.

Geiger, Vincent (ed.), *The Saga of Company I, 377th Infantry.* Priv. Publ. 2001.

Heefner, Wilson A. *Patton's Builldog – the Life and Service of Gen. Walton H Walker.* White Mane Books 2002. Shippensburg. PA.

Howard Michael. *The Franco-Prussian War.* Hart-Davis, 1960. Collins Fontana paperback Editions 1967.

Hubatsch, Walther. *Hitler's Weisungen für die Kriegführung 1939-1945.* Bernhard und Graefe, Frankfurt/Main. 1962.

Januskiewicz, Joseph. *The battles of George Patton's lowest ranks.* Priv. Pub. 2000.

Kemp, Anthony. *The Maginot Line – Myth and Reality.* Stein and Day, New York. 1982.

Kemp, Anthony. *Lorraine Album Mémorial.* (A lavishly illustrated French/English version of the original book). Editions Heimdal, Bayeux and Serpenoise, Metz. 1985.

Koch, O.W. *G-2 Intelligence for Patton.* Army Times/Withmore, 1971.

Le Marec, Bernard & Gérard. *Les années noires. La Moselle annexée par Hitler.* Editions Serpenoise, Metz. 1990.

McConahey, William. *Battalion Surgeon.* Privately printed, Rochester, Minn., 1966.

MacDonnald, C., and Mathews, S. *Three Battles – Arnaville, Altuzzo and Schmidt,* Government Printing Office, Washington, 1952.

Mellenthin, F.W. *Panzer Battles.* University of Oklahoma Press, 1956.

Patton, G.S. *War as I Knew It.* Houghton Mifflin, 1947.

Nickell, Lawrence. *Red Devil, an Old Man's memoir of World War Two.* Eggman Publishing, Nashville, Tx. 1996.

Petitdemange, Francis. *Purnoy-la-Chétive. Un village lorrain et ses habitants dans la Seconde Guerre mondiale.* Privately published. 2000.

Pogue, Forrest. *The Supreme Command.* Government Printing Office, Washington, 1954.

Polk, David. *Fifth Infantry Division. WWO, WWII, Vietnam, Paname.* Turner Publishing Company, Paducah, KY. 1994.

Rickard. John Nelson. *Patton at Bay. The Lorraine Campaign. Sept. to Dec. 1944.* Praeger. Westport Conn. 1999.

Spiworks W., and Stöber H. *Endkampf zwischen Mosel und Inn.* Munin Verlag, Osnabrück, n.d.

Stöber, Hans. *Die Sturmflut und das Ende.* Munin Verlag, Osnabrück, n.d.

Warlimont, Walther. *Erinnerungen.* Frankfurt/Main, 1962.

Westphal, Siegfried. *The German Army in the West.* Cassel, 1953.

Weaver, William. *Yankee Doodle Went to Town.* Privately printed, 1959.

Wilmot, Chester. *The Struggle for Europe.* Collins, 1952.

Zaloga. Stephen. *Lorraine 1944 – Patton vs. Manteuffel.* Osprey Campaign Series No.75. 2000.

Articles

Anderson, O. «Kempene om Fort Driant.» *Dansk Artilleri Tidsskrift,* Feb., 1978.

Anonymous. «A Little Bit of Metz (Uckange Bridgehead)» *95th Division Journal,* Vol.27, No. 2, June 1977.

Anonymous. « Le 20 C.A.U.S. Libère Metz.» *Revue Historique de l'Armée,* Mars 1953.

Colin, Général J. « Les Combats du Fort Driant. » *Mémoires de l'Académie Nationale de Metz.* Vol. VII, 1962.

Cottingham, L. « Smoke over the Mossele ». *The Infantry Journal,* August 1948.

Kemp, Anthony «Metz 1944.» *Warfare Monthly,* No. 46, October 1977.

Kemp, Anthony. «The Maginot Line.» *Warfare Monthly,* No. 52, March 1978.

Turner-Jones, C. la T. « Verdun and Metz – A comparitive Study of the Fortifications. » *The Royal Engineers Journal,* Vol. XXXIV, 1921.

CD Rom

Diamond Dust. The 5th Infantry Division Foxhole Newspaper of WWII. Contains original examples of the newssheet and a considerable number of photographs as well as copies of documents.

Obtainable from Diamond Dust. Box 84. Denville. NJ 07834. USA.

Note de l'éditeur

En 1984, je faisais la connaissance de mon ami Tony Kemp qui préparait alors un reportage sur le débarquement d'une unité britannique sur une plage normande, *Nan Red*, le 6 juin 1944. Il me remettait alors son ouvrage, en anglais, sur une « bataille oubliée », sinon alors totalement méconnue en France. Je décidais de le publier, en édition bilingue - déjà, car les Editions Heimdal ont une renommée internationale jusqu'aux antipodes (en Australie) pour leurs albums devenus célèbres pour leur texte et leur riche iconographie. A la suite d'un voyage aux USA, je ramenais des centaines de photos sur cette « bataille de Lorraine ». Ainsi, les Editions Heimdal prenaient le risque de présenter une bataille inconnue, en association avec Serpenoise, un confrère messin bien connu. L'*Album Mémorial Bataille de Lorraine* paraissait ainsi en 1987. Il a ouvert de nouveaux chemins à la curiosité et à la recherche ; il est à l'origine de nouvelles publications et a été totalement épuisé après plusieurs rééditions.

Depuis lors, le temps de la mémoire étant venu pour les vétérans, les témoignages se sont accumulés, grâce surtout à l'action de l'association *Thanks GI's*. Tout ceci a permis à Tony Kemp de réaliser un ouvrage entièrement nouveau, uniquement centré sur la Bataille de Metz et considérablement étoffé de nombreux témoignages et de photos inédites. Par ailleurs, nous avons maintenant enrichi notre présentation grâce à la couleur et à la large diffusion internationale de nos publications. En tant qu'historien de la Seconde Guerre mondiale, j'ai eu plaisir à traduire et adapter ce texte très volumineux d'une bataille qui m'est maintenant bien familière.

L'histoire de ce conflit en Lorraine méritait d'être rappelée. Cette terre a vu de nombreuses armées la traverser au cours des siècles. Metz a un passé et un patrimoine très riches. Cet ouvrage contribuera à rappeler son importance dans l'histoire.

Georges Bernage, historien et éditeur

« Si vous vous retranchez derrière de puissantes fortifications, vous forcez l'ennemi à chercher une solution ailleurs »
"If you entrench yourself behind strong fortifications, you compel the enemy to seek a solution elsewhere."
Clausewitz

« Les places fortes de votre Majesté défendant chacune une province. Metz défend l'Etat ».
"Each of your Majesty's fortresses defends a province. Metz defends the State."
Vauban to Louis XIV

« Nous allons utiliser Metz pour aguerrir les nouvelles divisions ».
"We're using Metz to blood the new divisions".
General George S Patton

Avant propos
Foreword

Les dernières périodes de la Seconde Guerre mondiale ont été présentées de manière exhaustive dans des livres et au cinéma et la plupart de ceux qui ont été impliqués dans le haut commandement nous ont gratifié de leurs mémoires. Parmi ces officiers, le général Patton est l'un des plus attractifs. Il devint une légende de son vivant et il était un grand amateur de relations publiques auprès des correspondants de guerre. En fait, on peut décrire la période allant de juin 1944 à mai 1945 comme une campagne des gros titres des communiqués de presse.

La *Third Army* de Patton sera en vedette lors de la percée de Normandie et tout au long de la poursuite de l'armée à travers la France. Elle disparaît ensuite du devant de la scène pour réapparaître seulement dans les gros titres de la presse durant la bataille des Ardennes en décembre 1944. Ce livre concerne la période où la progression est bloquée, entre septembre et novembre 1944, lorsque la *Third Army* se trouve bloquée sur la Moselle et se trouve oubliée par la « publicité ». En dehors de l'histoire officielle, le récit du combat sur la Moselle et de la bataille pour prendre la cité fortifiée de Metz n'ont jamais été présentés de manière détaillée. Les généraux Bradley et Patton n'y ont consacré qu'une courte notice dans leurs mémoires, comme si un voile de silence avait été placé sur toute cette affaire ce qui est une injustice pour tous ceux qui ont combattu et sont morts sur ce théâtre d'opérations. Ce n'est certainement pas un épisode dont les responsables de la direction de la campagne peuvent être particulièrement fiers, seuls les officiers subalternes et les simples soldats des deux camps y gagnèrent de la gloire.

Pour l'historien, la bataille de Metz est pleine d'ironie. Pour commencer, cela semble être le seul cas, à une époque moderne, où deux batailles ont eu lieu sur le même sol avec les mêmes problèmes tactiques - en 1870 et 1944. En outre, il y eut une autre bataille de Metz en novembre 1918 qui ne pourra être évitée que lorsque le haut commandement allemand demanda l'armistice, une bataille dans laquelle des troupes américaines ont aussi été impliquées.

En 1870, une armée allemande attaquant une force française retranchée sur les hauteurs situées à l'ouest de la ville après avoir subi des pertes conséquentes dans des assauts frontaux, se contenta de conduire un simple siège. En 1944, c'est le tour des Allemands d'avoir les mêmes hauteurs à défendre et les attaquants américains vont aussi souffrir des assauts frontaux avant de pouvoir finalement contourner l'obstacle par les flancs.

Parmi les autres bizarreries, en 1944, les Allemands utiliseront largement les fortifications que leurs prédécesseurs avaient construites entre 1870 et 1914. Après avoir rendu ces fortifications à la France en 1918, l'Allemagne les réoccupe en 1940 sans tirer un coup de feu.

Le cours de la bataille est largement déterminé par la chance. S'il n'y avait pas eu les problèmes de ravitaillement, il est probable que les Allemands auraient été rejetés au-delà de la Moselle et se seraient arrêtés sur la Ligne Siegfried *(Westwall)*. La halte subie par Patton en raison de la pénurie de carburant a permis à l'ennemi de se regrouper et de constituer un front qui a été renforcé par la présence fortuite de troupes d'élite des écoles militaires de Metz. Ainsi, Patton s'est trouvé impliqué dans une bataille imprévue et fut contraint de mener un type de guerre pour laquelle il n'avait ni le talent ni le tempérament.

Le combat en question fut un affrontement de fantassins, de part et d'autre. Le terrain était défavorable aux blindés et le mauvais temps annula l'avantage de la supériorité aérienne des Alliés. La bataille est le dernier exemple où des fortifications permanentes ont été utilisées de manière extensive pour retarder une force supérieure. Si les Allemands avaient été capables de tenir quelques semaines de plus, Patton aurait été incapable de répondre avec souplesse à la menace constituée par l'offensive des Ardennes. Hitler a été critiqué avec raison pour sa doctrine de tenir le terrain à tout prix mais, dans ce cas, au prix de la perte de quelques faibles formations, il a été capable de mettre valablement les Alliés en échec et obtint une victoire temporaire pour sa propagande. Cependant, l'histoire de la bataille n'est pas celle d'une grande stratégie mais une contribution à de petits engagements acharnés à une époque où toute la ligne de front alliée est menacée par l'impasse de l'hiver. C'est plutôt une histoire de l'héroïsme dans les deux camps, et un exemple classique de l'aspect désagréable de la guerre. Souffrant de conditions météorologiques épouvantables, le fantassin s'est trouvé réduit à son premier rôle, celui d'un combattant individuel privé de la plupart de son appui technologique du vingtième siècle.

Le livre d'origine, sur lequel est basé ce livre, avait été publié sous le titre *The Unknow battle - Metz 1944.* Sa documentation et son écriture (sur une vieille machine) avaient été réalisées en 1978/79, à une époque où j'étais un jeune universitaire et incapable financièrement de voyager outre-Atlantique. Une nouvelle version, très largement illustrée, fut publiée en 1985 dans une édition bilingue franco-anglaise sous le titre *Lorraine Album Mémorial*. Mais, je suis passé par la suite à d'autres sujets et le sujet de la bataille de Metz n'était plus dans mes préoccupations majeures. Cependant, en 1994, la ville de Thionville prit contact avec moi car elle cherchait à joindre le colonel (maintenant général en retraite) Autrey Maroun, leur « libérateur » pour l'inviter aux célébrations du 50e anniversaire et, à ma grande surprise, je réussis à le localiser. Il vint en France et j'eus l'honneur et le plaisir de participer aux cérémonies avec lui et sa femme. Cela a quelque peu contribué à relancer mon intérêt, surtout lorsque j'ai découvert qu'un ou deux livres basés en grande partie sur mes recherches, étaient parus entre-temps.

Le vrai déclic eut lieu lorsque le téléphone sonna un après-midi de la fin de l'année 2001. Au bout du fil, j'entendis un Français qui était membre d'une association appelée *Thanks GI's*, et qui se consacrait à la conservation de la mémoire des sacrifices consentis en 1944. Suite à cet appel, je rendis visite à M. et Mme Gozzo à Corny, dans la Moselle. Ils me dirent alors que l'*Album Mémorial* était leur « bible » et qu'il les avait conduits à s'intéresser aux événements de septembre à novembre 1944 survenus dans leur village qui s'était trouvé sur la ligne de front. Je découvris auprès d'eux que le livre était épuisé depuis longtemps et qu'il était difficile à trouver d'occasion mais qu'il y avait toujours une demande. Je me décidais alors à réaliser une édition révisée. J'ai relu le texte du livre original et je concède qu'il y avait peu de choses à y changer, j'étais satisfait car ma présentation des faits et mes analyses demeuraient largement exactes. La bataille n'est plus aussi « inconnue » qu'elle l'était mais j'ai ajouté de nombreux témoignages qui me sont parvenus et une collection de documents.

Le livre est une contribution personnelle au courage et à la ténacité des jeunes recrues américaines, la plupart d'entre eux combattant pour la première fois de leur vie, apportant leur contribution à la libération de l'Europe de la dictature nazie. Ceux qui aiment dénigrer le sentiment américain pour la liberté devraient prendre en compte le sacrifice des jeunes GI's.

Anthony Kemp

The latter stages of the Second World War have been exhaustively chronicled in books and on film, and most of those involved in high command have given us the benefit of their memoirs. Among those officers, one of the most dashing was General Patton, who became a legend during his own lifetime and was a great believer in the public relations value of war correspondents. Indeed, the period June 1944 to May 1945 could well be described as campaigning by headline.

Patton's Third U.S. Army came to prominence during the breakout from Normandy and the headlong pursuit across France, after which it faded from the scene, only to reappear in the headlines during the Ardennes offensive in December 1944. This book is concerned with the period of stalemate between September and November 1944, when the Third Army was stalled on the Moselle and starved of publicity. Apart from the official history, the story of the struggle on the Moselle and the battle to capture the fortress city of Metz has never been detailed. Generals Bradley and Patton gave it scant notice in their memoirs, and it is almost as if a discreet veil of silence had been drawn over the whole affair-which is an injustice to those who fought and died there. It was certainly not an episode of which those responsible for the direction of the campaign could be particularly proud, as the only glory going was won by the junior officers and enlisted men of both sides.

For the historian, the Battle of Metz is full of ironies. For a start, it would seem to be the only instance in comparatively modern times of two battles having been fought over the same ground and with the same tactical problems—in 1870 and 1944. In addition, there nearly was another Battle of Metz in November 1918, which was avoided only when the German High Command requested an armistice—a battle which would also have involved American troops.

In 1870, a German army attacking a French force entrenched on the high ground to the west of the city, after suffering appalling casualties in frontal assaults, was content to conduct a leisurely siege. In 1944, it was the turn of the Germans to defend that same high ground, and the attacking Americans also suffered correspondingly in frontal assaults until they finally managed to turn the flanks.

Another oddity is that in 1944, the Germans were making good use of fortifications which their predecessors had constructed between 1870 and 1914. After handing the fortifications back to France in 1918, Germany reoccupied them again in 1940, without firing a shot.

The course of the battle was largely determined by chance. Had there not been supply problems, it is probable that the Germans would have been bounced back over the Moselle and would have made their stand in the Siegfried Line *(Westwall)*. The halt enforced on Patton by the fuel shortage at the beginning of September enabled the enemy to rally and build up a front that was stiffened by the fortuitous presence of crack troops from the Metz military schools. Thus it was that Patton found himself involved in an unplanned battle and was forced to wage a type of warfare for which he had neither the talent nor the temperament.

The actual fighting was mainly a matter for the infantry of both sides. The terrain was unsuitable for armor, and the poor weather negated the advantage of air superiority possessed by the Allies. The battle represents the last time in which extensive use was made of permanent fortifications to fulfill their traditional purpose of delaying a superior force. Had the Germans been able to hold out just a few weeks longer, Patton would have been unable to respond flexibly to the threat posed by the Ardennes offensive. Hitler has been justly criticized for his tactical doctrine of holding on to territory at all costs, but in this instance, for the loss of some weak formations, he was able to impose a valuable check on the Allies and win a temporary propaganda victory.

The story of the battle, however, is not one of grand strategy, but an account of small, bitterly contested engagements at a time when the whole Allied line was threatened with winter stalemate. It is more a story of heroism on both sides, and a classic example of the unpleasant face of warfare. Suffering from the appalling weather conditions, the infantryman reverted to his primeval role as a one-man fighting unit, robbed of much of his twentieth century technical support.

The original book on which this edition is based was published under the title The Unknown Battle – Metz 1944 and was researched and written (on a steam typewriter) during 1978/9, at a time when I was a junior academic and unable financially to travel extensively overseas. A further heavily illustrated version came out in 1985 in a joint English/French edition entitled Lorraine Album Mémorial, but after that I went on to other things and the subject of Metz became merely a matter of passing interest. In 1994, however, the City of Thionville got in touch with me as they were seeking to contact Colonel (now General retd.) Autrey Maroun, their « liberator », to invite him to their 50th anniversary celebrations and to my great surprise I managed to locate him. He duly came over to France and I had both the honor and the pleasure of attending the ceremonies with him and his wife. That rekindled my interest somewhat, especially as I discovered that one or two French books had appeared, to a large extent based on my original research.

The real shove in the right direction came when I received a 'phone call one afternoon in late 2001 from a Frenchman who was a member of an association called Thanks GI's, dedicated to ensuring that the memory of the sacrifices made in 1944 are not forgotten. As a result I visited Mr and Mrs Gozzo in their house beside the Moselle at Corny. They told me that the Album Mémorial was their « bible » and had led to their interest in the events from September to November 1944 when their village was in the front line. I discovered through them that the book, long out of print, was difficult to find secondhand but that there was a demand for copies, and this decided me to attempt a revised edition. I seriously re-read the original book and concluded that there was little need to change the text as I was satisfied that both my presentation of the facts as well as my analyses were by and large correct. The battle is no longer, however, quite so « unknown » as it was, but I have added several eye-witness accounts which have come to hand and an improved collection of illustrations.

The book is a personal tribute to the courage and tenacity of young American servicemen, many of them in combat for the first time in their lives, making their contribution to the liberation of Europe from Nazi dictatorship. Those who like to knock the US commitment to freedom, would do well to consider the young GI's, whose sacrifice gave us the right to criticize.

2

Metz - printemps, été 1944 - *La Fahnenjunkerschule*.

1. Metz, ancienne ville impériale, l'un des « trois évêchés », est redevenue de 1870 à 1918 une cité administrative de l'Empire allemand, une ville de garnison aussi. Guillaume II y entreprit un important programe d'urbanisme et la construction d'un réseau de fortifications. Cette vieille cité redevient allemande de 1940 à 1944. Une photo de propagande allemande montre ici « une sentinelle allemande devant la porte des Allemands à Metz ». (Coll. Heimdal.)

2. Metz compte alors une école d'élèves officiers - la « *Fahnenjunkerschule* » - le recrutement en est fait à partir des sous-officiers de l'infanterie. Un certain nombre d'entre eux comptent de nombreuses décorations : Croix de fer de seconde classe, médaille des blessés, insigne d'assaut d'infanterie, etc. Ces hommes défilent dans la rue Serpenoise qui s'appelle, à cette époque, « Adolf Hitler Strasse ».

3. Les élèves officiers passent devant la gare de Metz, édifice de style néo-carolingien construit sous Guillaume II. (photos 2 à 3 : Paul de Busson.)

The Metz Officer Candidates School - Spring/Summer 1944

1. Metz, originally a free Imperial city was annexed by Germany after the Franco-Prussian War in 1871 but reverted to French sovereignity in 1918. During this time as a part carried out and the fortifications were updated. Once again annexed by Germany in 1940, this propaganda shows a sentry posing in front of the Porte des Allemands - the « German Gate ». (Heimdal.)

2. Metz housed an Officer Candidate School, the Fahnenjunkerschule, the cadets of which were NCO's being prepared for promotion from the ranks. Many display medals such as the Infantry Combat Badge and the Iron Cross 2nd Class. Here they are marching down the Rue Serpenoise, known in those days as Adolf Hitler Strasse. Note the German shop signs.

3. The OCS marching pas the Metz railroad station. Built under Wilhelm II in neo-Carolingian style it served strictly strategic purposes. (Photos 2, 3 : Paul de Busson.)

2

Bombardement de Metz

1. Un bombardement incendiaire a frappé le quartier de « Devant les Ponts » à Metz. Devant une épicerie *(« Lebensmittel »)*, des civils et un membre du NSDAP, en uniforme, évacuent du mobilier intact sorti des immeubles en ruines.

2. Dans le même quartier, des soldats allemands servent comme pompiers auxiliaires.

3. Le 1er mai 1944, des bombes sont tombées sur le quartier du Sablon au sud de Metz. Il y eut de nombreuses victimes civiles et les autorités allemandes tentèrent d'exploiter la rancœur contre les « raids de terreur alliés » en offrant des funérailles officielles à ces victimes. N'oublions pas que la Moselle est alors intégrée au Reich et les Messins considérés comme citoyens allemands d'où le drapeau national allemand de cette époque déposé sur chacun des cercueils. Il y a là des membres du NSDAP, de la SA locale ainsi que des syndicats Messins d'ouvriers nationaux-socialistes (trois drapeaux avec une roue dentée entourant une croix gammée à l'arrière-plan), et de l'armée ainsi que des femmes, des jeunes filles du BDM et des civils en arrière (BDM : Bund Deutscher Mädel, Jeunesse hitlérienne féminine). (Photos Paul de Busson.)

The bombardment of Metz

1. The « Devant les Ponts » suburb of the city hit by incendiary bombs. In front of a grocery shop « Lebensmittel », civilians and a Nazi party official in uniform trying to rescue personal effects from a wrecked building.

2. In the same suburd, German soldiers serving as auxiliary fire-fighters.

3. On 1 May 1944, the railway yards and the district of Sablon were bombed, causing many civilian casualties. The German authorities stage-managed an impressive public funeral to stoke up animosity against the Allied Terror Fliers. The Moselle region had been incorporated into the German Reich, hence the swastika-draped caskets, indicating that the victims had German citizenship. Present were delegations from the various Nazi Party organisations, the local SA, the Labour Front and the Hitler Youth. Behing a detachment from the army there are local civilians in the right background. (Photos Paul de Busson.)

1

2

3

Bombardements sur Metz et Nancy - du 1er mai au 18 août 1944.

1. Le 1er mai 1944 des bombes sont tombées sur le quartier du Sablon au sud de Metz, un immeuble a été éventré et les équipes de secours allemandes ne peuvent pas grand chose. (Photo P. de Busson.)

2. Premier bombardement de Montigny (quartier au sudouest de Metz) le 25 mai 1944. Les importantes installations ferroviaires ont été visées. (Cl. Ch. Schwendimann.)

3. Le 18 août 1944, la *Eighth Us Air Force* bombarde l'aérodrome de Nancy qui est une base importante de la Luftwaffe. On remarque que les nombreux cratères de bombes; Les casernements, sur la droite, n'ont cependant pas été touchés. (NA)

4. Le même jour, les bombardiers de la *Eighth US Air Force* s'attaquent aussi à l'usine de moteurs d'avions de Woippy au nord-ouest de Metz. Cette première photo est prise quelques minutes avant le bombardement.

5. Sur cette deuxième photo, les bombes écrasent l'usine.

Bombings of Metz and Nancy - 1 May to 18 August 1944.

1. *An apartment block in the Sablon district to the South of the Metz city entre received a direct hit on 1 May. The damage appears to be beyond the capabilities of the local rescue teams. (Photo Paul de Busson.)*

2. *The first bombing of Montigny, suburb south west of Metz on 25 May 1944. Important railway installation were the target. (Photo Ch. Schwendimann.)*

3. *On 18 August US aircraft bombed the airfield at Nancy, and important Luftwaffe base. Note the numerous bomb craters. The living quarters are on the right and appear untouched. (NA.)*

4. *On the same day the Eigth Air Force alsa attacked the aircraft engine factory Woippy, a suburb to the north-west of Metz. The first photo was taken a few minutes prior to the attack.*

5. *The bombers destroying the factory.*

4

5

Il est difficile d'étudier une bataille hors du cadre général de la campagne dans laquelle elle se déroule, celui-ci déterminant largement son origine et son déroulement. Les guerres anciennes, limitées, se bornaient souvent à deux armées s'affrontant sur un seul front précis mais la guerre moderne se déroule sur une vaste échelle, chaque théâtre d'opérations s'est ainsi considérablement accru. Le sujet de ce livre, la Bataille de Metz, est l'un des épisodes de ce qu'on a l'habitude d'appeler « la campagne pour l'Europe du Nord-ouest », qui a débuté le 25 juillet 1944, lorsque les armées alliées se sont élancées hors du territoire de la Normandie, et qui s'est terminée au mois de mai de l'année suivante lorsque l'armée allemande a capitulé sans conditions. Pour réduire encore quelque peu cet ensemble, les opérations constituant la bataille de Metz se sont étendues de septembre à décembre 1944, et sont une partie de la campagne de Lorraine menée par la Troisième Armée US durant la même période.

Si certaines décisions de haute stratégie n'avaient pas été prises, la Bataille de Metz aurait pu ne pas avoir lieu ou son cours aurait pu être totalement différent. Ainsi, pour comprendre pleinement le sujet de ce livre, il est tout d'abord nécessaire d'examiner la situation stratégique générale qui en est à l'origine car son cours a directement influencé le style et l'envergure de la guerre menée en Lorraine.

La situation alliée

Les plans pour l'invasion de l'Europe remontent à 1943 ; ils aboutiront finalement à l'opération connue sous le nom d'*Overlord*. Le *General* Eisenhower, Commandant Suprême, reçut cette directive du *Combined Chiefs of Staff* : « prendre pied sur le continent européen et, en coordination avec les autres nations alliées, entreprendre des opérations ayant pour but le cœur de l'Allemagne et la destruction de ses forces armées. » Des plans détaillés n'existent alors que pour la libération de la France jusqu'à une ligne s'arrêtant à la Seine qu'il est prévu d'atteindre à J + 90 (90 jours après les débarquements initiaux). En fait, cette ligne sera atteinte le 15 août (à J + 74) et, le lendemain, des unités de la *Third Army* auront établi une tête de pont à Mantes, à l'ouest de Paris !

Dans le plan *Overlord*, il avait été établi qu'en atteignant la Seine les forces alliées marqueraient une pause pour se regrouper et reconstituer leur ravitaillement avant de relancer l'assaut face à un ennemi déterminé. Dans la réalité, l'ampleur de la défaite allemande en Normandie prendra les Alliés par surprise lorsqu'ils se rendront compte qu'ils pourront franchir la Seine sans opposition notable.

Maintenant, la question est : peu de temps avant le débarquement en Normandie, les planificateurs du SHAEF (*Supreme Headquarters Allied Expeditionary Forces* - le QG des Forces Expéditionnaires alliés) avaient mis au point la stratégie générale à employer après avoir établi une vaste tête de pont. Bien que Berlin soit considéré comme le but final, la cible militaire intermédiaire est la Ruhr, le cœur de la production industrielle allemande. On suppose avec justesse que l'ennemi sera forcé de défendre ce secteur vital et, ainsi, les Alliés ont la possibilité de vaincre ses forces dans une bataille.

Mais le problème est alors : comment y arriver ? Cette question va évoluer en une controverse stratégique connue sous le nom de « *great argument* ». Tout d'abord, nous devons garder à l'esprit que le cadre d'action défini suite à *Overlord* avait été conçu comme une avance graduelle et dans une série d'actions qui repousserait les Allemands sur leur frontière, dans le secteur d'Aix-la-Chapelle, en mai 1945. On supposait qu'à cette

It is difficult to study a particular battle in isolation, since its origins and course are largely determined by the framework of the campaign during which it occurs. Earlier limited wars were often fought by two opposing armies on one particular front, but the very scale of modem warfare has meant that any theatre of operations has become vastly extended. The subject of this book, the Battle of Metz, is but one episode in what is commonly referred to as the North-west Europe Campaign which really began on 25 July 1944, when the Allied armies broke out from the confines of the Normandy peninsula, and ended in May of the following year when the German army surrendered unconditionally. To reduce the scale somewhat further, the operations that made up the Battle of Metz, and which lasted from September through to December 1944, were a part of the Lorraine campaign, waged during the same period by the Third U.S. Army.

If not for questions of grand strategy, and for certain decisions taken, the Battle of Metz might well have not taken place, or its course might have been entirely different. Thus, to fully understand the subject of this book, it is necessary first to consider the overall strategic situation that brought it into being, since this in turn directly influenced the type and scale of warfare waged in Lorraine.

The Allied situation.

Planning for the invasion of the continent of Europe started back in 1943, finally to emerge as the operation known as Overlord. The Supreme Commander, General Eisenhower, was directed by the Combined Chiefs of Staff « to enter the continent of Europe and, in conjunction with the other Allied nations, undertake operations aimed at the heart of Germany and the destruction of her armed forces ». Actual detailed planning went only as far as the liberation of France up to the line of the river Seine, which, it was calculated, would be reached by D+90 (90 days after the initial landings). In fact this line was reached on 15 August (D+74), and, on the following day, units of the Third Army had a bridgehead at Mantes west of Paris.

In the Overlord plan it was assumed that, on reaching the Seine, the Allied forces would pause to regroup and build up supplies, before making an assault crossing against a determined enemy. In the event, the totality of the German defeat in Normandy caught the Allies by surprise in that they were able to get over the Seine against negligible opposition.

The question was, what then? Shortly before the landings in Normandy in June, SHAEF (Supreme Headquarters Allied Expeditionary Forces) planners laid down the general strategy to be followed once the lodgment area had been secured. Although Berlin was recognized as the ultimate political goal, the immediate military target was defined as the Ruhr area, the heart of German industrial production. It was rightly felt that the enemy would be forced to defend that vital zone; and thus the Allies would have the opportunity to defeat their forces in battle.

The problem was, how to get there? This question, in turn, led to the strategic controversy known as the « great argument. » First, we must bear in mind that the post-Overlord scheme thought in terms of a gradual advance and a series of actions that would push the Germans back to their own frontier in the Aachen area by May 1945. It was assumed that, in the south, the front line on that date would be somewhere between Verdun and Metz. It was considered too dangerous to advance by a single route and thus be laid open to a flank attack. SHAEF advocated an advance on a broad front, north and south of the Ardennes, which would ensure flexibility, and force the Germans to spread their reserves. The main emphasis would be placed on the northern thrust along the traditional invasion route into northern Germany, via Maubeuge and Liege. Once across the Rhine and with the Ruhr neutralized, the way to Berlin would be open across the North German Plain. This maneuver would be supported by a subsidiary thrust on the Verdun-Metz line.

This is the first mention of the city of Metz in Allied planning; and it did not appear simply by chance. Any army wishing to move toward the Rhine south of the Ardennes had to pass through the Metz gap between the Ardennes hills and the Vosges, a basic fact of military geography. There was sound reaso-

Montgomery et Eisenhower ensemble dans un campement en Normandie, le 26 juillet 1944. (NA.)

Montgomery and Eisenhower in Normandy, July 1944. (NA.)

date, au sud, la ligne de front se trouverait quelque part entre Verdun et Metz. On estimait trop dangereux de progresser sur une telle route et d'offrir ainsi son flanc à une attaque. Le SHAEF préconisait une avance sur un large front, au nord et au sud des Ardennes, ce qui assurera une flexibilité amenant les Allemands à éparpiller leurs réserves. L'attention sera focalisée sur la poussée nord, le long de la route traditionnelle menant en Allemagne du Nord, via Maubeuge et Liège. Après avoir traversé le Rhin et neutralisé la Ruhr, la route de Berlin sera ouverte à travers la plaine d'Allemagne du Nord. Cette manœuvre sera accompagnée d'une poussée subsidiaire sur la ligne Verdun-Metz.

C'est là la première mention de la ville de Metz dans les plans alliés et elle n'est pas apparue par hasard. Toute armée désirant atteindre le Rhin en passant au sud des Ardennes, doit passer par la trouée de Metz entre le massif ardennais et le massif vosgien, une réalité fondamentale de la géographie militaire. Il fallait chercher un sens derrière cette décision d'attribuer un rôle secondaire à cette poussée. La route la plus courte - et la plus favorable à une guerre moderne - se trouve au nord des Ardennes, courant au milieu d'un terrain plat, dégagé, disposant de nombreux aérodromes et de la proximité des ports de la Manche pour assurer le ravitaillement. L'avance par Metz conduit inévitablement au Rhin mais à travers un pays beaucoup plus difficile, quasiment dépourvu d'aérodromes. Sans la protection de la chasse, des charges de blindés ne peuvent opérer en sécurité. Après avoir atteint le Rhin et le secteur de Francfort et Manheim, il n'y a plus d'objectif stratégique valable, à l'exception des mines de fer et de charbon qui auront alors été « libérées ». Pour compléter l'encerclement de la Ruhr, les forces attaquantes devront obliquer vers le nord et avancer le long de la très étroite vallée du Rhin. Beaucoup d'auteurs ont clamé que la route passant par Metz était le plus court chemin menant en Allemagne, ce qui est exact. Mais il est tout aussi vrai qu'il ne mène nulle part...

Le cadre d'action défini suite à *Overlord* était une esquisse plutôt qu'un plan pour un certain nombre de situations. Le succès de la percée avait été si décisif que le commandement allié se trouve alors face à un dilemme. En effet, à la mi-août, tout le système de commandement est confronté à ce problème et le manque d'une ferme décision va conduire à de graves retards. Le *General* Eisenhower, en tant que généralissime allié, dispose d'adjoints pour les questions aériennes et maritimes mais il ne dispose d'aucun commandant en chef pour les forces terrestres. Il avait délégué ses responsabilités au *General* Montgomery pour la phase d'assaut du débarquement et celui-ci reste le chef du *21st Army Group* formé de la *First U.S. Army*, placée sous le commandement du *General* Omar Bradley, et de la *Second British Army* du *General* Dempsey. Il avait été prévu que, lorsque la *Third U.S. Army* deviendrait opérationnelle, Bradley prendrait le commandement du *12th Army Group* (réunissant les *First* et *Third Armies*) un groupe d'armées totalement américain ! Ainsi, au début du mois d'août, Bradley se trouve à la tête d'un groupe d'armées équivalent à celui de Montgomery mais encore sujet à un contrôle tactique de ce dernier. A partir de là, le poids de la campagne reposant de plus en plus sur le personnel américain, la situation ne pouvait plus continuer ainsi. Montgomery se comporte toujours en commandant en chef des forces terrestres bien qu'il se déclare prêt à servir sous le commandement de Bradley. Cette querelle est résolue le 1er septembre lorsqu'Eisenhower décide de prendre le commandement de la bataille terrestre.

Evoquant la situation de la mi-août dans ses Mémoires, Montgomery écrit en se justifiant : « *Mais nous avions alors surtout besoin de décisions rapides et par-dessus tout d'un plan.* » La grande quête d'un plan sous-tend alors le « *great argument* ». Le succès relativement rapide avait introduit dans le camp allié une euphorie semblable au sentiment de 1914 que « la guerre sera terminée à Noël ». Le 25 août, le lendemain de la Libération de Paris, le compte rendu des services de renseignement du SHAEF rédige ce paragraphe : « *Deux mois et demi de combats acharnés ont amené à entrevoir la fin de la guerre en Europe, ou tout au moins à portée de main. La résistance des armées allemandes à l'Ouest a été brisée et les armées alliées se ruent vers les frontières du Reich.* »

Selon le témoignage de Montgomery, il n'y a pas de plan. Il en a pourtant un dans sa manche et il le propose au *General* Bradley le 17 août. Il l'appelle le « Plan Schlieffen de 1914 à l'envers ». Il propose de faire avancer ensemble deux groupes d'armées en une masse compacte d'une quarantaine de divisions vers le nord-est, en prenant la route directe menant à la Ruhr. Cette force massive pivotera à la hauteur de Paris et son flanc droit sera protégé par une force américaine impliquée entre Reims et la Loire. Elle aura pour but de traverser le Rhin avant l'hiver et d'occuper la Ruhr. Montgomery affirmera de manière définitive qu'à ce moment-là Bradley est « entièrement » d'accord avec lui. Il faut toutefois noter que, dans ses propres Mémoires, Bradley n'en fait aucune mention.

Par contre, les Américains rédigent leur propre plan. Ils situent la poussée principale dans le secteur des *First* et *Third Armies*, à travers la Sarre et jusqu'au Rhin, à proximité de Francfort. Bradley justifie ce choix en soulignant qu'il va porter ses forces « par les fortifications de Metz et à travers la Ligne Maginot, » et « au-delà du front sans défense qui rejoint la *Third Army* ». Ici, Bradley évoquera cet avantage rétrospectivement car, comme nous pouvons le voir, les Américains ignoreront tout des fortifications de Metz quand ils y seront confrontés.

Ces deux plans ont été élaborés par des officiers d'état-major expérimentés qui ont suivi le principe militaire classique selon lequel il faut concentrer le maximum de forces en un point décisif. Mais chacun d'eux est en contradiction avec les objectifs stratégiques du SHAEF et différent radicalement, jusqu'au point décisif. Nous n'avons pas la place ici d'examiner les mérites et les défauts des différentes composantes du « *great argument* », sauf en ce qui concerne directement la Bataille de Metz. Mais le problème réside en partie dans des questions ne relevant pas du domaine militaire : la politique, les personnalités et l'opinion publique. Soutenir le plan de Montgomery, quelqu'en soit l'intérêt, signifie alors l'arrêt de l'avance de Patton, une décision qui est politiquement tout à fait impossible à prendre. Il est alors le « héros » du moment, ses exploits sont étalés dans les colonnes des journaux par les correspondants de guerre très souvent partiaux.

Eisenhower a été souvent critiqué pour son manque de sens stratégique mais, en soupesant tous les divers facteurs, il ne pouvait qu'agir dans ce sens. Lors d'une série de conférences, pendant la troisième semaine du mois d'août, il jette les bases de la conduite future de la campagne et annonce qu'il en prendra le commandement direct à partir du 1er septembre. En réalisant un compromis, il est évidemment influencé par la politique du large front préconisé par le SHAEF, particulièrement lorsqu'il reconnaît l'importance primordiale de la poussée vers le nord. Tous les compromis sont inhérents à ses forces et à ses faiblesses, mais il est difficile de voir comment Eisenhower aurait pu prendre une décision différente, donner sa position d'arbitre entre deux factions opposées.

Le maréchal (titre qu'il vient de recevoir) Montgomery a dirigé son avance en Belgique avec le but immédiat de prendre Anvers et de neutraliser les sites d'armes « V » dans le Pas de Calais. Pour y parvenir, il a attribué à ce secteur deux des trois corps d'armée de la *First Army* du général Hodge. Patton doit continuer sa progression vers l'est, tout d'abord jusqu'à Reims puis assurer la liaison avec les forces d'*Anvil/Dragoon* qui ont débarqué sur la Côte d'Azur avant de remonter la vallée du Rhône en direction des Vosges. Cependant, le gros du carburant de Bradley est attribué à la *First Army* si bien que, selon Chester Wilmot, on a donné à Patton « *assez de carburant pour participer à la bataille mais pas pour la gagner* ».

C'est ce facteur vital qui devient le cœur du problème durant les semaines et les mois suivants. Malgré l'optimisme des planificateurs qui avaient prévu des cibles aussi éloignées que le Rhin et la Ruhr, la main de fer de la logistique impose alors de sérieuses limitations aux futurs mouvements tant que des installations portuaires plus proches de la ligne de front n'auront pas été conquises. A cause de leur rapide succès, les Alliés ont étiré leurs lignes de communication et ils ne peuvent pas y faire grand-chose, particulièrement parce que le gros de leur ravitaillement est encore débarqué directement sur les plages de la lointaine Normandie. (Nous étudierons dans un prochain chapitre, quelques détails de tout le système de ravitaillement connecté directement à la poursuite de la Bataille de Metz).

La progression acceptée par le général Eisenhower est en cours le 29 août lorsque les éléments de pointe de Patton approchent effectivement de Reims, ayant traversé la Marne. Trois jours plus tard, ses colonnes mobiles sont prêtes à franchir la Meuse lorsqu'elles se trouvent à court de carburant. Et, à seulement une cinquantaine de kilomètres de là, il y a la Moselle, une dernière rivière sur la route du Rhin.

Une grande victoire a été acquise en France et beaucoup de ceux qui ont écrit sur cette période ont critiqué le commandement allié qui n'aurait pas su l'exploiter. Montgomery et Patton ont, chacun, leurs admirateurs. Ils sont tous d'avis que « leur » protégé aurait pu gagner la guerre tout seul en 1944. En théorie, ils auraient pu y arriver chacun d'eux ou ensemble. Mais c'est oublier le fait que le carburant nécessaire n'était pas disponible. Ainsi dans cette situation, la conduite militaire d'Eisenhower, dictée par des questions politiques, était probablement la seule bonne décision.

ning behind the decision to make this thrust a subsidiary one. The shortest route—and the one best suited for modern warfare—lay to the north of the Ardennes, over flat, open country plentifully supplied with airfields, and adjacent to the Channel ports for the delivery of supplies. The advance via Metz would, admittedly, lead to the Rhine, but through far more difficult country, virtually devoid of airfields. Without fighter cover, armored spearheads could not operate safely. Once on the Rhine in the Frankfurt-Mannheim area, there was no valuable strategic objective, except that the iron and coal mines in the Saar basin would have been « liberated. » To complete the envelopment of the Ruhr, the attacking forces would have to turn to the north and move along the extremely restricted Rhine valley. Many writers have claimed that the route via Metz was the shortest way to Germany, which is true. The point is, however, that it did not really lead anywhere.

The post-Overlord scheme was an outline, rather than a plan for a given set of circumstances. The success of the breakout was so overwhelming that the Allied leadership found itself on the horns of a dilemma. Indeed, in mid-August, the whole command system was being called into question, and lack of firm overall direction was to lead to fatal delays. General Eisenhower, as Supreme Allied Commander, had deputies for air and naval affairs, but no commander of ground forces. He delegated this responsibility to General Montgomery for the assault phase of the landings and in addition, the latter was in command of the 21st Army Group, which was composed of the First U.S. Army under General Omar Bradley, and General Dempsey's Second British Army. It was recognized that, when Third U.S. Army became operational, Bradley would step up to command the 12th Army Group (First and Third Armies), which would be an all-American outfit. Thus, at the beginning of August, Bradley was in charge of an army group equal to Montgomery's, but subject to overall tactical supervision by the latter. From then on, since the strain of the campaign would be increasingly borne by American personnel, it was a situation that could not be allowed to continue. Montgomery was to continue to plead for a ground commander in overall charge, preferably himself, although he did declare his willingness to serve under Bradley. This particular controversy was only settled by Eisenhower's decision to take charge of the land battle himself on 1 September.

Speaking of the situation in mid-August in his memoirs, Montgomery said, with some justification, « But what was now needed were quick decisions and above all, a plan. And so far as I was aware, we had no plan. » This very search for a plan was the breeding ground for the « great argument. » The comparatively easy successes so far had led to euphoria in the Allied camp, akin to the sentiment in 1914 that « the war would be over by Christmas. » On 25 August, the day following the fall of Paris, the SHAEF Intelligence Summary included the following definitive paragraph:

« Two and a half months of bitter fighting have brought the end of the war in Europe within sight, almost within reach. The strength of the German armies in the West has been shattered, and the Allied armies are streaming towards the frontiers of the Reich. »

In spite of Montgomery's statement that there was no plan, he naturally had one up his sleeve, which he put to General Bradley on 17 August. He called this the « German Schlieffen Plan of 1914 in reverse. » The proposal was for the two army groups to advance together as a solid mass of some 40 divisions in a north-easterly direction, the direct route to the Ruhr. This massive force would pivot on Paris, and the right flank would be guarded by an American force strung out between Rheims and the Loire. The aim was to cross the Rhine before winter and to occupy the Ruhr. Montgomery definitely states that, at the time, Bradley agreed with him « entirely. » Needless to say, Bradley's own memoirs make no mention of this fact.

Instead, the Americans produced a plan of their own. This placed the emphasis on a thrust by the First and Third Armies through the Saar and on to the Rhine in the vicinity of Frankfurt. Bradley justified this in that it would carry his forces « past the fortifications of Metz and through the Maginot Line, » and « across the undefended front that stretched beyond the Third Army. » (6) Bradley here was speaking with the benefit of hindsight, because, as we shall see, the Americans had no knowledge of the Metz fortifications when they blundered into them.

Both these plans were developed by experienced staff officers brought up on the classic military dictum of concentration of maximum force at the decisive point. Both, however, were in direct contradiction to the SHAEF strategic aims, and differed radically as to the decisive point. This is not the place to get involved in the merits and demerits of the component parts of the « great argument, » except insofar as they have a direct bearing on the Battle of Metz. Part of the problem lay in nonmilitary matters —politics, personalities, and public opinion. Support of the Montgomery plan, however desirable it might have seemed, meant stopping Patton in his tracks, a decision that was clearly politically impossible. He was the hero of the moment, his exploits being served up in banner headlines by often partisan correspondents.

Eisenhower has often been criticized for his lack of strategic sense, but, in weighing up all the various factors, he had to make some sort of a decision. In a series of meetings during the third week in August, he laid down the broad basis for the future conduct

Generaloberst Model. (BA 70/97/73.)

La situation des Allemands

En examinant la situation des Allemands, il est immédiatement évident que les Alliés ont perdu une occasion en or d'infliger à l'ennemi une défaite encore plus grande. Cependant, comme nous l'avons vu, ils étaient incapables d'exploiter la possibilité qui leur était offerte, à la grande surprise des officiers allemands qui ont écrit sur ce sujet après la guerre.

Entre la côte normande et la Seine, les forces allemandes de l'Ouest ont subi un revers catastrophique. Elles ont perdu environ, un demi-million d'hommes et n'ont ramené qu'un peu plus de 100 chars au nord de la Seine. Sur l'ordre de bataille, les divisions allemandes n'avaient plus qu'une existence nominale. Ayant perdu la plupart de leurs armes et équipements lourds, leur force est à peine supérieure à celles de groupements tactiques régimentaires.

of the campaign and announced that he would take direct command on 1 September. In producing a compromise, he was obviously influenced by the SHAEF broad-front policy, especially as he recognized the greater importance of the northern thrust. All compromises have inherent strengths and weaknesses, but it is difficult to see how Eisenhower could have decided differently, given his position as « umpire » between two strident factions.

Field Marshal (as he had become) Montgomery was directed to advance into Belgium with the immediate aim of taking Antwerp and neutralizing the V-weapon bases in the Pas de Calais. To help in this, he was allotted two of the three corps from General Hodges' First Army. Patton was to continue his eastward move, at least as far as Rheims, and to link up with th.e Anvil/Dragoon forces who had landed on the Riviera, advancing up the Rhône valley toward the Vosges. However, the bulk of Bradley's fuel tonnage was allocated to the First Army, so that, in the words of Chester Wilmot, Patton was given « enough petrol to join the battle but not to win it. »

It was this one vital factor that was to become the heart of the problem during the ensuing weeks and months. In spite of the optimism of the planners in setting distant targets, such as the Rhine and the Ruhr, the iron hand of logistics had imposed severe limitations on future movement until additional port facilities nearer to the front lines could he secured. The Allies, by their very success, had outrun their communications, and there was very little they could do about it, especially as the bulk of their supplies were still coming in over the open beaches in distant Normandy. (As the whole business of supply had a direct bearing on the Metz campaign, it will be dealt with in some detail in a later section.)

The advance agreed on by General Eisenhower finally got under way on 29 August —by which date Patton's spearheads were already approaching Rheims, having managed to storm across the Marne. Three days later his mobile columns would be across the Meuse, but stalled for lack of fuel. Only thirty miles ahead of them lay the Moselle, just one more river on the way to the Rhine.

A great victory had been won in France, and many who have written about this period criticize the Allied leadership in general for failing to exploit it. Both Montgomery and Patton have had their fans, all of the opinion that their protégé could have won the war single-handed in 1944. In theory they probably could have done so, either collectively or singly, but this simply ignores the fact that the requisite supplies were not available for either of them. Thus, in the circumstances, Eisenhower's politically dictated military decision was probably the right one.

The German situation

When considering the German situation it becomes immediately apparent that the Allies lost a golden opportunity to inflict an even greater defeat on the enemy than they did. However, as we have seen, they were unable to exploit the opportunity offered, much to the surprise of German officers who have written on the subject after the war.

Between Normandy and the Seine, the German forces in the west suffered a catastrophic reverse. They lost some half-million casualties, and only just over 100 tanks were brought back across the Seine. The divisions in the German order of battle existed in name only. Minus virtually all their heavy weapons and equipment, their strength was little better than that of regimental battle groups.

The supreme command in the field, Oberbefehlshaber West (OB West) was held by Field Marshal Model, who had succeeded to the position on 17 August following the suicide of von Kluge. In addition, he retained command of Army Group B, which included the bulk of the forces in contact with the Allies. A wide gap had opened between it and Army Group G under General Blaskowitz, which was retreating toward the Vosges in the face of the Anvil/ Dragoon force. Model was one of Germany's ablest tacticians, who had often been selected to command in situations where

the prospects were grim. Although a « party general, » he was not afraid to stand up to Hitler when the occasion warranted.

The fact was that Model's high-sounding title was largely illusory, as was that of any German commander at the time. Even before the war, the army had lost most of its power to Hitler and his direct military entourage, and after the bomb plot on 20 July 1944, what little authority remained was removed. Only a couple of months later, Model's successor, Field Marshal Gerd von Rundstedt, was to quip that he needed permission from Berlin to change the sentries outside his headquarters. Thus, the campaign in the west was Hitler's; and his field commanders only exercised their duties within rigid limits laid down from above.

After the defeat in Normandy, and as a result of the terrible losses suffered during the Russian summer offensive, under a normal political system, Germany should logically have sued for peace. Several senior officers, including von Rundstedt, urged this course on Hitler. Nothing, however, was further from the mind of the Fuehrer, who in mid-August was already considering a counteroffensive that was to emerge as the Ardennes attack in December.

Carte des opérations du 16 au 25 août 1944.

Map showing operations between 16 and 25 August 1944.

Hitler's main interest had always been in Russia, where two million troops were deployed, compared to some 700.000 in the west. After the defeats that had been suffered, his over-riding aim was to buy time until he could deploy his V-weapons or until such time as the Allies should fall out. Therefore, as little ground as possible was to be given up, and his forces were to retreat step by step back into the prepared defenses of the Westwall, known (erroneously) to the Allies as the Siegfried Line. In late 1944, however, this prepared position along the German border was largely a myth. Originally built to hold the French while Germany was gobbling up Poland and Czechoslovakia, its bunkers, largely unfinished, had been neglected since 1940, and many of the keys were missing. There was neither the personnel to man it nor weapons to equip it. Throughout August and September, the rear areas were being combed for the elderly and infirm to be formed into static fortress battalions for service in the defenses, which had to be hurriedly reactivated.

Model repeatedly brought the state of affairs to Hitler's attention. On 24 August he asked for 30 to 35 infantry divisions and 12 panzer divisions, following this by a stream of similar requests—-all of which remained unanswered. There were no troops available on that scale. At the beginning of September, shortly before he was relieved of his command, Model received a set of instructions that were indicative of German strategy. These emphasized Hitler's « stand and hold » doctrine, which had led to the loss of so many troops in isolated pockets in Russia and had not succeeded in halting Allied advances. The enemy was to be held in a general defensive battle in front of the Westwall to gain time so that it could be made ready. According to Hitler, success here would mean that The Netherlands could be retained and German territory would not be occupied. Allied aircraft would be kept as far away as possible, and even if Antwerp were to be lost, German possession of the north bank of the Scheldt would render the approaches useless. Finally, the vital Ruhr and Saar industrial and mining areas would be retained.

This basically was the strategy employed in Lorraine. It could have been upset with comparative ease in view of Allied mobility and overwhelming superiority in the air. However, lack of supplies brought Patton to a halt, and the terrain favored the defense. The irony was that both sides at the end of August 1944 were laboring under distinct difficulties, which caused them both to forgo the initiative. Although the Allies made further spectacular gains, they had to a certain extent run out of steam and in an attempt to regain the initiative, Montgomery launched the brilliant Arnhem operation, but when this failed, the front lapsed into stalemate.

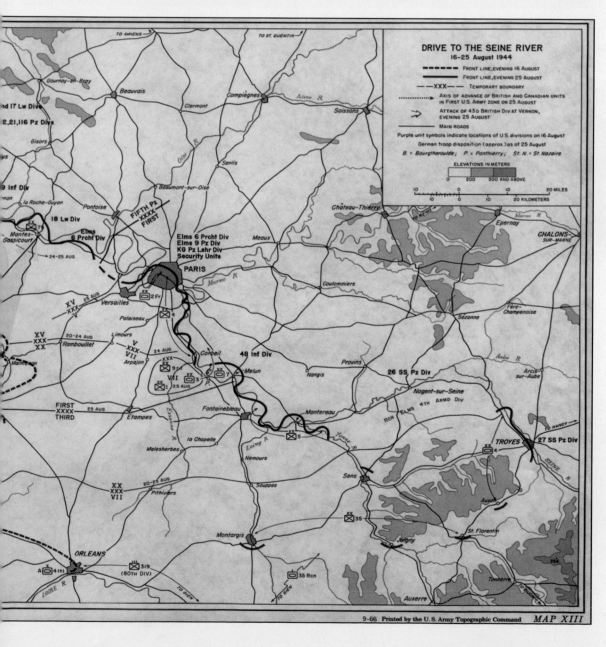

9-66 Printed by the U.S. Army Topographic Command MAP XIII

1, 2 et 3. Image de la retraite allemande, une colone de la *Hohenstaufen* incendiée lors de la retraite de la poche de Falaise. (BA.)

4. Passage de la Seine par les troupes allemandes. (BA.)

1, 2 and 3. Photos of the German retreat from Normandy. A column from the 9th Panzer Division Hohenstaufen set on fire during the retreat from Falaise by allied fighter bombers. (BA.)

4. Germans boarding a ferry to cross the Seine. (BA.)

Le commandement suprême sur le champ de bataille, l'*Oberbefehlshaber West (ObWest)* est confié au maréchal Model qui a pris ce poste après le suicide du maréchal von Kluge le 17 août. En outre, il commande aussi le Groupe d'Armées B qui comprend le gros des forces se trouvant au contact des Alliés. Une vaste brèche a été ouverte entre ce front et celui du Groupe d'Armées G commandé par le général Blaskowitz, qui est en train de se replier sur les Vosges sous la pression de la force d'*Anvil/Dragoon*. Model est l'un des plus habiles tacticiens allemands ; il s'est distingué en commandant dans des situations où l'espoir était mince. Bien qu'il soit « un général du parti », il n'a jamais redouté d'affronter Hitler quand la situation l'exigeait.

Mais les fonctions élevées de Model étaient illusoires, comme l'étaient celles de tout chef de corps allemand à cette époque. Dès avant la guerre, l'Armée avait perdu une grande partie de son pouvoir au profit de Hitler et de son entourage militaire direct. Et, après l'attentat du 20 juillet 1944, le peu d'autorité qu'elle conservait avait été perdue. Quelques mois plus tard, le maréchal Gerd von Rundstedt, qui succédera à Model, devra obtenir la permission de Berlin pour changer les sentinelles placées devant son QG. Ainsi, la campagne à l'Ouest était la campagne de Hitler. Et ses commandants en chef sur le terrain ne pouvaient exercer leurs fonctions que dans le cadre rigide établi d'en haut.

Après la défaite de Normandie et en raison des terribles pertes subies lors de l'offensive russe de l'été, sous un régime politique normal, l'Allemagne aurait dû logiquement demander la paix. Plusieurs officiers généraux, dont von Rundstedt, s'étaient exprimés dans ce sens auprès de Hitler. Il n'y avait rien de tel dans l'esprit du Führer qui, dès la mi-août, se met à envisager une contre-offensive dans les Ardennes qui sera lancée au mois de décembre.

Hitler s'était toujours focalisé sur la Russie où deux millions d'hommes étaient déployés alors qu'il n'y en avait qu'environ 700 000 à l'Ouest. Après toutes ces défaites, son principal souci était de gagner du temps pour déployer ses armes « V » ou jusqu'à ce que les Alliés s'effondrent. Ainsi, il fallait céder le moins de terrain possible et ses forces devaient se replier pas à pas jusqu'aux défenses préparées sur le *Westwall*, connu (de manière inexacte) par les Alliés sous le nom de « Ligne Siegfried ». Cependant, à la fin de 1944, cette position préparée le long de la frontière allemande était surtout un mythe. A l'origine, elle avait été construite pour contenir les Français tandis que l'Allemagne engloutissait la Pologne et la Tchécoslovaquie. Ses bunkers, non achevés pour beaucoup d'entre eux, avaient été négligés depuis 1940 et de nombreuses clés avaient été perdues. Il n'y a pas de personnel pour les servir, pas d'armes pour les défendre. Au cours des mois d'août et de septembre, l'arrière du front a été écumé de ses recrues âgées ou infirmes qui ont été constituées en bataillons statiques de forteresse pour servir dans ces défenses réhabilitées de toute urgence.

Model va constamment rappeler cet état à l'attention de Hitler. Le 24 août, il réclame 30 à 35 divisions d'infanterie et 17 divisions de panzers, demande suivie d'un flot de requêtes similaires, toutes resteront sans réponse. A cette échelle, il n'y a pas de troupes disponibles. Au début du mois de septembre, peu de temps après avoir été relevé de son commandement, Model reçoit une liste d'instructions significatives de la stratégie allemande. Elles soulignent la doctrine de Hitler basée sur le concept « faire face et tenir », doctrine qui avait conduit à la perte de nombreuses unités isolées en Russie dans des poches et qui n'avait pas réussi à bloquer les avances alliées. L'ennemi sera maintenu dans une bataille défensive générale sur le *Westwall* afin de gagner du temps permettant de le rendre opérationnel. Selon Hitler, un tel succès signifierait que les Pays-Bas pourraient être conservés et que le territoire allemand ne serait pas occupé. L'aviation alliée serait maintenue aussi loin que possible et, même si Anvers est perdu, le terrain tenu par les Allemands au nord de l'Escaut en rendra l'accès impossible. Finalement, les secteurs industriel et minier de la Ruhr et de la Sarre seront sauvegardés.

Ce sera, fondamentalement, la stratégie utilisée en Lorraine. Elle aurait pu être facilement bousculée eu égard à la mobilité et à l'écrasante supériorité sérieuse des Alliés. Cependant, le manque de ravitaillement arrête Patton et le terrain favorise la défense. L'ironie réside dans le fait que, de part et d'autre en cette fin du mois d'août 1944, des difficultés distinctes font perdre l'initiative à chacun des camps. Bien que les Alliés aient obtenu des gains spectaculaires, ils sont à bout de souffle et dans l'attente de reprendre l'initiative. Montgomery est en train de lancer la brillante opération d'Arnhem mais, quand elle échouera, le front tombera en léthargie.

4

Malgré l'avance alliée, les forces allemandes résistent notamment dans le secteur de Mantes. (BA.)

Photos of the German retreat after Normandy. Mantes area.

Tout au long de l'Histoire, des soldats ont combattu et sont morts au sein de diverses armées. C'est la personnalité des chefs dont on se rappelle, sur le plan de la gloire ou de l'infamie qui sort ces armées de l'anonymat, au milieu d'un grand nombre d'ordres de bataille. Pendant la Seconde Guerre mondiale, la Troisième Armée *(Third U.S. Army)* est l'une d'elles, son destin est irrémédiablement lié à celui de son chef mythique, le *General* George S. Patton Jr. Bien que la Bataille de Metz ait été menée avec un seul corps de cette armée, le cours des opérations a été déterminé par Patton. Il est donc nécessaire d'examiner brièvement l'homme et l'arme qu'il a forgée si l'on veut comprendre le rôle qu'il a voulu jouer, un rôle qui a été infléchi par la force des circonstances et pour lequel il n'avait ni le talent ni l'intérêt.

Les généraux en chef de la Grande Guerre étaient des êtres quasi divins, impersonnels et distants, dirigeant les opérations à des kilomètres en arrière de la ligne de front. Leurs activités n'apparaissaient que dans les dépêches largement censurées du Quartier Général. Entre les deux guerres, la puissance de l'opinion publique et, aussi de celle des médias, va croître énormément alimentée en partie par l'influence des actualités cinématographiques. Lors de la Seconde Guerre mondiale, chaque armée sera suivie par son quota de correspondants de guerre, avides de promouvoir l'événement ainsi que les qualités de « leur » général. De telles pratiques ont inévitablement conduit à la création du culte de la personnalité et au succès d'une guerre qui va se mesurer aux gros titres et à la longueur des articles dans la presse. Dans ce cadre, les Britanniques auront leur « Monty » et les Américains leur Patton. Les deux chefs sont de bons sujets d'articles, dignes d'intérêt et excentriques. D'autres hommes, avec autant de talent, dirigeaient les opérations avec plus de discrétion : - personne n'a réalisé de film sur Simpson ou Bradley.

George Patton est né le 11 novembre 1885 dans une famille aisée de Californie. Ainsi, dès le début, son parcours sera totalement différent de celui de nombreux autres généraux américains qui ont si souvent été des enfants pauvres ayant réussi.

Il n'a eu aucune éducation formelle jusqu'à l'âge de douze ans. Lorsqu'on l'envoie finalement à l'école, il est analphabète mais sa tête est pleine des classiques dont son père lui a parlé. Il prouvera cependant sa faculté d'apprendre bien qu'il ne pourra jamais épeler correctement les mots.

Il quitte l'école pour rejoindre West Point en 1904 ; il n'y fera pas preuve d'un grand niveau intellectuel. Cependant il y sera un excellent sportif. Du point de vue de sa future carrière, il est intéressant de noter que ses sports préférés étaient les sports individuels : l'équitation, le tir, entre autres. Il n'appréciera jamais de n'être que le membre d'une équipe. Patton fait partie de la promotion de 1909 et rejoint la cavalerie où, grâce à ses relations sociales et à son mariage avec une riche héritière de la Nouvelle Angleterre, il est immédiatement propulsé, aux plus hauts échelons de l'armée. En tant qu'aide de camp du chef d'état-major, il gagne l'amitié d'Henry Stimson qui pourrait devenir secrétaire d'état à la guerre - une relation qui lui sera utile lors de la Seconde Guerre mondiale quand il se trouvera si souvent en quête d'alliés dans les hautes sphères.

Le goût de Patton pour l'action va pouvoir s'assouvir en 1916, quand il prendra part à l'expédition punitive contre Pancho Villa, le révolutionnaire mexicain. C'est alors une vraie démonstration de la cavalerie US digne d'Hollywood et un autre signe avant coureur des méthodes de guerre qui seront celles employées par Patton. C'est lors de cette campagne secondaire qu'il est remarqué par le général Pershing.

Patton rejoint la France en 1917 avec l'état-major de Pershing. Il n'y sera qu'un petit rouage dans une vaste organisation. Pressé de connaître l'action, il demande sa mutation et il se trouve alors confronté à un choix difficile : commander un bataillon d'infanterie ou avoir un poste dans le tout nouveau *Tank Corps*. Après quelques hésitations, il choisit ce dernier bien qu'il n'existe alors guère que sur le papier. Alors qu'il procède à l'entraînement de cet embryon d'unité blindée, l'un des autres attributs légendaires de Patton fait alors son apparition : celle de sa discipline de fer. Ses hommes

George Patton.

Third Army and Its Commander

Throughout history, soldiers have fought and died as members of armies. What raises those armies from the anonymity of mere numbers on an order of battle is the personality of the commanders with whom they are commonly identified - in fame or infamy. The Third U.S. Army in the Second World War was one of those, its destiny irrevocably intertwined with that of Gen. George S. Patton, Jr., its legendary leader. Although the Battle of Metz was fought by only one corps of that army, the course of operations was largely determined by Patton. It is therefore necessary to examine briefly the man and the weapon that he forged in order to understand the role that he would play, a role into which he was pressed by force of circumstances, and for which he had neither the talent nor the inclination.

Senior commanders in the First World War were god-like beings, impersonal and aloof, directing operations from miles behind the front line. Their activities were reported only in the rigidly-censored dispatches from General Headquarters. Between the wars, the power of public opinion and, thus, of the media, increased enormously, partly fed by the influence, of motion pictures. During the Second World War, each army was followed by its quota of war correspondents, eager to produce news and to promote the virtues of « their » general. Such practices led inevitably to the creation of personality cults and to success in war being measured in headlines and column-inches. In this respect, the British had their « Monty » and the Americans their Patton. Both commanders were newsworthy, eminently quotable, and eccentric. Other men, no less talented, tended to operate perhaps more discreetly: - nobody has ever made a film about Simpson or Bradley.

George Patton was born on 11 November 1885, into a wealthy California family. Thus, from the outset, his background was totally different from that of many of the other successful American generals, who so often tended to be poor boys who made good.

Until he was 12 years old, he had no formal education. When he was finally sent to school, he was to all intents and purposes illiterate, but his head was stuffed full of the classics that his father had taught him. He proved, however, to be capable of learning, although he was never able to spell properly.

From school he moved to West Point in 1904, where his career was not marked by great intellectual achievement. He did, however, excel as a sportsman. From the point of view of his later career, it is interesting to note that the sports he preferred were individual ones, riding, shooting, and the like. He would always find it difficult to be just one member of a team. Patton graduated in 1909 and joined the cavalry, where, thanks to his social connections and marriage to a New England heiress, he immediately moved into the higher echelons of the army. As aide-de-camp to the chief of staff, he gained the friendship of Henry Stimson, who would eventually become Secretary of War—a connection that would stand him in good stead during the Second World War, when he was often sorely in need of allies in high places.

Patton's first taste of action came in 1916 when he took part in a punitive expedition against Pancho Villa, the Mexican insurgent. This was real Hollywood U.S. Cavalry stuff, and another indicator of the future methods of warfare that would be employed by Patton. It was during this minor campaign that he came to the notice of General Pershing.

Omar Bradley.

et son équipement vont gagner la réputation d'être les plus chics de l'armée, mais, frime et rutilance mises à part, il va apporter une réelle contribution à l'introduction des véhicules blindés dans l'armée US.

Il a enfin la chance d'affronter les Allemands lors de la bataille de Saint Mihiel en septembre 1918. C'est une bataille relativement peu importante mais qui sera une expérience très formatrice pour Patton. La performance de ses chars est plus ou moins désastreuse mais Patton est partout, marchant plus souvent que chevauchant. Sa méthode de commandement est pour le moins personnelle. Ce style n'est pas très bien vu au sein de la hiérarchie qui l'accuse de vouloir provoquer l'armée allemande en combat singulier et il reçoit la première de ses nombreuses et mémorables remises à l'ordre. Blessé à la fin du mois de septembre lors de la bataille de Meuse-Argonne, il termine la guerre avec le grade de colonel pour être ensuite ramené à son grade de temps de paix : capitaine. Le point saillant qui émerge de ses exploits de la Première Guerre mondiale est son intérêt pour les chars légers de poursuite, une forme de combat qu'il perfectionnera 26 ans plus tard.

Pendant les années de l'entre deux guerres, la carrière de Patton est sans relief. Voyant que l'armée n'est plus intéressée par l'arme blindée, il rejoint la cavalerie traditionnelle. Il aurait très bien pu se retirer sur la pointe des pieds en tant que colonel en retraite si George Marshall n'avait pas élevé à une position importante dans l'armée ; de là, il pourra sauver la tête de Patton dans bien des occasions.

C'est en 1940, alors que la démonstration évidente que les tactiques du *Blitzkrieg* allemand avaient été étalées aux yeux de tous, que Patton va reprendre sans réserve sa défense de l'armée blindée. Tandis que l'*US Army* se rapproche lentement de la guerre, il est remis sur les rails et on lui donne le commandement d'une brigade de la *2nd Armored Division* nouvellement constituée. Pendant le programme d'entraînement préalable, il va gagner son surnom de « *Ol blood and guts* » (« Sang et tripes ») et, selon ses propres termes, celui de « meilleur enfoiré qui envoie des coups de pied au cul de toute l'armée » (« *the best goddam butt kicker in the whole army...* »). Sa réputation de profanateur devient légendaire bien que ce soit un homme profondément croyant - ce n'est que l'un des nombreux paradoxes de ce caractère complexe. En dépit, de ses « mots de quatre lettres », ou peut-être à cause d'eux, ses hommes le respecteront et peut être l'aimeront. Les soldats haïront le « pète-sec » mais ils adoreront le combattant couronné de succès.

Sa chance a surgi en Afrique du Nord et en Sicile où il obtient sa réputation de guerrier. Mais son sort sera remis en question en Sicile par le célèbre incident de la gifle. Il frappe un soldat hospitalisé qu'il suspecte de simulation - une action qui n'attire pas alors l'attention. Cependant, cette affaire est divulguée et Patton est relevé de son commandement, proche de tomber en disgrâce. Il aurait pu avoir une excellente réputation en tant que général mais pour beaucoup trop de gens il n'est alors rien d'autre qu'un vantard avide de publicité. Le problème, c'est que son caractère est bien trop complexe pour être simplement étiqueté d'une manière ou d'une autre. Une grande partie de son apparence, dont les revolvers à crosse de nacre, est simplement du spectacle. Sous un extérieur rude, c'est un homme profondément émotif qui peut facilement fondre en larmes.

De retour en Angleterre pour la préparation de l'invasion de l'Europe, il a à nouveau des problèmes (cette fois pour l'un de ses discours) et, de nouveau, son utilité est remise en question. Il est supplanté par Bradley, qui lui est subalterne, pour le commandement de la vague d'assaut des troupes US. Patton est relégué au commandement du QG d'une armée fantôme, la Troisième Armée, la *Third Army*, supposée être installée au sud-est de Londres, une position qui fait partie de la campagne générale de désinformation des Allemands croyant ainsi que des débarquements auront lieu dans le Pas-de-Calais et pas en Normandie. Privé de la chance de la gloire immédiate, il passe son temps à critiquer les plans de l'opération *Overlord* sans être capable d'exercer quelque influence.

Il ne met le pied en France qu'un mois après le Jour J et il se trouve alors à la tête d'un quartier-général sans troupes. Il est à ce moment-là âgé de 59 ans et son grand souci est que les événements vont le laisser de côté. En fait, il est possible que sa conduite ultérieure de la guerre sera motivée par le fait qu'il n'a plus rien à perdre. Sa chance survient lors de la grande percée en Normandie bien que la *Third Army* ne soit pas officiellement opérationnelle avant le 1er août 1944. A partir de là, tout va marcher et, dès que le SHAEF lâche son armée et permet qu'elle soit identifiée par la presse, il pourra obtenir des louanges et la reconnaissance qu'il désirait. Son nom et celui de sa chère armée seront en tête des gros titres de la presse du monde entier. En fait, sa réputation devient si importante auprès de l'ennemi que celui-ci, à cette époque des opérations, le crédite du commandement d'un groupe d'armées !

Le lieutenant Charles Crawford était un jeune chef de section au sein du *378th Regiment* de la *95th Infantry Division* juste arrivé en octobre sur le front et qui avait pris position dans la tête-de-pont au sud-est de Metz. Le témoignage qu'il transmet ici évoque l'un des célèbres exposés de Patton. Celui-ci a eu lieu le 5 novembre 1944 :

« *Comme d'habitude, quand une division rejoignait son armée, le général Patton rassemblait les officiers et les principaux sous-officiers pour un exposé. Nous sommes alors environ 500 rassemblés dans un champ avec, au loin, le grondement de l'artillerie lourde sur le front. Nous attendons l'arrivée du général et nous commençons à sentir l'effet du sol humide et d'une brise fraîche. Soudain, on nous dit : "Attention !". Je tourne mon regard vers la route lorsque le son strident d'une sirène déchire l'air. Précédé d'un véhicule de la Military Police, une superbe jeep laquée et chromée, suivie par une autre jeep de la MP, approche de nous en traversant le champ. Comme à un signal, les deux véhicules de police se placent sur les côtés et la jeep du général, avec son fanion rouge brodé de trois étoiles blanches claquant au vent, stoppe brutalement à environ 50 pieds (près de 17 mètres), face à notre groupe. Il y a alors un silence de mort. Le pare-brise est immédiatement abaissé par le chauffeur portant une tenue immaculée. Le général se lève de son siège et se tient face à nous, au-dessus du capot de la jeep. On nous dit : "repos !" Le général Patton a une présence physique de chef. Il en est un magnifique spécimen avec de larges épaules, une poitrine baraquée et une allure d'un puissant taureau. A l'avant de son casque brillent trois étoiles d'argent d'une taille au-delà de la normale. Il porte un blouson de tankiste avec un col et des poignets tricotés. Autour de sa taille, il porte un ceinturon de cuir tanné fermé par une boucle de cuivre étincelante. Le ceinturon semble trop serré et ne sert qu'à tenir son ventre. Hauts sur ses hanches sont accrochés des holsters de petite taille avec ce qui fait sa silhouette caractéristique - une paire de pistolets à crosse de nacre tenus en place par une fine lanière de cuir au dos de la poignée, accrochée par une boucle de cuivre. Debout dans cette jeep, c'est Hercule dans son chariot d'or. Il se met à parler. Je suis sidéré. Sa voix haut perchée contraste de manière flagrante avec son allure rugueuse. Pour l'instant, je me sens déçu, mais pas pour longtemps. Il n'y a pas d'erreur sur les mots qu'il prononce. Ce sont les paroles d'un combattant, sonnant clair et net au-dessus du groupe silencieux debout dans le champ. Il n'essaie pas d'adoucir ce qui attend une division de bleus sous son commandement. Il arrive presque immédiatement à cette remarque - "Le commandant de votre division m'a dit qu'il a une belle division prête au combat. Je lui ai demandé de m'écrire une lettre deux semaines après que je vous aurais engagé dans la bataille et de me dire alors s'il a une belle division". C'est une remarque brutale sur ce qui nous attend, une mise en garde que bien des visages familiers ne seront plus là très longtemps. Je regarde autour de moi et je vois un groupe de visages qui semble ciselé dans du granit solide - ils semblent vidés de leur sang sans un battement de paupière. Ils semblent pétrifiés. Cette remarque est suivie presque sans interruption par "J'ai dit à votre commandant de vous enlever vos pelles-pioches. Je ne veux pas vous voir esquinter le paysage en creusant des trous pour vous y installer et, de plus, si vous vous installez dans un trou, je ne serais pas capable de vous en sortir pour combattre, que je n'entende pas parler de l'un de vous qui serait cloué au sol par les tirs ennemis. Si vous ne pouvez aller de l'avant, vous avez intérêt à ne pas reculer. Bougez-vous et vous vivrez longtemps". La tension est alors insupportable. Le "dernier prophète" se tient sur les rostres du monde avec l'humanité pour auditoire, terminant sa dernière exhortation à son troupeau sur la terre. C'est le jour du Jugement. Je pouvais seulement imaginer à quoi ressemblait la guerre ; maintenant, j'y suis pour la connaître. L'entraînement est terminé. Il n'y a pas de porte de sortie. Je suis dans la trappe, pourquoi personne ne me dit que l'enfer ressemble à cela. Je pense que j'ai été un imbécile. Ensuite, le silence est brisé par une remarque humoristique (qu'on ne peut publier ici), les relations des soldats avec les "Frauleins". Quel soulagement ! Un poing serré se dresse et résonne alors un "Good luck". Le pare-brise est redressé, le général se rassied et le "chariot" repart aussi rapidement qu'il était arrivé.* »

La *Third US Army* est formée de trois corps d'armée, les XXᵉ, XIIᵉ et VIIIᵉ, bien que le dernier restera en Bretagne pour assiéger les garnisons allemandes encerclées dans les poches dans le dos des Alliés. L'état-major du Quartier Général de Patton est prin- cipalement constitué avec des officiers qui ont déjà servi sous ses ordres en Afrique du Nord et en Sicile et nombre d'entre eux sont des cavaliers imbus de leurs propres idéaux de rapidité et de surprise. L'état-major est évidemment dans l'ombre du tem-

Charles Crawford en 1944 en haut et en 1994 en bas.

Lt Charles Crawford (now Lt Col. retd.). Above in 1944 as a platoon commander in I Company of the 378th Inf. Regt and below attending a memorial unveilling in Metz in 2002.

On Pershing's staff, Patton went to France in 1917. where he was but a small cog in a vast administrative organization. Eager to see some action, he requested a transfer, only to be confronted by a difficult choice—command of an infantry battalion or a post with the newly created Tank Corps. After some misgivings, he chose the latter, although it existed at the time largely on paper. While training his embryo tank unit, another of Patton's legendary attributes made its appearance, that of the martinet. His men and equipment gained the reputation of being the smartest in the army, but spit-and-polish apart, he made a very real contribution to the introduction of armored fighting vehicles into the U.S. Army.

His chance to fight Germans came in the St. Mihiel battle in September 1918. The battle itself was relatively unimportant, but for Patton it was a formative experience. The performance of his tanks was more or less disastrous, but Patton himself was everywhere, walking more often than riding. His method of exercising command was, to say the least, distinctly personal. This trait was not popular with the hierarchy, who accused him of wanting to take on the German army single-handed, and he received the first of many notable « carpetings ». Wounded at the end of September during the Meuse-Argonne battle, he ended the war as a full colonel—only to revert to his peacetime rank of captain. The salient

point that emerges from his exploits in the First World War was his advocacy of light tanks for pursuit, a form of fighting that he was to perfect 26 years later.

During the interwar years, Patton's career was unspectacular. Seeing that the army was no longer interested in the tank as a weapon, he rejoined the horse cavalry. He might well have ended up on the scrap heap as a retired colonel had not George Marshall risen to a position of prominence in the army — from which he was able to save Patton's neck on a number of occasions.

It was in 1940, with the object lesson of the German *blitzkrieg* tactics plain for all to see, that Patton returned wholeheartedly to his advocacy of the tank as a weapon. As the U.S. Army was slowly put on a war footing he was taken off the shelf and given command of a brigade in the newly formed 2nd Armored Division. During this early training program he earned the nickname of »Ol Blood and Guts, » in his own words, « the best Goddam butt kicker in the whole army.. » His reputation for profanity was legendary, although he was a deeply religious man -just one of the many paradoxes in a complex character. In spite of, or perhaps because of his four-letter words, his men respected him and perhaps even loved him. Soldiers will hate a pure martinet, but they will adore one who is also a successful fighter.

His chance came in North Africa and Sicily, where he gained his reputation as a fighting soldier, but his whole future was called into question by the notorious slapping incident in Sicily. He struck a hospitalized soldier whom he suspected of malingering — an action of which, at the time, no notice, seemingly, was taken. However, the affair did leak out, with the result that Patton was relieved of his command and very nearly disgraced. He may have had a fine reputation as a general, but to many people he was little more than a publicity-hogging braggart. The problem was that his character was far too complex to be simply labeled one way or the other. So much of the outward performance, including the pearl-handled revolvers, was purely for show. Under the brash exterior, he was a deeply emotional man and easily moved to tears.

Back in England for the buildup to the invasion of Europe, he was again in trouble (this time over a speech that he made) and again his usefulness was questioned. Passed over for the command of U.S. troops in the assault phase in favor of Bradley, his junior in the army, Patton was relegated to command of a paper headquarters known as the Third U.S. Army, supposedly located to the south-east of London, an assignment that was part of the general deception scheme to persuade the Germans that the landings would be made in the Pas de Calais and not in Normandy. Robbed of his chance for immediate glory, he spent his time criticizing the plans for Overlord, without being able to exert any influence.

He did not set foot in France until a month after D-day, and then only in command of a headquarters without troops. By then almost 59 years old, his great worry was that events would leave him on the sidelines. Indeed, it is possible that his later conduct of the war was prompted by a feeling of having nothing to lose. His chance came in the great breakout from Normandy, although the Third Army did not become officially operational until 1 August 1944. From then on it was all go, and when SHAEF finally relented and allowed his army to be identified by the press, he could gain the acclaim and the recognition that he desired. His name and that of his beloved army were emblazoned in banner headlines throughout the world. Indeed, so great was his reputation

with the enemy, that at one stage the Germans credited him with command of an army group!

Lieutenant Charles Crawford was a young platoon commander in the 378th Regiment of the 95th Infantry Division which had just arrived at the front in October and took up positions in the bridgehead to the south-east of Metz. The following is his account of one of Patton's famous pep-talks delivered on 5 November 1944.

« As was customary when a division joined his Army, General. Patton had officers and key non-commissioned officers assembled for a pep talk. We were gathered some 500 strong, in a field within distant sound of heavy artillery on the front. We had been waiting for the General to arrive and were beginning to feel the effect of the damp ground and chilly breeze. Suddenly, "ATTENTION" was called. I turned to face in the direction of the road when the shrill sound of a siren penetrated the air. Led by a Military Police vehicle, a beautifully lacquered and chrome-trimmed jeep, followed by another MP' jeep, approached us across the open field. The police vehicles turned to the sides as if on signal and the General's jeep, with a red flag with three white stars across the center rippling in the wind, pulled up and abruptly stopped about 50 feet away, still headed toward the group. There was dead silence. The windshield was lowered immediately by the immaculate driver. The General rose from where he sat and stood facing us over the hood of the jeep. "At Ease" was given. General Patton himself had a commanding physical presence. He was a magnificent specimen with broad shoulders, barrel chest, and a strong-as-a-bull appearance. Across the front of his helmet were three over-sized silver stars. He had on a tanker's jacket with knit collar and cuffs. Around his waist he wore a tan leather strap belt held together by a round highly polished brass buckle. The belt gave the appearance of being too tight and served only to hold up his chest. High on his hips, in undersized holsters, were his trademarks – a pair of pearl handled pistols, held in place by a thin leather strap pulled down over the back of the grip and hooked on a brass fitting. Standing in that jeep he was a Hercules in his golden chariot. Then he spoke. I was flabbergasted. His high pitched voice contrasted flagrantly with his rugged looks. For the moment I felt that I had been deceived, but not for long. There was no mistaking his words. They were the words of a fighting man, ringing clear and crisp over the silent group in the open field. There was no attempt to soften what lay ahead for a green division under his command. He got to the point almost immediately with « Your Division commander tells me he has a fine division and it's ready for combat. I have asked him to write me a letter two weeks after I commit you to battle and tell me if he still has a fine division. » This was a blunt notice of what to expect — a warning that many of the familiar faces would not be around very long. I glanced about and saw a group of faces that had been chiseled out of solid granite — the blood had drained away; not an eyelash moved. They looked petrified. This statement was followed almost without pause by, « I have told your commander to turn in all your entrenching tools. I don't want you messing up the landscape by digging holes to get in, and besides, if you get into a hole I won't be able to get you out to fight. Don't let me hear of any of you getting pinned down by enemy fire. If you can't go forward, you had better not come backward. Keep moving and you will live longer. » By now the tension was stifling. The last prophet was standing at the rostrum of the world with mankind as his audience, making the final speech to he heard on earth. *This was doomsday. I had only imagined what war was like; now I was about, to know. The training*

pérament bouillant de son chef mais il fonctionne comme une équipe bien rodée. Patton se préoccupe lui-même des problèmes de routine comme la logistique et l'administration, passant la plupart de son temps à l'extérieur de son QG, sillonnant seul le champ de bataille, distribuant les compliments et les « coups de pied au cul ». Un état-major efficace était donc vital pour un tel système de commandement. Et, malgré son tempérament bouillant, Patton fera en sorte de garder ses proches collaborateurs jusqu'à la fin de la guerre.

A la fin du mois d'août 1944, la *Third Army* est forte de 314 814 officiers et hommes de troupe répartis entre neuf divisions, deux d'entre elles étant blindées. En outre, elle dispose de nombreuses troupes spécialisées et d'unités de quartier général. A cette époque, la *Third Army* est une organisation complètement prête au combat, dopée par la victoire et pressée d'en découdre. Tout au long de l'histoire, des armées qui gagnent sont caractérisées par un moral élevé et la *Third Army* n'y fait pas exception. On a souvent dit que Patton a créé cette armée à sa propre image et ses hommes ont été fiers de dire : « *J'étais avec Patton.* »

En ce qui concerne la Bataille de Metz, nous nous attacherons plus spécialement au sort du *XX Corps*. Cette unité, lors de sa progression en France, est commandée par le *General* Walton H. Walker qui est, comme Patton, un vétéran de la bataille de Saint Mihiel en 1918. Walker ressemble plutôt à un bulldog avec une silhouette courte et épaisse et un visage large déformé par un air féroce. Ladislas Farago, biographe de Patton, le décrit de manière irrévérencieuse comme un « grassouillet camion citerne ». On pourrait penser que Patton l'aime bien mais il ne le prendra jamais trop au sérieux. De diverses manières, il est l'ombre de son maître beaucoup plus célèbre qu'il idolâtre, imitant sa passion pour les élégantes tenues, son énergie et son comportement. Mais, à la différence de Patton, il reste modeste, portant d'ordinaires rangers de GI et un ordinaire ceinturon de toile. Walker est abordable mais il ne semble qu'il n'a jamais été apprécié. Il n'y aura jamais de culte de la popularité de Walker, aucune légende et pas d'anecdotes. Aux yeux de Patton, ses qualités résident dans le fait qu'il fait ce qu'il dit - ce qui signifie qu'il gardera le commandement de ce corps d'armée.

Comme une armée, un corps d'armée est un quartier général chargé des opérations et de l'administration. Ses divisions peuvent être échangées avec celles d'autres corps d'armée, simplement transférées en fonction des nécessités opérationnelles. Il a cependant ses propres unités spécialisées qui lui restent attachées : Génie, artillerie, unités médicales, etc. Une division est la plus haute formation tactique qui reste une unité constituée tout au long de la Seconde Guerre mondiale avec les régiments qui lui sont attachés.

Comme un corps d'armée, une division d'infanterie américaine de la Seconde Guerre mondiale a aussi des unités spécialisées qui sont à la disposition opérationnelle du commandant de la division. On trouve généralement :

- Un certain nombre de groupe d'artillerie *(artillery battalions)* ;
- un bataillon du génie ;
- une compagnie de train *(Quartermaster)* ;
- une compagnie de transmissions ;
- un groupe de reconnaissance ;
- une compagnie de réparation ;
- un groupe antiaérien ;
- un ou deux bataillons de chars ;
- un ou deux bataillons de chasseurs de chars.

La compagnie de quartier général de la division dispose de diverses unités de services comme la police militaire, la fanfare, entre autres.

Ses trois régiments d'infanterie sont l'épine dorsale d'une division d'infanterie. Chacun d'eux est commandé par un colonel et est ensuite réparti entre trois bataillons disposant pour chacun d'eux de trois compagnies de fantassins et d'une compagnie d'armes lourdes. Au niveau régimentaire, il y a aussi des unités spécialisées (Génie, artillerie, chars, etc.) et quand le régiment est en opération avec celles-ci, il constitue des *Regimental Combat Teams* (RCT), unités de combat totalement autonomes.

L'organisation d'une division blindée américaine est quelque peu différente. Au lieu de régiments, elle dispose de trois groupements tactiques *(Combat Commands* ou CC)*, chacun d'eux étant sous les ordres d'un *Brigadier* ou d'un colonel. Chaque groupement tactique est totalement mobile, unité organique qui peut opérer de manière indépendante, constituée de chars, de chasseurs de chars *(tank-destroyers)*, d'infanterie motorisée, d'artillerie automotrice, et de Génie de combat.

---

was over. There was no way out Trapped. why didn't somebody tell me that it would be hell like this. I have been fooled, I thought. Then the stillness was shattered by a humorous remark (not suitable for printing here) about. the soldiers' relationship with the frauleins, What a relief! With a clenched fist raised high and a loud « Good luck »., the windshield was raised, the General sat down, and the chariot sped away as rapidly as it had come. »

The Third US Army consisted of three corps, XX, XII, and VIII, although the latter remained in Brittany to besiege the German garrisons left behind there. Patton's headquarters staff was mainly made up of officers who had served under him in North Africa and Sicily, and many of them were cavalrymen imbued with his own ideals of speed and surprise. Admittedly, the staff were overshadowed by the mercurial temperament of their chief, but they functioned as a smooth team. Patton himself was little bothered with such mundane matters as logistics and administration, spending much of his time away from base, roving the battlefield alone, distributing praise, and « chewing butts. » Thus an efficient staff was vital to such a system of command; and in spite of his hot temper, Patton managed to keep his close associates right through. to the end of the war.

At the end of August 1944, the Third Army consisted of 314,814 officers and men divided into nine divisions, two of which were armored. In addition there were numerous special troops and headquarters units. By that time, the Third Army was a close-knit fighting organization flushed with victory and eager for the kill. Throughout history, successful armies have been characterized by high morale, and the Third Army was no exception. It has even been said that Patton created his army in his own image, and his troops were proud to be able to say, « I'm with Patton. »

As far as the Battle of Metz is concerned, we are really interested only with XX Corps. This unit, in the forefront of the pursuit across France, was commanded by General Walton H. Walker, like Patton, a veteran of the St. Mihiel battle in 1918. Walker looked rather like a bulldog with a short, squat frame and a broad face usually set in a ferocious scowl. Patton's biographer, Ladislas Farago, described him irreverently as a « roly-poly tanker. » It would seem that Patton was fond of him but did not always take him too seriously. In many ways, he was the shadow of the more illustrious master whom he idolized, sharing his passion for smart appearance, and his energy and drive. Unlike Patton, he was unostentatious, wearing GI shoes and an ordinary webbing belt. Walker was approachable but it seems that he was never really liked. There was no General Walker popularity cult, no legends, and no anecdotes. His virtue in Patton's eyes was that he did what he was told—which meant that he survived in command of his corps.

Like an army, an army corps is purely an operational and administrative headquarters. Its divisions can be swapped around with other corps, simply by being assigned or transferred to suit operational requirements. It does, however, have its own pool of special troops, which remain attached to it: engineers, artillery, medical facilities, etc. A division was the highest tactical formation that remained as an integral unit during the Second World War and kept its assigned regiments throughout its life.

Like a corps, an American infantry division in the Second World War also had special troops which were at the operational disposal of the divisional commander. These would normally comprise:

A number of field artillery battalions
A medical battalion

An engineer battalion
A quartermaster company
A signal company
A reconnaissance troop
An ordnance company
An antiaircraft battalion
One or two tank battalions
One or more tank-destroyer battalions

The headquarters company of the division was responsible for miscellaneous service troops such as military police, the divisional band and the like.

The teeth of an infantry division were its three regiments, each usually commanded by a full colonel. These were then subdivided into three battalions, each with *three* rifle companies and a heavy weapons company. At regimental level there were also attached special troops—engineers, artillery, tanks, etc.—and when the regiment moved with them it formed what was known as the regimental combat team (*RCT*), an integrated fighting unit.

The organization of an American armored division was somewhat different. Instead of regiments, it was divided into three combat commands, each under a brigadier general or a full colonel. Each combat command was a fully mobile, integrated unit that could operate independently, made up of tanks, tank destroyers, motorized infantry, self-propelled artillery, and combat engineers.

While the German army of the period was still relying largely on horses for the movement of equipment, the American army was highly mechanized. This brought with it the inevitably adverse tooth-to-tail relationship, a vast number of rear echelon specialists being required to keep one man in the front line firing a rifle.

At the end of August 1944, XX Corps consisted of three divisions: the 5th and 90th Infantry, and the 7th Armored. The 5th Infantry Division was a regular unit, which had spent the earlier part of the war guarding Iceland, and was commanded by Maj. Gen. LeRoy Irwin. After an unfortunate start in Normandy, the 90th Infantry had settled down under the command of Brigadier-General Raymond Mclain. Major General Silvester's 7th Armored had also been in combat in Normandy and none of the three divisions had suffered excessive casualties during the pursuit of the Germans across France.

Alors qu'à cette période, l'armée allemande est encore largement dépendante des chevaux pour ses déplacements, l'armée américaine est fortement mécanisée. Cela entraîne tout une chaîne de fonctionnement, un grand nombre de spécialistes de l'arrière nécessaires pour aligner un homme avec un fusil sur la ligne de front.

A la fin du mois d'août 1944, le *XX Corps* dispose de trois divisions : les 5e et 90e d'infanterie et la 7e blindée. La *5th Infantry Division* est une unité d'active qui a passé le début de la guerre à monter la garde en Islande et qui est commandée par le *Major General* Le Roy Irwin. Après les débuts malheureux en Normandie, la *90th Infantry Division* est passée sous le commandement du *Brigadier General* Raymond Mclain. La *7th Armored Division*, division blindée du *Major General* Silvester, a aussi combattu en Normandie et aucune de ces divisions n'a eu à souffrir de pertes excessives lors de la poursuite de l'armée allemande à travers la France.

Eisenhower.

1. Patton, then a Major-General, commanded US forces in Morocco. Photo taken at Camp Anfa near Casablanca with Admiral Mountbatten during a visit by President Roosevelt.

2. Patton in the Coutances area of Normandy, 29 July 1944.

3. Patton accompanied by his chief-of-staff, Major-General Hugh J.Gaffey.

4. The American commanders in Lorraine. From left to right, Lt-Gen Omar N. Bradley, commander of 12th Army Group, Brigadier-General Otto M. Weyland, XIX Tactical Air Command, Lt-Gen George S. Patton, Third Army. In the foreground is Willie, Patton's famous bull-terrier...

1. Patton, alors *Major General*, commandant des forces U.S. au Maroc converse au camp Anfa près de Casablanca avec le vice amiral Lord Mountbatten. La photo a été prise en février 1943 lorsque le président Roosevelt a visité les troupes de ce camp.

2. Patton, dans la région de Coutances. Cette photo a été prise le 29 juillet 1944.

3. Patton en compagnie de son chef d'état-major le Major General Hugh J. Gaffey.

4. Le commandement US en Lorraine. De gauche à droite, *Lieutenant General* Omar N. Bradley, *12th Army Group* ; *Brigadier General* Otto P. Weyland, *XIX Tactical Air Command*, *Lieutenant General* Georges S. Patton, *Third Army*. Au premier plan, le bull-terrier de Patton nommé Willie.

3

4

1

2

1. Début septembre 1944, après l'avance fulgurante de ces troupes, Patton rencontre le *Major General* M. S. Eddy commandant du *XII Army Corps* et à sa droite le *Major General* H.L. Macbride de la *80th ID US*.

2. Le 3 novembre 1944, près de Nancy, le *Major General* Paul W. Beade commandant la *35th ID US* montre au général Patton une canne de marche où est inscrit le nom des villes libérées par la *35th ID US*. (NA/Heimdal.)

3. Avril 1945, Patton visite l'Allemagne d'après guerre au cours d'une mission spéciale demandée par le président Truman.

4. Portrait de l'immédiat après-guerre de Patton alors au faîte de sa gloire.

5. La tombe de Patton à Hamm au Luxembourg après sa disparition dont les raisons restent mystérieuses.

1. Early September 1944 after the spectacular advance of his troops, Patton with Major-General M. S. Eddy, commanding XII Army Corps and on his right, Major-General H.L. Macbride, CG 80th Infantry Div.

2. On 3 November 1944, near Nancy, Major-General Paul W. Beade, CG 35th Div. showing a walking stick to General Patton on which the names of all the towns liberated by the division were inscribed. (NA/Heimdal.)

3. Patton in Germany, post-war.

4. Portrait of Patton after the war at the height of his glory.

5. Patton's grave at Hamm in Luxembourg after his death in slightly mysterious circumstances.

La 5th Infantry Division

La *5th Infantry Division* est une unité d'active qui a été constituée pour être engagée en 1917, en France, où elle prend part à la bataille pour la réduction du saillant de Saint-Mihiel et à la bataille de 1918 connue par les Américains comme la bataille de Meuse-Argonne à l'ouest de Verdun. Font alors partie de son ordre de bataille deux de ses régiments (les 10e et 11e) qu'on retrouvera pendant la Seconde Guerre mondiale. La division crée son célèbre badge d'épaule en forme de losange rouge (le *Red Diamond*) pendant la Grande Guerre, ainsi que la devise de l'unité : « *We will* » (« nous voulons »). Par ailleurs, les Allemands vont alors donner le surnom de « diables rouges » (« *Red Devils* ») aux hommes de l'unité, surnom dont ils seront très fiers. Pendant les années de l'entre deux guerres, la division est mise en sommeil avant d'être réactivée en octobre 1939 alors que l'Amérique n'est pas encore impliquée dans le conflit. Elle sera une division dite « triangulaire » avec trois régiments d'infanterie à la différence des anciennes divisions « carrées » avec quatre régiments répartis en deux brigades. Les régiments qui lui sont attribués sont les *2nd, 10th* et *11th Infantry* qui avaient déjà combattu ensemble pendant la Guerre de Sécession.

Sous le commandement du *Major General* Cummins, la première garnison de la division est à Fort Custer dans le Michigan. Les premières recrues arrivent en avril 1941 pour l'instruction et, cette année-là, ils prennent à part à des manœuvres dans le Tennessee et en Louisiane. Au mois d'août, le *10th Inf. Regt.* est envoyé en garnison en Islande avant d'être suivi par le reste de la division. Le séjour en Islande n'est pas un intermède agréable pour les GI's de la *5th Div.* Ils vont passer leur séjour sur cette île de glace et de feu à patrouiller le long de la côte, à tracer des routes, à construire des camps et à travailler comme dockers sur le port. Le *Major General* LeRoy Irwin arrive au mois de juillet pour prendre le commandement de la *5th Division* et il y restera à sa tête jusqu'à sa promotion comme chef d'un corps d'armée. La division est relevée en août 1943 et rejoint par bateau l'Angleterre et les contrées inhospitalières de Tidworth Camp sur la plaine de Salisbury. Là, commence alors une période d'entraînement intensif en vue du débarquement. Cet entraînement se poursuit en Irlande du Nord où la division s'installe à la fin du mois d'octobre. Là, elle étudie chaque aspect de l'attaque et de la défense dans des conditions de bataille simulée en utilisant des vraies munitions.

Vers la fin du mois de juin 1944, la *5th Inf. Div.* est prête au combat et elle est mise en état d'alerte pour partir sur le continent. Elle embarque dans douze Liberty Ships le 6 juillet dans le port de Belfast afin de rejoindre la Normandie. Elle débarque sur *Utah Beach* deux jours plus tard et toute la division se met en route depuis la plage, les jours suivants, avec tout son ravitaillement et des centaines de véhicules. Le 12 juillet, le *V Corps* donne l'ordre aux hommes du « *Red Diamond* » de rejoindre le front dans le secteur de Caumont-l'Eventé. Là, elle va limer ses dents dans le combat acharné dans le bocage jusqu'à la percée de la fin du mois de juillet. Au début du mois d'août, la division devient officiellement l'une des composantes du *XX Corps* de la *US Third Army*, prenant part à l'avance rapide vers la Loire où Angers est libérée avant de reprendre la progression en direction de Chartres. Ainsi, les hommes de la *5th Division* sont l'une des composantes de la ruée du général Patton à travers la France, de la Normandie à la Moselle. La Seine est traversée à Fontainebleau, au sud-est de Paris. Ouvrant le chemin et avançant souvent d'une soixantaine de miles (une centaine de kilomètres) par jour tout au long du mois d'août, tassée dans les camions ou agrippée au char, l'infanterie poursuit l'ennemi en retraite. Elle traverse la Marne et les champs de bataille de Meuse-Argonne, ceux de la Grande Guerre, fonçant vers la Meuse et Verdun, libérant au passage les caves de champagne à Reims. A partir de là, nous rejoignons le sujet de cet ouvrage. Après la libération finale de Metz, les hommes de la *Red Diamonds Division* prendront part au combat acharné le long de la Sarre avant d'avancer en direction du nord vers le Luxembourg, pour aider à la mise en échec de l'offensive allemande dans les Ardennes. Après l'échec des Allemands, elle continuera en Allemagne, traversant le Rhin à Oppenheim, nettoyant la ville de Francfort et terminant la guerre sur la frontière tchèque et en Bavière. Après une brève période d'occupation, les hommes épuisés de la *5th Infantry Division* repartent pour la mère patrie, scellant la fin de la carrière de combat des « *Red Devils* », sans aucun doute l'une des meilleures divisions mises sur pied par les USA pendant la Seconde Guerre mondiale.

La 90th Infantry Division

Comme la *5th*, la *90th* s'est distinguée lors des derniers mois de la Grande Guerre, gagnant les honneurs des batailles de Saint-Mihiel et de Meuse-Argonne. Le badge d'épaule associe les lettres TO signifiant que ses recrues viennent principalement du Texas et de l'Oklahoma et gagnant ainsi le surnom de « *Tough Ombres* » (« solides gaillards »). La division est reconstituée en mars 1942 en tant que division triangulaire à trois régiments d'infanterie, soit les 357e, 358e et 359e, plus les habituelles unités de soutien, Génie, artillerie, chars, etc. Ensuite c'est l'habituel entraînement de base puis au combat dans l'ouest de l'Angleterre. La *90th* fera partie de la seconde vague des débarquements en Normandie, débarquant sur *Utah Beach* en différents groupes entre le 6 et 8 juin. Dès que tous les véhicules sont parvenus à terre, ils rejoignent un secteur de rassemblement pour ouvrir la route vers l'ouest afin d'isoler le secteur de Cherbourg, sa première attaque est bloquée en chemin le 10 juin, face à une vive résistance de paras allemands. Les pertes sont lourdes et le résultat d'avoir lancé si rapidement au combat une division de bleus fait chuter son moral au plus bas. La division passe successivement sous le commandement de deux généraux qui seront limogés l'un après l'autre ainsi que de nombreux commandants de régiments et chefs de bataillon, tout au long des premières semaines de la campagne de Normandie. John Colby, historien de la division, donne une triste image d'incompétence, d'un mauvais travail d'état-major et d'un manque de moral pour cette période. A ce moment de la bataille, Bradley, qui commande alors la *First Army*, pense dissoudre la *90th* et disperser ses hommes en unités de renforts pour d'autres unités. Mais, quand le *Brigadier General* Raymond McLain est nommé le 29 juillet pour en prendre le commandement, il « redonna son âme à la 90th », la transformant rapidement en une unité de combat de première classe. La *90th* vit de durs moments en Normandie dont, parmi les principaux combats, l'attaque du Mont Castre au cœur d'un pays de bocage face, entre autres, à un régiment de paras allemands. La *90th Division* finira par gagner en subissant de lourdes pertes. La division prend part à la percée de l'opération *Cobra* puis à la poursuite des Allemands en retraite vers Avranches.

Pour finir, un mot du support aérien, l'une des composantes essentielles d'une guerre mobile efficace. Le *XIX Tactical Air Command* (TAC) est affecté à la coopération avec la *Third Army* et, vers la fin du mois d'août, un système très efficace de coordination sol-air mis au point. Sous le commandement du *Brigadier General* Otto Weyland, le *XIX TAC* aligne deux *wings* de chasseurs-bombardiers dont les 600 appareils sont déployés entre la Bretagne et le secteur du Mans. Durant le mois d'août, les missions qui leur sont attribuées conduisent à une inévitable dispersion. A côté de l'appui direct des troupes au sol, ils doivent encager le champ de bataille en attaquant les renforts allemands et en protégeant le flanc gauche exposé de la *Third Army*. Cela signifie des missions aussi éloignées que Brest et Metz. Bien que l'opposition de la *Luftwaffe* soit négligeable, le nombre des missions d'appui effectué lors de la campagne pour Metz sera fortement réduit par les terribles conditions météorologiques.

Voilà donc la *Third Army* du *General* Patton qui aurait pu elle-même se frayer un chemin jusqu'au Rhin, foncer sur Berlin et gagner la guerre à elle seule, si certaines circonstances adverses n'étaient pas survenues.

The 5th Infantry Division.

General Irwin commander of the 5th Inf. Div.

The 5th Infantry, a regular division, was embodied for service in France in 1917 where it took part in the battle to reduce the St. Mihiel salient and the 1918 battle known to the Americans as the Meuse-Argonne to the west of Verdun. Included in its order of battle were two of the regiments (10th and 11th) with which it went into combat in WWII. It was during WWI that the Division acquired its famous Red Diamond shoulder patch and the motto, « We Will. » In addition, its men became known to the Germans as the « Red Devils », a nickname they were proud to bear. During the inter-war years the division was mothballed until reactivated in October 1939 when America had not yet become involved in the conflict, as a so-called triangular division with three regiments as opposed to the earlier « square » division with four regiments divided into two brigades. The Regiments allotted to it were the 2nd, 10th and 11th Infantry which had in fact fought together during the Civil War.

The Division's first home, under the command of Major-General Cummins was at Fort Custer in Michigan and in April 1941 the first men arrived for training, during that year taking part in maneuvers in Tennessee and Louisiana. In August the 10th Inf. Regt. was sent off to garrison Iceland to be followed later by the rest of the division. The period in Iceland was not a pleasant interlude for the GI's of the 5th Div. who spent their time patrolling the coast, building roads, erecting camps and working as stevedores at the docks. In July Major-General LeRoy Irwin arrived to take command of the 5th and he remained with them right up until almost the end of the way when he was promoted to command a corps.

In August 1943 the division was relieved and shipped out of their inhospitable billets headed for England and Tidworth Camp on Salisbury Plain to start an intensive period of pre-invasion training. This was continued in Northern Ireland where the division moved in late October. There they studied every aspect of attack and defense under simulated battle conditions, using live ammunition

Towards the end of June 1944, the battle ready 5th Inf. Div. was alerted for overseas duty, and packed into 12 Liberty ships, set sail for Normandy on 6 July from Belfast harbor. They arrived off Utah Beach two days later and the entire division was moved ashore with all its stores and hundreds of vehicle over the following few days. On July 12, assigned to V Corps the men of the Red Diamond went into the line in the Caumont area ; where they cut their teeth in the bitter hedgerow fighting that led up to the breakout at the end of July. On early August the division officially became a part of XX Corps of the US Third Army, taking part in the rapid advance to the Loire, where Angers was liberated before moving onwards to Chartres. Thus the men of the 5th were an integral part of General Patton's dash across France from Normandy to the Moselle River. Crossings over the Seine were seized at Fontainebleau, south-east of Paris opening up the way, and moving often sixty odd miles a day throughout August packed into trucks or clinging onto tanks, the infantry pursued the fleeing enemy. They crossed the Marne and the WWI Meuse-Argonne battlefields, heading for the Meuse at Verdun, liberating the champagne cellars of Reims along the way. From then on they became an integral part of this book.

After the final liberation of Metz, the men of the Red Diamond Division took part in the bitter fighting along the Saar River, before being moved north into Luxembourg to help counter the German winter offensive in the Ardennes. When that had been defeated, they continued westwards into Germany, crossed the Rhine at Oppenheim, cleared out the city of Frankfurt ending the war on the borders of Czechoslovakia and in Bavaria. After a brief spell or occupation duty, the weary men of the 5th Infantry sailed for home and a temporary end to the fighting career of the « Red Devils », undoubtedly one of the finest combat divisions produced by the USA during WWII.

The US 90th Infantry Division.

Like the 5th, the 90th had had a distinguished record during the latter months of WWI, winning battle honors for St. Mihiel and Meuse-Argonne. The Divisional shoulder patch featured the letters TO, which reflected that it had recruited men mainly from the states of Texas and Oklahoma, earning it the nickname of the Tough Ombres. The Division was reactivated in March 1942 as a rectangular three regiment set-up with the 357th, 358th and 359th as its generic regiments, plus the usual complement of support units, engineers, artillery, tanks etc. There followed the usual round of basic and general combat training in the West of England. The 90th was assigned to the second wave of the Normandy landings, coming ashore on Utah Beach in various groups between 6 and 8 June. Once all the vehicles had been unloaded they moved off to an assembly area inland from the beach. Initially tasked to open a way to the west to cut off the Cherbourg area, their first attack got underway on 10th June against stiff resistance by German paratroops. Casualties were heavy, and as a result of pitching a green division so hastily into combat, morale dropped to zero. The division went through two commanding generals, both of whom were sacked along with several regimental and battalion commanders during the first few weeks of the Normandy campaign and the division's historian, John Colby paints a sorry picture of incompetence, poor staff work and lack of morale. At one stage, Bradley, then commanding First Army, considered breaking the 90th up and suing its men as replacements for other units. Yet, when Brig-Gen. Raymond McLain was appointed to command on 29th July, he « gave the 90th back its soul », transforming it rapidly into a first class fighting machine.

The 90th had a hard time in Normandy, among notable battles being the attack on Mont Castre in the heart of the hedgerow country, faced by elite German parachute troops who could give as good as they got. It was the 90th, however, that won through in the end, suffering huge casualties in the process. The division took part in the COBRA breakout and then the headlong pursuit of the beaten Germans towards Avranches

Finally, a word about air support, a vital component of successful mobile warfare. The XIX Tactical Air Command (TAC) was assigned to cooperate with the Third Army, and by the end of August, a tightly knit system of air-ground coordination had been established. Under the command of Brig. Gen. Otto Weyland, the XIX TAC had two fighter-bomber wings, whose 600 aircraft were deployed mainly between Brittany and the Le Mans area. During August they had had to cover a number of missions, which had led to inevitable dispersion. Besides direct cover for the ground troops, they had to seal off the battlefield by attacking German reinforcements and protect the exposed long left flank of the Third Army, which meant flying missions as far apart as Brest and Metz. Although opposition from the *Luftwaffe* was negligible, the amount of support rendered during the Metz campaign was to be severely restricted by the terrible weather conditions.

This, then, was the Third Army and General Patton, who together would have smashed their way through to the Rhine, roared on to Berlin and won the war on their own, had not certain adverse circumstances intervened.

1

Le reportage qui suit, fait partie du fond iconographique des vétérans de la *5th Inf. Div*. Il présente des photos de la vie au sein de l'unité ainsi que nombre de sous-officiers et officiers des compagnies de la *5th DI US*. La plupart des photos de groupes ont été prises après la campagne de Lorraine.

1. Le colonel Paul Franson, chef d'état-major divisionnaire de la *10th Inf. Rgt*.

2 et 3. Vues de l'état-major de la *5th Infantry Division* et du G1.

4. Prise en charge du courrier postal au sein de la *5th Infantry Division*.

5. Dessin au trait d'un vétéran de la *5th Infantry Division* avec un casque d'infirmier et insigne des « Reds Diamonds ».

6, 7 et 8. Quelques-uns des véhicules de la *5th DI US* au cours de la campagne de France. Noter la diversité des tenues et des équipements.

2

3

4

The following illustrations are part of a series illustrating the life of the 5th Infantry Division. Most of the group photos were taken after the campaign in France.

1. Colonel Paul Franson, divisional chief-of-staff.

2. & 3. Views of the 5th Division staff

4. Sorting the mail at 5th Division.

5. Drawing of a GI with the helmet of a medic. and Red Diamond insignia. Private Harold Gorman who won the Congressional Medal of Honour for heroism

6, 7 & 8. Some 5th Div vehicles during the course of the campaign in France. (Diamond Dust CD)

Sur ces huit photos, un aperçu des membres des différentes composantes de la *5th Infantry Division* et éléments qui lui sont rattachés. Entre autre les 10 et 11e régiments d'infanterie de la division sont représentés avec quelques vues de sous-officiers des bataillons.

In these eight photos various members of the 5th Division and its attached units can be seen, among them the 10th and 11th infantry battalion staffs. (Diamond Dust CD)

Le diamant rouge symbole de la 5th Infantry Division.
Red diamond, 5th Inf. Div.

Très tôt, se pose le problème de ravitaillement et de la lourdeur de la logistique pour les Alliées débarqués en Normandie. Le problème s'accentue à mesure que les troupes avancent en territoire français. L'approvisionnement en essence va entraîner fin août et surtout début septembre une crise débouchant sur l'arrêt de la *Third Army* de Patton.

Right from the beginning the problems of resupply and logistics were a headache for the troops landed in Normandy and the further the troops advanced into French territory the worse the problems became. Lack of supplies of petrol brought the Third US Army to a dead stop at the end of August and early September.

1. Dès juin 1944, les Alliés réparent et aménagent les structures d'approvisionnement, comme sur cette photo prise en Normandie, à Port-en-Bessin, le 6 juillet. (IWM.)

2. Les Alliés installent dès le 6 juin un système de pipeline pour leur besoin en essence. Voici un détail des installations de Port-en-Bessin. (IWM.)

3. D'autres systèmes d'approvisionnement sont utilisés, ici c'est un bateau plein de jerrycans d'essence qui débarque sa cargaison dans le port d'Isigny en Normandie le 24 juin 1944. (DAVA/Heimdal.)

4, 5 et 6. La remise en état des voies ferroviaires est également une priorité des Alliés. Sur ce reportage, on voit le premier train partant de la gare de Bayeux. Nous sommes le 14 juillet 1944 et le reste du réseau ferroviaire est encore dans un état déplorable. Tout le personnel ferroviaire de ce convoi est anglais, membre d'une *Railway Operative Company*, *Royal Engineers*, commandé par le *Captain* WInterton. La seule ligne rétablie ce jour-là est Bayeux-Lison, à une trentaine de kilomètres… (IWM.)

1. *Right from the start in June the Allies were engaged in repairing and reorganising the supply infrastructure as in this photo taken at Port-en-Bessin in Normandy on 6 July 1944. (IWM).*

2. *The Allies installed a system of pipelines to satisfy their requirements for petrol. This is a detail of he installations at Port-en-Bessin. (IWM).*

3. *Other systems of resupply were also used. Here is a vessel full of jerricans unloading at Isigny in Normandy on 24 June. (DAVA/Heimdal).*

4, 5 & 6. *Rebuilding the railway system was a priority for the Allies. In this series of photos we see the first train to leave Bayeux station. This was on 14 July 1944 and the rest of the network was in deplorable condition. All the personnel on this convoy were British members of a Railway Operating Company Royal Engineers. The only stretch of line re-established that day as from Bayeux to Lison, a distance of 30 odd km. (IWM).*

4

5

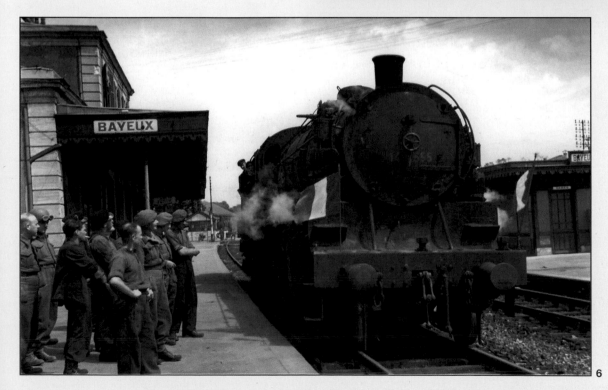

6

Les destructions faites par l'aviation alliée avant et pendant la bataille de Normandie pour isoler les forces allemandes et empêcher la montée de renforts vont, après la percée américaine, se retourner contre la dynamique alliée. Le réseau ferroviaire et les ponts lourdement endommagés deviennent désormais un obstacle à la ruée vers l'est des troupes US.

1. Un aperçu des gares françaises touchées par l'aviation alliée. Nous sommes à la gare de Canisy dans la Manche. La photo est datée du 1er août 1944. (NA.)

2. La gare d'Alençon détruite par les bombes américaines à la date du 22 août 1944. (NA/Heimdal.)

3. Impressionnante vue d'une locomotive éventrée dans la gare de Carentan dans la Manche vers le 2 août 1944. (NA/Heimdal.)

4. Une autre gare non localisée très sévèrement touchée comme celles du bassin parisien ou de l'est de la France durant l'été 1944. (NA/Heimdal.)

The destruction caused by the Allied aviation before and during the Battle of Normandy to isolate the Germans already there and hinder the arrival of reinforcements became a disadvantage to the Allies after their breakout. The severely damaged bridges and tracks were a hindrance to the US troops during their advance to the east.

1. A view of what happened to a railway station when it was bombed. This is the station at Canisy in the Manche, Photo dated 1 August 1944. (DR).

2. Alençon station destroyed by bombs, on 22 August. (NA/Heimdal)

3. Impressive view of a wrecked locomotive at Carentan station on 22 August. (NA/Heimdal)

4. Another station unidentified but probably in the Paris area or further east during the summer of 1944. (NA/Heimdal)

3

4

Du 16 août au 3 septembre 1944, l'avance américaine est foudroyante. Quittant l'ouest de la France après la percée, la *7th US Armored* et la *5th Infantry Division* traversent Chartres, Sens, Epernay, Bar-le-Duc pour arriver à Verdun.

1. Le 27 août, la compagnie A du *23rd Infantry Regiment* de la *7th Armored Division* se met sur la défensive alors qu'elle subit une attaque locale de la part de la *Wehrmacht* près d'Epernay. (NA/Heimdal.)

2 et 3. Le 1er septembre, les troupes américaines atteignent la Lorraine. La population civile de Bar-le-Duc les salue et a disposé trois drapeaux alliés sur le monument aux morts. Noter la facture grossière du drapeau soviétique et l'absence de drapeau US. (NA/Heimdal.)

4. Le 1er septembre également, des GI's franchissent la Meuse grâce à des canots pneumatiques. Ils traverseront la rivière à Saint-Mihiel prise par des éléments de la « *Third Army* » avant d'y établir un pont du Génie. (NA.)

4

From the 16 August to 3 September the American advance was spectacular. Leaving western France after the breakout, the 7th Armored Division and the 5th Infantry Division passed through Chartres, Sens, Epernay, Bar-le-Duc to reach Verdun.

1. On 27 August, A Company of the 23rd Inf. Regt. of the 7th Armored Div. coming under attack near Epernay. (NA/Heimdal)

2 & 3. The Americans arrive in Lorraine. The local civilians in Bar-le-Duc greet them cautiously, having hung three Allied flags from the war memorial. Note the prominent Soviet one and the lack of the Stars and Stripes. (NA/Heimdal)

4. GI's cross the Meuse at Saint-Mihiel in inflatables before an engineer bridge had been completed. (NA).

3

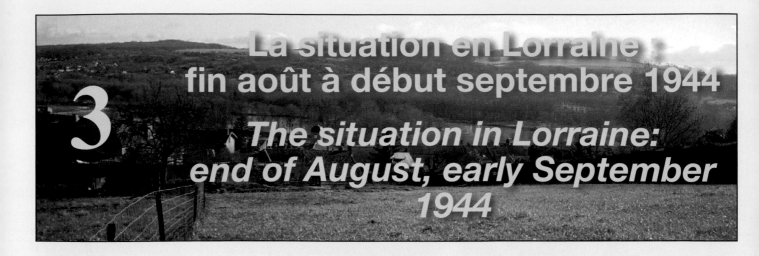

La situation en Lorraine :
fin août à début septembre 1944

3

The situation in Lorraine:
end of August, early September
1944

Le problème de ravitaillement

Le 1er septembre 1944, la *Third Army* a subi l'humiliation de manquer de carburant. Cela paraît étrange en considérant l'efficacité qu'on peut attendre d'armées modernes et de leurs facilités logistiques, mais c'est ce qui arriva. Depuis lors, des commentateurs partisans ont émis nombre d'accusations véhémentes et ont supposé une tricherie en haut lieu. Patton a tout simplement été la victime des circonstances qui ont été exposées dans le chapitre 1. Le manque de carburant n'est pas quelque chose qui est apparu subitement car l'état-major savait depuis plusieurs jours qu'il serait probablement conduit à marquer une pause.

A ce niveau des opérations, nous examinerons la question de la logistique car elle va conditionner les événements qui se sont déroulés en Lorraine entre septembre et décembre 1944. A cette période de la guerre en Europe, ce ne sont plus les commandants en chef qui déterminent l'étendue des opérations mais leur G-4 (chef d'état-major adjoint chargé du ravitaillement). Le niveau de mécanisation a conduit à de grands changements dans la conduite de la guerre. Les armées de la Première Guerre mondiale, malgré leurs effectifs, étaient principalement formées de fantassins avec une gamme limitée d'armes standardisées. Leurs besoins logistiques étaient principalement assurés par les chemins de fer et un service de navettes (largement hippomobile) depuis les points de déchargement ferroviaires jusqu'aux secteurs d'un front plus ou moins statique. Une vingtaine d'années après la fin de ce conflit, la division blindée, les forces aéroportées et les unités amphibies sont arrivées sur ce terrain. Même la simple division d'infanterie est maintenant complètement motorisée et est équipée d'une variété d'armes complexes : canons antichars, obusiers légers et autres armes collectives. Cela signifie que, pendant la Seconde Guerre mondiale, le nombre de spécialistes des services par combattant s'est notablement accru. Il faut aussi avoir à l'esprit un autre facteur : entre 1914 et 1918, les armées alliées combattant en France s'appuyaient sur un système politique intact fortement impliqué dans une guerre qui devait être gagnée. Ils avaient l'appui des ressources industrielles françaises, du réseau ferré, de la police et de toutes les fonctions gouvernementales d'une nation développée.

En 1944, ce n'est plus le cas. La France est devenue un territoire ennemi qui doit être envahi depuis les Iles britanniques qui elles-mêmes sont incapables de ravitailler les vastes armées américaines. Le gros du ravitaillement allié doit être amené par voie maritime à travers l'Atlantique.

Le raid désastreux de Dieppe, en 1942, a démontré aux planificateurs la futilité de tenter de prendre d'assaut des ports défendus par l'ennemi. Des ports « Mullbery », des ports artificiels, ont dû alors être conçus, fabriqués pour et transportés jusqu'aux plages de Normandie exposés aux éléments. A la fin du mois d'août, le gros du ravitaillement est toujours débarqué sur ces mêmes plages pour satisfaire aux exigences de quelque 40 divisions alliées et aux myriades de quartiers-généraux, hôpitaux et autres unités spécialisées. Seul le port de Cherbourg fonctionne partiellement. Brest, Calais et Dunkerque sont toujours aux mains des Allemands même si Dieppe est libérée le 1er septembre. D'où l'intérêt d'Eisenhower pour la prise des ports de la Manche, dont principalement Anvers.

The supply problem

On 1 September 1944, the Third Army suffered the humiliation of running out of fuel. This may sound strange in view of the efficiency we have come to expect from modern armies and their logistics facilities, but this is exactly what happened. Prejudiced commentators have since made a number of wild accusations and hinted at treachery in high places. Patton, however, was simply a victim of circumstances, which have been outlined in Chapter 1. The fuel shortage was not something that happened out of the blue, as the staff had known some days previously that they would eventually grind to a halt.

The whole question of logistics is worth considering at this stage, since it preconditioned the events in Lorraine between September and December 1944. At this stage in the fighting in Europe, it was no longer the commanding generals who determined the extent of operations, but their G-4's (assistant chiefs of staff for supply). The growth of mechanization had led to great changes in warfare. The armies of the First World War, despite their vast size, had consisted mainly of infantry with a limited range of fairly standard weapons. Their logistical needs could be mainly met by railways - and a shuttle service (largely horse drawn) from the railheads to the more or less static front lines. Just over 20 years after the end of that conflict, the armored division, airborne forces, and amphibious units had arrived on the scene. Even the ordinary infantry division had become fully motorized and was equipped with a variety of complex weapons; antitank guns, light howitzers, and other crew-served weapons. This, in turn, meant that during the Second World War, the number of support troops per fighting man had increased greatly. Another factor to be borne in mind is that, between 1914 and 1918, the Allied armies in France were fighting in a country with an intact political system that was firmly committed to winning the war. They had the support of the French manufacturing resources, the railways, the police, and all the normal governmental functions of a developed nation.

In 1944, this was not the case. France was enemy territory that had to be invaded from the British Isles, which itself was unable to supply the vast American armies. The bulk of the Allied requirements had to be shipped across the Atlantic.

The disastrous Dieppe raid in 1942 had demonstrated to the planners the futility of trying to capture a defended port by storm. Hence the « Mulberry » harbors had to be developed for towing to the exposed

Normandy beaches. At the end of August, the bulk of supplies was still being landed onto those same beaches, to meet the requirements of some 40 Allied divisions and the myriad headquarters, hospitals, and other special units. Only the port of Cherbourg was partially functioning. Brest, Calais, and Dunkirk were still in German hands, although Dieppe was liberated on 1 September. Hence Eisenhower's concern for the capture of the Channel ports and, above all, Antwerp.

The supreme irony was that, while Patton ranted about his shortages there were enough supplies on shore in Normandy to go around. The lack was not of fuel, but of transport to bring it forward. As we have seen, the Allied strategy foresaw a halt on the Seine to build up stocks, followed by a systematic advance. The spectacular victory of the invading Allied forces threw all these careful considerations overboard, causing consternation among the staffs concerned. Prior to and after D-day, the Allied tactical bombers had roamed at will over northern France, smashing the railway network in order to isolate the battlefield and to hinder German reinforcements. Once they broke out from Normandy, the Allies were thus hoist with their own petard, and it was not until 30 August that the first train reached Paris by a circuitous route.

Bradley's difficulties were enormous. His lines of communication were longer than Montgomery's, and every mile that Patton's tanks forged ahead added to the problem. Montgomery could at least hope for relief when Antwerp and the Channel ports were opened, but these would not greatly assist the Third Army in an eastward move through Lorraine. Without adequate railways, the only way to bring up sup-

Le ravitaillement allié. Ci-contre : A la gare du Mans, le carburant arrive depuis Cherbourg par voie ferrée, il est alors chargé sur des camions pour poursuivre sa route vers le front. Ci-dessus : Panneau de la « Red Ball Highway » près d'Alençon. (Photos NA/Heimdal.)

Allied supplies. Opposite : Le Mans Railway station, arrival of petrol from Cherbourg, to be loaded on trucks till the front. Above : signpost for the « Red Ball Highway » near Alençon.

Et, suprême ironie, tandis que Patton se trouve à court de ravitaillement, il y en a assez sur la côte normande pour continuer. Il n'y a pas un manque de carburant mais de moyens de transport pour l'acheminer. Comme nous l'avons vu, la stratégie alliée avait prévu un arrêt sur la Seine pour reconstituer les stocks, avant une avance systématique. La victoire spectaculaire des forces d'invasion alliées va jeter par-dessus bord toutes ces considérations prudentes, jetant la consternation dans les états-majors concernés. Avant et après le Jour J, les bombardiers tactiques alliés ont opéré sur toute la partie nord de la France, détruisant le réseau ferré pour isoler le champ de bataille et empêcher l'arrivée des renforts allemands. En perçant hors de Normandie, les Alliés prennent leur « pétard » en pleine figure et il faut attendre le 30 août pour que le premier train, puisse atteindre Paris par des circuits détournés.

Les difficultés rencontrées par Bradley sont énormes. Ses lignes de communication sont plus longues que celles de Montgomery et chaque kilomètre parcouru par les chars de Patton accroît le problème. Montgomery espère une amélioration quand les ports d'Anvers et de la Manche seront ouverts mais leur ouverture ne sera pas d'un grand secours pour l'avance en Lorraine de la *Third Army*. Sans des voies ferrées adéquates, le seul moyen d'acheminer du ravitaillement est la route et ce problème sera en partie résolu par le génie américain pour l'improvisation : un système de convois de camions roulant jour et nuit sur un réseau de routes fermé à tout autre trafic est mis sur pied - c'est le fameux « *Red Ball Express* ». Tous phares allumés, les colonnes de camions de ravitaillement assurent la liaison entre les plages et les entrepôts situés au nord-est de Paris et chaque véhicule qui tombe est brutalement repoussé sur le bas-côté de la route. Ils tentent d'amener 7 000 tonnes par jour dans les entrepôts de l'avant mais le gros des véhicules utilisés a été prélevé sur les divisions qui ont débarqué et ces véhicules ne sont plus sur la ligne de front. Comme il faut trois jours pour faire une rotation, trois camions sont nécessaires pour amener une livraison quotidienne.

Il faut attendre le 6 septembre pour que le premier train atteigne la *Third Army*. Un pipeline pour l'essence est mis en place jusqu'à Alençon, le 27 août, mais il ne peut fournir que des quantités de carburant relativement limitées. On trouve un expédient en établissant un pont aérien pour le carburant et d'autres ravitaillements mais il ne peut couvrir que la moitié des besoins quotidiens. A partir du 23 août, les C-47 de l'*Air Transport Command* assurent une navette quotidienne jusqu'à Orléans. Cependant, à la fin du mois, les appareils ont été pour la plupart retirés pour être engagés dans une opération aéroportée sur Tournai, prévue pour le 3 septembre. En fait la *First Army* y arrive avant que le parachutage puisse avoir lieu et l'opération est annulée. Bradley a tenté que l'opération ait lieu mais Eisenhower est resté de marbre. Il s'ajoute une autre difficulté à ce problème : Bradley est chargé de nourrir Paris, un autre aspect qui n'avait pas été prévu par les planificateurs du SHAEF.

Le carburant constitue l'essentiel des besoins en ravitaillement. T‹ant que les Allemands battent en retraite, les allocations en munitions peuvent être diminuées et le volume ainsi gagné peut être transféré sur du carburant. Mais si l'ennemi s'arrête et combat, le volume des munitions nécessaires

s'accroît de manière considérable. En outre, avec l'arrivée du froid, les couvertures, les vêtements chauds et les chaussures ont maintenant la priorité.

Le contrôle général du ravitaillement est entre les mains des *Services of Supply* (SOS) qui font partie de la *Communications Zone* (Com Z), l'une des organisations du SHAEF commandée par le *General* John Lee, détesté considérablement par Patton. En fait, il est l'un de ces personnages dont personne ne veut dire du bien. Farago le décrit comme ayant un visage lisse, un regard perçant, blond avec la tête de ces figurants de Hollywood jouant habituellement le rôle d'un clergyman de banlieue. Lee était un soldat de la vieille école ayant la réputation d'être un « pète-sec. » Il avait eu la même fonction en Afrique du Nord et en Sicile et on a suggéré qu'il s'était trouvé à l'origine des tentatives pour discréditer Patton après l'incident de la gifle. En fait, le SOS faisait de son mieux en fonction des disponibilités mais, pour un soldat assis dans son char sans carburant, ce n'était naturellement pas assez. Le SOS va ainsi devenir le bouc émissaire de tous les problèmes pour lesquels on ne trouvait pas de justification. Malgré l'ordre direct d'Eisenhower de ne pas installer des QG de l'arrière à Paris, à la fin du mois d'août, Lee quitte ses campements de Normandie et installe ses services dans un nombre considérable d'hôtels de la capitale. Pour assurer ce transfert, 25 000 tonnes de précieux carburant ont été consommées et un grand nombre de camions a été retiré de la circulation. Selon Bradley : « Quand l'infanterie a su que le confort de la *Com Z* s'est trouvé accru par les charmes de Paris, l'injustice fut profondément ressentie tout au long de la guerre. »

Le ravitaillement de Patton, à la *Third Army*, est entre les mains de son G-4, le colonel Walter Muller qui le servait à ce poste depuis 1941. Il devient légendaire comme « ramasse tout » et les plaintes extérieures concernant ses agissements sont tout simplement ignorées. Un bon G-4 doit savoir amasser comme un hamster et avoir la rapacité d'un oiseau de proie. Muller jongle avec succès en utilisant des stocks capturés qu'il oublie de signaler aux grands quartiers généraux et les stocks limités qu'on lui octroie, ce qui lui permet de faire avancer l'armée. Tout est bon, même le détournement du ravitaillement destiné à d'autres armées. Des razzias ont lieu dans les entrepôts de la *First Army*, ramenant apparemment un butin considérable. Lorsque Patton rend visite à Bradley, il arrive avec le réservoir de sa jeep presque vide, pour appuyer ses exigences, et il demande la permission de faire le plein aux pompes à essence du *12th Army Group.*

Durant le mois d'août, les besoins journaliers de la *Third Army* s'élèvent à 6 000 tonnes, 1 500 d'entre elles concernent le carburant et les lubrifiants. En fait, la *Third Army* consomme quelque 400 000 gallons (1,5 million de litres) par jour. Bradley reconnaît que le tonnage perdu à cause de la suspension du pont aérien équivaut à un million et demi de gallons, « assez pour mener la *Third Army* en quatre jours jusqu'au Rhin ». Le 28 août, les livraisons sont tombées à 100 000 gallons, le volume utilisé par une division blindée en une journée de combat en tous terrains. Deux jours plus tard, on ne reçoit plus que 32 000 gallons. Patton fonce rencontrer Bradley, sachant que ses troupes sont à Verdun et sur la Meuse. « Satané Brad », et il mendie - « donne-moi juste 400 000 gallons de carburant et j'arrive en Allemagne en deux jours. »

En effet, sans le ravitaillement capturé sur les Allemands, il n'aurait jamais atteint la Meuse. Cent mille gallons (près de 400 000 litres) ont été découverts à Sens ce qui lui a permis d'atteindre la Marne et des quantités analogues ont été trouvées à Châlons par le *XII Corps*, ce qui l'a mené jusqu'à la Meuse. En outre, de grands stocks de médicaments et de nourriture provenant des dépôts allemands ont permis d'attribuer un peu plus de place au carburant dans les véhicules du *Red Ball.*

Il n'y a cependant aucune raison d'accepter les allégations ultérieures, faites par des membres de l'état-major de Patton, concernant un quelconque complot du SHAEF destiné à priver de carburant la *Third Army* pour des raisons de jalousie. Tout le système de ravitaillement est alors trop vaste et plein de contrôles pour permettre à un homme comme Lee de poursuivre une sorte de vendetta privée. Les décisions concernant les attributions de ravitaillement étaient prises par Eisenhower, agissant sur le conseil stratégique de son état-major. Les motifs de ces décisions n'ont pas leur place ici.

L'avance vers la Meuse

Le général Bradley rend visite au général Patton le 28 août pour lui communiquer la décision du commandant Suprême et pour discuter de la question du ravitaillement. Sachant que la *First Army* a la priorité, Bradley a décidé que la *Third Army* doit marquer une pause sur la Marne. Mais, fina-

plies was by road; and this problem was partly solved by the American genius for improvisation: A truck-convoy system running day and night, on roads that were closed to all other traffic—the famous « Red Ball Express »—was instituted. With headlights blazing, the trucks ferried supplies from the beaches to dumps northeast of Paris and any vehicle that broke down was ruthlessly bulldozed off the road. They managed to ferry 7,000 tons daily into the forward dumps, but the bulk of the vehicles used had to be taken from divisions who had been landed, but were not yet in the front line. Because the average round trip was three days, three trucks were needed in the system to deliver one daily load.

It was not until 6 September that the first train got through to the Third Army. A petroleum pipeline was laid as far as Alençon by 27 August, but could handle only relatively small quantities. One expedient tried was the establishment of an airlift for fuel and other supplies, but this could cope with only half the daily requirements. Starting on 23 August, the C-47's of Air Transport Command flew a daily shuttle into Orleans. By the end of the month, however, most of the aircraft had been withdrawn for use in a proposed airborne forces drop on Tournai scheduled for 3 September. What happened though, was that the First Army troops got there before the drop could be made, and it was cancelled. Bradley had tried to get the operation called off, but Eisenhower had been adamant. An additional difficulty in the background was that Bradley was saddled with the responsibility of feeding Paris, another aspect which had not been forecast by the SHAEF planners.

Fuel was the key to the tonnage requirements. When the Germans were on the run, the ammunition requirements could be cut back, and the space thus saved used for fuel. When, however, the enemy stood and fought, the ammunition loads increased enormously. In addition, with the onset of the cold weather, items such as blankets, warm clothing, and shoes had to have priority.

Le **26 août**, le *Cpl.* Murray Combs et le *S/Sgt.* Howard E. Thompson évacuent un important ravitaillement allemand, bienvenu pour la Troisième Armée américaine qui avance sans se soucier de ses lignes de communication avec l'arrière. Ce ravitaillement se trouvait dans des galeries souterraines près de Sens. Les hommes appartiennent à la *35th Infantry Division.*

*On **26 August**, Cpl Murray Combs and S/Sgt Howard Thompson busily empting out a sizeable German supply depot discovered in some tunnels near Sens. This was a welcome addition for Third Army which was advancing without a care for its lines of communication with the rear.*

Overall command of supply was in the hands of Services of Supply (SOS), a part *of* the Communications Zone (Com *Z)* organization at SHAEF—presided over by General John Lee, who was cordially loathed by Patton. Indeed, Lee was one of those characters of whom nobody seems to have had anything good to say. Farago describes him as « a smooth-skinned, sharp eyed, balding, blond man with a face Hollywood usually typecasts in the role of a glad-handing suburban clergyman. Lee was a soldier of the old school with a reputation for being a martinet. » He had performed the same job in North Africa and Sicily, and it was rumored that he was behind the attempts to discredit Patton after the slapping incidents. In fact, SOS did the best they could with the available facilities, but to the soldier sitting in a tank with no fuel, this was simply not good enough. SOS became the whipping boy for all of the Third Army's troubles, for which there was unfortunately some justification. In spite of Eisenhower's direct order that the Paris area was out of bounds for the establishment of rear echelon headquarters, at the end of August, Lee moved his vast encampment from Normandy into a considerable number of the plushest hotels in the capital. To carry this out, 25,000 tons of vital fuel were consumed, and a vast number of trucks were taken out of circulation. According to Bradley, « When the infantry learned that Corn Z's comforts had been multiplied by the charms of Paris, the injustice rankled all the deeper and festered there throughout the war. »

Patton's own supply at Third Army level was handled by his G-4, Col Walter Muller, who had served him in that capacity since 1941. He became a legend as a scavenger, and complaints by outsiders about his activities were simply ignored. A good G-4 required the hoarding instincts of a hamster and the rapacity of a bird of prey. Muller successfully juggled with captured stocks, which he forgot to report to higher headquarters, and the limited amounts issued, to keep the army moving. Everything was fair, including the hijacking of supplies routed to other armies. Raiding parties made forays to the dumps of the First Army, apparently carrying off considerable quantities of booty. When Patton visited Bradley, he coasted in with his jeep almost empty of fuel to emphasize his plight, and asked permission to fill it at 12th Army Group motor pool.

During August, the average requirements of the Third Army were some 6,000 tons daily, *1,500* of which were in the form of fuel and lubricants. In fact, the Third Army consumed some 400,000 gallons of fuel each day. Bradley reckoned that the tonnage lost through withdrawal of the airlift was the equivalent of one and a half million gallons, « enough to run Third Army four days nearer the Rhine. » On 28 August, deliveries were short of 100.000 gallons, the amount used by an armored division in a day of cross-country fighting. Two days later, only 32,000 gallons arrived. Patton rushed off to see Bradley', in the knowledge that his troops were in Verdun and over the Meuse. « Dammit Brad, » he begged, ~just give me 400,000 gallons of gasoline and I'll put you inside Germany in two days. »

Indeed, without captured supplies, he would never have reached the Meuse. One hundred thousand gallons were discovered at Sens, which enabled him to move on to the Marne, and another similar quantity was found at Chalons by XII Corps, which carried them to the Meuse. In addition, large stocks of medical supplies and foodstuffs from German warehouses freed vehicle space for what little fuel was available.

There is, however, no evidence to support the later allegations made by members of Patton's staff that there was some sort of SHAEF plot to starve them

lement persuadé par l'éloquence de Patton, il donne à contrecœur son accord pour une avance vers la Meuse. Redoutant que son supérieur change d'avis, Patton transmet aussitôt ses ordres. Walker apprend que son *XX Corps* doit se diriger sur Verdun et le *XII Corps* d'Eddy doit essayer de traverser la Meuse à Commercy. A ce moment-là, Patton est encore plein d'optimisme, malgré un rapport réaliste de son G-2 (chef d'état-major adjoint chargé du renseignement), le colonel Koch, qui signale que les Allemands ne sont pas encore battus de manière décisive. Patton est enclin à écarter ce rapport pour le mettre sur le compte d'une imagination trop fertile mais les événements vont commencer à lui échapper. Tandis qu'il se trouve avec Eddy pour discuter de la progression du *XII Corps* en direction de la Meuse, il reçoit un message lui annonçant que la ration journalière de carburant de 140 000 gallons (532 000 litres) n'est pas arrivée. En recevant de telles nouvelles, un chef prudent aurait ordonné un arrêt immédiat de la progression en attendant que le ravitaillement puisse être reconstitué. Pas Patton, en tout cas. Convaincu avec quelque raison, que l'ennemi est en train de s'effondrer et que les défenses tant vantées du *Westwall* sont vides, il pousse ses unités vers l'avant. De strictes mesures d'économie de carburant sont imposées et, avec des véhicules en partie ravitaillés avec du carburant de prise, les deux corps foncent vers la Meuse sans rencontrer de notable opposition.

L'ironie réside dans le fait que Patton se trouvait là en 1918. La *Third Army* avance rapidement sur le champ de bataille de Meuse-Argonne et vers le saillant de Saint-Mihiel, des lieux où tant de leurs prédécesseurs sont morts lors du précédent conflit. Après ne pas avoir réussi à intégrer la société

Forêt d'Argonne le 31 août 1944

Les hommes de la *7th Armored Division* arrivent sur les champs de bataille que leurs pères ont connus lors de la Première Guerre, près de la Forêt d'Argonne, alors qu'ils se dirigent sur Verdun. Le sergent Fred Owens examine un casque français endommagé resté près d'un rempart constitué de sacs de sable. (DAVA/Heimdal.)

The Argonne Forest - 31 August 1944.
Men of the 7th Armored Division move up through the battlefields their fathers fought in during WWI. Near the Argonne Forest, on his way to Verdun, Sergeant Fred Owens stops to examine a battered old French helmet he found beside a pile of rotting sandbags.

1. Les soldats Ray Gromley et Eugène Lewalski échangent des cigarettes à l'emplacement d'une tranchée qui n'a pas encore été complètement « gommée » par l'érosion. Le soldat Gromley (à gauche) est armé d'une mitraillette US 45 in M3, le soldat Lewalski (à droite) est armé d'un fusil semi-automatique Garand.

1. Privates Ray Gromley and Eugene Lewalski exchange cigarettes in the caved-in ditches that were trenches in World War I and are still not erased from the ground. Pvt. Gromley, left, holds an U.S. 45 in M3 submachine gun, while Pvt. Lewalski, right, has a semi-automatic Garand rifle.

2. Les deux soldats arpentent maintenant les vestiges de ces tranchées.

2. Both Privates are now having a stroll among the half-filled trenches of the past.

(Photos DAVA/Heimdal.)

of fuel for reasons of spite. The whole supply system was too large and full of checks and balances to permit a man such as Lee to pursue some sort of private vendetta. The decisions on allocation of supplies were made by Eisenhower acting on the strategic advice of his staff. The reasoning behind those decisions does not concern us here.

The advance to the Meuse

General Bradley visited General Patton on 28 August to pass on the Supreme Commander's decision and to discuss the supply situation. In the knowledge that the First Army was to have priority, Bradley had decided that the Third Army should come to a halt along the line of the river Marne, but was finally persuaded by Patton's eloquence to give grudging agreement for an advance to the Meuse. Apprehensive that his superior might change his mind, Patton immediately issued his orders. Walker was told to get XX Corps moving towards Verdun, and Eddy's XII Corps was to try for a crossing over the Meuse at Commercy. At that stage, Patton was still fired by optimism, in spite of a sober assessment prepared by his G-2 (assistant chief of staff for intelligence), Colonel Koch, which pointed out that the Germans were still not decisively beaten. Patton was inclined to dismiss this as a figment of imagination, but events were beginning to take the situation out of his hands. While he was with General Eddy, discussing the XII Corps move to the Meuse, he received a message that the daily fuel ration of 140,000 gallons had failed to arrive. A cautious commander, on receipt of such news, would have ordered an immediate halt until supplies could be built up. Not Patton, however. Convinced, with some justification, that the enemy was crumbling and their vaunted *Westwail* defenses were empty, he drove his units forward. Rigid fuel conservation measures were imposed, and with their vehicles partly supplied with captured fuel, the two corps pushed forward toward the Meuse against negligible opposition.

An irony was that Patton had been there before, in 1918. The Third Army was moving steadily over the battlefield known as the Meuse—Argonne and toward the St. Mihiel salient, places where so many of their predecessors had died in that earlier conflict. After her failure to join the League of Nations and the lapse into isolationism after the First World War, America was back in Europe, and her GI's once again fought on the threshold of Lorraine.

The immediate target for XX Corps was another emotive place, the ancient city and fortress of Verdun, which became immortal in 1916 when it withstood a formal siege for ten months. In 1940, it had been cap-

des nations et la période d'isolationisme après la Grande Guerre, l'Amérique est de retour en Europe et ses GI's combattent à nouveau sur le sol de Lorraine.

L'objectif immédiat du *XX Corps* est un autre lieu du souvenir, l'ancienne cité et forteresse de Verdun qui est devenu immortelle en 1916 lorsqu'elle résista à un siège en règle de dix mois. En 1940, elle a été prise par les Allemands après une résistance symbolique des troupes françaises.

La pointe du corps du général Walker est constituée par la *7th Armored Division* qui est étroitement suivie par les hommes de la *5th Infantry Division*. En fait, leurs chemins se croisent souvent car l'infanterie progresse sur des routes congestionnées par les chars. Ils font mouvement à travers la plaine de Champagne, pays sans aucun obstacle que des ondulations du terrain qui fut le théâtre de nombreuses batailles de l'Histoire. Cependant, le **28 août**, quelques unités se trouvent encore au sud de la Marne. Les trois régiments de la *5th Infantry Division* sont les 2e, 10e et 11e. Et, ce soir-là, le *2nd Infantry* jette un pont sur la Marne près d'Epernay. A partir de là, il n'y a que quelques miles jusqu'à **Reims**, une ville importante et le lieu traditionnel où les rois de France étaient sacrés dans la cathédrale Notre-Dame.

Durant l'après-midi du **29 août**, le *2nd Infantry Regimental Combat Team* pousse jusque dans les faubourgs de Reims, ne rencontrant que quelques tirs d'armes légères. Les Allemands battent en retraite à travers la ville tandis que trois bataillons tentent de les encercler. A minuit, les hauteurs à l'est sont nettoyées et, à l'aube du **30 août**, le *2nd Infantry* pénètre dans le centre de la ville, passant le reste de la journée à éliminer les tireurs isolés. Une grande quantité de nourriture et de médicaments sont décou-

tured by the Germans after a token resistance by French troops.

The spearhead of General Walker's corps was formed by the 7th Armored Division, which was closely followed by the men of the 5th infantry Division. Indeed, their paths became frequently entangled as the infantry struggled forward along roads congested by tanks. They were moving across the plain of Champagne, open rolling country, and the scene of so many battles in history. On **28 August**, however, some units were still to the south of the river Marne. The 5th Infantry Division's three regiments were the 2nd, 10th and 11th; and by that evening, the 2nd Infantry had established a bridge over the Marne near Epernay. From there it was only a few miles to **Rheims**, a major city and the traditional place where the kings of France had been crowned in its magnificent cathedral.

During the afternoon of **29 August**, the 2nd Infantry Regimental Combat Team pushed into the suburbs of Rheims, encountering only light small-arms fire. The Germans retreated through the city as the three American battalions attempted to encircle them. By midnight, the heights to the east had been cleared; and, early in the morning of **30 August**, the 2nd Infantry entered the city center, spending the rest of the day in mopping up snipers. A vast amount of food and medical supplies was captured, the former proving a welcome change to the inevitable combat rations that had been the troops' staple diet for so long. However, far more important from the men's point of view was the « liberation » of the contents of the champagne cellars in the area, much of which was marked « Reserved for the use of the German Armed Forces. »

While the 2nd Infantry was busy taking inventory, the rest of the 5th Division was moved up into the Rheims area. General Walker's other infantry division, the 90th, however, was still behind the Marne, stalled for lack of fuel to move forward. That day, instead of the required 140,000 gallons, only 32,000 were received. The withdrawal of the airlift was biting. Hearing that General Bull, Eisenhower's G-4, was going to be at Bradley's TAC HQ at Chartres, Patton flew off there to plead his case for an immediate eastward advance.

Exemple d'étiquette de vin de Champagne réservé à l'armée allemande.

Sample of Champagne label reserved for the Wehrmacht.

Le général Gaffey, chef d'état-major de Patton.

General Gaffey, Patton's chief-of-staff.

verts. La première partie de cette prise de guerre amène un changement bienvenu pour remplacer les inévitables rations de combat qui ont constitué le régime alimentaire des troupes depuis trop longtemps. Cependant, pour les hommes, la « libération » du contenu des caves de champagne du secteur est bien plus importante. Beaucoup d'entre elles portaient l'inscription « Réservée pour l'usage des forces armées allemandes ».

Tandis que le *2nd Infantry* est occupé à dresser son inventaire, le reste de la *5th Division* rejoint le secteur de Reims. L'autre division du général Walker, la *90th*, est cependant encore derrière la Marne, clouée dans sa progression par le manque de carburant. Ce jour-là, au lieu des 140 000 gallons nécessaires, seulement 32 000 sont parvenus. La suppression du pont aérien est douloureuse. Apprenant que le général Bull, le G-4 d'Eisenhower, va se trouver au TAC HQ de Bradley à Chartres, Patton va là-bas en avion pour plaider sa cause d'une avance immédiate vers l'est. Bradley comme Bull sont compréhensifs mais Patton a besoin d'autre chose que de la sympathie. Bradley lui dit très abruptement qu'il recevra peu de ravitaillement.

Convaincu qu'il a deux batailles à mener, l'une contre les Allemands et l'autre contre son propre haut commandement, Patton retourne d'urgence à son PC. Là, son chef d'état-major, le général Gaffey, l'informe que le général Eddy - dont le *XII Corps* est supposé être à Commercy en chemin vers la Meuse - a appelé pour dire que s'il continue d'avancer, il se trouvera en panne sèche. En l'absence de Patton, Gaffey a autorisé à stopper ses troupes à Saint-Dizier. Cela va provoquer l'une des fameuses colères de Patton. Attrapant le téléphone, il dit à Eddy : « *de soulever son cul et de foncer jusqu'à la panne sèche.* »

Bien que les troupes étaient placées sous ses ordres pour foncer vers le Rhin, Patton n'en a plus les moyens. Pas seulement à cause du manque de carburant, il y a aussi de graves pénuries dans d'autres domaines : vêtements, couvertures, pièces de rechange. Durant la course à travers la France, les révisions importantes des véhicules ont été bâclées et, bien que personne ne veuille l'admettre, la *Third Army* est fatiguée.

Pendant ce temps, durant l'après-midi du **31 août**, le *11th Infantry Regiment Combat Team* s'est frayé un chemin en direction de Verdun à travers l'embouteillage causé par la *7th Armored Division*. Après avoir traversé le champ de bataille de l'Argonne, sans difficulté malgré les accidents du terrain, vers 19 heures, il se trouve à seulement à six miles (dix kilomètres) à l'ouest de la ville. Informé par son élément de reconnaissance qu'il y a là un pont sur la Meuse encore intact, le 1er bataillon entre dans **Verdun** sans opposition. Là, ils trouvent trois chars du *Combat Command A* de la *7th Armored* qui avaient pris le pont, accompagnés par une compagnie du *40th Armored Infantry*.

A cette époque, le capitaine Bruce Campbell est l'officier-adjoint du *11th Infantry Regiment* et, peu après la guerre, il rédigea son témoignage sur l'entrée dans Verdun intitulé « du champagne au petit-déjeuner » (« *champagne for breakfast* »). Ce qui suit est une version raccourcie de son témoignage, illustration de certains aspects plus légers de la guerre. Le texte original m'a été communiqué par la fille de Bruce Campbell, Laurie Campbell Toth :

« *Nous atteignons Verdun la nuit du 31 août 1944 et les 1er et 2e bataillons ont traversé la Meuse et repoussent les Allemands de la ville. Les bataillons subissent quelques tirs de mortiers et de l'artillerie mais prennent quand même les hauteurs. Le 2e bataillon ne rencontre pas grand-chose dans son secteur et il suppose que la ville est sécurisée si bien que le PC du bataillon est installé dans l'hôtel Bellevue, l'un des deux bons hôtels de Verdun. Et c'est alors que l'un des lieutenants de la compagnie d'armes lourdes dit : "le champagne coule comme du vin".*

Avec l'arrivée des Américains, les FFI ont capturé le propriétaire de l'hôtel, l'accusant d'être un collaborateur et l'ont jeté en prison. L'hôtel avait été le quartier général des Allemands et sa cave à vins était la meilleure de Verdun. Le 2e bataillon y installe son PC au rez-de-chaussée, vers minuit et trouve les FFI en train de pénétrer dans la cave à vins. Armés d'une soif équivalente, aucun des Alliés n'aurait consenti à laisser prendre du vin. Ainsi, le porte-parole des FFI et le chef de bataillon se mettent d'accord pour placer un garde devant la porte et d'attendre le lendemain pour repende la discussion. La sentinelle américaine, un simple soldat nommé Fred Larkin, de la F Company, avait une bouteille de cognac avec lui et il réussit à saouler la sentinelle française à tel point que le Français tombe

Le capitaine Bruce Campbell alors officier-adjoint du *11th Infantry Regiment*.

Captain Bruce Campbell, adjutant of the 11th Inf. Regt. (Diamond Dust CD).

Both Bradley and Bull were sympathetic, but Patton required more than sympathy. He was told quite bluntly by Bradley that he would get very little in the way of supplies.

Convinced that he had two battles to fight, one with the Germans and the other with his own high command, Patton stormed back to has command post. There he was informed by General Gaffey, his chief of staff, that General Eddy,-whose XII Corps was supposedly on way to the Meuse at Commercy, had called in to say that if he continued to advance, he would be out of fuel. In Patton's absence, Gaffey had authorized him to stop at St. Dizier. This apparently provoked one of the famous Patton explosions. Grabbing the telephone, Eddy was told « to get off his fanny » and to carry on until he ran dry. »

Although his troops were under orders to push on to the Rhine, Patton no longer had the wherewithal. Not only was he short of fuel, there were major shortages in such items as clothing, blankets, and spare parts. During the race across France, essential maintenance of vehicles had been skimped, and although nobody would have admitted it, the Third Army was tired.

In the meanwhile, during the afternoon of **31 August**, the 11th Infantry Regiment Combat struggled forward through the 7th Armored traffic jams toward Verdun. Traversing the Argonne battlefield without difficulty in spite of the broken nature of the terrain, by 1900 they were only six miles to the west of the city. Informed by their reconnaissance elements that there was a bridge over the Meuse still intact, the First Battalion drove on into **Verdun** without meeting any opposition. There they found that three tanks of Combat Command A of the 7th Armored had got

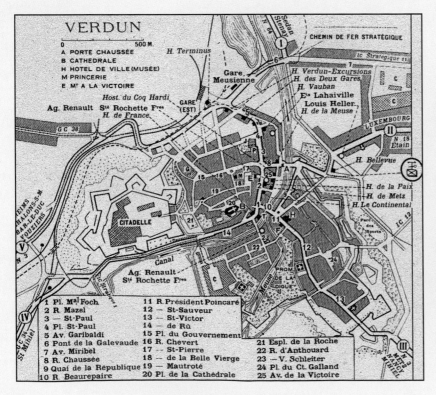

VERDUN

0   500 M.

A PORTE CHAUSSÉE
B CATHÉDRALE
H HÔTEL DE VILLE (MUSÉE)
M PRINCERIE
E Mt A LA VICTOIRE

1 Pl. Mal Foch	11 R. Président Poincaré	21 Espl. de la Roche
2 R. Mazel	12 — St-Sauveur	22 R. d'Anthouard
3 — St-Paul	13 — St-Victor	23 — V. Schleiter
4 Pl. St-Paul	14 — de Rû	24 Pl. du Ct. Galland
5 Av. Garibaldi	15 Pl. du Gouvernement	25 Av. de la Victoire
6 Pont de la Galevaude	16 R. Chévert	
7 Av. Miribel	17 — St-Pierre	
8 R. Chaussée	18 — de la Belle Vierge	
9 Quai de la République	19 — Mautroté	
10 R. Beaurepaire	20 Pl. de la Cathédrale	

Ci-dessus : l'Hôtel Bellevue à Verdun où en 1944 a eu lieu un épisode croustillant de la libération de la ville. La cave remplie de bouteilles de champagne et de vins fins a fait l'objet de convoitises entre les différentes troupes américaines.

Ci-dessous : Le pont de Verdun qui enjambe la Meuse, c'est l'endroit par lequel sont arrivées les troupes américaines. (Coll. de l'auteur.)

Above: Hotel Bellevue.
Below: Verdun Bridge.

comme une masse. Le 2e bataillon entreprend alors de stocker vins et liqueurs. Et ce qui est curieux, c'est que personne ne pense alors à boire, seulement à stocker.

Pendant ce temps, dans la cuisine de l'hôtel, les employés de l'hôtel font frire des œufs et griller des steaks et des rondelles de tomates et ils vont rassasier les appétits du personnel du QG du bataillon. L'aumônier et l'officier de liaison de l'artillerie ont déjà dévoré, chacun, deux steaks à 3 heures du matin. Les cuisiniers français sont stricts et transforment les œufs frits en omelettes. Ils ne peuvent sentir la différence et il y a assez d'œufs pour faire encore plus d'omelettes si bien que tous sont ravis et rassasiés.

Le matin arrive, calme à l'exception de quelques ivrognes de la 7th Armored Division qui sont dans ou sur leurs chars et, avec l'aube, arrivent le colonel commandant le régiment et ses officiers d'opérations ou de renseignements. Le colonel s'installe au PC du bataillon et ordonne au 2e bataillon de quitter la ville pour les hauteurs avoisinantes, sur le flanc gauche du 1er bataillon. En outre, il brise le cœur des hommes du 2e bataillon en ordonnant que tout le vin qui a été confisqué soit remis en place. Le 2e bataillon est au bord de la mutinerie. "Mon cœur saigne pour vous" dit le colonel, dont le bon appétit n'est étanché que par sa soif, "mais je ne peux permettre le pillage". "Mais colonel, commence le chef de bataillon. Non"; répond fermement le colonel, "allez tuer quelques Allemands".

Ainsi, le 2e bataillon s'en va, tue deux Allemands et en capture une cinquantaine. Pendant ce temps, moi-même, en tant qu'adjoint du colonel, je reçois l'ordre d'amener le reste du personnel du PC avancé et d'installer le quartier général dans l'hôtel. La première chose que je fais, consiste à placer un autre garde à la porte de la cave et de lui donner la clef remise par le maître d'hôtel français. Entre-temps, les FFI se précipitèrent, changent le garde et remplissent deux camions avec du vin et cognac, à mon plus grand chagrin. Je ne me rendis pas compte de ce qui se passait jusqu'à ce qu'un Français me tende une bouteille de chartreuse et une bouteille de Black and White. Je les donne au colonel et je lui dis que c'est un cadeau. Je grince des dents sur une boîte de sardines, dix minutes plus tard, en apprenant que c'était la dernière bouteille de Black and White disponible dans la maison.

Gifler un garde à la porte est une affaire simple mais je me retrouve bientôt directeur de l'hôtel. Et, à cause de cela, le chef et le serveur arrivent et me demandent quand nous souhaitons dîner. J'affecte le sergent du mess à la cuisine, pour aider les cuistots. Les femmes de chambre signalent que toutes les chambres sont faites et que l'eau coule dans les robinets de quelques chambres. Au bout d'un certain temps, je réalise que c'est la façon de faire allemande. Je me dis alors à moi-même : "Campbell, mon garçon, prends tout ce que tu désires, et commande ce que tu veux", tandis que je m'installe dans un fauteuil incliné de cuir fin, "tu es maintenant responsable de cet hôtel, où veux-tu trouver le détective de la maison ? »

Je repense à la cave à vin et je prends le T/5 Joseph Janisse de la compagnie de commandement comme interprète. Ensemble, nous demandons ce qu'il en est de la réserve de vin. Après quelques questions posées aux serveurs et aux employés, nous réalisons que nous en avons entièrement pris le contrôle et que nous pourrons naturellement nous servir en vins et liqueurs. "C'est la guerre. Oui, oui" (en français dans le texte, NDA), me dis-je en pensant aux trois livres ou 12 dollars que je dépensais souvent en Irlande du Nord pour seulement une bouteille d'irish whisky qui ne durait pas longtemps. "C'est la guerre, certainement". De plus, quelqu'un déclare qu'une bonne partie du stock a été ramené à l'hôtel d'autres endroits de France où avaient séjourné les Allemands qui avaient installé leur quartier-général dans cet hôtel. Maintenant, les Américains sont ici. Les FFI ont déjà pris beaucoup de bouteilles. Les Américains vont certainement prendre le stock. C'est assez. Je regarde Janisse. Il me regarde. Il commence par dire en bavant par avance dans sa petite moustache : "est-ce que le capitaine…" je dis alors dans mon français fluide" (mais pas aisé car le seul français que je connaisse est celui qui me permet d'obtenir à boire). "Oui, Boche kaput. Vive l'Amérique. Cherchez la liqueur et le vin, et cetera. Comprendrez-vous ?" Nous passons une demi-heure à circuler dans la cave le long des rangées des casiers à bouteille. Il y a toutes sortes de vins, liqueurs et cognac, des champagnes, Sauterne, vins rouges, Brandy, Chartreuse, Cointreau, Crème de menthe, Bénédictine, Peppermint, Cherry rocher, Armagnac et rhum.

L'officier de renseignement du régiment, connu aussi sous le nom de "la soif du Kentucky", examine tout le stock avec moi. Quand nous terminons l'inspection, il se met à jurer. Je lui demande ce qui ne va pas. Il dit avec des regrets : "ce qui ne va pas ? Il n'y a pas de Bourbon, nom de Dieu". Je réponds en grognant : "toi, arrêtes tes sornettes et sors ton nez du ruisseau où tu t'es vautré. Nous allons avoir du Champagne pour le déjeuner,

there first and had seized the bridge, accompanied by a company from the 40th Armored Infantry.

At that time, Captain Bruce Campbell was the Adjutant of the 11th Infantry Regiment, and shortly after the war he wrote an account of the entry into Verdun entitled Champagne for Breakfast. What follows is an edited down version of his account as an illustration that even war can have its lighter side. The original essay was sent to me by Bruce Campbell's daughter, Laurie Campbell Toth.

« We had reached Verdun the night of 31 August, 1944 and the 1st and 2nd Battalions had crossed the Meuse River and pushed the Germans out of town. The battalions ran into some mortar and artillery fire but took the high ground anyway. The 2nd Battalion didn't run into much in its sector and they were supposed to secure the town anyway, so the Battalion Command Post set up in the Hotel Bellevue, one of the two good hotels in Verdun. And that was when, as one of the heavy weapons company lieutenants said, « the champagne flowed like wine ».

With the advent of the Americans, the FFI (French Resistance fighters) had taken the owner of the hotel, accused of being a collaborator, and packed him into jail. The hotel had been the German headquarters and its wine cellar was the best in Verdun. The 2nd Battalion set up its CP on the ground floor about midnight and found the FFI just entering the wine cellar. Armed with equal thirsts, neither ally would consent to letting the other take any wine so the FFI spokesman and the battalion commander each agreed to put a guard at the door and wait until morning to settle the argument. The American sentry, a private named Fred Larkin from F Company, had a bottle of cognac on his person and he succeeded. in getting the French sentry so drunk that the Frenchman passed out. The 2nd battalion then proceeded to stock up on wine and liqueurs. The strange part was that no one was interested in drinking; just storing.

Meanwhile, in the hotel kitchen, the hotel clerks fried eggs and cooked steaks, and sliced fresh tomatoes and in general assuaged the appetites of the battalion Headquarters personnel. The chaplain and the artillery liaison officer each finished 2 steaks at 0300 hours. The French cooks were tight, and kept breaking rotten eggs into omelettes. They couldn't smell the difference and there were enough eggs to make more omelettes so everyone stayed happy and fed.

Morning came, uneventfully enough except for a few drunks from the 7th Armored Division who were either in tanks or tanked up, and with the dawn came the regimental CP colonel with his operations and intelligence officers. The Colonel took over the battalion command post location and ordered the 2nd Battalion out of town onto the commanding high ground on the 1st battalion's left flank. He further broke the 2nd Battalion's collective heart by ordering all the confiscated wine to be returned. It was the closest the 2nd Battalion ever came to mutiny. « My heart bleeds for you, » said the colonel, whose own appetite was succeeded only by his thirst, « but I cannot permit looting. »

« But Colonel—-began the battalion commander.

No », said the colonel firmly « Go kill some Germans »

So the 2nd battalion went out and killed two Germans and captured about 50. Meanwhile, I, as the colonel's adjutant, was ordered to bring up the rest of the forward CP personnel and establish headquarters in the hotel. The first thing I did was post another guard on the wine cellar door and get the key to it from the French headwaiter. The FFI had

Le 1er septembre, à Verdun. Le *Major General* Lindsay M. Silvester, qui commande la *7th Armored Division*, est à la tourelle de son blindé de reconnaissance M8, stationné devant le monument de la Victoire de la Grande Guerre avant de rencontrer le nouveau maire de Verdun, Léon Chaize, nommé par les forces américaines. (NA/Heimdal.)

In Verdun on 1 September, Major-General Lindsay M. Sylvester, CG of 7th Armored, seen in the turret of his armoured car parked in front of the Victory Memorial (1918) on his way to meet the new mayor appointed by the Americans. (NA/Heimdal.)

dashed in between changing of the guard and carried out two truckloads of wine and cognac much to my chagrin. As a matter of fact, I didn't realize what was going on until a Frenchman handed me a bottle of chartreuse and a bottle of Black and White. I gave it to the colonel and told him it was a present. I gnashed my teeth on a sardine can 10 minutes later for doing it when I found out it was the last bottle of Black and White in the house.

Slapping a guard on the door was a simple matter but I soon found myself the hotel manager. Because of that one act, the chef and waiter came to me and asked me when we wanted dinner. I put the mess sergeant in the kitchen to help the cooks. The chambermaids reported that ail the rooms were tidy and that water was running in the taps of some of the rooms. After a time I found out that was the usual German method of operating. Take what you want and order what you will. « Campbell, my boy », I said to myself, as I reclined in a soft leather armchair « you are now operator of the hotel. Where shall I get a house detective? »

I thought of the wine cellar again and got T/5 Joseph Janisse from Headquarters Company as interpreter.

comme dans les comédies musicales". J'informe rapidement le colonel de la situation. Il écoute avec une attention croissante. "Très bien. Maintenez la garde et notifiez à chaque unité qui fait partie du Combat Team qui a pris Verdun avec nous de venir prendre sa part. Et, trouvez-moi une chambre avec un bon lit et attribuez toutes les autres chambres de cet hôtel. Si nous restons là cette nuit, je dois savoir qui est là." Deux casse-têtes. En plus d'avoir à superviser le PC et le mess, je dois maintenant répartir le vin entre 5 000 soldats assoiffés et attribuer des chambres, avec de bons lits moelleux, à des gars qui n'ont pas eu un lit moelleux depuis Londres, quatre mois auparavant. Je me décharge de ces responsabilités sur des vieux sous-officiers de l'armée qui apprennent rapidement à faire en douze heures ce qu'on ferait en dix-huit. Je remets le problème de la répartition de la plus grosse partie des liqueurs à l'officier d'intendance de la compagnie de commandement, qui reconnaît être un bon œnologue. Le problème des chambres est plus difficile à résoudre. Je vérifie chacune des quelque cinquante chambres et j'installe ensuite mon bureau dans la cage d'escalier après avoir placé des gardes à la porte. Le service se passe très bien lorsque des colonels et lieutenants-colonels d'unités d'artillerie rattachées arrivent au PC. Il faut aussi recevoir un essaim de sauterelles déguisées en journalistes arrivés sur place. Il y a des représentants des émissions de radio et de journaux indépendants. Il y en a plus de vingt en tout et il n'y a qu'un journaliste dont la soif puisse dépasser celle d'un soldat ou d'un marin. Je remets des bouteilles de Cognac à ce troupeau bigarré à qui j'attribue des chambres et je suis gratifié de leur indéfectible gratitude pour seulement… deux heures. Mark Watson du Baltimore Sun reçoit la dernière chambre peu avant le dîner ; il ne reste alors que quelques chambres pour les membres du quartier général. Le dîner, principalement de la viande, du pain et du beurre cuisinés par le cantinier, le mess-sergeant. Il y a ajouté des tomates crues, des pommes de terre, de la confiture, des cerises et du champagne de l'hôtel ; la cuisine est bourdonnante d'activité. D'habitude, le mess de notre compagnie de commandement n'a qu'une vingtaine de bouches à nourrir. Ce soir-là, il régale 75 officiers et quelque 30 journalistes. Le repas est compliqué par le fait qu'il y a aussi six officiers de la division blindée qui parviennent à convaincre le Chicago News que trois chars ont pris Verdun et que les fantassins n'ont été que des suiveurs. C'est quelque peu différent de leur attitude de la veille au soir quand ils ont accueilli l'infanterie à bras ouverts lorsque le 1er bataillon à traversé la ville pour occuper les hauteurs situées autour. Et celui-ci est en train de repousser une petite force qui voulait contre-attaquer les chars devenus statiques.

Ces nouvelles parviennent jusqu'au colonel qui est en train de manger et entend une phrase insultante pour l'infanterie. Il demande alors trois bouteilles de champagne supplémentaires pour les "gars qui ont réellement pris cette ville" puis "les satanés tanks n'ont pas pris cette satanée ville" dit-il en repoussant ses tomates et, soudain, pris de colère : "ils sont juste venus pour garer leurs tanks sur le pont, ayant une bonne coopération ici avec les gars qui ont pris Verdun". Le journaliste du News *relance alors : "Et y aurait-il un peu plus de champagne pour nous ?" Les mugissements du colonel arrivent jusqu'à ces tankistes mais, se calmant, le colonel m'envoie chercher plus de champagne. Le dîner se termine, chacun repart à ses occupations ou va au lit, pour avoir un sommeil somptueux. La situation tactique a évolué de manière satisfaisante avec les hauteurs occupées, toute l'artillerie en position, et les Allemands apparemment résignés d'avoir été battus et repoussés sur la Meuse. »*

Campbell continue son récit en racontant comment il est monté pour rencontrer un célèbre reporter mais leur conservation est interrompue :

« Soudain, nous réalisons que des avions sont en train de passer au-dessus de nos têtes avec le bourdonnement des moteurs des avions allemands. Et, d'un seul coup, il y a un déluge de parachutes portant des fusées éclairantes et tout Verdun, surtout le centre ville, est éclairé comme en plein jour. "Pourquoi ces bâtards veulent-ils nous bombarder ?" dit le fameux reporter assis un peu plus raide dans son lit. Nous regardons tous deux par la fenêtre et nous distinguons les silhouettes de deux avions lorsque tombent en cascades deux "chandeliers" de lumière.

Dans la rue en bas, j'aperçois un Français qui épaule et tire avec son fusil. Un autre FFI dégaine son pistolet et tire d'un air de défi et en état d'ébriété. Je réponds alors, avec une désinvolture affectée : "Je ne pense pas, un avion de reconnaissance allemand largue des fusées éclairantes près de chacun de nos bivouacs en France depuis la percée près de Saint-Lô". Nous entendons alors les premières bombes tomber en sifflant. Je bondis hors de la chambre et je redescends au deuxième étage où se trouve le bureau des opérations lorsque la bombe explose à environ 300 yards (plus de 260 mètres). Les chambres sont abandonnées et leurs occupants se mettent à crier dans les couloirs sombres : "Où sont les escaliers. Mon dieu où est la lumière ? - Hé, allumez quelque chose !" En arrivant au bureau des opérations, je réalise que tous ont rejoint la cave à vins. Le bureau des opérations est vide et je commence à aller voir dans la chambre voisine du colonel, qui arrive dans le corridor avec son pantalon et ses chaussures à la main. Il pose ses chaussures et, se tenant en équilibre sur une jambe, il enfile son pantalon. En essayant d'enfiler son autre jambe, une autre bombe explose, à proximité. L'hôtel tremble, les vitres se brisent et les portes s'ouvrent. Des gens surgissent tout autour de moi et bousculent le colonel. En jurant, il se retient mais il est heurté à nouveau par des gens qui se pressent de chaque côté de l'escalier. Finalement, il s'assied au milieu du corridor avec des gens qui le bousculent comme une boule de billard alors qu'il essaie d'enfiler son pantalon. Je suis assis à quatre pieds de lui, secoué par un fou rire. Puis une autre bombe touche l'immeuble, des pruneaux de mitrailleuse crépitant sur la façade. J'arrête de rire. En reprenant ses chaussures et partant pieds nus à la cave, le colonel dit : "quel foutoir". Dehors, des canons antiaériens et des mitrailleuses de calibre 50 commencent à répliquer aux avions allemands qui sont maintenant 24 appareils. Le S-4, le capitaine Alfred P. Teagarden, surnommé le "Hoosier" car il parle délibérément lentement, hurle depuis l'autre extrémité du hall : "Où se trouve la cave ?" Je hurle à mon tour : "Dans cette direction !" et je commence à ramper sur le sol qui est maintenant jonché de morceaux de verre et de plâtras. Ramper semble être la meilleure solution en passant près des fenêtres ouvertes. J'atteins finalement la cave, après m'être cogné à une table ou à une chaise à chaque chute de bombe. Apparemment, le S-4 et moi, sommes les derniers à atteindre la cave pleine de soldats, de correspondants de guerre ou de charmantes femmes de chambre et du personnel de l'hôtel. Nous sommes tous contusionnés et quelques-uns l'expriment publiquement, sous le voile de l'obscurité. Profitant de l'unique soupirail de la cave, quelqu'un allume une cigarette et une centaine de gosiers se mettent à hurler "éteins cette foutue chose !" Dehors, les éclats des chandelles de lumière décroissent mais les bombes continuent de tomber, l'une d'elle semble atteindre directement l'hôtel. Le seul pont intact dans la ville, qui est l'objectif probable, est à moins de 200 mètres de là. Finalement, on n'entend plus une seule explosion de bombe et le ronronnement des avions s'éloigne. Quelqu'un rit nerveusement : "Et c'est juste une partie de ce qu'on va envoyer à ces bâtards."

Together we asked about the wine stock. After a few questions of the waiters and the attendants, it became apparent that they assumed we had taken control of it entirely and would but naturally use the wine and liquor as we saw fit. C'est la guerre. « Oui, oui, » I said, thinking of the three Pounds or $12 I had often spent back in Northern Ireland for just one bottle of Irish whiskey which can start more fights than a peace conference. « C'est la guerre, avec certainmente. » Besides, someone volunteered that a good deal of the stock had been imported to the hotel from other parts of France by the Germans who headquartered in the hotel. Now the Americans were here. The FFI already had taken beaucoup bottles. Certainly, the Americans would take over the stock. That was enough. I looked at Janisse. He looked at me. « Does the captain—-« began Janisse, drooling a little over his moustache in anticipation. « Oui, » I said, in my fluid French (fluid not fluent, because the only French I know is that which could get me a drink), Boche kaput. Vive l'Amérique. Cherchez la liqueur et vin et cognac et cetera. Comprendez-vous? » It took us half an hour to just walk along rows of the wine racks in the cellars. There were all kinds of wine and liqueurs and cognac-, champagnes, Sauternes, red wines, brandy, chartreuse, Cointreau, creme de menthe, Benedictine, peppermint, Cherry rocher, armagnac and rum.

Surveying the stock along with me was the regimental intelligence officer, otherwise knovvn as the Thirst from Kentucky. He swore when we finished the inspection. I asked what was wrong. « Wrong? « he said regretfully, « Goddammit, no bourbon. « « You and your moonshining relations,« I snorted. « Pull your taste out of the gutter with that Rebel Rot-gut you grew up on. We're going to have champagne for dinner, supper and breakfast, just like in the musical comedies. « I quickly informed the colonel of the situation. He listened with growing appréciation. « Fine. Keep the guard on but notify every unit that was part of the combat team that took Verdun with us to come and get its share. And, by the way, pick me a room with a good bed and assign all the other rooms in this hotel. If we're going to stay here tonight, I've got to know who's in here. » just like that. Two headaches. In addition to supervising the CP and a mess, now I had to portion out wine among 5,000 thirsty troops and assign rooms with nice, soft beds to people who hadn't seen a soft bed since furlough in London 4 months previous. Passing the buck being the old Army game which adjutants quickly learn in order to squeeze in 18 hour's work within 12 hours,- I turned over the biggest part of the liquor rationing problem to the supply officer of the Service Company commander who was a self confessed connaisseur of wines. The room problem proved more difficult. I checked each of the 50 some rooms and then set up my desk on the stairway, after posting guards at the doorway. Business was extremely good, as colonels and lieutenant colonels from attached artillery units converged on the command post. It picked up even more as a swarm of locusts disguised as newspaper correspondants descended on the place. There were représentatives from all the wire services and many from independent papers - more than 20 in all, and if there is one breed of humanity the packs around a thirst that can compete with a soldier's or sailor's, it is a newspaperman. Bottles of cognac which I passed out as door prizes to the motley collection as I assigned them rooms, earned for me their undying gratitude for as long as two hours. Mark Watson from The Baltimore Sun got the last room shortly before supper, except for a few rooms set aside for Headquarters personnel. Supper, featuring meat, bread and butter from the mess sergeant's kitchen, aided and abetted by fresh toma-toes, potatoes, jam, cherries and Champagne from the hotel, cuisine was a lively affair. Normally, our Headquarters Company officers' mess fed 20. That night it fed 75 officers and 30 some newspapermen. The dinner was complicated by the fact that there were also present six Armored Division officers who convinced the Chicago News that three tanks had taken Verdun and that the infantry were glory-grab-bers. This was slightly different from their attitude of the previous night when they greeted the infantry with open arms as the 1st Battalion passed through the city to occupy the high ground outside the city, actually driving back a small force which was just-forming to counter-attack the tanks, who would have been sitting ducks.

The News walked over to where the colonel was eat-ing and in one sentence genially insulted the infantry and asked for three more bottles of champagne for the « guys who really took this town. » « The god-damned tanks didn't take the goddamned town » goddamned the colonel choking on his tomatoes and the sudden rise of choler. « They just came in and parked by the bridge. » « Having a good party here with the people who took Verdun » insisted the News. « How about some more champagne for us. » The colonel's resulting bellows drove the News back to his tankers, but the colonel, relenting, sent me after more champagne. Supper over, everyone gradually returned to his duties or went to bed, anticipating a night of luxurious sleeping. The tactical situation had developed satisfactorily, with the high ground occu-pied, the artillery all in position and the Germans apparently resigned to having been beaten to the punch of the Meuse River line. »

Campbell goes on to describe how he want upstairs to talk to a well-known reporter, but their conversa-tion was disturbed :

« Suddenly we realized there were planes droning overhead with the peculiar undulating sound that German airplane motors give. Then all at once there came a shower of parachute flares and all Verdun, but most particularly the heart of the city itself, was thrown into brilliance greater than noontime. « Why, the bastards are going to bomb us » said the famous reporter, sitting up a little straighter in bed. We both looked out of the window and were able to make out the outlines of at least two airplanes as more « chan-delier » flares cascaded down.

In the street I saw a Frenchman raise his rifle and fire. Another FFI man tugged his pistol out of his holster and fired defiantly and drunkenly. « Don't think so » I replied, with affected carelessness. « A German recon. plane has dropped flares near every one of our bivouacs across France since the St.Lo break-through ». Just then we heard the first bomb come whistling down. I bounced out of the room down to the second floor where the operations office was when the bomb exploded about 300 yards from the hotel. The rooms erupted people and the dark halls came alive with cries of « where's the stairs », « My God, where is a light? », « hey, put that light out. » As I reached the operations office, I realized that everyone was headed for the wine cellar. The oper-ations office was vacant and as I started to check the colonel's room adjoining, he came out into the hall, with pants and shoes in hand. He put down his shoes and standing on one leg thrust his other through his pants. As he tried to engage the other leg in, another bomb went off, close by. The hotel shook, glass broke and doors banged open. People scurried by each side of me and knocked the colonel off balance. Cursing, he steadied himself and was hit again by people hurrying past on each side of the stairs. Finally, he sat down in the middle of the hall

Lorsque j'atteins la porte de sortie, j'aperçois de nombreux incendies par-tout au-dessus de la ville et, à leurs lueurs, je peux voir quelques immeubles importants, dont l'hôtel de ville et un hôtel proche, qui ont été directement touchés. Graduellement, le vrombissement des avions qui s'en allaient reprend de plus belle et les centaines de pieds de GI's, qui avaient grim-pé pour sortir de la cave à vins, redescendent en toute hâte. Des fusées éclairent à nouveau la ville et les avions allemands descendent plus bas pour larguer plus de bombes. Cette fois, le grondement des explosions dure dix minutes, ce qui faisait neuf minutes de trop pour les nerfs d'un correspondant de guerre se trouvant dans la cave à vins. Il se met à hur-ler "Hé !" après la première bombe. "N'est-ce pas la cave à vins ? J'ai besoin de boire." En tâtonnant dans l'obscurité, tous font la même chose. Cette fois lorsque la lueur des fusées s'éteint et que les bombardiers s'en vont, plus de cent personnes, qui se trouvaient dans la cave à vins, remon-tent avec chacun sa bouteille. Les corridors et les sols sont jonchés de verre et de plâtras. Les lits sont couverts des mêmes débris. Dehors, il y a plus d'incendies mais le pont est resté intact. Un char moyen a reçu un coup au but. Mais, en ce qui concerne le personnel et les installations du régiment, la Luftwaffe a manqué son objectif. Le bataillon est installé sur les hauteurs environnantes et glousse de joie collectivement en voyant Ver-dun bombardée avec son quartier-général régimentaire. Ultérieurement, l'officier commandant le 2e bataillon reconnaîtra que les bataillons avaient alors considéré cela comme une justice immanente, une punition pour le régiment qui les avait chassé de la ville. »

L'officier commandant le *11th Infantry Regiment* est alors le colonel Charles Yuill, un vétéran très décoré de la Première Guerre mondiale. Le chef du 2e bataillon si cavalièrement renvoyé sur les hauteurs est alors le lieute-nant-colonel Kelly Lemmon. Nous entendrons encore parler de ces excel-lents officiers.

Ci-contre : Le colonel Charles W. Yuill commandant le *11th Infantry Regiment* jusqu'au 20 novembre 1944.

Ci-dessous : Le lieutenant-colonel Kelley B. Lemmon.

Le général Kelly B. Lemmon dans les années 60.

Colonel Charles W. Yuill, CO of 11th Infan-try until 20 November 1944.

Lieutenant-Colonel Kelley B.Lemmon, commanding the 2nd. Bn. of 11th Infan-try. (Thanks GI's)

Major-General Kelley B. Lemmon during the 1960's. (Thanks GI's)

Il parut possible d'amener le gros de la *90th Division* dans la tête de pont pendant la journée du 2 septembre. En atteignant Verdun, le *XX Corps* a parcouru 600 miles (près d'un millier de kilomètres) en 30 jours et ses unités du Génie ont lancé 16 ponts importants, sur l'Eure, la Marne, la Seine et la Meuse. Dans Verdun, d'importants dépôts sont tombés entre les mains des vainqueurs, dont un certain nombre de pièces d'artillerie qui vont être utilisées contre leurs anciens propriétaires. Plusieurs entrepôts pleins de nourriture et de vêtements, et un arsenal, ont aussi été capturés intacts. Leur destruction avait été préparée mais quelques civils français, membres de la Résistance (FFI), avaient apparemment coupé les fils menant aux charges explosives.

Les Allemands vont poursuivre leurs raids de bombardement pendant une ou deux nuits pour essayer de réparer leur échec de la destruction du pont de Verdun qui continuera d'être utilisé. Ils ont causé divers dégâts mais les pertes resteront légères. A ce stade, pour différentes raisons pratiques, le *XX Corps* est temporairement stoppé. Même si Verdun a été atteinte et traversée, 14 des 17 chars envoyés en avant se sont trouvés en panne sèche le long du chemin. Le 4 septembre, toute la *5th Infantry Division* n'aura plus que 2 000 gallons (7 600 litres) de carburant à sa disposition seulement la moitié de ce qui est nécessaire pour faire cuire une journée de nourriture.

Cependant, le colonel Yuill essaie de rassembler assez de carburant pour envoyer une puissante *Task Force* formée avec une compagnie renforcée à environ 15 miles (environ 24 km) vers le sud, le long de la Meuse, pour essayer de prendre intact un autre pont. La *L Company* du 3ᵉ bataillon est choisie. Elle est commandée par le capitaine Herb Williams. Il se rappelle être resté en position avec le colonel Birdsong, son chef de bataillon, sur les hauteurs situées à l'ouest de Verdun, durant la nuit du 31 août au 1ᵉʳ septembre, observant le bombardement.

La *Task Force* se met en route dans la matinée du **1ᵉʳ septembre** et avance vers Bannoncourt, le long de la rivière, avec des fantassins chargés dans des camions de deux tonnes et demie, ainsi que dans leurs jeeps. Elle est aussi accompagnée de quelques obusiers à canon court de la compagnie de canons d'infanterie régimentaire plus des mortiers et des mitrailleuses de la *M Company*. Ces éléments atteignent leur destination sans avoir rencontré d'opposition. Mais, après être arrivés à Bannoncourt et avoir mis le pont en état de défense, l'ennemi les prend sous un barrage d'artillerie. Ils resteront là cinq ou six jours et la population locale, pour les remercier de leur libération, font rôtir des bœufs pour eux.

Tandis que le *XX Corps* s'épuise sur la Meuse, Eisenhower tient le **2 septembre** une conférence à Chartres avec Bradley et Patton. La veille, Bradley a donné l'ordre d'envoyer 5 000 tonnes à la *First Army* qui soutient la poussée de Montgomery vers le nord et il n'accorde que 2 000 tonnes à la *Third Army*. Patton est furieux, commençant déjà à discerner une sorte de complot machiavélique pour le priver des fruits de sa victoire et le renvoyer chez lui. Eisenhower justifie la décision en mettant de nouveau en évidence le besoin vital des ports de la Manche et d'Anvers. Jusqu'à ce qu'ils soient dégagés, la priorité est donnée au ravitaillement dirigé vers

Les troupes américaines entrent à Chartres. (DAVA/Heimdal.)
US troops enters Chartres.

and with people buffeting him like a billiard ball, managed to draw on his pants. I sat four feet behind, shaking with laughter. Then another bomb went off and a plane strafed the building, machine gun slugs pattering on the outside walls. I quit laughing. The colonel said « the hell with it « as he picked up his shoes and started down into the cellar barefooted. Outside anti-aircraft guns and 50 caliber machine-guns began to talk back to the German planes, which now numbered almost 24. The Hoosier (slow deliberate way of speaking) voice of the S-4, Capt. Alfred P. Teagarden, yelled from the far end of the hall: « Which way to the cellar? » « This way! » I yelled back, and started crawling along the floor, which by this time was littered with glass and plaster. Crawling seemed the smart thing to do past open windows, I finally reached the cellar, collecting bruises against a chair or table each time a bomb went off. Seemingly, the S-4 and I were the last to reach the cellar which was full of soldiers, correspondents, the three chambermaids and hotel personnel. Everyone was scared and some publicly admitted it from the cloak of darkness. Someone lit a cigarette by the only window in the cellar and a hundred voices yelled, « put that damn thing out. » The flares outside were gradually decreasing in candlepower but the bombs kept whistling down, each one sounded like it was going to come right in the hotel and register. The only bridge left in the town, which was the probable target, was 200 yards away. Finally, no more bombs were heard and the sound of planes faded. Someone laughed nervously. « And this is just a portion of what those bastards get from us. »

As I reached the outside door I could see a lot of large fires burning all over town and by their lights, could see that several big buildings, including the City Hall and a hotel close to it, had received direct hits. Gradually the drone of returning planes grew louder and the hundreds of GI feet that had clumped up from the wine cellar, hastily clumped down again. Flares floodlighted the city again and the German planes swooped in low to drop more bombs. The crump crump of bombs detonating lasted about 10 minutes this time, which was 9 minutes longer than the nerves of one correspondent down in the wine cellar. « Hey, » he yelled, immediately after the first bomb. « This is the wine cellar, isn't it? I need a drink. » Much fumbling in the dark ensued, as others recollected the same. This time, as the flares died out and the bombers left, the more than 100 people who were in the wine cellar went upstairs accompanied by at least an equal number of bottles. The hallways and floors were littered with glass and plaster. The beds were covered with the same litter. Outside, more fires were burning, but the bridge was still intact. One medium tank had received a direct hit. But as far as personnel and installations of the regiment were concerned, Luftwaffe had failed to score. The battalion had sat on the surrounding hills and collectively chortled in glee to see Verdun bombed, with Regimental Headquarters therein. As the 2nd Battalion CO later admitted, the battalions believed it to be poetic justice in retribution for regiment pushing them out of town ».

The « colonel » referred to was the 11th Infantry Regt. commander, Col. Charles Yuill, a highly decorated WWI veteran, known to his contemporaries as « kewpie » as his habitual quiff reminded them of a type of American doll known as a kewpie doll. The 2nd Battalion commander so unceremoniously bundled off the premises was Lt-Col. Kelly Lemmon. We shall hear a lot more about these two fine officers.

It proved possible during 2 September to bring up the bulk of the 90th Division into the bridgehead. On reaching Verdun, XX Corps had marched 600 miles in 30 days, and its engineers had completed 16 major bridging missions, including the Eure, Marne, Seine, and Meuse rivers. In the city itself, more valuable stores fell into the hands of the victors, including a number of artillery pieces—soon to be in use against their former owners. Also captured intact were several warehouses full of food and clothing, as well as the arsenal. These had been prepared for demolition, but some French civilians, members of the Resistance (FFI), had apparently cut the wires leading to the explosive charges.

The Germans continued their bombing raids for one or two more nights in an attempt to rectify their failure to blow the Verdun bridge which, however, remained in use, and although some damage was caused, casualties were light. At this stage, to all practical purposes, XX Corps came to a temporary but very definite halt. Even reaching Verdun had been touch and go. Of the 17 tanks originally dispatched, 14 had run out of fuel on the way. By 4 September, the entire 5th Infantry Division had only 2,000 gallons of fuel, half of which was required for daily cooking purposes.

Col. Yuill did, however, manage to scrape together enough fuel to dispatch a strong task force of a reinforced company some 15 miles southwards along the Meuse to try to capture another bridge intact. L Company of the 3rd Battalion was chosen, commanded by Capt. Herb Williams. He remembers sitting with Col. Birdsong, his battalion commander, sitting on the hills to the west of Verdun during the night of 31 August/1 September, watching the bombing.

The task force set out on the morning of **1 September** and proceeded to Bannoncourt on the river with the infantry traveling in two and a half ton trucks as well as their own jeeps. They also had with them some of the short-barreled howitzers of the regimental cannon company plus additional mortars and machine guns from M Company. They reached their destination without meeting any opposition, but when they got in to Bannoncourt and had secured the bridge, the enemy brought down a barrage of artillery on them. They stayed there for five or six days and were treated to a barbecued cow by the locals who were grateful for their liberation.

While XX Corps fretted on the Meuse, Eisenhower held a conference at Chartres with Bradley and Patton on **2 September**. The previous day, Bradley had ordered that 5,000 tons of stores should go to the First Army, engaged in supporting Montgomery's northward thrust, and only 2,000 tons to the Third Army. Patton was furious, already beginning to sense some sort of Machiavellian plot to rob him of the fruits of victory and headlines back home. Eisenhower justified the decision by pointing out once again the vital need for the Channel ports and Antwerp—until they were cleared, priority for supply would remain in the north. Patton claimed that his cavalry patrols had reached the Moselle, asserted (erroneously) that they had entered Metz, and that all he needed was fuel. « My men can eat their belts, but my tanks have gotta have gas. » If supplied, he claimed, he could break through to the Rhine, and in this he was supported by Bradley. As usual, Eisenhower gave way under pressure. He consented to a compromise, whereby Patton could secure crossings over the Moselle when he could get the fuel to move. Patton, naturally, failed to disclose that he had captured an additional 110,000 gallons, sufficient to get XII Corps as far as the next main river obstacle. These were all part of Patton's tactics at the time. By keeping moving until his troops ran out of fuel, he virtually forced Bradley to give him enough to get mobile again—he called it his « Rock Soup » method. This referred, of course,

le nord. Patton annonce que ses patrouilles de reconnaissance de la *cavalry* ont atteint la Moselle et prétend (faussement) qu'elles sont entrées dans Metz et que tout ce dont elles ont besoin, c'est du carburant. « *Mes hommes peuvent manger leurs ceinturons mais mes tanks ont besoin d'essence* ». Il clame que, s'il est ravitaillé, il pourra percer jusqu'au Rhin et il est soutenu en cela par Bradley. Comme d'habitude, Eisenhower lâche du lest sous la pression. Il consent à un compromis par lequel Patton pourrait assurer le franchissement de la Moselle dès qu'il obtiendra plus de carburant. Naturellement, Patton omet de révéler qu'il a capturé un stock supplémentaire de 110 000 gallons (418 000 litres), suffisant pour conduire le *XII Corps* jusqu'à la prochaine rivière. Cela fait partie de la tactique de Patton à cette époque. En continuant d'avancer jusqu'à ce que ses troupes se trouvent à court de carburant, il force virtuellement Bradley à lui donner assez de carburant pour le remettre en route, il appelle cela la méthode de la « *rock soup* » (« soupe aux cailloux »). Elle fait référence, bien sûr, au vieux récit d'un clochard qui arrive dans une maison pour demander un peu de légumes d'eau afin de faire bouillir des cailloux constituant sa soupe. Quand on lui donne de l'eau, il demande un peu de légumes pour lui donner plus de goût, puis une pincée de sel et finalement il termine en demandant un peu de viande.

Bien qu'immobilisé, le *General* Walker tente de bouger pour remplir quelque peu sa mission. Les véhicules légers de la « cavalerie » (jeeps et véhicules blindés) sont capables de mener un certain nombre de reconnaissances vers la Moselle mais, malgré des rumeurs persistantes, elles ne sont alors pas entrées dans Metz. C'est une pure vue de l'esprit de la part de ces unités et de ceux qui, plus tard, fustigeront la décision de couper le carburant de Patton. Pendant la **nuit du 31 août au 1er septembre**, le *3rd Cavalry Group* sort de la tête de pont et arrive jusqu'à **Etain**, à une vingtaine de kilomètres à l'est. Là, il réussit à récupérer 4 000 gallons (15 000 litres) de carburant, assez pour maintenir leur progression jusqu'à la Moselle. Bien que ses exploits des quelques jours suivants ont tout de l'élan de la tradition de la cavalerie style Hollywood, il est incapable d'accomplir quoique ce soit de déterminant, à l'exception de semer l'alerte et le découragement dans les lignes ennemies.

Une section, guidée par un Français, fait une incursion d'une centaine de kilomètres derrière les lignes allemandes et, dans l'après-midi du **2 septembre**, elle atteint **Thionville** sur les bords de la Moselle. Commandée par le lieutenant Jackson, cette petite force comprenant trois véhicules blindés et six jeeps fait le coup de feu en ville et réussit même à couper les fils de charges de démolition sous le pont principal. Toutefois, sans force pour les soutenir, elle est repoussée et rejoint son unité. Blessé deux fois, Jackson sera décoré de la *Distinguished Service Cross*. Le *43rd Cavalry Reconnaissance Squadron* est aussi actif, l'une de ses sections avance vers le nord jusqu'à Longuyon tandis qu'une autre tente d'établir un poste d'observation sur les hauteurs dominant la Moselle, au nord de Thionville. Ils peuvent envoyer ce message par radio : « *Aucune unité ennemie visible sur l'autre rive de la Moselle. Il y a de nombreux bons emplacements pour des ponts, tous sans défense.* »

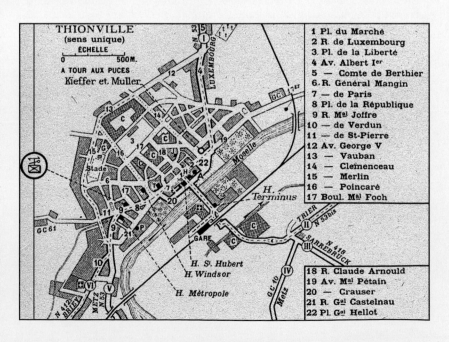

Ailleurs, la « cavalerie » est forcée d'écouter sa reconnaissance à cause du manque de carburant. En poursuivant l'ennemi en retraite, il y a quelques signes du début du raidissement de la résistance. Le *General* Walker tente un dernier effort d'intoxication en voulant persuader les Allemands que l'avance principale est dirigée vers le nord, vers le Luxembourg.

Le **2 septembre**, il envoie deux *Task Forces* de la *7th Armored Division* pour avancer sur les deux rives de la Meuse vers Sedan, en une feinte, mais elles tombent en panne sèche avant d'y arriver. Elles devront attendre le 4 septembre pour être ravitaillées et remises en route.

Selon un historien officiel, H.M. Cole : *« Durant ces journées d'inactivité forcée, le chef du XX Corps et son état-major s'activent à établir des plans pour une poussée atteignant Mayence, sur le Rhin, à 220 kilomètres à vol d'oiseau à l'est des positions avancées du XX Corps, avant que le West-wall allemand puisse être réactivé. Cependant, pendant les premiers jours de septembre, le XX Corps ne peut rien faire d'autre que produire des plans ambitieux sur le papier, attendre, faire un stérile compte rendu des messages radios optimistes envoyés par les unités de reconnaissance, produire des rapports quotidiens creux avec des phrases comme "pas de changement", s'entraîner aux tirs de DCA quand les avions allemands viennent la nuit pour des tentatives inefficaces de destruction des ponts de Verdun et espérer que l'essence va arriver bientôt. »*

Le général Patton va qualifier la décision de restreindre son ravitaillement de « plus monumentale erreur de la guerre ». L'opinion généralement répandue parmi ses collaborateurs est que, si on lui donne le commandement, il ira jusqu'au Rhin en quelques jours. Après tout, ce fleuve n'est qu'à 100 miles (160 kilomètres) à l'est de la Moselle. Cependant, dans toute cette discussion du « grand argument », un élément est toujours ignoré, c'est celui des limites imposées par la géographie. Patton pense que les Allemands sont à bout et qu'on doit lui donner la possibilité de cette avance avant qu'ils aient le temps de se réorganiser. Sa tactique est exacte mais le terrain situé à l'est de la Moselle est très différent de celui du Nord de la France et est totalement défavorable aux blindés. Il y a peu de routes se dirigeant vers la Sarre et le Rhin et ce fleuve sera une formidable barrière pour le *XX Corps* en décembre.

L'Histoire est pleine de « on aurait pu ». Ce livre ne s'intéresse qu'aux faits qui se sont réalisés mais, en conclusion, il reste de la place pour la discussion du thème si souvent répété que la guerre aurait pu se terminer en 1944 si Patton avait reçu son ravitaillement.

Le champ de bataille et la ville de Metz

Avec le gros de ses éléments établis sur les hauteurs situées à l'est de la Meuse, le *XX Corps* est confronté à une avance vers la Moselle d'une cinquantaine de kilomètres à travers une plaine plus ou moins plate. Avec un habitat dispersé mais bien ravitaillé par des bonnes routes, le terrain grimpe doucement en approchant de la rivière et il se termine par une chaîne de collines boisées dominant la vallée. De l'autre côté, on trouve une autre côte rude et suivie par un plateau s'étendant en direction de la vallée de la Sarre, traversé par deux rivières moins importantes, la Seille et la Nied. Entre Metz et Thionville, la rivière coule du sud vers le nord et, en avant, la vallée s'étale en une vaste plaine inondable. En dessous de Metz, la Moselle coule dans une vallée étroite où on ne peut accéder que par des ravines étroites et sinueuses.

Le débit de la rivière est lent mais relativement important, il a été canalisé pour un important trafic fluvial. La ville de Metz est bâtie sur des îles situées sur cette rivière, dans un bassin entouré de collines à l'est et à l'ouest. Les collines occidentales ont été solidement fortifiées par les Allemands juste avant 1914, pour constituer un saillant facile à défendre. (Une histoire détaillée de la forteresse de Metz est donnée dans les annexes).

Au nord, le secteur de la future bataille est limité par un pays accidenté et pentu menant vers le Luxembourg. Ainsi, la ligne naturelle de pénétration se trouve à l'est, le long de l'ancienne route romaine qui traverse Metz en direction de Saarbrücken et le Rhin à Mannheim. A cause de cette restriction imposée par la géographie, c'est tout au long de l'Histoire la route favorite des armées et le secteur autour de Metz et des franchissements de la Moselle a été un champ de bataille privilégié. La ville elle-même n'a jamais été prise par un assaut direct et, en 1870, von Moltke, le chef d'état-major de l'armée allemande estima que sa prise nécessitait l'équivalent d'une armée de 120 000 hommes.

to the old tale about the tramp who went up to a house and asked for some water to boil a rock to make some soup. When he got the water, he then asked for a few odd vegetables to make it a bit more tasty, and then a pinch of salt, and finally ended up with some meat.

Although stalled, General Walker did manage some activity in an effort to fulfill his mission. The light vehicles of the cavalry (jeeps and armored cars) were able to make a number of sweeps toward the Moselle, but in spite of persistent rumors that they had done so, never actually entered Metz. That was pure wishful thinking on the part of the troops and those who later castigated the decision to cut off Patton's fuel. During **the night of 31 August/1 September**, the 3rd Cavalry Group had penetrated out of the bridgehead as far as **Etain**, some twelve miles to the east. There they had managed to secure 4000 gallons of fuel, enough to keep them moving on to the Moselle. Although their exploits during the next few days had all the dash of the Hollywood cavalry tradition, they were unable to accomplish anything decisive, except to spread alarm and despondency among the enemy.

One platoon, guided by a Frenchman, made a 70-mile sweep behind the German lines, and on the afternoon of **2 September**, reached **Thionville** on the banks of the Moselle. Commanded by Lieutenant Jackson, this small force, comprising three armored cars and six jeeps, shot up the town and even succeeded in cutting the demolition leads under the main bridge. However, without force to back them up, they were finally driven off and returned to their unit. Twice wounded, Jackson was decorated with the Distinguished Service Cross. The 43rd Cavalry Reconnaissance Squadron was also active. One platoon roved northward to Longuyon, while another managed to establish an observation post on the heights overlooking the Moselle to the north of Thionville. They were able to radio back, « No enemy visible on the other side of the Moselle. Many good places for bridges, all undefended. »

Elsewhere, the cavalry was forced to curtail scouting on account of the fuel shortage. As they followed the retreating enemy, there was every indication that resistance was beginning to stiffen. One final effort at deception was tried out by General Walker in an endeavor to persuade the Germans that the main advance was to be made northward into Luxembourg. On **2 September** he sent two task forces from the 7th Armored Division to advance on either side of the Meuse in a feint toward Sedan, but they ran dry before they got there. They had to wait until 4 September before they could be refuelled and retrieved.

In the words of the official historian, H.M Cole « During these days of enforced inactivity, the XX Corps commander and his staff were busy with plans for a drive that would reach Mainz, on the Rhine, 140 air-line miles east of the XX Corps forward positions, before the German Westwall could be reinstated. In the first days of September, however, there was little the XX Corps could do but commit ambitious plans to paper, wait, make a sterile record of the optimistic and pleading messages radioed in by the cavalry, put out daily reports with the dour phrase, 'no change,' engage in gunnery practice when German planes came over at night in fruitless attempts to destroy the Verdun bridges, and hope that gasoline would soon arrive. »

General Patton called the decision to restrict his supplies « the most momentous error of the war. » The general assumption among his protagonists was that, if he had been given his head, he would simply have rolled through to the Rhine in a matter of days. After all, that river was only 100 miles to the east of the Moselle. However, in all the discussion of the « great argument, » one element that is always ignored is the limiting one of geography. Patton's assumption was that he had the Germans on the run and should have been permitted to keep up the pace of his advance before they had time to organize themselves. This was correct tactics, but the terrain to the east of the Moselle was vastly different from that of northern France and was totally unsuitable for armor. There were few roads running toward the Saar and the Rhine, and the former river was to prove a formidable barrier to XX Corps the following December.

History is full of « might have beens » and considering them leads one into the realms of supposition. This book is concerned with the facts as they occurred, but in the conclusion there is room for some discussion of the oft repeated theme that the war could have been over in 1944—if only Patton had been given the supplies.

The battlefield and the city of Metz

With the bulk of XX Corps established on the heights to the east of the Meuse, they were faced with an advance across the more or less level plain toward the Moselle, a distance of some 30 miles. Sparsely populated but well supplied with metalled roads, the ground rises gently as the river is approached ending in a ridge of wooded hills before dipping steeply into the valley. On the other side there is a further sharp rise, beyond which a plateau stretches out toward the Saar Valley, crossed by two lesser rivers, the Seille and the Nied. Between Metz and Thionville the river runs from south to north; and above the former, the valley stretches out into a broad flood plain. Below Metz, the Moselle runs in a restricted valley, the only access being via a number of narrow, winding ravines.

The river itself is slow running but fairly wide, having been canalized for barge traffic. The city of Metz is constructed on a number of islands in the stream, lying in a basin surrounded by the hills to the east and west. Those western hills were fortified strongly by the Germans just prior to 1914, to form an easily defended salient. (A detailed history of the fortress of Metz is given as an appendix.)

To the north, the area of the coming battle was limited by the fairly steep and rugged country leading into Luxembourg. Thus, the natural line of advance lay to the east along the old Roman road leading through Metz and onward to Saarbrücken and the Rhine at Mannheim. Because of the restrictions imposed by geography, this had been one of the favorite routes for armies throughout history, and the area around Metz and the Moselle crossings had long been a favorite battlefield. The city itself had never been taken by direct assault, and as late as 1870, the Chief of the German General Staff, von Moltke, reckoned its possession to be worth the equivalent of an army of 120,000 men.'

The German situation at the beginning of September

It would appear that at least some of the senior German commanders shared the Allies' view of events already stated, to the extent of believing that the war was virtually over. Field Marshal von Rundstedt told Allied interrogators after the war, « As far as I was concerned, the war was ended in September. » This cannot be dismissed as the wisdom of hindsight. At the end of June, when asked by Keitel what should be done, he had replied, « Make peace, you idiots », for which he was naturally relieved of his command.

Le maréchal von Rundstedt.
Field Marshal Gerd von Rundstedt.

Le général Westphal.
General Westphal. (Coll. Charita)

La situation allemande début septembre

Il apparaît que quelques officiers généraux allemands sont arrivés au même point de vue que les Alliés, considérant que la guerre est virtuellement terminée. Interrogé par les Alliés après la guerre, le maréchal von Rundstedt dira : « *En ce qui me concernait, la guerre était terminée en septembre.* » Ceci ne peut être balayé comme une sagesse tardive. A la fin du mois de juin, lorsque Keitel lui avait demandé ce qu'il fallait faire, il avait répliqué « *Faites la paix, bande d'idiots* » et on l'avait naturellement limogé.

Malgré sa franchise, von Rundstedt est rappelé de son honorable retraite et est convoqué, avec son chef d'état-major, le général Westphal, par Hitler à Rastenburg. Là, von Rundstedt apprend qu'il doit reprendre son ancienne fonction comme *OB* (général en chef) *West* le 5 septembre. Model est très satisfait de passer la main et de retourner à son commandement de la *Heeresgruppe B.* Ostensiblement, le retour de von Rundstedt doit alléger un système de commandement devenu trop compliqué par le fait qu'un seul homme était en même temps commandant en chef et commandant d'un Groupe d'Armées. Ceux qui soutenaient la nomination de Montgomery au poste de commandant en chef des troupes terrestres alliées devraient en prendre acte ! Model avait probablement commis la faute d'essayer de peindre la situation de manière trop sombre pour le goût de Hitler. Von Rundstedt était populaire dans l'armée et, épaulé par un chef d'état-major jeune et capable, il est nommé pour sauver la situation. Les ordres donnés par l'*OB West* le 3 septembre sont révélateurs des idées stratégiques de Hitler pour la campagne à l'Ouest en général et plus spécialement pour celle de Lorraine : « *En raison de la faiblesse de nos forces et de l'impossibilité d'amener suffisamment de renforts, il est impossible pour le moment de déterminer une ligne qui puisse et doive être tenue. Il est donc nécessaire de gagner autant de temps que possible pour amener de nouvelles unités et constituer la* West Stellung *(position de l'Ouest) et détruire l'ennemi dans des contre-attaques locales.* » Les ordres accordent l'importance principale au renforcement de la 1re Armée allemande, la grande unité qui tient la ligne de la Moselle directement devant le front de la *Third Army*, et au rassemblement de forces mobiles pour contre-attaquer le flanc sud dégarni de Patton. Il est clair que Hitler a réalisé le danger représenté par la percée en Lorraine et qu'il est déterminé à stopper Patton à tout prix. Bien qu'il n'y ait aucune allusion sur l'attaque prévue dans les Ardennes dans les ordres donnés, elle sera cependant implicite. Deux jours plus tard, lors d'une conférence, Hitler dit que « *le brouillard, la nuit et la neige* » lui offriront une bonne occasion.

En face des forces de Patton se dresse la 1re Armée allemande qui vient aussi de connaître des changements dans sa chaîne de commandement. Le 6 septembre, le général von der Chevallerie est démis de ses fonctions pour raison de « mauvaise santé » et il est remplacé par le général Otto von Knobelsdorf. Ce dernier bénéficie d'une expérience considérable comme chef d'un Corps d'Armée en Russie et il est connu pour être à la

Le général von der Chevallerie.

General von der Chevallerie.

Le général Otto von Knobelsdorf. (Coll. Charita.)

General Otto von Knobelsdorf. (coll Charita)

17. SS-Pz.Gren.Div. « Götz von Berlichingen »

Emblème de la division représentant la prothèse métallique de Götz von Berlichingen, le « chevalier au poing de fer ».

17th SS. Panzer-Grenadier-Division « Goetz von Berlichingen ».

Emblem of the division depicting the armor hand of Goetz von Berlichingen, "the knight with the iron hand."

General der Artillerie Hans Sinnhuber.

In spite of his frankness, von Rundstedt was called from honorable retirement and ordered to report to Hitler at Rastenburg, together with his chief of staff, General Westphal. There von Rundstedt was told that he was to take over his old job as OB (Supreme Commander) West on 5 September. Model was quite happy to step down and return to the command of his Army Group B. Ostensibly, the reason for the recall of von Rundstedt was to alleviate a command situation that had become too complicated in that one man was the commander-in-chief and an army group commander at the same time. Those who supported Montgomery's appointment as overall Allied ground commander should take note!. Model's probable fault was that he had tended to paint the situation too gloomily for Hitler's taste. Von Rundstedt was popular with the army, and backed by a young and able chief of staff, he was appointed to save the situation. The orders issued to the OB West on 3 September are a key to Hitler's strategic ideas for the campaign in the west and especially in Lorraine.'
« On account of the weakness of our forces and the impossibility of introducing sufficient reinforcements, it is impossible at the moment to determine a line that can, and must, be held. It is therefore necessary to gain as much time as possible for the introduction of new units and the building up of thme *West-Stellung (*West Position) and to destroy enemy forces by means of partial counterattacks. » The main emphasis in the orders was placed on the reinforcement of the German First Army, the unit holding the Moselle line directly in front of the U.S. Third Army, and the assembly of mobile forces for a counterattack against Patton's unguarded southern flank. It is clear from this that Hitler had realized the danger threatened by a breakthrough in Lorraine and was determined to stop Patton at all costs. Although nothing was said in the orders about the planned offensive in the Ardennes, it was nevertheless implied. Two days earlier at a conference, Hitler had said « fog, night, and snow » would provide him with a great opportunity.

Directly opposing Patton's forces was the German First Army, and there too was a change of command. On 6 September, General von der Chevallerie was retired on grounds of « ill health » and replaced by Gen. Otto von Knobelsdorf. The latter had had considerable experience as a corps commander in Russia and was known to be both a tough fighter and an optimist. His army, together with the Nineteenth Army immediately to the south, was placed under the command of Army Group G and General Blaskowitz.

During the last days of August, the German First Army had pulled back behind the Meuse with its forces totally shattered and on the run. It had been unable to impose any cohesive resistance to the Americans. Any counterattacks mounted had been local affairs of desperate men and were not coordinated as part of an overall plan. From the retreat, only nine battalions of infantry, two batteries of field artillery, ten tanks, and a number of antiaircraft and antitank guns had been retrieved. Reinforcements in the shape of elements of the 3rd and 5th Panzer Grenadier Divisions had arrived from Italy in time to see action in the Verdun-Commercy area, and the remaining troops of these units were in position along the Moselle by **2 September**. In addition there was the exhausted 17th SS Panzer Grenadier Division *(Goetz von Berlichingen),* which was in the First Army area for refitting. Parts of this unit were thrown in to form an outpost line to the west of Metz, astride the main road from Verdun. By all the customs of warfare, the German forces in the West were beaten and should have sued for peace to spare their nation further losses, but that far from their leader's mind.

In pursuit of the « stop Patton » policy, the reinforcements that had been demanded by Model prior to his demotion were beginning to trickle in. During the lull before the American advance resumed on 6 September, four divisions and an armored brigade were moved in behind the Moselle. Although the First Army was only a collection of weak detachments at the end of August, by the first week in September « it was now the strongest of the German armies in the West. »

Directly facing General Walker's XX Corps, on the Moselle between Metz and Thionville, was the German LXXXII Corps, commanded by the artillery general, Johann Sinnhuber. However, apparent parity of forces was a delusion. Although lacking artillery, armor, and antitank weapons, the Germans were entrenched behind the excellent natural barrier of the river, and it is an ancient principle of warfare that an attacker requires a numerical superiority of at least three to one.

American intelligence had estimated that the enemy would not make a stand on the Moselle, but would retire to the prepared positions of the *Westwall* along the German frontier. This proved to be a false estimate, for as early as 24 August, Hitler had issued orders for the preparation of defenses in advance of the Westwall, the so-called *West-Stellung.* In the Moselle sector, Gauleiter Bürckel was empowered to call up the civilian population for the construction of defense works, and orders were also given for the reconditioning of the old fortifications of Metz and Thionville. A further order, issued on 1 September, was concerned with the rehabilitation of the *Westwall.*

In examining the German situation at local levels, one is confronted by the almost total lack of documen-

Le *Gauleiter* Bürckel, portrait officiel. (Heimdal.)

Official portrait of Gauleiter Bürckel.

fois un combattant obstiné et optimiste. Son armée, avec la 19ᵉ Armée au sud, est placée sous le commandement de la *Heeresgruppe G* du général Blaskowitz.

Pendant les derniers jours du mois d'août, la 1ʳᵉ Armée allemande a été repoussée derrière la Meuse avec ses forces disloquées et à bout. Elle a été incapable d'opposer une résistance cohérente aux Américains. Quelques contre-attaques ont été lancées localement par des hommes désespérés mais n'étaient pas coordonnées par un plan général d'action. Seuls neuf bataillons d'infanterie, deux batteries d'artillerie de campagne, dix chars et un certain nombre de canons antiaériens et antichars ont pu être sauvés lors de la retraite. Des renforts constitués par des éléments de la *3.* et de la *5. Panzergrenadier-Division* sont arrivés d'Italie à temps pour être engagés dans le secteur de Verdun-Commercy et les autres éléments de ces unités sont en position sur la Moselle le **2 septembre**. En outre, il y a aussi la *17. SS-Panzergrenadier-Division (Götz von Berlichingen)*, épuisée, qui est en train de reprendre des forces auprès de la *1. Armee*. Des éléments de cette unité sont jetés dans la bataille pour constituer une ligne d'avant-poste à l'ouest de Metz, de part et d'autre de la route principale venant de Verdun. Avec ses méthodes de combat, les forces allemandes à l'Ouest ont besoin de la paix pour épargner à leur nation d'autres pertes mais c'est bien loin des intentions de leur chef.

En continuant la politique du « stop Patton », les renforts réclamés par Model avant son départ commencent à fondre. Durant la pause précédant la reprise de la progression américaine le 6 septembre, quatre divisions et une brigade blindée sont ramenées derrière la Moselle. Bien que la *1. Armee* n'était qu'une collection de faibles détachements à la fin du mois d'août, elle est maintenant, en cette première semaine de septembre, « la plus forte des armées allemandes à l'Ouest ».

Juste en face du *XX Corps* du général Walker, sur la Moselle entre Metz et Thionville, se dresse le *LXXXII. Korps* allemand commandé par le *General der Artillerie* Johann Sinnhuber. Cette apparente parité de forces est une illusion. Bien que manquant d'artillerie, de blindés et d'armes antichars, les Allemands sont retranchés derrière l'excellente barrière naturelle constituée par la rivière et c'est une vieille loi des usages la guerre : un attaquant doit avoir une supériorité de trois contre un.

Le renseignement américain a estimé que l'ennemi ne s'arrêtera pas sur la Moselle mais qu'il va se replier sur des positions préparées du *Westwall*, le long de la frontière allemande. Cette estimation va s'avérer fausse car, dès le 24 août, Hitler a donné l'ordre de préparer des défenses en avant du *Westwall*, ce sera la *West-Stellung* (« position de l'Ouest »). Dans le secteur de la Moselle, le Gauleiter Bürckel a reçu la mission de mobiliser la population pour la construction d'ouvrages défensifs et des ordres sont aussi donnés afin de remettre en état les vieilles fortifications de Metz et de Thionville. Un autre ordre est émis le 1ᵉʳ septembre et concerne la remise en fonction du *Westwall.*

En examinant la situation allemande au niveau local, on est confronté à l'absence totale de documents. Des unités en retraite ne sont pas en mesure de garder leurs archives et de remplir leurs journaux de marche et de nombreux groupes sont simplement des unités de circonstance constituées d'isolés. Celles-ci sont directement jetées dans la bataille et le cours normal de la paperasserie militaire est généralement oublié et peu de chose a survécu dans les archives en dessous du niveau du Groupe d'Armées. Ainsi, ce qui suit est une synthèse des témoignages disponibles mais contradictoires.

Ecrivant après la guerre, le général von Knobelsdorf a dépeint le chaos régnant dans son nouveau commandement au début du mois de septembre. Il fait référence aux rumeurs incontrôlables régnant à l'arrière qui font état de succès américains, rumeurs répandues par des éléments de l'aviation se repliant et des unités non combattantes. En ce qui concerne Metz, il prétend que « la panique s'est répandue ». Les autorités du parti et les autorités civiles fuient la ville qui a été évacuée par sa population allemande en quelques jours par les colons qui avaient été installés pour gérer les fermes abandonnées par leurs habitants français déplacés après 1940. Cette panique se répand à un certain nombre d'établissements militaires dans lesquels on incendie des munitions et des stocks d'uniformes sans en avoir reçu l'ordre et on s'enfuit de Metz en emmenant les clés des fortifications. Un tel dépôt, situé dans le Fort Queuleu, avait reçu les archives de Metz, des trésors artistiques et une importante bibliothèque. Cela aussi est incendié, même si le général Denis signale aussi que la personne en charge de ce dépôt a été fusillée pour son incurie. Quand les sapeurs du Génie vont essayer de mettre les fortifications en état de défense, ils rencontreront d'importantes difficultés et perdront beaucoup de temps. Il fau-

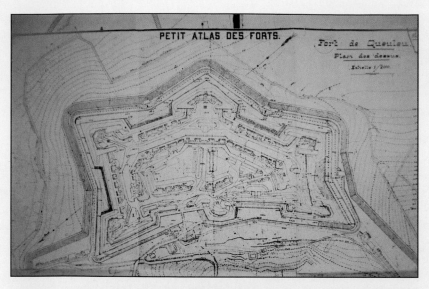

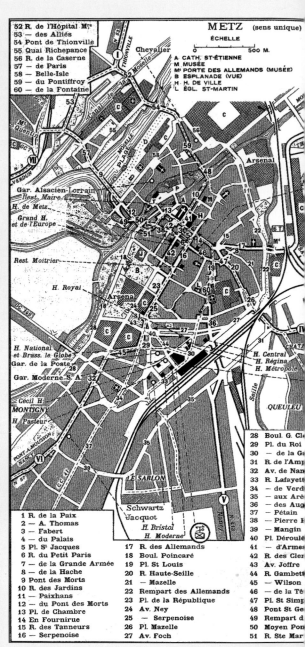

Ci-dessus : Plan du fort de Queuleu et deux vues actuelles du fort.

Ci-contre : Le colonel *SS* E. Kemper, commandant l'Ecole des transmissions *SS* de Metz. (Coll. Spiwoks et Stöber.)

Above : Plan of Fort Queuleu and two present day views.

SS Colonel Erich Kemper, Commandant of the SS Signal School at Metz. (coll Spiwoks and Stoeber).

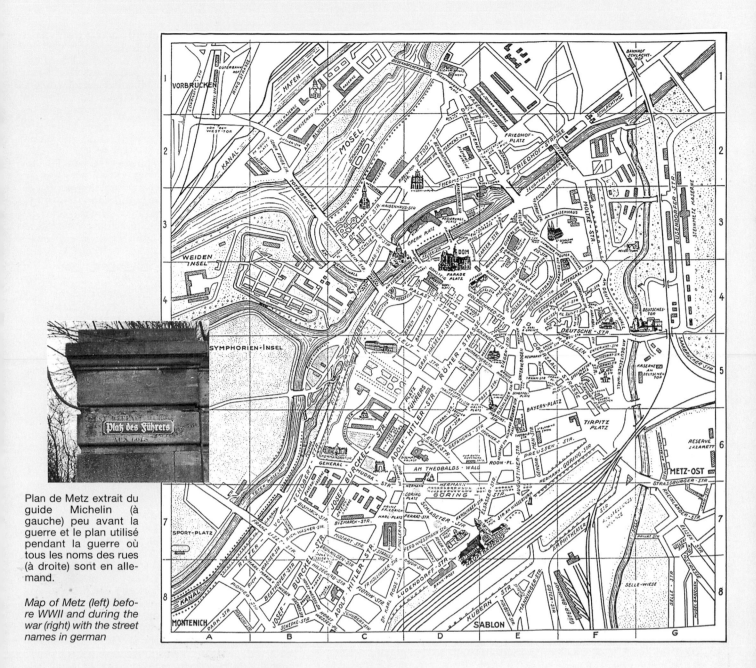

Plan de Metz extrait du guide Michelin (à gauche) peu avant la guerre et le plan utilisé pendant la guerre où tous les noms des rues (à droite) sont en allemand.

Map of Metz (left) before WWII and during the war (right) with the street names in german

tary evidence. Units on the run were not in a position to keep records and fill in their war diaries, and many groups were simply ad hoc formations filled out with stragglers. Thrown immediately into battle, the normal run of military paperwork was usually ignored, and little has survived in the archives below army-group level. Thus the following is a synthesis of the available but often contradictory evidence. -

Writing after the war, General von Knobelsdorf painted a picture of chaos in his new command at the beginning of September. He refers to an uncontrollable spread of rumors in the rear areas about alleged American successes, spread by escaping air force and non-combat units. As far as Metz was concerned, he stated that, « panic had broken out ». The party- and civil authorities fled the town, which had then to be evacuated by the German population within a few hours. The settlers who had been brought in to tend farms abandoned by the displaced French inhabitants after 1940. This panic spread to a number of military establishments, which set fire to ammunition and stocks of clothing without having received orders, and fled out of Metz taking with them the keys of the fortifications One such depot, situated in Fort Queuleu had also taken charge of the Metz archives, art trea-

dra des jours pour y arriver. Les dépôts incendiés ne pourront être remplacés.

Ce témoignage est probablement exagéré, mais il comporte une part de vérité. Une autre source nous donne un son de cloche totalement différent mais il comporte certains éléments d'autoglorification. Un colonel SS, le *Standartenführer* Ernst Kemper, qui était le commandant de l'école SS des transmissions de Metz, avait été nommé, vers la fin du mois de juillet, chef de la place de Metz, par Himmler (chef des troupes de remplacement, l'une des multiples casquettes qu'il portait à cette époque). Peu après, une conférence eut lieu ; elle établit que Metz serait une « forteresse » et devait être mise en état de défense.

L'ordre n° 11 du Führer promulgué le 8 mars 1944 nous donne une bonne idée de ce que le terme « Forteresse » signifie pour les Allemands et de la définition des missions des chefs de ces secteurs fortifiés. Elles « *remplissent les fonctions des forteresses des anciens temps. Elles doivent assurer que l'ennemi n'occupera pas ces secteurs d'importance opérationnelle décisive. Elles pourront être encerclées ce qui fixera le plus grand nombre possible de formations ennemies et établira des conditions favorables à des contre-attaques couronnées de succès... Chaque chef de secteur fortifié devra être sélectionné parmi des soldats endurcis, de préférence un général... Les chefs de secteur fortifié devront accomplir leur honneur de soldat en aassumant leur devoir jusqu'à la fin. Seul le commandant en chef d'un groupe d'armées peut donner personnellement,avec mon approbation, l'ordre de reddition d'une forteresse.* »

Outre la décision de défendre la ville, selon Kemper, d'autres mesures sont prises. L'une de celles-ci permet aux éléments favorables à la France de partir. Ceci met en avant un problème qui causera des difficultés aux Allemands et qui est une conséquence directe de leurs erreurs politiques. En annexant l'Alsace-Lorraine en 1870, après la guerre franco-prussienne, ils tentent tout simplement de germaniser la région mais ne réussissent qu'à créer des factions. Après le rattachement à la France en 1918, une minorité allemande amère y demeure - celle-ci va se réjouir en 1940 avec le retour de ses compatriotes. Pour Hitler, ces deux provinces sont une partie de l'espace culturel allemand et elles doivent être incorporées au Reich. Cela signifie que ce ne sont pas des « territoires occupés » au sens strict du mot. Leurs habitants sont redevables du service militaire dans l'armée allemande et sont soumis à la loi allemande. Effectivement, cela évitera que cette même armée réquisitionne du ravitaillement auprès de la population et forcera son intendance à utiliser les voies légales au détriment de « l'efficacité militaire ». Pour éradiquer les sentiments favorables à la France, un grand nombre de paysans originaires de l'est du Reich avaient été installés dans les provinces sur d'anciennes fermes françaises. Cependant, il reste alors un certain potentiel d'éléments de la « cinquième colonne » prêts à fournir des renseignements aux Américains, certains seront d'une précision douteuse.

Une autre mesure, apparemment prise par le *Gauleiter*, charge le commandant Kemper de l'administration civile en ne gardant que quelques importants notables, le reste des administrateurs civils se replie sur Saarbrücken. Cependant, cette idée venue d'en haut a pour résultat que les civils « se dégagent tranquillement de leurs obligations qu'ils réduisent ». Il est par ailleurs décidé d'évacuer tous les civils de la rive occidentale de la Moselle et cette mesure devient effective même si, dans l'espoir d'une rapide libération beaucoup se cachent dans leurs caves ou s'enfuient dans les forêts.

Kemper poursuit en disant que, vers la fin du mois d'août, l'avance américaine devient évidente lorsque des troupes allemandes en retraite commencent à traverser Metz. Des mesures immédiates sont prises pour bloquer les routes venant de l'ouest qui mènent à la ville. Cela permet de rassembler une collection d'un grand nombre de véhicules et de munitions et 10 000 soldats qui sont réorientés vers des unités du secteur, 2 000 d'entre eux participeront à la défense de la ville. L'aérodrome de Frescaty abrite un important dépôt de pièces de rechange pour les avions. Elles sont transportées en dehors de la ville avec une grande partie de l'équipement de l'école SS de transmissions. Les remarques de von Knobelsdorf déjà mentionnées font référence à un vaste magasin d'habillement qui avait été installé dans l'un des forts (voir remarques ci-dessus). Selon Kemper, l'officier qui en avait la charge y fit mettre le feu pour éviter qu'il ne tombe aux mains des Américains. Il ajoute que les munitions détruites « étaient périmées » et il admet qu'il y eut quelques cas de désertion.

Il y a cependant, une autre version des faits qui se sont déroulés à Metz au début du mois de septembre, probablement la plus fiable. Vers la fin du mois de juillet 1944, le *Generalleutnant* Walther Krause avait pris le commandement de la Division n° 462 à Metz. A cette époque, cette unité n'est rien d'autre qu'un quartier général avec un état-major responsable des écoles militaires, de l'instruction et des unités de dépôt situées dans le secteur de Metz. Elle est impliquée dans des tâches telles que la réaffectation des convalescents et des soins accordés aux blessés avant leur évacuation. Les officiers et sous-officiers de la division sont soit inaptes soit trop âgés et aucune de ses unités n'est prête au combat.

Le général Krause déclare que, vers le 22 août, la défaite commence à être perçue à Metz. Le commandement de la XIIe région militaire, basé à Wiesbaden, lui confie alors le maintien de l'ordre dans la ville et dans les districts environnants ainsi que la préparation au combat des réfugiés. Il se plaint du fait que le parti et que les autorités de l'Etat, placés sous le commandement du *Gauleiter* Bürckel, « ne participent d'aucune manière aux mesures de mise en défense ». En comparant les témoignages de Kemper et de Krause, on a l'image classique du conflit entre, d'une part, la SS et le parti nazi et, d'autre part, l'armée allemande. En prenant du recul, on peut probablement dire qu'une certaine confusion règne à Metz à la fin du mois d'août et qu'un certain nombre d'équipements a été prématurément détruit. Il n'y a par contre aucune évidence d'un exode massif bien qu'un certain nombre de civils soient partis et il y a quelques cas de désertion. Au début du mois de septembre, sous le commandement du *Generalleutnant* Krause, l'armée contrôle fermement la situation.

Le **2 septembre**, le général Sinnhuber (*LXXXII. Armee-Korps*) nomme Krause au poste de commandant de la forteresse. Cependant, l'échelon de commandement est modifié, le *LXXXII. AK* est remplacé par le *XII. SS-Pan-*

sures and a valuable library. This too went up in flames, although General Denis also states that the person in charge was shot for his pains. When the engineers tried to prepare the fortifications for defense they met with considerable difficulties which caused loss of time. It took days for the personnel to be brought back. The burnt-out depots could not be replaced.

The above is probably an exaggeration, but has a ring of truth about it. From another source we have a different tale, which may, however, contain a certain element of self-glorification. Standartenfu*ehrer* (SS Colonel) Ernst Kemper was the commandant of the SS Signal School in Metz, and sometime at the end of July was appointed city commandant by Himmler (one of the many hats worn by the latter at the time was commander of the replacement army). Shortly afterward, a meeting was held during which Metz was declared to be a fortress and was to be prepared for defense.

Just what this term « fortress » meant to the Germans can be gathered from the text of Führer Order No. 11, issued on 8 March 1944, to define the duties of commanders of fortified areas. They « will fulfill the functions of fortresses in former times. They will ensure that the enemy does not occupy these areas of decisive operational importance. They will allow themselves to be surrounded, thereby holding down the largest possible number of enemy formations, and establish conditions favorable for successful counterattacks.... Each fortified area commander should be a specially selected, hardened soldier, preferably of general rank.... Fortified area commanders will pledge their honor as soldiers to carry out their duties to the last. Only the commander-in-chief of an army group in person, with my approval... will order the surrender of a fortress. »

In addition to the decision to defend the city, other steps were taken, according to Kemper. One of these, whereby elements of the population friendly to France were to be given the chance to leave, highlighted a problem that was to cause grave difficulties to the Germans, and was a direct result of their own political mistakes. When they annexed Alsace-Lorraine in 1870 after the Franco-Prussian War, they attempted to simply Germanify the area, but succeeded only in creating divided loyalties. Returned to the bosom of France in 1918, a resentful German minority remained—who were no doubt overjoyed in 1940 when their fellow countrymen returned. As far as Hitler was concerned, the two provinces were part of the German heritage, and he incorporated them into the Reich. This meant that they were not « occupied territory » in the strict sense of the word. Their inhabitants became liable for service in the German army and were subject to German law. This effectively prevented that same army from requisitioning supplies from the population and forced their quartermasters to go through normal legal channels, to the detriment of military « efficiency. » In an endeavor to root out those who sympathized with France, a large number of peasants from the east were moved into the provinces and settled on former French farms. However, a sizeable potential fifth column remained, prepared to furnish the Americans with intelligence—much of which was of dubious accuracy.

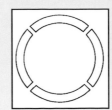

462. Infanterie-Division

Emblème vu en octobre 1944 dans le secteur de Metz.

462nd Infantry Division

Emblem seen in October 1944 in a district of Metz.

A further measure apparently ordered by the Gauleiter was that city commandant Kemper was to take over the civilian administration together with a few key officials, and the rest of the civil servants were to retire to Saarbrücken. This idea, however, was quashed from above, with the result that the civilians « quietly crept back and resumed their duties. » It was however decided to evacuate all civilians from the west bank of the river and this was carried out although many, hoping for a rapid liberation, managed to secrete themselves in their cellars or fled into the forests.

Kemper goes on to say that toward the end of August the American advance became apparent when troops began to flood back through Metz. Immediate steps were taken to block off the roads leading into the city from the west. This enabled the collection of a large quantity of vehicles and ammunition, and 10,000 soldiers were redirected to units in the area, 2,000 of whom participated in the defense of the city. The airfield at Frescaty housed a large store of aircraft spare parts. These were shipped out of the city, together with much of the equipment belonging to the SS Signal School. The remarks of von Knobelsdorf, quoted above with reference to destructions, may well refer to a large clothing store which was housed in one of the forts. (see remarks above). According to Kemper, the official in charge set the whole lot on fire rather than let it fall into the hands of the Americans. He also states that ammunition « no longer capable of being used » was destroyed, and admits that some desertions did occur.

There is, however, another version of events in Metz in early September, which is probably the most reliable. Sometime toward the end of July 1944, Lieutenant General Walther Krause was appointed to command Division No. 462 in Metz. At the time, this unit was nothing more than a headquarters with a nominal staff, responsible for the various military schools and the training and replacement units in the Metz area. They were engaged in such matters as the reorientation of convalescents and the care of wounded prior to discharge. The officers and nco's of the division were either unfit or overage, and none of the units were in any way ready for combat.

General Krause states that from about 22 August the defeats in France began to make themselves felt in Metz. He was made responsible, by the commander of Military District XII, which was based in Wiesbaden, for maintaining order in the city and the surrounding districts and for processing the refugees from the fighting. He makes it quite plain that the party and the state authorities under Gauleiter Bürckel « did not participate in defense activities in any way. » Comparing the evidence of Kemper and Krause, we have the classic case of the quarrel between. on the one hand, the Schutzstaffel (SS) and the Nazi Party; and on the other, the German army. Looking for an average, one can probably say that at the end of August, some confusion reigned in Metz and that an excessive amount of equipment was prematurely destroyed. There is no evidence to support a wholesale exodus, although quite a number of civilians left, and there were some cases of desertion. By the beginning of September, the army, under General Krause. was firmly in control of the situation.

On **2 September**, Krause was appointed fortress commander by General Sinnhuber (LXXXII Corps). However, on 7 September the higher command echelon changed to the XIII SS Panzer Corps (Lt. Gen. Priess), which assumed responsibility for the sector from Thionville to south of Metz. This was an SS Corps only in name as the bulk of the troops were normal army units.

zer-Korps (général Priess) qui assume maintenant la responsabilité du secteur allant de Thionville au sud de Metz. Ce n'est un corps SS que sur le papier car le gros de ses unités est constitué d'éléments de l'armée de terre.

Le général Krause prend le contrôle des barrages routiers et se met au travail pour constituer une force combattante capable de défendre la ville. Sa division dispose de deux bataillons d'infanterie de dépôt immédiatement disponibles pour un certain nombre de spécialistes. Mais, au début du mois de septembre, il décide de former une division à trois régiments d'infanterie qui seront constitués par le régiment d'élèves officiers, le 1010e régiment de sécurité et l'école de sous-officiers de la XIIe région militaire.

Le **régiment d'élèves officiers** (Fahnenjunker Regiment, appelé parfois Kampfgruppe von Siegroth) est commandé par le colonel von Siegroth et l'unité est principalement constituée avec les élèves d'une école d'officiers. L'unité avait été transférée de Beverloo en Belgique à Metz, en avril 1943. Ses membres ne sont pas forcément très jeunes, beaucoup d'entre eux sont des vétérans du front russe qui ont bénéficié de promotions. Ils sont environ 1 800 et la plupart d'entre eux ont été promus au grade de sous-lieutenant après avoir passé leur examen final au début du mois de septembre. Le régiment est complété par environ 1 500 hommes d'origines diverses, troupes en retraite regroupées. Cela donne un total de 3 300 hommes expérimentés. Il faut souligner que cette unité est strictement une unité de l'Armée de terre et ne comporte aucun membre de la Waffen-SS. Lorsqu'elles étaient confrontées à des unités allemandes solides au combat, les troupes américaines affirmaient, souvent de manière inexacte, qu'il s'agissait de SS qui n'avaient pas le monopole du courage.

Le **1010e Régiment de Sécurité** est commandé par le lieutenant-colonel Richter qui avait retraité à travers la France et consiste alors en deux bataillons en sous-effectifs (Krause estime sa force entre 500 et 600 hommes manquant d'armes lourdes). Son personnel est en grande partie trop âgé et son aptitude au combat est faible.

L'**école de sous-officiers** de la XIIe Région militaire (Unterführerschule) est commandée par le colonel Wagner et forme un régiment d'environ 1 500 hommes qui ont suivi divers stages. Krause estime que son efficacité est forte bien qu'il n'ait pas été engagé en tant qu'unité de combat constituée.

En plus de ces trois régiments, les deux bataillons de dépôt dépendant de la division sont placés sur la rive orientale de la Moselle, au sud de la ville. Là, ils sont rejoints par un bataillon constitué avec le personnel de l'école SS des Transmissions - nommé « Bataillon Berg », d'après le nom de son chef. Initialement, l'artillerie est quasi inexistante, réduite à deux groupes de dépôt équipés de pièces russes de 7,5 cm et elle ne dispose pas de moyens de traction. Krause dit que « les chevaux pour les tirer avaient été sortis de l'hôpital vétérinaire et leurs harnais provenaient de dépôts de réserve. L'adaptation de ces animaux à leur nouveau travail avait été une tâche difficile. » Le seul renfort obtenu est celui d'une batterie de quatre pièces de 10,5 cm.

Krause déploie le gros de ses forces autour du saillant fortifié occidental. Sur la droite, se trouve le 1010e Régiment de Sécurité tenant une ligne située au nord entre la Crête de Fèves et la Moselle. Au centre, l'école de sous-officiers est répartie entre Saint-Privat et Vermeville. A partir de là, le secteur allant jusqu'à la rivière à Ars-sur-Moselle est tenu par le Fahnenjunker Regiment à qui est attribué le gros de l'artillerie.

Comme dans tous les aspects de l'activité allemande à Metz, le témoignage concernant l'utilisation des fortifications existantes se heurte là encore au manque de sources documentaires fiables. Entre les deux guerres, les forts avaient été laissés à l'abandon. Ceux de la rive orientale avaient été largement désarmés tandis que ceux de la rive occidentale avaient été utilisés comme postes de commandement, dépôts, casernes, etc. Quand les Allemands les prennent en charge, en 1940, ils utilisent certains des ouvrages pour y installer des usines souterraines et en enlever l'équipement portatif pour l'installer sur le Mur de l'Atlantique. Dans les historiques des unités américaines publiés après la guerre, on a souvent répété la fable selon laquelle les Allemands auraient travaillé fiévreusement sur les forts entre 1940 et 1944. C'est totalement faux. L'Allemagne était une nation conquérante et elle n'était pas intéressée à gaspiller de l'argent dans des défenses périmées et situées à l'intérieur de son propre territoire.

En septembre 1944, les avis allemands sur la valeur des fortifications diffèrent. Avant cela, toujours dans le cadre général des ordres concernant l'établissement de positions défensives à l'Ouest, le 24 août, Hitler avait ordonné que « dans la forteresse de Metz-Thionville… les défenses existantes soient réhabilitées et que celles qui ne seraient pas utilisables soient

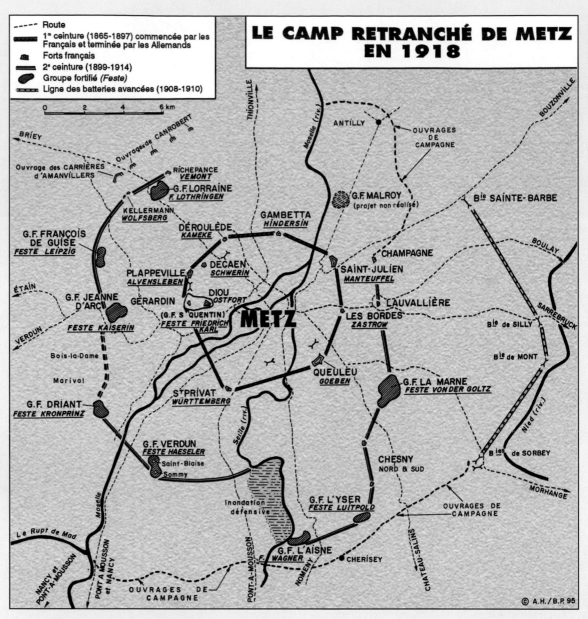

LE CAMP RETRANCHÉ DE METZ EN 1918

- - - - Route
▬▬▬ 1ʳᵉ ceinture (1865-1897) commencée par les Français et terminée par les Allemands
Forts français
2ᵉ ceinture (1899-1914)
Groupe fortifié (Feste)
Ligne des batteries avancées (1908-1910)

0   2   4   6 km

BRIEY

Ouvrages de CANROBERT

Ouvrage des CARRIÈRES d'AMANVILLERS

RICHEPANCE VEMONT

G.F. LORRAINE F. LOTHRINGEN

KELLERMANN WOLFSBERG

G.F. FRANÇOIS DE GUISE FESTE LEIPZIG

DÉROULÈDE KAMEKE

PLAPPEVILLE ALVENSLEBEN

DECAEN SCHWERIN

ÉTAIN

G.F. JEANNE D'ARC GÉRARDIN

DIOU OSTFORT

(G.F. S QUENTIN) FESTE FRIEDRICH KARL

FESTE KAISERIN

VERDUN

METZ

Bois-la-Dame

Marival

St PRIVAT WÜRTTEMBERG

G.F. DRIANT FESTE KRONPRINZ

QUEULEU GOEBEN

G.F. VERDUN FESTE HAESELER

Saint-Blaise

Sommy

Le Rupt de Mad

Moselle

Seille (riv.)

Inondation défensive

G.F. L'YSER FESTE LUITPOLD

G.F. L'AISNE F. WAGNER

NANCY et PONT-A-MOUSSON

PONT-A-MOUSSON et NANCY

OUVRAGES DE CAMPAGNE

PONT-A-MOUSSON

NOMENY

CHERISEY

CHATEAU-SALINS

THIONVILLE

Moselle (riv.)

ANTILLY

OUVRAGES DE CAMPAGNE

G.F. MALROY (projet non réalisé)

GAMBETTA HINDERSIN

CHAMPAGNE

SAINT-JULIEN MANTEUFFEL

LAUVALLIÈRE

LES BORDES ZASTROW

G.F. LA MARNE FESTE VON DER GOLTZ

CHESNY NORD & SUD

OUVRAGES DE CAMPAGNE

BOUZONVILLE

Bᵗᵉ SAINTE-BARBE

BOULAY

SARREBRUCK

Bᵗᵉ de SILLY

Bᵗᵉ de MONT

Nied (riv.)

Bᵗᵉˢ de SORBEY

MORHANGE

© A.H. / B.P. 95

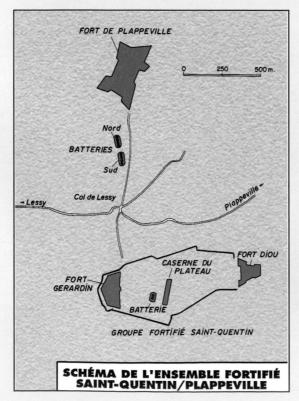

FORT DE PLAPPEVILLE

0   250   500 m.

Nord
BATTERIES
Sud

Lessy

Col de Lessy

Plappeville

FORT DIOU

CASERNE DU PLATEAU

FORT GÉRARDIN

BATTERIE

GROUPE FORTIFIÉ SAINT-QUENTIN

SCHÉMA DE L'ENSEMBLE FORTIFIÉ SAINT-QUENTIN/PLAPPEVILLE

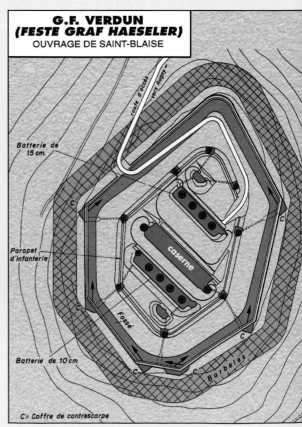

G.F. VERDUN (FESTE GRAF HAESELER)
OUVRAGE DE SAINT-BLAISE

route d'accès

vers Augny

Batterie de 15 cm.

Parapet d'infanterie

caserne

Fossé

Batterie de 10 cm

Barberés

C = Coffre de contrescarpe

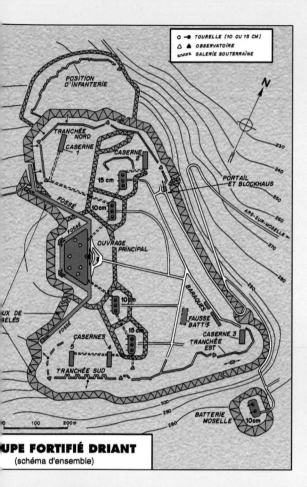

UPE FORTIFIÉ DRIANT
(schéma d'ensemble)

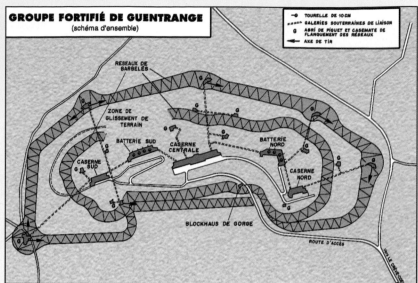

GROUPE FORTIFIÉ DE GUENTRANGE
(schéma d'ensemble)

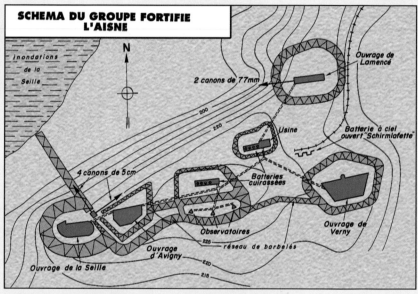

SCHEMA DU GROUPE FORTIFIE L'AISNE

General Krause took control of the roadblocks and set to work to assemble a fighting force capable of defending the city. His division had two infantry training battalions immediately available plus miscellaneous specialists, but by the beginning of September he managed to form a three-regiment division, which consisted of the Officer Candidate Regiment, the 1010th Security Regiment, and the NCO School of Military District XII.

The **Officer Candidate Regiment** (*Fahnenjunker Regiment,* sometimes referred to as the *Kampfgruppe von Siegroth*) was commanded by Colonel von Siegroth, and the unit was mainly composed of the cadets of an officer training school. The unit had been transferred to Metz from Beverloo in Belgium in April 1943. They were not necessarily youngsters, as many of them were veteran soldiers from the Russian front who had been promoted from the ranks. They numbered some 1,800, most of whom had been commissioned as second lieutenants on passing their examinations at the beginning of September. The regiment was filled out with some 1,500 sundry troops who had been gathered in from the retreating columns to give a total combat strength of 3,300 experienced men. It should be emphasized that this unit was purely a German army one and contained no members of the *Waffèn SS*. American troops, when confronted by a hard-fighting German unit, often wrongly assumed that it was from the SS, which did not have a monopoly on toughness.

The **1010th Security Regiment**, commanded by Lieutenant Colonel Richter, had retreated from France and consisted of two under-strength battalions (Krause gives a figure of between 500 and 600 men, minus heavy weapons). The personnel were mostly overage and their combat efficiency was low.

The **NCO School** of Military District XII (*Unterführerschule*), commanded by Colonel Wagner, was

détruites… » Cependant, il n'y a alors ni le temps, ni le matériel, ni le personnel disponible pour que quelque chose soit effectué à l'exception de l'initiative locale.

Le *Standartenführer* Kemper affirme qu'il est alors impossible de mettre en ordre de marche une batterie de quatre tourelles blindées de 100 mm. L'industriel Hermann Röchling arrive de Saarbrücken avec un certain nombre de mécaniciens qui réussissent à réparer le système de ventilation, le monte-charge pour les munitions et les installations électriques. Le réseau téléphonique de la forteresse est réparé et les munitions qui étaient stockées en dehors des magasins des forts, sont ramenées. Il semblerait que tout cela est assez ancien, réalisé par les Allemands pendant la Première Guerre mondiale ou par les Français vers 1918.

Le général Krause dit que le commandant du Génie de la garnison lui avait rapporté que « ces défenses devraient être démantelées car une défense est impossible à établir avec elles. » Cependant, il continue son rapport en disant que cette information est en partie remise en question lorsqu'un détachement de l'école d'élèves officiers découvre une batterie du Fort Driant qui peut ouvrir le feu (il s'agit probablement de la batterie évoquée par Kemper). En outre, quelques obusiers de 150 mm sont mis en ordre de tir au Fort Jeanne d'Arc. Cependant, les instruments optiques de ces canons sont absents ; ces tirs devront donc être effectués par observation directe.

Tout ce qui ressort de ces informations, c'est le fait que les Allemands ont utilisé le délai accordé par le manque de ravitaillement des Américains afin de mettre Metz et la ligne de la Moselle en état de défense. Utilisant ce qui était directement disponible, une ligne cohérente a été établie avec

Moselle was held by the Officer Candidate Regiment, to whom the bulk of the artillery was assigned.

As in all aspects of German activity in Metz, the record of their use of the already existing fortifications poses problems because of the lack of reliable sources. Between the wars, the forts had been allowed to decay. Those on the east bank had been largely disarmed, while those on the west bank had been used as command posts, stores, barracks, etc. When the Germans took over in 1940, they made use of some of the works to house underground factories, as well as stripping much portable equipment for use in the Atlantic Wall. An American legend often repeated in postwar unit histories was that the Germans had worked feverishly on the forts between 1940 and 1944. This is simply not true. Germany was a conquering nation and was not interested in spending money on outdated defenses in the interior of its territory.

In September 1944, German views on the value of the fortifications differed. Prior to this, on 24 August, within the framework of the general orders concerning the building of defensive positions in the west, Hitler had ordered that « in the fortress Metz-Thionville... the existing defenses are to be reconditioned and those not used are to be demolished. » However, there was neither time nor material and personnel available for anything to be done except on local initiative.

Standartenfuehrer Kemper states that it was possible to get one armored battery of four 100-mm turret guns into working order. The industrialist Hermann Röchling came from Saarbrücken with a number of mechanics, who succeeded in repairing the ventilation system, the ammunition hoists, and the lighting plant. The fortress telephone network was repaired and the ammunition, which was stored outside the forts in magazines, was brought in. It would seem that most of this was somewhat ancient, being either German of First World War Vintage or French from about 1918.

General Krause says that the garrison engineer commander told him that Metz « should be dismantled, as military defense with these fortifications was impossible. » However, he goes on to say that this information was partly unreliable, as a detachment from the Officer Candidate School found a battery at Fort Driant that could be made to fire (this is probably the battery referred to by Kemper). In addition, a few 150-mm howitzers were brought into action at Fort Jeanne d'Arc. However, sighting devices for all the guns were missing, which thus had to be fired by direct observation.

What emerges from all this is that the Germans used the delay caused by the American supply shortage to put Metz and the Moselle line into a state of defense. Using what was readily available, a cohesive line was constructed and manned with troops of varying quality. Fourteen thousand men would be a reasonable estimate of the strength of 462nd Division in and around the city. When the fortress was originally constructed, it had a permanent peacetime garrison of 25,000 men; and in war, an entire army was to be stationed there. The larger forts each had a garrison of some 2,000 infantry, artillery, and engineers. Thus the defenders in 1944 were numerically weak, and instead of the original complement of over 90 turret guns, had but a handful of pieces and a

formed into a regiment of some 1,500 men who had been attending various courses. Krause rated their efficiency as high, although they had never before fought together as a combat unit.

In addition to the above three regiments, the two replacement battalions belonging to the division were stationed on the east bank of the Moselle to the south of the city. There they were joined by a battalion formed from the personnel of the SS Signal School—known as « Battalion Berg, » after its commander. Initially, artillery was almost non-existent, consisting of two battalions of a replacement unit armed with Russian 7.5cm cannon, and with no transport of its own. Krause said, « The horses for them had to be taken from the horse hospital and the harness from the supply depot. The adaptation of these animals to their new work was a difficult task. » The only reinforcement received was a battery of four 10.5-cm guns.

Krause deployed the bulk of his forces around the western fortified salient. On the right, the 1010th Security Regiment held the line facing north between the Fèves Ridge and the Moselle. In the center, the NCO School was spread between St. Privat and Verneville. The area from there to the river at Ars-sur-

Pièce de 37 mm de la *9. Flak-Division* devant Metz.
(Photo Stöber.)

German AA Gun, 9th Flak-Division near Metz.

grave lack of ammunition. To counterbalance this, they had all the advantages of terrain which they were to use to such good effect.

On **5 September**, OB West estimated that there was tile equivalent of four and a half divisions available for the Metz-Thionville sector. They were positioned on the eastern bank, except for the fortified salient to the west of Metz. The divisions were a mixture of odd battalions and burnt-out regiments, largely without vehicles, heavy weapons, and armor. Their state of training and efficiency varied considerably, from excellent to terrible. However, there was a front of sorts, as General Walker's men were to discover when they resumed their advance.

des troupes de qualité variée. On peut raisonnablement estimer à quatorze mille hommes la force de la 462ᵉ Division dans la ville et autour de celle-ci. Quand la forteresse a été bâtie, elle rassemblait une garnison de temps de paix forte de 25 000 hommes et, en temps de guerre, une armée entière y était affectée. Les plus grands forts avaient chacun une garnison s'élevant à quelque 2 000 fantassins, avec de l'artillerie et des sapeurs du Génie. Ainsi, en 1944, les défenseurs sont numériquement faibles et au lieu des 90 pièces sous tourelles prévues à l'origine, ils n'en ont que quelques unes et souffrent d'une grave pénurie de munitions. En contrepartie, ils ont l'avantage du terrain qu'ils sauront très bien utiliser.

Le **5 septembre**, l'*OB West* estime que la force disponible dans le secteur de Metz-Thionville s'élève à l'équivalent de quatre divisions et demi. Elles sont placées sur la rive orientale à l'exception du saillant situé à l'ouest de Metz. Les divisions sont un amalgame de bataillons dépareillés, de régiments décimés, manquant de véhicules, d'armes lourdes et de blindés. Leur niveau d'entraînement et leur efficacité varient considérablement de l'excellent au désastreux. Cependant, il y a une sorte de front que les hommes du général Walker vont affronter en reprenant leur progression.

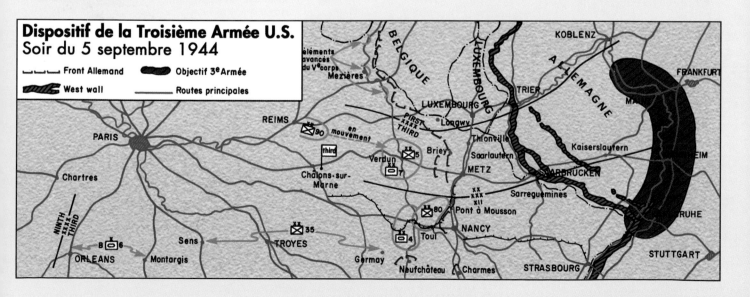

Le 1ᵉʳ septembre, le général Eisenhower prend le commandement direct de la bataille terrestre en Europe du nord-ouest, c'est un facteur qui ne va en rien diminuer les récriminations du « grand argument ». En fait, de diverses manières, la situation est aggravée. Dans la biographie de Patton, le général Essame écrit : « *Dans le rapport concernant ces premiers jours de septembre, on apprend qu'il y a du brouillard, un arrêt des activités, un manque de direction précise qui se dissipe lentement.* » En ce qui concerne la *Third Army*, bien qu'on ne sache pas ou qu'on ne veuille pas le réaliser à cette époque, cette date marque la fin des jours heureux de la poursuite et le début d'un style de guerre totalement différent.

Le lendemain, une conférence a lieu au quartier-général de Bradley près de Chartres. Outre le général Eisenhower et son hôte, les chefs d'armées Patton et Hodges, ainsi que le général Vandenberg de l'*Army Air Force*, sont aussi présents. Patton plaide évidemment en faveur de son ravitaillement mais Eisenhower reste inflexible en ce qui concerne la politique du principe d'un large front. Exposant tout à fait justement qu'il n'a pas les ressources pour mener une offensive à sa vitesse maximale, il réaffirme la priorité accordée au secteur nord. Cependant, il est d'accord avec une relance vers l'est en direction du Rhin qui est liée au succès de Montgomery dans son dégagement du secteur de Calais.

Complètement découragé, Patton va revoir les secteurs où il avait combattu avec sa petite force blindée en 1918. Tous ses plans semblent avoir été écartés et il se renforce de plus en plus dans l'idée qu'il est victime d'une sorte de complot. Cornelius Ryan évoque une conférence de presse qui aurait eu lieu vers cette époque : « *Les conférences de presse hebdomadaires de Patton étaient toujours riches d'informations mais elles étaient surtout mémorables pour les remarques en à-parté qui, à cause du vocabulaire haut en couleur, n'étaient jamais retranscrites. Je suis présent comme correspondant de guerre, en cette première semaine de septembre, lorsque, dans son style typique, il expose ses plans concernant les Allemands. Avec une voix haute perchée et pointant la carte du doigt, Patton déclare qu'il "y a peut-être 5 000, peut être 10 000 bâtards nazis dans leurs trous bétonnés devant la* Third Army. *Maintenant, si Ike arrête de soutenir Monty et me donne le ravitaillement, je traverserai la ligne Siegfried comme de la merde traverse une voie.* »

Cependant, la situation se débloque lentement. Le Génie commence à remettre en état un aérodrome près de Reims, permettant à de gros avions de transport d'atterrir et, le **4 septembre**, il y a assez d'essence pour permettre le redémarrage des patrouilles de reconnaissance. A nouveau, des colonnes atteignent la Moselle au nord et au sud de Metz. Elles signalent qu'il n'y a pas de pont intact et que l'opposition se raidit. Lors de l'une de ces incursions, l'officier commandant le *3rd Cavalry Group* est pris en embuscade et capturé. Sa patrouille s'était avancée le long de la route principale menant de Gravelotte vers Mars-la-Tour quand il tomba tête baissée sur des positions avancées tenues par des éléments du *Fahnenjunker-Regiment*. Les Allemands laissèrent passer cette unité de *Cavalry* et firent sauter un pont derrière elle. Bloquée, la plupart de cette force légèrement armée est détruite ou capturée.

Le quartier général du *XX Corps* rassemble ses forces dispersées pour être prêtes lorsque le ravitaillement en carburant le permettra et s'active à préparer les plans de l'avance vers le Rhin. Durant cette période d'attente, on étudie deux possibilités, chacune d'elles ayant pour but la traversée de la Moselle. L'une favorise l'utilisation des blindés en fer de lance, dans l'espoir d'obtenir une décision rapide, tandis que l'autre propose d'utiliser en premier les deux divisions d'infanterie. En raison de la difficulté du terrain au sud de Metz, il aurait dû être évident dès le début aux planificateurs que les blindés étaient appropriés. Le chef de la *7th Armored Division* et ses officiers en auraient été tout à fait d'accord.

Le **5 septembre**, Bradley arrive au QG de Patton à Châlons-sur-Marne et ont y convoque rapidement les chefs de corps d'armée pour une conférence. A nouveau, Bradley désigne le Rhin à la hauteur de Francfort comme

On 1 September. General Eisenhower assumed direct command of the land battle in northwest Europe, a factor which did nothing to diminish the backstage clamor over the « great argument. » Indeed, in many ways, it aggravated the situation. General Essame wrote in his biography of Patton, « In the record of these first few days of September there is a fog, an arrest of action, a lack of clear direction which research does little to dispel. » As far as the Third Army was concerned, although they did not know it or want to realize it at the time, this date marked the end of the halcyon days of pursuit and the start of a totally different style of warfare.

The following day, a meeting was held at Bradley's headquarters near Chartres. In addition to General Eisenhower and the host, Patton and Hodges, the army commanders, and General Vandenberg from the Army Air Force were present. Patton naturally pleaded for supplies, but Eisenhower remained adamant on the principle of his broad-front policy. Stating quite rightly that he did not have the resources to back either thrust right to the hilt, he reaffirmed the priority of the northern sector. However, he did agree to a renewal of the eastward move toward the Rhine, which would be contingent on Montgomery's success in clearing the Calais area.

Thoroughly discouraged, Patton went off sightseeing to the areas where his small tank force had fought in 1918. All his plans seemed to have been stymied, and his visions of some sort of plot became more intense. Cornelius Ryan tells of a press conference somewhere about this time: « Patton's weekly press conferences were always news-worthy, but especially memorable for the General's off-the-record remarks—which, because of his colorful vocabulary, could never have been reported anyway. That first week of September, as a war correspondent I was present, when in typical fashion, he expounded on his plans for the Germans. In his high-pitched voice, and pounding the map, Patton declared that 'Maybe there are 5,000, maybe 10,000 Nazi bastards in their concrete foxholes before the Third Army. Now, if Ike stops holding Monty's hand and gives me the supplies, I'll go through the Siegfried Line like shit through a goose. »

However, matters were slowly improving. Engineers managed to repair an airfield near Rheims so that heavy cargo planes could land and by **4 September**, enough fuel had arrived to restart cavalry patrols. Again the columns ranged out toward the Moselle both north and south of Metz. They reported that no bridges were intact and that opposition was stiffening. In one of these forays, the commanding officer of the 3rd Cavalry Group was ambushed and captured. His patrol had advanced along the main road toward Gravelotte from Mars-la-Tour when they ran up against the advanced positions manned by elements of the Officer Candidate Regiment. The Germans allowed the cavalry to pass through and then blew a bridge behind them. Brought to a halt, most of the lightly armed force was destroyed or captured.

Headquarters of XX Corps, apart from assembling its scattered forces as and when the fuel situation permitted, was busy planning the advance to the Rhine. Two alternatives were considered during this waiting period, both of which aimed at seizing crossings over the Moselle. One favored the use of armor as a spearhead, in the hope of forcing a rapid decision, while the other proposed to use initially the two infantry divisions. In view of the difficult nature of the terrain to the south of Metz, it should have been obvious to the planners right from the start that armor there would have been highly unsuitable. The commander of 7th Armored Division and his officers were certainly in agreement on this.

On **5 September**, Bradley arrived at Patton's headquarters at Chalons-sur-Marne, whence the corps commanders were rapidly summoned to the meeting. Bradley again assigned the Rhine at Frankfurt as the Third Army objective as soon as the Westwall could be breached. Immediately the conference was over, Patton issued his orders. General Walker with XX Corps was to attack eastward in two phases—first, to establish a bridgehead over the Moselle, and second, to cross the Rhine. At no time was any mention made of expected German opposition. It was assumed that the enemy would make some sort of stand at the Westwall, which Patton thought could be breached easily by armor.

Armed with his orders, Walker rushed back to his headquarters and telephoned the glad tidings to his divisions-—adding that the orders from General Patton « will take us all the way to the Rhine. » These verbal messages were followed the next morning by Field Order No.10, upon which the first stage of the Metz battle was based (and its text is given in full as an appendix to the XX Corps operational report, The Reduction of Fortress Metz). This was a superbly optimistic document: « Third U.S. Army attacks to seize crossings of the Rhine River between Mannheim and Coblenz » was the stated inten-tion. The mission of XX Corps was first to seize a crossing over the Moselle and then to capture Metz and Thionville. Second, they were to cross the Rhine in the vicinity of Mainz and prepare to advance to Frankfurt. The individual units were assigned missions as follows:

The 3rd Cavalry Group was ordered to « reconnoiter to the Rhine without delay » and the 7th Armored Division was « to advance east in multiple columns; seize crossings over the Rhine. » Cities and enemy strongpoints were to be bypassed and left to be mopped up by the following infantry. The 5th Infantry Division was to capture Metz and then continue to advance to the Rhine, while Thionville was assigned to the 90th infantry.

Field Order No. 10 was truly a masterpiece of concise military staff work, but hopelessly vague. The crossing of the Moselle was only mentioned as a minor barrier on the way to the Rhine. The initial tasks were assigned to the armor, probably in the hope of grabbing a bridge; although, at the time that the order was issued, the cavalry had reported that all the bridges were down. The 7th Armored Division was ordered to advance in multiple columns, but whether they were to aim for one crossing site or to try for several on both sides of Metz was not clear.

Realistic intelligence about the enemy was almost non-existent, except for the overoptimistic reports brought in by the cavalry. By 5 September, however, a note of caution was sounded by XX Corps G-2 when it was estimated that there were 38,000 enemy troops in the area equipped with 160 tanks and self-propelled assault guns. In view of the already quoted figure of four and a half divisions estimated by OB West the number of troops was a reasonable guess, but the total of armored fighting vehicles was very wide of the mark.

objectif de la *Third Army,* dès qu'on aura pu percer le *Westwall.* Dès la fin de la conférence, Patton donne ses ordres. Le général Walker attaquera vers l'est avec son *XX Corps* en deux phases - premièrement, il établira une tête-de-pont sur la Moselle et, deuxièmement, sur le Rhin. A aucun moment, on n'évoque l'opposition allemande à laquelle il faut s'attendre. On suppose que l'ennemi fera une sorte de pause sur le *Westwall* que Patton pense percer facilement avec ses blindés.

Pourvu de ces ordres, Walker retourne à toute allure à son QG et téléphone les heureuses nouvelles à ses divisions - ajoutant que selon les ordres du général Patton « nous voulons nous ouvrir le chemin du Rhin ». Ces messages donnés de vive voix sont suivis le lendemain matin par le *Field Order N° 10* qui donne le cadre de la première phase de la Bataille de Metz (ce texte est donné intégralement en tant qu'annexe au rapport d'opération du *XX Corps*, la réduction de la Forteresse de Metz). C'est un document remarquablement optimiste : « *Cette armée US attaque pour prendre des passages sur le Rhin entre Mannheim et Koblenz* », telles sont les intentions affichées. Le *XX Corps* a tout d'abord pour mission d'établir un franchissement sur la Moselle et de prendre ensuite Metz et Thionville. Deuxièmement, il traversera le Rhin près de Mayence et se préparera à avancer sur Francfort. Les diverses unités reçoivent les missions suivantes :

Le *3rd Cavalry Group* reçoit l'ordre de « reconnaître le Rhin sans délai » et la *7th Armored Division* « avancera vers l'est en de multiples colonnes et établira des franchissements du Rhin ». Les villes et les points d'appui seront dépassés et laissés pour être réduits par l'infanterie suivant derrière. La *5th Infantry Division* prendra Metz et continuera son avance vers le Rhin, tandis que Thionville est assignée à la *90th Infantry Division*.

Le *Field Order N° 10* est un chef-d'œuvre de travail d'état-major concis mais complètement vague. Les franchissements de la Moselle évoquent seulement un obstacle mineur sur le chemin du Rhin. Les objectifs initiaux sont confiés aux blindés, probablement dans l'espoir de s'emparer d'un pont bien qu'au moment où cet ordre est émis la reconnaissance a établi que tous les ponts sont détruits. La *7th Armored Division* a reçu l'ordre d'avancer en multiples colonnes mais on ne lui dit pas clairement si elle doit rechercher un point de franchissement ou plusieurs de part et d'autre de Metz.

Il n'y a quasiment pas de renseignements réalistes sur l'ennemi à l'exception des rapports suroptimiste ramenés par les unités de reconnaissance. Cependant, le 5 septembre, le G-2 va ramener le *XX Corps* à la prudence en estimant qu'il y aurait 38 000 soldats ennemis équipés de 160 chars et canons d'assaut dans le secteur. Considérant l'estimation déjà évoquée ci-dessus de quatre divisions et demie donnée par l'*OB West,* le nombre des troupes communiqué ici est raisonnable mais le total des véhicules blindés est largement surestimé.

A ce stade de la campagne, l'armée américaine manque de cartes détaillées et utilise principalement des cartes routières Michelin au 1/100.000e. Elles ne sont pas mauvaises pour une guerre de poursuite où les distances de cinquante à soixante-dix kilomètres franchies quotidiennement sont courantes, mais elles sont totalement insuffisantes pour une guerre statique. La raison de ce manque de cartes réside dans le fait que, lors des estimations précédant *Overlord*, le SHAEF avait considéré que les progressions sur le terrain se feraient à des dates spécifiques… Les planificateurs avaient été surpris par la rapidité de l'avance et on n'avait pas fait provision de cartes détaillées du terrain situé au nord de la Seine. Les fortifications situées autour de Metz et de Thionville sont notées sur quelques cartes utilisées par le *XX Corps* mais personne n'a alors une idée du type, de la forme ou des sites actuels des forts. Cela paraît incroyable mais c'est vrai. Comme les ouvrages sont alors bien camouflés par la hauteur de la végétation, les photos aériennes sont de peu d'utilité. En outre, l'armée américaine n'a jamais eu une vraie expérience de la guerre de siège sur une large échelle et, pour cette raison, il n'y a aucune collection d'informations dans les archives sur les fortifications européennes.

Dans une lettre écrite après la guerre, le lieutenant-colonel Howard Clark, qui était l'officier d'état-major adjoint du *XX Corps* chargé du Génie, donnera le résumé suivant de la situation : « … *Le G2 et le Génie du XX Corps étaient tous deux principalement concernés par le terrain et la rivière Moselle, chacun d'eux étant connus pour être de sérieux obstacles. Ils ne connaissaient presque rien des forts. Les cartes les plus largement disponibles, étaient des cartes au 1/100 000e qui ne donnaient qu'une vague idée de l'emplacement des forts et de leur nombre… On avait une certaine appréhension mais l'opinion générale était optimiste et considérait que les forts étaient probablement obsolètes et incapables d'offrir une résistance déterminée. Les événements des dix jours suivants allaient modifier radicale-*

1

2

4

4

La ruée vers la Moselle du 5 au 10 septembre.

A peine le plein de carburant fait à Verdun, le 5 septembre, les unités rapides américaines se ruent en direction de Metz et de la Moselle à la recherche de ponts intacts.

Sainte-Marie-aux-Chênes, 6 septembre 1944

1. Le premier blindé américain entre dans le village. Il s'agit d'un M-10 appartenant au *Tank destroyer Battalion* de la *5th Division*.

2. Un Half-track M3 de la *5th Division* fait une halte dans la rue principale du village. Il tracte une pièce de 57 mm.

3. Le petit groupement tactique a maintenant progressé sur la route Briey-Metz et se trouve sur les hauteurs de Saint-Privat. Un M-10 poursuit son chemin.

4. Les dégâts provoqués par l'artillerie US à Gravelotte, village célèbre depuis 1870 et ses terribles combats.

The rush on the Moselle river.

Their gas tanks almost empty, the armored vehicles of the fast US units speed toward Metz and the Moselle river on the search for undamaged bridges.

Sainte-Marie-aux-Chênes, 6 september 1944

1. The first American tank to enter the village belongs to the Tank destroyer Battalion of the 5th Division and is a M-10.

2. A M-3 Half-track of the 5th Division pulls up in the main street of the village.

3. The small tactical groupe is now nearing Saint-Privat heights. A M-10 heads the same way.

4. Gravelotte, a very famous village since the French and Prussians fought there in 1870, was damaged by US artillery fire.

At this stage of the campaign, the American Army had run out of detailed maps and was using mostly 1:100,000 Michelin road maps. These were not bad for pursuit-type warfare where distances of thirty and forty miles per day were commonplace, but were totally unsuitable for static action. The reason for this map shortage lay in the SHAEF pre-Overlord estimates of the ground that would be covered by specific dates… The planners had been surprised by the speed of the advance and no provision had been made to supply maps of the terrain to the north of the Seine. The fortifications around Metz and Thionville were marked on some of the maps used by XX Corps, but nobody had any idea of the type, design, or actual sites of the forts. That may well sound incredible, but it is true. Due to the fact that the works were so well camouflaged by natural growth of vegetation, aerial photographs were of little help. In addition, the American army had never had any real experience of large-scale siege warfare, and thus there was no collection of background information about European fortifications in the archives.

In a letter written shortly after the war, Lt. Col. Howard Clark, who was XX Corps assistant engineer, gave the following summary of the situation: « ..... both the G-2 and the engineer at XX Corps had been concerned principally with the terrain and the Moselle River, both of which were known to be serious obstacles. Of the forts themselves almost nothing was known. Maps of 1:100,000 scale were the largest available, and these conveyed only a general idea of the location and number of forts… Some apprehension was felt, but the general tendency was to hope for the best and to dismiss the forts as probably obsolete and incapable of offering determined resistance. The events of the next ten days, radically altered this view. » (Letter now in Thionville archive).

However, before the advance could begin in earnest, General Walker had to shuffle his troops, which were still spread out between Rheims and Verdun. The 5th Infantry Division moved out of the Meuse bridgehead and advanced some 12 miles to take up a position between Etain and Vigneulles, roughly halfway between the Meuse and the Moselle. The other infantry division, the 90th, was still partly immobilized around Rheims, due to lack of transport and fuel. In fact, only enough fuel was available initially to move one regiment (357th Infantry Regimental Combat Team), which took up a position on the left flank of the 5th Infantry Division. Bridging equipment and heavy engineer stores were scattered in trucks that had run dry way back along the line of advance, mostly to the west of Rheims. These had to be refuelled from quartermaster trucks laden with jerricans, a laborious and time-consuming process. It was not until **6 September** that the bridging trains and the rest of the 90th Division were moved up into the assembly areas, together with the bulk of the corps artillery.

What followed was almost a case of the blind leading the blind. A powerfully equipped army corps of three combat-tested divisions stumbled blindly forward, buoyed up with optimism and with their sights firmly fixed on the distant Rhine. In retrospect, the impartial observer finds it hard to believe that such a major attack could be launched with so little planning, with such total lack of intelligence of the enemy, the terrain, and the defenses, driving with the aid of ordinary road maps. This was the American genius for improvisation at its very worst-—improvisation is only effective in a fluid tactical situation where the enemy is unable to organize. Patton was always a bitter critic of Montgomery, whom he regarded as a plodder. The latter's preference for set-piece battles may have wasted time in certain circumstances, but

ment ce jugement ». (Lettre se trouvant maintenant dans les archives de la ville de Thionville).

Cependant, avant que la progression ne reprenne sérieusement, le général Walker doit regrouper ses troupes éparpillées entre Reims et Verdun. La **5th Infantry Division** quitte la tête de pont de la Meuse et avance d'une vingtaine de kilomètres pour prendre position entre Etain et Vigneulles à mi-chemin entre la Meuse et la Moselle. L'autre division d'infanterie, la 90e, est en partie immobilisée autour de Reims à cause du manque de moyens de transport et de carburant. En fait, au départ, il y a juste assez de carburant pour faire bouger un régiment (le *357th Infantry Regimental Combat Team*) qui vient prendre position sur le flanc gauche de la *5th Infantry Division*. Le matériel des pontonniers et les dépôts de matériel lourd du Génie sont dispersés dans des camions qui sont tombés en panne sèche sur l'axe de progression, la plupart à l'ouest de Reims. On doit leur refaire le plein avec des camions de l'intendance chargés de jerricans, opération difficile et longue. Les convois de ponts démontables et le reste de la *90th Division* ne rejoignent leurs zones de concentrations que le **6 septembre**, avec le gros de l'artillerie du corps d'armée.

Ce qui suit ressemble à un aveugle guidant un autre aveugle. Un corps d'armée fortement équipé et disposant de trois divisions ayant connu l'épreuve du feu trébuche vers l'avant aveuglément, mu par l'optimiste et avec le regard obstinément fixé sur le Rhin lointain. Rétrospectivement, un observateur impartial peut difficilement concevoir qu'une attaque aussi importante puisse avoir été lancée avec aussi peu de préparation, avec un tel manque de connaissance de l'état de l'ennemi, du terrain, et des défenses, roulant avec l'aide de simples cartes routières. C'est le génie américain de l'improvisation dans ce qu'il a de pire. L'improvisation n'est efficace que dans une situation tactique fluide où l'ennemi est incapable de se réorganiser. Patton a toujours la critique acide vers Montgomery qu'il considère comme un lambin. La préférence de Monty pour des plans fignolés peut faire perdre du temps dans certaines circonstances mais on ne peut s'empêcher de penser que, dans la situation subie par le *XX Corps*, quelques jours supplémentaires passés à planifier l'attaque auraient été bénéfiques. De nombreuses vies américaines auraient été épargnées.

Peu avant l'aube du 6 septembre, une puissante force de reconnaissance se dirige vers Metz en quatre colonnes parallèles. Elle a pour mission de renforcer les éléments de la *Cavalry* qui commencent à perdre pied et de prendre les ponts qui seraient encore intacts. Quelques éléments de la *Cavalry* ont réussi à atteindre le cours de la rivière au sud de Metz mais ont été repoussés. A ce moment-là, la *17. SS-Panzergrenadier-Division* est en train de se replier sur la rive orientale et il est probable que la *Cavalry* a alors rencontré son arrière-garde. Elle a signalé que tous les ponts ont été détruits mais elle a aussi découvert un certain nombre de gués, dans le secteur de Pagny, Ars-sur-Moselle et Arnaville.

Les quatre colonnes avancent le long de la route principale et tombent sur les avant-postes allemands dans le secteur de **Mars-la-Tour**. Cette localité se trouve sur la route nationale reliant Verdun à Metz, aujourd'hui remplacée par une moderne route à quatre voies. Elle a été le cadre d'un dur combat, en août 1870, entre les Prussiens et les Français qui a culminé en une série d'engagements connus sous le nom de Bataille de Vionville-Mars-la-Tour. C'est là qu'ils sont stoppés et le chef de l'unité de reconnaissance, le lieutenant-colonel Baylan, décide avec bon sens de regrouper ses colonnes largement dispersées ! Derrière lui, le gros de la *7th Armored Division* s'est aussi mis en route bien qu'il règne alors une certaine confusion sur sa direction précise. Il semblerait que la mission de trouver un point de franchissement ait été confiée à la force du lieutenant-colonel Boylan bien que H. M. Cole cite un ordre de la *7th Armored Division* selon lequel elle aurait reçu pour mission de franchir la rivière au nord de la ville.

Ainsi les blindés avancent le long de la route principale est-ouest avec le CCA sur la gauche et le CCB sur la droite. Ils sont suivis par le CCR tenu en réserve, mais le manque de carburant oblige ce dernier à rester derrière le gros du *23rd Armored Infantry Battalion.* La colonne située au nord, le CCA, fonce dans des avant-postes allemands devant Sainte-Marie-aux-Chênes où elle restera bloquée jusqu'au lendemain matin.

C'est le CCB, au sud, qui prend alors l'avantage. Il se rend compte que les Allemands ont effectué un retrait planifié de leurs positions situées autour de Mars-la-Tour. Avançant vers l'est à travers le plateau, la première résistance sérieuse lui est opposée par des éléments du *Fahnen-junker-Regiment* installé dans des tranchées autour de Gravelotte. De nouveau, ils sont sur le site d'une bataille de 1870 et, alors que tout le secteur est couvert de monuments à la mémoire d'unités de l'armée impériale allemande et de l'armée française, unités oubliées depuis longtemps, il peut

Vues actuelles des tombes et monuments élevés à Gravelotte en commémoration des combats de 1870. Ils témoignent des pertes de l'armée prussienne. (Coll. de l'auteur.)

Present day views of tombs and monuments commemorating the battles in the summer of 1870. History was about to repeat itself. (photos author).

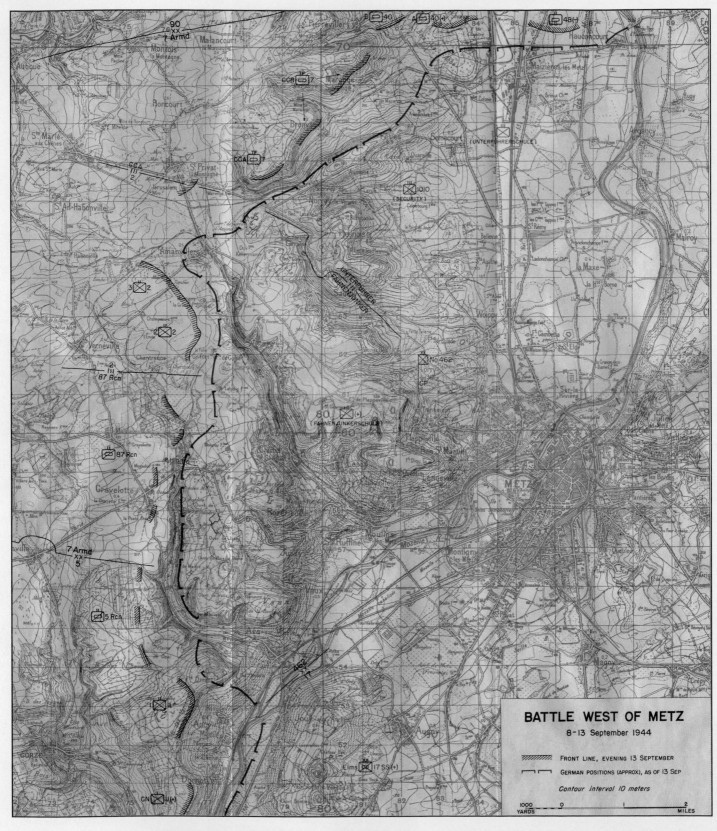

BATTLE WEST OF METZ

8-13 September 1944

///////// FRONT LINE, EVENING 13 SEPTEMBER

⌐ ¬ GERMAN POSITIONS (APPROX), AS OF 13 SEP

Contour interval 10 meters

1000   0   1   2
YARDS   MILES

one cannot help but feel that in a situation similar to that which faced XX Corps, a few more days spent in planning would have been beneficial. A lot of American lives could well have been saved.

Just before dawn on 6 September, a strong reconnaissance force set out in four parallel columns toward Metz. Its mission was to reinforce the cavalry screens, which were beginning to find themselves in trouble, and to seize any bridges left standing. Some of the cavalry had succeeded in penetrating as far as the riverbank to the south of Metz, but had eventually been driven off. At about this time, the 17th SS-Panzer-Grenadier-Division was in the process of withdrawing to the east bank, and it is probable that the cavalry met up with their rear guard. They had reported that all the bridges were destroyed, but had discovered a number of fording sites in the general area, Pagny, Ars-sur-Moselle, and Arnaville.

The four columns moved along the main road and hit the German outposts in the **Mars-la-Tour** area. This small town was on the old route national from Verdun to Metz which has now been replaced to a large extent by the modern motorway. This had been the scene of bitter fighting in August 1870 between the Prussians and the French, which had culminated in a series of engagements known as the Battle of Vionville-Mars-la-Tour. There they were stalled, and the reconnaissance commander, Lieutenant Colonel Boylan, sensibly decided to concentrate his widely spaced columns. Behind him, the bulk of the 7th Armored Division was also on the move, although there is confusion about its precise direction. It would seem that it had been left up to Colonel Boylan's force to determine the crossing site, although H. M. Cole cites a 7th Armored Division field order which assigned as mission a crossing to the north of the city.

The armor also moved along the main east-west road with CCA on the left and CCB on the right. They were followed by CCR in reserve, but the fuel shortage had forced them to leave behind the bulk of the 23rd Armored Infantry Battalion. The northern column, CCA, ran into German outposts in front of Ste-Marie-aux-Chênes, where it was held up until the following morning.

It was CCB to the south that achieved the initial advantage. They found that the Germans had conducted a planned withdrawal from their positions around Mars-la-Tour. Moving eastward across the plateau, they encountered the first serious resistance from elements of the Officer Candidate Regiment, entrenched around Gravelotte. Again they were on the site of an 1870 battlefield, and it is perhaps an injustice that the whole area is littered with memorials to long-forgotten imperial German and French units, while nowhere is there any memorial to the dead of XX Corps. Small white crosses over individual graves from 1870 stood up haphazardly scattered in the grass, and one of the earliest war cemeteries in Europe can be seen at Gravelotte. (Most of the individual tombs have more recently been collected into larger grave sites).

Brigadier General Thompson, commanding CCB, then received orders to swing south toward the riverbank, into the narrow ravines leading down that were totally unsuitable for armor. The roads were narrow and confined between rock walls overgrown with trees and bushes, perfect concealment for a group of enemy armed with panzerfausts. At the head of one of these ravines, up which the Prussians had advanced in 1870, lies the village of Gorze. There the armor ran into mines and antitank fire. With no room to deploy and bypass the obstruc-tion, they were halted for the night. A company from the 23rd Armored Infantry Battalion did manage to get down to the riverbank on foot, but at daylight on **7 September** were forced to retire by concentrated fire coming from the villages of Noveant and Arnaville.

Nevertheless, in a parallel action, CCB did succeed in establishing a weak presence at the edge of the Moselle. During the evening of 6 September, the rest of the 23rd Armored Infantry Battalion, commanded by Lieutenant Colonel Allison, arrived on the scene, having obtained fuel for their vehicles. They caught up with the left-flank column of CCB, which was stalled in front of Gravelotte—from where another ravine leads down to the river at Ars-sur-Moselle. This is the ravine in which runs a stream called the Mance, and where, in August 1870, thousands of General Steinmetz's troops were slaughtered in a vain attempt to cross it. In September 1944, it was mined and stoutly defended by the descendants of those Prussians, the Officer Candidate Regiment.

Allison's scouts, however, found a rough track leading through the Bois des Oignons, (marked on mod-

paraître injuste qu'il n'y ait pas ici de monument élevé à la mémoire des morts du *XX Corps*. De petites croix blanches se dressent ici et là au milieu de l'herbe au-dessus de tombes individuelles datant de 1870 et l'un des plus anciens cimetières militaires d'Europe se trouve à Gravelotte (récemment, la plupart des tombes individuelles ont été rassemblées dans de plus vastes cimetières).

Le chef du CCB, le *Brigadier General* Thompson, reçoit alors l'ordre d'obliquer vers le sud en direction de la rivière en empruntant les ravines étroites y menant et qui sont totalement impraticables pour les blindés. Les routes sont étroites et enserrées entre des murs de pierres envahis par des arbres et des buissons, un abri idéal pour un groupe ennemi armé de panzerfausts (sortes de bazookas allemands). Au début de l'une de ces ravines, par laquelle les Prussiens avaient progressé en 1870, se trouve le village de **Gorze**. Là, les blindés tombent sur des mines et sous des tirs antichars. N'ayant pas d'espace pour se déployer et contourner l'obstacle, ils sont bloqués pour la nuit. Une compagnie du *23rd Armored Infantry Battalion* tente de descendre à pied jusqu'à la rive, mais, le **7 septembre** à l'aube, elle est forcée de se replier sous des tirs concentrés provenant des villages de Noveant et d'Arnaville.

Cependant, par une action parallèle, le CCB réussit à établir de faibles éléments sur la rive de la Moselle. Durant la soirée du 6 septembre, le reste du *23rd Armored Infantry Battalion*, commandé par le lieutenant-colonel Allison, arrive sur le théâtre d'opérations après avoir pu obtenir du carburant pour ses véhicules. Il se joint au flanc gauche de la colonne du CCB qui avait été bloqué devant Gravelotte. Là, une ravine mène à la Moselle, à la hauteur d'Ars-sur-Moselle. C'est la ravine dans laquelle coule une petite rivière appelée la Mance et où, en août 1870, des milliers d'hommes du général Steinmetz furent massacrés dans une vaine tentative de traversée. En septembre 1944, elle est minée et farouchement défendue par les descendants de ces Prussiens, les hommes du *Fahnenjuker-Regiment*.

Cependant, les reconnaissances d'Allison permettent de découvrir une piste raide traversant le Bois des Oignons (noté sur les cartes modernes sous le nom de Forêt domaniale de Gorze), un plateau boisé entre Gorze et la ravine de la Mance. Celui-ci n'est pas défendu, et pendant la nuit, ils le longent et atteignent la rive à l'aube du 7 septembre près du hameau de La Chêne. Là, ils vont se trouver exposés à des tirs venant à la fois du nord et du sud ainsi que de l'autre rive. Cependant, ils vont s'accrocher au terrain et, pendant l'après-midi, ils vont tenter de faire traverser une patrouille. Face à l'importance des tirs subis, c'est une décision qui paraît courageuse mais certainement pas avisée. Les trois embarcations sont repoussées par les tirs intenses des mortiers et des armes légères et, malheureusement, cette tentative avortée va avoir de sérieuses répercussions quasi immédiatement.

Au matin du 7 septembre, une partie du CCA va tenter de percer au nord de la ville et d'atteindre la rivière à Mondelange. Là, ces éléments obliquent vers le sud, sur la route principale menant à Maizières-les-Metz, pour trouver un point de franchissement. Vers midi, ils rejoignent l'autre colonne du *Combat Command* qui avait été bloquée à Saint-Privat. Il est alors évident que les trois ponts possibles du secteur ont été détruits et que les Allemands se sont repliés sur la rive orientale. Cependant, il y a un possible gué à Hauconcourt. Les blindés doivent alors attendre l'arrivée de ponts démontables et de savoir ce qu'ils doivent faire. Le commandant de la division pense évidemment que cette unité pourra traverser au nord de Metz et il informe le général Walker qu'il a un possible site de franchissement.

Ainsi, le premier jour de la reprise de la progression, le *XX Corps* est tombé directement sur les lignes d'avant-postes allemands, lignes qui n'auraient pas été là trois jours plus tôt si les Américains avaient été capables de prendre l'avantage en traversant la Meuse. Pour gagner en clarté, le récit va maintenant être présenté en une série d'actions séparées mais souvent liées entre elles, actions qui vont se dérouler vers la mi-septembre. Elles vont modifier la situation de la *Third Army*. Le général Patton va subir son premier échec de la campagne pour l'Europe et l'optimisme du *XX Corps* va rapidement fondre dans ce type de combat pour lequel il n'était pas préparé.

La tête-de-pont de Dornot

Ce serait un petit engagement relativement mineur et qui, normalement, n'aurait fait l'objet que de quelques paragraphes dans un article de journal. Cependant, c'est une illustration importante de la manière dont les meilleurs plans des généraux peuvent être aussi facilement mis en échec. Clausewitz, l'éminent auteur de stratégie militaire du début dix-neuvième

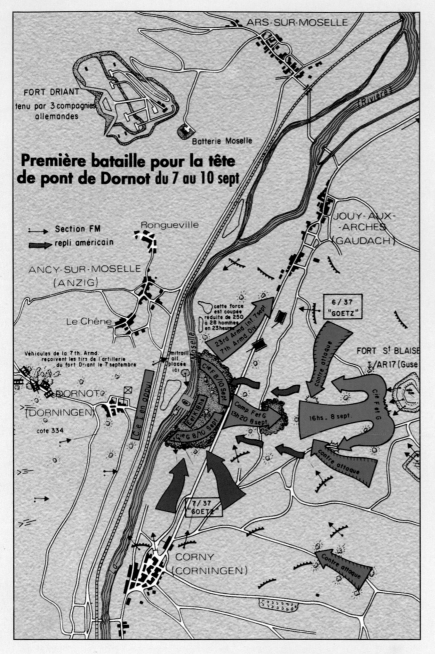

Première bataille pour la tête de pont de Dornot du 7 au 10 sept

:→ Section FM
➤ repli américain

FORT DRIANT
tenu par 3 compagnies allemandes

Batterie Moselle

ARS-SUR-MOSELLE

Rongueville

JOUY-AUX-ARCHES (GAUDACH)

ANCY-SUR-MOSELLE (ANZIG)

Le Chène

cette force est coupée réduite de 250 à 28 hommes en 23 heures

6/37 "GOETZ"

23rd Armd Inf 7 sept
7th Armd Div

FORT St BLAISE
I/AR 17 (Guse

Véhicules de la 7 th. Armd. reçoivent les tirs de l'artillerie du fort Driant le 7 septembre

mitrail all. placée ici

Cie E/11 B/11
Cie K/11
Cie G 8/10 Sept

Comp F et G 13h20 8 sept

contre attaque

16hs - 8 sept.

Cie Fet G

DORNOT (DORNINGEN)

cote 334

contre attaque

7/37 "GOETZ"

contre attaque

CORNY (CORNINGEN)

Contre attaque

---

ern maps as the Forêt Domaniale de Gorze), a wooded plateau between Gorze and the Mance ravine. This was unguarded, and during the night they passed along this, reaching the riverbank at dawn on 7 September near a hamlet known as La Chène, where they found themselves exposed to fire from both north and south, as well as from across the river. However, they hung on and during the afternoon they tried to put a patrol across. In view of the amount of fire encountered, this seems to have been a brave but perhaps unwise decision. The three boats were driven back by intense mortar and small-arms fire, and unfortunately this abortive attempt was to have serious repercussions almost immediately.

To the north of the city during the morning of 7 September, part of CCA managed to break free and reach the river at Mondelange. There they turned south on the main road leading toward Maizières-les-Metz, looking for a crossing site. Around midday they met up with the other column of the combat command, which had been held up at St. Privat. All three possible bridges in that sector were found to have been blown and the enemy had retired to the east bank. There was, however, a possible fording site at Hauconcourt. The armor then halted to wait for bridging equipment and for orders to tell them what to do. The divisional commander evidently still assumed that his unit would cross north of Metz, and he informed General Walker that he had a possible site.

Thus, on the first day of the resumed advance, XX Corps had run up against fairly stiff enemy opposition on the outpost lines — lines which would not have been there five days earlier, had the Americans been able to press home the advantage gained by crossing the Meuse. For the sake of clarity, the narrative must now be divided into a series of separate but often interconnected actions that took place up to the middle of September. These totally altered the Third Army situation. General Patton received his first bloody nose of the European Campaign, and XX Corps found their optimism rapidly evaporating in a type of fighting to which they were temperamentally unsuited.

The Dornot Bridgehead

This was a small and relatively minor action that normally would not have rated more than a few paragraphs in a newspaper report. It is, however, an important illustration of how the best-laid plans of generals can so easily go astray. Clausewitz, the eminent early nineteenth-century writer on military theory, introduced the human element into war by classifying it under the term « friction. » The operations around Dornot, although marked by great personal cour-age, were a prime example of how shoddy staff work can put large numbers of ordinary soldiers at risk.

Major General Orlando Ward, one-time Chief of Military History of the U.S. Army, wrote the following in the foreword to a brilliant study of Dornot upon which much of what follows is based. (In Three Battles). « This pictures the difficulties of small-unit commanders and soldiers in executing missions assigned by higher headquarters. Such missions are based at best on educated guesses as to the enemy situation and probable reaction. Success, failure, confusion, outstanding behavior, as pictured here, illustrate battle as it did, and often can, take place... We must remember that confusion, like fog, envelops the whole battlefield, including the enemy. Initiative, any clear-cut aggressive action, tends to dispel it. »

On the evening of 5 September, General Walker had told Major General Leroy Irwin, the commanding gen-

---

siècle, introduisit l'élément humain dans la guerre en le qualifiant sous le terme de « friction ». Bien qu'elles aient été marquées d'un grand courage individuel, les opérations menées autour de Dornot montreront comment un mauvais travail de l'état-major peut faire risquer inutilement la vie d'un grand nombre de simples soldats.

Le *Major General* Orlando Ward, qui fut un certain temps chef du service historique de l'U.S. Army, écrivit ce qui suit dans une préface à une brillante étude sur Dornot, que nous avons largement utilisée, et qui est intitulée In three battles : « *Ceci illustre les difficultés rencontrées par les chefs de petites unités, et par leurs soldats, dans l'exécution de missions qui leur ont été assignées par de hauts états-majors. De telles missions sont basées, au mieux, sur la connaissance de la situation de l'ennemi et sur ses possibles réactions. Le succès, l'échec, la confusion, le comportement exceptionnel, tels qu'ils sont décrits ici, expriment la bataille telle qu'elle fut... Nous devons avoir à l'esprit que la confusion, comme le brouillard, enveloppe tout le champ de bataille, y compris l'ennemi. L'initiative, toute action offensive clairement menée, tend à la dissiper.* »

Le 5 septembre au soir, le général Walker avait dit au *Major General* Leroy Irwin, le général commandant la *5th Infantry Division*, de « coller aux basques » des blindés et de les dépasser si ceux-ci ne réussissent pas à traverser. Irwin n'a pas alors bien compris s'il devait passer au travers de la *7th Armored Division* ou s'il devait établir une tête-de-pont sur la droite du corps d'armée. En raison du fait que le corps avait une faible idée

eral of the 5th Infantry Division, to « pin onto » the tail of the armor and to follow up if the latter failed to secure a crossing. Irwin was unsure whether that meant he was to pass through the 7th Armored or to establish his bridgehead on the corps' right. Owing to the fact that corps had little idea of the progress made by CCB, he obtained no concrete information when he queried his orders. His division was somewhat dispersed anyway because there was no cohesive front line. On the left, the 2nd Infantry Regiment had advanced behind CCA on the northern thrust. On September 7 it collided head on with the German outposts in the vicinity of Amanvillers. With the 10th Infantry in division reserve, the 11th Infantry was strung out on the roads behind CCB. Captain Herb Williams, commander of L Company of the 3rd Battalion wrote in his unpublished memoir, « 07 Sept. On a drizzly, disagreeable day, the 11th RCT advanced east by motor in order, 3rd, 1st, 2nd, battalion, detrucked in vicinity of Buxières. » (On the road leading west out of Gorze, some eight miles distant). During the morning the 11th Infantry at last managed to get past the opposition at the head of the ravine at Gorze. From there it moved down the narrow defile to join up with the armored infantry between Dornot and La Chène.

Without boats or bridging equipment, the armored column found itself hemmed in and unable to deploy. Its tail stretched back to Gorze, and without a bridge, it could not go anywhere or even turn around and withdraw. Most of the vehicles had bright cerise-colored air identification panels stretched over them that were plainly visible to the enemy on the high ground on the other side of the river. As opposed to the sector to the north of Metz, the Germans had not all withdrawn to the east bank, and the armor had simply broken through their outpost line. To the south the enemy was firmly entrenched around Arnaville, and to the north, at Ars-sur-Moselle. Completely unknown to the Americans, the guns of Fort Driant could also cover their position from the dominating high ground of the Bois des Oignons.

In an effort to dislodge the enemy from Ars, Brigadier General Thompson, commanding CCB, asked his divisional commander for the reserve unit, CCR, to launch an attack toward Ars. This was agreed to, but before they were anywhere near the river, their orders were countermanded, and they were ordered to make way on the roads for the infantry. The reason for the reversal is that during the morning, a rumor spread right back to corps that the 23rd Armored Infantry Battalion had managed to establish a bridgehead. The origin of the rumor lay in the abortive three-boat patrol.

At **midday**, General Irwin was ordered to force a crossing at Dornot, and he immediately sent forward the 11th Infantry, the commander of which, Colonel Yuill, had intended to cross further to the south. During the afternoon the regiment struggled toward the defile and then tried to pick their way through the armored traffic jam. In the early evening they received definite orders to cross the following morning and to use the 23rd Armored Infantry Battalion to increase their own forces. Colonel Yuill protested about this, as his 1st Battalion to the south was being virtually ignored by the enemy in the Arnaville region, but all to no avail. The 3rd Battalion therefore was deployed on the high ground to the north of Dornot, while the 2nd Battalion (Lt-Col Kelley Lemmon) was ordered to make the actual crossing.

Incredible as it may seem, the first 11th Infantry troops to arrive at Dornot were astonished to find part of 7th Armored Division there, and the surprise was apparently mutual. « Neither had any idea of the other's presence or impending arrival. » The 2nd Battalion

de la progression du CCB, il n'avait pu recevoir d'information concrète quand il avait reçu ses ordres. Sa division était alors quelque peu dispersée en raison du manque de front cohérent. Sur la gauche, le *2nd Infantry Regiment* avait avancé derrière le CCA sur l'axe de progression nord. Le 7 septembre, ils se heurtent aux avant-postes allemands à proximité d'Amanvillers. Avec le *10th Infantry* en réserve de la division, le *11th Infantry* est étalé sur les routes derrière le CCB. Le *Captain* Herb Williams, qui commandait la *L Company* du 3e bataillon, écrit dans ses mémoires restées inédites : « *7 septembre. Journée de crachin désagréable, le* 11th RCT *fait une progression motorisée vers l'est, en ordre, 3e, 1er et 2e bataillons, débarquement des camions près de Bruxières.* » (Sur la route menant à Gorze, à une douzaine de kilomètres à l'ouest de cette localité). Dans la matinée, le *11th Infantry* va essayer de briser l'opposition rencontrée au début de la ravine de Gorze. A partir de là, il va se glisser dans l'étroit défilé pour rejoindre l'infanterie mécanisée entre Dornot et La Chène.

Sans embarcations ou ponts transportables, la colonne blindée se trouve bloquée et incapable de se déployer. Ses derniers éléments s'étirent jusqu'à Gorze et, sans un pont, elle ne peut aller nulle part ni obliquer dans une autre direction ou se replier. La plupart des véhicules ont déployé des panneaux d'identification aérienne rouge cerise et qui sont largement visibles pour les Allemands établis sur les hauteurs dominant l'autre rive de la Moselle. A la différence du secteur situé au nord de Metz, les Allemands ne se sont pas tous retirés sur la rive orientale et les blindés ont tout simplement percé leur ligne d'avant-postes. Au sud, les Allemands sont solidement installés dans des tranchées autour d'Arnaville et, au nord, à Ars-sur-Moselle. Et les Américains ignorent complètement que les canons de Fort Driant menacent aussi leur position à partir des hauteurs du Bois des Oignons.

Dans un effort pour déloger les Allemands d'Ars, le *Brigadier General* Thompson, qui commande le CCB, demande à son général commandant la division, s'il peut lancer une attaque sur Ars avec l'unité de réserve, le CCR. Cela lui est accordé mais, avant de pouvoir arriver quelque part à proximité de la rivière, les ordres sont annulés et on lui ordonne de dégager les routes pour laisser passer l'infanterie. Ce changement est dû au fait qu'une rumeur s'est répandue jusqu'au niveau du corps d'armée selon laquelle le *23rd Armored Infantry Battalion* avait tenté de lancer une tête-de-pont. Cette rumeur s'est fondée sur la tentative avortée de la patrouille des trois embarcations…

A **midi**, le général Irwin donne l'ordre de forcer le passage à Dornot et il envoie aussitôt le *11th Infantry* en avant, dont le chef, le colonel Yuill, avait tenté de traverser un peu plus au sud. Durant l'après-midi, le régiment fonce vers le défilé et tente alors de se frayer un chemin à travers l'embouteillage causé par les blindés. En début de soirée, ils reçoivent les ordres définitifs pour traverser le lendemain matin et pour utiliser le *23rd Armored Infantry Battalion* afin d'augmenter leurs propres forces. Cela soulève la protestation de colonel Yuill, alors que son 1er bataillon est pratiquement ignoré des Allemands, au sud dans la région d'Arnaville, mais en vain. Le 2e bataillon (lt-colonel Kelley Lemmon) reçoit l'ordre de traverser.

Cela semble incroyable mais, lorsque les premiers éléments du *11th Infantry* arrivent à Dornot, ils sont étonnés d'y trouver une partie de la *7th Armored Division* et apparemment, la surprise est réciproque. « *Personne n'imaginait la présence de l'autre ou son arrivée imminente.* » Le 2e bataillon se fraie un chemin à travers le chaos pour arriver pendant la nuit et, comme les ordres ont spécifié que la traversée doit se faire avant l'aube, ils doivent entreprendre l'opération sans avoir le bénéfice d'observer l'objectif au préalable.

Le *Captain* Richard Durst, le S-3 du 3e bataillon du lieutenant-colonel Birdsong, est de retour au poste de commandement régimentaire à Buxières, avec deux commandants de compagnie du 2e bataillon, les capitaines Nathan Drake et Jack Gerrie. « *Il est à peu près 19 heures ; pluie forte en début de soirée. Nate et Jack sont arrivés au PC avec quelques autres - pour recevoir leurs instructions concernant la traversée à venir de la rivière. Alors que Jack est de bonne humeur comme d'habitude, Nate est déprimé. Il vient juste d'apprendre que sa femme porte un enfant dont un autre homme est le père… Je n'ai rien d'approprié à lui dire, je ne peux que rester assis les yeux baissés, espérant désespérément que quelque chose va survenir pour soulager mon embarras. Ce qui arrive… finalement, Lemmon et Ferris Church, son S-3, entrent et la conférence commence.* »

« *D'après les deux nouveaux venus, la situation paraît sans espoir. Le feu ennemi balaye à la fois Dornot et le point de franchissement. Les troupes ennemies occupent la rive occidentale de la Moselle au nord de la ville. Des véhicules blindés obstruent les rues étroites de Dornot. Les champs environnants ont été transformés en bourbier par les pluies récentes. Ce*

Capitaine Jack Gerrie de
la *G Company* du *11th
Regiment* de la *5th Division*. (Coll. Thanks Gls.)

*Captain Jack Gerrie
commanding G Compa-
ny of the 11th Infantry.
(Thanks GI's)*

Dornot le 8 septembre, les troupes US descendent la rue
principale en direction de la Moselle.

*Dornot 8 September. Americans advancing down the main
street of the village heading for the river.*

Surpris dans Dornot, douze soldats allemands sont faits
prisonniers par les GI's. (DAVA.)

*Rounded up in Dornot, a dozen prisoners are held under
guard in the main street.*

n'est pas tout : le 23rd AIB *de la* 7th Armored Division *est aussi en train
d'essayer de traverser en force. Les chefs d'unités n'ont pas entendu la
dernière directive du général Walker. »* (D'après un témoignage personnel.
Collection de *Thanks GI*).

A cette époque, **Dornot** est un petit village constitué d'une seule rue et
situé sur le flanc des hauteurs à environ 500 mètres de la rive actuelle.
Entre ce village et la Moselle courent une route principale et une voie ferrée, puis une bande de terrain marécageux occupée en partie par un étang.
Sur la rive opposée, il y a des boqueteaux puis une autre route principale
(celle de Metz à Nancy) derrière laquelle le terrain grimpe jusqu'à une ligne
de collines basses couvertes à cette époque par des vignes. Sur ces collines, procurant aux Allemands d'excellents observatoires sur tout le site
de franchissement et sur le village de Dornot, il y a deux autres forts de la
période d'avant 1914 - les Forts Sommy et Saint-Blaise qui font partie du
groupe fortifié de Metz (voir détails en annexe). Ils sont signalés sur les
cartes du *11th Infantry* mais, de nouveau, on ne sait rien de leur construction ou de leur forme. Ils sont bien camouflés et ils prouveront qu'ils sont
capables de résister à des bombes ou à des obus.

La force d'opposition allemande n'est pas homogène. Sur la rive occidentale, les troupes faisant face au *23rd Armored Infantry Battalion*, au
nord de Dornot, appartiennent au *Fahnenjunker-Regiment*. Ce seront des
adversaires habiles et fanatiques. L'autre rive est tenue par des éléments
du bataillon de remplacement (*Bataillon Voss*) composé en grande partie
d'hommes âgés, malades de l'estomac et du bataillon formé avec les
hommes de l'école SS de transmissions (*Bataillon Berg*). En outre, le gros
de la *17. SS-Panzergrenadier-Division* se trouve dans le secteur pour sa
remise sur pied.

picked their way through the chaos to arrive during the night, and as the orders specified that a crossing was to be made before dawn, they would have to undertake the operation without even the benefit of a look at their objective.

Captain Richard Durst, S-3 of Lt. Col. Birdsong's 3rd Battalion, was back at the regimental command post in Buxières, with two of the company commanders from the 2nd Battalion, Captains Nathan Drake and Jack Gerrie. « It was approximately 1900 hours; a dark rainy early fall evening. Nate and Jack had come to the CP – along with several others – to receive instructions concerning the upcoming river crossing. Although Jack was in his customary good spirits, Nate was depressed. He had just learned that his wife was about to bear a child by another man. .... Since I could think of nothing appropriate to say, I just sat there with downcast eyes hoping desperately for something to happen to alleviate my embarrassment. It did … finally, Lemmon and Ferris Church, his S-3, entered and the briefing commenced. »

« According to the two newcomers, the situation appeared hopeless. Enemy fire blanketed both Dornot and the crossing site. Enemy troops occupied the Moselle's west bank north of the town. Armored vehicles clogged Dornot's narrow streets. The surrounding fields were a quagmire due to recent rains. To make matters worse, the 7th Armored Division's 23rd AIB were still attempting to force a crossing. The commanders hadn't heard of General Walker's latest directive. » (from unpublished personal account. Thanks-GI's collection).

At that time **Dornot** was a small village consisting of only one street, situated on the downward slope of the hills, some 500 meters west of the actual river. Between it and the Moselle was a main road and a railway, followed by a stretch of marshy ground partly occupied by a lagoon. On the opposite bank there was an irregular patch of woods, followed by another main road (from Metz to Nancy), beyond which the ground sloped upward to a range of low hills, covered at the time with vineyards. On those hills, from which the Germans had an excellent view of the whole crossing site and into Dornot village, were two more of the pre-1914 forts—Forts Sommy and St. Blaise—which together made up the Verdun Fortified Group (see appendix for details). They were marked on the 11th Infantry's maps, but again, nothing was known about their construction or design. They were well camouflaged, and ultimately proved to be capable of withstanding anything in the way of bombs and shells that could be brought against them.

La rue principale de Dornot près de 60 années plus tard, la configuration des lieux et des habitations n'a pratiquement pas changé.

The main street of Dornot in 2002. Almost 60 years later, little has changed. (author)

Le paradoxe réside dans le fait que l'extrême urgence de la situation et la nécessité d'exploiter la supposée désorganisation allemande forcent les Américains à tenter de traverser la rivière sans préparation suffisante et contre de considérables éléments dépareillés. Toutes les chances d'un succès dû à la rapidité et à la surprise sont évanouies depuis longtemps.

Lorsque l'aube de ce **8 septembre** pointe, la situation à Dornot est chaotique. Les véhicules blindés et les camions encombrent la seule rue étroite et les tirs précis des Allemands rendent chaque mouvement dangereux. Une pluie violente et même de la neige fondue transforment tout le secteur en bourbier et les difficultés s'accroissent quand plusieurs camions de munitions prennent feu. Le commandement sur place est tout aussi chaotique quand l'infanterie et les blindés reçoivent des ordres stricts d'établir une tête-de-pont. Le commandant de la *5th Infantry Division*, le général Irwin, a reçu verbalement des ordres lui attribuant le commandement de toutes les troupes du secteur. Mais le *Brigadier General* Thompson, qui commande le CCB, n'en a pas été informé. En tant qu'officier le plus élevé en grade à Dornot, il pense qu'il a la charge des opérations. Le chef du bataillon d'assaut, le lieutenant-colonel Lemmon, n'est pas peu surpris de trouver les unités blindées prêtes à utiliser le même point de franchissement.

Les premières heures du jour sont caractérisées par un manque de communication et des ordres confus. Alors que la division et le corps d'armée estiment, cependant, que l'accord est parvenu à ceux qui ont pour mission de mener l'opération. Le colonel Lemmon et le colonel Allison, dont le bataillon d'infanterie mécanisée a déjà subi de lourdes pertes lors du combat mené au nord de Dornot, décident que leurs hommes traverseront ensemble près de l'étang et s'installeront dans le petit bois situé sur l'autre rive. L'infanterie mécanisée obliquera ensuite vers le nord sur le flanc gauche de l'attaque en direction de Jouy aux Arches tandis que les hommes du *11th Infantry* prendront le Fort Saint-Blaise. Le 3ᵉ Bataillon, qui traversera plus tard, prendra le Fort Sommy et couvrira le flanc sud de la tête-de-pont.

Au moment où ces dispositions sont prises (vers **6 heures du matin**), il est évident que l'attaque se fera de jour. Il est surprenant que, malgré la détermination à vouloir établir une tête-de-pont, les embarcations soient difficiles à obtenir. A cause des embouteillages et des voies d'accès étroites, le Génie attaché au *11th Infantry (Company C, 7th Combat Engineer Battalion)* n'a réussi qu'à en amener quelques-unes jusqu'à la rivière et il faudra attendre **8 heures** pour en voir arriver quelques autres. La situation est un résultat direct de la longue inspection nocturne des secteurs de l'arrière faite par le *Brigadier General* Thompson durant la nuit ; c'est la raison pour laquelle les demandes répétées de fourniture d'embarcations sont restées sans suite. Et parmi les injustices commises pendant la guerre, il y a le limogeage du *Brigadier General* Thompson, relevé de son commandement un peu plus tard dans la journée. Cette mesure drastique a été prise car on a pensé que le CCB avait établi une tête-de-pont abandonnée ensuite. C'est à nouveau le spectre de la patrouille avortée des trois embarcations qui revient hanter cette situation, rumeurs gonflées en franchissement mené à grande échelle. Il faudra attendre 1958 pour que le malheureux Thompson soit amnistié et réintégré dans son grade.

D'autres retards ont lieu pendant que l'artillerie de soutien se met en place et il faut attendre **10 h 45** pour que l'attaque puisse enfin être lancée. Accompagnées par des sapeurs du Génie, trois compagnies de fantassins rejoignent la rive près de l'étang. Là, elles subissent des tirs d'armes légères et de mortiers. Ceux-ci ne sont pas très efficaces mais, pour éviter d'avoir à grimper sur la voie de chemin de fer exposée à ces tirs, quelques hommes empruntent une passerelle qui leur fournit une certaine protection.

A **11 h 15**, l'unité de pointe, la *F Company*, s'apprête à quitter la rive dans cinq embarcations d'assaut, à travers une grêle de projectiles. Il est même très dangereux d'embarquer et les hommes qui attendent leur tour s'abritent dans un fossé situé à près d'une vingtaine de mètres de la rive. Quand arrive leur tour, ils doivent bondir, empêtrés dans leur équipement, et foncer jusqu'aux embarcations.

Les tirs proviennent du nord, depuis la même rive. Ils sont si violents qu'il est nécessaire d'envoyer une patrouille le long de la rive. Celle-ci tente de liquider une bonne partie de cette opposition mais un certain nombre de snipers continueront à menacer le point de franchissement. Un tireur allemand, caché dans un trou individuel, est capable de tirer directement par-dessus l'étang. Pendant la nuit, il avait eu la superbe effronterie de chanter des chants allemands à voix haute…

As far as the German opposition was concerned, their available forces were a mixed bag. On the west bank, the troops being contained to the north of Dornot by the 23rd Armored Infantry Battal-ion were from the Officer Candidate Regiment - they proved to be skilled and fanatical opponents. The far bank was held by a scratch replacement battalion (Battalion Voss) most of whom were elderly men suffering from stomach ailments, and the battalion formed from the SS Signals School (Battalion Berg). In addition, the bulk of the 17th SS Panzer Grenadier Division was in the area for refitting.

The paradox was that the very urgency of the situation and the need to exploit the supposed German disorganization forced the Americans to attempt to cross the river without sufficient preparation and against considerable odds. All chance of success from speed and surprise had long since vanished.

As dawn broke on the morning of 8 September, the situation in Dornot was chaotic. Armored vehicles and trucks crowded the only narrow road, and accurate enemy fire made movement dangerous. Heavy rain and even sleet turned the whole area into a morass, and difficulties were compounded when several trucks carrying ammunition were set on fire. The command situation on the spot was equally chaotic, as both the infantry and the armor had separate orders to establish a bridgehead. The commander of the 5th infantry Division, General Irwin, had verbal orders placing him in command of all the troops in the area, but Brigadier General Thompson, CO of CCB, was not aware of this. As the highest-ranking officer in Dornot, he assumed that he was in charge of operations. The commander of the assault battalion, Lieutenant Colonel Lemmon, was most surprised to find that the armored units were also proposing to use the same crossing spot.

The early daylight hours were characterized by poor communication and confused orders. While division and corps argued, however, those whose job it was to carry out the operation reached agreement. Colonel Lemmon and Colonel Allison, whose armored infantry battalion had already suffered heavy casualties in the fighting to the north of Dornot, decided that their men would cross together near the lagoon and establish themselves in the small wood on the other side. The armored infantry would then swing north on the left flank to attack in the direction of Jouy-les-Arches, while the 11th Infantry men would capture Fort St. Blaise. The 3rd Battalion, which was to cross later, would take Fort Sommy and protect the southern flank of the bridgehead.

By the time these matters were settled (about **0600 hours**), it was obvious that the attack would have to be made in daylight. The surprising thing is that, in view of the determination to establish a bridgehead, there were hardly any boats available. On account of the traffic jam and the narrow approaches, the engineers attached to 11th Infantry, (Company C, 7th Combat Engineer Battalion) had only managed to get a few down to the river, and it was not until **0800** that a few more appeared. The situation was a direct result of a lengthy tour of the rear areas made by Brigadier General Thompson during the night—after repeated requests for boats had been ignored. In one of the injustices of war, General Thompson was relieved of his command later that day. The reason for this drastic measure was that it was thought that CCB had established a bridge-head and then abandoned it. This was again the bogey of the abortive three-boat patrol rising up to haunt those involved, since, by that time, rumor had inflated it into a full-scale assault crossing. It was not until 1958 that the unfortunate Thompson was exonerated and rein-stated in rank.

4 et 5. Vues actuelles du fameux pont.

Dornot

1. A GI heavily laded with a grease gun and a machine-gun approaching the footbridge which crossed the main railway line between the village and the river bank. (DAVA).

2. GI's passing under the same bridge with the village in the background.

3. Still on 8 September. Near the bridge the GI's were subjected to enemy mortar fire which considerably hindered their efforts to cross the river. An American infantryman runs for cover as German artillery and mortar bombs burst around him.

4. and 5. The footbridge as it is today.

L'avancée au nord de Dornot vers la Moselle se fait sous les tirs précis et meurtriers de l'artillerie allemande.

1. Un GI, lourdement armé d'un grease gun et d'une mitrailleuse, marche vers le pont piétonnier qui enjambe la voie de chemin de fer. Ce pont est le point central de ce reportage. (DAVA)

2. Les GIs franchissent ce même pont, avec à l'arrière-plan, le village de Dornot.

3. Toujours le 8 septembre, l'infanterie US subit autour de ce pont les tirs de mortiers allemands qui gênent considérablement les GIs dans leur tentative de traversée de la Moselle.

Au **début d'après-midi**, les compagnies F et G, plus une section de mitrailleuses lourdes et une autre de mortiers de 81 mm, sont en train de traverser la rivière. L'artillerie appuyant le franchissement est sérieusement limitée dans son action par le manque d'obus pour les obusiers. Cependant, un appui feu valable est fourni par les armes lourdes du 3e bataillon, placées en tir direct au sud de Dornot, bien qu'elles aient elles aussi des problèmes de ravitaillement en munitions. Cletus Hollenbeck est alors le caporal chargé des mitrailleuses et des mortiers de la H Company. Voici ce qu'il a transmis à l'auteur : « *On m'avait donné l'ordre de placer les mortiers de 81 au-dessus de la localité et d'ouvrir le feu à intervalle régulier en tirant des salves avec les huit tubes toutes les quinze secondes et d'assurer ainsi une couverture pour les hommes qui ont traversé et pour bloquer les infiltrations ennemies dans leur position. Cela me pose un problème. D'où vont venir les munitions ? Nous avons perdu tant de chefs de groupes que je n'en ai plus pour ramener des munitions du dépôt de l'arrière et je dois alors m'en charger. Je rassemble une vingtaine d'hommes et nous rejoignons le dépôt de munitions de l'arrière pour ramener environ 200 obus. Chaque homme transporte ce qu'il peut emmener et, quand nous sommes de retour sur la position où j'ai placé les tubes, on est sacrément chargés. Je remarque que les sapeurs du Génie sont en train de démarrer. Je sais qu'ils ont des mortiers sur leurs half-tracks et je rassemble alors une dizaine d'hommes dans la localité et, en apercevant un half-track au milieu de la rue, en face du poste sanitaire, je demande au chauffeur de quelles munitions il dispose. Par chance, il en est chargé et il me dit "prenez tout ce que vous voulez"* ».

Andy McGlynn de la *G Company* a écrit le témoignage suivant, en l'an 2000, sur la traversée de la rivière (exemplaire de ce témoignage dans les archives de *Thanks-GI's*) : « *Il y eut alors une espèce de discussion à propos de qui devait traverser la rivière. Alors qu'on est en train de discuter de ça, nous fonçons jusqu'aux caves situées de l'autre côté de la rue (…). Nous quittons les caves et nous descendons la rue jusqu'à l'endroit où les sapeurs du Génie ont laissé quelques embarcations d'assaut pliantes. Chaque embarcation peut transporter environ huit fantassins et deux sapeurs du Génie qui peuvent ramener l'embarcation après la traversée de la rivière. Nous sommes pris sous des tirs d'armes légères. Dans mon embarcation, un homme est tué. En débarquant, nous progressons vers l'intérieur jusqu'à ce que tout le bataillon ait traversé.* »

Un autre témoignage sur l'opération de Dornot est fourni par une lettre du *Tech. Sgt.* Norman Rivkin, un sergent-chef de section de la *K Company*, écrite à ses parents. Cette lettre est datée de quelque part en Europe le 24 septembre 1944 et est conservée dans les archives de *Thanks-GI's* :

Andy J. Mc. Glynn de la **G Company** du *11th Regiment* de la *5th Division* en 1944. (Coll. Thanks GIs)

Andy J. Mc. Glynn, G Company of the 11th Infantry in 1944. (Coll. Thanks GI's)

Further delays were caused while the supporting artillery was positioned, and it was not until **1045** that the attack finally got underway. Assisted by engineers, three rifle companies moved down to the riverbank by the lagoon, where they were subjected to small-arms and mortar fire. This was not excessive, but to avoid having to climb over the exposed railway embankment, some of the troops used a footbridge which gave a certain amount of cover.

At **1115** the leading unit, F Company, started to cross in five assault boats, through a curtain of fire. Even loading the boats was extremely hazardous, and the waiting men had to take cover in a ditch some 20 yards from the edge of the water. When their turn came they had to scramble out, encumbered with their equipment, and make a rush for the boats.

Fire coming from the north on the same side of the river was so heavy that it became necessary to send a patrol along the river bank. This managed to wipe out much of the opposition, although a number of snipers remained to trouble the crossing site. One German gunner, who was concealed in a dugout, was able to fire directly across the lagoon. At night, he had the superb effrontery to sing German songs in a loud voice.

By **early afternoon**, F and G Companies plus a platoon each of heavy machine guns and 81-mm mortars were over the river. Artillery support for the crossing was severely limited by the shortage of ammunition for the howitzers. Valuable fire support, however, was given by the heavy weapons of the 3rd Battalion, which were positioned on the high bluff to the south of Dornot, although they too had their ammunition problems. Cletus Hollenbeck was the instrument corporal for the machine guns and mortars of H Company. He wrote to the author as follows: « I was ordered to set up the 81's in position above the town and fire a round intermittently using 8 guns every fifteen seconds or so, as a protective cover for the men who were across, to stop enemy infiltrating into their position. For me this presented a problem. Where was the ammo coming from? We lost so many squad leaders that I had no one to order or organize a group to haul ammo, so I took it upon myself to do this. I got about 20 or so men, and we took off to the rear ammo dump and hauled in about 200 shells. Each man carried all he could handle, and when we got back to where I had made arrangements to position the guns, we were pretty bushed. I noticed the engineers were pulling out. I knew they had mortars on half-tracks, so I took about ten men into the town; and as I saw a half-track just across the road from the aid station, I asked the driver for any ammo he had. Fortunately he was loaded and said, 'Take it all if you want it. »

Andy McGlynn of Company G wrote the following account of the crossing in 2000, (copy in Thanks – GI's archive). « There was some sort of a discussion as to who would cross the river. While this was going on we headed for the cellars on either side of the street (…). We left the cellars and moved down the street to where the engineers had left some plywood assault boats. Each boat held about eight infantrymen and two engineers who would bring back the boats after crossing the river. We were under small arms fire. One man in my boat was killed. When we landed we moved inland until the whole battalion had crossed. »

Another account of the Dornot operation is contained in a letter written to his parents by Tech. Sgt. Norman Rivkin, a platoon sergeant in Company K from « somewhere in Europe » on 24 September 1944. (Thanks-GI's archive). « The company was assembled in a little town near the river on our own side and we were

organized into assault boat teams for the crossing. I was a boat commander of one team and my men plus a couple of engineer boat handlers were supposed to comprise the boat load. We moved from the town to the beach but before we got 300 yards from the boats the Jerry artillery opened up. It was such a savage barrage of 88's and heavier stuff that it temporarily demoralized the men as they hit the ground to escape shrapnel. My team worked up as best they could, and finally I saw a chance to get down to the water's edge.

« *La compagnie est rassemblée dans une petite ville près d'une rivière de notre côté, et on nous répartit en équipes d'embarcations d'assaut pour la traversée. Je suis le chef d'embarcation d'une équipe et mes hommes plus deux sapeurs dirigeant l'embarcation seront les passagers. Nous quittons la localité pour rejoindre la rive mais avant de parcourir les 300 mètres nous séparant des embarcations, l'artillerie des Fritz ouvre le feu. C'est un tel barrage de 88 et un tel ouragan que les hommes sont momentanément démoralisés en se jetant au sol pou éviter les éclats. Mon équipe fait de son mieux et, finalement, je vois le moment où nous allons atteindre la rive. Lorsque je saute dans l'embarcation, il y a un sapeur prêt à ramer mais il n'y a personne de mon équipe derrière moi… Quelques-uns sont traumatisés par la bataille et d'autres n'ont pas entendu mon ordre d'avancer à cause du fracas de la bataille. Et finalement un homme arrive et, depuis l'autre rive, nous recevons l'ordre d'amener l'embarcation pour qu'elle puisse évacuer des blessés.* »

Les deux compagnies de pointe sont maintenant de l'autre côté et elles annoncent fièrement qu'elles sont les plus proches de la frontière allemande. Elles sont suivies par la *E Company* et 38 hommes du *23rd Armored Infantry Battalion*, tout ce qui reste de la première unité arrivée sur ce théâtre de combat. Le dernier élément à rejoindre la tête-de-pont est la *K*

1

2

3

1 et 2. Vues des hauteurs de Dornot en 2002.

3. Les hauteurs de Dornot le 8 septembre 1944 en partie masquées par un écran de fumée.

4 et 5. Le 8 septembre, des fantassins américains se préparent à franchir la Moselle. (DAVA)

1 and 2. The view across the river from the heights above Dornot in 2002.

3. The same view on 8 September 1944, partly obscured by a smokescreen.

4 and 5. 8 september 1944, Infantryman in the foreground and six others taking cover against the bank await signal to move forward during U.S. advance toward the Moselle River.

4

5

Les troupes américaines du *11th regiment* de la *5th Division* équipées d'embarcations plutôt frustres tentent de franchir la Moselle sous le feu allemand.

A group of men carrying an assault down to the river at Noveant (Neubourg in German), where L Company of 11th Inf. Regt tried to cross and landed in an island. Troops of the 11th Infantry Regt. using assault boats frustrated by German fire during their crossing attempts. (DAVA).

When I jumped into the boat there was an engineer waiting to help paddle, but none of my team were behind me… some were battle shocked, others didn't hear my order to advance on account of battle din. Finally though one man came up and out company commander on the other bank screamed for us to bring the boat across as is, because it was needed to evacuate wounded. »

With the two lead companies across, they were able to proudly claim that they were the Allied unit nearest the German frontier. They were followed by E Company and 38 men of the 23rd Armored Infantry Battalion, all that were left of the force that had been the first on the scene. The last element to enter the bridgehead was K Company from the 3rd Battalion of the 11th Infantry, which crossed at around **1700**. Thus, by the evening of 8 September, four rifle companies and the few armored infantry were across the Moselle, supported by two heavy weapons platoons. I Company of the 3rd Battalion remained on the western bank giving fire support to those on the far side, but did not cross…

Confusion was not the prerogative of the Americans, who, quite by accident rather than design, had attacked right on the boundary between the two German battalions (Voss and Berg). The latter sent in alarming and contradictory reports to the 37th SS Panzer-Grenadier-Regiment, which was the nearest larger unit. The 2nd Battalion of the 37th SS was supported by a number of antiaircraft tanks (flak-panzer), two assault guns, and one 75-mm self-propelled gun. They received a report that Battalion Voss had been routed. An nco was sent to try to discover what was happening, and must have returned with reassuring news, because the original German orders for a counterattack specified only platoon-size assaults from north and south, to eliminate the enemy « if

Company du 3ᵉ Bataillon du *11th Infantry* ; elle traverse vers **17 heures.** Ainsi, au soir du 8 septembre, quatre compagnies de fantassins et un peu d'infanterie mécanisée ont traversé la Moselle, appuyées par deux sections d'armes lourdes. La *I Company* du 3ᵉ Bataillon reste sur la rive occidentale pour fournir un appui feu à ceux de l'autre rive, mais elle ne traversera pas.

La confusion n'est pas un monopole des Américains qui, plus par accident qu'à dessein, ont attaqué juste à la jonction de deux bataillons allemands *(Voss* et *Berg)*. Ce dernier va envoyer des rapports alarmistes et contradictoires au *SS-Panzergrenadier-Regiment 37*, qui est la plus proche unité importante. Le IIᵉ Bataillon du *SS-Pz.Gren.Rgt. 37*, le *II./37*, est appuyé par un certain nombre de blindés de DCA *(Flakpanzer)*, deux canons d'assaut et un canon de 75 mm automoteur. Un rapport lui annonce que le *Bataillon Voss* a été mis en déroute. Un sous-officier est alors envoyé en reconnaissance pour tenter de savoir ce qui est arrivé mais il revient avec des nouvelles rassurantes car les ordres allemands originaux en vue d'une contre-attaque spécifiaient seulement des assauts au nord et au sud, de l'envergure d'une section, pour éliminer l'ennemi « si on le trouve ». Lorsque le débarquement américain est confirmé, la force d'attaque est augmentée à deux compagnies appuyées par des armes lourdes et des blindés.

La tête-de-pont actuelle est établie dans ce que les défenseurs appelleront le « Bois du fer à cheval » *(Horseshoe Wood)*. Pendant la **fin de l'après-midi** du 8 septembre, les compagnies F et G se mettent en mouvement pour s'emparer du Fort Saint-Blaise. En raison du nombre insuffisant d'hommes disponibles, l'attaque prévue par le *23rd Armored Infantry Battalion* en direction de Jouy-aux-Arches est annulée. Les deux compagnies traversent la route principale face à leurs positions et, sans rencontrer de réelle opposition de la part des Allemands, elles escaladent les hauteurs en tirailleurs, à travers les vignes et les buissons. En fait, ce silence leur semble bizarre et il n'y a aucune perte lorsqu'ils atteignent les défenses extérieures du fort. Là, Nathan Drake, le commandant de la *F Company* est atteint et tué par un sniper alors qu'il se baissait pour interroger un Allemand blessé. Nouveau témoignage du *Captain* Durst : « *Il est mort en quelques minutes. Plus tard, quelques-uns de ses hommes raconteront qu'il s'était exposé sans nécessité… comme s'il attendait la mort. En enten-*

dant de tels récits, je me suis souvenu de notre dernière conversation et son souvenir m'étreint alors. Quel monde minable. Et quels minables humains le peuplent ! »

Mais la prise du fort sera une tâche particulièrement difficile. Les attaquants se trouvent confrontés à une palissade en acier haute de quatre mètres. Derrière celle-ci, il y a un fossé sec de 15 mètres de large et de 5 mètres de profondeur, qui entoure tout le fort. Un prisonnier a raconté que 1 500 Waffen-SS se trouvaient à l'intérieur mais, en fait, le fort est inoccupé et, à ce moment-là, ses canons ne sont pas en état de marche. Cependant, face à de tels obstacles, l'officier d'opérations du bataillon, le *Captain* Ferris Church, donne l'ordre à ses hommes de se replier et il demande par radio un barrage d'artillerie. Malheureusement, à l'arrivée des obus, trois d'entre eux arrivent trop courts, tuant et blessant quelques hommes.

Immédiatement, les Allemands répliquent avec leur propre artillerie et, au même moment, leur infanterie attaque, sur les deux flancs. Les deux compagnies américaines sont prises en tenailles sur la pente exposée de la colline, à près de 2 000 mètres de leurs camarades du Bois du fer à cheval et avec leur ligne de repli qui risque d'être coupée. Le *Captain* Church envoie un message radio demandant l'appui de la *E Company* mais, à ce moment-là, il est trop tard. Les flancs sont balayés par des tirs bien ajustés de mitrailleuse et la large route principale devient un piège.

Le *Captain* Church n'a plus qu'une solution : donner l'ordre de retraite. Cependant, dans ces circonstances, un repli en bon ordre n'est plus possible. Les deux compagnies sont séparées et redescendent la colline en deux lignes disloquées. Les pertes sont lourdes et il faut trois heures aux survivants pour rejoindre l'abri des bois. Des retardataires vont continuer d'arriver pendant la nuit et le lendemain matin, les blessés doivent être abandonnés. Beaucoup d'hommes ont été victimes d'un subterfuge allemand. Une mitrailleuse tire des balles traçantes à hauteur d'homme. Voyant cela, les GI's se plient en deux et, naturellement, se mettent à courir pour être blessés par une autre arme tirant des munitions ordinaires juste au-dessus du niveau du sol.

Carte de l'attaque du fort Saint-Blaise.

Plan of the attack on Fort St. Blaise.

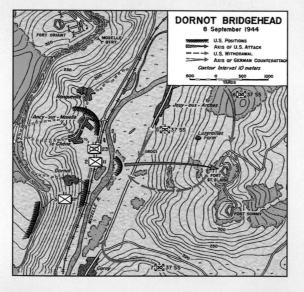

found. » When the American landing was finally confirmed, the attack strength was upgraded to two companies supported by heavy weapons and armor.

The actual bridgehead was established in what became known to the defenders as Horseshoe Wood. During the **late afternoon** of 8 September, F and G Companies moved off on their mission to capture Fort St. Blaise. Owing to the small numbers of men available, the attack toward Jouy-aux-Arches by the 23rd Armored Infantry Battalion was cancelled. The two companies crossed the main road in front of their position; and with hardly any interference from the enemy, made their way uphill in open order, through vineyards and clumps of scrub. Indeed, the silence struck them as odd, and there were no casualties until they reached the outer defenses of the fort. There, Nathan Drake, the commander of F Company was shot and killed by a sniper as he bent over to question a wounded German. Captain Durst again. « He died within a matter of minutes. Later, several of his men reported that he had exposed himself needlessly… as though he welcomed death. With each such report, I recalled out last conversation and it became even more poignant. What a crummy world. And what crummy people inhabit is! »

Capturing the fort proved to be far too difficult a task. The attackers found themselves confronted by five rows of barbed wire through which they methodically cut a path, only to find themselves faced by an iron palisade 4 meters high. Beyond this was a dry ditch, some 15 meters wide and 5 meters deep, that surrounded the whole of the fort. A prisoner told them that there were 1,500 SS men inside, but in fact, the fort was unoccupied and its guns were not in operation at the time. However, faced by such obstacles, the battalion operations officer, Captain Ferris Church, ordered the men to pull back, and radioed for an artillery barrage. Unfortunately, when the shells arrived, three fell short, killing and wounding several men.

The Germans immediately retaliated with their own artillery, and at the same time, infantry attacked from both flanks. The two American companies were caught out on a limb on the exposed hillside, 2,000 yards away from their comrades in Horseshoe Wood and with their line of retreat about to be cut off. Captain Church radioed for E Company to move up in support, but by then it was too late. The flanks were swept by accurate machine-gun fire, and the broad main road had become a deathtrap.

Captain Church's only option was to order a retreat; although, in the circumstances, an orderly withdrawal proved to be impossible. The two companies separated and moved back down the hill in two ragged lines. Casualties were heavy and the survivors needed all of three hours to regain the shelter of the woods. Stragglers were still coming in during the night and

the following morning, and the wounded had to be abandoned. Many of the casualties fell victims to a German subterfuge. One machine gun would fire tracer at roughly head height. Seeing this, the GI's would naturally crouch and run, only to be wounded by another gun firing ordinary ammunition just above ground level.

With the survivors of F and G Companies back in Horseshoe Wood, the real saga of the Dornot bridgehead began. The four companies dug a defensive perimeter enclosing an area of some 200 square yards. This minute foothold was all that had been achieved **by evening** and could only be held with the support of American artillery firing from the west bank. The handful of men crouching in their foxholes had to endure almost continuous bombardment and repeated counterattacks by a determined foe.

Andy McGlynn's account went on – « We first dug the usual slit trench but shortly after we settled in, a tank or tanks, came along the road that was just a short distance from our position and blasted the heck out of us. It was too dark to try to hit them with a bazooka, and the ground between us and the road was soft from all the rain that fell, so the tanks never came close to our position. (…) The next day we were constantly being hit by barrage after barrage of artillery and mortars. For us in a wooded area, all of the shells became airbursts. »

Throughout the **night of 8/9 September**, wave after wave of Germans assembled on the far side of the main road and then charged toward the thin line of defenders, shouting « Yanks kaput! » Tanks cruised along the road spraying the woods with fire, hoping to provoke retaliation that would reveal the defenders' positions. Fire discipline, however, was excel-

La vraie saga de la tête-de-pont de Dornot commence alors avec le retour des survivants des compagnies F et G dans le Bois du fer à cheval. Les quatre compagnies creusent un périmètre défensif d'environ deux hectares. Ce point d'appui sommaire est terminé **dans la soirée** et ne pourra être tenu qu'avec l'appui de l'artillerie américaine tirant depuis la rive occidentale. La poignée d'hommes terrés dans leurs trous individuels va subir un bombardement continuel et des incessantes contre-attaques lancées par un adversaire déterminé.

Voici la suite du témoignage d'Andy McGlynn : « *Nous creusons tout d'abord la tranchée habituelle et nous nous y installons peu après et un char, ou des chars, arrivent le long de la route à courte distance de notre position. Il fait trop sombre pour tenter de les attaquer au bazooka et le terrain se trouvant entre la route et nous est trop mou à cause des chutes de pluie si bien que les chars ne pourront jamais s'approcher plus de notre position. (…) Le lendemain, nous subissons constamment des barrages d'artillerie et de mortiers. Pour nous, dans cette zone boisée, tous les obus deviennent des éclats aériens.* »

Vues actuelles du fort de Saint-Blaise.

Fort St. Blaise in 2002. Note the high palisade fronting the edge of the ditch. (photos author)

Pendant toute **la nuit du 8 au 9 septembre**, vague après vague, les Allemands chargent la mince ligne des défenseurs, à partir de la route principale en criant « *Yanks kaput !* » Des chars patrouillent le long de la route principale en tirant sur les bois dans l'espoir d'une réplique qui révélerait les positions des défenseurs. Cependant, la discipline de feu est excellente, les Américains attendent que la charge des Allemands soit sur eux pour ouvrir le feu.

L'estimation du nombre des Allemands tués ou blessés dans ces attaques suicides varie. Les hommes du *11th Infantry* qui étaient là se vantent d'en avoir eu « des centaines » et on peut affirmer sans risque que les pertes étaient la conséquence d'une tactique aussi primitive. Le *Captain* Gerrie, le commandant de la *G Company*, fit ce commentaire sur les Allemands dans un message qu'il envoya depuis la tête-de-pont : « *Regardez ces oiseaux-là, ils sont sacrément courageux. Je n'ai jamais vu courir des gars comme ça auparavant, ils sont nouveaux, on entendra parler d'eux.* »

Cependant, de telles attaques éclaircissent inévitablement les faibles effectifs de défenseurs, qui ne peuvent recevoir de renforts. Les bois sont alors plein de cris appelant des infirmiers à leur secours mais le *First Sergeant* Hembree, une véritable force de la nature, fait le tour des blessés dans cette tête-de-pont pour leur dire de rester tranquilles : « *Arrêtez de hurler si vous avez été touché par une balle des Fritz car ces bâtards sauront alors qu'ils vous ont touché.* » A partir de ce moment-là, cette recommandation est suivie, c'est un étonnant exemple d'autodiscipline. Il y a alors pleins de héros dans la tête-de-pont de Dornot - des soldats ordinaires pris dans le flot de la guerre qui lorsqu'on les appela, firent leur devoir et bien plus que ce qu'on leur demandait. Pendant la première nuit, deux simples soldats, Dickey et Lalopa sont volontaires pour tenir un poste avancé. Malgré un ordre ultérieur de repli, et armés seulement de leurs fusils, ils s'accrochent à leurs positions. Bien qu'ils aient été submergés, leurs camarades vont trouver 22 cadavres allemands autour de leurs trous individuels le lendemain matin. Le soldat Rex n'est dans l'armée que depuis 18 semaines lorsqu'il prend en charge une mitrailleuse dont le tireur vient d'être tué et continue de s'en servir avec beaucoup d'efficacité. Il est certainement à l'origine des lourdes pertes subies par les Allemands quand ils ont chargé baïonnette au canon. Plus tard, il donne sa veste à un blessé puis traverse quatre fois la rivière en nageant pour aider certains de ses camarades à traverser. La *Distinguished Service Cross*, la seconde médaille américaine la plus élevée attribuée pour un acte de courage, lui sera décernée pour sa bravoure et il sera promu au grade de sergent. Ces deux exemples sont une illustration des nombreux cas d'héroïsme individuel accompli par des hommes qui plaçaient la sécurité de leurs camarades avant leur propre sécurité.

Il avait été initialement prévu d'installer le poste de commandement du bataillon dans la tête-de-pont mais des difficultés pour traverser avaient forcé le colonel Lemmon à rester dans le village de Dornot où son quartier-général avait reçu deux fois des obus, obligeant l'état-major à déménager. Le premier obus avait explosé dans la cour noire de monde, tuant trois hommes. L'un d'eux était connu sous le nom de « *John the Frenchman* » (« Jean le Français). Il avait été initialement incorporé au 2e Bataillon du *11th* en tant qu'interprète du *Captain* Gerrie quand le régiment se trouvait à Angers peu après son arrivée en France. Par la suite, il devint l'interprète de Kelley Lemmon. Son vrai nom était Jean Maspero. Il avait 19 ans en 1944 et était totalement intégré au régiment, portant un uniforme américain et était armé d'une carabine. Peu après la guerre, Kelley Lemmon écrira une lettre à la mère de Jean : « *Il était excessivement brave et c'était un merveilleux soldat. Il est mort en soldat, au service de son pays et de ses alliés.* »

Parmi les blessés, il y avait aussi le *Captain* Doug Heardgraves, l'officier de renseignements du bataillon. Le *Captain* Herb Williams raconte que le *Captain* Frank Smith (commandant de la *I Company*, 3e Bataillon) était en train de lui parler, dans l'attente d'une réponse. Alors que le *Captain* Smith essayait de le maintenir en vie, le *Captain* Hardgraves ouvrit les yeux et dit « Franck, as-tu un peu de whiskey ». Le *Captain* Smith lui dit alors : « Doug, tu vas vivre ». Le colonel Lemmon compara la situation où ils se trouvaient alors, avec l'ennemi capable de voir tout ce qui se passait à Dornot, à « un poisson dans une nasse ».

Pendant la nuit du 8 au 9 septembre, les capitaines Church et Gerrie retournent sur la rive occidentale pour faire leur rapport et organiser le ravitaillement. Suite à ces informations, le colonel Lemmon demande la permission de ramener son bataillon. Cependant, la division ordonne que la mince tête-de-pont soit tenue « à tout prix »en tant qu'action de diversion pour détourner l'attention des Allemands d'un autre franchissement entrepris un peu plus au sud. Le 2e bataillon va être sacrifié.

lent, the Americans waiting until the charging enemy were almost upon them before opening up.

Estimates of the number of Germans killed and wounded in these suicide attacks vary. The 11th Infantry men who were there at the time boasted of « hundreds, » and it is safe to assume that casualties were heavy as a result of such primitive tactics. Captain Gerrie, CO of G Company, commented on the enemy in a message sent out of the bridgehead: « Watch out for these birds, they are plenty tough. I've never run across guys like these before, they are new, something you read about. »

Such attacks, however, took an inevitable toll of the small number of defenders—who could not be reinforced. The woods were full of cries for medics, but First Sergeant Hembree, who was to be a tower of strength to the men in the bridgehead, passed around that the wounded were to stay quiet. « Top says not to yell if you get hit by a Jerry bullet because the bastards will know they've hurt us then. » From then on, this advice was followed, an amazing example of self-discipline. There were plenty of heroes in the Dornot bridgehead—ordinary soldiers caught up in the tide of war, who, when called upon, performed above and beyond the normal call of duty. During the first night, two privates, Dickey and Lalopa volunteered to man an advance post. Despite a subsequent order to withdraw, and armed only with rifles, they stuck to their positions. Although finally overwhelmed, their comrades found 22 dead Germans around their foxholes in the morning. Private Rex, who had only been in the army for 18 weeks, took over a machine gun whose gunner had been killed, and continued to operate it with great effect. He certainly accounted for a large number of the enemy casualties when the Germans charged in with fixed bayonets. Later, he gave his outer clothes to a wounded man and swam the river four times during the evacuation to help others to cross. For his bravery he was awarded the Distinguished Service Cross, America's second highest decoration for gallantry and promoted to sergeant. The above are simply two examples of numerous incidents of personal heroism and of men who put their comrades before their own personal safety.

The original intention had been to establish the battalion command post in the bridgehead, but crossing difficulties forced Colonel Lemmon to remain hi Dornot village where his headquarters was twice shelled, forcing the staff to move. The first shell burst in the crowded courtyard killing three men, one of whom was known as « John the Frenchman ». He had originally been attached to the 2nd Battalion of the 11th as Captain Gerrie's interpreter when the regiment was in Angers shortly after arriving in France but subsequently became Kelley Lemmon's interpreter. His real name was Jean Maspero, 19 years old in 1944 and was fully integrated into the battalion, wearing American uniform and carrying a carbine. Kelley Lemmon wrote shortly after the war in a letter to Jean's mother, « He was exceedingly brave and a wonderful soldier. He died a soldier's death in the service of his country and its allies »

Also among the wounded was Captain Doug Hardgraves, the battalion intelligence officer. Capt. Herb Williams says that Capt. Frank Smith (CO Company I, 3rd Battalion) was talking to him in an attempt to get him to respond. While Capt. Smith was concerned about him being alive, Capt Hardgraves opened his eyes and said 'Frank, do you have a drink of whiskey,' Capt. Smith said, 'Doug, you are going to live'. Col. Lemmon likened the situation they were in with the enemy being able to look down into Dornot, as being like « shooting fish in a barrel ».

1. Capitaine Nick Pokrajac de la *C Company* du *7th Enginers Battalion* de la *5th Division* lors de la bataille de Dornot. (Coll. Thanks GIs)

2. A droite, le capitaine Frank Smith de la *I Company* du *11th Regiment* de la *5th Division* (blessé à Dornot) et le lieutenant Steyton Jowery. (Coll. Thanks GIs.)

3. Nick Pokrajac et le capitaine Frank Smith du *11th Regiment* de la *I Company* sur les bords de la Moselle sur les lieux des combats de Dornot en 1999. (Coll. Thanks GIs.)

1. Capt Nick Pokrajac of C Company of the 7th Combat Engineer Battalion (5th Inf. Div) (c during the battle of Dornot. (Thanks GI's)

2. On the right, Capt. Frank Smith of I Company of the 11th and Lt. Steyton Jowery. (Coll Thanks GI's)

3. Nick Pokrajak and Frank Smith standing beside the Moselle on the site where they fought in 1944. (Coll Thanks GI's)

During the night of 8/9 September, Captains Church and Gerrie returned to the west bank to report and to organize supplies. As a result of their advice, Colonel Lemmon requested permission to withdraw the battalion. Division, however, ordered that the tiny bridgehead be held « at all costs, » as it was diverting German attention from another crossing that was to be attempted further south. The 2nd Battalion had become expendable.

Daylight movement across the river had become impossible. The only method of communication was by radio, and all thoughts of building a bridge were abandoned. Repeated requests for air strikes were in vain, as the available aircraft were needed elsewhere, thus depriving the defenders of that most effective weapon—the tactical fighter-bomber. During the night the engineers finally managed to bring up some more boats, which were used to evacuate the wounded and to ferry over supplies of water, rations, ammunition, and radio batteries. The main aid station was in Dornot, which meant that the wounded had to run the gauntlet of enemy fire

La lumière du jour rend impossible tout mouvement sur la rivière. Le seul moyen de communication est la radio et tous les projets de lancer un pont du Génie sont abandonnés. Des demandes répétées d'un soutien aérien sont vaines car les avions disponibles sont utilisés ailleurs, privant aussi les défenseurs de l'arme la plus efficace - le chasseur-bombardier tactique. Pendant la nuit, les sapeurs du Génie ont finalement réussi à amener quelques embarcations supplémentaires qui vont être utilisées pour évacuer les blessés et amener du ravitaillement en eau, rations, munitions et piles pour les radios. Le poste sanitaire principal se trouve à Dornot, ce qui signifie que les blessés doivent essuyer les tirs allemands entre la rive et le talus de la voie ferrée qui leur assure la sécurité.

Le **matin du 9 septembre**, au niveau régimentaire, l'opinion générale est que la tête-de-pont doit être maintenue et même étendue au sud. Cependant, ceux qui sont activement concernés sont d'un avis opposé et aucun effort n'est fait pour leur envoyer des renforts. Des appels désespérés pour un soutien aérien restent sans réponse alors que les Allemands poursuivent leurs attaques massives. Des obus s'abattent sur Dornot et sur le secteur du « Bois du fer à cheval ». Assez bizarrement, le *SS-Panzergrenadier-Regiment 37* donne à son quartier général, comme explication de son échec dans l'élimination de la tête-de-pont le fait que les Américains auraient continuellement amené des troupes fraîches.

Les Allemands font certainement tout ce qu'ils peuvent. Un officier allemand utilise une ruse en criant en anglais « *Cease firing !* » (« cessez-le-feu ! ») tandis qu'au même moment ses hommes se lancent dans un rapide assaut durant la pause anticipée. Cela ne fonctionne qu'une fois et, à la fin, au désavantage des attaquants. Une section de la *E Company* obéit à l'ordre supposé mais quand celui-ci est répété, elle reconnaît qu'il est dit avec un accent étranger. En ouvrant le feu, la section tue une vingtaine d'Allemands qui se trouvent à découvert.

En **milieu de matinée le 9 septembre**, la plupart des officiers ont été tués ou blessés et la *K Company* est commandée par un sergent. Plus tard, les hommes raconteront que les officiers se sont excusés d'avoir été blessés. A cause de la lueur de départ qui révèle leur position, les mortiers de 81 mm sont abandonnés et leurs servants ramassent les fusils des morts. Bien qu'il reste assez de rations K et d'eau, la plupart des hommes n'ont pas dormi depuis 24 heures ou plus.

Durant la nuit, la mission de ravitaillement a lieu à nouveau et le lot de blessés de la journée est évacué. Malgré leurs effectifs réduits, le **lendemain matin**, les défenseurs ont le sublime culot d'appeler les Allemands à se rendre en leur promettant que, s'ils refusent, ils leur réserveront un déluge de feu comme jamais, les Allemands n'en ont subi…

Le **10 septembre**, le nouveau franchissement, un peu plus au sud à Arnaville, est en bonne voie et ainsi le rôle de diversion de la tête-de-pont de Dornot n'est plus vital. Pour cette raison, la *5th Division* accepte de l'abandonner. A cause du silence radio, l'ordre de repli est communiqué par deux nageurs du *Captain* Gerrie, tous deux arrivent sains et saufs. L'évacuation doit commencer cette nuit à **21 h 15**. Ignorant cette nouvelle situation, les Allemands ont donné des ordres pour une attaque finale à grande échelle qui doit démarrer à 23 heures.

Pour effectuer l'évacuation, le Génie a prévu d'utiliser les quelques embarcations d'assaut restantes, et qui prennent l'eau, et quelques canots pneumatiques pour transporter les blessés. Des cordes tendues en travers de la rivière et soutenues par des flotteurs sont capables de soutenir les hommes valides qui ne peuvent nager. L'infanterie est concentrée autour du site de débarquement pour assurer un feu de couverture et des guides sont placés pour indiquer le chemin menant au village où des boissons chaudes et des vêtements sont préparés. Dès que l'évacuation sera terminée, l'artillerie devra écraser tout le secteur sous un barrage massif, dans l'espoir d'y prendre des Allemands se déplaçant dans le « Bois du fer à cheval ». Tout l'équipement portable ainsi que les armes seront jetées dans la rivière. Les sapeurs du Génie qui amènent les embarcations, les cordes et d'autres équipements sont retardés sur le chemin les menant à la rive par des tirs intenses de l'artillerie allemande mais l'évacuation se passe bien avec trois embarcations qui fuient et un cordage. Le *Captain* Gerrie supervise l'embarquement des blessés tandis que les autres rejoignent l'autre rive en nageant ou en s'accrochant au cordage. L'eau est froide et le courant, grossi par les pluies, est rapide. Un certain nombre d'hommes meurent en se noyant tandis que quelques solides nageurs font des traversées répétées pour aider les autres. Il y a un seul bref instant de panique lorsque le *Captain* Gerrie quitte la rive pour chercher des blessés dans les bois mais l'ordre est rapidement rétabli. Lorsque les sapeurs reçoivent finalement leurs autres embarcations vers **22 h 30**, l'affaire est largement avancée.

Voici la suite de la lettre de Norman Rivkin : « *Je me souviens avoir été assis dans mon trou individuel avec mon copain, vidant mes poches, coupant, détruisant mon équipement avant de l'enterrer et coupant mes manches et me jambes de pantalon car je pense que nous devrons nager. Vers dix heures, notre flanc reçoit l'ordre de décrocher et, comme il fait noir comme dans un four, mes hommes s'accrochent à moi et l'un à l'autre pour traverser les buissons menant à la rive. En arrivant là, ceux qui ne savent pas nager s'asseyent en attendant leur tour de grimper dans la paire d'embarcations et nous sommes quelques-uns à nous jeter à l'eau. J'ai déjà de l'eau jusqu'à la hanche lorsqu'un officier me demande de revenir. Il me raconte que trop d'hommes se sont noyés en tentant de nager et que nous devons attendre. Un peu plus tard, il me conduit à une embarcation et, quand elle est pleine, nous pagayons jusqu'à la rive amie. Schulte est alors dans cette embarcation, il a traversé en nageant et il a ramené l'embarcation. Ainsi, quand nous sommes arrivés de l'autre côté, il emmène les hommes de l'embarcation en sécurité sur la colline. Il a vraiment accompli une noble tâche et je pagaie pour ramener l'embarcation sur la rive ennemie afin de prendre un autre chargement.* »

between the riverbank and the safety of the railway embankment.

On the **morning of 9 September**, the general opinion above regimental level was that the bridgehead could be maintained and even expanded to the south. Those actively involved, however, realised just the opposite, and no further efforts were made to send in reinforcements. Frantic calls for air support remained unanswered as the enemy continued their mass attacks. Shells still poured into Dornot and the area of Horseshoe Wood. Oddly enough, the reason given by the 37th SS Panzer Grenadier Regiment to higher headquarters, for its failure to eliminate the bridgehead, was that the Americans were continually ferrying over fresh troops.

Certainly the Germans tried hard enough. A German officer employed a ruse by shouting in English, « Cease firing! » while at the same time his men formed up for a quick assault during the anticipated lull. This worked only once, and in the end to the attackers' disadvantage. A platoon of E Company obeyed the supposed order, but when it was repeated, recognized what they thought was a foreign accent. Opening fire, the platoon killed some twenty Germans who were caught in the open.

By **midmorning of 9 September**, most of the officers had been either killed or wounded, and K Company was commanded by a sergeant. The men later reported that their officers had apologized to them when they became casualties. Because muzzle flash betrayed their positions, the 81-mm mortars were abandoned and their crews took up rifles from the dead. Although there were enough K-rations and water available, most of the men had been without sleep for 24 hours or more.

During the night, the re-supply mission was repeated and the day's crop of wounded were evacuated. In spite of their reduced numbers, the defenders even had the sublime cheek the **following morning** to call upon the Germans to surrender - promising them that, if they refused, they would deliver such a concentration of fire as the Germans had never seen before.

On **10 September**, the new crossing further south at Arnaville was well under way, and in view of this, the diversionary value of the Dornot bridgehead was no longer vital. Therefore 5th Division finally agreed to abandoning it. Because of radio silence, the order to withdraw was carried across to Captain Gerrie by two swimmers, both of whom arrived safely. The evacuation was to commence that night at **2115**. Unaware of this, the Germans issued orders for a final full-scale attack to start at 2300.

To carry out the evacuation the engineers planned to use the few remaining leaky assault boats and some rubber rafts for transporting the wounded. Ropes stretched across the river and supported by floats were to support the able-bodied men who were unable to swim. Infantry were concentrated around the landing site to give covering fire, and guides were posted to show the way up to the village where hot drinks, food, and dry clothing were waiting. Once the evacuation was completed, the artillery was to plaster the whole area with a massive barrage in the hope of catching Germans moving into Horseshoe Wood. All portable equipment and weapons were to be thrown into the river. The engineers carrying the boats, ropes, and other equipment were delayed on their way to the riverbank by intense enemy shelling, but the evacuation got under way with three leaky boats and one rope. Captain Gerrie supervised the loading of the wounded while the others made their way back by swimming or clinging to the rope. The water was cold and the current, swollen by rain, was swift. A number of men lost their lives by drowning, while several strong swimmers made repeated trips to help others. The only brief moment of panic was when Captain Gerrie left the water's edge to search the woods for wounded, but order was soon restored. When the engineers finally got their extra boats into operation around **2230**, matters were greatly speeded up.

Norman Rivkin's letter continued – « I remember sitting in my foxhole with my buddy, cleaning out my pockets, cutting up and destroying and burying my equipment, and cutting the sleeves and pant legs of my clothes as I figured we would have to swim. About 10 o'clock our flank got the order to pill back and as it was pitch dark, my men hung onto me one behind the other as we worked back through the brush to the water's edge. When we got there the one's who couldn't swim sat down to wait their turn on the couple of boats and a couple of us started into the water. I got about hip deep when an officer called to me to come back He told me that too many were drowning trying to swim and that we should wait. A little later he directed me to a boat and when it was full we paddled across to the friendly bank. Schulte was in that boat – he had swum across and brought the boat back. So when we were on the other side he took the men in the boat uphill to safety. He had already done a noble job, and I paddled the boat back to the enemy bank by myself to get another load. »

Rivkin brought the second boat load back safely and then he too led them uphill toward the village, realizing on the way that he still had his shoes on. En route they came across a stretcher with a wounded man on it, which they picked up and carried until they found a jeep.

One back in the assembly area the exhausted and bedraggled men found trucks waiting with dry clothes, blankets and most welcome of all, a hot meal. Kelley Lemmon referred to this in a short essay he wrote for the Thanks-GI's archive – « I need to seize this opportunity to express appreciation to the then owners of some five head of cattle that the 2nd Battalion served to its Horseshoe Wood survivors on the occasion of their return to the assembly area. It was the H Company bugler that turned my suggestion into reality. He was a talented fellow whom I had used before in the Verdun Bellevue Hotel to inebriate the three FFI guards on the wine cellar so we could take it over bloodlessly ». (see previous chapter).

As the last boatloads left the east bank, an officer and an NCO crossed the river to see that nobody was left behind (many were so exhausted that they fell asleep while waiting for their turn in the boats). With them they had a green flare, which was to be the signal for the artillery to open fire. As they crouched alone on the river bank, two enemy tanks came out of the woods and fired across the river. hitting one of the last boats. This accounted for a number of men subsequently listed as « missing in action. »

By coincidence, at that moment the Germans themselves fired a green flare. Knowing that the artillery would respond almost immediately, the two-man rear guard scrambled into their rubber boat and beat a hasty retreat. But in spite of all their precautions, one man was left behind who had fallen asleep in his foxhole. Waking in the morning, he found himself alone and walked down to the river « across dead Germans from his foxhole to the riverbank. » There, he pulled himself across on a rope that had been left in place to cater for such an eventuality.

(See p. 101)

Rivkin ramène en sécurité le second chargement de l'embarcation et, ensuite, lui aussi grimpe vers le village, réalisant sur le chemin qu'il a encore ses chaussures. En route, ils tombent sur une civière avec un blessé qu'ils vont prendre en charge et porter jusqu'à ce qu'ils trouvent une jeep.

De retour dans la zone de concentration, les hommes épuisés et trempés trouvent des camions les attendant avec des vêtements secs, des couvertures et, ce qui est encore plus apprécié, un repas chaud. Kelley Lemmon rappelle ces moments dans un court récit qu'il a écrit pour les archives de *Thanks-GI's* : « j'aimerais pouvoir exprimer ma gratitude à ceux qui possédaient alors les cinq têtes de bétail que le 2e *Bataillon servit aux survivants du "Bois du fer à cheval" à l'occasion de leur retour dans la zone de concentration. Ce fut le trompette de la H Company qui transforma ma suggestion en réalité. C'était un type talentueux qui m'avait été utile auparavant à l'Hôtel de Bellevue de Verdun pour saouler les trois gardes FFI de la cave à vins que nous avons pu prendre de sang-froid »* (voir chapitre précédent).

Lorsque les dernières embarcations quittent la rive orientale avec leurs passagers, un officier et un sous-officier traversent la rivière pour voir si personne n'a été oublié (certains étaient si épuisés qu'ils s'endormirent en attendant leur tour de grimper dans les embarcations). Ils avaient pris avec eux une fusée verte qui serait le signal pour que l'artillerie ouvre le feu. Alors qu'ils se tapissent seuls sur la rive, deux chars allemands sortent des bois et tirent par-dessus la rivière, touchant l'une des dernières embarcations. Ils ajouteront ainsi d'autres noms à la liste des « portés disparus ».

Par hasard, à ce moment-là, les Allemands envoient eux aussi une fusée verte. Sachant que l'artillerie va répliquer presque immédiatement, ces deux hommes d'arrière-garde se jettent dans leur canot pneumatique et battent hâtivement en retraite. Mais, malgré toutes leurs précautions, un homme est laissé en arrière ; il s'était endormi dans son trou individuel. En se réveillant le matin, il se rend compte qu'il est seul et marche jusqu'à la rivière « en enjambant des cadavres allemands de son trou individuel jusqu'à la rive ». Là, il attrape un cordage pour traverser, celui-ci avait été laissé là pour une telle opportunité.

La « note du boucher » a été salée. Les Allemands ont certainement perdu plusieurs centaines de tués et on peut penser que le nombre des blessés fut aussi élevé. En ce qui concerne les Américains, la *K Company* du 3e Bataillon ne rassemble plus que 50 hommes sans officiers. Le 2e Bataillon avait engagé trois compagnies de fantassins ; il n'a plus que deux officiers aptes à servir et a subi 200 pertes (50 % de ceux qui ont été engagés). Le *23rd Armored Infantry Battailon*, qui a été engagé des deux côtés de la rivière, a perdu 200 hommes en quatre jours. Cependant, après l'évacuation, un grand nombre d'hommes furent retirés du front pour « stress de guerre » à cause de la fatigue et ce qu'ils ont subi. Le total final des pertes estimées dans l'historique officiel est de 945 tués, blessés et disparus.

La petite poignée de survivants est retirée du front au repos et de fait le 2e Bataillon du *11th Infantry* a provisoirement cessé d'exister bien que Kelley Lemmon notera que, complété par des renforts et rééquipé, le bataillon rejoindra le front dix-sept jours plus tard… A cause de son échec, l'opération de Dornot sera éclipsée par l'action réussie d'Arnaville. Cependant, sans rôle de diversion joué par la première, la seconde aurait pu échouer ou être beaucoup plus coûteuse. Les braves défenseurs du « Bois du fer à cheval » ont été les victimes d'un optimisme non fondé et d'un manque de préparation de la part de leurs supérieurs et leurs exploits resteront enfouis dans les archives et dans des publications à audience réduite. Les grandes opérations de la guerre dont nous entendons parler sont faites de multiples « Dornots », hâtivement et mal préparés, improvisés mais néanmoins héroïques. Dans le récit évoqué ci-dessus, le lieutenant-colonel Kelley Lemmon, qui a pris sa retraite avec le grade de *Major General*, a écrit : « *Ce que j'ai principalement retenu de Dornot, c'est l'incroyable courage, le désintéressement, le dévouement au service et l'intérêt pour autrui de ces héroïques jeunes hommes qui ont servi de part et d'autre de la rivière. (…) Malheureusement, pour le bien de la nation, le moule dont ils sont sortis a été brisé. (…) Mais à cause d'une injuste interférence avec le CCB à Dornot, le 2e Bataillon aurait pu traverser la rivière avant le lever du jour, comme cela avait été ordonné. Le délai opérationnel a été débilitant et incorrect pour les hommes qui allaient accomplir une lourde tâche.* »

(Suite p. 104)

1

2

3

4

Quelques vestiges US de la bataille de Dornot trouvés plus de cinquante ans après sur le site des combats. (Coll. Thanks GIs.)

1. Baïonnettes de Garand US de fouilles.

2. Deux fusils « Garand » et une lunette de visée pour sniper.

3. Casque américain de sous-officier.

4. Casque avec insigne peint de la *5th Division*.

5. Peigne, boucle de ceinture, rasoir et disque de col US.

Battlefield archaeology - US

Remains of the battle in Horseshoe Wood unearthed fifty odd years later. (Thanks GI's)

1. *Excavated Garand bayonets.*

2. *Two Garand rifles and a sniper 'scope.*

3. *US NCO's helmet.*

4. *Helmet with painted 5th Div. insignia.*

5. *Comb, belt buckle, razor and US collar dog.*

5

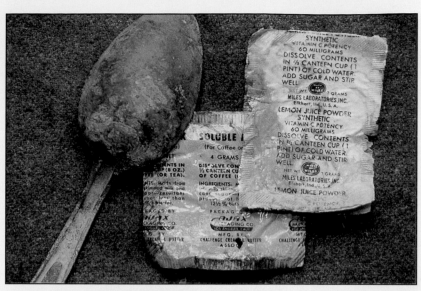

6. Gourdes et quarts US.

7. Cuillère et sachet de condiment US.

8. Couverts US.

9. Boucle de ceinture, briquet, bague, couteau M3, boussole en état de fouille.

6. *Water bottles (canteens) and cups, US pattern.*

7. *Spoon and condiment packet.*

8. *US spoon.*

9. *Belt buckle, lighter, ring, M3 knife, compass as found.*

1. Emory « sniper » Scheckler de la *F Company* du *11th Regiment* de la *5th Division* lors de la bataille de Dornot. (Coll. Thanks GI's.)

2. Mitchell G. Sytkowski de la *F Company* du *11th Regiment*. (Coll. Thanks GI's.)

3. Hugh Pete Tyson de la *F Company*. (Coll. Thanks GI's.)

4. Joe Makes de la *K Company*. (Coll. Thanks GI's.)

5. Wally Willems de la *F Company*. (Coll. Thanks GI's.)

6. Jérome Deneen de la *E Company* tué dans le bois du fer à cheval lors de la bataille de Dornot. (Coll. Thanks GI's.)

1. Emory "Sniper" Schekler, F Company of 11th Inf. Regt. at Dornot.

2. Mitchell G. Sytkowski, another F Company member.

3. Hugh Pete Tyson, F Company.

4. Joe Makes, K Company.

5. Wally Williams K Company.

6. Jerome Deneen, E Company killed in Horseshoe Wood.

(All the above, coll Thanks GI's).

Page ci-contre : Toujours sur le site des combats de Dornot, cette fois nous présentons des vestiges de l'armée allemande. (Coll. Thanks GI's.)

7. Casque et ceinturon allemands trouvés à Dornot.

8. Un briquet, un badge des blessés noir et deux clés pour cache-flamme de MG 42.

9. En haut badge de combat rapproché, en bas insigne d'assaut d'infanterie, insigne des blessés argent avec un éclat au centre et un autre insigne d'assaut d'infanterie à priori en zamac.

10. De gauche à droite : badge des blessés noir, insigne d'assaut d'infanterie, brevet sportif DRL et montre de poignet.

The « butcher's bill » was heavy. The Germans certainly lost several hundred killed, and one can assume a corresponding number of wounded. As far as the Americans were concerned, K Company of the 3rd Battalion emerged with no officers and 50 men. The 2nd Battalion's three rifle companies which were engaged had only two officers left fit for duty and lost 200 casualties (50 percent of those committed). The 23rd Armored Infantry Battalion, which had been in action on both sides of the river, lost 200 men in four days. However, after the evacuation, large numbers of men were listed as nonbattle casualties on account of fatigue and exposure. The final total, given as an estimate in the official history, comes to 945 killed, wounded, and missing.

The small handful of survivors was withdrawn for rest, and to all intents and purposes, the 2nd Battalion, 11th Infantry, temporarily ceased to exist although Kelley Lemmon noted that, filled with replacements and re-equipped, they were back in action seventeen days later… The Dornot operation, because it failed, tended to be overshadowed by the successful Arnaville action. However, without the diversionary aspect of the former, the latter might well have proved to be far more costly. The gallant defenders of Horseshoe Wood were victims of false optimism and poor planning on the part of their superiors, and their deeds have remained buried in the archives and little-read official publications. The great operations of war about which we read are made up of hundreds of Dornots—hasty, ill-conceived, improvised, but nevertheless heroic. Lt.-Col. Kelley Lemmon, now a retired major-general in his essay quoted above, wrote – « My most powerful memory of Dornot is of the incredible courage, selflessness, dedication to duty, and concern for one-another of the heroic young men who served there on both dangerous sides of the river. (…) Unfortunately for the sake of our nation, the mold from which they came has been broken. (…) But for unwarrantable interference at Dornot by CCB, the 2nd Bn. would have been over the river before daylight as ordered. The operational delay was debilitating and unfair to the men who were about to do the heavy lifting. In the infantry the commanders talk while the troops walk. »

Battlefield archaeology – German

Still from Horseshoe Wood, some artefacts left behind by the Germans. (Thanks GI's)

7. Helmet and German belt.

8. Top left. Lighter, wound badge in black, two spanners for the flash eliminator of an MG.

9. Top, close combat badge, below, infantry assault badge. Wound badge in silver with impact in the centre and another infantry assault badge.

10. Left to right. Wound badge in black, infantry sport badge, DRL sport award, wrist watch.

L'engagement de la « Götz von Berlichingen » en Lorraine d'octobre à décembre 1944.

Cette double page présente à travers quelques documents et photos d'époque, l'engagement des membres de cette division contre les unités américaines. Les documents ci-dessous, évoquent les combats couvrant les chapitres 4 à 12 de cet album, ils relatent la dureté de la bataille et les succès et insuccès de la troupe allemande. Durant cette période, les soldats de la « Götz » seront durement éprouvés par l'adversaire, mais ils lutteront pied à pied alors qu'ils sont dès le début en sous-effectif et qu'eux aussi souffrent d'un manque de matériel et de munitions notamment en blindés.

Deployment of the 17th SS Panzer-Grenadier-Division (Goetz von Berlichingen) in Lorraine from October to December 1944.

This double page presents a cross-section of period documents and clothing to illustrate the engagement of members of this division against US forces. The documents below illustrate the fighting described in chapters 4 – 12 in this album and relate to the duration of the battle as well as the successes and failures of the German troops. During this period the men of the 17th SS were severely tested by their adversary but they fought at close quarters although right from he start they were under-strength and lacking in both ammunition and equipment, notably in respect of armored vehicles.

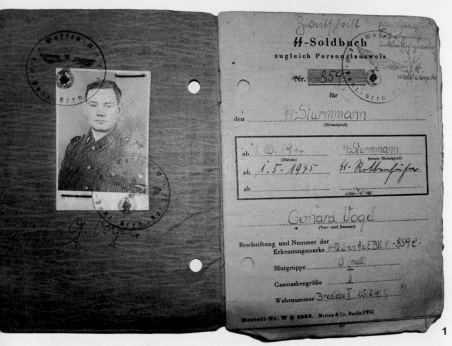

1

1. *Soldbuch* du *SS-Sturmmann* Gerhard Vogel, membre de la « Götz ». Couverture intérieure avec photo en uniforme et première page avec le rappel de ses passages de grade et d'identification militaire administrative. (Collection L. Humbert.)

2. Page déchirée provenant du même *Soldbuch* pour Gerhard Vogel qui mentionne les journées de combat rapproché en vue de l'obtention de la barrette de combat (30 jours pour le premier degré). A partir des annotations manuscrites du septième jour comptabilisé, le *SS-Sturmmann* Vogel combat en Lorraine dans différentes localités du 22 novembre 1944 au début de l'année 1945. A noter le niveau de l'engagement qui montre sur cette même période près de 12 jours de combats à proximité immédiate des Américains. (Collection L. Humbert.)

1. *Sturmmann (corporal) Gerhard Vogel's pay book He was a member of the 17th SS PG Div., and on the inside cover there is his photograph in uniform and on the first page, his promotions and military identification details.*

2. *Torn page from the same pay-book, listing the days spetn in close combat by Corporal Vogel with a view to his obtaining the close quarter combat badge (30 days for the first class award). From the hand-written entries it can be seen that Corporal Vogel fought at different places in Lorraine from 22 November 1944 through to the beginning of 1945. Note the degree of engagement during that period shown by 12 days of combat in close proximity with the Americans.*

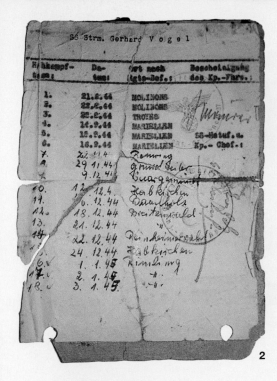

2

3. Portrait en pied du *SS-Uscha.* F. Lagaly, né en Sarre le 23 octobre 1920. Il faisait partie de la *SS-Brigade 51* qui sera intégrée à la « Götz » en septembre 1944. Lagaly fut porté disparu en Lorraine au début de l'année 1945. (Collection L. Humbert.)

3. *Portrait of SS Untersturmfuehrer (sergeant) F Lagaly who was born in the Saar territory on 23 October 1920. He was a member of the 51st SS Brigade which was absorbed into the 17 SS PG Div. in September 1944. Lagaly was posted missing in Lorraine at the beginning of 1945.*

3

4

17. SS-Pz.Gren.Div. « Götz von Berlichingen »
Emblème de la division représentant la prothèse métallique de Götz von Berlichingen, le « chevalier au poing de fer ».

17th SS. Panzer-Grenadier-Division « Goetz von Berlichingen ».
Emblem of the division depicting the armor hand of Goetz von Berlichingen, "the knight with the iron hand."

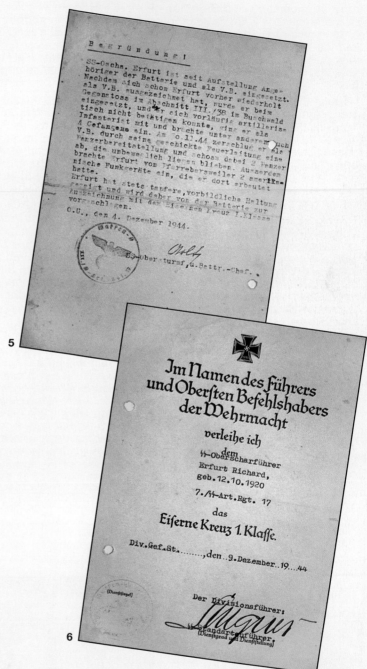

5

6

Ensemble ayant appartenu au SS-Oscha. Richard Erfurt, membre de la septième batterie du régiment d'artillerie SS 17 de la « Götz ».

4. Diplôme de croix de fer de deuxième classe, décerné à Erfurt, 24 ans, *Oscha*. A la *7./SS-Art.Rgt.17* de la « Götz ». Le diplôme a été établi au Q.G. divisionnaire, le 28 novembre 1944. Durant cette journée, l'état-major se trouve à Farschviller (il sera le lendemain à Kleinblittersdorf), tandis que la division faisait face à l'assaut de la *80th Infantry Division* sur Farébersviller, avec un certain succès puisqu'elle capture près de 192 hommes du *397th Infantry Regiment* et retarde ainsi l'avance américaine. Le diplôme est signé du *SS-Sturmbannführer* Mertsch qui a signé en lieu et place du Commandeur Ostendorff. (Collection L. Humbert.)

5. Proposition tapuscrite pour l'obtention de la croix de fer de première classe pour Erfurt. Voici la traduction de ce document : « *Le SS-Oscha. Erfurt est depuis la mise sur pied de l'unité, membre de la batterie et a été engagé comme observateur avancé. Après que Erfurt se soit déjà distingué à plusieurs reprises comme observateur avancé au sein de la III./38, notamment cette fois en tant que membre de l'infanterie en faisant quatre prisonniers américains. Le 30 novembre 1944, il se distingue encore en tant que chef de tir en pilonnant une concentration de blindés adverses et atteint deux chars qui resteront sur place. Dans le même temps, il s'empare de deux postes de radios américains. Grâce à ce comportement au feu courageux, et à sa tenue au sein de la batterie, Erfurt est proposé pour la croix de fer de première classe.*

Par délégation, le 4 décembre 1944.

Le SS-Obersturmführer et commandant en chef de la batterie ». (Collection L. Humbert.)

6. Diplôme de la croix de fer de première classe du *SS-Oscha.* Richard Erfurt. (Collection L. Humbert.)

Items belonging to SS Obersturmführer (master sergeant) Richard Erfurt of the 7th Battery of the 17th SS Artillery Regt.

4. Award certificate for the Iron Cross second class, issued to Erfurt, aged 24. The certificate was made out at divisional HQ on 28 November 1944, a day on which the staff was located at Farschviller before moving the following day to Kleinblittersdorf. The division was being attacked at the time by US 80th Inf. Div. and enjoyed a certain success in that they took 192 men prisoner from the 397th infantry, thus

slowing the American advance. The certificate was signed by Sturmbannfuehrer (major) Mertsch instead of the commander, Ostendorff.

5. Typewritten request for the award of the Iron Cross First Class for Erfort. "SS Oberscharführer Erfurt has been a member of the Battery ever since is was formed and has served as a forward observer whereby distinguished himself on numerous occasions, notably with 3rd Bn. of the 38th SS Regt. While with the infantry he took four Americans prisoner. On 30 November 1944, he was once again a gun captain and directing the firing at a group of enemy armor, two of which were hit and immobilised. At the same time he captured two American radio sets. Thanks to his courageous behaviour under fire and his work with the Battery, Erfurt is recommended for the award of the Iron Cross First Class. Signed on 4 December on behalf of the lieutenant and battery commander.

6. Award certificate of the Iron Cross First Class to Richard Erfurt.

La tête de pont d'Arnaville

Le **8 septembre**, en fin de journée, le jour de la traversée à Dornot, le général Irwin est arrivé à la conclusion que la tête-de-pont y est bien trop exiguë pour permettre une exploitation ultérieure valable. Bien que le gros du *11th Infantry* soit engagé à Dornot et que le *2nd Infantry* soit en train d'essayer d'ouvrir la difficile route menant à Metz, face aux forts situés à l'ouest de la ville, il a encore un régiment disponible, le *10th Infantry*. Son 3e Bataillon est déjà sur les hauteurs situées de chaque côté du défilé qui descend jusqu'à la rivière, à Arnaville, à environ cinq kilomètres au sud de Dornot. Ainsi, il ordonne au colonel Bell, qui commande le *10th*, de se préparer au franchissement. Contrastant avec le hasardeux bricolage de Dornot, le colonel Bell s'accorde une journée entière pour préparer l'opération dont le début est programmé pour le 10 septembre. Plus sensé encore, l'heure exacte et l'endroit sont laissés à son appréciation après une reconnaissance approfondie.

Cependant, alors que tout ceci est en train de se mettre en place, une autre tentative de franchissement a lieu, à Novéant entre Dornot et Arnaville. Novéant se trouve au bord de la rivière et était une localité frontalière entre la Lorraine annexée à l'Allemagne et la France « occupée ». Novéant était un poste frontière (son nom allemand était **Neuburg**, NDT) et le poste des douanes impériales allemandes entre 1870 et 1918 y est toujours visible. A l'origine, un pont reliait la localité à Corny sur la rive orientale mais il est alors démoli sur le site où plusieurs corps d'armée prussiens avaient traversé en août 1870.

Témoignage du *Captain* Herb Williams du 3e Bataillon, *11th Infantry Regt*. « *En fin d'après-midi (le 10 septembre), le 3e Bataillon moins les compagnies I et K (engagées à Dornot) a reçu l'ordre de forcer un passage à Novéant. D'après ce dont je me souviens, une autorité placée au-dessus du chef de bataillon avait choisi le site. Le colonel Birdsong et moi, ainsi que quelques autres sommes descendus jusqu'au site de franchissement, en fin d'après-midi, peu avant la nuit, pour déterminer le chemin menant à la rive. Nous pouvions voir un vaste fourré de l'autre côté de l'eau, rien de plus.* »

Dans ce groupe, il y a aussi le *Captain* Durst, le S-3, l'officier d'opérations du bataillon : « *Les éléments de tête de la L Company de Herb Williams mettent leurs embarcations d'assaut à l'eau à 3 heures du matin précises (…). Je me rappelle ensuite, parmi les événements de cette nuit, d'une conversation téléphonique entre Williams et Birdsong lorsque le groupement de combat de notre bataillon avance le long de la route en direction de Novéant. Herb signale alors : "Bill, sais-tu ce qu'est réellement le terrain que nous avons pris pour la rive opposée lors de notre reconnaissance de la soirée ? Bien, ce n'est pas elle ! C'est une île. Je te redis, c'est une île. Nous sommes sur une bande de terre entre un canal et la rivière et je ne peux pas avancer. Je demande des instructions.*» »

The Arnaville Bridgehead

Late on 8 September, the day of the crossing at Dornot, General Irwin came to the conclusion that the bridgehead there was far too contained to be capable of useful exploitation. Although the bulk of the 11th Infantry was engaged at Dornot and the 2nd Infantry was trying to batter the hard way into Metz against the forts in the west of the city, he still had a regiment, the 10th Infantry, available. Already the 3rd Battalion was on the high ground on either side of the defile that led down to the river at Arnaville, some three miles to the south of Dornot. He therefore ordered the commanding officer of the 10th, Colonel Bell, to carry out a crossing. In contrast to the haphazard scramble at Dornot, Colonel Bell was given a whole day to prepare the operation that was scheduled to begin on 10 September. Even more sensibly, the exact time and place were left for him to determine after a thorough reconnaissance.

While this was going on, however, there was yet another crossing attempt made, at Noveant, between Dornot and Arnaville. Noveant lies alongside the river and was the frontier town between the German annexed part of Lorraine and « occupied » France. Noveant was the frontier station and the original German imperial customs post from 1870 to 1918 can still be seen. Originally a bridge linked the town with Corny on the east bank but that had been demolished – on the same site at which several corps of the Prussian army had crossed in August 1870.

Capt. Herb Williams of 3rd Bn. 11th Infantry Regt. « Late in the afternoon (10 Sept.) the 3rd. Bn. Less I and K companies (involved at Dornot), was ordered to force a crossing at Noveant. To the best of my memory, some authority above the battalion CO had chosen the site. Colonel Birdsong and I, with several others, had walked down to the crossing site in the late afternoon just before dark to determine the route down to the water's edge. We could see a large thicket across the water, nothing more. »

Also in the group was Capt. Durst, the battalion S-3 operations officer. « the leading elements of Herb Williams' L Company lowered their assault boats into the river at precisely 0300 hrs. (…) My next recollection of that night was listening to a telephone conversation between Williams and Birdsong as our battalion command group marched along a road towards Noveant. 'Bill', Herb indicated, 'you know that land we thought was the opposite bank on our recon. this afternoon? Well, it isn't,! It's an island. I say again, it's an island. We're on a strip of land between a canal and the river and can't proceed. Request instructions ».

Again the Americans were dogged by their lack of adequate maps. What had happened was that Williams and his first batch of men had not realized that between the shore and the river proper was a section of canal. They had crossed this and scrambled through the thick brush on the other side, only to be confronted by the main stream of the Moselle. Their boats had returned to the other side to collect more men and Williams realized that they could not drag the boats through the thick brush anyway. They had trailed a telephone wire with them and thus he was able to contact battalion HQ. The commander ordered them to withdraw and requested permission

Le capitaine Herb Williams du 3e bataillon du 11th Regiment au téléphone en compagnie de Birdsong de la même unité.

Captain Herb Williams, Company L, 3rd Bn. (on telephone), with Leutnant-Colonel Birdsong, his battalion commander.

to cross his battalion on the bridge at Arnaville, which was granted.

The bulk of the 10th Infantry Regiment was at Chambley, fifteen miles west of the river, but while they were assembled to move up, Colonel Bell and a small party went forward to reconnoiter, although there were still some enemy on the west bank. Like Dornot, Arnaville lies somewhat back from the flood plain of the Moselle valley. An extra complication was that between the railway and the river itself was a further obstacle, a canal. However, a lock was discovered, the gates of which could be used as a crossing for infantry. Beyond that there was a level marshy area some 200 yards wide to be traversed. The high ground on either side of the Arnaville approach road provided an excellent base for covering fire and observation. On the far bank, there was a further marshy plain some 500 yards wide, but completely devoid of cover, between the river and the main north-south road. On the road itself was Voisage Farm, beyond which the ground sloped steeply upward into wooded hills. Hill 386 and the Côte de Faye (Hills 325, 370 and 369) seemed to offer good defensive positions, and became the individual battalion objectives. To the southeast the site was bounded by the village of Arry, while Corny lay to the north. This was not really an ideal site for a crossing because the only roads out of the area led from the villages at either end, and both of them were minor ones. Thus the infantry would have to fight their way over the hills in the center before armor could be deployed. However, a bad site was better than none.

On returning to his command post, Colonel Bell issued his orders at **1400** to the regiment and its usual combat-team support elements. The attack was to commence just after midnight, with the 1st Battalion leading off to capture and hold Hill 386. They would be followed by the 2nd Battalion at 0400 on 10 September, whose mission was to occupy the Côte de Faye. No less than 13 battalions of field artillery were to be in support, culled from corps and division, and as an innovation, a smoke generator company was on hand to provide a smoke screen. Without the smoke screen, the turret guns from Fort Driant in the north would have a field day. The plan was based on surprise and was to be mounted without preliminary bombardment. Finally, boats and engineer stores were on hand and ready for use, as opposed to the chaotic situation at Dornot. The 3rd Battalion was to remain on the high ground around Arnaville to protect the crossing site. They were to be supported by tank destroyers whose mission was to fire across the river and pick off any enemy armor that appeared. As soon as possible, antitank guns and 105-mm howitzers were to be ferried across into the bridgehead.

Thus, on paper, the planned attack was well supported; and in addition, air strikes were promised. Early on 9 September, Ninth Air Force had turned down requests for strikes over the Moselle with the justifica-tion that corps artillery could provide adequate support. At that time their primary mission was still the bombing of Brest, which continued to hold out in the rear of the Allied forces. By the evening, however, 12th Army Group was convinced that the situation was deteriorating and gave orders for a

La ferme Voisage actuellement et qui sera un point de résistance important pour les Allemands puis un centre de secours pour les troupes américaines.

Voisage Farm (2002. just across the river from Arnaville which became wwhich became a base for the Americans in the bridgehead. (photos author).

A nouveau les Américains sont bloqués à cause de leur manque de cartes adéquates. En fait, Williams et son premier groupe d'hommes n'avaient pas réalisé qu'entre la rive et la rivière il y avait un bout de canal. Ils l'ont traversé et se sont rués à travers les épais buissons de l'autre côté pour être finalement confrontés au cours principal de la Moselle... Leurs embarcations sont retournées sur l'autre rive pour ramener plus d'hommes et Williams réalise qu'ils ne pourront traîner les embarcations à travers les buissons. Ils ont tiré une ligne de téléphone et il leur est aussi possible de contacter le PC du bataillon. Le commandant leur donne l'ordre de repli et demande la permission de faire traverser son bataillon sur le pont, à Arnaville, ce qui lui est accordé.

Le gros du *10th Infantry Regiment* est à Chambley, à environ vingt-cinq kilomètres à l'ouest de la rivière. Mais, alors qu'il est rassemblé pour se mettre en route, le colonel Bell et un petit groupe partent en reconnaissance bien qu'il y ait encore des Allemands sur la rive orientale. Comme à Dornot, Arnaville se trouve un peu à l'écart de la plaine inondable de la Moselle. Le fait qu'il y ait un canal entre la voie ferrée et la rivière est un nouvel obstacle, donc une nouvelle complication. Cependant, on découvre une écluse dont les portes peuvent servir de passage à des fantassins. Au-delà de celle-ci s'étend une basse zone marécageuse d'environ 200 mètres de large qu'il faut traverser. Les hauteurs se trouvant de part et d'autre de la route menant à Arnaville fournissent une excellente position pour les tirs de couverture et l'observation. Sur l'autre rive, il y a une autre plaine marécageuse d'environ 500 mètres de large mais complètement dépourvue de couverts, entre la rivière et la route principale nord-sud. Le long de la route se dresse la ferme Voisage qui précède un terrain grimpant brutalement jusqu'à des collines boisées. La cote 386 et la Côte de Faye (cotes 325, 370 et 369) semblent offrir de bonnes positions défensives et seront les objectifs du bataillon. Au sud-est, le site est borné par le village d'Arry tandis que Corny se trouve au nord. Ce n'est pas vraiment un site idéal pour un franchissement parce que les seules routes qui sortent de ce secteur mènent à des villages à leurs extrémités et ceux-ci sont peu importants. Ainsi, l'infanterie devra s'ouvrir un chemin jusqu'aux collines situées au centre avant que les blindés puissent se déployer. Cependant, un mauvais site vaut mieux que rien du tout.

En retournant à son poste de commandement, le colonel Bell donne ses ordres au régiment à **14 heures** et à ses habituels éléments de soutien. L'attaque devra commencer juste après minuit avec le 1er Bataillon en tête afin de prendre et tenir la cote 386. Il sera suivi par le 2e Bataillon à 4 heures du matin le 10 septembre, qui aura pour mis-

sion de prendre la côte de Faye. Pas moins de 13 groupes d'artillerie (FA B Battalions) sont engagés en soutien, fournis par le corps d'armée et la division. Et, innovation, une compagnie génératrice de fumée est disponible pour établir un écran de fumée. Sans l'écran de fumée, les canons sous tourelle du Fort Driant au nord auraient la part belle. Le plan est basé sur l'effet de surprise et est prévu sans bombardement préliminaire. Finalement, les embarcations et le matériel du Génie sont disponibles et prêts à l'emploi à la différence de la situation chaotique qui avait prévalu à Dornot. Le 3e Bataillon restera sur les hauteurs autour d'Arnaville afin de protéger le site de franchissement. Ils seront soutenus par des tanks destroyers qui auront pour mission de tirer par-dessus la rivière et de détruire tout blindé qui surviendrait. Dès que possible, des canons antichars et des obusiers de 105 mm seront transportés dans la tête-de-pont avec des bacs.

De même que l'attaque de Dornot avait rencontré la jointure de deux bataillons, le franchissement d'Arnaville se fera (évidemment par hasard) à la jonction entre le XIIIe Corps SS et le XLVII. Panzerkorps au sud (le point de jonction se trouve alors à Arry). Dans le secteur du XIIIe Corps SS se trouve le 282e Bataillon d'infanterie (l'un des bataillons de remplacement qui appartenait à la 462e Division du général Krause), épaulé par des éléments de la 17. SS-Panzergrenadier-Division, tandis que le flanc sud est tenu par une partie de la 3. Panzergrenadier-Division. Toutes deux sont des divisions disposant de blindés quoiqu'en nombre plus réduit leurs effectifs ont été recomplétés.

Il faut maintenant estimer la situation fournie par le chef d'état-major du XIII. SS-Panzerkorps, le colonel Kurt von Einem (seulement l'une de ses huit divisions est une unité SS) : « L'ennemi tente alors de traverser la Moselle au nord et au sud de Metz. Une continuation de cette offensive sur une large échelle en direction de la Sarre ne pourrait se faire qu'avec le renfort de troupes fraîches et avec l'appui d'un important matériel. » Si c'est ce que pense vraiment Einem à ce moment-là, on doit lui accorder une vision prophétique. Il poursuit : « Les réserves locales doivent se préparer à rencontrer des tentatives de franchissement bien que les moyens en hommes et en matériel soient sérieusement limités… Le fait que l'ennemi puisse se préparer à traverser sans être sérieusement gêné à cause de notre manque de soutien aérien et du manque de munitions d'artillerie est un réel désavantage pour nous. » Demandez aux Américains qui étaient à Dornot et à Arnaville si les Allemands étaient à court de munitions ! Comme nous l'avons vu, les préparations de franchissement ont été plutôt « sérieusement gênées ».

Durant l'après-midi, alors que les bataillons d'assaut arrivent sur la ligne de départ, leurs chefs et la plupart des officiers sont en mesure d'aller de l'avant pour observer le point de franchissement et leurs objectifs situés de l'autre côté de la rivière. On leur fournit même des cartes au 1/25 000e qui sont un réel progrès par rapport aux cartes routières du commerce qu'ils ont utilisées jusqu'à maintenant.

Conduite par des guides, la A Company (Captain Vick) du 1er bataillon descend sur la rive conformément à l'horaire prévu. Chaque homme est chargé de toutes les munitions qu'il peut porter, de trois rations K et d'un bidon plein d'eau. Ils traversent sur les portes de l'écluse du canal mais, en arrivant au bord de l'eau, ils se rendent compte que les sapeurs du Génie ne sont pas encore prêts. Cependant, à 1 h 15 du matin, ils sont chargés dans vingt embarcations d'assaut et pagaient pour traverser, ne rencontrant que des tirs dispersés d'armes légères. Cependant, après s'être réorganisés et avoir commencé à traverser la plaine marécageuse en direction de la route, ils sont accueillis par des tirs de mitrailleuses et de mortiers. Ils ne seront pas harcelés par l'artillerie avant qu'il ne fasse jour, mais peut être aussi à cause de mauvaises communications. Le général Krause a signalé qu'il fallait parfois plusieurs heures avant qu'un message lui parvienne depuis la vallée de la Moselle.

Entre-temps, le Génie a transféré le gros du bataillon et leur commandant réalise alors qu'ils seront coincés à l'aube dans une plaine marécageuse et à découvert ; ils feront des cibles idéales. Avec le 2e Bataillon poussant derrière, il n'y a qu'une seule solution : en avant ! Mais les différentes compagnies doivent maintenant affronter un feu adverse qui monte en puissance. Une mitrailleuse prend la route principale en enfilade, un vrai piège mortel. Le Captain Vick est touché en tentant de faire passer ses hommes de l'autre côté, il va mourir avant de pouvoir être évacué. L'historique du 10th Infantry Combat le décrit comme un « Américain jusqu'à la moelle, déterminé, dur, discipliné - cette sorte d'homme fait pour commander les autres, qui voulait battre les Allemands (…). C'était un chef marchant toujours en avant et criant « Come

number of fighter-bombers to be released to fly missions over the bridgehead.

Just as the Dornot attack had hit a battalion boundary, the Arnaville crossing was made (evidently fortuitously) against the boundary between the XIII SS Corps and the XLVII Panzer Corps to their south (the actual boundary was in Arry). In the area of the XIII SS Corps was the 282nd Infantry Battalion (one of the replacement battalions belonging to General Krause's 462nd Division), backed up by elements of the 17th SS Panzer Grenadier Division, while the southern flank was held by part of the 3rd Panzer Grenadier Division. Both these armored units were chronically short of armored vehicles; although by then, their personnel had been brought back up to strength.

At this stage it is worth quoting the estimate of the situation given by the chief of staff of XIII SS Panzer Corps, Col. Kurt von Einem (only one of its eight divisions was an SS unit). « The enemy then tried to cross the Moselle to the north and south of Metz. A continuation of his offensive on a large scale in the direction of the Saar could only be reckoned with after reinforcement with fresh troops and thorough material preparation. » If that was what Einem really believed at the time, he must have been gifted with powers of prophecy. He goes on, « Local reserves had to be made ready to meet these crossing attempts although troops and materials were strictly limited… A particular disadvantage was the fact that the enemy could make his preparations for crossing more or less undisturbed, as we had available neither our own air support nor sufficient artillery ammunition. » Ask any American who was at Dornot or Arnaville and he will tell you that he did not notice that the Germans were short of ammunition. As we have seen, the crossing preparations were not exactly « undisturbed. »

During the **afternoon**, as the assault battalions were moving up to the start line, their commanders and most of their other officers were able to go forward to personally observe the crossing site and their objectives across the river. They were even furnished with 1:25,000 maps, which were a distinct improvement on the commercial road maps that they had been using until then.

Met by guides, A Company (Capt. Vick) from the 1st Battalion moved down to the riverbank on schedule, each man laden with all the ammunition he could carry, three K-rations, and a full canteen. They crossed the lock gates over the canal, but when they arrived at the edge of the water, they found that the engineers were not yet ready. However, at 0115 they were loaded into twenty assault boats and paddled across, meeting only some scattered rounds of small-arms fire. However, when they had organized and began to move off across the flood plain toward the road, they were met with machine gun and mortar fire. Artillery did not really begin to harass them until day-light, but this may well have been a result of poor communications. General Krause stated that it sometimes took several hours for a message to reach him from the Moselle valley.

In the meanwhile the engineers ferried over the bulk of the battal-ion, and their commanding officer realized that if they were caught in the open on the flood plain at dawn, they would be sitting targets. With the 2nd Battalion crowding in behind them, the only way was forward; but the various companies had gone to ground in face of the increasing enemy fire. A machine gun enfiladed the main road, mak-ing it a deathtrap. While trying to get his men across the road, Captain Vick was hit and died before he could be evacuated. The 10th Infantry Combat Narrative described him as a « determined hard disciplinarian,

1. Charles B. Josephson de la *B Company* du *11th Regiment* de la *5th Division* qui sera blessé à Corny. (Coll. Thanks GIs.)

2. Arnold G. Whitaker de la *K Company* du *10th Regiment* de la *5th Division* qui fera partie des troupes d'assaut sur Arnaville.

1. *Charles B. Josephson of B Company 11th Inf. Regt. (Thanks GI's)*

2. *Arnold J. Whittaker of K Company 10th Inf. Regt, who took part in the assault crossing of the Moselle at Arnaville. (Thanks GI's)*

American to the core – this sort of man leading other men is what it takes to beat the Germans. (...) He was a leader and always out in front shouting 'Come on' or 'Let's go', not behind yelling 'Go ahead' ».

The initiative was seized by Major Haughey, temporary com-mander of the 1st Battalion, who sent his S-2, Lieut. Harris, forward to find a way up to the objective on Hill 386. This officer discovered a track in a ravine running upward from Voisage Farm; and, gathering a platoon each from A and C Companies, he charged up the hill. With fixed bayonets and firing from the hip in true textbook style, they reached the top at the rush and dislodged a small party of Germans.

As the rest of the battalion crossed the road arid made their way into the hills, the deadlock of inertia was broken. The 2nd Battalion assembled and, in spite of heavy small-arms fire, made their way up toward the summit of Hill 310. Near the top they encountered a line of Germans in trenches. Again, bayonets were fixed, grenades were thrown, and the enemy was expelled. These instances of close fighting with bayonets, reminiscent of First World War tactics, are supported by the unit historians, although other sources do not mention the fact. The bayonet was not used much during the Second World War, except for opening bully beef cans; and in a note, Charles Mac Donald describes the terms « fixed bayonets » and « marching fire » as a « bromide' or journalistic cliché.' However, it would seem in this case to have been true. However, veterans I have spoken to, vouch for the frequent use of marching fire in the Metz campaign.

Thus, by the time dawn broke, the initial objectives had been secured, but as a foretaste of things to come, enemy tanks appeared along the main road, coming from north and south. Slightly inland to the east and up on the hills, the village of Arry was to be a thorn in the side of the bridgehead for some days until it was finally cleared. It housed a platoon of German tanks and a considerable number of infantry. Some of the latter made a first tentative counterattack against Hill 386 at around 0830 but were easi-

on » (« *on avance* ») ou « Let's go' » (« *on y va* »), prêt à hurler « *go ahead* » (« *on fonce* »).

L'initiative de l'action est prise par le *Major* Haughey, chef à titre temporaire du 1er Bataillon, qui envoie son S-2 en avant, le lieutenant Harris, afin de trouver un chemin menant à l'objectif, la cote 386. Cet officier découvre une piste dans une ravine grimpant depuis la ferme Voisage et, rassemblant une section dans chacune des compagnies A et C, il charge en grimpant vers la colline. Baïonnette au canon et tirant à la hanche à la vraie manière des cow boys, ils atteignent le sommet dans la foulée et délogent un petit groupe d'Allemands.

Alors que le reste du bataillon traverse la route et progresse vers les collines, le verrou de l'inertie a sauté. Le 2e Bataillon se rassemble et, malgré de violents tirs d'armes légères, il progresse jusqu'au sommet de la cote 310. Près du sommet, les hommes rencontrent une ligne de tranchées allemandes. De nouveau, baïonnette au canon, on lance des grenades et les Allemands sont chassés. Ces cas de combat au corps à corps avec des baïonnettes sont une réminiscence des tactiques de la Première Guerre mondiale et sont rapportées par des historiens de l'unité bien que d'autres sources ne mentionnent pas ce fait. La baïonnette n'a pas beaucoup été utilisée pendant la Seconde Guerre mondiale et, dans une note, Charles Mac Donald parle de plaisanterie ou de cliché journalistique quand le terme « baïonnette au canon » ou de « marcher en tirant » sont évoqués. Cependant il semblerait que dans ce cas il ait été vrai. Les vétérans avec lesquels j'ai parlé, ont évoqué cette façon courante de marcher en faisant feu lors de la campagne de Metz.

Ainsi, lorsque l'aube pointe, les objectifs initiaux ont été sécurisés mais, en avant-goût de ce qui va arriver, des blindés allemands apparaissent sur la route principale, venant du nord et du sud. Avançant légèrement sur les collines à l'est, le village d'Arry sera une épine dans le flanc de la tête-de-pont pendant plusieurs jours jusqu'à ce qu'il soit nettoyé. Il abrite une section de véhicules blindés allemands et un certain nombre de fantassins. Certains de ces derniers lancent une première contre-attaque contre la cote 386 vers **8 h 30** mais celle-ci est facilement repoussée. La principale opposition est fournie par les mortiers et l'artillerie, bien que quelques blindés soient aperçus à quelque distance.

A **12 h 30** commence la première contre-attaque sérieuse contre le 1er Bataillon du *10th Infantry* ; elle démarre par un barrage d'artillerie dirigé contre les positions de la *C Company* sur la cote 386. Plusieurs hommes sont blessés dont l'opérateur-radio. Le bombardement est suivi de l'arrivée de cinq blindés. Les GI's ont prétendu que trois d'entre eux étaient des Tiger mais il n'y avait aucun de ces chars dans le secteur de Metz... Les projectiles des bazookas glissent sur l'épais blindage. L'infanterie est prise à partie sur les pentes dénudées et lorsqu'elles tentent de se replier pour s'abriter dans les bois, elles sont atteintes par des éclats explosant dans les arbres. Dans la confusion, un certain nombre d'hommes continue sur l'autre versant et le commandant de compagnie est blessé.

Cependant, les blindés ne sont pas accompagnés par l'infanterie, par chance pour les défenseurs, et ils se contentent de patrouiller devant les positions américaines. Ils se replient finalement quand intervient l'artillerie d'appui américaine, ce qui donne à l'officier chargé de la *C Company* une chance de se réorganiser. Une partie de l'unité s'est repliée jusqu'à la ferme Voisage et doit être renvoyée sur sa position. Cependant, la réoccupation du sommet dénudé offre une nouvelle tentation aux blindés. Mais, « dans un style très cinématographique », un des chaseurs-bombardiers P47 Thunderbolt apparaît et commence à bombarder et mitrailler les blindés allemands qui se replient rapidement.

Cette intervention est le premier résultat positif du soutien aérien promis qui aurait bien été utile pour aider les tenaces défenseurs de Dornot. Avant de décrocher, les avions se focalisent sur Arry et transforment le village en ruine fumante.

Le mordant de la contre-attaque persuade le commandant du régiment d'engager une partie du 3e Bataillon qui avait été laissé en arrière sur la rive occidentale pour tenir le point de franchissement. Il ordonne aux compagnies I et K de traverser et de prendre Arry pour essayer d'ancrer le flanc droit de la tête-de-pont. Il est difficile d'engager des tirs de contre-batterie car l'artillerie allemande est bien cachée. Quelques obus arrivent du Fort Driant mais la plupart de ceux qui arrivent proviennent de batteries mobiles. Les tirs sont réglés par des observateurs avancés communiquant par radio avec les canons de la rive occidentale. Nous avons entendu que les Allemands manquaient de munitions alors qu'ils peuvent maintenant avoir une cadence de feu relativement élevée. L'artillerie américaine est alors limitée en munitions à cause des problèmes de carburant pendant la première semaine de septembre, laissant peu de place pour le transport des obus. Les 9 et 10 septembre, l'artillerie du corps d'armée consomme 10 000 coups ce qui entraîne sérieusement les stocks. Mais, ignorant cette situation, l'infanterie se plaint amèrement quand le soutien en artillerie tarde à arriver.

L'équipement de la *84th Chemical Company* est mis en place le 10 septembre. Cette unité avait été auparavant utilisée avec le *Red Ball Express* et son personnel manque d'expérience au combat. Cependant, sa contribution va s'avérer vitale pour le succès de l'opération d'Arnaville ; sans l'écran de fumée, les Allemands auraient pu observer tout le secteur de franchissement. Son activité va se poursuivre jusqu'au 8 novembre, jour de la percée finale pour encercler Metz.

ly repulsed. The main opposition came from mortars and artillery, although some tanks were spotted cruising in the distance.

The first serious counterattack against the 1st Battalion of the 10th Infantry started at 1230 with an artillery barrage directed at C Company positions on Hill 386. Several men were wounded, including the radio operator, and the shelling was followed by five tanks, three of which were said by the GI's to be Tigers, of which there were none in the Metz area. Bazooka rockets simply bounced off the heavy armor though. The infantry were caught out on the bare slopes, and when they attempted to withdraw to shelter in the woods, they were cut down by tree bursts. In the confusion, a number of men continued back down the reverse slope and the company commander was wounded.

However, the tanks were not followed up by infantry—luckily for the handful of defenders—and contented themselves with cruising along in front of the American positions. They finally withdrew when American artillery support arrived, which gave the executive officer of C Company a chance to reorganize. Part of the unit had retreated all the way back down to Voisage Farm and had to be coaxed back into position. However, the reoccupation of the bare summit tempted the tanks out once again. But, « in almost movie-like tradition, » a group of P47 Thunderbolt fighter-bombers appeared and proceeded to bomb and strafe the enemy armor, which promptly withdrew.

This intervention was the first positive result of the promised air support, which would have done so much to help the tenacious defenders at Dornot. Before departing, the aircraft devoted their attentions to Arry, leaving the village a smoking ruin.

The seriousness of the counterattack persuaded the regimental commander to commit part of the 3rd Battalion, which had been left holding the crossing site on the west bank. He ordered I and K Companies to cross and to take Arry, in an attempt to anchor the right flank of the bridgehead. Counter-battery work was proving difficult as the German artillery was well concealed. Some of the incoming shells were from Fort Driant, but most were fired by mobile batteries. Fire control was by forward observers linked by radio

La tête de pont d'Arnaville

Après l'échec de Dornot, les espoirs US se reportent sur Arnaville, où une faible tête de pont vient d'être gagnée.

Cette superbe vue aérienne du site de franchissement d'Arnaville nous permet d'apprécier la configuration des lieux. Un écran fumigène est mis en place par le génie alors que passe une colonne américaine. La menace de l'artillerie allemande plane en effet sur tout mouvement à découvert. Dans le coin supérieur droit, on distingue la ferme Voisage, ce petit groupe de bâtiments au croisement des deux routes stratégiques pour l'approvisionnement et le flux des véhicules. (DAVA/Heimdal.)

1. Un sapeur du génie s'affaire autour de la machine à fabriquer le brouillard artificiel. (NA.)

2. Sur des bateaux placés sur la Moselle, l'écran de fumée fait peu à peu son effet. (NA.)

3. Saisissante vue du résultat du travail de ses deux sapeurs avec leur machine qui permettra l'avancée des troupes vers la Moselle sous un camouflage artificiel. (NA.)

Arnaville bridgehead

After the Dornot failure, hopes turned toward Arnaville, where a slight bridgehead has been formed.

This aerial view of the crossings of the moselle river around Arnaville lets us see their outline. A smoke screen from the US Enginers protects an American convoy as it drives on the bridge, right. In the top right corner of the photo, the Voisage farmhouse buildings lay at a crossroads.

1. A sapper using the smoke generator.

2. Smoke screen hides US bridging of Moselle.

3. Smoke screen provides shelt for US enginers.

1

2

to the guns on the west bank. We have heard that the Germans were apparently short of ammunition, although they were managing to keep up a pretty high rate of fire. The American artillery certainly was short of ammunition, as the preoccupation with fuel during the first week of September had led to lack of space for shells. On 9 and 10 September, Corps Artillery fired 10,000 rounds which ate severely into their stockpile, but unaware of the situation, the infantry complained bitterly on occasions when the required fire support failed to arrive.

During 10 September, the equipment from the 84th Chemical Company was positioned. This unit had previously been employed on trucking duties with the Red Ball Express, and the personnel were inexperienced in combat—which in turn led to complications. How-ever, their contribution was to prove vital to the success of the Arnaville operation—without the smoke screen the enemy would have had perfect observation over the whole of the crossing site. Their activities continued until 8 November, the day of the final breakout toward the encirclement of Metz.

3

Les sapeurs du Génie se trouvant sur place sont engagés dans les opérations de transfert sur l'autre rive. Le 10 septembre en fin de journée, le général Irwin ordonne qu'un pont soit mis en place sur la Moselle le lendemain matin mais cette tâche n'est pas si aisée. Le lancement d'un pont est rendu plus compliqué par la nature du terrain et, à cet endroit, la rivière fait près de 80 mètres de large et le courant est assez rapide. Et, en plus de la rivière, il y a le canal et un cours d'eau moins important, le Rupt de Mad. Les Français ont lancé un pont sur ce secteur en 1940 et les restes enchevêtrés des structures sont encore là en 1944. De hautes digues présentent une autre difficulté car il faut des équipements de terrassement. Il faut tout d'abord établir un pont pour les véhicules sur l'écluse et une reconnaissance a permis de découvrir deux sites possibles de franchissement sur la rivière. Cependant, les opérations ne pourront pas commencer avant la nuit du 10 au 11 septembre.

Entre-temps, pendant l'après-midi, les deux compagnies du 3ᵉ Bataillon ont traversé la rivière et ont avancé jusqu'à la route menant à la ferme Voisage en direction d'Arry, dans le sillage des avions qui ont bombardé le village. Ils pénètrent dans Arry sans grande difficulté et débusquent les Allemands survivants bien que trois blindés tentent de s'échapper vers l'est. On annonce à **21 h 30** que la localité est nettoyée mais l'infanterie reçoit l'ordre de se replier sur la ferme. Cela semble être une auto-défaite car l'objet de l'arrivée de ces renforts était de prendre et tenir Arry. Mais le problème réside dans le fait qu'il y a très peu d'hommes disponibles pour la tête-de-pont. Pour comprendre ce dilemme, il est nécessaire d'examiner brièvement la situation générale… Bien que les ordres du général Walker aient appelé à une avance en direction du Rhin, ce 10 septembre, son corps d'armée tient un front d'une soixantaine de kilomètres de large avec deux divisions d'infanterie. Sa division blindée ne peut pas faire grand-chose dans un terrain aussi difficile et une partie du front est tenue par diverses unités de la *Calvary* qui ne sont pas équipées pour une guerre statique. Pour renforcer sa tête-de-pont il doit dégarnir sa ligne de front ou la raccourcir. La *Third Army* ne peut amener de réserves et il n'y a aucun signe d'un effondrement du front allemand.

Il semblerait que le colonel Bell avait l'intention de tenir Arry avec la *C Company* du 1ᵉʳ Bataillon, épaulée par quelques canons antichars qui peut seulement traverser la rivière pendant l'après-midi. Mais la *Company C* ne revient pas au village avant **3 heures du matin** et elle découvre alors que les Allemands s'y sont réinstallés. Un combat a lieu dans la rue principale, le commandant de compagnie et un chef de section sont mis hors de combat. Il en résulte une fuite éperdue d'une partie des hommes. Un autre chef de section tente de rétablir l'ordre et la compagnie s'enterre à la lisière de ce qui reste du village. Ayant subi de lourdes pertes sous les tirs d'artillerie, et ne comptant plus que 43 hommes, elle est retirée le lendemain matin. Le reste du 3ᵉ Bataillon est rassemblé dans la soirée pour former un point d'appui en réserve autour de la ferme Voisage où se trouve un poste de secours.

Afin de tenter de pallier le manque d'infanterie, la *5th Division* décide d'engager ce qu'elle peut du *11th Infantry Regiment* se trouvant dans le secteur de Dornot. Le 3ᵉ Bataillon reçoit l'ordre de traverser la rivière et de prendre Corny, village situé au nord de la tête-de-pont. Seules sont disponibles les compagnies L et B (dépendant du 1ᵉʳ Bataillon). La *K Company* a été décimée dans l'opération de Dornot et la *I Company* est laissée en arrière pour garder l'ancien site de franchissement. Après le fiasco de Novéant, évoqué auparavant, le colonel Birdsong amène son bataillon épuisé vers le sud, au point de franchissement.

Entre-temps, cependant, sa section antichar traverse à Arnaville le **11 septembre** et, naturellement, suppose que les compagnies de fantassins sont déjà en route vers Corny. Elle remonte la route vers l'extrémité nord de la tête-de-pont où elle arrive par erreur dans le village tenu par les Allemands. Là, elle subit des tirs violents et elle doit décrocher en abandonnant quelques-uns des canons. La plupart des hommes vont se mettre à l'abri bien qu'un certain nombre d'entre eux retraversent la rivière à la nage. Quand les deux compagnies d'infanterie arrivent enfin à Corny, la *Company B* réussit à s'établir dans une briqueterie aux limites sud du village et les canons antichars sont placés un peu en arrière sur la route de la ferme Voisage. A cheval sur la route Nancy-Metz, le village est fortement miné et piégé et comme les Allemands peuvent l'observer depuis les hauteurs environnantes, aucune tentative n'est faite de l'occuper totalement. La Company L de Herb Williams avance sur la droite jusque sur les hauteurs et établit des positions sur la Cote de Faye pour protéger le flanc gauche du 1ᵉʳ bataillon du *10th*

The engineers on the spot were initially concerned with ferry opera-tions. General Irwin had ordered late on 10 September that a bridge must be in place over the Moselle by the morning, but compliance was not so easy. Bridging operations were complicated by the nature of the site itself, and the river, which at that point was some 80 yards wide and with a fairly fast current. In addition to the main stream, there was the canal and a smaller stream known as the Rupt de Mad. The area had been bridged by the French in 1940, and the tangled remains of their structures were still there in 1944. A further difficulty was present in the form of high dikes, which meant the provision of earth moving equipment. The first priority was for a vehicle bridge across the lock, and careful reconnaissance had discovered two possible sites across the main river. However, it was not until the night of 10/ 11 September that operations got under way.

In the meanwhile, during the afternoon, the two companies from 3rd Battalion crossed the river and advanced up the road from Voisage Farm to Arry, in the wake of the aircraft which had bombed the village. They entered Arry without much difficulty and ferreted out the remaining Germans, although three tanks managed to escape to the east. By 2130 the place was reported clear, but the infantry were ordered to withdraw to the farm. This would seem to have been self-defeating since the object of bringing over the reinforcements was to capture and hold Arry. The problem was that there were too few men available, and some sort of bridgehead reserve was necessary. To understand this dilemma one has to look briefly at the broader situation… Although General Walker's orders had called for an advance to the Rhine, by 10 September his corps was holding a front of 40 miles with two infantry divisions. His armored division could not really achieve much in such difficult country and part of the front was held by miscellaneous cavalry units which were not equipped for static warfare. To reinforce his bridgehead he would have to strip his line or shorten it. The Third Army had no reserves that could be brought up, and there were no signs of a German collapse.

It would seem that Colonel Bell had intended that Arry should be held by C Company of the 1st Battalion, stiffened by a few antitank guns—which could only be ferried over during the evening. It was not until 0300 that C Company moved back into the village, only to find that the enemy had reestablished themselves there. In a fire fight in the main Street, the company commander and a platoon commander were put out of action. This resulted in a « mad scramble to escape » on the part of the rest of the men. Another platoon commander managed to restore order, and the company dug in on the outskirts of what was left of the village. Having suffered heavy casualties from shelling and only 43 strong, they were withdrawn the following morning. The rest of the 3rd Battalion was brought over in the evening to form a reserve strongpoint around Voisage Farm, where the aid posts were situated.

To try to alleviate the shortage of infantry, 5th Division decided to commit as much of the 11th Infantry Regiment as could be withdrawn from the Dornot area. The 3rd Battalion was ordered to cross and take Corny, the village to the north of the bridgehead. Only L and B (attached from the 1st Battalion), Companies were available, as K Company had been depleted in the Dornot operation and I Company was left behind to guard the former crossing site. After the fiasco at Noveant, referred to above, Colonel Birdsong marched his depleted battalion south towards the crossing point.

In the meanwhile, however, their antitank platoon had crossed at Arnaville on 11 September, and naturally assumed that the rifle companies were on their way to Corny. They moved on up the road toward the northern end of the bridgehead, where they blundered into the enemy-held village. There they encountered heavy fire and were forced to with-draw, abandoning some of the guns. Most of the men made their way to safety, although many of them had to swim back across the river. When the two infantry companies finally reached Corny, Company B was able to establish itself in a brick factory in the southern out-skirts and the antitank guns were positioned further back down the road to Voisage Farm. As the village itself, astride the main Metz-Nancy road, was heavily mined and booby-trapped, and as the enemy could see into it from the surrounding heights, no attempt was made to occupy it fully. Herb Williams' Company L moved to the right up onto the high ground and established positions on the Cote de Faye, to protect the left flank of the 1st Battalion of the 10th Infantry. « The crest of the Cote de Fauye could not be occupied as it was in clear view and range of the guns in the Verdun Group. Our positions had to be on the reverse slope out of view of the Germans ».

That night (11/12 September), both companies were attacked by armor and attached infantry. The 1st Sergeant of Company B saw the commander, Lieut. Hazam, of the depleted anti-tank platoon running down the road to alert his gunners, and the company commander, Capt. Anderson ordered his riflemen to move up to the third floor of the factory, let the tanks pass and then fire down on the enemy infantry. Hazam's men disabled the lead tank and arriving on the scene, the supporting tank destroyers accounted for another one. The infantry then poured fire into the unsupported infantry who withdrew leaving some 30 of their men behind dead or wounded.

Capt. Williams' company was hit by two platoons of tanks and accompanying infantry, but he ordered his men to stay put in their foxholes and allow the tanks to pass over them. « Tanks actually went over the foxholes of some of the men, who immediately after the tank was over, raised up and began firing into the infantry. Also the bazooka men raised up and started firing into the rear of the tanks ». Company L suffered zero casualties in that attack and the enemy withdrew.

Thus, by the morning of 11 September, 5th Division had the bulk of three infantry battalions across the Moselle, occupying an area 3,500 by 1,500 yards. Supply was by raft and assault boat, although preparations for permanent bridging were under way. Some antitank guns and mortars had been ferried across, but the villages at both ends of the bridgehead had not been secured. As Dornot had been evacuated during the night, Arnaville was the only XX Corps foothold across the river. (To the south, XII Corps had a small foothold at Pont-à-Mousson.)

At dawn, a strong counterattack was launched, initially against the 2nd Battalion positions on top of Hill 386 above Arry... A company of infantry and a platoon of tanks closed in on the American positions and almost succeeded in penetrating the thin line of foxholes. They were only beaten off by concentrated fire from heavy machine guns and the 81-mm mortars. Communications snafus led to a delay in bringing in artillery support, but when the guns on the west bank finally opened up, they caught the Germans in the act of retreating. The victory, however, was a Pyrrhic one, as it cost the battalion 102 casualties that it could ill afford. Just after this another composite tank-infantry force hit the 1st Battalion, but was beaten off by accurate fire from the artillery

Infantry : « La crête de la cote de Faye ne peut être occupée car elle se trouve observée et à portée des canons du groupe Verdun. Nos positions doivent être établies sur l'autre versant, hors du regard des Allemands. »

Cette nuit (celle du **11 au 12 septembre**), les deux compagnies sont attaquées par des blindés et de l'infanterie d'accompagnement. Le *1st Sergeant* de la *Company B* voit le lieutenant Hazam, chef de la section antichar réduite, courir le long de la route pour alerter ses artilleurs, et le commandant de compagnie, le *Captain* Anderson, donne l'ordre à ses fantassins de grimper au troisième étage de la briqueterie, de laisser passer les blindés et de tirer ensuite depuis là-haut sur l'infanterie allemande. Les hommes de Hazam détruisent le blindé de tête et, arrivant sur les lieux, les tanks destroyers en détruisent un autre. L'infanterie américaine ouvre alors le feu sur l'infanterie allemande d'accompagnement qui se replie en abandonnant une trentaine des siens, tués ou blessés.

La compagnie du *Captain* Williams est atteinte par deux sections de blindés et de l'infanterie d'accompagnement. Mais il donne l'ordre à ses hommes de rester dans leurs trous individuels et de laisser les blindés passer : « *Les blindés passent au-dessus des trous individuels de quelques-uns des hommes qui se dressent après leur passage et commencent à tirer sur l'infanterie. Les hommes armés du bazooka se redressent aussi et commencent à tirer sur l'arrière des blindés.* » Dans cette attaque, la *Company L* n'a aucune perte et les Allemands se replient.

Ainsi, **au matin du 11 septembre**, la *5th Division* a le gros de trois bataillons d'infanterie sur la rive orientale de la Moselle, occupant un secteur de 3,2 km sur 1,3 km. Le ravitaillement est amené par des radeaux et des embarcations d'assaut, bien qu'on soit en train de commencer à préparer l'installation d'un pont permanent. Quelques canons antichars et mortiers ont été transportés de l'autre côté mais les villages situés aux deux extrémités ne sont pas encore conquis. Comme Dornot a été évacué pendant la nuit, Arnaville est le seul gain de terrain du *XX Corps* sur l'autre rive de la Moselle. Au sud, le *XII Corps* a une petite tête-de-pont à Pont-à-Mousson.

A l'aube, une puissante contre-attaque est lancée, initialement contre les positions du 2e Bataillon sur le sommet de la cote 386, au-dessus d'Arry. Une compagnie d'infanterie et une section de blindés s'approchent des positions américaines et réussissent à pénétrer dans la mince ligne de trous individuels. Cette attaque n'est brisée que par les tirs concentrés des mitrailleuses lourdes et des mortiers. L'embrouillamini dans les communications retarde l'intervention de l'artillerie. Mais, lorsque les canons installés sur la rive occidentale ouvrent le feu, les Allemands sont contraints de se replier. Cependant, cela reste une victoire à la Pyrrhus car elle a coûté 102 pertes au bataillon et celles-ci seront difficiles à compenser. Juste après, une autre attaque associant blindés et infanterie est lancée contre le 1er Bataillon mais elle est écrasée par des tirs précis de l'artillerie et des tanks destroyers en position au-dessus du village d'Arnaville. Les blindés se replieront dans Arry quand ils seront bombardés par des P47 dans le courant de l'après-midi. Ces unités provenaient de la *3. Panzergrenadier-Division* et de la *17. SS-Panzergrenadier-Division*. L'historien de la *5th Division* insiste sur le fait qu'il y aurait eu des membres du *Fahnenjunker-Regiment*, le régiment d'élèves officiers, engagés dans les combats de la tête-de-pont d'Arnaville mais c'est inexact : cette unité est engagée dans le périmètre défensif de Metz situé sur la rive occidentale. Sa qualité militaire va devenir légendaire et, lorsque les Américains rencontreront une opposition déterminée, ils auront tendance à dire que ce sont « des fanatiques élèves officiers nazis »…

Après ces attaques, les combats vont se calmer dans la tête-de-pont et l'attention pourra se concentrer sur les efforts menés pour jeter un pont sur la Moselle. Le 11 septembre, le Génie met en place une suite de pont sur les approches : un pont Bailey sur le Rupt de Mad à Arnaville, un pont à double voie sur l'écluse du canal et une voie unique au-dessus du Rupt de Mad et entre le canal et la rivière. C'est seulement après la réalisation de ces travaux préliminaires qu'il est possible d'assembler le matériel aux deux sites possibles de franchissement de la rivière qui ont été sélectionnés. Dans la matinée, on donne l'ordre d'arrêter l'émission de fumée car cela gêne le travail du Génie. Mais cela a le fâcheux résultat de provoquer une réaction immédiate des Allemands. L'artillerie du Fort Driant et de batteries de campagne ouvrent le feu avec vigueur, endommageant des équipements, tuant et blessant des sapeurs du Génie. Dans l'après-midi, le travail se limite au

1

2

In Arnaville

1. A Sherman in the main street to the bridging site.

2. A GI surrounded by French civilians, some of whom seem to be preparing to depart with their luggage.

3. The same soldier who is wearing a M-41 blouse and ammunition pouches.

4 & 5. Destruction caused in Arnaville by both German and American shellfire.

(The above photos courtesy of Thanks GI's.).

Dans Arnaville

1. Un Sherman traverse la rue principale d'Arnaville en route vers les ponts en cours de fabrication par le génie US.

2. Un GI entouré de civils français dont certains semblent prêts à fuir avec leurs bagages.

3. Le même soldat américain. Noter l'équipement US, blouson M-41 et ceinturon porte-chargeurs.

4 et 5. Les destructions dans Arnaville, résultats des frappes allemandes et américaines.

3

4

5

1

2

La construction des ponts par le génie US

1 et 2. Un pont mobile est assemblé par le génie américain dans le secteur d'Arnaville.

3 et 4. Une jeep puis un *Sherman* spécial franchissent la Moselle sur un ponton jeté par le génie US près d'Arnaville.

5. Les troupes américaines utilisent également pendant la bataille d'Arnaville un passage constitué d'un pont jeté en 1940 et à l'état de ruines en 1944.

1 and 2. *A mobile derrick lifting a steel plate as part of a treadway bridge mounted on inflatable pontoons.*

3 and 4. *A Jeep crossing the Moselle at Arnaville and a Sherman recovery tank. on a pontoon bridge.*

5. *US engineers also constructed a footbridge using the piers of an older bridge demolished by the retreating Germans. (DAVA/Heimdal).*

1 et **2.** Une charrette remplie de munitions a versé sur le pont dans le secteur d'Arnaville.

3 et **4.** Autres vues d'un ponton aménagé sur la Moselle à Arnaville.

5, 6 et **7.** Ponton jeté sur l'écluse d'Arnaville en 1944 et vues actuelles de cette même écluse. (Photos auteur).

1 & 2. One of the wheels of a jeep trailer loaded with ammunition has slipped between the tyre channels of the bridge.

3 & 4. Different views of the main pontoon bridge.

5, 6 & 7. A canal ran parallel to the Moselle at Arnaville and a bridge was thron over the lock where it was narrowest. Two views of the lock today. (photos author).

plus méridional des deux sites et, avec l'aide de la réactivation de l'écran de fumée et de l'arrivée du crépuscule, un tiers du pont est lancé. Cependant, il y aura eu un autre événement dans la journée : un gué est découvert légèrement en aval d'Arnaville. Le gros du travail du Génie est accompli à 10 h 30 mais une partie du lit de la rivière se trouve à 1,20 mètre (4 pieds) de profondeur, ce qui est dangereux pour les véhicules blindés. Dans l'espoir d'abaisser le niveau de l'eau, l'artillerie tente de constituer un barrage à la hauteur d'Ars-sur-Moselle. Ces tentatives échouent mais un coup au but est réussi par les chasseurs-bombardiers en début de soirée, et le niveau baisse de 18 centimètres. Entre-temps, le Génie tente de combler les parties plus profondes avec sections de ponts *treadway.* Deux sections de tanks destroyers prennent le risque de passer pendant l'après-midi. La progression est lente lorsque les véhicules déplacent les sections de ponts qui doivent être remises en place. L'artillerie allemande tente de détruire les sections de pont au milieu de l'eau. Malgré ces difficultés, six tanks destroyers arrivent de l'autre côté, suivis par neuf chars. Et, le lendemain matin, les blindés de soutien se regroupent dans la zone de concentration, à l'est de la route principale.

Les difficultés rencontrées en lançant des éléments de ponts sur autant d'obstacles ne sont pas alors très appréciés et quelques récriminations s'élèvent à l'encontre du Génie. Dans son journal de marche, le général Irwin écrit que « *le Génie n'a pas bien coordonné ses efforts sur les ponts* ». De telles critiques semblent oublier qu'un important matériel a été perdu lors des bombardements incessants de l'artillerie et qu'un certain nombre de pontonniers ont été mis hors de combat. Le sort des sapeurs du Génie au combat n'est pas enviable. Ils ne sont pas armés et sont incapables de se défendre. Ils doivent accomplir leur mission sans avoir la possibilité de s'abriter et sans protection d'aucune sorte. Les hommes du Génie d'assaut sont entraînés à affronter directement l'ennemi et il faut être courageux pour assembler des éléments d'acier au-dessus de la rivière, en même temps à la merci des éléments et des tirs ennemis. Les hommes travaillant sur le site du gué ont dû passer des heures avec les eaux froides de la Moselle arrivant à la ceinture.

Le manque de moyens en hommes est un problème encore plus grave que celui posé par le manque de pont. Les seules forces immédiatement disponibles sont les hommes du CCB de la *7th Armored Division* qui se trouvent encore sur la rive occidentale, attendant d'avoir un endroit pour traverser. Outre le fait qu'il n'y a pas assez de fantassins pour agrandir la tête-de-pont, il n'y a pas de place disponible pour les blindés. S'ils sont confinés dans un étroit secteur, ils constitueront une cible idéale pour l'artillerie allemande. La seule infanterie disponible est le 2e Bataillon du *11th Infantry*, très durement éprouvé. La division elle-même manque de 60 officiers et 1 600 hommes. Cependant, des renforts sont en train d'arriver, par groupes, la plupart d'entre eux n'ont jamais connu le combat. Généralement, l'expérience l'a démontré, ces « bleus » confrontés à une situation de combat sans une période d'épreuves préalables, sont les premières victimes au feu. Une unité de combat est une équipe et la base de son moral repose sur la confiance mutuelle. Les renforts doivent d'abord être assimilés avant d'être les membres d'une équipe.

Après l'arrêt temporaire de la construction à cause des tirs de l'artillerie allemande, le travail recommence et, **à 12 h 30 le 12 septembre**, la Moselle est franchie par un pont d'infanterie, un *treadway bridge*, sur le site nord. Il est complété par un pont de radeaux pneumatiques utilisé pour l'évacuation des blessés capables de marcher. Immédiatement, le CCB commence à traverser et, dans la soirée, cinq compagnies de chars moyens et sept sections de tanks destroyers sont dans la tête-de-pont. Elles doivent s'aligner dans la plaine inondable, en dessous des collines, certains engins sont détruits par l'artillerie allemande. La construction des ponts se poursuit jusqu'au 14 septembre. Le premier pont est endommagé mais il sera rapidement réparé et, à 17 heures le 14, un second pont principal est disponible. Pendant toute l'opération d'Arnaville, le *1103rd Engineer Combat Group* a lancé un total de six ponts, pendant ces travaux six tués et une centaine de blessés.

Pendant **la nuit du 12 au 13 septembre**, il pleut dans la tête-de-pont, ce qui génère un océan de boue dans les parties basses et marécageuses, clouant au sol la masse des blindés. Cependant, cela semble aussi gêner les Allemands, circonstance heureuse pour les GI's pataugeant dans leurs trous individuels pleins d'eau. La plupart d'entre eux ont peu dormi et n'ont pas eu de nourriture chaude pendant ces trois jours d'alerte constante. Chacun des 1er et 2e bataillons ont été réduits

and the tank destroyers emplaced above the village of Arnaville. The tanks retreated back into Airy, where they were bombed by P.47's during the course of the afternoon. These enemy units came from the 3rd and 17th SS Panzer Grenadier Divisions. The 5th Division historian insists that there were members of the Officer Candidate Regiment fighting in the Arnaville bridgehead, but this is untrue—that unit was only involved in the Metz perimeter on the west bank. Their fighting abilities, however, became legendary; and wherever stiff opposition was encountered, the Americans tended to assume that the enemy were « fanatical Nazi officer candidates. »

After these two attacks, fighting in the bridgehead died down, and attention was concentrated on efforts to bridge the Moselle. During 11 September, the engineers put in a number of bridges over the approaches: a Bailey bridge over the Rupt de Mad at Arnaville, a double treadway over the canal lock, and a treadway over the Rupt de Mad between the canal and the river. Only after this work had been completed was it possible to assemble material at the two possible crossing sites over the river that had been selected. During the morning, an order was given to stop making smoke as it was hindering the work of the engineers. This had the unfortunate effect of provoking an immediate German response. The artillery from Fort Driant and the field batteries opened up with gusto, damaging equipment and killing and wounding some of the engineer personnel. During the afternoon work was resumed at the southern of the two sites, and with the aid of the resumed smoke screen and the evening dusk, one third of a bridge had by then been constructed.

During the day, however, there was another development: a ford-ing site was discovered slightly downstream from Arnaville. The basic engineering work was completed by 1030, but one part of the river bed was found to be 4_ feet deep— critical for armored fighting vehicles. In the hope of lowering the water level, efforts were made by artillery to break down a dam that was further downstream near Ars-sur-Moselle. These attempts failed, but a direct hit was scored during the early evening by fighter bombers, causing a 7-inch drop in level. In the meanwhile, the engi-neers managed to fill part of the deep channel with sections from treadway bridges. Two platoons of tank destroyers took the risk of 'crossing during the afternoon. Progress was s1ow as each vehicle dislodged the bridge sections, which had to be replaced and at one stage, enemy artillery managed to blast the bridge sections out of the water. In spite of these difficulties, six tank destroyers got across, followed by nine tanks, and the following morning, the rest of the supporting armor moved into an assembly area to the east of the main road.

The difficulties encountered in bridging so many obstacles were not really appreciated at the time and there was some criticism voiced against the engineers. General Irwin noted in his diary that « engineers at bridge (were] not well coordinated. » Such critical comment forgets that much vital equipment was destroyed by the constant shelling and that a number of the bridge builders became casualties. The lot of the engineers in combat is an unenviable one. Being unarmed and unable to fight back, they have to get on with the job without being able to take cover or any form of evasive action. Combat soldiers are trained to cope directly with the enemy, but it takes a brave man to cling to steel girders edging their way across the river, equally at the mercy of the elements and enemy gunfire. The men working at the fording site spent hours on end up to their waists in the bitter cold waters of the Moselle.

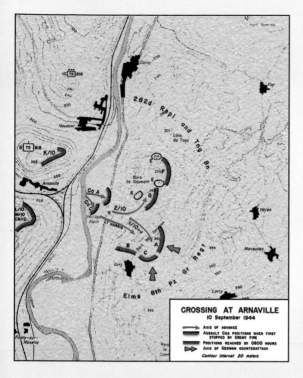

CROSSING AT ARNAVILLE
10 September 1944

AXIS OF ADVANCE
ASSAULT COS POSITIONS WHEN FIRST STOPPED BY ENEMY FIRE
POSITIONS REACHED BY 0800 HOURS
AXIS OF GERMAN COUNTERATTACK

Contour interval 20 meters

Les différentes phases de la bataille pour le franchissement de la Moselle du 10 au 15 septembre 1944.

Different phases of the battle for the Moselle crossing from 10 to 15 September 1944.

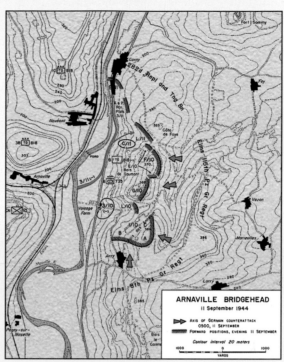

ARNAVILLE BRIDGEHEAD
11 September 1944

AXIS OF GERMAN COUNTERATTACK 0500, 11 SEPTEMBER
FORWARD POSITIONS, EVENING 11 SEPTEMBER

Contour interval 20 meters

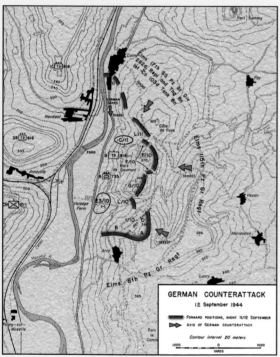

GERMAN COUNTERATTACK
12 September 1944

FORWARD POSITIONS, NIGHT 11/12 SEPTEMBER
AXIS OF GERMAN COUNTERATTACK

Contour interval 20 meters

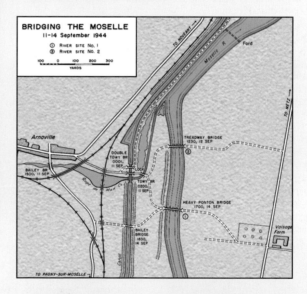

BRIDGING THE MOSELLE
11-14 September 1944

① RIVER SITE NO. 1
② RIVER SITE NO. 2

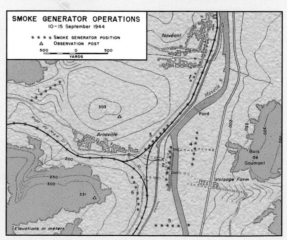

SMOKE GENERATOR OPERATIONS
10-15 September 1944

* * * SMOKE GENERATOR POSITION
△ OBSERVATION POST

Elevations in meters

A far greater problem than the lack of a bridge was the vexing shortage of manpower. The only forces immediately available were the men and vehicles of CCB of the 7th Armored Division, who were still on the west bank waiting for a place to cross. However, unless sufficient infantry were available to expand the bridgehead, there was nowhere for the armor to go. Packed into a confined space, they would be sitting targets for the German artillery. The only spare infantry was the shattered 2nd Battalion of the 11th Regiment, and the division as a whole was short of 60 officers and 1,600 men. Although replacements were coming in, in batches, most of them were untried in combat. Generally, experience has shown that green replacements, thrust into a combat situation without a preliminary shake down period, become the first casualties. A fighting unit is a team,

à 50 % de leurs effectifs et la fatigue est un gros problème. Le 3e bataillon du *11th Infantry* est à la lisière de Corny tandis que le 3e Bataillon du *10th Infantry* est en réserve à la ferme Voisage.

Plus tard, le **13 septembre**, une patrouille se dirige à nouveau sur Arry pour trouver la localité abandonnée par les Allemands. Assez bizarrement, la même erreur se répète car aucun effort n'est fait pour tenir le village après le retour de la patrouille. A part cela, il y a peu ou plus d'action dans la tête-de-pont ce jour-là car les hauts états-majors recherchent activement des troupes fraîches. Au niveau du corps d'armée, les plans sont faits pour un général remaniant une ligne de front d'une soixantaine de kilomètres. Il est alors décidé que la *90th Division*, alors en ligne dans le secteur de Thionville, fasse mouvement vers le sud pour participer à la bataille sur le périmètre défensif de Metz. Cela permettra alors de libérer le CCA de la *7th Armored Division* et le *2nd Infantry Regiment Combat Team* pour qu'ils puissent participer au combat dans la tête-de-pont. Finalement, le général Irwin donne l'ordre à un autre bataillon dans la tête-de-pont du *11th Infantry* amoindri de traverser la rivière et émet des plans d'une attaque double. Le CCB doit avancer au sud-est pour prendre Mardigny et l'infanterie doit s'emparer de la cote 396, le point dominant du secteur.

Le lendemain, une pluie glacée continue de tomber. On annule des propositions d'élargissements de la tête-de-pont bien que le *XX Corps* continue d'envoyer des ordres optimistes. Un nouvel ordre à cette date demande à la *5th Division* d'agrandir sa tête-de-pont, de continuer son attaque et prendre Metz. Toute la *7th Armored Division* doit traverser la Moselle et bloquer la ville au sud-est. Des renforts continuent d'arriver en petit nombre, y compris les restes du *23rd Armored Infantry Battalion* épuisés par la bataille.

L'attaque annulée est reprogrammée pour le 15 septembre, quel que soit l'état de la météo. Il y aura deux actions distinctes ainsi que nous l'avons déjà souligné. Les blindés sont divisés en deux *task forces*. La *Task Force 1* a pour mission de traverser et d'occuper Arry, la cote 400 dans le Bois le Comte. La Force 2 doit descendre la rue principale à Vittonville et ensuite rejoindre la Force 1. L'infanterie attaquera la cote 396 et sera appuyée par les blindés.

Les blindés se mettent en mouvement dans le brouillard à **9 h 15**, après un bombardement préliminaire de 30 minutes de l'artillerie sur des positions allemandes repérées. La Force 1 tente de traverser à nouveau Arry malgré une visibilité réduite à zéro qui gênait aussi bien les uns que les autres. Elle atteint son objectif initial et lorsque le soleil perce, **à midi**, elle conforte sa position en prenant aussi les villages de Mardigny et Lorry. La progression de la Force 2 est plus lente en raison de l'opposition allemande et du brouillard persistant. Vittonville est investi avant la fin de l'après-midi. Dans **la soirée**, la Force 1 tente d'occuper Mardigny mais annule l'opération sur Lorry prévue pour le lendemain. Une route valable pour sortir de la tête-de-pont ne pourra être gagnée que lorsque cette localité sera tenue.

L'infanterie s'élance à **9 heures**. Les deux compagnies de gauche du 3e Bataillon, de réserve, du *10th Infantry* doivent traverser les lignes du 1er Bataillon tandis que les deux compagnies de droite traverseront Arry et prendront un chemin grimpant au sommet de la colline, leur objectif. Chaque paire de compagnies est accompagnée par une force de chars moyens. Sur la droite, les blindés de soutien sont bloqués par un barrage routier au sud d'Arry, et subissent des pertes sous les obus. L'infanterie passe au milieu d'eux. Sur la gauche, l'infanterie suit les chars de près, bien que trois de ces engins soient enlisés sur les pentes raides. A **15 heures**, cependant, la cote 396 est solidement tenue par les Américains ; c'est un important point de départ pour une expansion vers l'est. Le **17 septembre au matin**, une contre-attaque est repoussée après un corps à corps acharné.

Ces actions accomplies, la tête-de-pont est enfin solide, ancrée respectivement au nord et au sud à Corny et Vittonville. Cependant, son coût est élevé. Le *10th Infantry Regiment* a perdu 25 officiers et 700 hommes, tués et blessés, c'est l'équivalent des pertes du *11th Infantry* à Dornot. L'ennemi a aussi subi des pertes sévères et les Allemands sont aussi économes en vies que les Américains. Alors que la réorganisation du *XX Corps* est en route, le reste de la *7th Armored Division* traverse la Moselle et le *2nd Infantry* rejoint la *5th Division*. Le temps passé est ainsi significatif si l'on considère l'optimisme des troupes le 7 septembre. Il a fallu dix jours pour établir une tête-de-pont sur la Moselle, relativement petite, située dans un terrain extrêmement difficile pour un déploiement des blindés. Avant la fin du mois, des combats acharnés auront lieu pour peu de résultats négligeables. La prochaine rivière à traverser est la Seille, un cours d'eau relativement peu important mais qui coûtera beaucoup de vies humaines.

and the basis of its morale is mutual trust. Replacements have to be absorbed before they become members of that team.

After the temporary lull in construction caused by enemy shelling, work recommenced; and at 1230 on 12 September, the Moselle was spanned by a treadway bridge at the northern site. This was supplemented by a raft footbridge which was used for ‚the evacuation of walking wounded. Immediately CCB started to cross, and by the evening, five medium-tank companies and seven tank destroyer pla-toons were in the bridgehead. There they had to park on the flood-plain below the hills, where some were knocked out by enemy artillery. The bridging work progressed on into 14 September. The first bridge was damaged but speedily repaired, and by 1700 on the 14th, a second main bridge was ready for use. Throughout the Ama-vile operation, the 1103rd Engineer Combat Group constructed a total of six bridges, losing in the process six men killed and some 100 wounded.

In the bridgehead itself, rain fell during the night 12/13 September, producing a sea of mud on the low-lying marshy area, which effectively bogged the massed armor. However, it also seemed to impede the enemy, which was a lucky circumstance from the point of view of the GI's crouching in their waterlogged foxholes. Most of them had had little sleep and no hot food in three days of constant alert. Both the 1st and 2nd Battalions of the 10th Infantry had been reduced to 50 percent of their normal strength, and fatigue was a major problem. The 3rd Battalion of the 11th Infantry was still in the outskirts of Corny, while the 3rd Battalion, 10th Infantry, was in reserve at Voisage Farm.

Later on 13 September, a patrol again moved into Any, to only to find the place once more abandoned by the enemy. Oddly enough, the same mistake was repeated, as no effort was made to garrison the village after the patrol had withdrawn. Apart from that there was little or no action in the bridgehead that day, as higher headquarters busily searched for more manpower. At corps level, plans were made for a general reshuffling along their 40-mile front line. They decided that the 90th Division then in the Thionville area would move south to take up the burden of fighting in the Metz perimeter. This in turn would release CCA of the 7th Armored Division and the 2nd Infantry Regiment Combat Team for action in the bridgehead. General Irwin finally ordered another battalion of the depleted 11th Infantry to cross the river and issued plans for a twofold attack. CCB was to advance south-east to capture Mardigny, and the infantry was to seize Hill 396, the dominant feature in the area.

The following day, the cold sweeping rain continued. Proposals for expansion were cancelled, although XX Corps was still issuing opti-mistic orders. A new field order on that date -called for the 5th Division to expand its bridgehead and continue to attack and capture Metz. The whole of 7th Armored Division was to cross the Moselle and hook around the city from the southeast. Replacements con-tinued to trickle in, including the battle-weary remnants of the 23rd Armored Infantry Battalion.

The postponed attack was rescheduled for 15 September, regardless of the state of the weather. It consisted of two separate actions as outlined above. The armor was divided into two task forces. The mission of Force I was to move through Arry and occupy. Hill 400 in the Bois le Comte. Force 2 was to go down the main highway to Vittonville and then rendezvous with Force 1. The infantry attack on Hill 396 would have tank support.

The armor moved in fog at 0915, after a 30-minute preliminary artillery bombardment on known German positions. Force 1 managed to get through into Arry again despite the zero visibility, which probably confused the enemy just as much. They soon reached their initial objective, and as the sun came out at midday, they consolidated for a further move to capture the villages of Mardigny and Lorry. Force 2 progress was slower on account of enemy opposition and the pervasive fog. It was not until late afternoon that Vittonville was secured. By the evening, Force I had managed to occupy Mardigny, but had to leave the attempt on Lorry for the following day. Only when that place was in their hands would they have a reasonable road out of the bridgehead.

The infantry jumped off at 0900. The two left companies of the reserve 3rd Battalion of the 10th Infantry were to move through the 1st Battalion lines, while the two right companies were to march through Arry and up a track leading to the summit of the hill that was their objective. Each pair of companies was accompanied by a force of medium tanks. On the right, the supporting armor was stalled at a roadblock on the way south from Arry, and after suffering casualties from shelling, the infantry passed through them. On the left, the infantry followed closely behind the tanks, although three of those vehicles bogged down on the steep slopes. By 1500, however, Hill 396 was firmly in American hands—a vital starting point for further expansion to the east. A counterattack on the morning of 17 September was repulsed after bitter hand-to-hand fighting.

With the completion of the above actions, the bridgehead was finally secure, anchored to the north and south at Corny and Vitton-ville respectively. The cost, however, had been high. The 10th Infantry Regiment had lost 25 officers and 700 men killed and wounded, roughly equivalent to the 11th Infantry losses at Dornot. The enemy too suffered severe casualties and the Germans were just as profligate with human lives as their American counterparts. As the reshuffle of XX Corps got under way, the rest of 7th Armored crossed the Moselle and the 2nd Infantry rejoined 5th Division. The time scale is also significant in view of the optimism with which the troops had set out on 7 September. It had taken ten days to secure one comparatively small bridgehead over the Moselle, which was situated in country that was extremely difficult for expansion by armor. Before the month was out, further bitter fighting was to take place there with negligible results. The next river to cross, the Seille, a relatively minor one was to cost almost as many lives.

Batterie de 155 mm Howitzer près d'Arnaville.
21st Field Artillery of the 5th Inf. Div. with 155 mm Howitzer near Arnaville. (DAVA.)

Les combats en Lorraine et spécialement autour de Metz ne sont pas représentés par la propagande allemande, il existe peu de photos réalisées par les PK des adversaires allemands du XXᵉ Corps durant l'automne 44. La plupart des unités opposées au XXᵉ Corps sont des Panzer-Brigades constituées des reliquats de divisions détruites sur le Front russe. Parmi ces unités envoyées pour stopper Patton, la Panzer-Brigade 106 s'oppose dans la nuit du 6 septembre aux éléments avancés américains. Nous proposons une série de photographies issues du BA présentant une unité similaire la Panzer-Brigade 111 dans le secteur de Lunéville, le secteur sud du XII Corps.

Ci-dessus : Aux premières heures du 18 septembre, la Panzerbrigade 111 avance de Baccarat en deux colonnes : sur la gauche un Kampfgruppe progresse dans la vallée de la Meurthe, sur la route Baccarat-Lunéville, tandis qu'à droite, un autre groupe progresse au nord de la forêt de Meudon. Nous voyons dans ce SPW, le chef de l'unité de la Panzerbrigade 111, l'Oberst Heinrich Bronsart von Schellendorff qui venait de prendre le commandement de la brigade et qui trouvera la mort le 23 septembre dans son char détruit par un Thunderbolt du XIXth tactical Air Command. Von Schellendorff est le 2ᵉ à partir de la gauche, il porte un calot d'officier avec l'aigle de Schwedt, insigne de tradition maintenu au 6ᵉ Rgt Grenadier à partir de 1921 et porté par l'Oberst. Noter le camouflage du SPW. (BA 301/1970/25.)

The fighting in Lorraine and especially around Metz was hardly covered by German official photographers and there hardly exist any photos of the adversary facing the US XX Corps during the autumn of 1944. In late August 1944 as part of the general barrel-scraping policy a number of armoured brigades were formed from the remnants of divisions shattered on the Russian front. Each consisting of a tank battalion and an Armoured Infantry (Panzergrenadier) Battalion plus service troops, several were sent to the Moselle in the bid to « stop Patton ». Of particular interest to the story of XX Corps and Metz, one of these news brigades, the Panzer-Brigade 106, slammed into the 90th Division headquarters quite by accident during the night of 6 September. After the initial chaos had been brought under control, the Germans were driven off leaving most of their vehicles behind.

What we do have, however, is a striking series of photos in the Bundesarchiv of a sister brigade, the Panzer-Brigade 111, which was committed around Luneville, further south in the XII Corps area.

Above: This first photograph shows the brigade commander, Colonel von Schellendorff (second from the left), in the turret of a SPW armoured car. He was killed in a P47 strike on 23 September.

1. On the morning of 18 September, the Panzer-Brigade 111 ran into the advance scouts of the US 42nd Cavalry Squadron and forced them back into the outskirts of Luneville, capturing several vehicles in the process. Here, the grenadiers are examining a M8 armored car. Note the marking 3A 42C.

2. A captured jeep in a farmyard with a Panzer Mk. IV in the background.

1

Ci-dessus : Vers 10 h 00, la *Panzerbrigade 111* bouscule les avant-postes du *42nd Cavalry Squadron* à Moncel et dans l'après-midi, les grenadiers repoussent les cavaliers américains dans la partie nord de Lunéville. Savourant leur victoire, ces grenadiers inspectent des véhicules américains capturés, sans doute à la recherche d'une de ces douceurs, chocolat ou cigarettes, qui sont devenues rares en Allemagne depuis longtemps. Debout devant la M-8, avec une carte sous le bras, on reconnaît Horst Gittermann. Noter le surnom du véhicule, « *Sweet Sue* », et la marque « 3A 42C » qui signifie 3ᵉ Armée, *42nd Cavalry Squadron.* (BA 301/1970/19.)

Ci-dessous : Sur le même reportage, la photo d'une jeep capturée et d'un *PzKpfw IV.* De cette journée de combat près de Lunéville, les trois vétérans allemands interrogés par nous n'ont guère de souvenirs. Tout au plus Walter Schubert se souvient-il d'un bruyant échange de coup de canons près d'un passage à niveau juste avant Lunéville, très probablement à Moncel. Quelqu'un reconnaît-il ce village ? (BA 301/ 1970/33.

2

Toujours le même reportage sur la *Panzerbrigade 111*, cette fois nous voyons des éléments de l'unité en attente.

Un officier de Panzer, reconnaissable à son calot noir et à ses pattes de col à tête de mort et liseré rose, indique l'itinéraire de la marche au combat à un autre officier décoré de l'*E.K.I* qui porte une veste de treillis et une casquette type *Afrika* pour le moins inhabituelle dans l'est de la France. Noter leurs pantalons à une poche caractéristique des troupes blindées. (BA 301/1970/27.)

In this series in an unknown village, the Panzer troops officer on the left, wearing the typical panzer cap and death's head collar emblems is briefing another officer about the route, who is wearing an Afrika Korps type cap.

Ci-dessus : On retrouve le même officier avec la casquet-te toile au milieu de ses hommes, dont la plupart nettoient et vérifient leurs armes. La population civile est mêlée à eux, le village reste inconnu. (BA 301/1970/30.)

Ci-dessous : On retrouve nos deux officiers en train de discuter de l'itinéraire. A l'arrière-plan, un *SPW* camouflé avec des branchages. D'après l'encadrement de la porte, il se trouve juste devant la maison de la photo précédente. (BA 301/1970/28.)

Above: *A group of German soldiers checking and cleaning their weapons in a village, watched by some civilians.*

Below: *In the same village with the same two officers still discussing their route, standing in front of a German armoured half-track.*

Ce reportage a été pris le 20 septembre 1944 alors que plusieurs *Panther* de la *Panzerbrigade 111* sortent de Bures et avancent vers l'ouest. Ils seront bientôt pris à partie par des canons de 155 mm du *191st Field Artillery Bataillon* puis des *Sherman* du *35e Tank Bataillon*.

Ci-dessus : Montée en ligne d'un *Panther*, alors que des soldats à l'arrière-plan font leur toilette. Il quitte Bures et se prépare à avancer vers Bathélémont. (BA 301/1955/32.)

Above: *A Mk.V Panther tank advancing Into battle, taken on 20 September, leaving Bures. Note the liberal use of branches for camouflage. The new panzer brigades were issued with brand new more modern vehicles.*

Below: *Still in Bures, other Panthers with mounted grenadiers. During that afternoon, five of them were destroyed by an American tank force commanded Major Kimrey.*

Ci-dessus : Gros plan des hommes stationnés sur les blindés. Au milieu du feuillage camouflant, les soldats se sont répartis, eux-mêmes camouflés par divers moyens, du casque recouvert de branchages à la *Zeltbahn* sur le treillis. Leur armement se compose d'un MG 42 et de deux *Panzerfaust* bien visible au premier plan en plus de leur armement individuel. (BA 301/1955/21.)

Photo page ci-contre : Ce groupe de *Panther* bénéficie d'infanterie d'accompagnement juchée sur les blindés. Dépassant Bures, les *Panthers* avancent vers Bathélémont. Dans l'après-midi du 20 septembre, 5 d'entre eux seront détruits par la *Task Force* du *Major* Kimrey. (BA 301/1955/28.)

Above: Close-up of the mounted grenadiers in the middle of the camouflage. The two men in the foreground are each clutching a panzerfaust and one of them also has a MG42 machine-gun.

1. Toujours le même reportage photo pris dans la journée du 20 septembre 1944 dans le secteur de Bures. Un *Panther Ausf. G* emmène un groupe de combat vers Bathélé-mont. Noter le jeune âge des soldats à droite et à gauche de la tourelle. (BA 301/1955/27.)

2. Encore la montée vers Bathélémont au départ de Bures. Un nouveau *Panther* recouvert de branchage sert lui aussi de transport à un groupe de combat. Les deux combattants dotés de *Panzerfaust* ont déjà été vus précédemment. (BA 301/1955/29.)

3. Gros plan d'un soldat juché sur le *Panther* de la première photo. Ce tireur MG est bien lourdement équipé entre les bandes de cartouches, les boîtes à munitions et l'arme dont il a précieusement la garde. Noter également le trépied et le camouflage succinct qu'a reçu son casque. Il est difficile de dire si l'expression du regard traduit l'anxiété, la peur ou la désillusion. (BA 301/1955/29a.)

1. *Continuing the same series of photos taken on 20 September around Bures, a Model G Panther is transporting grenadiers into battle. Note the comparative youth of the men around the turret.*

2. *A different camouflaged Panther loaded with mounted grenadiers. One can see the two men armed with Panzer-fausts in the photo on the previous page.*

3. *Close-up of one of the soldiers in photo 1. This machine-gunner is carefully holding his precious weapon and is well supplied with boxes of ammunition and spare belts. It is difficult to tell from his expression whether it is one of boredom, disillusionment or fear.*

3

3

Ces trois photos sont issues du même secteur à la même période que précédemment mais vraisemblablement vers le 26/27 septembre lorsque le *LVIII-Panzerkorps* rejoint à l'attaque sur son aile gauche vers Bathélémont avec pour objectif la firme de la Fourasse.

1. Des *Panther* se croisent dans un village qui pourrait être Bures, peut être l'après-midi du 20 ou le 21, 22 vers d'autres localités de repli. Noter le câble de dépannage sur l'avant du char. (BA 301/1954/6.)

2. L'axe de progression est poursuivi avec l'aide de nouveaux éléments dont ceux du *Panzergrenadier-Regiment 110* pour prendre la cote 318. Un véhicule de reconnaissance SdKfz 222 est à découvert au bord du canal de la Marne au Rhin. (BA 301/1954/12.)

3. Le principal ennemi des *Panzers* vient bien sûr du ciel. Le regard de ses trois tankistes trahit l'efficacité des unités du *XIXth Tactical Air Command*. (BA 301/1954/4.)

1. These three photos were taken later than the previous one. This one shows Panthers passing through a village. On the right, a tank with its towing cable looped across the front.

2. A light reconnaissance armoured car (SdKfz 222) photographed on the banks of the Marne-Rhine Canal.

3. The Panzer's worst enemies were the fighter-bombers of the XIX Tactical Air Command. This tank crew has all eyes fixed on the sky.

1

Il est bien difficile de dire quand ces photos ont été prises, certaines pourraient l'avoir été le 19 ou le 20 septembre, le 26 ou le 27, voire le 28 ou le 29. De toute façon, selon les côtes BA elles suivent le reportage antérieur dans le secteur de Bures et du Bois de Béramont.

1. Distribution du courrier à l'arrière immédiat de la ligne de front. Le groupe se compose d'hommes venant des troupes blindées et appartenant à la *Panzerbrigade 106*, d'autres sont des grenadiers. Les visages souriants ne doivent pas faire oublier que le front et les combats sont très proches. Noter le blouson croisé feldgrau normalement porté par les unités de canons d'assaut. (BA 301/1970/18.)

2. Autre vue du même groupe. La variété des tenues est encore à souligner, blouson croisé feldgrau, parka réversible camouflée éclat, veste drap... (BA 301/1970/15.)

3. Portrait d'un chef de groupe rattaché à la *Panzerbrigade 106*. C'est un vétéran qui porte le ruban de l'*E.K. II* ainsi que la médaille du 1er hiver du front de l'Est. Il est décoré en outre de l'insigne des blessés, semble-t-il en argent, et de l'*E.K.I.* Pistolet au ceinturon et veste modèle 43, il est la cheville ouvrière de la *Wehrmacht* et encadre bien souvent des troupes de plus en plus jeunes et inexpérimentées en cette fin d'année 1944. (BA 301/1968/4.)

4. Le groupe de combat se déploie et avance dans le retour du bois de Bérimont vers le 28/29 septembre. A la lisière de la forêt, un véhicule US brûle violemment. (BA 301/1970/9.)

2

3

1. *Distribution of mail to a group of men somewhere near the front line. They are a mixture of grenadiers and tankers and look very pleased to receive their mail.*

2. *Another view of the same group.*

3. *Portrait of a young veteran, wearing the Iron Cross first and second class, the wound medal and the medal for the first winter in Russia.*

4. *Infantry attacking. Note burning US vehicle at the edge of the woods.*

4

1

Si les pertes allemandes sont importantes notamment à la *Panzerbrigade 111*, de part et d'autre les combats de septembre ont clairsemé les rangs. Un certain nombre d'éléments US sont faits prisonniers durant cette période. Le reportage suivant nous montre l'avancée vers l'arrière du front d'une colonne de prisonniers US encadré par des hommes de la *Panzerbrigade 111*.

1. En tête de colonne, un chef de groupe de la *Panzerbrigade 111* portant un blouson croisé feldgrau, décoré de l'*E.K.II* et de l'insigne d'assaut des troupes motorisées, guide des prisonniers US. (BA 301/1968/6.)

2. La colonne défile, les deux soldats allemands de la photo précédente sont encore visibles. Les Américains portent tous le blouson de toile modèle 341. Noter l'échantillonnage des casques US et des filets. (BA 301/1968/7.)

3. C'est la fin de la file, les soldats US portent tous les deux un foulard et semblent à l'instar de leurs adversaires relativement jeunes. (BA 301/1968/8.)

4. Certains prisonniers sont dotés de bicyclettes ! Noter le port du « beanie's » et du filet à petite maille sur le casque de droite. A l'arrière-plan, une femme regarde le spectacle, elle semble esquisser un sourire ! (BA 301/1968/10.)

2

3

The combats in early September in the XII Corps area were just as bitter as in the XX Corps sector. Panzer-Brigade 111 suffered heavy losses, but managed to capture a number of Americans, shown here being marched to the rear.

1. Escorted by a veteran at the head of the column, the prisoners have formed an orderly procession.

2. Closer shot of the same group. The GI's have mostly retained their helmets.

3. Two men at the end of the column.

4. A different view of the same. One GI is pushing a bicycle and the one in the center is wearing a « beanie » cap.

All the above photos from the Bundesarchiv.

4

Corny avant guerre

1. Vue général de Corny avant 1944.

2. Le pont de Corny qui fera l'objet d'intenses combats en 1944.

3. Le baptême des cloches de l'église de Corny au début du siècle.

Corny before the war

1. *A general view of the village.*

2. *The bridge fought over in 1940.*

3. *The consecration of new bells for the village church at the beginning of the 20th century.*

4. *The church tower at Corny.*

5. *The organ in Corny church.*

6

4. Le clocher de l'église de Corny.

5. Les orgues de l'église de Corny avant guerre.

6. Les ruines de l'église après les violents combats entre les troupes américaines et allemandes.

6. The ruins of the church just after the liberation of the village. The front line ran right through the middle of the village for almost two months in the autumn of 1944.

(Photos courtesy Thanks GI's.)

1

Corny après les combats

1. Epave d'un *Sturmgeschütz* dans les ruines de Corny, de gauche à droite Simone Chagot-Georgette Thill-Françoise Dieudonnée et Mme Dieudonnée mère.

2. Une vue de la rue principale de Corny.

3. Encore une vue des ruines de Corny, on devine l'intensité des combats.

4 et 5. Les deux côtés de la rue principale de Corny également lourdement touchés par les tirs.

6 et 7. Deux vues de Corny au printemps 1945, les habitants seront relogés dans les baraquements.

2

3

4

After the battle

1. The wreck of a German assault gun abandoned in the ruins of Corny. The three girls are from let to right, Simone Chagot, Georgette Thill and Françoise Dieudonnée whose mother is on the right.

2. A view down the main street.

3. Another view of the ruins of Corny.

4. & 5. Buildings on either side of the main street severely damaged by shellfire.

6. & 7. Two views taken in the spring of 1945. The inhabitants have moved back into their houses.

(Photos courtesy of Thanks GI's.)

5

6

7

Tandis que, sur la droite du *XX Corps*, le CCB de la *7th Armored Division* et deux régiments d'infanterie de la *5th Division* s'ouvrent un chemin au-delà de la rivière au sud de la cité ; on attend la plus forte opposition au centre. Avec la *90th Infantry Division* échelonnée au nord-est et se dirigeant sur la Moselle à Thionville, le CCA et le *2nd Infantry Regiment* sont tout ce qui reste pour s'attaquer au saillant fortifié. C'est là que les principales forces allemandes sont concentrées car, pour défendre la ville, elles doivent occuper les hauteurs de l'ouest.

Quand l'avance a repris le 7 septembre, le CCA a progressé au centre. Il est parvenu à la rive de la Moselle, juste au nord de la ville et au dehors du périmètre fortifié et il s'est arrêté là, estimant qu'il pourrait franchir la rivière à cet endroit. Au sud de cette unité, le *2nd Infantry Regiment*, commandé par le colonel Roffe, s'est avancé en direction de Metz, relié à ses voisins par de petites patrouilles de la *Cavalry* et des unités de reconnaissance. Le lendemain, trouvant cette unité trop isolée de sa division, le général Walker modifie la structure de commandement. Il cède le CCB au général Irwin qui commandera ainsi une force composite associant blindés et infanterie, au sud. Le *2nd Infantry RCT* et les deux autres *Combat*

While on the right of XX Corps, CCB of 7th Armored Division and two infantry regiments from the 5th Division were picking their way down to the river to the south of the city, the major opposition should have been anticipated in the center. With the 90th Infantry Division echeloned to the northeast and heading for the Moselle at Thionville, CCA and the 2nd Infantry Regiment were all that was left to deal with the fortified salient. It was there that the main enemy forces were concentrated because, to defend the city, they had to occupy the high ground to the west.

When the main advance got under way on 7 September, CCA led the way in the center. They penetrated to the river bank, just north of the city and outside the fortified area, where they halted, under the assumption that they would undertake a crossing there. To the south of them, the 2nd Infantry Regiment, commanded by Colonel Roffe, moved due east toward Metz, linked to their neighbors by tenuous cavalry patrols and reconnaissance units. By the fol-

lowing day, they had become so detached from their parent division, that the command structure was changed by General Walker. He gave CCB to General Irwin, who thus commanded a composite armor and infantry force in the south. The 2nd Infantry RCT and the other two combat commands (CCA and CCR) formed a central task force under the command of General Silvester of 7th Armored Division. The precise mission of 2nd infantry was to occupy the enemy in the Metz perimeter to hinder the Germans from reinforcing the crossing sites in the south.

As in the southern bridgehead, armor was to be of little help on account of the difficult terrain and the same constraints applied to the west of the city. Only a few roads led down from the plateau through narrow ravines into the city; and the whole perimeter, apart from the main forts, was a network of skillfully placed field defenses—bunkers, barbed wire, trenches, and minefields. The perimeter was held by three German regiments that were probably equivalent in strength to an American infantry division. If one accepts the view that a frontal attack against a fortified position requires a superiority of at least three to one, then it is obvious that XX Corps was faced with a difficult task. It had only one infantry regiment and some armor, instead of the required three good infantry divisions and massive artillery support.

In fact, the events of 1870 were due to be repeated, although on a much smaller scale. After their attempts to break out to the west along the Verdun road had

Command (CCA et CCR) forment alors une *Task force* sous le commandement du général Silvester de la *7th Armored Division*. Le *2nd Infantry* a pour mission précise de fixer les Allemands sur le périmètre défensif de Metz pour les empêcher de renforcer les points de franchissement au sud.

Les blindés sont de peu d'utilité dans la tête-de-pont méridionale en raison de la nature du terrain, comme nous l'avons vu. Les mêmes contraintes apparaissent à l'ouest de la ville. Seules quelques routes descendent du plateau vers la ville, par quelques ravines étroites et, outre les principaux forts, tout le périmètre est constitué d'un réseau de positions de campagne adroitement réparties : bunkers, réseaux de barbelés, tranchées et champs de mines. Le périmètre est tenu par trois régiments allemands qui sont probablement l'équivalent en force d'une division d'infanterie américaine. Si on accepte le principe qu'une attaque frontale contre une position fortifiée nécessite une supériorité d'au moins trois contre un, il devient évident que le *XX Corps* se trouve confronté à une difficile mission. Il ne dispose ici que d'un régiment d'infanterie et de blindés au lieu des trois bonnes divisions d'infanterie et d'un soutien massif de l'artillerie qui seraient nécessaires.

En fait, les événements de 1870 vont se répéter, bien qu'à une plus petite échelle. Après que ses tentatives de percer à l'ouest sur l'axe de la route de Verdun aient échoué suite aux batailles entre Vionville et Mars-la-Tour, l'armée française commandée par le maréchal Bazaine s'est repliée sur Metz. Elle a occupé une ligne passant par la rivière à Ars, à Gravelotte, et courant vers le nord à Amanvillers et Saint-Privat (ligne identique à celle tenue par les Allemands en septembre 1944 et avec les mêmes conditions tactiques et géographiques imposées aux attaquants). La différence réside dans le fait qu'en 1870 les forts n'étaient pas encore construits mais les Français avaient un avantage sur les Prussiens, ils avaient un fusil aux

Le site de Gravelotte.

Gravelotte draw.

performances bien supérieures : le Chassepot. La bataille, qui se déroula le 18 août 1870, connue sous le nom de Gravelotte - Saint-Privat, opposa environ 330 000 hommes. Les Allemands furent incapables de percer à travers les lignes françaises et cette impasse se poursuivit jusqu'à ce qu'ils assiègent l'armée française à Metz où celle-ci finit par capituler après quelques timides tentatives de percée.

Le **7 septembre**, les 1er et 2e Bataillons du *2nd Infantry Regiment* se jettent aveuglément sur les défenses avancées tenues par le *Fahnenjunker-Regiment* et par les troupes de l'école de sous-officiers le long de la ligne Gravelotte-Verneville-Amanvillers. Citons l'historique officiel de la campagne : « *Des informations trop limitées fournies par les services de renseignement et une reconnaissance terrestre et aérienne inadéquate durant l'avance précipitée vers la Moselle forcent le* 2nd Infantry *à attaquer aveuglément, tâtonnant au milieu de la bataille pour distinguer la ligne défensive allemande.* » L'unité allemande est de haut niveau, formée d'hommes récemment promus et qui souhaitent se distinguer. Ils adhèrent rapidement à la doctrine tactique officielle allemande de contre-attaques immédiates pour regagner le terrain perdu, sans tenir compte des pertes. En outre, le *Fahnenjunker-Regiment* dispose de l'avantage de s'être entraîné sur le terrain qu'il va défendre avec une telle ténacité.

Les deux bataillons d'infanterie sont arrêtés par les champs de mines et une résistance déterminée des Allemands. Ainsi, bloqués, ils sont soumis à l'artillerie lourde, quoique le général Krause ait signalé que la garnison de Metz se trouvait juste en munitions de manière chronique. Le 2e Bataillon réussit à liquider les postes avancés établis à Verneville mais le 1er Bataillon est repoussé d'Amanvillers. Le **lendemain matin**, cette dernière unité est brutalement contre-attaquée par une force allemande assez puissante qui réussit à tuer deux officiers et soixante-six hommes avant d'être repoussée. Après s'être réorganisé, et avec ses quatre compagnies en ligne, le 1er Bataillon repart courageusement à l'attaque. Il est à nouveau arrêté peu avant le village, pris en terrain découvert par une grêle cinglante de tirs d'armes légères et par un barrage d'artillerie. Le 3e Bataillon, qui se trouvait en réserve, est mis en ligne à l'est de Malmaison dans une tentative de soutenir le faible front. L'historique de la *5th Division*, un chef-d'œuvre d'euphémisme, dépeint ces assauts initiaux comme « inattendus ».

Le **9 septembre**, une *Task Force* du CCA *(Task Force McConnell)* est rattachée à l'infanterie afin de faire sauter le verrou. Cette unité a pour mission de contourner le flanc du *Fahnenjunker-Regiment* suivant la ligne allant d'Amanvillers à Gravelotte, en faisant un crochet depuis Saint-Privat au nord. Cependant, un regard sur une carte topographique montre aussitôt qu'une telle manœuvre est impossible, pour la simple raison que, derrière Amanvillers, la route descend vers Metz par une ravine encadrée par des flancs rocheux verticaux. Pour accomplir cette mission, elle doit la traverser selon un angle droit, ce qui est quasiment impossible pour des blindés.

Cependant, elles n'auront pas l'occasion d'y être confrontées. Dans la matinée, l'artillerie américaine s'abat sur les positions allemandes repérées et, à **13 h 30**, blindés et fantassins se mettent en route. La *Task Force Mc Connell* n'est encore qu'à faible distance de Saint-Privat, à l'est, quand elle subit des tirs violents depuis les hauteurs qui se trouvent en face. L'artillerie allemande élimine sept chars et deux canons automoteurs, forçant la colonne à battre en retraite sur Saint-Privat. A partir de là, la *Task Force* tente, avec aussi peu de succès, d'exécuter une attaque de flanc, pour appuyer l'infanterie qui tente de s'ouvrir un chemin sur Amanvillers.

Le reste du régiment ne connaîtra pas non plus de succès aujourd'hui. Le 2e Bataillon gagne « *quelques centaines de mètres* » à l'est de Terneville, des termes rappelant les communiqués de la Première Guerre mondiale, tandis que le 3e Bataillon tente d'avancer vers l'est, depuis la Malmaison jusqu'à la ferme Moscou. Cette dernière s'articule en plusieurs bâtiments de pierre qui avaient été défendus par les Français en 1870. Renforcée depuis par des bunkers et des barbelés, elle va résister aux Américains en 1944. Cette nuit-là, le colonel Roffe signale à son supérieur, le général Silvester, que le régiment a perdu 14 officiers et 332 hommes. En trois jours de combats peu concluants, le 1er bataillon déplore à lui seul 228 pertes à Amanvillers. Le colonel Roffe proteste fortement contre l'envoi de ses hommes contre « 20 inutiles forts bizarres ». Il note avec bon sens que l'artillerie a prouvé son inefficacité et qu'il a besoin des avions et des bombes lourdes.

Ces références à des forts posent un problème à l'historien. Le *2nd Infantry* se bat contre la ligne d'avant-postes allemande qui se trouve à environ un kilomètre et demi en avant de la ligne de crêtes sur laquelle les forts sont implantés. Si vous parcourez ce secteur de nos jours, les champs

failed as a result of the battles between Vionville and Mars-la-Tour, the French army under Marshal Bazaine retreated back toward Metz. They occupied a line from the river at Ars, through Gravelotte, and running north to Amanvillers and St. Privat (almost identical to the German line in September 1944 and with the same tactical and geographical conditions imposed upon the attacker). The difference was that in 1870 the forts had not been constructed, but the French had the advantage over the Prusssians in that they has a vastly superior rifle: the *chassepot*. The battle known as Gravelotte-St.Privat was fought on 18 August 1870, and the opposing forces numbered some 330,000 men. The Germans were unable to break through the French lines and stalemate ensued until they besieged the French army in Metz, where it subsequently surrendered after a few halfhearted attempts to break out

On **7 September**, the 1st and 2nd Battalions of the 2nd Infantry Regiment stumbled blindly into the outer defenses held by the Officer Candidate Regiment and the NCO School troops along the line Gravelotte-Verneville-Amanvillers. To quote the official history of the campaign, « Limited intelligence information and inadequate ground and air reconnaissance during the hurried drive to the Moselle forced the 2nd Infantry to attack blindly, groping in the midst of battle to feel out the contours of the German defense line. » The enemy was a first-class fighting unit, whose newly commissioned members were yearning to distinguish themselves. They adhered rigidly to the official German tactical doctrine of immediate counterattacks to regain any ground lost - regardless of casualties. In addition the OCR had the advantage of having trained over the ground they were to defend so tenaciously.

The two infantry battalions were brought to a halt by the field works and stubborn resistance of the Germans. Thus pinned down, they were subjected to heavy artillery fire, although General Krause stated that the Metz garrison was chronically short of ammunition. The 2nd Battalion managed to drive the enemy outposts out of Verneville, but the 1st Battalion was driven back from Amanvillers. The **following morning**, the latter unit was savagely counterattacked by a fairly large German force which managed to capture or kill two officers and sixty-six men before being repelled. After reorganizing, and with all four companies in line, the 1st Battalion gallantly returned to the attack. Again they were stopped short of the village, caught in the open by a withering hail of small-arms fire and an artillery barrage. The 3rd Battalion was pulled out of reserve and thrown into the line to the east of Malmaison in an attempt to bolster the weak front. The History of the 5th infantry Division, in a masterpiece of understatement, describes these initial assaults as « unexpected. »

On **9 September**, a task force from CCA (Task Force McConnell) was attached to the infantry in an effort to break the deadlock. The mission of this unit was to turn the flank of the Officer Candidate Regiment along the line from Amanvillers to Gravelotte, by hooking behind them from the north out of St. Privat. However, a glance at a contour map should have shown them that this maneuver would have been impossible, for the very simple reason that behind Amanvillers the road down to Metz runs through a ravine with almost vertical rocky sides. In order to carry out their orders they would have to cross this at right angles, and it would have been quite impassable for armor.

However, they did not get near enough to make the attempt. During the morning the American artillery pounded away at the known German positions, and at **1330** both armor and infantry moved off. Task Force McConnell only managed to progress a short distance east from St. Privat, when they were subjected to heavy fire from the high ground in front. German artillery eliminated seven tanks and two SP guns, forcing the column to beat a retreat back into St. Privat. From there the task force tried without much success to execute a direct flank attack in support of the infantry, still trying to batter their way into Amanvillers.

Neither did the rest of the regiment have any particular success that day. The 2nd Battalion made a gain of a « few hundred yards » to the cast of Verneville, described in terms reminiscent of the First World War, while the 3rd Battalion tried to move east from Malmaison toward Moscou Farm. This latter feature was composed of a number of strong stone buildings and had been stoutly defended by the French in 1870. Improved since by the addition of bunkers and barbed wire, it managed to hold up the Americans in 1944. That night, Colonel Roffe reported to his superior, General Silvester, that his regiment had lost 14 officers and 332 men. In three days of inconclusive fighting, the 1st Battalion alone had lost 228 casualties at Amanvillers. Colonel Roffe registered a strong protest about sending his men « uselessly » against « 20 odd forts. » He sensibly pointed out that artillery had proved ineffective and that aircraft and heavy bombs were needed.

These references to the forts pose a problem to the historian. The 2nd infantry was fighting the German outpost line that was about a mile in advance of the main ridge on which the forts were situated. If you walk over the area today, the peaceful farm fields are still dotted with ruined concrete bunkers and the indentations of bomb craters and trenches. The two villages of Amanvillers and St. Privat in advance of the main line of defence consisted of solidly built houses that were easily converted into strongpoints and in advance of the villages were several stone-built farms that had been turned into miniature fortresses by the Germans. It is quite extraordinary how history repeated itself in September 1944. The terrain to the west of the line St. Privat – Amanvillers is open farmland, sloping gently upwards and totally devoid of cover. It was on exactly that same ground that on 18 August 1870, with flags flying, drums beating and their officers waving their drawn sabers, that the Prussian Guards Division marched to their doom over the killing fields of St. Privat. The French defenders entrenched behind the solid stone walls of the villages, caught the Prussians in the open and scythed them down. The two villages were destroyed in the process, rebuilt by the Germans after that war, only to be wrecked again by XX Corps in 1944. Reclaimed by their French inhabitants the two villages have once again been reconstructed and even slightly extended. The battlefield, cut in two by the modern *autotoute* from Paris to Metz is still dotted with memorials to the doomed Prussian regiments, but there is nothing there to honor the GI's of the 2nd Infantry or their 7th Armored comrades. I doubt if any of them knew of that earlier battle and that the ground soaked with their blood had experienced similar slaughter only 74 years earlier.

All the American reports speak of the very heavy bombardments by German artillery, who were supposed to be short of ammunition. Cole, on the basis of the official documentation, refers to fire being received from Fort Kellermann and the Lorraine Group. He states that when seven battalions of American artillery fired at the Lorraine Group, their fire subsided briefly; but field pieces had little effect on fortress batteries, which were in steel turrets, located on rear slopes, and requiring high-angle fire to

paisibles restent parsemés de bunkers en béton ruinés et de dépressions, anciens trous de bombes et tranchées. Les deux villages d'Amanvillers et de Saint-Privat, situés en avant de la principale ligne de défense sont constitués de maisons solidement construites qui ont été facilement converties en points d'appui. Et, en avant des villages, il y a plusieurs fermes, aux solides murs de pierre qui ont été transformées en petites forteresses par les Allemands. Il est tout à fait extraordinaire de voir comment l'histoire se répète en septembre 1944. Le terrain qui s'étend à l'ouest de la ligne Saint-Privat - Amanvillers est un paysage de champs ouverts, grimpant légèrement et manquant totalement de couverts. C'est exactement sur le même terrain que la division de la Garde prussienne, drapeaux claquant au vent, tambours battant et les officiers dressant leurs sabres, marcha vers son destin sur le champ de bataille de Saint-Privat le 18 août 1870. Les défenseurs français s'étaient retranchés derrière les solides murs de pierre de villages, ouvrirent le feu sur les Prussiens se trouvant à découvert et les fauchèrent. Au cours de ces combats, les deux villages furent détruits et reconstruits par les Allemands après la guerre pour être à nouveau détruits par le *XX Corps* en 1944. Récupérés par leurs habitants français, les deux villages ont été à nouveau reconstruits et même légèrement agrandis. Le champ de bataille, coupé aujourd'hui en deux par la moderne autoroute Paris-Metz, est encore parsemée de monuments élevés à la mémoire des régiments prussiens mais il n'y a rien pour la mémoire des GI's du *2nd Infantry* et de leurs camarades de la *7th Armored*. Je doute fort qu'ils aient eu connaissance de cette ancienne bataille et que le sol qui a vu leur sang couler avait connu un massacre semblable 74 ans plus tôt.

Tous les rapports américains parlent de très violents bombardements de l'artillerie allemande qui était supposée être à court de munitions. Sur la base de la documentation officielle, Cole fait référence à des tirs partant du Fort Kellermann (*Wolfsberg*, sous son nom allemand, NDT) et du Groupe Lorraine (*Feste Lothringen*). Il déclare que lorsque sept groupes d'artillerie américains ouvrent le feu sur le Groupe Lorraine, leurs tirs baissent d'intensité brièvement. Mais des pièces d'artillerie de campagne sont peu efficaces contre des batteries de forteresse qui sont abritées sous des tourelles en acier, placées à contre-pente, nécessitant des angles élevés de tir pour les atteindre. Nous savons, par le général Krause, qu'au début de la bataille, dans les premiers jours du mois de septembre, les seules pièces de forteresse en état de marche sont une batterie du fort Driant et probablement trois obusiers de 150 mm au Fort Jeanne d'Arc qui « ne pourront être engagés que lorsque les combats avec l'ennemi auront commencé le 6 septembre ». Le Fort Kellermann n'a jamais été équipé de telles tourelles, il n'a été conçu que comme point d'appui pour l'infanterie. A l'origine, le Groupe Lorraine dispose de six canons de 100 mm et de six obusiers de 150 mm et deux de ces derniers sont en ordre de marche en novembre. Il est bien sûr possible qu'ils aient ouvert le feu sur le *2nd Infantry Regiment* durant la seconde semaine de septembre. On peut cependant établir qu'une petite partie des obus reçus par cette unité provenaient des batteries établies dans les forts. Nous sommes alors confrontés à une autre question. S'ils ne proviennent pas des forts, d'où sont tirés ces obus ? Krause déclare de manière quasi définitive que ses pièces antiaériennes ont été amenées à l'arrière pour protéger les lignes de ravitaillement et qu'il n'avait pas d'artillerie auto motrice blindée à Metz. Il note avoir à sa disposition un détachement d'artillerie de remplacement armé de canons de 75 mm russes (dans ce cas des 76,2 mm, NDT) hippomobiles placés autour de Gravelotte et une batterie de quatre canons de 105 mm dans le secteur de Saint-Privat. Une telle quantité de pièces d'artillerie n'était pas capable de produire la puissance de feu décrite dans les rapports américains, laissant à chacun d'apprécier si ceux-ci ont été exagérés ou si les Allemands ont reçu d'importants renforts qui n'ont pas été notés par le commandant de la division.

Il est difficile de répondre aux demandes d'appui aérien du colonel Roffe car les avions disponibles sont très dispersés sur un large front. Tous les réclament mais, le **10 septembre**, trois *squadrons* sont détachés pour attaquer le secteur d'Amanvillers. Les P-47 fondent sur ce secteur, larguent leurs bombes de 500 livres avec peu de résultat. Une amusante mention de cette attaque se trouve dans un article de l'*Opdelika Daily News*, journal quotidien d'une petite ville d'Alabama :

« *Etre sauvé par un* Major General *est un exploit qui n'arrive pas chaque jour et c'est pourquoi ce n'est pas une histoire ordinaire de sauvetage. Le* 1st Lt Ike Dorsey, *fils de M. et Mme I.J. Dorsey Jr d'Opdelika en Alabama n'est pas prêt d'oublier son sauvetage. Le Lt Dorsey est le pilote d'un chasseur P-47 Thunderbolt engagé au-dessus de la France la veille au soir lorsqu'il est pris dans un barrage de DCA produit par des canons allemands de 20 mm. Son avion s'écrase sur le flanc d'une colline près d'Amanvillers, en France. Immédiatement, après s'être extrait de son avion, il court jusqu'à un groupe de buissons en bordure d'un champ. Bientôt, il entend le bruit d'un moteur de véhicule. Prudemment, il observe depuis sa position camouflée et aperçoit un véhicule blindé avec une étoile blanche à l'avant et l'habituel symbole rouge avec des étoiles blanches signalant un officier général. Avec un cri de surprise et de joie, il bondit en l'air et court jusqu'au véhicule pour grimper à bord et être accueilli personnellement par le* Major General *Lindsay Mc Donald Silvester, dont la* 7th Armored Division *avait son bivouac aux environs. »*

Quand l'infanterie relance ses attaques, elle rencontre la même opposition déterminée qu'auparavant. En faisant pivoter les blindés autour du flanc sud du 1er Bataillon, elle réussit à avancer à une centaine de mètres des premières maisons d'Amanvillers. Au centre, le 2e Bataillon avance de quelques centaines de mètres de plus et, sur la droite, le 3e Bataillon s'accroche à ses positions autour de Malmaison et Gravelotte.

Cette dernière unité est à nouveau engagée face aux Allemands sur un terrain historique. Juste devant son front se trouve une ravine dans laquelle coule une petite rivière, la Mance. Ce fut le cadre d'un grand massacre en 1870 quand les troupes du général prussien Steinmetz tentèrent de la traverser ; elle se révélera être le même piège en 1944. Les Allemands sont alors établis des deux côtés et ont disposé des mitrailleuses pour balayer le fond de la ravine. La route principale descendant de Gravelotte vers Metz traverse la ravine sur une chaussée surélevée pour ensuite serpenter sur le versant opposé qui est dominé par la ferme Saint-Hubert. Derrière celle-ci, caché au milieu des bois, se dresse le plus vaste des forts de Metz, le Fort Jeanne d'Arc (*Feste Kaiserin*). Tout le secteur est parsemé de monuments de la guerre de 1870 et de tombes y compris un impressionnant monument aux morts du Bataillon des *Jäger* (chasseurs) de Rhénanie. Le 3e Bataillon tente d'envoyer des patrouilles de l'autre côté mais sans succès. Et ensuite, il essaie de contourner la position en traversant le Bois de Gênivaux. Chaque fois qu'il essaie d'avancer sur un terrain peu familier, des groupes d'Allemands se glissent derrière eux, coupant leurs patrouilles. Muni de cartes inadéquates, un bataillon d'infanterie américain est en train de tâtonner dans un terrain où son adversaire s'est entraîné pendant des mois et connaît chaque buisson et chaque rocher.

Ce soir-là, des renforts arrivent, c'est le CCR qui s'est extirpé des bouchons dans les défilés situés au sud de la ville. Le général Silvester a décidé d'utiliser cette force pour tenter un autre mouvement tournant depuis le nord afin d'arriver derrière les positions adverses tandis qu'au même moment la malheureuse infanterie mènera une attaque frontale. En **début de matinée, le 11 septembre**, les blindés se dirigent vers l'est, en direction du village de Pierrevillers où ils tombent sur des obstacles en béton bloquant la route et couverts par des canons antichars, servis probablement par des éléments de l'école de sous-officiers. Pour y échapper, la colonne blindée oblique vers le sud, en direction de Semecourt, le long d'une des routes principales menant à Metz. Elle mène un mouvement tournant autour du flanc nord de la zone fortifiée mais, sur leur droite, il y a la Crête des Fèves, sur laquelle sont implantés les Forts Canrobert. Ceux-ci n'ont pas de tourelle d'artillerie mais alignent un mur vertical en béton sur toute la longueur de la crête. Des tirs précis depuis des positions d'artillerie bien camouflées arrêtent les blindés américains. L'officier commandant l'unité et deux chefs de bataillon sont blessés. Un effort final est fait en démontant des troupes qui tentent de prendre pied sur la Crête des Fèves. Mais alors, l'attaque du CCR se trouve verrouillée, déviée par les fortifications.

Entre-temps, l'attaque prévue de l'infanterie a été tout d'abord retardée par les contre-attaques allemandes qui ont perturbé les prévisions horaires des Américains. Au centre, le 2e Bataillon se trouve impliqué dans une bataille en bascule au cours de laquelle il perd la moitié de ses forces et une partie du terrain durement acquis. Le 1er Bataillon, qui s'accroche encore aux abords d'Amanvillers, est délogé par des tirs intenses et doit se replier d'environ cinq cents mètres. L'unité est si éprouvée qu'elle doit être relevée pendant la nuit et placée en réserve. Pour la remplacer, le 3e Bataillon est placé au nord tandis que leurs positions sur la droite sont prises en charge par le *87th Cavalry Reconnaissance Squadron*.

Cependant, la bataille doit continuer. Le 3e Bataillon a pour mission de regagner le terrain perdu la veille, ce qu'il réussira en deux jours de combat acharné. Mais alors l'infanterie se trouve écrasée par la fatigue et n'est plus une force efficace. Même dans ces conditions, le général Irwin doit être persuasif pour obtenir que le corps d'armée renonce à son attaque, ce qu'il accepte finalement le **14 septembre**. Dans les deux premières semaines de septembre, la division du général Irwin a pratiquement cessé

reach them. We know from General Krause that, at the beginning of the battle in early September, the only fortress guns in working order were one battery at Driant and possibly three 150-mm howitzers at Fort Jeanne d'Arc, which could « only go into action after combat engagements with the enemy had begun on 6 September. » Fort Kellermann never had any turret artillery fitted - it was built purely as an infantry strongpoint. The Lorraine Group originally had six 100-mm guns and six 150-mm howitzers, and two of the latter were in working order in November. It is, of course, possible that they had been made operational much earlier and did in fact fire at the 2nd Infantry Regiment during the second week in September. One can state, however, that only a small proportion of the shells fired at that unit could have come from fixed batteries in the forts. This in turn poses another question. If not from the forts, where did the gunfire come from? Krause states quite definitely that his anti-aircraft guns were removed to the rear to guard the supply lines and that he had no armored self-propelled artillery in Metz. He lists his available ordnance as a Replacement Artillery Detachment armed with horse-drawn Russian 7.5-cm cannon, located around Gravelotte, and a battery of four 10.5-cm guns in the St.Privat area. That number of guns could not have brought down such an amount of fire as is described in American accounts of the battle, leaving one to assume either that these were exaggerated or that the Germans received heavy reinforcements which were not noted by their divisional commander.

Colonel Roffe's request for air strikes was difficult to meet, as the available aircraft were thinly spread along a wide front. Everyone was hollering for them, but on 10 September, three squadrons were released for attacks on the Amanvillers sector. The P.47's swooped in and dropped their 500-pound bombs with little effect. An amusing sideline to this attack comes in a cutting from the Opdelika Daily News, a small town in Alabama.

« To be rescued by a Major General is a feat that just doesn't happen everyday and maybe that is why this isn't just another rescue story. To 1st Lt. Ike Dorsey, son of Mr. and Mrs. I. J. Dorsey, Jr., of Odelika, Alabama, it is a rescue he will never forget. Lt. Dorsey was pilot of a P-47 Thunderbolt Fighter plane over France last evening when he was caught in a barrage of anti-aircraft flak thrown up by German 20mms. His plane crashed on a hillside near Amanvillers, France. Immediately after climbing from his plane he ran for a clump of bushes on the edge of the field. Soon he heard the sound of a motor vehicle. Cautiously he peered out from behind his camouflaged position and observed an armored car with the white star across its front and the familiar red sign with white stars to denote a general officer. With a cry of surprise and joy he leaped into the air and ran to the side of the vehicle and clambered aboard to be greeted personally by Major General Lindsay McDonald Silvester, who's 7th armored division was bivouacked nearby. »

When the infantry resumed their attacks, they met with just the same bitter opposition as before. By switching the armor around to the southern flank of the 1st Battalion, they managed to advance to within a hundred yards of the outer buildings of Amanvillers. In the center, the 2nd Battalion struggled forward a few more yards, and on the right, the 3rd Battalion clung to their positions around Malmaison and Gravelotte.

The latter unit was engaged with the enemy again on historic ground. Directly to their front was the ravine in which ran a small stream known as the Mance. The scene of great slaughter in 1870 when the troops of the Prussian General Steinmetz attempted to cross it, it was to prove an equal deathtrap in 1944. The Germans were positioned on both banks and had sited machine guns to fire along the base of the ravine. The main road from Gravelotte down into Metz crosses the ravine via a raised causeway and then winds up the opposite slope which is topped by St. Hubert Farm, behind which, hidden in the woods is the largest of the Metz forts, Jeanne d'Arc. The whole area is dotted with 1870 memorials and graves including an impressive one to the dead of a Rhineland *Jaeger* Battalion. The 3rd Battalion had tried to push patrols across without success, and so they then attempted to outflank the position by moving around it through the Bois de Gênivaux. Whenever they managed to move forward over the unfamiliar terrain, groups of the enemy slipped back behind them and cut off their patrols. Equipped with inadequate maps, an American infantry battalion was stumbling around in country over which their enemy had spent many months of training and had become familiar with every bush and rock.

That evening, reinforcements arrived in the shape of CCR, which had at last been extricated from the traffic jam in the defiles south of the city. General Silvester decided to use this force to try another wheeling movement from the north to get in behind the enemy positions, while at the same time the unfortunate infantry made a frontal attack. In the **early morning of 11 September,** the armor moved off to the east toward the village of Pierrevillers, where they came up against concrete roadblocks covered by antitank guns, probably manned by elements from the NCO School Regiment. To avoid these, the armored column swerved to the south toward Semecourt along one of the main roads leading into Metz. This led around the north flank of the fortified zone, but to their right was the Fèves Ridge, on which the Canrobert forts were situated. These had no turret artillery, but were faced by a vertical concrete wall the entire length of the ridge. Accurate fire from well-concealed gun positions again halted the American armor. The commanding officer and two battalion commanders were wounded. A final effort was made by dismounted troops, who managed to gain a toehold on the Fèves Ridge. But by then the attack by CCR had shot its bolt, deflected by the fortifications.

In the meanwhile, the planned infantry attack was initially delayed by German counterattacks that disturbed the American timetable. In the center, the 2nd Battalion became involved in a seesaw battle, in the process of which it lost half its strength and some of its hard-won ground. The 1st Battalion, still clinging to the edge of Amanvillers, was dislodged by intense fire and forced to pull back some five hundred yards. The unit was so shattered that during the night it had to be relieved and placed in reserve. To replace it, the 3rd Battalion was brought north, while their positions on the right were taken over by the 87th Cavalry Reconnaissance' Squadron.

However, the battle had to go on. The 3rd Battalion was given the task of regaining the ground lost the previous day, which they succeeded in accomplishing in two more days of bitter fighting. By then the infantry were drunk with fatigue and no longer capable of functioning as an efficient force. Even so it took a lot of persuasion on the part of General Irwin to get corps to abandon the attack, which was finally authorized on **14 September**. In the first two weeks of September, General Irwin's division had virtually ceased to exist, having lost about half its strength and during that month they received the highest total of replacements of any month of the war -5,180 officers and men.

d'exister, ayant perdu environ la moitié de ses forces et, durant ce même mois, elle reçoit le plus grand nombre de renforts par rapport aux autres mois de la guerre : 5 180 officiers et hommes de troupes.

Les attaques au nord

Ayant suivi le sort de la droite et du centre du *XX Corps* dans leurs efforts pour obéir au *Field Order N° 10* durant les premières phases de la bataille de Metz, nous en venons maintenant à l'aile gauche. Celle-ci est constituée par la *90th Division* qui avait pour première mission de prendre Thionville et de traverser la Moselle dans ce secteur. L'objectif initial était de prendre les hauteurs situées à l'ouest de cette ville.

Nous avons vu que, sur la droite de la division, le CCA a avancé jusqu'à la rivière et s'est établi sur la rive occidentale, au nord de Metz, les Allemands s'étant repliés de l'autre côté d'où ils envoient des obus sur les blindés. La *90th Infantry Division* est confrontée à une tâche difficile. Elle forme le flanc gauche de la *Third Army* qui est, en fait, dans le vide car il n'a pas de réel contact avec le *V Corps* de la *First Army* qui est engagé au Luxembourg, sur leur gauche. Jusqu'à ce qu'un tel contact puisse être établi, les troupes du général McLain ne peuvent avancer vers l'est en une solide phalange mais doivent s'échelonner au nord-est avec leurs trois régiments répartis sur un front de quelques 25 kilomètres ce qui, en termes militaires classiques, peut conduire à la défaite. Cependant, leurs adversaires ne forment qu'un mince rideau avec seulement deux régiments de la *559. Volksgrenadier-Division* entre la *90th Division* et la Moselle. La Ligne Maginot court suivant un arc de cercle au nord de Thionville et parallèlement à la frontière luxembourgeoise. Dans ce secteur particulier, les Allemands n'ont pas tenté de l'utiliser car ils n'ont pas d'hommes disponibles pour l'occuper. En ce qui concerne les défenses de Thionville, bien qu'elles soient du même type et de la même époque que les forts de Metz, elles sont moins élaborées. Ce sont des ouvrages du type *Feste*, l'un sur les hauteurs à l'ouest de la ville et deux sur la rive orientale de la Moselle. Tous sont apparemment dans le même état mais ne sont pas reliés par des ouvrages de campagne et des bunkers comme dans le périmètre de Metz.

Le **6 septembre**, la *90th Infantry Division* s'est rassemblée près d'Etain et, le lendemain matin, elle se met en route à pied. Sur la droite, le *357th Infantry Regiment* se trouve engagé dans un combat avec une arrière-garde d'un régiment de la *559. VGD* qui se terre dans la petite mais importante cité minière de Briey. En attaquant frontalement, le 2ᵉ Bataillon est mis en échec face à une opposition déterminée mais les deux autres bataillons contournent la ville et l'encadrent.

Cependant, à l'insu du général McLain, des ennuis se préparent, sous la forme de la *106. Panzerbrigade*, qui est commandée par un certain colonel Baeke. C'est l'une de quelques brigades blindées indépendantes qui ont été formées à la fin du mois d'août à partir de divisions anéanties sur le front de l'Est et qui ont été équipées de chars sortant directement des usines. Von Rundstedt a demandé à ce que ces véhicules blindés soient confiés aux divisions existantes pour pouvoir les reconstituer mais Hitler a insisté en « créant » de nouvelles formations et la plupart d'entre elles sont envoyées sur la Moselle dans la tentative du « Stop Patton ». Généralement, de telles formations comportent un bataillon d'infanterie mécanisée *(Panzergrenadier)* et un bataillon de chars équipé avec 33 chars *Panther* et 11 canons d'assaut plus une compagnie de Génie et des unités de services. Cette unité a été rassemblée au sud du Luxembourg. Par ailleurs, la *19. Volksgrenadier-Division* vient d'arriver dans le secteur. Le terme « *Volksgrenadier* » mérite quelques mots d'explication. Ces divisions, comme les brigades indépendantes, sont le produit du raclage des fonds de tiroir après la défaite subie en France. Résultat direct de l'attentat avorté de juillet 1944, Himmler a été nommé commandant en chef de l'armée de remplacement *(OB des Ersatzheeres)* et, en tant que tel, il est devenu responsable de la mise sur pied de nouvelles divisions, plutôt que de la reconstitution des anciennes, à qui on donnera le nom grandiloquent de « grenadiers du peuple ». Elles sont normalement constituées de trois régiments d'infanterie mais chaque régiment n'a plus que deux bataillons ce qui lui donne un effectif divisionnaire d'approximativement 10 000 hommes. L'objectif est de lever quarante de ces unités, en passant au peigne fin les services de l'arrière, les unités de dépôt, en incorporant des personnels de la *Luftwaffe* et de la marine maintenant en surnombre, en appelant des hommes employés dans l'industrie et en baissant à seize ans l'âge de l'incorporation. Entre août et octobre, Himmler recrute ainsi 500 000 hommes supplémentaires.

Le général von Knobelsdorf, chef de la *1. Armee*, obtient la permission d'utiliser la *106. Panzerbrigade* pour une attaque sur le flanc gauche américain. Mais on lui limite son utilisation à 48 heures. Par ordre n° 11 de l'armée, la brigade quitte sa position de départ près d'Audun-le-Romain, dans **la soirée du 6 septembre**. L'attaque est tout d'abord prévue pour la nuit prochaine mais elle est repoussée parce que l'infanterie d'appui (*Volks-Grenadier-Regiment 59*, appartenant à la *19. VGD*) n'est pas prête. Pendant les premières heures du lendemain matin, la brigade se divise en deux groupes, avec l'infanterie assise sur les véhicules. A partir de là, ils partent en reconnaissance vers le sud, jusqu'à Saint-Privat, font sauter un pont et laissent l'infanterie pour tenir les positions. Les blindés se retirent ensuite sur Aumetz.

Entre-temps, les deux autres régiments de la *90th Infantry Division* avancent sans rencontrer de réel problème et, dans la soirée, ils s'établissent sur la route menant de Briey à Longuyon. Le PC divisionnaire est installé à proximité de la petite ville de Mairy.

Durant la **fin de soirée du 7 septembre**, la *106. Panzerbrigade* reçoit de nouveau l'ordre d'attaquer vers Briey de façon à aider la *19. Volksgrenadier-Division* à prendre ses positions. Elle se met en route dans l'obscurité en trois colonnes et, tout à fait fortuitement, elle choisit de traverser Mairy où elle rencontre le PC de la *90th Division*, situé dans un secteur boisé légèrement à l'ouest de cette petite localité. Durant **la nuit du 7 au 8 septembre**, enfin, la moitié de l'unité allemande emprunte un chemin entre le quartier général de la division et le QG de l'artillerie divisionnaire avant que l'état-major américain réalise ce qui se passe. La colonne allemande avance en black out et avec aucune patrouille en tête car elle ne prévoit pas de tomber sur quelque opposition et imagine probablement qu'elle se trouve encore en territoire ami. Il y a alors une série d'actions hasardeuses lorsque les troupes du QG tombent sur ce qu'elles rencontrent. Une source signale que le général McLain aurait été réveillé par des tirs crépitant à une vingtaine de mètres de là et que quelques Allemands auraient raflé les dossiers secrets avant de rejoindre le reste de leur unité. Le meilleur témoignage sur cette action a été donné par l'adjoint du commandant de la division, le *Brigadier General* Bill Weaver, témoignage rapporté par John Colby dans son historique de la division (voir en bibliographie). Dans l'obscurité, il est difficile de distinguer amis et ennemis. William Mc Conalry, un médecin du *357th Regiment*, se trouve alors à quelques kilomètres au sud-est de Briey, il entend un certain nombre de chars avançant au milieu de la nuit et un certain nombre d'entre eux sont en train de tirer.

Le général prévoit de passer une bonne nuit à dormir : « *En conséquence, j'enlève tous mes vêtements extérieurs que je n'ai pas l'habitude de garder et je sombre… dans un profond sommeil. Vers 2 heures du matin, je suis réveillé par des ouam, ouam, ouam sur la droite de ma caravane…*

Le général von Knobelsdorf.

General von Knobelsdorf.

The attacks in the North

Having followed the fortunes of the right and center of XX Corps in their efforts to comply with Field Order No. 10 during the opening stages of the Battle of Metz, we come now to the left wing. This was formed by the 90th Division, whose primary mission was to capture Thionville and effect a crossing of the Moselle in that area. The initial objective set was the capture of the high ground to the west of that city.

We have seen that, on the right of the division, CCA had advanced as far as the river and was established on the west bank to the north of Metz, the enemy having withdrawn to the far side, from which they shelled the armor. The 90th Infantry Division was faced with a difficult task. They formed the left flank of the Third Army which was, in fact, hanging in the air, there being no solid contact with V Corps of 1st Army, who were operating in Luxembourg to their left. Until such contact was established, General Mclain's troops could not advance in a solid phalanx to the east, but had to echelon northeast with the three regiments spread out over a front of some 15 miles, which in classic military terms, invited defeat in detail. The enemy opposing them, however, was just as thinly spread, with only two regiments of the 559th Volksgrenadier Division between the 90th Division and the Moselle. Running in an arc north of Thionville and parallel to the Luxembourg frontier was the Maginot Line. In this particular sector the Germans had made no attempt to turn it around, besides which they did not have the manpower available to garrison it. As far as the defenses of Thionville were concerned, although these were of the same type and vintage as the Metz forts, they were far less sophisticated. There were three *feste*-type works, one on the heights to the west of the city and two on the east bank of the Moselle. All were apparently in some sort of working order, but were not joined by field works and bunkers as in the Metz perimeter.

During **6 September** the 90th Infantry Division assembled near Etain, and the following morning moved off on foot. On the right, the 357th Infantry Regiment became involved with a rear guard of the 559th VG Regiment, who were holed up in the small but important mining town of Briey. Attacking frontally, the 2nd Battalion was checked by determined opposition, but the other two battalions moved around to the rear and surrounded the town.

Unknown to General McLain, however, trouble was brewing, in the form of the *106 Panzerbrigade Feldherrnhalle*, which was under the command of a certain Colonel Baeke. This was one of a number of independent armored brigades which were formed at the end of August from remnants of divisions that had been shattered on the Russian front, and which were equipped with tanks fresh from the factories. Von Rundstedt had appealed for armored vehicles to be sent to existing divisions in order to be able to rebuild them, but Hitler insisted on « creating » new formations and most of them were sent to the Moselle in the « stop Patton » bid. Generally, such formations consisted of one armored infantry battalion (*panzergrenadier*) and a tank battalion equipped with 33 Panthers and 11 SP assault guns, plus a company of engineers and service troops. This unit had assembled to the south of Luxembourg. Also newly arrived in the area was the 19th Volksgrenadier Division. The term « *Volksgrenadier* » requires a few words of explanation. These divisions, like the independent tank brigades, were the product of the barrel-scraping carried out after the defeat in France. As a direct result of the abortive bomb plot in July 1944, Himmler was appointed as Commander of the Replacement Army (*OB des Ersatzheeres*) and as such he

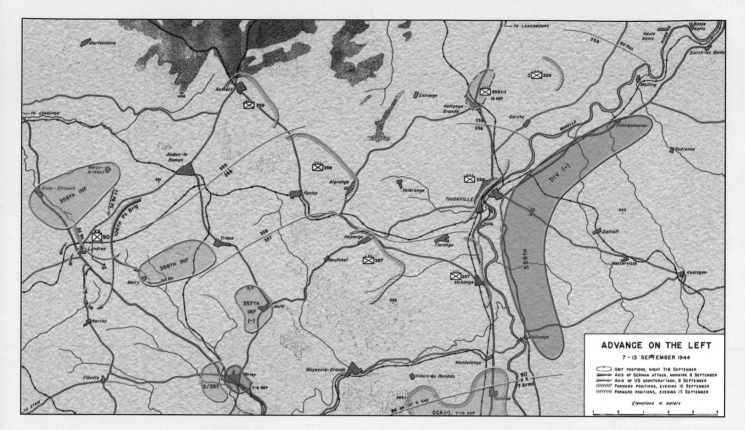

ADVANCE ON THE LEFT
7 - 13 SEPTEMBER 1944

became responsible for raising new divisions, rather then reforming old ones, which were given the rather grandiloquent title of « People's Grenadiers. » They had the normal three-regiment setup, but each regiment had only two battalions, giving a divisional strength of approximately 10,000 men. The aim was to raise forty of these units, manned by combing out rear area headquarters and replacement depots, a wholesale redrafting of air force and navy personnel, calling up of men employed in industry, and lowering the enlistment age to sixteen. Between August and October, Himmler produced an additional 500,000 men.

General von Knobelsdorf, the German First Army commander. managed to get permission to use the 106th Panzerbrigade for an attack on the American left flank, (but this employment was limited to 48 hours). As per Army Order No. 11, the brigade moved off from its start position near Audun-le-Romain during **the evening of 6 September.** The original attack was ordered for that night but was postponed because the supporting infantry (59th Infantry Regiment, part of the 19th VG Division) were not ready. During the early hours of the following morning, the brigade divided into two groups, with the infantry sitting on the vehicles. From there they reconnoitered to the south as far as St. Privat, blew up a bridge, and left the infantry to man positions. The armor retired back toward Aumetz.

In the meanwhile, the other two regiments of the 90th Infantry had advanced without meeting any real trouble, and by evening were established along the road from Briey to Longuyon. The Divisional CP was set close to the small town of Mairy.

During the late evening of **7th September** the 106th Panzerbrigade was again ordered to attack toward Briey in order to help the 19th Volksgrenadier Division take up their positions. They set off in the dark in three columns, and, quite fortuitously chose to drive through Mairy, where they encountered the 90th Division CP located on a wooded knoll slightly to the west of that small town. During **the night of 7/8 Sep-**

Cela m'informe de l'arrivée de gadgets à haute vélocité. » Weaver bondit de son lit en sous-vêtements, seulement préoccupé de ne pas se faire voir de ses hommes dans cette tenue dans l'obscurité.

L'état-major de l'artillerie divisionnaire se trouve complètement encerclé pendant un moment, il subit de lourdes pertes et doit s'ouvrir un chemin à pied. Le *Captain* Baird du *358th Infantry* tente de stopper l'une des colonnes allemandes en détruisant le char de tête avec une roquette de bazooka. Il touche alors le second véhicule et, quoique blessé, il conduit une contre-attaque réussie ce qui lui vaudra plus tard la *Distinguished Service Cross.*

Les troupes disponibles au QG de la *90th Division* consistent en un certain nombre de chars et en la compagnie de défense de QG. Un petit nombre de véhicules allemands a traversé la position, et se trouvent en arrière des quartiers généraux et comme Weaver l'a écrit : « *Aucun poste de commandement ne peut fonctionner avec des canons de Panzers, il a ainsi été décidé d'évacuer temporairement le principal personnel et l'attirail au nord du 359th Regiment de Bob Bacon. »* Mais c'est alors que les problèmes surgissent à nouveau avec le commandant de la division : « *Ray McLain aimait combattre et il voulait rester et se battre personnellement. Mais il a finalement capitulé, après une vive argumentation, devant le fait qu'il avait en charge les affaires de toute la division et pas seulement celles de la section de défense du QG. »*

Et dès que pointe l'aube, le sort des Allemands est scellé. Ils se trouvent en situation difficile et sont plus ou moins encerclés. Des *Sherman* et des tanks destroyers sont rameutés et les avions d'observation divisionnaires localisent rapidement l'étendue de leurs forces. A **9 h 35**, le chef de la colonne 1 réclame la permission de se replier vers l'est et est envoyé en renfort auprès de la colonne 2. L'attaque allemande a perdu tout son élan et le gros des véhicules est détruit pendant la journée. Ceux qui restent, rompent le combat à **20 heures** et se retirent vers le nord pour lécher leurs plaies. La *90th Division* annonce la destruction de trente chars détruits ou capturés plus soixante semi-chenillés et une centaine d'autres véhicules. Selon la *Heeresgruppe G*, la brigade se trouve alors réduite à neuf chars et canons d'assaut. Dans son propre journal de marche, l'unité allemande commente ce qu'elle a subi : « *En raison de notre absence de reconnaissance aérienne, la brigade a opéré dans un secteur où les forces disponibles et leurs positions nous étaient totalement inconnues et la brève reconnaissance routière avait trop de failles ».* On ne trouve pas trace dans les sources allemandes montrant la connaissance préalable de l'emplacement du QG de la *90th Division.*

Tandis que le reste de la division s'affaire à liquider les chars allemands, le *357th Regiment* se charge de la reddition de Briey tenu par un bataillon d'infanterie allemand qui s'était trouvé effectivement encerclé. L'artillerie américaine est en position sur les collines environnantes et, avec une bonne observation avancée, elle est capable de simplement pulvériser l'endroit en incendiant un vaste dépôt de munitions. Un total de 453 officiers et hommes de troupe se rend en bon ordre. En interrogeant quelques-uns des prisonniers et en capturant certains documents, les services de renseignement divisionnaires découvrent qu'une autre contre-attaque est imminente bien qu'on ne puisse la mettre en évidence.

Le 1er Bataillon du *357th Regiment* a déjà quitté ses anciennes positions et a commencé à se diriger vers la Moselle, à Uckange, lorsqu'il reçoit l'ordre de réoccuper une position située près de l'ancienne. Les hommes commencent à creuser et peuvent apercevoir de là l'endroit où ils se trouvaient la nuit précédente lorsqu'une concentration d'artillerie s'abat dans les trous individuels vides et sur les bâtiments de la colline voisine puis arrivent des chars et de l'infanterie portée par des semi-chenillés. Les Américains observent avec incrédulité les Allemands se mettre en ordre de bataille contre les positions inoccupées et ils sont alors prêts à répliquer, réclamant l'intervention de leur propre artillerie et utilisant leurs mitrailleuses avec de bons résultats. Les deux canons antichars disponibles tirent sur les chars allemands et les mitrailleuses tirent avec des balles traçantes dans le flanc de l'infanterie adverse qui semble totalement paralysée. Ceux qui n'ont pas été mis hors de combat, dégagent et courent, laissant derrière eux plusieurs chars en feu.

Dans l'attente de la menace d'une contre-attaque venant du nord, la division consolide ses positions et reste statique le **9 septembre** mais reprend son avance le lendemain. Le plan est d'arriver à la rivière pour le 11 septembre ce qui permettra alors d'établir le contact sur la gauche avec la *First Army* américaine, permettant à la division d'avancer vers l'est. Elle progresse en terrain difficile, accidenté et coupé par des défilés. Les Allemands décrochent lentement devant le front de la division qui combat régulièrement en avançant d'une colline à l'autre. Le *359th Regiment* est gardé en réserve pour obtenir un franchissement de la rivière dès que **Thionville** aura été gagnée. Dans la soirée, les Allemands tenant les hauteurs au-dessus de la ville ont été battus et le *358th Infantry* se tient prêt à descendre dans la vallée où s'étale Thionville, de part et d'autre de la Moselle. Dans la foulée, le régiment prend intact le Fort Guentrange, le vaste ouvrage situé sur les collines, au-dessus de la ville. Les Allemands ne font aucune tentative de le défendre car le général von Knobelsdorf a décidé de replier toutes ses faibles forces de l'autre côté de la rivière.

Le **12 septembre**, sur la droite, le *357th Infantry* rejoint la rive à Uckange où il s'installe sur des positions défensives. Le gros du *378th Infantry* entre dans Thionville, grimpé sur les tanks. Les rues sont jonchées de mines. A part de faibles accrochages avec les Allemands, toute la partie de la ville située à l'ouest de la rivière est nettoyée dans la soirée, à l'exception d'un petit périmètre devant l'entrée du pont principal menant au faubourg de Yutz. Celle-ci est défendue par une barricade de nids de mitrailleuses bétonnés et de rails en acier. Cependant, pendant la nuit, cette arrière-garde se replie et le pont est complètement détruit.

L'autre berge de la ville est défendue et il semble y avoir peu de possibilités de franchissement. Le général McLain a déjà des patrouilles de *cavalry* remontant vers le nord, le long de la rivière et il prévoit de trouver un point de franchissement dans ce secteur pour prendre les défenses allemandes à revers. Il a déjà envoyé dans cette direction une partie de son régiment de réserve, le *359th Infantry*, lorsque le *XX Corps* lui intime l'ordre d'établir une tête-de-pont à Thionville. Cependant à peine ces nouveaux plans ont-ils été émis que, **vers minuit le 13 septembre**, la division apprend qu'elle doit suspendre toutes ses activités et se diriger vers le sud pour boucler le périmètre de Metz.

Résumé

Le regroupement général des forces qui a lieu les 13 et 14 septembre clôt effectivement la première phase de la bataille de Metz. On connaît peu de chose des intentions premières. A son actif, le *XX Corps* a établi une tête-de-pont sur la Moselle et Thionville a été occupée. Mais à quel prix ! La *5th Infantry Division* a perdu la moitié de sa force de combat et la *7th Armored Division* a été incapable d'obtenir quoi que ce soit dans un terrain aussi difficile. Le général Walker est responsable d'un front de 65 kilomètres de large, allant de Thionville, au nord, à Vittonville, à mi-chemin de Metz et de Pont-à-Mousson. Son travail est compliqué par le fait qu'il subit des

tember at least half the German unit passed along a lane between the Divisional headquarters and the divisional artillery HQ before the American staff realized what was happening. The enemy column was traveling blacked-out but with no scouts ahead so were obviously not expecting to run into any opposition and probably omagined that they were still in their own territory. A series of haphazard actions then ensued as the HQ troops joined in with anything that came to hand. One source states that General McLain himself was awakened by gunfire at 20-yard range and that some of the enemy rifled the classified files before rejoining the rest of their unit. The best account of the action is the Assistant Divisional Commander's, Brig-Gen. Bill Weaver, quoted in John Colby's history of the division (see bibliog.). In the dark it was difficult to separate friend from foe. William McConahy, a doctor with the 357th Regiment some miles to the southeast at Briey, heard a lot of tanks moving about in the night and a lot of firing going on. General Weaver was looking forward to a good night's sleep. « Accordingly I peeled off all my outer clothing, which I had not been in the habit of doing on the pursuit and partook… of deep slumber. At about 2.00 AM, I was awakened by wham-wham-wham right over my trailer… this gave notice of incoming high-velocity gadgets » Weaver leapt out of bed in his underwear, only worried that his men might not recognize him in the dark.

The divisional artillery staff were completely surrounded for a while, suffered quite severe casualties and had to fight their way out on foot. Captain Baird of the 358th Infantry managed to stop one of the German columns by disabling the lead tank with a well-aimed bazooka rocket. He then hit the second vehicle, and although wounded, led a successful counterattack, for which he was later awarded the Distinguished Service Cross.

The troops available to the 90th Div. HQ consisted of a number of attached tanks and the HQ's Defence Company. A few of the enemy vehicles had driven through the position and were thus in the rear of headquarters and as Weaver wrote : « No CP could function with Panzer guns, shoved down its throat, so it was decided to evacuate the principal personnel and paraphernalia north the Bob Bacon's 359th Regimental set-up temporarily ». But then came trouble in the shape of the divisional commander : « Ray McLain loved to fight, and he was going to stay and slug it out personally. But he was finally impressed after much argument, with the fact that he had to direct the affairs of the while division and not just the HQ defence platoon. »

As soon as dawn broke, the fate of the Germans was sealed. They were way out on a limb and more or less surrounded. Tanks and tank destroyers were brought up and the divisional spotter planes soon located their extended forces. At **0935** the commander of Column 1 requested permission to withdraw to the east and was sent Column 2 as a reinforcement. The German attack had lost all momentum and the bulk of their vehicles were destroyed during the day. The remainder broke off combat at **2000** and retired northward to lick their wounds. The 90th Division claimed thirty tanks destroyed or captured, plus sixty half-tracks and a hundred other vehicles. According to Army Group G the brigade was reduced to nine tanks and assault guns. In their own unit war diary, the German unit commented on their experience: « On account of the lack of our own aerial reconnaissance, the brigade had operated in an area in which the available enemy forces and their positions were totally unknown, and the brief road reconnaissance had too many gaps. » There is no evidence in any of the German sources to show that there was any previous knowledge of the position of the 90th Division HQ.

While the rest of the division was busily mopping up the German tanks, the 357th Regiment took the surrender of Briey which had been held by a German infantry battalion which had been effectively surrounded. The American artillery was positioned in the surrounding hills, and with adequate forward observation, were able to simply pulverise the place including setting on fire a large ammunition dump. A total of 453 officers and men surrendered on good order. On interrogating some of the prisoners and capturing certain documents, the divisional intelligence staff discovered that another counterattack was imminent, although it failed to materialize.

The 1st Battalion of the 357th Regiment had left its previous positions and had started eastwards towards the Moselle at Uckange when they were ordered to go back and reoccupy a position near their previous location. The men started to dig in and were able to look across to where they had been the night before when an artillery concentration crashed into the empty foxholes and buildings on the neighboring hill, to be followed by advancing tanks and infantry carried on half-tracks. The Americans watched in disbelief as the Germans put in a forma arrack against the unoccupied positions and then got ready to respond, calling in their own artillery and using their heavy weapons to good effect. The two available anti-tank guns fired at the enemy tanks and machine-guns fired tracer into the flank of the enemy infantry, who appeared to be totally numbed. Those not disabled, broke and ran, leaving several burning tanks behind.

In expectation of the threatened counterattack from the north, the division consolidated its positions and remained static during **9 September**, but resumed its advance the following day. The plan was to close up to the river by 11 September, by which time con-

pressions d'en haut. L'enjeu est le prestige ; Patton vient de subir son premier échec sérieux de la campagne.

Walker n'est pas un imbécile. Il réalise tout à fait les coûts de l'attaque frontale sur des fortifications et le fait que le secteur n'est pas favorable à l'utilisation des blindés. Il a donné des ordres qui avaient semblé réalisables pour tous ceux qui étaient concernés lorsqu'ils furent émis et il a tenté de les mener à leur terme. Cependant, il lui est devenu évident qu'un double enveloppement de Metz devenait impossible. Une telle manœuvre aurait dû être menée conjointement par la *5th Division* et la *90th Division*, en traversant la rivière mais elles sont séparées par des kilomètres et par les fortifications de Metz. Un adversaire déterminé avec des lignes intérieures de communication pourrait, en théorie, les battre petit à petit. Il décide donc que, puisqu'il a une tête-de-pont à Arnaville, il doit l'agrandir, malgré le risque d'affaiblir la gauche et le centre, de manière à avoir les forces nécessaires.

En arrière-plan, naturellement, il y a toujours le « *great argument* » et la controverse qu'il a engendré. Le blâme concernant le manque de succès dans la prise de Metz et les franchissements de la Moselle au début du mois de septembre est naturellement rejeté sur les fameux cinq jours de retard à cause du manque de carburant. Il est assez juste que cela donna certainement du temps aux Allemands pour se réorganiser et établir une ligne de défense cohérente. Mais il y a, cependant, d'autres facteurs qui doivent être conservés à l'esprit. L'attaque a commencé au début des pluies d'automne et on sait que la Lorraine est une région humide en France. La concentration du carburant dans la perspective d'une guerre rapide a conduit à un manque de munitions quand la guerre est devenue statique. Le mauvais temps a aussi affecté l'appui aérien bien que le problème principal réside dans la dilution des moyens aériens sur un aussi large front.

Tous ces facteurs, cependant, sont aussi valables pour les autres secteurs du front allié. Localement, la réelle raison de la défaite du *XX Corps* réside dans une médiocre préparation due à un faux optimisme et à un manque de reconnaissance et d'informations détaillées sur le terrain et sur les forts. La tragédie réside dans le fait qu'à cette phase des combats le problème n'est pas entièrement réexaminé ce qui aura pour résultat de continuer avec les mêmes tactiques en tentant de sauver quelque chose du plan original.

L'artillerie amércaine utilisant un 88 mm allemand révélateur du manque chronique de munitions et de canons à cette période. (NA.)

US artillerymen firing a captured 88mm gun back at its former owners. To beat their chronic ammunition shortage the Americans made much use of such booty weapons. (National Archives.)

tact would have been established on the left with the American First Army, enabling the division to move to the east. They were moving into difficult country, hilly and cut up with defiles. The enemy disengaged slowly in front of the division, which fought gradually forward from hill to hill. The 359th Regiment was kept in reserve to force a crossing of the river once **Thionville** had been secured. By the evening the enemy hold on the heights above the town had been broken, and the 358th Infantry was poised to descend into the valley where Thionville was situated on either side of the Moselle. In the process, the regiment captured intact Fort Guentrange, the large work on the hills above the city. The Germans made no attempt to defend it, since General von Knobelsdorf had decided to withdraw all his scanty forces back across the river.

During **12 September**, the 357th Infantry on the right moved down to the river bank at Uckange, where they took up defensive positions. The bulk of the 378th Infantry rode on tanks into Thionville, whose streets were littered with mines. Apart from minor disturbance from the enemy, the part of the city to the west of the river was cleared by the evening, except for a small perimeter at the head of the main bridge across the river to the suburb of Yutz. This was defended by a barricade of concrete machine-gun nests and iron rails. During the night. however, this rear guard withdrew and the bridge was completely demolished.

The far bank of the river in the city area was defended, and there seemed to be little point in attempting

to storm across. General McLain already had cavalry patrols roving out to the north along the river, and accordingly he planned to make his crossing there and to take the German defenses in the rear. He had already dispatched part of his reserve regiment, the 359th Infantry in that direction, when he received orders from XX Corps to seize a bridgehead in Thionville. However, hardly had these new plans been sorted out, when **at about midnight on 13 September**, the division was told to suspend its activities and be prepared to move south to contain the Metz perimeter.

Summary

The general regrouping of forces that took place on 13 and 14 September effectively ended the first phase of the battle to capture Metz. Of the original aims, little was left. On the plus side, XX Corps had a bridgehead over the Moselle to the south of Metz; and in the north, half of Thionville had been seized. But at what cost! The 5th Infantry Division had had its fighting strength halved, and 7th Armored had been unable to achieve anything in such difficult terrain. General Walker found himself responsible for a 40-mile front from north of Thionville, to Vittonville, halfway between Metz and Pont-à-Mousson. His difficulty was that he was being subjected to pressure from above. Prestige was at stake; Patton had received his first bloody nose of the campaign.

Walker was not a fool. He fully realized the costs of the frontal attack against the fortifications and the fact that the area was unsuitable for armor. He had been given orders that had seemed to all concerned to be practicable when they were issued, and he had attempted to carry them out. It was obvious to him, however, that the original aim of a double envelopment of Metz had become impossible. Such a maneuver would have admittedly put both the 5th and 90th Divisions across the river, but they would be miles apart and separated by the Metz fortifications. A determined enemy with interior lines of communication could, in theory, defeat them in detail. He decided therefore that, as he had the bridgehead at Arnaville, it should be expanded, in spite of the risk in weakening the left and center, in order to obtain the necessary manpower.

In the background, naturally, there was still the « great argument » and the subsequent controversy that this caused. The blame for the lack of success in capturing Metz and the Moselle crossings in early September is naturally laid at the door of the notorious five-day delay caused by the lack of fuel. This is fair enough as it certainly gave the Germans time to reorganize and establish a cohesive line of defense. There were, however, other factors which have to be borne in mind. The attack got under way as the autumn rains commenced, and Lorraine is a notoriously wet part of France. The concentration on fuel on the assumption of a mobile warfare situation led in turn to a shortage of artillery ammunition when the warfare became static. Bad weather also affected air support, although the main problem there was the lack of available aircraft to cover such a broad front.

The above factors, however, also applied to other sectors of the Allied front. Locally, the real reason for the defeat of XX Corps was poor planning based on false optimism, and lack of reconnaissance -and detailed information about the terrain and the forts. The tragedy was that, at this stage, no radical rethinking of the problem was undertaken, with the result that similar tactics were continued in an attempt to retrieve something from the original plan.

Le *Private* Duane Brown nettoyant une munition de 88 mm juste avant de l'utiliser. (NA.)

Private Duane Brown (unit unknown) cleaning an 88mm shell prior to use. (National Archives.)

La continuation de la bataille de septembre
The Continuation of the September Battle

Strategic background

While the gallant men of XX Corps were fighting along the Moselle an equally brave and determined enemy, the strategic background to the campaign had altered somewhat. As a result of the German decision to concentrate their reserves on the Moselle to halt Patton, the First Army on the left found the going somewhat easier.

10 September its two leading corps were approaching the German frontier on a line between Aachen and Trier. In accordance with Eisenhower's general strategic directions the emphasis should have been to the left to support Montgomery's northern thrust, but as a result of Patton having been given fuel to advance to the Moselle, the right wing of the First Army had to be given extra supplies to keep up with him. This tended to dilute the First Army operations, but they did score one major triumph—they were the first to penetrate the legendary Siegfried Line (*Westwall*) and the first Allied force to enter Germany. The result was banner headlines in the press for a minor penetration that occurred on 11 September to the north of Luxembourg—the First Army had won the race, much to Patton's chagrin.

The main change of emphasis during the latter part of September, however, was the operation known as Market Garden or more commonly, the Arnhem campaign. This did not directly affect Patton, but it represented a further shift of attention from the embattled Third Army. Its indirect effects, however, were considerable. Market Garden itself is outside the scope of this book, but some mention must be made of it in connection with the supply situation and the general direction of strategy.

Montgomery conceived the plan in early September with a view to breaking the deadlock and to seizing a crossing over the lower Rhine by outflanking the Siegfried Line. The original intention was to start it on 17 September and to employ the bulk of the otherwise idle Allied Airborne Army. This would entail a shift of direction from the east toward the north, and the flank would have to be protected by the First Army. To comply with this, the First Army would have to sideslip to the left and its southern sector would have to be taken over by the Third Army; thus stretching the latter's weakly held front even further and precluding serious action on the Moselle. Eisenhower, however, turned down this proposal at a conference held in Brussels on 10 September, forcing Montgomery to take other steps. If he could not have support from the First Army, he had to plug the gap between his forces and the Americans somehow. He therefore decided to pull VIII Corps forward from the Seine, a task for which there were insufficient stocks of fuel and transport. Montgomery therefore warned the Supreme Commander on the following day that he would have to postpone the Arnhem operation

Arrière-plan stratégique

Tandis que les courageux soldats du *XX Corps* se battent le long de la Moselle face à un adversaire aussi brave et aussi déterminé, l'arrière-plan stratégique de la campagne s'est quelque peu modifié. Le fait que les Allemands aient décidé de concentrer leurs réserves sur la Moselle pour arrêter Patton a pour conséquence de rendre la progression de la *First Army*, sur la gauche, un peu plus faible.

Le **10 septembre**, ses deux corps d'armée de tête approchent de la frontière sur une ligne passant entre Aix-la-Chapelle et Trèves. En accord avec les directions de la stratégie générale d'Eisenhower, l'effort doit être porté sur la gauche pour appuyer la poussée vers le nord de Montgomery. Mais, comme conséquence d'avoir dû donner du carburant à Patton pour son avance vers la Moselle, l'aile droite de la *First Army* doit recevoir du ravitaillement supplémentaire pour rester en contact avec lui. Cela amène une dilution des opérations de la *First Army* qui malgré tout obtient un grand triomphe : elle est la première à percer la légendaire Ligne Siegfried *(Westwall)* et la première force alliée à entrer en Allemagne. Des gros titres dans la presse vont saluer cette pénétration mineure qui a lieu le 11 septembre, la *First Army* a gagné la course, au désespoir de Patton.

Durant la fin du mois de septembre, un important changement survient cependant avec l'opération connue sous le nom de bataille d'Arnhem. Celle-ci n'affectera pas directement Patton mais elle détournera l'attention de la *Third Army* engagée de toutes parts. Cependant, ses effets indirects seront considérables. *Market Garden* ne concerne pas le thème de ce livre mais on doit en faire quelques mentions en rapport avec la situation du ravitaillement et la direction générale de la stratégie.

Montgomery en a conçu le plan au début du mois de septembre en ayant le projet de faire sauter le verrou et de traverser la Basse vallée du Rhin en contournant la Ligne Siegfried. Son intention originale était de lancer l'opération le 17 septembre et d'utiliser le gros de l'armée aéroportée alliée alors inemployée. Cela impliquait un changement de direction de l'est vers le nord et le flanc de l'opération serait protégé par la *First Army*. Pour réaliser cette mission, la *First Army* devrait se tourner vers la gauche et son secteur sud devrait être pris en charge par la *Third Army* qui devrait ainsi étendre son faible front un peu plus en empêchant des actions d'importance sur la Moselle. Cependant, Eisenhower refuse ces propositions lors d'une conférence qui se tient à Bruxelles le 10 septembre et force Montgomery à prendre d'autres mesures. S'il ne peut avoir le soutien de la *First Army*, il doit combler d'une autre façon la brèche existante entre ses forces et les Américains. Il décide ainsi d'amener le *VIII Corps* depuis la Seine, un transfert pour lequel il ne dispose pas de stocks de carburant suffisants ; ni de moyens de transport. Le lendemain, Montgomery avertit donc le Commandant Suprême du fait qu'il repousse l'opération d'Arnhem au 23 septembre. Cela entraîne une réaction immédiate. Le général Bedell Smith, chef d'état-major d'Eisenhower, prend l'avion le lendemain pour rencontrer Montgomery et il lui promet de lui livrer 1 000 tonnes par jour à Bruxelles. Apparemment, il lui promet aussi que l'offensive de Patton en direction de la Sarre sera stoppée et que le gros des ressources américaines sera attribué à la *First Army*. Il semblerait que Montgomery obtient ce qu'il souhaite.

Mais une autre contradiction apparaît alors. Deux jours plus tard, Montgomery propose qu'une attaque de diversion soit lancée le long du front Metz-Nancy entre le 14 et le 26 septembre. Cependant, il annule cette proposition le 16 septembre parce que les opérations de la *Third Army* jouent déjà ce rôle, cette idée semble bizarre. Un autre effet pervers de *Market*

Garden réside dans le besoin de moyens de transport pour fournir les 1 000 tonnes journalières promises. Si nous acceptons le fait que des renforts d'infanterie sont nécessaires pour réduire les fortifications de Metz, notons que trois divisions, récemment arrivées en Normandie pour être déployées, sont privées de leurs véhicules qui sont alors utilisés sur les routes du *Red Ball Express*. Cela revient à dépouiller Pierre pour habiller Paul avec une vengeance et rien pour contribuer au plan de stratégie générale qui n'est toujours pas disponible.

Tandis que le général Eisenhower tente d'imposer une sorte de contrôle sur les buts divergents des deux principaux groupes nationaux des forces alliées, le camp américain étudie des lignes d'action différentes de celles de Montgomery. Et il faut attendre le 11 septembre pour que Bradley publie des ordres ambitieux concernant une avance sur le Rhin qui établirait des têtes-de-pont de « Mannheim à Cologne ». Si possible, Patton devra traverser le fleuve au sud de Karlsruhe. Dans le même temps, Bradley établit que la *First Army* et la *Third Army* recevront le même volume de ravitaillement. Cela peut officiellement s'accorder avec la direction donnée par Eisenhower selon laquelle la priorité doit être accordée à la poussée vers la Ruhr. Le lendemain, cependant, Bradley tente de donner un coup de frein. Il avertit Patton que le plan concernant Arnhem a été accepté par le SHAEF et que « la *Third Army* doit se mettre sur la défensive sur la rive occidentale de la Moselle. » Patton signale qu'il dispose de munitions pour quatre jours et qu'il a assez de carburant pour aller jusqu'au Rhin et fait naturellement tout ce qu'il peut pour plaider sa cause. Il dit : « *Ne vous arrêtez pas maintenant, Brad, et je ferai un marché avec toi. Si je n'arrive pas à obtenir deux bonnes tête-de-pont à l'est de la Moselle pour la nuit du 14, je la fermerai et j'assumerai le triste rôle du défenseur.* » Il a pour but de se trouver si engagé derrière la Moselle qu'Eisenhower sera alors obligé de le ravitailler. Bradley accorde ces deux jours à Patton et lui dit que, s'il échoue, il devra passer à la défensive.

Naturellement, Patton a déjà ses deux têtes-de-pont et il considère que cela lui donne le feu vert pour continuer ses attaques. Le **15 septembre**, Eisenhower publie une nouvelle directive mettant en avant sa politique du large front mais en donnant à nouveau la priorité à la poussée vers le nord et au dégagement d'Anvers. Il établit, quasiment sans équivoque, que « toutes les ressources du groupe d'armées central (Bradley) doivent être engagées pour appuyer l'avance de la *First Army* pour obtenir des têtes-de-pont près de Cologne et Bonn en vue de contribuer à la prise de la Ruhr. » Cependant, ces dispositions ne prendront effet que lorsque la *Third Army* sera solidement établie le long de la Moselle. Ce genre de compromis est justifié en des termes stratégiques selon lesquels la présence de Patton va retenir des forces allemandes sur la Moselle. Mais, en donnant la permission d'engager d'autres opérations de nature limitée pour renforcer la position sur la Moselle, cela ouvre le chemin à la tentative de Patton de se glisser vers l'est.

Cependant, après les durs combats du début du mois de septembre, il semble évident qu'une pénétration dans le front allemand le long de la Moselle ne pourra se faire qu'avec l'apport massif de troupes fraîches. La fourniture de facilités pour des opérations limitées coûte surtout des vies américaines pour des gains faibles. Ou bien Patton sera massivement renforcé avec de l'infanterie et un appui aérien illimité, ou bien il doit donner l'ordre d'arrêter. De nouveau, la nécessité politique triomphe sur le sens commun militaire.

Réalignement des forces dans le secteur du *XX Corps*

Nous avons vu dans les chapitres précédents que la ligne des troupes américaines était mince, faisant face à un nombre équivalent d'Allemands. Le seul secteur qui puisse bénéficier d'une exploitation est la tête-de-pont au sud. Mais, pour l'entreprendre, des renforts sont désespérément nécessaires. La *5th Infantry Division* est épuisée et a réellement besoin d'une pause pour absorber le flot des renforts.

Le **14 septembre**, le général Walker publie le *Field Order N° 11* qui amorce le regroupement de tout le corps d'armée pour une nouvelle attaque, ordre qui prendra effet le lendemain. L'aile droite doit être renforcée et toute la *7th Armored Division* doit traverser pour rejoindre la tête-de-pont. A partir de là, elle doit avancer vers l'est puis vers le nord, envelopper Metz par l'arrière et écraser le front allemand le long de la Moselle, au nord de la ville. Cela permettra alors à la *90th Division* de traverser sans rencontrer d'opposition dans le secteur de Thionville. Ce remaniement dégagera cette dernière de la responsabilité du front de 35 kilomètres de large au nord de Thionville. Celle-ci sera transférée au *3rd Cavalry Group* renforcé, moins un *Squadron* (le *43rd*) qui est détaché pour combler la brèche entre

until 23 September. This brought an immediate reaction. General Bedell Smith, Eisenhower's chief-of-staff, flew the following day to see Montgomery and promised him delivery of 1,000 tons daily to Brussels. He also apparently promised that the offensive by Patton toward the Saar would be stopped and that the bulk of American resources would be switched to the First Army. It would seem that Montgomery had got what he wanted.

But then another contradiction appears. Two days later, Montgomery proposed that a diversionary attack should be mounted along the Metz-Nancy front between 14 and 26 September. Although he rescinded this on 16 September because the Third Army operations were having the desired effect anyway, it seems an odd idea. An additional backwash effect of Market Garden was the need for transport to provide the promised 1,000 daily tons. If we agree that extra infantry was required to crack the Metz fortifications, three such newly arrived divisions waiting in Normandy for deployment, were stripped of their vehicles, which were then employed on the Red Ball Express routes. This was robbing Peter to pay Paul with a vengeance and did nothing to contribute to the overall strategic plan that was still lacking.

While General Eisenhower tried to impose some sort of control over the diverging aims of the two main national groups in the Allied forces, the American camp was thinking along lines different from those of Montgomery. As late as 11 September, Bradley was still issuing ambitious orders about advancing to the Rhine to secure bridgeheads from « Mannheim to Cologne. » If possible, Patton was to cross as far south as Karlsruhe. At the same time Bradley laid down that First and Third Armies would have equal supply. This can hardly be reconciled with Eisenhower's direction that priority had to be given to supporting the thrust toward the Ruhr. The following day, however, Bradley had to attempt to put on the brakes. He warned Patton that the Arnhem plan had been accepted by SHAEF and that « Third Army might have to hold the west bank of the Moselle defensively. » Patton, who reported that he had four days of ammunition and enough fuel to go to the Rhine, naturally did his best to plead. He said, « Don't stop us now, Brad, but I'll make a deal with you. If I don't secure a couple of good bridgeheads east of the Moselle by the night of the 14th, I'll shut up and assume the mournful role of the defender. » His aim was to get himself so involved beyond the Moselle that Eisenhower would be forced to supply him. Bradley gave Patton the two days, and told him that if he failed, he would have to assume the defensive.

Patton of course got his bridgeheads by the deadline and assumed that gave him the green light to continue his attacks. On **15 September**, Eisenhower issued a new directive emphasizing his broad-front policy but again giving priority to the northern thrust and the clearance of Antwerp. He stated quite unequivocally that « all possible resources of the Central Group of Armies (Bradley) must be thrown in to support the drive of First U.S. Army to seize bridgeheads near Cologne and Bonn in preparation for assisting in the capture of the Ruhr. » These arrangements, however, were not to take effect until the Third Army was securely established along the Moselle. This sort of compromise may have been justified in strategic terms, as the presence of Patton would hold German forces on the Moselle. But, by giving permission for further operations of a limited nature to secure the Moselle position, it paved the way for Patton to attempt to « edge » eastwards.

However, after the bitter fighting in early September, it should have been obvious that to make a serious dent in the enemy along the Moselle, a massive injection of fresh manpower was needed. The granting of facilities for limited operations merely cost American lives and achieved little. Either Patton should have been massively reinforced with infantry and unlimited air support, or he should have been ordered to stay put. Again, political necessity was allowed a triumph over military common sense.

Realignment of forces in the XX Corps area

In the previous chapters we have seen just how thin was the line of American troops containing roughly an equal number of Germans. The only area that could he exploited was the bridgehead in the south. But to do that, fresh manpower was desperately needed. The 5th Infantry was exhausted and really needed a breather to absorb the flow of replacements.

On **14 September,** General Walker issued Field Order No. 11, which initiated the regrouping of the whole corps for a new attack, to begin the following day. The idea was that the right wing would be reinforced and the whole of 7th Armored Division would cross into the bridgehead. From there they would move east and then north, circle around behind Metz and roll up the German line along the Moselle north of the city. This in turn would enable the 90th Division to cross unopposed in the Thionville area. In the reshuffle, the latter unit was relieved of responsibility for a 23-mile front to the north of Thionville, which was transferred to the reinforced 3rd Cavalry Group, minus one squadron (the 43rd) which was detached to plug the gap between the 5th and 90th Divisions in the Fort Driant area. They were to be assisted by a deception team to simulate the presence of an armored division in the area.

The 3rd Cavalry was commanded by the 32 year old Lt.Col. James Polk whose task it was to secure the left flank of XX Corps and establish a solid connection with First Army units on the Luxembourg border. At the time, Polk was said to be the youngest American colonel, a graduate of West Point and a regular officer. Later he was to become the Supreme Commander of US Forces in Europe and a four star general. He had only just taken command of the 3rd Cavalry on 11 September and was immediately in the thick of things. The enemy still held a number of strong-points in the west bank villages and towns, so with only one squadron, the 3rd Cavalry engaged in vigorous patrolling to keep the Germans occupied, the cavalry were thinly stretched. Col. Polk moved his headquarters from tents in a muddy field to the Chateau Betange on the outskirts of Thionville and described it in a letter to his wife written on 15 September. (published by his grandson James Polk III). « We have just moved in last night and the luxury of it un-nerves me. We actually have electricity, hot and cold running water and real beds with sheets on them. Last night I took a hot bath in my private bathroom and climbed into bed … real linen sheets and a down pillow ».

CCA and the 2nd Infantry Regiment could then be pulled out of the line to the west of Metz to rejoin their respective divisions in the bridgehead. Their responsibilities would be taken over by the 90th Divi-

les *5th* et *90th Divisions* dans le secteur du Fort Driant. Il sera assisté d'un groupe leurre qui simulera la présence d'une division blindée dans le secteur.

Le *3rd Cavalry* est commandé par le lieutenant-colonel James Polk, âgé de 32 ans, qui a pour mission de protéger le flanc gauche du *XX Corps* et d'établir un contact solide avec les unités de la *First Army* sur la frontière luxembourgeoise. A cette époque, Polk est considéré comme le plus jeune colonel américain, diplômé de West Point, officier de l'armée de métier. Ultérieurement, il deviendra le commandant en chef des forces US en Europe et un général de quatre étoiles. Il vient juste de prendre le commandement du *3rd Cavalry* le 11 septembre et il se trouve immédiatement plongé au cœur de l'action. Les Allemands tiennent encore un certain nombre de points d'appui dans les villages et localités de la rive occidentale. Ainsi, avec un seul *Squadron*, le *3rd Cavalry* est engagé dans des patrouilles vigoureuses pour fixer les Allemands, la *Cavalry* se trouve faiblement dispersée. Le colonel Polk, abandonnant les tentes dressées dans un champ boueux, transfère son quartier général, au château de Betange, situé aux portes de Thionville, et le décrit dans une lettre écrite à sa femme le 15 septembre (lettre publiée par son petit-fils, James Polk III) : « *Nous venons de changer de quartiers la nuit dernière et ce luxe me déconcerte. Nous avons maintenant de l'électricité, de l'eau courante chaude et froide, de vrais lits avec des draps. La nuit dernière, j'ai pris un bain chaud dans ma salle de bain privée et j'ai grimpé dans mon lit… avec de vrais draps de lin et un oreiller.* »

Le *CCA* et le *2nd Infantry Regiment* peuvent être retirés du front à l'ouest de Metz et rejoindre leurs positions respectives dans la tête-de-pont. La

Patton et le lieutenant-colonel James Polk alors âgé de 32 ans commandant le *3rd Cavalry*.
Patton and colonel James Polk, 32 years old, commander of the 3rd Cavalry.

90th Division va glisser vers la droite et reprendre l'attaque contre les forts pour assumer les missions de ces unités. Ce mouvement est exécuté pendant la **nuit du 14 au 15 septembre.** Cela laisse le *358th Infantry* pour tenir la ligne sur la rivière, de Thionville à Uckange, tandis que la *90th Reconnaissance Troop* va patrouiller sur la rive sud de Talange. Au centre, le *357th Infantry* est placé à angle droit de la *Cavalry* par-dessus la plaine inondée face à Maizières-les-Metz et jusqu'aux alentours du périmètre fortifié vers St-Privat. Face aux forts principaux se trouve le *359th Infantry* qui relève le *2nd Infantry* jusqu'à Gravelotte, au sud.

Sous la pression de Patton qui est lui-même pressé par Bradley, le général Walker se voit contraint de faire quelque chose. Avec le bénéfice du recul et une mûre réflexion, il semble incroyable que les mêmes erreurs vont se trouver répétées : des attaques avec trop peu de troupes sur un front trop large contre un adversaire bien retranché. Cependant, le général Walker a des ordres : il doit prendre Metz et avancer vers le Rhin. Sa ténacité de bulldog ne devrait pas lui permettre d'avancer avant de recevoir des renforts, il doit faire avec ce qu'il a. Le combat qui va commencer sera probablement le plus acharné de toute la campagne de Lorraine. Tous les espoirs d'une avance rapide ont été engloutis dans un océan de boue et le combat dégénère dans une guerre d'usure menée par l'infanterie, dans des conditions rappelant celles de la Première Guerre mondiale.

Cependant, les Allemands ont eux aussi leurs problèmes. Ils ont aussi un manque chronique d'effectifs qu'ils ne peuvent pas compenser facilement. Le général von Knobelsdorf, le général commandant l'armée responsable du secteur, pense que Metz ne pourra tenir longtemps si elle est sérieusement attaquée. Il lui semble que les Américains, avec leur supériorité aérienne, peuvent tout simplement passer au nord et au sud et encercler la ville. Mais Knobelsdorf n'a rien à redouter car le *XX Corps* n'a pas les moyens de mener la manœuvre qu'il avait tout d'abord envisagé. Cependant, Knobelsdorf réalise que, si une telle opération est menée, sa *1. Armee* devra se replier pour éviter d'être coupée en deux et perdra ainsi le contact avec la garnison de Metz. Une telle brèche sera difficile à combler à cause du manque d'effectifs et, en plus de cela, les troupes des écoles de Metz ont trop d'importance pour éviter d'être perdues. Il suggère ainsi à son supérieur, le général Blaskowitz, chef de la *Heeresgruppe G*, d'abandonner Metz et de replier la *1. Armee* sur une ligne plus facile à défendre. Cependant, Blaskowitz croit que Metz peut être tenue et que le contact peut être maintenu avec les unités se trouvant de part et d'autre. Comme il est d'usage à ce stade de la guerre, la décision doit remonter au sommet - jusqu'à Hitler lui-même. Sa doctrine concernant les places fortes établit que celles-ci doivent être tenues par des troupes de second ordre qui seront alors laissées à leur propre sort pour bloquer l'adversaire aussi longtemps que possible. Le **15 septembre**, il ordonne que les troupes de la garnison pourront se laisser encercler mais il change d'opinion dès le lendemain, probablement poussé en cela par des têtes plus froides de son état-major opérationnel. Il publie un nouvel ordre selon lequel la *1. Armee* devra renforcer Metz sur ses ailes et devra empêcher toute tentative d'encerclement.

Dans Metz même, il y a aussi un changement de régime. Le *Generalleutnant* Krause est relevé de son commandement le **18 septembre** et transféré à la *Führer-Reserve*, la réserve des officiers, cela signifie qu'il est mis au placard. Knobelsdorff dit de Krause qu'il n'a pas « une forte personnalité » mais qu'il lui semble qu'il a fait du très bon travail pendant sa période de commandement de la *462. Division*. Il signale qu'à l'arrivée de son successeur, le *Generalmajor* Luebbe, il lui a « remis un stable front défensif sur la rive occident de la Moselle. »

General Major Luebbe.

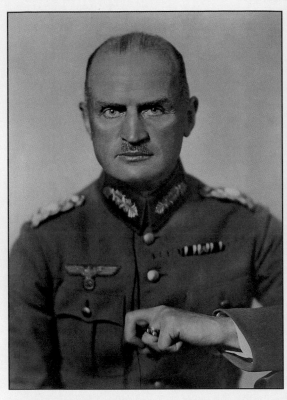

Generaloberst Blaskowitz chef de la *Heeresgruppe G.*
Generaloberst Blaskowitz commander of Army Group G.

sion, who would sideslip to the right and resume the attack against the forts on 15 September. This movement was carried out during the **night of 14/15 September**. This left the 358th Infantry holding the line of the river from Thionville to Uckange, while the 90th Reconnaissance Troop patrolled the bank south to Talange. In the center, the 357th Infantry was positioned at right angles to the cavalry across the flood plain in front of Maiziéres-les-Metz and as far around the fortified perimeter as St. Privat. In front of the main forts was the 359th Infantry, which relieved the 2nd Infantry as far south as Gravelotte.

General Walker, under pressure from Patton, who in turn was being pressured by Bradley, had to be seen to be doing something. With the benefit of hindsight and mature reflection, it seems incredible that the same mistakes were about to be repeated - attacks with too few troops on too wide a front against a well-entrenched enemy. General Walker, however, had his orders and they were to capture Metz and advance to the Rhine. His bulldog tenacity would not permit him to let go and as no reinforcements were forthcoming, he had to make do with what he had. The fighting that was about to begin was to be perhaps the bitterest of the whole campaign in Lorraine. All hopes of rapid movement became lost in a sea of mud, and combat degenerated into a war of attrition fought by the infantry in conditions reminiscent of the First World War.

The Germans, however, also had their problems. They too had a chronic manpower shortage that they could not easily alleviate. General von Knobelsdorf, the army commander directly responsible, believed that Metz could not hold out for long if seriously attacked. He felt that the Americans, with their air superiority, could simply pass to the north and south, and encircle the city. But Knobelsdorf needn't have feared; as XX Corps didn't have the resources for the sort of maneuver that had been envisaged in their original aims. Knobelsdorf realized, however, that if such an operation were to be carried out, his First Army would have to withdraw to avoid being split in two, and would thus lose contact with the garrison of Metz. Such a gap would be difficult to plug in view of the manpower shortage, besides which, the school troops in Metz were too valuable to lose. He therefore suggested to his superior, General Blaskowitz, commander of Army Group G, that Metz should be abandoned and the German First Army should withdraw to a line more easily defended. Blaskowitz, however, believed that Metz should be held and that contact should be maintained with the field units on either side. As was usual at that stage of the war, the decision had to go right to the top - to Hitler himself. His doctrine on fortified places was that they should be garrisoned by second-rate troops and then be left to their own devices to hinder the enemy as long as possible. On **15 September** he ordered that the garrison troops should allow themselves to be surrounded; but the following day he simply changed his mind, possibly prompted by the cooler heads in his operations staff. He issued a new order that the German First Army should reinforce the shoulders of the Metz salient and hinder any attempt at encirclements.

In Metz itself there was also a change of regime. Lieutenant General Krause was relieved on **18 September** and transferred to the Führer Reserve--which in effect meant that he was put on the shelf. Knobelsdorf described Krause as not being « a strong personality, » but it would seem that during his period in command of 462nd Division, he did a pretty good job. He himself stated that when transferred, his successor, Major General Luebbe, « received from me a stable defense front on the western bank of the Moselle. »

Expansion of the Arnaville Bridgehead

With the successful capture of Hill 396 on **15 September** and the breakout of the armor to the south, the bridgehead was regarded as secure. On that day, CCR had crossed the Moselle and CCA was on its way south. The plan for the employment of 7th Armored Division had been worked out largely by the Third Army staff, and called for an advance by two parallel combat commands (CCA and CCR) with CCB in reserve. They were to slip past the forts to the south of the city, cross the Seille River, and while CCR guarded the right flank, CCA would then cross the Nied and swing around behind Metz. This was a real Pattonesque plan in its very boldness, and once the armor had shaken free from the broken country along the river, they would be on better terrain: open uplands sparsely wooded and dotted with small villages - in theory, neither the Seille nor the Nied was a formidable military barrier. The road network, however, was poor; and if the bad weather continued, the tanks would be restricted to the few hard-surfaced highways which would simplify the defenders' task by canalizing the attack. The forts to the south and east of the city did not represent a serious threat, as they had been disarmed before the war—although the turrets and carriages were left in place, the barrels had been removed.

In fact, the southern and eastern fortified belt was destined to play little part in the battles for Metz. One of the forts was severely damaged during mid-September, although I have been unable to determine the exact date. The fortified group « Marne, » the last of the major fort groups to be built, had been used

Extension de la tête de pont d'Arnaville

Avec la prise réussie de la cote 396 le **15 septembre** et la percée des blindés au sud, la tête-de-pont est considérée comme solide. Ce jour-là, le CCR traverse la Moselle et le CCA est en route, au sud. Le plan d'engagement de la *7th Armored Division* avait été largement préparé par l'état-major de la *Third Army* et avait prévu l'avance parallèle de deux *Combat Commands* (les CCA et CCR) avec le CCB en réserve. Ils devaient se glisser au-delà des forts au sud de la ville, traverser la Seille et, tandis que le CCR garderait le flanc droit, le CCA traverserait la Nied et contournerait Metz sur ses arrières. C'est un vrai plan « pattonesque » dans toute sa hardiesse et, dès que les blindés se seraient extirpés du terrain accidenté, le long de la rivière, ils se retrouveraient sur un meilleur terrain : un plateau ouvert parcimonieusement boisé et parsemé de petits villages. En

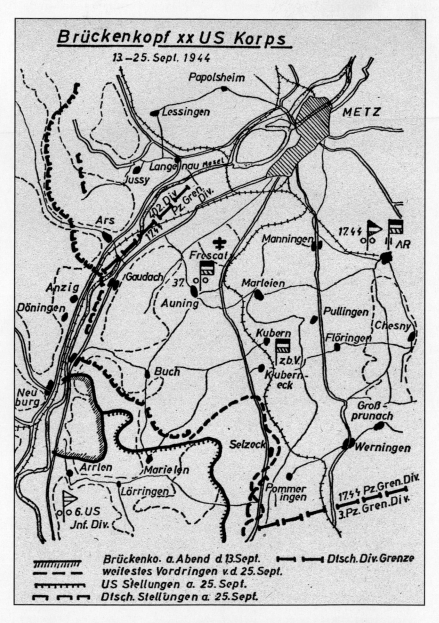

Carte allemande montrant le front tenu par la 17. *SS-Panzer-Grenadier-Division* au sudouest de Metz face à l'avance de la *5th US Inf. Div.* (et non « 6 US Inf. Div. ») à l'est de la Moselle. On voit la tête de pont d'Arnaville le 13 septembre puis l'avance extrême américaine le 25 au soir. Cette carte est d'autre part intéressante car elle donne les noms des localités en allemand, toutes les cartes allemandes étaient alors ainsi rédigées. Equivalences : Anzig = Ancy-sur-Moselle, Döningen = Dornot, Neuburg = Novéant, Arrlen = Arry, Lörrigen = Lorry, Marielen = Marieulles, Buch = Fey, Gaudach = Jouy-aux-Arches, Auning = Augy, Langenau = Longueville-les-Metz, Lessingen = Lessy, Papolsheim = Plappeville, Manningen = Magny, Marleien = Marly, Pullingen = Pouilly, Flöringen = Fleury, Gross-Prunach = Pournoy-la-Grasse, Werningen = Verny, Pommeringen = Pommérieux, Selzeck = Coin-sur-Seille, Kuberneck = Coin-lès-Cuvry, Kubern = Cuvry. (carte Hans Stöber.)

théorie, ni la Seille ni la Nied ne constituent un obstacle militaire formidable. Cependant, le réseau routier est pauvre et, si le mauvais temps continue, les chars se retrouveront confinés sur les rares grandes routes en dur ce qui simplifiera le travail des défenseurs en canalisant l'attaque. Les forts situés au sud et à l'est de la ville ne présentent pas une menace sérieuse car ils ont été désarmés avant la guerre. Bien que les tourelles et les chariots de transport soient encore en place, les tubes des canons ont été enlevés.

En fait, la ceinture fortifiée méridionale et orientale n'est destinée qu'à jouer un petit rôle dans les batailles pour Metz. L'un des forts a été sérieusement endommagé au milieu du mois de septembre, bien que je n'ai pas été en mesure d'établir la date exacte de ces dommages. Le groupe fortifié « Marne », le dernier des principaux groupes de forts à avoir été construit, a été utilisé par les Allemands pour stocker des têtes de torpilles. Un pilote de P-47, retournant d'un raid les mains vides, remarque une colonne de camions allemands sur une route menant au milieu de casernements. Bien que n'ayant plus qu'une seule bombe, il la largue. La bombe touche l'un des camions, qui explose et, dans une réaction en chaîne, les autres prennent feu comme une traînée de poudre menant jusqu'à l'intérieur du fort. Ce qui suit est probablement l'une des plus puissantes explosions qui ait eu lieu pendant la Seconde Guerre mondiale. Les immenses casernes en béton disparaissent tout simplement de la surface de la terre, laissant un cratère assez vaste pour engloutir une cathédrale ! Tout ce qu'on peut voir de nos jours, ce sont quelques morceaux de béton éparpillés autour d'un paisible étang d'une eau bleue profonde qui a la faveur des pêcheurs du coin. Ce qui reste du fort sera le quartier général de la *17. SS-Panzergrenadier-Division* lors de la bataille à venir.

A cause de sa hardiesse, le plan de la *Third Army* présente un certain nombre de défauts. Tout d'abord, le plan ne tient pas compte du temps, qui ne va pas s'améliorer en cette période de l'année et va ainsi restreindre l'appui aérien, qui était déjà limité. Ainsi, cette très importante arme de la Seconde Guerre mondiale, le chasseur-bombardier, qui terrorisait les Allemands, sera refusé aux colonnes blindées. Deuxièmement, le plan ne considère pas que la Seille et la Nied sont seulement « deux rivières de plus » qui pourraient bloquer les blindés. En supposant la disponibilité d'assez d'infanterie, consistant en la *5th Division* très éprouvée et en là *90th Division* relativement fraîche, celle-ci sera complètement occupée en contenant la garnison de Metz au nord et en se portant sur la Seille. Au sud, le *XII Corps* est occupé dans le secteur de Nancy et, bien qu'il ait des ponts sur la Moselle, ils ne sont pas orientés parallèlement afin de protéger le flanc exposé de la *7th Armored Division*. Cela signifie que ses colonnes vont avancer profondément en territoires ennemis sans aucune forme de solide réserve pour les soutenir et avec leurs flancs exposés. L'expérience montrera que les Allemands s'étaient préparés à bloquer ce secteur, à s'infiltrer facilement sur leurs arrières et à menacer leurs communications. En fait, si la *7th Armored Division* remplit sa mission en pénétrant jusqu'au nord de Metz, ses communications jusqu'au secteur d'Arnaville s'étireront sur environ 32 kilomètres de long.

Traversant le CCB à l'aube du **16 septembre,** le CCR bondit pour continuer l'extension immédiate de la tête de pont et commence à foncer vers la Seille pour la franchir. Il prend Lorry qui a été abandonné la veille mais il y a alors des problèmes le long de la route de là à Sillegny sur la Seille. Juste à l'ouest de Lorry, la route passe maintenant sous la moderne autoroute Metz-Nancy, juste au milieu du champ de bataille. Les Allemands se sont retranchés dans les bois, de part et d'autre de la petite route menant de Lorry à la Seille. Ils sont appuyés par des tirs d'artillerie provenant de Sillegny. Dans ces mêmes bois, on peut voir des bunkers allemands pour les munitions datant de la Première Guerre mondiale. Les Américains tentent d'avancer en terrain découvert mais ils sont taillés en pièce par des tirs d'artillerie intenses et précis venant des hauteurs situées à l'est de la Seille et repoussés à l'abri des arbres. Sur la gauche, le CCA est en position en début d'après-midi. Il doit passer à travers les anciennes positions d'infanterie sur les hauteurs, prendre Marieulles et Vezon. Dès le début, les véhicules sont plus ou moins inutiles à cause du brouillard et du terrain glissant et escarpé. Quelques-uns des chars doivent être hissés au treuil jusqu'à la crête pour atteindre leurs positions de départ. Ils doivent ainsi avoir recours à leurs bataillons d'infanterie mécanisée (le *48th Armored Infantry Battalion)* mais, en redescendant sur Vezon, ils subissent des tirs sur leur flanc gauche, provenant des forts du Groupe Verdun. Leur chef d'unité les dirige ensuite vers Marieulles qui a été écrasé par un bombardement d'artillerie préalable. Cependant, dès la fin des tirs, les Allemands sortent des caves où ils s'étaient réfugiés et ils repoussent l'infanterie mécanisée.

by the Germans to store torpedo warheads. A P47 pilot returning empty-handed from a sweep noticed a line of German trucks on the road leading into the central barracks, arid as he had a spare bomb, swooped down. The bomb hit one of the trucks, causing it to explode; and in the chain reaction, the others ignited like a powder train leading into the fort. What followed must have been one of the mightiest explosions heard during the Second World War. The huge concrete barracks simply disappeared from the face of the earth, leaving a crater large enough to swallow a cathedral. All that can he seen today is a few lumps of concrete littered around a peaceful pool of deep blue water much favored by the local anglers. What was left of the fort became the headquarters of the 17th SS Panzer Grenadier Division during the coming battles.

In spite of its boldness. the third Army plan had a number of inherent defects. First, the plan did not allow for the weather, which was not going to improve at that time of the year and would thus curtail air support—which was scarce anyway. Thus, that most potent weapon of the Second World War, the fighter-bomber, which the Germans feared so much, would be denied to the armored columns. Second, the plan did not consider that the Seille and Nied, « just two more rivers » could hold up armor, assuming the availability of sufficient supporting infantry. The infantry, however, in the shape of the battered 5th Division and the still relatively fresh 90th Infantry, would be fully occupied containing the Metz garrison to the north and in getting over the Seille themselves. To the south, XII Corps was busy in the Nancy area, and although they had bridges over the Moselle they were not in a position to move parallel to guard the exposed flank of 7th Armored. This meant that their columns would be advancing in a pencil-like thrust deep into enemy territory, without any form of solid reserve to back them up and with their flanks insecure. Experience had shown that the enemy was prepared to make a stand in the area, and when the armor had passed, could easily filter back and menace their communications. If the 7th Armored had in fact fulfilled their mission of penetrating to the Moselle north of Metz, their communications back to the Arnaville area would have been some 20 miles long.

Moving through CCB early on **16 September**, CCR jumped off to continue the immediate expansion of the bridgehead and to start the race to the Seille crossings. They took Lorry, which had been left over from the previous day, but then ran into trouble along the road from there to Sillegny on the Seille. Shortly to the west of Lorry the road passes under the modern Metz-Nancy *autoroute* which runs slap through the middle of the battlefield. The enemy had entrenched themselves in woods on either side of the minor road leading from Lorry to the Seille and were supported by artillery firing from Sillegny. In those same woods today can still be seen German WWI ammunition bunkers. The Americans managed to fight their way through into the open, but were then driven hack into the shelter of the trees by intense and accurate shelling from the higher ground top the east of the Seille. On the left, CCA was in position by the early afternoon. They were to pass through the old infantry positions on the hills and seize Marieulles and Vezon. From the start their vehicles were more or less useless on account of fog and the slippery, steep ground. Some of the tanks had to be hauled by winches over the crest to reach their start positions. Therefore they had to resort to using their armored infantry battalion (the 48th), but when they started down toward Vezon, they were hit in the flank by fire from the Verdun forts on their left. Their commanding officer then redirected them toward

Marieulles, which was plastered in a preliminary bombardment by field artillery. The enemy, however, crawled back out of the cellars when the guns lifted, and repulsed the armored infantry.

The 5th Infantry Division spent the day regrouping their units and in patrol activity. The 2nd Infantry moved in to relieve CCB on the right of the bridgehead area, while 10th Infantry re-formed all three battalions in the center. On the left, 1st and 3rd Battalions of the 11th Infantry took up positions facing north toward Metz. Their shattered 2nd Battalion was left on the west bank to hold the line around Fort Driant, still largely minus weapons and helmets that had been thrown into the river during the withdrawal from the Dornot bridgehead. On their left, the 3rd Cavalry detached squadron and the 5th Reconnaissance Troop kept contact with the 90th Infantry at Gravelotte.

Apparently Patton was highly dissatisfied with the day's activities and voiced his displeasure during a visit to corps HQ. Walker passed on his comments to General Irwin as follows: « General Patton is here and said if we don't get across the Seille he is going to leave us here and contain to Metz while he goes across with the rest of the army to the Rhine. » This was probably one of Patton's well-known pep talks, designed to spur on his subordinates; but it does show, I believe, that he was still not really aware of the problem posed by Metz and was still obsessed with the symbolic Rhine—if only he could get there, he would have won the war. The problem was that the Germans were not stupid and they soon realized that XX Corps was on the defensive to the north of Metz. Pressure in the south enabled them to strip the northern front and concentrate their resources to meet the 5th Infantry Division and 7th Armored division attacks. The main unit in the area was the inevitable 17th SS Panzer Grenadier Division. Admittedly it was short of armor, but its artillery battalion was intact and able to play a crucial role during the next few days. We have seen how the division fought against the Dornot bridgehead, yet the XIII SS Corps chief of staff did not think much of its personnel. He stated that after the retreat from the Seine, where it lost most of its vehicles, it was filled up mainly with air force and ethnic German personnel. In the case of the latter, they would have been from the eastern territories rapidly being overrun by the Russians - if Germany lost the war they would no longer have homes to which they could return.

A brief word at this stage concerning the assignment to battalions of the various companies of the 11th Infantry, for which I am grateful to Captain Herb Williams, commanding L Company. « Since some companies had suffered so severely at Dornot and later at Fort Driant, Col. Yuill had made these unusual assignments of companies to balance the effectiveness of the battalions » After the withdrawal from Dornot, the 11th Regt. was aligned as follows : 1st Battalion, Companies A, I, K and D. The 2nd Battalion, Companies E, B, G and H. The 3rd Battalion, Companies L, F, C and M.

On **16 September,** Ist Battalion moved into the bridgehead and Company I took up positions on the Cote de Faye to the right of Company L of the 3rd Battalion, thereby relieving elements of the 10th Infantry on hills 310 and 361.

The infantry got off to a bad start on **17 September.** Just after dawn, and well sheltered by fog and driving rain, a party of Germans estimated at battalion strength, crept up the defile leading west from Vezon up onto the Cote de Faye . There they fell upon the boundary between 10th and 11th Infantry Regiments, where confused hand-to-hand fighting ensued for

La *5th Infantry Division* va passer la journée à regrouper ses unités et à mener des patrouilles. Le *2nd Infantry* se déplace pour relever le CCB sur la droite de la tête de pont tandis que le *10th Infantry* reforme ses trois bataillons au centre. Sur la gauche, les 1er et 3e bataillons du *11th Infantry* prennent des positions faisant face au nord, en direction de Metz. Le 2e bataillon, très éprouvé, est laissé sur la rive occidentale pour tenir une ligne autour de Fort Driant. Il manque largement des armes et des casques qui ont été jetés dans la rivière lors de l'évacuation de la tête-de-pont de Dornot. Sur sa gauche, le *Squadron* détaché du *3rd Cavalry* et la *5th Reconnaissance Troop* gardent le contact avec la *90th Infantry Division* à Gravelotte.

Apparemment, Patton est très mécontent des activités de cette journée et exprime ce mécontentement lors d'une visite au QG du corps d'armée. Walker transmet ainsi au général Irwin ses commentaires : « *Le général Patton est ici et il dit que, si nous ne traversons pas la Seille, il nous laissera là à bloquer Metz tandis qu'il traversera avec le reste de l'armée en direction du Rhin.* » C'est probablement l'un de ses fameux petits coups de gueule destinés à stimuler ses subordonnés. Mais il montre, je pense qu'il ne réalise alors pas vraiment le problème posé par Metz et qu'il est toujours obsédé par la valeur symbolique du Rhin. Pour lui, s'il y arrive, il a gagné la guerre. Le problème est que les Allemands ne sont pas stupides et ils ont réalisé que le *XX Corps* se trouve sur la défensive au nord de Metz. La pression au sud les contraint à éclaircir le front nord et à concentrer leurs moyens pour affronter les attaques de la *5th Infantry Division*, et de la *7th Armored Division*. La principale unité dans le secteur est l'inévitable *17. SS-Panzergrenadier-Division*. On doit admettre qu'elle manque de blindés mais que l'un de ses groupes d'artillerie va jouer un rôle crucial pendant les quelques jours à venir. Nous savons comment la division a combattu la tête-de-pont de Dornot. Cependant, le chef d'état-major du XIIIe corps SS n'a pas une bonne opinion de ses hommes. Il rapporte qu'après la retraite au-delà de la Seine, où elle a perdu un grand nombre de ses véhicules, elle a été recomplétée avec des effectifs venant de l'armée de l'air ou avec des Allemands ethniques. En ce qui concerne ces derniers, ils viennent des territoires de l'Est qui ont été submergés par les Russes. Et, si l'Allemagne perd la guerre, ils ne pourront plus retourner chez eux.

A ce stade, il faut faire un bref commentaire concernant la réparation au sein des bataillons des diverses compagnies du *11th Infantry*. Ces informations m'ont été communiquées par le *Captain* Herb Williams qui commandait alors la *L Company* : « *Quelques compagnies avaient subi de lourdes pertes à Dornot et, plus tard, au Fort Driant. Le colonel Yuill avait alors dû procéder à une répartition inhabituelle des compagnies pour équilibrer les bataillons* ». Après le désengagement du secteur de Dornot, le *11th Regiment* est organisé ainsi : le 1er Bataillon avec les compagnies A, I, K, et D. Le 2e Bataillon avec les compagnies E, B, G et H. Le 3e Bataillon avec les compagnies L, F, C et M.

Le **16 septembre**, le 1er Bataillon rejoint la tête de pont et la *Company I* occupe des positions sur la cote de Faye, sur la droite de la *Company L* du 3e Bataillon, relevant là des éléments du *10th Infantry Regiment* sur les cotes 310 et 361.

L'infanterie connaît un mauvais départ le **17 septembre**. Peu après l'aube, bien camouflée par du brouillard et une pluie battante, une unité allemande, estimée de la force d'un bataillon, se faufile dans le défilé partant à l'ouest de Vezon jusqu'à la cote de Faye. Là, ils arrivent au point de jonction des *10th* et *11th Infantry Regiments* et il s'ensuit alors un combat confus au corps à corps qui va durer presque toute la matinée. Les Allemands sont armés avec des *Panzerfäuste* et des pistolets-mitrailleurs « MP 40 », connus par les Américains sous le nom de « *burp guns* » (« roteuses »). Le combat a lieu principalement autour du poste de commandement de la *I Company*. Le commandant de compagnie et son officier opérations y sont blessés. Mais, lorsque les Allemands sont finalement contraints de se replier, les survivants de la *I Company* dénombrent les cadavres de 94 Allemands devant leurs positions. Dans une monographie détaillée de la *I Company* sur la Cote de Faye, rédigée après la guerre par le soldat Bleier, celui-ci précise que l'attaque principale a commencé vers 9 h 30. « *Un servant de mitrailleuse d'un poste avancé aperçoit un groupe d'Allemands arrivant par un chemin et, avant qu'il puisse alerter son équipe, le* Staff Sergeant *Stolen ouvre le feu à bout portant. Ici, l'ennemi fait preuve de son fanatisme car, alors que le premier groupe est écrasé et dispersé, un autre groupe arrive par l'étroit passage juste dans la ligne de mire de la mitrailleuse et ils sont eux aussi balayés sans avoir pu tirer un seul coup de feu ou avoir lancé une grenade.* »

La compagnie n'était arrivée là que lors de la nuit passée et il faut porter à son crédit qu'elle n'a pas cédé de terrain. Ce type d'action, menée au niveau d'une compagnie, est typique du combat d'infanterie pratiqué pendant toute la bataille de Metz : homme contre homme et souvent combat au corps à corps. Il y eut même un cas où un GI, armé seulement d'une pelle, l'utilisa pour mettre hors de combat un Allemand qui s'apprêtait à lui lancer une grenade. « *Tenant le flanc gauche, une position dominant la Moselle, le sergent George Woodal et son équipe retardent une autre tentative adverse. Ici, les Allemands grimpent sur le rebord et appellent les Yanks, pour qu'ils sortent et viennent combattre, dans un mélange de mots anglais et allemands. En ayant assez, Woodal émerge de son trou individuel et leur crie "Je vous rejoins, bande de bâtards." Au même instant, il met en place une grenade à fusil. Se dressant, cible parfaite pour une mitrailleuse allemande se trouvant à moins de trente mètres en face de lui, Woodal ajuste délibérément son tir qui atteint la position de plein fouet, tuant tous ses membres.* »

Finalement, les Allemands se replient lorsque surviennent quelques tanks qui balaient leur chemin de repli avec leurs mitrailleuses de bord.

Le capitaine Herb Williams se trouve toujours, avec sa *L Company* et la *I Company* sur sa gauche, occupant un versant de la Cote de Faye, avec les Allemands sur l'autre versant. Williams a envoyé des patrouilles pour sonder les positions adverses. Voici son témoignage : « *Nous perdons l'un des membres d'une de ces patrouilles et nous ne sommes pas en mesure de ramener son corps. Cet homme avait un frère qui était alors* Major *au QG de la division ou du corps d'armée. Lorsqu'on annonce que le soldat est porté disparu au combat, présumé tué, non récupéré, son frère arrive au PC de la* L Company *et me demande d'aller récupérer son corps. Je refuse d'exposer mes hommes pour la seule raison d'aller vérifier s'il y a un cadavre sur la colline en face.* »

Sur la droite, le CCA passe la plus grande partie de la journée à essayer de prendre Marieulles qui est défendu par environ 500 hommes de la *17. SS-Panzergrenadier-Division*. La première tentative, menée par le *48th Armored Infantry Regiment* et le *23rd Infantry Regiment* (du CCB), est repoussé avec de lourdes pertes causées par les terribles canons antiaériens de 88 mm qui tirent des obus explosifs dans les rangs serrés des assaillants. Dans l'après-midi, deux groupes d'artillerie américains de 155 mm dirigent, pendant une minute, des tirs bien ajustés sur la petite localité. Ce court bombardement est un constat de pauvreté, car ce sont les seules munitions alors disponibles. Ce type de situation est un camouflet aux grandioses intentions de foncer jusqu'au Rhin. Après ce bref tir de

Cartes de la page ci-contre : **Le combat pour Pournoy et Sillegny du 18 au 20 septembre.** En haut, carte d'origine américaine (US Army) montrant les avances successives de la *7th Armored Division* sur Sillegny et de la *5th Infantry Division* sur Coin-sur-Seille et Pournoy-la-Chètive. En pointillé les positions au soir du 18 et en hachuré les positions au soir du 20. L'autre carte, en bas, reprend la carte américaine mais note les positions allemandes (carte Stöber). Sillegny est défendu sur sa gauche par le IIe Bataillon du 38e *SS-Panzer-Grenadier-Regiment* et par le IIIe Bataillon de ce régiment (le *III./38*), sur sa droite. Ces unités repoussent l'attaque américaine. Pournoy-la-Chètive (« Klein-Prunach » en allemand) est défendu par un groupe de DCA de la *Luftwaffe* (le *I./42*), les 3e (*3./17*) et 4e (*4./AA 17*) compagnies du groupe de reconnaissance de la *17. SS-Panzer-Grenadier-Division*. Une contre-attaque est menée aussi par la *Divisions-Begleit-Kompanie* de cette division (la *Div. Begl. Kp. 17*) et la *106. Panzer-Brigade*. En arrière de la Seille se trouvent des éléments de cette *106. Pz. Brigade* « *Feldherrnhalle* » (Tle. Ers. « F.H.H. »). L'état-major du Régiment von Matzdorff est installé à Coin-les-Cuvry. Dans son historique sur la *17. SS-Pz-Gren.-Div.* « *Götz von Berlichingen* » (« *Die Eiserne Faust* »), Hans Stöber écrit : « 18 septembre 44 - 2 attaques ennemies sur Sillingen (Sillegny) repoussées, 5 chars détruits, l'ennemi atteint la localité à la deuxième attaque. - 19 sept. 44, violent combat à l'aube pour Sillingen, pertes élevées de l'adversaire qui se retire vers 11 heures. Après un tir de préparation, les Américains s'emparent de la localité et tombent alors sous le feu de l'artillerie allemande. Suit une contre-attaque de la *Pz.Brigade* « *Feldherrnhalle* » (106. Pz. Brig.) avec 5 *Panzer* ; après un dur combat de rue, l'ennemi abandonne la localité en ayant perdu les 3/4 des effectifs de son bataillon. - 20 sept. 44 - Activité accrue de l'adversaire sur l'aile gauche. Une attaque de la *5. US Inf. Div.* sur Kleinprunach (Pournoy-la-Chètive) est repoussée par une contre-attaque de la *4./AA,* 17 et des chars de la *106. Pz Brigade (FHH)* mais, par manque d'infanterie, la localité ne peut être tenue. Ce n'est que pendant une attaque de nuit menée par la *4./AA.17* de l'*Ustuf.* Günther que la localité est reprise et 3 chars US détruits. La localité doit être abandonnée. Les pointes blindées américaines atteignent Kuberneck (nom allemand de Coin-les-Cuvry). 1 Sherman est détruit en combat rapproché devant le PC du Régiment von Matzdorff, la ligne de front est reconstituée par l'engagement du Bataillon Gebhard. Deux prisonniers de la *Flak-Abt. 17* sont abattus par des soldats américains du *2nd Battalion* du *10th Inf. Regt.* » (Vowinckel Verlag, 1966.)

most of the morning. The Germans were armed with *Panzerfausts* and the *Schmeisser* machine pistols, known to the Americans as « burp guns. » Much of the fighting took place around the command post of I Company whereby both the company commander and the executive officer were wounded, but when the enemy was finally forced to retire, the survivors of I Company counted 94 dead Germans in front of their positions. In a detailed monograph prepared after the war about I Company on the Cote de Faye by Private Bleier, he states that main attack started at around 0630 hrs. « An outpost machine-gunner sighted a group of Germans cutting through a path and before he could alert his squad, Staff Sergeant Stolen opened with point-blank automatic fire. Here the enemy showed its fanaticism, for no sooner were the first group cut down and dispersed, another group made its way up the narrow path into direct line of machine-gun fire and they too were cut down without even countering with a single shot or grenade. »

As the company had only arrived there during the night, it was to their credit that they gave no ground. This sort of company level action was typical of the infantry combat during the whole Metz campaign, man against man and frequently hand to hand. There was even an instance of a GI armed only with a shovel, using it to disable a German about to throw a grenade at him. « Holding down the left flank, a position that overlooked the Moselle River, Sgt. George Woodal and his squad staved off yet another enemy thrust. Here, the Germans climbed the ledge and called for the Yanks to « come out and fight » in both German and broken English. Having had enough, Woodal emerged from his foxhole shouting « I'm coming you bastards », and at the same time loaded a rifle grenade. Standing erect and a perfect target for a German machine-gun that had set up less that thirty five yards to the front, Woodal took deliberate aim and scored a direct hit on the position – killing all of its crew.. »

The Germans finally withdrew when a few tanks arrived on the scene and sprayed the line of retreat with their machine guns.

Capt. Herb Williams was on the left of I Company with his L Company still occupying their positions on one side of the crest of the Cote de Faye with the Germans on the other. Williams had sent out patrols to feel out the enemy positions, and wrote : « We lost a man on one of these patrols and were unable to bring the body back. This man had a brother, who was a Major, either at Division or Corps headquarters. When the soldier was reported missing action, presumed killed, unrecovered, his brother came up to L Company headquarters and demanded I recover the body. I refused to endanger men for the sole purpose of checking the possibility there was a dead body on the hill in front. »

On the right, CCA spent most of the day trying to capture Marieulles, where some 500 men from the 17th SS were holding out. The first attempt by the 48th Armored Infantry and the 23rd Infantry (from CCB) was driven off with heavy casualties, caused by a number of the dreaded 88-mm antiaircraft guns, which fired high explosive shells into the packed ranks of the attackers - the Germans were using them like shotguns. In the afternoon, two battalions of 155-mm artillery fired for precisely one minute into the small town. The short bombardment was a declaration of poverty in that it was all the ammunition ration would permit. It is this sort of situation that made a mockery of the grandiose intentions of swanning off to the Rhine. After this brief barrage, the unfortunate infantry returned to the assault, only to be driven off again by the high-velocity guns. A final attack, supported by light artillery and led by tanks, finally cleared

Marieulles, although the enemy did not give up easily—the German rear guard fired their machine pistols from the hip at the tanks trundling down the main street of the village. They left behind, however, the 88's and 135 prisoners.

While this bitter fighting was in progress, CCR on the extreme right spent a frustrating day removing roadblocks in order to establish a start line for the advance to Sillegny. These blocks were covered by pre-ranged artillery emplaced on the far side of the Seille, which caused a number of casualties among the close-packed armor. It was difficult to return the fire as the fog and rain made observation more or less impossible.

This type of weather was but a foretaste of things to come throughout the Metz campaign. The armored vehicles bogged down in the sticky mud and could seldom be used properly except as supporting artillery, while the infantry had to bear the brunt of the fighting. Gradually the realization began to dawn on officers and men that the glorious days of head-long pursuit were over and that they were in for a long, hard slog.

The objectives for the following day were a number of villages strung out along the road from Metz to Cheminot; which ran roughly parallel to the meandering Seille. On the left, Pournoy-la-Chétive was to be taken by the 2nd Battalion, 10th Infantry. The 1st Battalion, 2nd Infantry, was to capture Coin-sur-Seille, and CCR was to aim for Sillegny. CCB, pulled out of reserve to replace CCA, was to attack Lonqueville-les-Cheminot. Today these villages are unremarkable and have been rebuilt, although the odd bullet scar can be seen on the few older buildings left standing. In September 1944, the bulk of the 37th and 38th SS Panzer Grenadier Regiments chose to make a stand in them in front of the river, instead of retiring behind the Seille in accordance with normal military practice—never fight a battle with a river at your back.

The attack started all along the line early on **18 September**. On the right, CCB found their way hampered by the mine-strewn village of Bouxières, and a lot of time was wasted in clearing a path for the tanks. Once through, their attached armored infantry set off for the river, only to come under fire from guns in concrete emplacements on Hill 223, which was not even marked on their maps. As a result, they had some difficulty in persuading their divisional HQ that the opposition was genuine. These bunkers were not new; they were part of a line of outer defenses built by the Germans in 1916 after it had seemed that the Battle of Verdun was unlikely to be conclusive. Had the armistice not intervened in 1918, it is highly probable that American troops would have had to storm that line. (While researching for the original book I received a letter from a man who had fought in the U.S. 60th Division towards the end of 1918. He was involved in combat in the Pont-a-Mousson area and distinctly remembered seeing a signpost which read « Metz—33 kilometers. »)

On the left, the infantry advanced against light opposition toward Pournoy and Coin. Their verve, however, seems to have been missing at this stage, which is hardly surprising. Between 10 and 16 September, 10th Infantry is said to have lost 24 officers and 674 men, and they had been fighting without a break for eleven days under appalling conditions. The wet weather was beginning to produce the first of a lot of non-battle casualties on account of the Metz malady, trench foot. In the official history, H. M. Cole states that further progress would have brought them under fire from the forts around Verny and aircraft were needed to silence the guns. These forts were the Fortified Group « Aisne » which had been dis-

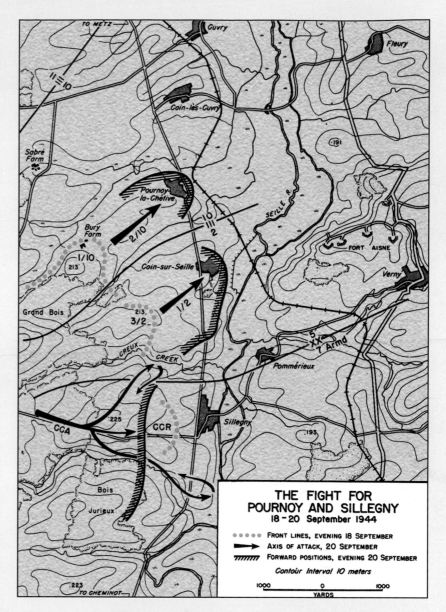

THE FIGHT FOR
POURNOY AND SILLEGNY
18 - 20 September 1944

••••• FRONT LINES, EVENING 18 SEPTEMBER

➤ AXIS OF ATTACK, 20 SEPTEMBER

///// FORWARD POSITIONS, EVENING 20 SEPTEMBER

Contour Interval 10 meters

1000   0   1000
YARDS

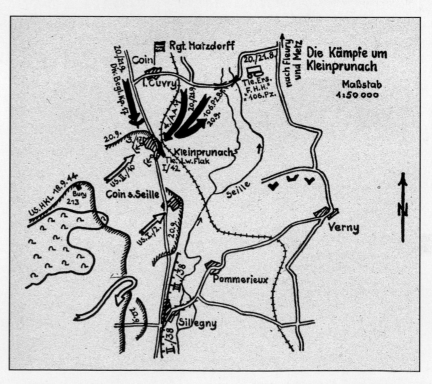

barrage, la malheureuse infanterie relance un assaut pour être à nouveau repoussée par le tir rapide des canons. Une ultime attaque, appuyée par de l'artillerie légère et conduite par des tanks, nettoie finalement Marieulles qui n'est pas facilement cédé par les Allemands qui ouvrent encore le feu avec leurs pistolets-mitrailleurs lorsque les tanks progressent dans la rue principale du village. Ils laissent cependant derrière eux leurs pièces de 88 et 135 prisonniers.

Tandis qu'a lieu ce combat acharné, à l'extrême droite, le CCR passe la journée, frustrante, à dégager des barrages routiers afin d'établir une ligne de départ pour avancer vers Sillegny. Ces barrages sont arrosés par des tirs d'artillerie préréglés provenant de l'autre rive de la Seille. Ces tirs causent de nombreuses pertes dans les colonnes serrées des blindés. Il est difficile de répliquer à ces tirs car le brouillard et la pluie rendent l'observation plus ou moins impossible.

Ce type de temps est un avant-goût de ce qu'il faudra affronter tout au long de la bataille de Metz. Les véhicules blindés sont englués dans la boue collante et peuvent être rarement utilisés en tant que tels, sauf en tant qu'artillerie d'appui, tandis que l'infanterie doit supporter tout le poids du combat. Progressivement, les officiers et les hommes commencent à réaliser que les jours glorieux de la poursuite tête baissée sont bien terminés et qu'il va y avoir maintenant un long et dur effort à venir.

Pour le lendemain, les objectifs sont quelques villages se suivant le long de la route de Metz à Cheminot, qui s'étire parallèlement aux méandres de la Seille. Sur la gauche, Pournoy-la-Chétive devra être prise par le 2e bataillon du *10th Infantry Regiment*. Le 1er Bataillon du *2nd Infantry Regiment* devra prendre Coin-sur-Seille et le CCR aura Sillegny pour objectif. Le CCB, qui était en réserve, devra remplacer le CCA pour attaquer Longueville-le-Cheminot. Aujourd'hui, ces villages sont quelconques ; ils ont été reconstruits bien que des impacts de balles soient encore visibles sur les rares bâtiments anciens qui ont survécu. En septembre 1944, le gros des *SS-Panzergrenadier-Regiment 37* et *SS-Pz.Gren.-Rgt. 38* a choisi de s'installer dans ces villages face à la rivière, au lieu de se retirer derrière la Seille selon ce qui se pratique sur le plan militaire : il ne faut jamais combattre avec une rivière derrière son dos.

L'attaque démarre sur toute la ligne de front à l'aube du **18 septembre**. Sur la droite, la progression du CCB est ralentie par le village de Bouxières, truffé de mines, et beaucoup de temps est perdu à dégager un chemin pour les tanks. De nouveau, son infanterie rattachée s'avance vers la rivière pour tomber sous les tirs de canons installés dans les positions bétonnées sur la cote 223 ; celles-ci n'étaient pas indiquées sur les cartes. A cause de cela, il est difficile de persuader le QG de la division que cette opposition est réelle. Ces bunkers ne sont pas récents. Ils font partie de la ligne de défense extérieure établie par les Allemands en 1916 quand il devint évident que la Bataille de Verdun ne serait pas décisive. Si l'armistice n'avait pas eu lieu en 1918, il est hautement probable que les troupes américaines auraient dû prendre cette ligne d'assaut. (Alors que je faisais des recherches pour le livre initial, j'ai reçu une lettre d'un homme qui avait combattu dans la *60th US Division* vers la fin de 1918. Il avait été impliqué dans le combat du secteur de Pont-à-Mousson et se rappelait avec précision d'un panneau routier avec cette mention : « Metz - 33 kilomètres »).

Sur la gauche, l'infanterie avance face à une opposition légère, en direction de Pournoy et de Coin. Cependant, à ce stade, elle semble manquer de fougue, ce qui est très surprenant. On dit qu'entre le 10 et le 16 septembre le *10th Infantry Regiment* aurait perdu 24 officiers et 674 hommes en ayant combattu sept jours d'affilé dans des conditions épouvantables. Le temps humide commence à causer les premières pertes qui ne sont pas dues au combat : la maladie. Dans l'historique officiel, H.M. Cole, rapporte que la progression les a menés sous les tirs des forts situés autour de Verny et que des avions sont alors nécessaires pour réduire ces canons au silence. Ces forts sont ceux du *Groupe Fortifié « Aisne »*, qui ont été désarmés avant la guerre. Les seuls canons disponibles là sont des pièces de campagne. A cause du temps, les rares avions qui se risquent larguent quelques bombes au napalm.

Si ce groupe fortifié s'était trouvé en état de combattre, les Américains n'auraient pu approcher de la Seille car les forts avaient été édifiés pour défendre les points de franchissement. A l'origine, ce groupe disposait de quatre obusiers de 150 mm et de quatre canons de 100 mm sous tourelles, deux canons de 150 mm à grande portée situés dans des encuvements. En plus des deux batteries blindées, il y avait là trois points d'appui d'infanterie autonomes. Comme les événements à venir vont le prouver, ce type de fort est imperméable à tout ce que les Américains pourront envoyer. Pour traverser la rivière, ils seraient contraints d'amener un *Squa-*

armed before the war. Any guns there would have been field pieces. On account of the weather, the few planes that got through only managed to drop some token napalm bombs.

Had the Aisne group been in full working order, the Americans would never have got near the Seille because the fort had been built to defend the crossings. Originally the fort was armed with four 150-mm howitzers and four 100-mm guns under turrets, plus two 150-mm long-range guns in open emplacements. In addition to the two armored batteries there were three fully self-contained infantry strong-points. As subsequent events were to prove, this type of fort was impervious to anything that the Americans could throw at it. To get over the river they would either have had to bring in a squadron of Royal Air Force Lancaster bombers loaded with super heavy « earthquake » bombs, or have resigned themselves to a lengthy siege.

In the center, CCR launched its first assault on Sillegny during the afternoon, which was defended by two battalions of the 38th SS Panzergrenadier Regt (Mechanized Infantry) of the 17th SS. Supported by tanks, the 38th (same number but different army) Armored Infantry Battalion moved off; but as soon as they broke cover from the woods, they were met by a hail of artillery. On leaving the edge of the woods there is flat open farmland sloping gently down to the Seille and the village, totally devoid of cover. The tanks managed to close in on the village but were forced to withdraw when their ammunition ran out. The enemy fire was so intense that the infantry refused to move any further and fell back into the woods. Colonel Heffner, the commander of CCR, reported back that he had thrown in nearly all of his troops and that he had only two platoons in reserve - even if they were used it seemed unlikely that Sillegny could be taken with the limited forces available. However, he was ordered to try again. Using the last two platoons, his men moved once more out of the woods into the curtain of fire from the panzer grenadiers. Unnerved by the steady enemy fire, the men broke, only to be rallied by their commanding officer. Reorganized, at dusk they were sent in again, making « a splendid comeback. » They followed the tanks right to the edge of the town, where they managed to dig in. At daybreak they even managed to take a few of the outlying houses before being once more repelled by the enemy, who had apparently been reinforced during the night.

The day on which the 38th Armored Infantry would win glory was **19 September**, but it ceased to be a fighting force in the process. Throughout the day a savage battle raged in and around Sillegny, reminiscent of some of the close-quarter fighting of the great trench battles during the First World War. The enemy too achieved his share of glory.

During the morning the commander of the 38th, Lieutenant Colonel Rosebro, was mortally wounded and the executive officer was killed. The next in seniority, Major Wells, took over, only to be killed in his turn. Headquarters then sent forward Lieutenant Colonel King, commander of another battalion, and at 1100 he withdrew the troops, leaving the already ruined village to be pounded by the supporting artillery. After reorganization, and reinforced by a fresh company, the infantry returned to the fray in the afternoon, only to find that, in the meanwhile, the enemy had evacuated Sillegny. However, there was no advantage to be gained for the men of the 38th, as they were subjected to murderous shellfire from the high ground to the east, which forced them to take cover in the cellars.

At this stage, the Germans decided to counterattack with infantry and tanks. However, as they moved up, their column was strafed by fighter-bombers, which were in the area on a mission against the Aisne forts. Although the majority of the enemy were dispersed, a few tanks got back into the village, followed by infantry. Two American tanks which were on the spot managed to knock out the leading German tank, but finding that their own infantry were in the cellars, moved back to avoid being cut off. At this stage, Colonel King was wounded, the third battalion commander in one day. By 1830 the enemy were once again in possession of the ruins, cutting off in the process an American captain and 23 men who were holed up in a large house. Contact with them was lost after some tanks made a fruitless attempt to relieve them.

The fourth battalion commander, Lieutenant Colonel Rea, finally received permission to disengage. The 38th Armored Infantry had lost three-quarters of its strength, and nearly all the officers had been killed or wounded. The survivors were pulled out the following morning and replaced by CCA.

On the left in the 5th Division zone, the day was relatively quiet, since the divisional commander had called off the planned assaults on Pournoy and Coin to await the outcome of the armored attack on Sillegny. An attempted German counterattack from Coin was foiled by divisional artillery. On the right, CCB managed to dislodge the stubborn enemy from the bunkers on Hill 223. By dusk, and fighting all the way, they managed to seize Longueville, a village directly on the Seille. However, they failed to take Cheminot on the opposite bank, and five tanks were lost to well-aimed antitank guns from the other side of the river. Cheminot was to remain a potential threat to the right flank of 7th Armored until its garrison withdrew voluntarily three days later.

By the afternoon of **20 September**, CCA was established in position in front of Sillegny. It was then decided to try a pincer movement in coordination with CCB to get across the river, but both moves failed, although some elements did manage to penetrate to the edge of the water. On the far side the Germans had antitank and machine guns emplaced in solid concrete bunkers. By this stage, the 7th Armored Division was more or less exhausted. As an illustration of the losses suffered, CCR had eight different commanders between 1 and 21 September. Their line of advance to the river was outflanked by the enemy in Cheminot and the Germans were still able to reinforce. There is some evidence that part of the 559th VG Division was in the area, having been brought down from the Thionville sector where the Americans were on the defensive. Daylight movement became impossible, but after dark on **21 September**, CCB managed to ford two companies of infantry across the Seille. Plans were immediately made to construct a bridge, until it was discovered that there was insufficient material available on the spot. The reason for this calamity was that three trucks full of engineer stores had been destroyed by shellfire during the day. The infantry had to be pulled back, and further plans for an all-out assault had to be abandoned as the division was notified that it was to move north to assist the First Army.

On the left, the 5th Infantry fared no better. A combined assault with the 7th Armored had been planned for 20 September, but the delay caused by the reshuffling of the latter, left the infantry to go it alone. Hopes of large-scale air support were dashed by the overcast skies, and this was compounded by a chronic shortage of artillery ammunition. However, the attack had to be mounted, and General Irwin sent his deputy, Brigadier General Warnock, to coordinate operations on the spot—Warnock often functioned as Irwin's « Fireman ».

dron de bombardiers de la *Royal Air Force* chargé de bombes ultra-lourdes ou ils devraient se résigner à un long siège.

Au centre, le CCR lance son premier assaut sur Sillegny dans l'après-midi. Cette localité est défendue par le *SS-Panzergrenadier-Regiment 38* de la *17. SS-Pz.-Div.*. Appuyé par des tanks, le *38th Armored Infantry Battalion* (portant le même numéro, mais pas la même armée) se met en route. Mais, dès qu'il quitte le couvert des bois, il est la cible d'un déluge d'artillerie. Après avoir quitté la lisière des bois, il y a une plaine agricole de champs ouverts, plate et descendant doucement vers la Seille et le village. Elle est totalement dépourvue de couverts. Les tanks essaient de s'approcher du village mais ils sont forcés de se replier quand ils se trouvent à court de munitions. Le feu adverse est si intense que l'infanterie refuse d'avancer et se replie dans les bois. Le colonel Heffner, qui commande le CCR, témoignera qu'il avait alors engagé toutes ses troupes et qu'il ne lui restait plus que deux sections en réserve et que, même s'il les utilisait, il lui semblait impossible de prendre Sillegny avec les forces disponibles. Cependant, on lui donne alors l'ordre d'essayer à nouveau. Avec les deux sections supplémentaires, ses hommes sortent à nouveau des bois pour tomber sous le rideau de feu des panzergrenadiers. Désarçonnés par la permanence des tirs, les hommes se débandent et ne seront ralliés que par leur chef d'unité. Réorganisés, au crépuscule, on les renvoie au combat et ils font un splendide « comeback ». Ils suivent les tanks jusqu'à la lisière de la localité où ils réussissent à s'enterrer. A l'aube, ils réussissent même à prendre quelques-unes des premières maisons avant d'être repoussés à nouveau par un adversaire qui a été apparemment renforcé pendant la nuit.

Le *38th Armored Infantry Battalion* connaît son jour de gloire le **19 septembre** mais il cessera d'être une force combattante à l'issue de cette journée. Tout au long de celle-ci, une bataille sauvage fait rage dans et autour de Sillegny. Elle rappelle le combat rapproché de la guerre de tranchée de la Première Guerre mondiale. Son adversaire connaît aussi son jour de gloire.

Pendant la matinée, le chef du *38th*, le lieutenant-colonel Rosebro, est blessé mortellement et son officier opérations est tué. Le plus ancien en grade est maintenant le *Major* Wells ; il prend le commandement et il est tué à son tour. Le quartier général envoie alors le lieutenant-colonel King, qui commandait un autre bataillon et, à 11 heures, il replie les troupes, faisant bombarder le village déjà ruiné par l'artillerie d'appui. Après avoir été réorganisée et renforcée par une compagnie fraîche, l'infanterie retourne au combat dans l'après-midi pour se rendre compte que l'adversaire a évacué Sillegny. Cependant, les hommes du *38th* n'y trouvent aucun avantage car ils sont soumis à des tirs meurtriers de l'artillerie située sur les hauteurs à l'est. Elle est contrainte de s'abriter dans les caves.

A ce stade, les Allemands continuent de contre-attaquer avec de l'infanterie et des blindés. Cependant, lorsqu'ils se mettent en mouvement, ils sont attaqués par des chasseurs-bombardiers qui se trouvaient dans le secteur pour une mission contre le Groupe Fortifié « Aisne ». Bien que le gros de l'infanterie adverse se trouve dispersé, quelques blindés, suivis par de l'infanterie, pénètrent dans le village. Deux tanks américains se trouvant là tentent de détruire le blindé de tête allemand mais ils se rendent compte que leur propre infanterie s'abrite dans les caves et ils se replient pour éviter d'être encerclés. Maintenant, le lieutenant-colonel King est blessé, le troisième chef de bataillon en une seule journée. A **18 h 30**, les Allemands tiennent à nouveau ces ruines ; ils ont encerclé un capitaine américain et 23 hommes qui se terrent dans une grande maison. On perd le contact avec eux après l'échec de quelques tanks qui tentent de les rejoindre.

Le lieutenant-colonel Rea, le quatrième chef de bataillon, obtient finalement la permission de se désengager. Le *38th Armored Infantry Battalion* a perdu les trois quarts de sa force combattante et presque tous les officiers sont tués ou blessés. Les survivants sont relevés le lendemain et remplacés par le CCA.

Sur la gauche, dans le secteur de la *5th Division*, la journée est relativement calme, depuis l'annulation de l'attaque prévue sur Pournoy et Coin par le commandant de la division, pour attendre le résultat de l'attaque des blindés sur Sillegny. Une tentative de contre-attaque allemande à partir de Coin est repoussée par l'artillerie divisionnaire. Sur la droite, le **CCB** tente de déloger un adversaire obstiné des bunkers de la cote 223. Au crépuscule, il se battant tout au long du chemin, il essaie de s'emparer de Longueville, un village situé directement sur la Seille. Cependant, il ne réussit pas à prendre Cheminot, sur la rive opposée, et cinq tanks sont perdus face à des canons antichars bien pointés depuis l'autre rive. Cheminot restera une menace potentielle sur le flanc droit de la *7th Armored*

Division jusqu'à ce que sa garnison décroche volontairement trois jours plus tard.

Dans l'après-midi du **20 septembre**, le **CCA** est en position face à Sillegny. Il est alors décédé de mettre en place une action en tenaille en coordination avec le CCB pour tenter de traverser la rivière mais les deux mouvements sont un échec bien que quelques éléments réussissent à pénétrer jusqu'à la limite de l'eau. Sur l'autre rive, les Allemands ont placé des canons antichars et des mitrailleuses dans de solides bunkers en béton. A ce stade, la *7th Armored Division* est plus ou moins épuisée. Pour illustrer les pertes subies, le CCR a eu huit chefs successifs entre le 1er et le 21 septembre. Sa ligne de progression jusqu'à la rivière est flanquée par ses adversaires à Cheminot et les Allemands sont encore capables de se renforcer. Certains signes montrent que la *559. VG.-Division* serait dans le secteur après avoir été transférée du secteur de Thionville où les Américains se sont mis sur la défensive. Des mouvements de jour deviennent impossibles mais, à la tombée de la nuit, le **21 septembre**, le CCB tente de faire passer deux compagnies de l'autre côté de la Seille. Des plans sont aussitôt faits pour construire un pont jusqu'à ce qu'on découvre qu'il n'y a pas assez de matériel disponible sur place. Ce désastre est dû au fait que trois camions remplis de matériel du Génie ont été détruits par des obus pendant cette journée. L'infanterie doit se replier et d'autres plans pour un assaut général doivent être abandonnés lorsque la division reçoit l'ordre de se mettre en mouvement vers le nord pour assister la *First Army*.

Sur la gauche, la *5th Infantry Division* n'a pas un meilleur sort. Un assaut combiné avec la *7th Armored Division* a été prévu pour le 20 septembre mais le délai causé par le remaniement de cette dernière laisse l'infanterie livrée à elle-même. Des espoirs d'un appui aérien à large échelle sont balayés par un ciel bouché et tout cela est aggravé par un manque chronique de munitions pour l'artillerie. Cependant, l'attaque doit avoir lieu et le général Irwin envoie son adjoint, le *Brigadier General* Warnock, pour coordonner l'action sur place - Warnock joue souvent le rôle du « pompier » d'Irwin.

Ouvrant lentement son chemin à travers le rideau de feu des chars, de l'artillerie et des mortiers, le 1er Bataillon du *2nd Infantry Regiment* tente d'occuper Coin dans la soirée, à quelques centaines de mètres seulement du cours principal de la rivière. Sur la gauche, cependant, le 2e Bataillon du *10th Infantry Regiment* se trouve déjà en difficulté. Le bataillon est de nouveau à effectifs pleins, il a été recomplété avec des nouveaux soldats après les pertes subies à Arnaville. Appuyé par le Génie, des tanks et des Tank Destroyers, il sort des bois en direction de Pournoy avec près de deux kilomètres à parcourir sur un terrain bien dégagé. Des nuages empêchent toute intervention de l'aviation et l'artillerie se trouve chroniquement à court de munitions. Pournoy est défendu par un groupe de Flak de la *Luftwaffe* et deux compagnies du groupe de reconnaissance de la *17. SS-Panzergrenadier-Division* qui est alors renforcé par la *106. Panzer-Abteilung*, repliée après avoir été écrasée par la *90th Infantry Division* dans le nord.

A peu de distance de la lisière occidentale de Pournoy se dresse un ensemble de bâtiments connu sous le nom de Ferme Bury, maintenant reconstruits et retournés à leurs tâches agricoles. A la mi-septembre, le PC de la A *Company* du *10th Infantry Regiment* et le poste de secours s'y installent pour quelques jours. Les hommes creusent leurs trous individuels dans le verger, au milieu des pommiers, mais plusieurs d'entre eux sont tués par des éclats au milieu des arbres.

Dès qu'il sort des couverts, le bataillon subit un feu dévastateur sur son front et son flanc droit. Pris sous un tel feu croisé, il ne peut qu'avancer s'il ne veut pas être coupé. Les blindés de soutien s'engagent et l'infanterie réplique avec ses armes lourdes. Les hommes avancent à travers cet ouragan tirant sans arrêt l'arme à la hanche mais les pertes de plus en plus élevées rendent très difficile le maintien du rythme. Deux commandants de compagnie sont tués et un autre blessé mais, malgré cela l'infanterie réussit à pénétrer dans le village. Avec des fusils, baïonnettes au canon, et des grenades, elle déloge les Allemands des ruines et, en début de soirée, elle réussit à occuper environ un tiers de Pournoy. Ces fantassins sont promptement contre-attaqués par des blindés, ils sont finalement repoussés d'environ trois cents mètres et ils s'enterrent. Une compagnie, désorganisée par la perte d'officiers et ébranlée par les arrivées quasi continuelles d'obus, commence à se replier mais elle est arrêtée par des soldats plus expérimentés.

Le *Private* Catri est l'un des héros de Pournoy. C'est l'un des membres de l'équipe bazooka de la *G Company*. Lorsque surgissent les blindés allemands, son chef d'équipe est déjà blessé. Mais Catri attrape l'arme antichar et court sous les tirs jusqu'à un repli de terrain se trouvant à une cin-

Fighting their way slowly forward through a hail of tank, artillery, and mortar fire, the 1st Battalion, 2nd Infantry, managed to occupy Coin by the evening, only a few hundred yards away from the main-stream of the river. On the left, however, the 2nd Battalion, 10th Infantry, soon found themselves in trouble. The battalion was up to strength, having been filled with fresh men to replace the Arnaville losses. Supported by engineers, tanks, and tank destroyers, they moved off from the woods toward Pournoy with about two thousand yards to advance across fairly level open ground. Low clouds prevented any air strikes and the artillery was still chronically short of ammunition. Pournoy was defended by a *Luftwaffe* anti-aircraft battalion and two companies of the 17th SS Reconnaissance Battalion but at about this time had received reinforcement in the shape of the 106th Panzer Battalion, revived after its mauling at the hands of the 90th Infantry Div. in the north.

A short distance to the west of Pournoy lies the complex of buildings known as Bury Farm, now rebuilt and returned to agricultural pursuits. In mid September it became, for a few days the HQ of A Company of the 10th Infantry Regiment and their aid post was located there. The men dug their foxholes on the apple orchard but several were killed by tree burst shrapnel.

As soon as it broke cover, the battalion was subjected to murderous fire from in front and from the right flank. Caught in such a cross fire, they either had to advance or be cut down. The supporting armor opened up and the infantry replied with their heavy weapons. Through this storm the men advanced, steadily firing from the hip, but the mounting toll of casualties made it extremely difficult to sustain momentum. Two company commanders were killed and one wounded, but in spite of this, the infantry managed to get into the village. Operating with rifles, bayonets, and grenades, they flushed the Germans out of the ruins and by early evening had managed to occupy about a third of Pournoy. There they were promptly counterattacked by tanks and were finally forced to withdraw about three hundred yards, where they dug in. One company, disorganized by loss of officers and shattered by the almost continuous shelling began to straggle back, but was steadied by the more experienced soldiers.

One of the heroes of Pournoy was Private Catri, who was a member of the G Company bazooka team. When the German tanks appeared, his teammate was wounded, but Catri grabbed the weapon and ran under fire to a shallow depression about fifty yards from the nearest tank. Operating the bazooka alone, he disabled the tank and shortly afterward forced another to withdraw.

The battalion commander, Colonel Carroll, and the few remaining officers managed to restore some sort of order to the tattered ranks, and the 10th Infantry returned once again to the attack. The attached armor moved around to the sides of the village while the infantry once again drove out the enemy. This time they managed to clear all the houses and dug in to the east.

The American occupation of Pournoy formed a dangerous salient in the German lines, and it was soon apparent that the enemy would not rest until they had eradicated it—ground must not be sacrificed, regardless of the cost of regaining it. It was, however, the key to the whole 5th Division position. The line held by the 2nd and 10th Infantry ran south to north parallel to the Seille and through Coin and Pournoy. From there the line bent back at right angles all the way of the Moselle. Thus Pournoy was like a finger pointing at the 17th SS Panzer Grenadier Division. During the evening General Irwin did the rounds of the regiment, where he was told that a further advance would be impossible unless more artillery ammunition could be procured. When this information was passed back to corps, the 5th Division were told to stay put and hold on. Throughout the night, shells continued to rain on Pournoy, both from heavy guns sited to the rear and from 88's and smaller guns just over the river and on both flanks. This shelling had the effect of disorganizing communications; and during the early hours of 21 September, a force of enemy, estimated at two companies, got behind F Company, who were holding the outpost line to the east of the town. There was a delay until retaliatory artillery could be called in, during which the Germans got into the village streets and cut off F Company, afterward striking at E Company. By dawn the battalion managed to reestablish their line close to the town; but by then, half the effectives had become casualties - of the 800 men who started off for Pournoy, only some 450 were left.

The key to the German attacks that took place throughout 21 September was another village to the north, Coin-les-Cuvry (not to be confused with Coin-sur-Seille to the south, which was occupied by the 2nd Infantry.) Coin-les-Cuvry was occupied the third regiment of 17th SS PG Div. commanded by *Obersturmbannführer* von Matzdorf, about whom we shall hear more later. From there the enemy moved in with armor (106th Pz Brigade tanks) and motorized infantry supported by apparently unlimited artillery. One man said later, « We were shelled just once at Pournoy; that was all the time. » Although reinforced by a fresh rifle company during the morning, the men of the 2nd Battalion could not leave their foxholes in daylight to get food or water. They were only saved from being overwhelmed by the performance of divisional and corps artillery who, hoarding their precious ammunition supplies, blasted Coin-lés-Cuvry off the map. Throughout the night and the following day, the pressure was kept up; although on **22 September** the counterattacks slackened off—the Germans too had suffered heavy casualties from their suicide tactics. By **23 September**, the 2nd Battalion, 10th Infantry, was at the end of its tether and the commanding officer requested that they be relieved. During that night they withdrew their shattered companies, which were replaced by the 1st Battalion.

The irony is that as a result of decisions imposed upon corps by wider demands of strategy and allocation of manpower, Pournoy was shortly to be abandoned, and the whole 5th Division was withdrawn to a holding line to the west. Thus, the attacks on the Seille line and the resulting casualties had been in vain—the only positive factor was that a great many of the enemy had been killed and wounded. Battles of attrition, however, do not lead to immediate decisions, and their effects are only felt in the long term—which is small consolation to those who are killed and wounded in the process.

Continuation of the attacks against the Metz perimeter

In spite of the terrible losses suffered by the 2nd Infantry Regiment, the efforts to penetrate the fortified western salient were continued. The general regrouping that took place on 14 September brought two of the 90th Division regiments south to occupy the positions previously held by 2nd Infantry and CCA of the 7th Armored Division. On the right, the 359th Infantry were positioned on either side of the Gravelotte-Metz road, facing the notorious Mance ravine. On their left, the 357th Infantry took over the old positions in front of Amanvillers.

quantaine de mètres du blindé le plus proche. Servant seul le bazooka, il met le blindé hors combat et force peu après un autre à décrocher.

Le chef de bataillon, le colonel Carroll, et quelques autres officiers tentent de rétablir un semblant d'ordre parmi les rangs dégarnis et le *10th Infantry Regiment* repart à l'attaque. Les blindés rattachés se déplacent de part et d'autre du village tandis que l'infanterie repousse à nouveau les Allemands. Cette fois, les hommes sont obligés de nettoyer chacune des maisons et s'enterrent à l'est.

L'occupation américaine de Pournoy forme un saillant dangereux dans les lignes allemandes et il devient bientôt évident que l'adversaire n'aura pas de repos avant de l'avoir éliminé - il ne doit pas sacrifier de terrain, malgré ce qu'il en coûte pour le reprendre. Cependant, c'est là la clé de la position de toute la *5th Division*. La ligne tenue par le *2nd Infantry Regiment* et le *10th Infantry Regiment* court du nord au sud, parallèlement à la Seille et à travers Coin et Pournoy. A partir de là, la ligne repart à angle droit sur tout son cours, jusqu'à la Moselle. C'est pourquoi Pournoy est comme un doigt pointé sur la *17. SS-Panzergrenadier-Division*. Dans la soirée, le général Irwin fait le tour du régiment et on lui dit qu'une nouvelle avance sera impossible s'il n'est pas possible d'obtenir des munitions pour l'artillerie. Si on communique cette information au corps d'armée, on dira à la *5th Division* de s'arrêter et de tenir. Pendant la nuit, les obus continuent de s'abattre sur Pournoy, tirés par des pièces lourdes situées à l'arrière et par des pièces de 88 mm placées de l'autre côté de la rivière et sur les flancs. Ces bombardements désorganisent les communications et, à l'aube du 21 septembre, une force adverse, estimée à deux compagnies, se glisse derrière la *F Company* qui tient la ligne de postes avancés à l'est de la localité. Pendant le délai écoulé à attendre l'intervention de l'artillerie appelée à la rescousse, les Allemands pénètrent dans les rues du village et coupent la *F Company* puis attaquent la *E Company*. A l'aube, le bataillon tente de rétablir sa ligne à proximité de la localité mais, alors, il y a déjà 50 % de pertes - des 800 hommes qui sont partis sur Pournoy, il ne reste que 450 hommes.

La clé de voûte des attaques allemandes qui ont lieu tout au long de ce 21 septembre est un autre village situé au nord, Coin-les-Cuvry (à ne pas confondre avec Coin-sur-Seille, au sud, qui est occupé par le *2nd Infantry Regiment*). Coin-les-Cuvry est occupé par l'un des régiments de la *17. SS-Pz.Gren.-Div.* commandé par le *SS-Obersturmbannführer* von Matzdorf, dont nous reparlerons. De là, les Allemands avancent avec des blindés (des chars de la *106. Panzer-Brigade*) et de l'infanterie motorisée appuyée apparemment par une artillerie largement pourvue. Un homme dira : « *Nous n'avons subi des tirs d'obus qu'une seule fois, à Pournoy ; c'était permanent.* » Bien qu'ils aient été renforcés dans la matinée par une compagnie d'infanterie fraîche, les hommes du 2ᵉ Bataillon ne peuvent quitter leurs trous individuels dans la journée pour obtenir de l'eau ou de la nourriture. Ils ne seront toutefois pas submergés grâce aux performances des artilleries de la division et du corps d'armée ; réservant leur précieux approvisionnement en munitions, et rayant de la carte Coin-les-Cuvry. Toute la nuit et le jour suivant, la pression continue, quoique le **22 septembre** les contre-attaques diminuent. Les Allemands ont subi eux aussi de lourdes pertes avec leurs tactiques suicidaires. Le **23 septembre**, le 2ᵉ Bataillon du *10th Infantry Regiment* est à bout de nerfs et le chef de bataillon demande la relève de son unité. Les compagnies squelettiques décrochent pendant la nuit et sont remplacées par le 1ᵉʳ Bataillon.

Suprême ironie, en raison des décisions imposées par le corps d'armée concernant de grands besoins stratégiques et des allocations d'effectifs, Pournoy doit être bientôt abandonné et toute la *5th Division* doit se replier sur une ligne le long de la Seille et les pertes subies auront été en vain. Pour les Américains, le seul facteur positif est qu'ils ont tué et blessé un nombre important de leurs adversaires. Cependant, des batailles d'extermination ne conduisent pas à des décisions immédiates et elles n'ont des effets qu'à long terme, ce qui est une faible consolation pour tous ceux qui ont été tués et blessés dans ce processus.

Continuation des attaques contre le périmètre de Metz

A cause des terribles pertes subies par le *2nd Infantry Regiment,* les efforts pour pénétrer le saillant fortifié occidental sont poursuivis. Le regroupement général qui a eu lieu le 14 septembre avait amené au sud deux des régiments de la *90th Division*, occupant les positions précédemment tenues par le *2nd Infantry Regiment* et le CCA de la *7th Armored Division*. Sur la droite, le *359th Infantry Regiment* est placé de part et d'autre de la route Gravelotte-Metz, face à la célèbre ravine de la Mance. Sur sa gauche, le

1. Vue actuelle de la ravine de la Mance au fond la route reliant Gravelotte à Metz. (Photo auteur.)

2. La borne de la liberté située sur cette même route. (Photo auteur.)

1. The Mance ravine where the Gravelotte-Metz road crosses on a raised causeway. (Photo author.)

2. The Liberty Xay kilometre stone beside the road where it crosses the Mance ravine. (Photo author.)

357th Infantry Regiment prend en charge les anciennes positions face à Amanvillers.

Le commandant de la division, le général Mclain, se trouve ainsi tenir un front de quelque 32 kilomètres de large car son troisième régiment, le *358th* s'étale le long de la rivière presque jusqu'à Thionville, renforcé par des éléments de la *Cavalry*. Son front n'a pas de profondeur et il n'a aucune réserve. Il a beaucoup de chance car, sur l'autre rive de la Moselle, les troupes allemandes ne montrent pas d'inclination particulière à vouloir attaquer. Mais, nous avons vu plus haut qu'ils semblent avoir allégé ce front pour renforcer leurs troupes qui contre-attaquent au sud dans la tête-de-pont. Si les Allemands avaient lancé des patrouilles offensives de l'autre côté de la rivière, la *90th Division* se serait trouvée en grande difficulté et coupée en deux.

Les deux régiments du général Mclain en position au sud se trouvent au contact de la principale ceinture de fortifications de Metz sur laquelle on savait encore peu de chose durant cette première semaine de combats malgré des patrouilles régulières et la reconnaissance aérienne. Le moindre gain de terrain se trouve confronté à une nouvelle ligne de bunkers et d'obstacles divers. Le repérage de l'artillerie est très difficile car les canons allemands sont placés sur les versants situés en arrière des crêtes boisées et peuvent être facilement déplacés le long de routes latérales.

Le *357th Infantry Regiment* fait face au 1010ᵉ Régiment de sécurité dont la valeur combative « laisse beaucoup à désirer » d'après le commandant de la division, le général Krause. Le *359th Infantry Regiment* doit affronter le *Fahnenjunker-Regiment* qui, outre sa zone de fortifications, bénéficie de la protection de la ravine de la Mance. Le général von der Goltz, l'un des

The division commander, General Mclain, thus found himself holding a front of some 20 miles, as his other regiment, the 358th, was strung out along the river almost as far as Thionville, padded out with cavalry elements. He had no depth and no reserves to call upon. He was extremely lucky that the enemy troops on the far bank of the Moselle showed no particular inclination to attack, but as we have seen in the preceding section, there is evidence that the Germans stripped this front to reinforce their troops counter-attacking in the southern bridgehead. Had the Germans north of Metz indulged in active patrolling across the river, the 90th Division could well have found itself in trouble and cut in two.

General Mclain's two southern regiments were hard up against the main belt of the Metz fortifications, about which little had been discovered during the first week of fighting, in spite of constant patrolling and air reconnaissance. Each small gain of territory uncovered a further line of bunkers and other obstacles. Artillery spotting proved most difficult as the German guns were placed on the reverse slopes of the wooded ridges and could be easily moved along good lateral roads.

The 357th Infantry was facing the 1010th Security Regiment, the combat efficiency of which « left much to be desired » according to their division commander, General Krause. The 359th Infantry had to deal with the Officer Candidate Regiment, who in addition to their zone of fortifications were fronted by the Mance ravine. General von der Goltz, one of the Germans involved in the 1870 battle, later wrote of this feature, « A stronger position in the open field can hardly be imagined. » Thus, on paper, two American regiments were facing two German ones. The 90th Infantry Division were comparatively fresh, not having suffered heavy casualties during their advance from Verdun. There, however, the similarity ended. The Americans were plagued by a chronic lack of ammunition and the appalling weather which they had to withstand in open foxholes. Their opponents were generally warm and snug in their permanent emplacements, and in addition, had expert knowledge of the terrain they were defending. The job of the 90th Infantry was to occupy the Germans to such an extent that they would be unable to send reinforcements to the south of the city.

The first attack was launched on **15 September,** with each regiment deploying one battalion. On the left, the 1st Battalion, 357th Infantry, was ordered to effect a penetration along the St. Privat-Metz road where it passed to the south of the Canrobert works. They were supported by a platoon of engineers equipped with flamethrowers, the first recorded use of this weapon during the battles against the Metz defenses. The official historian states that the flamethrower was little employed in the operations of the Third Army: « Little training was given in its use and most of the troops regarded this weapon with a jaundiced eye. » Portable flamethrowers were effective against pillboxes, providing that the operator could get near enough to aim the oil into the firing slits. The type of flamethrower tank known as a « Crocodile » and used by the British forces might well have proved effective at Metz, as it had a greater range.

At this stage some confusion has crept into the official record, probably due to difficulties with nomenclature. Cole refers to the narrow gap between the Canrobert and the Kellermann works, while some American reports refer to the latter as « Fort Amanvillers. » The two were completely separate entities, Kellermann lying some 500 yards southeast of the defensive work known officially as the Ouvrage des Carrières d'Amanvillers (Amanvillers Quarry Works).

The infantry, advancing through dense scrub, crossed the light railway that ran up and along the Fèves Ridge, and drove in the German outposts. By evening, they were hard up against the Amanvillers quarries in which they managed to gain a foothold. Their sister battalion, the 2nd, sent out a patrol to try to get around the Canrobert line from, the north, but the idea was abandoned when it was discovered that they would have to move across open ground under the fire of the Fort de Fèves.

On the right, and covering ground already tried by the 2nd Infantry, the 2nd Battalion of the 359th Infantry moved off from Malmaison to try to attack the Jeanne d'Arc fortified group. This was the largest of the Metz forts in the area, and some of its turret artillery was operation at the time. The place was also probably in reasonable repair as it had been used as the headquarters of General Condé's Second Army during the Battle of France in 1940. The aim was to avoid the Mance ravine deathtrap by moving around to the north of it. Initially the infantry made some progress, but in the early afternoon, they were held up by a large pillbox in the woods to the east of Malmaison. The 2nd Battalion discovered that bazooka rockets bounced off the pillbox, and the tanks and engineers with flame-throwers who were called in had an equal lack of success. Although the bunker was kept under fire, it was not captured, and by evening the attack had petered out.

officiers généraux allemands impliqués dans la guerre de 1870, écrivit à propos de cette particularité topographique : « *On ne peut imaginer une position plus puissante en terrain découvert.* » Ainsi, sur le papier, deux régiments américains font face à deux régiments allemands. La *90th Infantry Division* est relativement fraîche, n'ayant pas subi de lourdes pertes durant son avance depuis Verdun. Mais les ressemblances se terminent ici. Les Américains souffrent d'un manque chronique de munitions et du temps épouvantable enduré dans leurs trous individuels. Leurs adversaires ont relativement chaud et sont plus confortablement installés dans leurs emplacements permanents et, en outre, ils ont une bonne connaissance du terrain qu'ils doivent défendre. La *90th Infantry Division* a pour mission d'occuper les Allemands au point qu'ils ne seront pas capables d'envoyer des renforts au sud de la ville.

La première attaque est lancée le **15 septembre,** avec chaque régiment engageant l'un de ses bataillons. Sur la gauche, le 1er Bataillon du *357th Infantry Regiment* a reçu l'ordre d'effectuer une pénétration le long de la route Saint-Privat-Metz en passant au sud des ouvrages Canrobert. Il sera appuyé par une section du Génie équipée de lance-flammes, le premier usage officiel de cette arme pendant la bataille engagée contre les défenses de Metz. L'historien officiel écrit que les lance-flammes ont été peu employés dans les opérations de la *Third Army* : « *On s'était peu entraîné à l'utiliser et la plupart des soldats considéraient cette arme avec défiance.* » Les lance-flammes portables étaient efficaces contre des casemates pourvu que l'utilisateur puisse s'en approcher assez pour envoyer son carburant dans les embrasures de tir. Le char lance-flammes, appelé « Crocodile » et, utilisé par les forces britanniques, aurait été efficace dans le secteur de Metz car il avait une plus grande portée.

A ce stade, il règne une certaine confusion dans le rapport officiel. Celle-ci est probablement due aux difficultés de la nomenclature. Cole parle de l'étroit passage entre les ouvrages Canrobert et Kellermann tandis que certains rapports américains désignent ce dernier sous le nom de « Fort Amanvillers ». Ils constituent tous deux des entités complètement différentes. Kellermann se trouve à quelque 500 mètres au sud-est de l'ouvrage défensif connu officiellement en tant qu'Ouvrage des Carrières d'Amanvillers.

L'infanterie, avançant à travers d'épaisses broussailles, traverse la petite voie ferrée courant le long de la crête des Fèves et tombe sur des postes avancés allemands. Dans la soirée, elle approche des carrières d'Armanvillers où elle tente de prendre pied. L'autre bataillon, le 2e, envoie une patrouille pour tenter de contourner la ligne du Canrobert, au nord. Mais cette idée est abandonnée quand on découvre que cette patrouille devrait traverser un terrain découvert sous le feu du Fort de Fèves.

Sur la droite, et couvrant le terrain déjà récupéré par le *2nd Infantry Regiment*, le 2e Bataillon du *359th Infantry Regiment* quitte la Malmaison pour tenter d'attaquer le Groupe Fortifié Jeanne d'Arc. C'est le plus grand fort de Metz de ce secteur et quelques-unes de ses tourelles d'artillerie sont alors en état de marche. Cette place forte est aussi probablement en bon état car elle avait servi de quartier général à la Seconde Armée du général Condé lors de la Bataille de France en 1940. Cette attaque doit éviter la mortelle ravine de la Mance en faisant un mouvement tournant par le nord. Au début, l'infanterie progresse quelque peu mais, en début de soirée, elle est bloquée par une vaste casemate, dans les bois à l'est de Malmaison. Le 2e Bataillon découvre alors que les torpilles de bazooka rebondissent sur la casemate. Les tanks et le Génie avec ses lance-flammes sont appelés à la rescousse mais ils n'ont pas plus de succès. Bien que les tirs continuent de s'abattre sur le bunker, il n'est pas pris et, dans la soirée, l'attaque s'éteint.

Ainsi, ce premier jour se termine avec de maigres succès, ce qui n'est pas surprenant si l'on considère l'échec des tentatives précédentes dans ce secteur. Le témoignage suivant, extrait des mémoires de William McConahey, médecin du 2e bataillon du *357th Infantry Regiment*, est représentatif des sentiments de beaucoup de ceux qui ont combattu ici : « *Nous sommes alors retirés de notre position au sud de Thionville et jetés dans de futiles et suicidaires attaques contre les grands forts de Metz. Nous maudissons aigrement les Allemands et notre chance tandis que nous sommes glacés sous la pluie battante et glissons et nous enfonçons dans la boue jusqu'à la cheville. Les pauvres fantassins qui se trouvent là, mouillés jusqu'à la moelle, couverts de boue et subissant les tirs meurtriers des forts, en ont assez. Lentement, il commence à nous venir à l'esprit que le coup de balai que nous avons donné à travers la France n'a pas battu les Allemands et que, peut être, nous avons devant nous un hiver de guerre… Le second bataillon a reçu l'ordre de tenter une attaque avant l'aube. Tout ce que nous avons à faire, c'est traverser un large champ boueux et détrem-*

pé, large de mille cinq cents mètres et balayé par les tirs des mitrailleuses et de l'artillerie, traversé par une large douve tapissée de fils de fer barbelés, escalader les murs de l'autre côté et attaquer ensuite des séries d'énormes forteresses en béton construites sur la colline. C'était un suicide. »

Ce soir-là, le général Maclain observe la situation et conclut avec bon sens que des assauts en règle sur le périmètre fortifié seraient inutiles sans le renfort de troupes supplémentaires. Il met donc en place une procédure consistant à harceler les positions allemandes avec des séries d'attaques à objectifs limités et il ordonne une intense activité de patrouilles pour maintenir l'ennemi occupé. Ceci est mis en place pour assumer la mission originale consistant à empêcher les Allemands de retirer des troupes du saillant pour les engager ailleurs et, en même temps, pour minimiser les pertes.

Cependant, le lendemain, les attaques continuent plutôt sur la même base. Au milieu d'un épais brouillard, le 1er Bataillon du *357th Infantry Regiment* doit à nouveau progresser sur la route St-Privat-Metz. Le brouillard protège les hommes quelque peu de l'observation des artilleurs adverses mais leur fait perdre leur chemin, les menant sur le mur en béton de la position Canrobert. Le chef de bataillon décide alors d'obliquer vers le sud et d'essayer de traverser par le passage se trouvant au bout du mur. Le commandant du régiment envoie le 3e bataillon pour constituer une force de blocage sur la droite tandis qu'a lieu ce mouvement, ce qui procurera une puissance de feu supplémentaire. Cependant, tandis que les deux compagnies se préparent à mener l'assaut, elles rencontrent un détachement du *Fahnenjunker-Regiment*. Ce régiment n'est pas engagé dans ce secteur, on doit donc supposer que ce détachement faisait partie d'une force mobile disponible dans l'éventualité d'une percée américaine menaçante. Comme d'habitude avec des troupes courageuses, l'action est rapide et furieuse, l'action se termine au corps à corps avant que les Allemands ne finissent par se replier. Leurs pertes ne sont pas connues mais le *357th Infantry Regiment* perd soixante-douze hommes, pertes difficiles à combler.

Au sud, le *359th Infantry Regiment* connaît un nouveau problème en s'attaquant aux Allemands dans la ravine de la Mance. Cette fois, il contourne par le nord à travers les bois et tente ensuite d'avancer vers le sud dans le fond de la ravine. Arrivé là, cette unité tombe sous des tirs allemands intenses de mitrailleuses et de mortiers. Rampant d'un couvert à l'autre, les hommes essaient de progresser d'environ 200 mètres jusqu'à ce qu'ils atteignent la route principale Gravelotte-Metz, plongeant dans la vallée pour remonter de l'autre côté. Arrivés là, ils ne peuvent aller plus loin et ajoutent un bon nombre de morts et de blessés aux pertes déjà subies dans la ravine - 15 officiers et 117 hommes, approximativement la force d'une bonne compagnie de fantassins.

Pecking continue sans succès le **17 septembre** quand le corps accepte finalement de considérer que les pertes sont vraiment trop coûteuses pour les gains obtenus lors d'attaques si limitées. Après cela, la *90th Division* reste sur ses positions, empêchant seulement la garnison allemande de percer. Les hommes ont alors une appréciable période pour respirer jusqu'à la fin du mois lorsque de nouvelles tentatives auront lieu à nouveau.

Alors que cette action de l'infanterie a lieu, l'artillerie ne reste pas inactive malgré le manque de munitions. Des tentatives sont faites bombarder les forts afin d'obtenir leur soumission. Avec le recul, nous savons maintenant que cela ne servait qu'à gaspiller les précieuses munitions. Mais, à ce moment-là, et avec les missions aériennes strictement limitées, il semble que c'est le seul moyen d'appuyer l'infanterie. L'artillerie de la *90th Division* utilise aussi une batterie de pièces de 105 cm qui a été capturée et même quelques-uns des tanks qui tirent des obus de 75 mm de prise. Les rapports américains signalent que, lorsqu'ils ouvrent le feu sur un fort, les canons se taisent pour ne reprendre leurs tirs qu'avec l'interruption de ceux des Américains. Il y a une explication très simple à ce manège si l'on considère le type de construction utilisé par les Allemands pour leurs batteries fixes installées avant la Première Guerre mondiale. Les tourelles françaises sont à éclipse et doivent être remontées par un contrepoids pour se mettre en position de tir - élevées d'environ un mètre vingt. Les tourelles allemandes sont du type rotatif fixe, le dôme est posé sur un tablier d'acier trempé encastré dans le toit en béton de la batterie. L'affût est levé de deux centimètres et demi pour être pointé en direction et tirer. Sous un bombardement, le bruit à l'intérieur d'une tourelle est proprement assourdissant et l'équipage doit se replier dans l'abri situé en dessous. Dès que l'artillerie ennemie n'intervient plus, l'équipage retourne à la chambre de tir, remonte la tourelle et réplique.

Thus the first day ended with little achieved, which was not surprising in view of the failure of previous attempts in that sector. Representative of the feelings of many who fought there, here is a quote from the memoirs of William McConahey, battalion surgeon with the 2nd Battalion, 357th Infantry: « We were pulled out from our position south of Thionville and thrown into futile and suicidal attacks on the great forts of Metz. Bitterly we cursed the Germans and our luck as we shivered in the fall rains, and slipped and slid in the ankle-deep mud. The poor infantrymen lying out there, soaking wet, covered with mud, and under murderous fire from the forts, were really taking it again. Slowly it began to dawn on us that our sweep across France had not beaten the Krauts, and that maybe we'd have a winter war on our hands.... The second battalion was ordered to try a predawn attack. All we had to do was to cross a mile-wide, muddy, soaked field swept by machine gun and artillery fire, traverse a deep moat filled with barbed wire, scale the walls on the other side and then assault a series of huge concrete fortresses built into a hill. It would have been suicide. »

That evening, General Mclain surveyed the situation and sensibly concluded that formal assaults on the fortified perimeter were pointless unless additional troops could be brought in. He therefore instituted a policy of nibbling at the German positions with a series of limited-objective attacks, and ordered intensive patrol activity to keep the enemy occupied. This was designed to fulfill the original mission of hindering the Germans from pulling troops out of the salient for use elsewhere, and at the same time minimizing casualties.

However, the following day, the attacks were continued on much the same basis. In heavy fog, the 1st Battalion, 357th Infantry, had another go at the St. Privat-Metz road. The fog gave them welcome cover from the attentions of the enemy gunners, but caused them to lose their way and run up against the concrete wall in front of the Canrobert position. The battalion commander then decided to side-slip south and try to move through the gap at the end of the wall. The regimental commander sent in the 3rd Battalion to form a blocking force on the right while this attempt was made, so as to provide extra fire power. However, as the two companies detailed to spearhead the assault were forming up, they were hit by a detachment from the Officer Candidate Regiment. As the regiment was not in their sector, one can only assume that the detachment was part of a mobile striking force made available for just such an eventuality— a threatened American breakthrough. As was usual with such tough troops, the action was fast and furious, ending with hand-to-hand fighting before the Germans finally withdrew. Their casualties are not recorded, but the 357th lost seventy two men—losses they could ill afford.

To the south, the 359th Infantry had another crack at getting to grips with the enemy in the Mance ravine. This time they skirted to the north through the woods and then tried to move south along the bed of the ravine. Once there they came under intense fire from enemy machine guns and mortars. Crawling from cover to cover, they managed to penetrate some 200 yards until they reached the main Gravelotte-Metz road, which plunges down into the valley and rises up the steep bank on the other side. Once there they could go no further and added a liberal quantity of dead and wounded to the toll already exacted by the ravine - 15 officers and 117 men, roughly the equivalent strength of a good rifle company.

Pecking continued without success on **17 September**, when corps finally agreed that such limited attacks were far too costly for the advantage gained.

After that, the 90th Division remained in a holding capacity, only hindering the German garrison from breaking out. This gave the men a valuable breathing space until the end of the month, when a few more attempts were to be made.

While all this infantry action was in progress, the artillery had not been idle, in spite of limited ammunition. Serious attempts were made to bombard the forts into submission. With the benefit of hindsight, we now know that this was a total waste of precious ammunition; but at the time, and with air missions strictly curtailed, it seemed to be the only way to support the infantry. The 90th Division Artillery was using at least one battery of captured 10.5-cm artillery, and at least some of their tanks were firing captured 75-mm ammunition. American reports indicate that when they opened fire on a fort, the guns there ceased to operate, only to reply when the fire was lifted. There wis a fairly simple explanation for this, involving the type of construction employed by the Germans for their fixed batteries, installed prior to the First World War. French turrets were of the disappearing type, which had to be raised by counterweight into the firing position-—a total lift of some 4 feet. The German turrets were of the fixed rotating type, whereby the dome sat on an apron of hardened steel embedded in the concrete roof of the battery. To traverse, the dome (or cupola) was raised only about an inch to allow it to be traversed mechanically. Under bombardment, the noise inside such a turret was simply deafening and the crew had to be withdrawn into the shelter below. As soon as the enemy artillery ceased action, the crew could return to the gun chamber, raise the turret, and reply.

The Americans used 155-mm and even 240-mm artillery against the forts, concentrating their fire against Jeanne d'Arc and Driant, without being able to put a single gun out of action. The Germans, however, also had their problems with the turret guns. We have seen that they had no proper sighting equipment, and their ammunition was also often faulty on account of old age. The Americans on the receiving end noted a large number of duds, one instance of which was cited in a letter from Charles Bryan, who commanded L Company of the 358th Infantry. He wrote to me as follows of their period in the line at Gravelotte, facing Fort Jeanne d'Arc: « The fort shelled us at first whenever a target presented itself. The shells were large caliber 8' or 10' (the most they could have been were 6' or 150mm) but two thirds were duds.... One dud ricocheted off the paved street and lodged above the door frame of a house that was occupied by an M.G. squad. I told the men not to use the door until the engineers could remove the shell. The next day on inspection I noticed that the shell was gone, and I knew that the engineers had not come up as yet. I was notified that one of the men got tired of crawling through the window, so he yanked it out and carried it across the road to a ditch. »

A further amusing piece of information, from this sector of the attack is also worth mentioning. One of the few remaining documents concerning the 462 Division is a brief report of its activities compiled some time in October. This includes a translation into German of an article from the 19 September edition of the Stars and Stripes. The article stated that the Officer Candidate Regiment had been pushed back five miles, together with a lot of other nonsense. This was obviously circulated to the regiment, together with a few pungent comments written by their commanding officer, Colonel von Siegroth. This is but one illustration of the folly of relying upon contemporary newspaper reports as historical evidence.

Les Américains utilisent alors des pièces d'artillerie de 155 mm et 240 mm contre les forts, concentrant leurs tirs contre les forts Jeanne d'Arc et Driant sans être capables de réduire un seul canon au silence. Cependant, les Allemands ont aussi leurs problèmes avec les canons sous tourelles. Nous avons vu qu'ils n'ont pas d'équipements appropriés d'observation et que leurs munitions sont souvent défaillantes en raison de leur grand âge. Les Américains notèrent un bon nombre d'obus non éclatés. Ceux-ci sont mentionnés, entre autres, dans une lettre de Charles Bryan qui commandait la *L Company* du *358th Infantry Regiment*. Il m'a écrit ce qui suit, concernant sa période sur la ligne de Gravelotte, face au Fort Jeanne d'Arc : « *Le fort nous a d'abord tiré dessus à chaque fois qu'une cible se présentait. Les obus étaient du calibre de 8 ou 10 pouces (la plupart étaient du calibre de 6 pouces ou 150 mm) mais les deux tiers d'entre eux n'explosaient pas… L'un d'eux a ricoché sur la rue pavée et est venu se loger au-dessus du cadre d'une porte d'une maison qui était occupée par une équipe mitrailleuse. J'ai dit aux hommes de ne pas utiliser la porte jusqu'à ce que le Génie enlève l'obus. Le lendemain, lors d'une inspection, j'ai remarqué que l'obus était parti et je savais que les sapeurs du Génie n'étaient pas encore venus. On m'informa que l'un des hommes était fatigué de se contorsionner par la fenêtre et il l'avait tiré d'un coup sec avant d'aller le porter dans un fossé, de l'autre côté de la route.* »

Un autre élément d'information de ce secteur d'attaque vaut aussi la peine d'être mentionné. L'un des rares documents à avoir survécu concernant la *462. Division* est un bref rapport d'activité rédigé en un octobre. Il comporte une traduction en allemand d'un article du *Stars and Stripes* publié le 19 septembre. L'article racontait que le *Fahenjunker-Regiment* avait été repoussé d'environ huit kilomètres et bien d'autres absurdités. Cet article avait été intentionnellement communiqué à l'intérieur du régiment avec quelques commentaires piquants rédigés par le chef d'unité, le colonel von Siegroth. C'est une bonne illustration de la défiance qu'il faut avoir à l'égard des rapports des journaux contemporains qui ne sont pas des témoignages historiques.

A la même date que le document de fiction ci-dessus mentionné, la *Third Army* note que « *La 90th Division, moins des détachements, devra bloquer Metz tandis que la* 5th Infantry Division *et la* 7th Armored Division *poursuivront leurs missions.* » En même temps, le *XX Corps* reçoit une information selon laquelle il existerait encore une menace sur le flanc nord de la *90th Division* étiré tout au long de la Moselle et le Corps reçoit pour mission de renforcer le secteur avec des tanks et des Tanks Destroyers.

Le jeune colonel Polk, toujours confortablement logé dans son château, écrit à sa femme le 27 septembre : « *Mon armée privée s'accroît chaque jour. Maintenant, j'ai vraiment les fonctions et le travail d'un* Brigadier General. » Pour compenser la perte temporaire de son *squadron* détaché, il a été renforcé par un groupe d'artillerie et quelques éléments du Génie. Le 1er Régiment de Paris accroît aussi son « armée privée » de façon plus douteuse. Cette unité à deux bataillons, forte de 2 000 hommes, a surgi à partir du soulèvement qui a conduit à la libération de Paris en août 1944 et ses membres sont des communistes des quartiers ouvriers. Dans son livre *La Libération de Metz*, le général Denis, l'historien de la Résistance en Moselle, fournit quelques informations. Ce régiment, mal équipé et peu discipliné, rempli de « crapules et de hors-la-loi » (d'après une lettre du chef de la police de Thionville citée par le général Denis), fut tout d'abord un renfort bienvenu pour le *XX Corps* qui se révélera difficile à intégrer dans des formations d'infanterie normales. Le « colonel Fabien », selon le titre qu'il s'était donné, et ses hommes seront envoyés au nord pour renforcer le *3rd Cavalry* le long de la Moselle où leur habitude de piller la population locale ne les fera apprécier de personne.

Le **27 septembre**, Polk reçoit d'autres renforts, ce sera le *807th TD Battalion*. « *Cette fois, nous avons bouclé la rivière et nous avons établi un contact solide avec la* 83rd Division *au nord et avec la* 90th Division *au sud et nous couvrons environ 29 miles* (près de 42 kilomètres - NDT) *du cours de la Moselle. Nous avons aussi nettoyé toutes les têtes de pont de notre côté de la rivière à l'exception d'une …… *»

Dans l'impasse

La cessation des attaques sérieuses de la *90th Division* contre le saillant et l'arrêt des assauts sur la ligne de la Seille dans le sud marquent la fin effective de la première phase de la Bataille de Metz. Jusqu'au 17 septembre, la *Third Army* évoquait toujours le Rhin et donnait des ordres spécifiant exactement où les franchissements auraient lieu. Mais alors, il devient tout à fait évident que la *Third Army* a été mise en échec dans une bataille défensive majeure et que son avance victorieuse a été stoppée. Et elle ne se trouve pas seule dans cette situation. La bataille d'Arnhem s'est terminée de manière indécise lorsque les dernières troupes se sont repliées de la tête de pont sur le Rhin le 25 septembre et alors que la *First Army* tente toujours de se frayer un chemin à travers le *Westwall* dans le secteur d'Aix-la-Chapelle. A la mi-septembre, les Allemands, qui étaient considérés comme battus, ont réalisé des miracles en se rétablissant et ont accompli leur projet de créer un solide glacis défensif en avant de leurs défenses frontalières.

Ici, à nouveau, les partisans des divers points de vue du « great argument » ont quelque chose à dire. Ceux, qui appuient la poussée en un front étroit dans le nord en direction de la Ruhr, on dit que la stratégie du large front préconisée par Eisenhower a permis à des petits groupes de troupes allemandes de qualité médiocre de stopper l'avance alliée là où une poussée unique aurait permis de désorganiser facilement leur maigre glacis. Patton et ses supporters ont avancé que, si on lui avait donné les moyens, il aurait pu se dégager un chemin jusqu'au Rhin avec une relative aisance. Cependant, Eisenhower se trouve alors toujours harcelé par des problèmes logistiques qui auraient été encore aggravés si l'un des deux groupes d'Armée avait « foncé dans le brouillard ». Il est alors évident pour les planificateurs du SHAEF que seule une offensive menée sur un front aussi large possible pourra amener les Alliés de l'autre côté du Rhin et que celle-ci ne pourra avoir lieu que lorsque le port d'Anvers se trouvera complètement opérationnel.

La stratégie qui va mettre sur pied les opérations qui auront lieu à la fin de l'année 1944 est établie à la conférence qui se tient au nouveau Quartier Général d'Eisenhower, à Versailles, le **22 septembre**, en présence des principales « huiles » alliées, à l'exception notable de Montgomery. Le Commandant en Chef est alors fermement convaincu que la possession d'un port en eau profonde sur le flanc nord est un préalable vital pour l'avance finale en Allemagne. C'est pourquoi le dégagement de la ligne sur l'Escaut est une priorité absolue. Elle sera suivie par l'attaque du *21st Army Group,* appuyée par la *First US Army*, pour envelopper la Ruhr par le nord. Nous avons vu que la poussée de la *Third Army* vers la Sarre a toujours été considérée par le SHAEF (si ce n'est par Patton) comme une opération subsidiaire. Mais, suite à la décision d'Eisenhower, son importance est encore réduite. Bradley reçoit comme instruction au sujet de la *Third Army*, de ne pas entreprendre « plus d'action offensive que ce que peut permettre la logistique après avoir donné tous les moyens possibles à l'effort principal. »

Ces décisions sont communiquées au général Patton par une lettre de Bradley confirmant l'essentiel de la conversation tenue au quartier général de Bradley à Verdun, le 23 septembre. On dit à Patton qu'il doit céder la *7th Armored Division* qui doit partir vers le nord pour aider la *First Army* et que le corps de son aile droite (le XVe) doit être transféré au *6th Army Group*, du général Dever (les forces qui ont débarqué dans le sud de la France). Cette décision est motivée par une raison purement logistique : le corps d'armée sera plus facilement ravitaillé à partir de Marseille. Il apparaît à Patton que sa chère armée est en train de s'effondrer autour de lui. A ce moment-là, il est même évoqué de retirer à la *Third Army* la responsabilité du front de Metz et de la confier à la *Ninth Army* du général Simpson, qui vient d'arriver et a été intercalée entre la *First Army* et la *Third Army*.

Les conséquences stratégiques de la campagne des Alliés ne réconfortent pas Patton qui voit ses espoirs balayés : ayant été mis en échec à Metz, il décide de focaliser ses espoirs sur une attaque du *XII Corps* du général Eddy. Il a prévu de la lancer le 18 septembre et elle doit mener à la pénétration souhaitée du *Westwall* en contournant la garnison de Metz par une avance au sud. Des blindés devront se ruer dans cette brèche pour tenter de lancer un pont sur le Rhin à Worms. Une seconde division devra maintenir cette brèche ouverte tandis qu'une troisième division devra réduire les forces adverses restant entre la Moselle et la Sarre. C'est un plan extrêmement audacieux qui devra être exécuté avec des moyens aussi faibles et sans réserves. Metz restera alors une épine dans le flanc et est bien trop solide pour être simplement laissée en arrière d'une faible avance blindée. La garnison de Metz a déjà démontré sa détermination à résister.

Cependant, alors qu'Eddy est prêt à lancer son opération, les Allemands lancent une importante contre-attaque dans le secteur de Lunéville. Celle-ci est suffisamment sérieuse pour bloquer l'avance prévue avant même que l'ordre d'arrêter ait été reçu par la *Third Army*. Cet effort est le point culminant de la volonté de Hitler de stopper Patton. Il est mené par la *5. Panzer-Armee*, commandée par le général von Manteuffel. Les Allemands subissant finalement une lourde défaite, perdant le gros de leurs blindés

On the same date as the above piece of fiction, the Third Army noted that « the 90th Division less detachments was to contain Metz, while the 5th Infantry Division and the 7th Armored Division proceeded on assigned missions. » At the same time, XX Corps received information that a threat still existed to the extended northern flank of the 90th Division strung out along the Moselle, and Corps was instructed it reinforce the sector with tanks and tank destroyers.

The young Col. Polk, still comfortably lodged in his chateau, wrote to his wife on 27 September, « My private army is expanding everyday. Right now, I really have a Brigadier General command and job » To compensate for the temporary loss of his detached squadron, he had been reinforced with a battalion of artillery and some engineers. Of more doubtful value was the addition of the 1st Regiment of Paris to his « private army ». The two battalion unit circa 2000 strong had emerged from the insurrection that led to the liberation of Paris in August 1944 and its members were communists from the working districts. General Denis, the historian of the Moselle Resistance in his book, *La Libération de Metz* has provided some background information. This ill-equipped and ill disciplined regiment filled with « rogues and out-laws » (according to a letter from the police chief of Thionville quoted by Gen. Denis), was at first a welcome reinforcement for XX Corps, but proved difficult to integrate into normal infantry formations. The self styled « Colonel Fabien » and his men were sent north to reinforce 3rd Cavalry along the Moselle where their habit of pillaging the local civilians did not endear them to anyone.

On **27 September,** Polk received further reinforcements in the shape of the 807th TD Battalion. « By this time, we had closed up to the river and were in strong contact with the 83rd Division on the north and the 90th Division to the south and covered about 26 miles of the Moselle river. We had also cleaned out all of the bridgeheads on our side of the river with the exception of one... »

Stalemate

The cessation of serious attacks against the salient by the 90th Division and the calling off of the assaults on the Seille line in the south mark the effective end of the first stage of the Battle of Metz. As late as 17 September, the Third Army was still talking about the Rhine and issuing orders specifying exactly where crossings were to be made. By then, however, it was plainly obvious that the Third Army had been defeated in a major defensive battle and their victorious advance had been halted. In this they were not alone, as the Arnhem operation had ended indecisively when the last troops were withdrawn from the bridgehead over the Lower Rhine on 25 September, and the First Army was still trying to batter its way through the *Westwall* in the Aachen area. By mid-September, the supposedly beaten enemy had performed miracles of regeneration and had achieved the aim of creating a solid defensive crust along and in advance of their frontier defenses.

Here again, the proponents of both points of view in the « great argument » have had their say. Those supporting the narrow thrust in the north against the Ruhr have said that the Eisenhower's broad front strategy permitted small groups of low-grade German troops to hold up the Allied advance, whereas a single thrust could have easily disorganized their thin crust. Both Patton himself and his supporters have argued that if he had been given the resources, he could have bulldozed his way to the Rhine with comparative ease. Eisenhower however, was still plagued by logistic problems which would only have been aggravated if one of his two army groups had charged off into the wilderness. It was clear to the SHAEF planners that only a major offensive on as broad a front as possible would put the Allies across the Rhine, and this could only be sustained once the port of Antwerp was in full operation.

The strategy that was to shape operations during the latter part of 1944 was laid down at a conference held at Eisenhower's new headquarters at Versailles on **22 September** in the presence of all the Allied top brass, with the notable exception of Montgomery. The Supreme Commander was quite definite in his statement that the possession of an additional deep-water port on the northern flank was a vital prerequisite for the final drive into Germany. Therefore, the opening of the line of the river Scheldt would be the immediate priority, followed by the attack to envelop the Ruhr in the north by 21st Army Group supported by the First U.S. Army. We have seen that the Third Army drive to the Saar was always regarded by SHAEF (if not by Patton) as a subsidiary operation, but as a result of Eisenhower's decision its importance would be still further reduced. Bradley was instructed that the Third Army was to take « no more aggressive action than is permitted by the maintenance situation after the full requirements of the main effort had been met. »

These decisions were passed on to General Patton in a letter from Bradley confirming the gist of the conversation that they had had at Bradley's headquarters at Verdun on 23 September. Patton was told that he would have to relinquish the 7th Armored Division, which was to go north to help the First Army, and that his right-hand corps (XV) would be transferred to General Dever's 6th Army Group (the forces which had landed in the south of France). There was a sound logistical reason for this in that the corps could be more easily supplied through Marseille, but it seemed to Patton that his beloved army was breaking up around him. At the time there was even mention of removing responsibility for the Metz front from the Third Army and handing it over to the newly arrived Ninth Army of General Simpson, which was inserted between First and Third Armies.

The wider strategic implications of the Allied campaign provided no comfort to Patton, who saw his hopes dashed: having been stymied at Metz, he had decided to pin his hopes on an attack by General Eddy's XII Corps. This was planned to start on 18 September and would lead to the desired penetration of the *Westwall* - thus outflanking the Metz garrison by advancing to the south. Some armor was to be rushed in through this gap in an attempt to grab a bridge across the Rhine at Worms. A second division would hold the gap open while the third division mopped up any enemy forces remaining between the Moselle and the Saar. This was an extremely bold concept to be executed with such meager resources and without reserves. Metz would still have remained the fly in the ointment and was far too tough to be simply left in the rear of such a slender armored advance—the garrison had already demonstrated their determination to resist.

However, just as Eddy was about to jump off, the enemy launched a major counterattack in the Lunéville area which was sufficiently serious to hold up the planned advance until the stop order was received by the Third Army anyway. This effort was the culmination of Hitler's bid to stop Patton and was carried out by the Fifth Panzer Army commanded by General Manteuffel. In the end, the Germans suffered a major defeat, losing the bulk of their armor and inflicting few casualties on the Americans. The point was, however, that their surprise attack caught XII

et infligeant peu de pertes aux Américains. Cependant, cette attaque surprise a déséquilibré le *XII Corps* et a imposé un retard qui, en raison des nouvelles priorités, n'est pas favorable. Ainsi, Patton est contraint de passer à la défensive sur toute la longueur de son front.

Sa réaction était prévisible. En privé et en présence des correspondants de guerre, il est caustique, critiquant ses problèmes infligés par « la mafia » du SHAEF et les machinations du maréchal Montgomery. Cependant, en tant que subordonné loyal, il obéit promptement à ses ordres et écrit une lettre d'instruction éminemment censée envoyée le 25 septembre à ses principaux chefs d'unités. Il met en avant assez correctement la situation du ravitaillement, montrant qu'elle est à l'origine de la décision de passer à la défensive. Il rappelle que cela doit être caché à l'ennemi qui pourrait alors saisir cette opportunité de déplacer des troupes vers d'autres fronts. C'est pourquoi il n'est pas permis d'installer des barbelés de miner ou de creuser des tranchées. A lieu de cela, le front doit être tenu avec des avant-postes s'appuyant sur de puissantes réserves mobiles qui sont préparées à mener des contre-attaques locales. Ces mesures ont pour but de sécuriser une ligne de départ favorable à la « future offensive » et se terminent par la touche typique du style de Patton. « Nous attendons seulement le signal pour reprendre notre mission de conquête. »

Dans ce contexte, consistant à sécuriser la ligne de départ, Patton propose alors à l'accord de Bradley un certain nombre d'opérations de caractère local. Ce dernier écrit à Eisenhower le 25 septembre en justifiant la poursuite de l'action sur la Moselle dans les termes de l'autorisation qu'il a donné à Patton pour « faire quelques ajustements mineurs sur les lignes actuelles ». Il établit alors une liste de priorités, la seconde d'entre elles est une opération destinée à enfoncer un coin dans le périmètre fortifié de Metz. A cet égard, le *XX Corps* a réalisé que la clef de toute la position est le Fort Driant, un vaste ouvrage sur la face méridionale du saillant et il est alors décidé de réduire ce point d'appui. Même si le front est passé sur la défensive, il n'y a pas de raison de cesser de se battre. Avec bon sens, le *Captain* Herb Williams note ceci dans ses mémoires : « *Les généraux sont de retour à leurs quartiers généraux, en train de rêver, et les soldats se préparent à mourir à nouveau dans un effort conduisant à prendre d'assaut la ville de Metz.* »

Pendant le cours de ces libérations des Alliés, la situation « sur l'autre versant de la colline » s'est dégradée face à la *Third Army*. Le général Blaskowitz, chef de la *Heeresgruppe G*, est limogé suite à son échec dans la contre-attaque sur Lunéville et deux nouvelles « huiles » arrivent sur la scène. Le général Balck prend le commandement de ce Groupe d'Armées. Il est assisté de son chef d'état-major, le colonel (plus tard *Generalmajor*) von Mellenthin. En route pour prendre leurs nouvelles fonctions, les deux hommes sont reçus par Hitler le 18 septembre. Lors de cette entrevue, le Führer prophétise que l'avance alliée va s'arrêter sur une ligne allant de l'Escaut à Metz et qu'il aura alors l'opportunité de lancer une contre-offensive en novembre (l'opération des Ardennes). Balck reçoit l'ordre de tenir l'Alsace-Lorraine à tout prix et d'éviter de se trouver dans une situation où les forces désignées pour l'offensive seraient détournées vers la *Heeresgruppe G*. Après la guerre, dans un livre, Mellenthin dira que « *nous savons maintenant que la* Third Army *avait reçu des ordres catégoriques pour se tenir sur la défensive. Les tenants et aboutissants de cette stratégie ne me concernent pas mais ils ont certainement simplifié les problèmes de notre*

Heeresgruppe G. Ils nous ont accordé quelques semaines pour reconstituer nos forces et nous préparer à affronter le prochain assaut.

Il ressort de cela que l'arrêt des Alliés a permis à Hitler de commencer à concentrer des réserves pour l'opération des Ardennes qui, dans son esprit, avait germé dès le début du mois de septembre. Naturellement, si Patton avait reçu les moyens d'atteindre le Rhin, il aurait pris de flanc le secteur de concentration si cette avance était allée aussi loin. Cependant, le problème de Metz reste à résoudre.

General Blaskowitz.

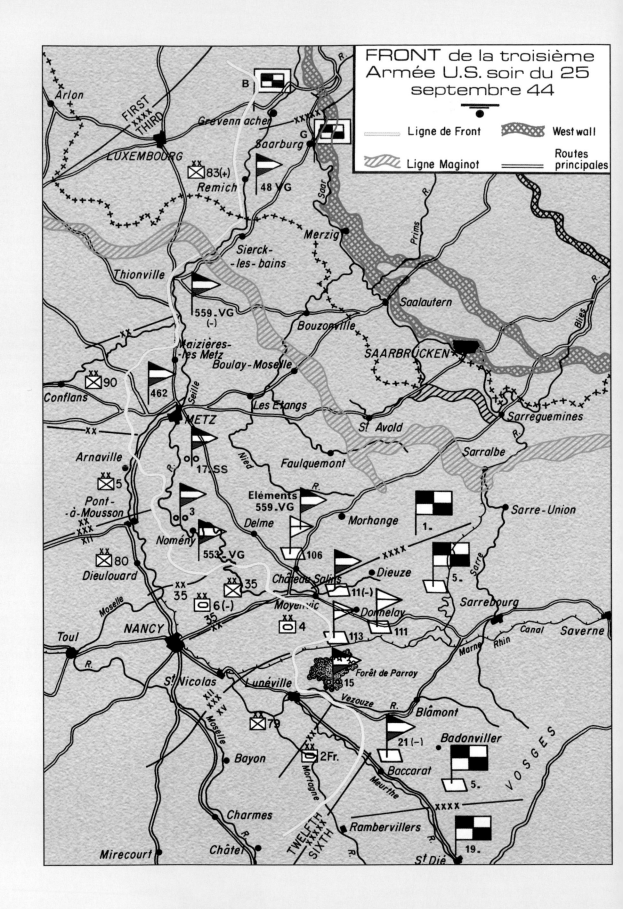

FRONT de la troisième Armée U.S. soir du 25 septembre 44

Ligne de Front — West wall — Ligne Maginot — Routes principales

B

Arlon

FIRST / THIRD

Grevenmacher

LUXEMBOURG

Saarburg

G

83(+)

Remich

48 VG

Merzig

Sierck-les-bains

Thionville

559. VG (-)

Saalautern

Bouzonville

SAARBRÜCKEN

Maizières-les-Metz

Boulay-Moselle

90

462

Conflans

Seille

Les Etangs

St. Avold

Sarreguemines

Sarralbe

METZ

Arnaville

17. SS

Faulquemont

R.

5

Pont-à-Mousson

XII

3

Eléments 559.VG

Delme

Morhange

Sarre-Union

1.

No600ény

553. VG

106

5.

Dieuze

Sarre

80

Dieulouard

35

35

35

6 (-)

Moyenvic

11(-)

Donnelay

Sarrebourg

Toul

NANCY

4

111

113

Canal

Saverne

Marne

Rhin

St Nicolas

Lunéville

Forêt de Parroy

15

Vezouze R.

Blâmont

XII / XV

79

21 (-)

Badonviller

5.

VOSGES

Bayon

2 Fr.

Baccarat

Mortagne

Meurthe

Charmes

R.

Rambervillers

19.

TWELFTH / SIXTH

Mirecourt

Châtel

St Dié

Sur cette carte, le 25 septembre 1944, la Troisième Armée aligne son XXᵉ Corps du Luxembourg à Pont-à-Mousson avec (du nord au sud) la *83rd Inf. Div.*, la *90th Inf. Div.* (face à Metz) et la *5th Inf. Div.*, son XIIᵉ Corps avec la *80th Inf. Div.* la *35th Inf. Div.* renforcée de la *6th Armored Division* qui arrive sur le front, et son XVᵉ Corps avec la *79th Infantry Division* et al 2ᵉ DB française. Au-delà, dans les Vosges, la jonction est faite avec le *Sixth Army Group*, c'est-à-dire la 7ᵉ Armée US puis la 1ʳᵉ Armée française. Du côté allemand, du nord au sud, la *1. Armee* rassemble la *48 VG-Division*, la *3. Pz.-Gren.-Division* (au Luxembourg), la *559 VG-Div.* (dans le secteur de Thionville), la *462. Division* (Metz), la *17. SS-Panzer-Grena-dier-Division*, la *3. Pz-Gren.-Dvision*, la *553. VG-Division*, la *106. Panzer-Brigade*. Ensuite, la *5. Panzer-Armee* rassemble la *11. Panzer-Division*, la *111.* et la *113. Panzer-Brigade*, la *15. Pz.-Gren.-Division* et la *21. Panzer-Division*. Plus au sud, c'est le secteur de la *19. Armee*. (Carte Heimdal d'après US Army.)

Corps off balance and imposed a delay, which in view of the reallocated priorities could not be made good. Patton was therefore forced to assume the defensive along the entire front and like Dickens' Mr. Micawber, wait for « something to turn up. »

His reaction was predictable. In private and in front of war correspondents, he was caustic, blaming his troubles on the Mafia at SHAEF and on the machinations of Field Marshal Montgomery. However, as a loyal subordinate, he complied promptly with the spirit of his orders and wrote an eminently sensible letter of instruction to his senior commanders on 25 September. Pointing out quite correctly that the supply situation had been the cause of the decision to assume the defensive, he made it plain that this had to be concealed from the enemy, who might otherwise take the opportunity to move troops to other fronts. Therefore, no wiring, mining or, digging in was allowed. Instead, the front was to be held by outposts backed by strong mobile reserves who should be prepared to carry out local counterattacks. The aim behind this was to secure a suitable line of departure for the « future offensive » and ended characteristically with Patton touch— « We only await the signal to resume our career of conquest ».

In the context of securing this line of departure, Patton then put a number of operations of a strictly local nature to Bradley for authorization. The latter wrote to Eisenhower on 25 September justifying further action on the Moselle in terms of authorization given to Patton to « make some minor adjustments in his present lines. » These were set out as a list of priorities, the second of which was an operation to drive a wedge into the fortified perimeter of Metz. In this respect, XX Corps had realized that the key to the whole position was Fort Driant, the large work at the southern end of the salient, and it was accordingly decided to reduce this strongpoint. Even if they were on the defensive, there was no reason for the fight-ing to stop. Capt. Herb Williams sagely noted in his memoir, « the Generals were back at headquarters dreaming and the soldiers were about to again start dying in an effort to reduce the city of Metz by storm ».

During the course of the above Allied deliberations, the situation « on the other side of the hill » opposite the Third Army had altered. General Blaskowitz, commanding Army Group G, was sacked as a result of the failure of the counterattack at Lunéville and two new brooms arrived on the scene. General Hermann Balck took over command of the army group, assisted as chief of staff by Colonel (later Major General) von Mellenthin. On their way to take up their new positions, the two men were received by Hitler on 18 September. During that meeting the Fuehrer prophesied that the Allied advance would come to a halt on a line from the Scheldt to Metz, and that he would use the opportunity thus created to launch a counteroffensive in November (the Ardennes operation). Balck was ordered to hold the Alsace-Lorraine area at all costs and to avoid getting into a situation whereby forces earmarked for the offensive would have to be diverted to Army Group G. In the book he wrote after the war, Mellenthin stated, « We now know that Third Army received categorical orders to stand on the defensive. The rights and wrongs of this strategy do not concern me, but it certainly simplified the problems of our Army Group G. We were given a few weeks grace to rebuild our battered forces and get ready to meet the next onslaught. »

From this it is quite clear that the Allied halt enabled Hitler to start concentrating reserves for the Ardennes operation—which had been in his mind as early as the beginning of September. Naturally, had Patton been given the means to reach the Rhine, he would have outflanked the German area of concentration, assuming that his advance would have got that far. However, the problem of Metz in his rear would still have been unsolved.

1

PURPLE HEART
AVENUE

2

1. Un GI patrouillant à cheval dans un village typique de Lorraine. Peut-être une indication du manque de carburant pour certaines des troupes US !

2. Une route de campagne dans le secteur d'Arnaville qui fut sous le feu constant des tirs allemands occasionnant beaucoup de blessés du côté américain d'où le nom donné de « Purple Heart Avenue » rappelant la médaille des blessés US.

3. Un téléphone de campagne qui reliait les premières lignes avec le quartier général.

4. Le colonel Robert P. Bell commandant le *10th Infantry Regiment* durant la guerre.

5. Préparation du déjeuner. Les plats chauds étaient bienvenus dans les premières lignes.

3

1. *GI patrolling on horse-back in a typical Lorraine town. An indication of the need to save petrol?*

2. *A country road in the Arnaville bridgehead which was under constant German artillery fire, hence its nickname of Purple Heart Avenue. The latter was a medal awarded to US troops who were wounded. (US Army.)*

3. *A field telephone exchange in operation – vital for communications between units in the field and higher headquarters and as well as supporting artillery batteries. (US Army.)*

4. *Colonel Robert P. Bell, commanding the 10th Infantry Regiment throughout the war. (US Army portrait.)*

5. *Pancakes for breakfast. Hot food when out of the line was always welcome.*

7

6

8

9

6. Le colonel Breckinridge.

7. Un soldat US du *10th Infantry* déjeune à la fenêtre d'une ferme en ruine. A noter le port de la veste trois-quart dite *Mackinaw*.

8. Un poste de radio installé dans un des nombreux bunkers au sud de Metz.

9. Un camion –cantine prêt à monter vers les premières lignes pour le ravitaillement des hommes (coll. Wasilevski).

10. Des éléments du *284th Field Artillery Battalion* rattaché à la *5th Infantry Division*, dans la tête de pont d'Arnaville en septembre 1944. Les hommes à droite sont en train de plumer une poule ! Tandis que celui de droite se fait une coupe de cheveux. (Coll. Wasilevski.)

11. La cuisine roulante du *278th* prépare le repas. (Coll. Wasilevski.)

12. Un soldat US posant fièrement devant un canon d'assaut qui selon la légende originale de Wasilevski est le fameux *Tiger*. Photo datant de septembre 1944 dans le secteur d'Arnaville.

10

11

12

6. Col Breckinridge.

7. A GI from the 10th Infantry eating his meal on the window ledge of a ruined farm building.

8. A radio post installed in one of the many WWI bunkers to the south of Metz. (US Army photo.)

9. Kitchen truck concealed in a barn. Ready to move off with the stove lashed on the front bumper. (Coll. Wasilevski).

10. 284th Field Artillery Battalion (attached 5th Inf. Div. Artillery) in the Arnaville bridgehead, September 1944. Battalion cooks butchering a cow while the man on the left gets a haircut. (Coll Wasilevshi.)

11. The 278th Arty. Bn. Kitchen truck parked up in a barn in the bridgehead which is serving as the kitchen. (Coll Wasilevski.)

12. GI posing by a knocked out German assault-gun, wrongly captioned as a « Tiger ». (Coll Wasilevski.)

L'action menée contre le fort Driant, purement locale, peut être étudiée de manière isolée car elle s'est déroulée alors que le reste du *XX Corps* se trouve strictement sur la défensive. Tous ceux qui ont été concernés, ont concentré toute leur attention sur cette opération. Cependant, l'idée d'attaquer et de neutraliser le Fort Driant n'est pas alors nouvelle - le plan doit être compris dans le contexte des opérations qui se sont déroulées au début du mois de septembre.

Le Fort Driant *(Panzerfeste Kronprinz)* est la clé de tout le système fortifié de la Moselle et, en croisant ses feux avec ceux des deux forts du Groupe Verdun, il est relié aux défenses orientales. Sa construction a commencé en 1899. Il fait alors partie du programme initial des Allemands consistant à moderniser la forteresse de Metz. D'autres ouvrages datent de la même période : le Fort Jeanne d'Arc *(Feste Kaiserin)* et le Groupe Verdun *(Graf Haesler)*. Il a été édifié sur une hauteur située au sud-ouest de la ville et il se trouve séparé des autres forts par la ravine de la Mance. Il a pour mission d'empêcher une attaque dirigée contre Metz qui viendrait du sud en longeant la vallée de la Moselle. Cette mission pourra être accomplie en croisant ses feux avec ceux du Fort Jeanne d'Arc/Feste Kaiserin. Sur pied de guerre, sa garnison devra monter à 2 000 hommes, comprenant de l'infanterie, de l'artillerie et du Génie.

Les Américains n'ont alors aucun renseignement détaillé et précis sur les forts de Metz et tout ce qu'ils savent n'est que de la pure spéculation. C'est vraiment très surprenant car, en pénétrant dans la partie occidentale de Thionville au début du mois de septembre, la *90th Division* s'est emparée d'un fort intact et en ordre de combat, semblable à ceux du secteur de Metz. Il s'agit du Fort de Guentrange construit sur les collines situées à l'ouest de Thionville mais qui a été reconstruit et rééquipé entre les deux guerres par les Français qui l'ont incorporé à la Ligne Maginot. Ceux qui ont planifié l'attaque sur le Fort Driant auraient pu se rendre sur place et l'inspecter tout à loisir mais, pour d'obscures raisons, il semble que les deux divisions ne communiquaient pas entre elles. La prise du Fort Guentrange n'a pas été claironnée haut et fort par la *90th Division* et cela reste pour moi une question non éclaircie. Le 21 septembre, le QG du *XX Corps* publie un document secret intitulé « Les Forts de Metz » et j'ai en possession une copie de l'exemplaire personnel du colonel Yuill qui m'a été aimablement communiqué par sa fille, Mademoiselle Julia Yuill. Dans ce document, il y a une brève description de chaque fort, basée sur des interprétations de photos aériennes et des témoignages des civils. Tout ce document est si terriblement imprécis qu'il est pratiquement inutilisable. Il n'aurait pu être d'une quelconque utilité pour un officier en 1944.

Comme dans tout le secteur des forts allemands antérieurs à 1914, Driant consistait en un certain nombre d'éléments incrustés dans le terrain pour constituer un ensemble défensif d'une certaine étendue. A l'origine, il s'appelle **Feste Kronprinz** et tire son nom du Prince héritier de l'Empire allemand. Mais, lorsque les Français s'en emparent en 1918, il change de nom et devient le **groupe fortifié Driant**, en mémoire du colonel Driant, héros de la Bataille de Verdun en 1916. Le fort a une forme grossièrement triangulaire et sa surface est à peu près horizontale, elle couvre 142 hectares. En longueur, il mesure environ un kilomètre et sa largeur varie de 500 à 800 mètres.

Tout son périmètre est entouré de barbelés sur plusieurs rangs et les casernes principales se situent du côté occidental. Il est protégé en outre par un large fossé. Le point défensif central abrite une centrale électrique, un centre de communications, un hôpital et le gros de la garnison. Une ligne de quatre batteries court au sommet du fort - deux d'entre elles sont équipées avec trois pièces de 100 mm chacune et les deux autres avec trois obusiers de 150 mm montés sous tourelles chacune. En outre, il y a quatre casernements bétonnés et un grand nombre d'abris pour l'infanterie, des emplacements d'infanterie protégés par des blindages, des emplacements pour mitrailleuses, ainsi que des tranchées bétonnées - toutes reliées entre elles par des passages souterrains. La garnison peut facilement se déplacer d'un endroit à l'autre, à l'abri des tirs et de l'observation. Dans l'angle sud-est et en dehors du périmètre principal, il y a une

The Fort Driant action, of a purely local nature, can easily be examined in isolation because it took place while the rest of the XX Corps was strictly on the defensive. All those concerned could give the operation their undivided attention. However, the idea of attacking and neutralizing Fort Driant was not new - the plan should be seen in the context of operations during the earlier part of September.

Fort Driant was the key to the whole fortified position of the Moselle and, by crossing its fire with the two forts of the Verdun Group, it linked up with the eastern defenses. Its construction started in 1899 as part of the Germans' initial program to update the Metz fortress. (Other works of the same period were Jeanne d'Arc, and the Verdun Group.) It was built on high ground southwest of the city and divided from the rest of the forts by the Mance ravine. Its mission was to hinder an attack on Metz from the south along the Moselle valley and to cross its fire with the guns of Fort Jeanne d'Arc. On a full war footing its garrison would have been roughly 2,000 men, including infantry, artillery, and engineers.

The Americans still had no really detailed and accurate knowledge of the Metz forts and much of what they had was based on pure speculation. This is really surprising as the 90th Division on entering the western part of Thionville in early September had captured a major Metz-type fort undamaged and in full working order. This was Fort Guentrange on the hills to the west of the city which had been rebuilt and rearmed by the French between the wars to act as a back-up for the Maginot Line. Those planning the attack on Driant could have driven up and inspected it at their leisure yet it seems that the two divisions were not communicating with each other for same strange reason. The capture of Fort Guentrange was not trumpeted loudly by the 90th Division, and this remains an unanswered question in my mind. On 21 September, XX Corps HQ issued a Secret document entitled « The Forts of Metz », and in my possession is a copy of Col. Yuill's own copy, kindly furnished by his daughter, Mrs Julia Yuill. There is a short description of each fort, based upon air photo interpretation and statements by civilians, and the whole document is so wildly inaccurate as to be virtually useless. It would not have helped any officer in 1944.

As in all the pre-1914 German forts in the area, Driant consisted of a number of elements inserted into the terrain to form a piece of defended real estate. It was originally known as **Feste Kronprinz**, named after the Crown Prince of the German Empire, but when taken over by the French in 1918, it was renamed **Groupe fortifié Driant**, after Colonel Driant, a hero of the 1916 Battle of Verdun. The fort is roughly triangular in shape, more or less level on the surface, and covers an area of 355 acres. It measures roughly a kilometer in length and the width varies between 500 and 800 meters.

The entire area was enclosed by a multistrand barbed-wire entanglement, and the main barracks, situated on the western side, was additionally protected by a wide ditch. That central strongpoint housed the power plant, communications equipment, hospital, and the bulk of the garrison. Running across the top of the fort was a line of four batteries —two each of three 100-mm guns and two each of three 150-mm howitzers mounted in turrets. In addition, there were five concrete barracks and a large number of infantry shelters and armor-plated infantry posts, pillboxes, and concreted trenches -all connected together by under-ground passages. The garrison could easily move from one part to another, under cover and without being observed. On the southeast corner and outside the main perimeter was a further battery (Battery Moselle) armed with two 100-mm turret guns designed to give flanking cover along the wooded slopes. The only vehicle access up to the fort was via a twisting road that led up from the Mance ravine near Ars-sur-Moselle. During the attack this remained firmly in German hands.

When such forts were originally built, it was assumed that they would be formally attacked by a large field army equipped with super-heavy siege artillery - the forts were designed before the Wright brothers got themselves into the history books. Under the rules of warfare at the time, if bombardments failed, the attackers would dig themselves forward laboriously via saps, or might resort to tunneling. In their abortive attempt to regain Alsace-Lorraine in 1914, the French had no intention of getting involved in a siege of Metz and aimed their attack to the south. One of the many ironies of the Metz story is that Fort Driant only fired once in anger during the First World War, and that was against American troops in the Pont-à-Mousson area in 1918.

During the early stages of the operations in 1944 at Metz, Fort Driant had helped to frustrate bridge-building efforts at Dornot and Arnaville and had caused a large number of casualties to the infantry trying to cross the Mance ravine to the east of Gravelotte. It was therefore felt that if any penetration of the fortified salient was to succeed, Driant had first to be eliminated. During the first part of September, priority of air support had been given to the reduction of Brest, far away in Brittany, which finally surrendered on 19 September. All those concerned from the Third Army downward were convinced that air bombardment was the only way to silence the forts, which had so far resisted artillery and infantry attack. With this in mind, General Walker issued a tentative plan code-named « Operation Thunderbolt » on 17 September. This called for a coordinated air and ground attack to commence on 21 September and formed the background to the 5th Infantry Division and 7th Armored Division attacks on the Seille line. One of the primary objectives listed in the original plan was the reduction of Fort Driant. This was to be accomplished by heavy bomber saturation, an initial infantry advance covered by artillery and medium bombers, and a final infantry assault.

As is so often the case with such plans, the final edition was whittled down drastically. G-3 Air of 12th Army Group inserted the proviso that support would be by medium bombers only and that the missions would not be flown until the weather permitted and when the aircraft were not required by higher headquarters. In the event, most of the available aircraft were diverted to assist the First Army in its attempts to break through the Westwall in the Aachen area, and the Third Army came off second best. With the benefit of hindsight and the subsequent damage reports (see appendix), we can see that Thunderbolt would have been a waste of bombs anyway.

It appears that Colonel Yuill, commanding the 11th Infantry Regiment, was convinced that he could take the fort by storm and sold the idea to 5th Division. As the latter had suffered most from the artillery of the fort, it is not surprising that they were keen on the scheme. They estimated that the fort was garri-

autre batterie (la batterie Moselle), équipée de deux pièces de 100 mm sous tourelle pour balayer de ses feux les pentes boisées. Le seul accès possible pour les véhicules est une route en lacets partant de la ravine de la Mance près d'Ars-sur-Moselle. Durant l'attaque, elle restera solidement aux mains des Allemands.

Lorsque de tels forts ont été construits, on supposait qu'ils seraient attaqués par une importante armée en campagne, équipée avec une artillerie de siège ultra-lourde ; les forts avaient été conçus avant l'invention de l'aviation. Suivant les usages de la guerre à cette époque, si le bombardement n'atteignait pas son but, les assaillants devaient progresser laborieusement en creusant des sapes ou des tunnels. Lors de leur tentative avortée de reprendre l'Alsace-Lorraine en 1914, les Français n'avaient pas l'intention de se trouver impliqués dans un siège de Metz et dirigèrent leur attaque vers le sud. L'une des nombreuses ironies de la Bataille de Metz, c'est que la seule fois où le Fort Driant tira lors de la Première Guerre mondiale, ce fut en 1918, contre des troupes américaines dans le secteur de Port-à-Mousson.

Durant les préliminaires des opérations devant Metz en 1944, le Fort Driant avait contribué à gêner les efforts de constitution d'une tête-de-pont à Dornot et à Arnaville et avait causé de lourdes pertes parmi l'infanterie qui tentait de traverser la ravine de la Mance à l'est de Gravelotte. On se rendit compte alors que, si on voulait réussir à pénétrer dans le saillant fortifié, il faudrait avant toute chose éliminer Driant. Pendant la première moitié du mois de septembre, l'appui aérien est engagé prioritairement pour la réduction de la poche de Brest, bien loin de là, en Bretagne. Cette cité capitulera finalement le 19 septembre. Tous les niveaux de commandement de la *Third Army* sont alors convaincus que le bombardement aérien est le seul moyen de réduire les forts au silence et qu'ils résisteraient à de l'artillerie et à une attaque de l'infanterie. Avec cette idée en tête, le général Walker rédige un plan le 17 septembre ; son nom de code est « *Operation Thunderbolt* ». Celui-ci prévoit une attaque coordonnée des moyens aériens et terrestres qui commencera le 21 septembre et constituera l'épine dorsale des attaques de la *5th Infantry Division* et de la *7th Armored Division* sur la ligne de la Seille. L'un des premiers objectifs établi sur le plan original est la prise du Fort Driant. Celle-ci devra être obtenue par une saturation des bombardiers lourds, une avance initiale de l'infanterie couverte par l'artillerie, les bombardiers moyens, puis par un assaut final de l'infanterie.

Comme si souvent avec de tels plans, son édition finale se trouve rognée de manière drastique. Le *G3 Air* du *12th Army Group* précise que l'appui aérien ne pourra être fourni que par des bombardiers moyens et que les missions ne pourront avoir lieu que lorsque le temps le permettra et lorsque les appareils ne seront pas accaparés par le grand état-major. Pour le moment, la plupart des appareils disponibles sont engagés pour appuyer les tentatives de la *First Army* de percer le *Westwall* dans le secteur d'Aix-la-Chapelle. La *Third Army* se trouve en second rang. Avec le recul du temps et les rapports sur les dommages subis qui suivront (voir en annexe), nous verrons que l'engagement des Thunderbolts ne servira qu'à gaspiller des bombes.

Il semble que le colonel Yuill, qui commande alors le *11th Infantry Regiment*, est convaincu qu'il peut prendre le fort d'assaut et il soumet l'idée à la *5th Division*. Celle-ci ayant été la principale victime de l'artillerie du fort il n'est pas surprenant qu'elle ait accueilli ce projet avec enthousiasme. On suppose que la garnison du fort consiste en trois compagnies du *Fahnenjunker-Regiment*. Ceci semble alors assez vraisemblable bien qu'il ait été impossible de déterminer combien il pourrait alors y avoir d'Allemands à l'intérieur du fort. Ceci permet aussi de comprendre pourquoi il est alors décidé de n'engager qu'un bataillon d'infanterie pour prendre le fort, une décision qu'il est aujourd'hui difficile de comprendre. Toutes les écoles militaires du monde entier avaient toujours énoncées dans les principes qu'elles enseignaient concernant des opérations de guerre qu'il fallait une supériorité de trois contre un pour attaquer une position fortifiée. Cependant, le gros de la *5th Division* ayant été déployé à l'est de la Moselle, dans la tête-de-pont et le 2e Bataillon du *11th Infantry Regiment* a été laissé sur la rive occidentale de la Moselle pour bloquer le Fort Driant. Il s'agit de l'unité qui a été pratiquement anéantie à Dornot et qui a dû, depuis lors, absorber un grand nombre de recrues inexpérimentées. Ce bataillon a aussi un nouveau chef ; le lieutenant-colonel Kelley Lemmon a été nommé à une nouvelle affectation à Washington, et il est remplacé par le *Major* J.T. Russell. Kelley Lemmon m'a écrit qu'il n'a pas pris part à la préparation de cette opération dont le projet ne lui plaisait pas.

Andrew Mc Glynn, un survivant de Dornot, chef d'équipe dans la *G Company* du 2e Bataillon, m'a écrit ceci : « *A cette époque, le bataillon dispo-*

Vue aérienne du Fort Driant.

se de peu d'hommes qui ont connu le combat. Trois semaines auparavant, le gros de la troupe a été quasiment anéanti en tentant d'établir une tête-de-pont de l'autre côté de la rivière, à Dornot. Je mentionne ceci car c'est la première fois alors que nous recevons des remplaçants pour tous les hommes que nous avons perdu. Ces remplaçants ont peu ou pas du tout d'entraînement de fantassin et sont effrayés à l'idée d'aller au combat. Nous savons que nous ne pourrons pas compter sur eux tant qu'ils n'auront pas connu l'épreuve du feu. Comme on l'établira plus tard, beaucoup d'entre eux ne reviendront pas de Fort Driant. » (Extrait des archives de Thanks-GI's.)

Ayant été forcée de réduire sa ligne de front lors du retrait de la *7th Armored Division*, la *5th Infantry Division* a été en mesure d'accumuler un supplément de munitions d'artillerie pour l'opération dirigée contre le Fort Driant. Malgré cela, elle tient encore bien plus de terrain que ce qu'elle peut tenir. Elle a la chance d'avoir son adversaire qui a été sévèrement malmené et qui n'est pas en position de lancer une contre-attaque sérieu-

soned by three companies of the Officer Candidate Regiment. This would seem to be reasonable enough, although it has proved impossible to determine just how many Germans were in the fort at any one time. This estimate also helps to explain why it was decided to use just one infantry battalion to capture the fort, a decision that is hard to understand today. It has always been one of the basic tenets of war taught at military academies all over the world that, in attacking a fortified position, superiority of three to one is required. Although the bulk of the 5th Division was deployed to the east of the Moselle in the bridgehead, it will be remembered that the 2nd Battalion of the 11th Infantry had been left to contain Fort Driant and the west bank of the river. It was this unit that had been virtually wiped out at Dornot and had since been absorbing a large number of raw replacements. It also had a new commander, as Lt-Col. Kelley Lem-

178

Aerial view of Fort Driant.

mon had been recalled to a new post in Washington D.C., to be replaced by Major J.T.Russell. Kelley Lemmon wrote to me that he took no part in the planning of the operation, of which he was not in favor.

Andrew McGlynn, a survivor of Dornot was a squad leader in G Company of the 2nd Battalion and wrote – « At this time, the battalion had very few men with combat experience. Three weeks prior, the whole outfit had been practically wiped out building a bridgehead across the Moselle River at the town of Dornot. I mention this because this was the first time that we received replacements for all the men we had lost. These replacements had little or no infantry training and were afraid of combat. We knew that we could not depend on them until they had some combat experience. As it turned out, many of them did not make it back from Fort Driant. » (Courtesy Thanks-GI's archive).

se. En restant dans leurs positions avancées près de la Seille, elles ne pourraient en même temps lancer une attaque sur le fort.

Sur leur gauche, la *90th Infantry Division* est aussi en train de se réaligner. Ayant arrêté leurs opérations contre les fortifications occidentales le 17 septembre, les deux régiments impliqués dans celles-ci ont un besoin urgent de repos. Cependant, le **27 septembre**, le *358th Infantry Regiment*, qui avait été laissé pour tenir le secteur de Thionville, est transféré au nord, remplacé par la *Task Force Polk*, le *3rd Cavalry Group* renforcé. Le *358th* est placé sur la ligne de front à Gravelotte où son 3e Bataillon a été engagé la veille dans un nouvel effort pour traverser la ravine de la Mance. Afin de contribuer à l'*Opération Thunderbolt*, le général Mclain tente de faire avancer ses forces à l'est de Gravelotte, en direction du Fort Jeanne d'Arc. En préalable à cette poussée, il doit prendre la route qui traverse la ravine.

Comme lors des tentatives précédentes, ce sera un coûteux échec. Le 27 septembre, le régiment est engagé au complet mais, dans la soirée, toutes les troupes sont épuisées. De nouveau, la *90th Division* se remet sur la défensive, tenant la ligne de front avec des postes avancés et les bataillons tournant pour se reposer et s'entraîner. Cependant, le général commandant la division reste ambitieux face aux forts insaisissables, malgré les pertes subies par ses hommes. Il rêve encore à une attaque sur Jeanne d'Arc avec deux régiments bien qu'à ce moment-là il stipule « *qu'avant tout, l'opération est basée sur la prise préalable du Fort Driant et à son occupation et à son utilisation par nous en tant que point d'ancrage de notre flanc, de base opérationnelle et de position de tir.* »

Le 2ᵉ Bataillon du *11th Infantry Regiment* a été mis en alerte quasiment chaque jour pour mener l'attaque à tout moment après le 19 septembre. Le temps et le manque chronique d'avions combiné avec le délai d'opération est maintenant tout ce qui reste de l'opération Thunderbolt. L'idée d'attaques aériennes massives est finalement abandonnée le 25 septembre quand Bradley donne les ordres pour les annuler parce qu'il n'y a pas assez de munitions disponibles pour appuyer toutes les opérations contre les forts de Metz. Après cela, l'appui est fourni sur une base au jour le jour. Dans une chronologie conservée au QG arrière du *11th Regiment* par l'officier adjoint, le *Captain* Cooper, celui-ci établit ceci pour le 22 septembre : « *Le Captain Morse passe 3 h 30 dans un avion d'observation Cub, observant le voisinage du Fort Driant en attendant un appui aérien. Aucun appui aérien n'arrive. Le colonel Yuill reporte l'attaque.* » Cependant, le *Captain* Morse utilise cette petite incursion pour préparer des plans de surface qui viennent s'ajouter aux maigres informations possédées par le régiment. La chronologie précise clairement que, le 25 septembre, « *le colonel Yuill refuse d'attaquer sans un bombardement préalable.* »

A ce stade, nous devons digresser brièvement pour évoquer le problème de l'obtention des plans des forts, plans qui n'étaient pas disponibles au début de la campagne. Vers la fin du mois de septembre, ce problème des plans a été quelque peu amélioré lorsque les cartes routières ont été remplacées par des cartes au 1/50 000ᵉ. Ces dernières ne sont pas assez détaillées pour des opérations au niveau du bataillon ou de la compagnie, mais les services de renseignements ont localisé à Paris quelques cartes topographiques au 1/20 000ᵉ. Arrive alors aussi de Paris le commandant (futur général) Nicolas, un officier du Génie de l'armée française qui était avant la guerre responsable du travail de construction sur la Ligne Maginot. Il est alors rattaché à la *Third Army* en tant que consultant en fortification. De là, on l'envoie au *XX Corps*. L'armée dispose aussi des compétences de Monsieur Tonnelier, un fonctionnaire civil qui avait été en poste au quartier général du Génie à Metz et qui était un spécialiste des fortifications. La percée a lieu cependant lorsque Nancy est libérée le 15 septembre. Le colonel Collier, un officier français y réside. Avant la guerre, il avait dirigé les troupes du Génie à Metz et, juste avant l'arrivée des Allemands en 1940, il avait emmené la série de plans des forts et il les avait cachés à Lyon, en zone non occupée. Ils sont récupérés et ramenés au QG du *XX Corps* où ils sont mis à la disposition d'une unité topographique.

Pour gagner du temps, les premiers dessins sont reproduits directement à partir des originaux français mais ceux-ci s'avèrent trop compliqués pour être utilisés par la troupe. Le commandant Nicolas réalise alors une série d'excellents plans des forts, quadrillés pour contrôler les tirs de l'artillerie, avec un ombrage en couleurs et légendés en anglais. Ces plans sont accompagnés de détails en coupe et, ce qui est très utile, de vues éclatées en trois dimensions des divers bunkers. Lorsque le travail sur le secteur de Metz est terminé, l'équipe entreprend le même travail pour la Ligne Maginot et réalise aussi un certain nombre de maquettes des forts de Metz afin d'être étudiés par diverses unités. Ils sont complétés par des photos aériennes et la reproduction de ces documents est exécutée par le bataillon topographique du Génie et par un groupe d'experts en maquettes.

Entre le 26 et le 30 septembre, les chasseurs-bombardiers de la *XIX Tactical Air Force* accomplissent des séries de missions contre tous les forts, utilisant du napalm et des bombes de 1 000 livres larguées par des avions *P-47 Thunderbolt*. Un témoin décrit ainsi l'une de ces missions : « *Depuis des postes d'observation situés à proximité du Fort Driant tenu par l'ennemi, quelques officiers et des hommes observent l'attaque des Thunderbolts américains contre le Fort Verdun situé à près de 3 000 mètres de là sur l'autre rive de la Moselle. Un pilote déboule du ciel, plongeant droit sur l'une des tourelles du fort lorsque le grondement de tonnerre de la DCA ennemie se met à emplir la vallée. Le pilote redresse son appareil si bas qu'on croit qu'il allait s'écraser. L'avion exécute un virage serré et on peut voir les bombes distinctement au moment où elles sont larguées. En une ou deux secondes, une immense flamme s'élève, c'est du napalm et beaucoup d'Allemands vont avoir très chaud.* »

Having been forced to shorten their line by the withdrawal of the 7th Armored Division, 5th Infantry had been able to accumulate a supply of artillery ammunition for the Driant operation. Even so, they were still holding far more territory than they could cope with. Their good fortune was that the enemy had also been severely mauled and was not in a position to mount a serious counterattack. If they had stayed in their forward positions close to the Seille, they would not have been able to mount the attack on the fort at the same time.

On their left, the 90th Infantry was also in the process of realignment. Having ceased their operations against the western fortifications on 17 September, the two regiments involved were in desperate need of rest. However, on **27 September**, the 358th Infantry Regiment, which had been left to contain the Thionville sector, was brought south and replaced by Task Force Polk, the reinforced 3rd Cavalry Group. The 358th was inserted into the line at Gravelotte, where its 3rd Battalion had been committed the previous day in another effort to cross the Mance ravine. As his contribution to Operation Thunderbolt, General Mclain intended that his forces should move east from Gravelotte toward the Jeanne d'Arc fort, and a prerequisite for this was the capture of the road through the ravine.

As in all previous attempts, this was doomed to be a costly failure. On 27 September the whole regiment was committed, but by the evening the troops were exhausted. Once again the 90th Division went on the defensive, holding the line with outposts and rotating the battalions to the rear for rest and training. The division commander, however, still retained ambitions toward the elusive forts in spite of the casualties suffered by his men. He still dreamed of an attack on Jeanne d'Arc with two regiments, although at this stage he inserted the proviso that « above all, the operation is based on the prior capture of Fort Driant and our subsequent occupation and utilization of it as a flank anchor, OP and base of fire. »

The 2nd Battalion of the 11th Infantry Regiment was alerted on an almost daily basis to carry out the attack any time after 19 September. Weather and the chronic shortage of aircraft combined to delay the operation, however, which by then was all that was left of Operation Thunderbolt. The idea of massed air attacks was finally abandoned on 25 September, when Bradley gave orders canceling them because there was insufficient ammunition available to support all-out operations against the Metz forts. Thereafter, support was on a day-to-day basis. In a chronology kept at 11th Regt. rear HQ by the adjutant, Capt. Cooper, he states for 22 September – « Capt. Morse spent 31/2 hours in Cub observation plane watching vicinity of Ft. Driant waiting for air support. No air support came. Col. Yuill postponed attack ». Capt Morse, however, used his little foray to prepare sketch maps of the surface which added to the scanty intelligence possessed by the regiment. The chronology states quite clearly that on 25 September, « Col. Yuill refuses to attack without prior bombardment ».

At this stage we must digress briefly to discuss the problem of obtaining plans of the forts, plans which had been unavailable at the outset of the campaign. By the latter part of September, the map situation had improved somewhat as the road maps had been replaced by 1:50,000 sheets. The latter were not detailed enough for battalion and company operations, but the intelligence people had located some 1:20,000 contour maps in Paris. Also from Paris came Commandant (later General) Nicolas, a French army engineer who before the war had been responsible for detail construction work on the Maginot Line. He

was attached as fortification consultant to the Third Army, from where he was sent to XX Corps. Also available was a certain Monsieur Tonnelier, who had been the head of the utilities section in the Metz engineer headquarters and who had an intimate knowledge of the fortifications. The breakthrough came, however, when Nancy was liberated on 15 September. Living there was a French officer, Colonel Collier, who before the war had been the head of the engineers at Metz, and just before the Germans arrived in 1940, he had taken the set of plans of the forts and had hidden them at Lyon in the south of the country. These were retrieved and rushed back to XX Corps HQ, where a topographic unit was set up.

In an effort to save time the first drawings were reproduced directly from the French originals, but these proved to be too complicated for use by the troops. Commandant Nicolas then produced a series of excellent plans of the forts, gridded for artillery fire control, color shaded and lettered in English. These were supplemented by detail cross sections and extremely useful, exploded three-dimensional dra-

« *Le grondement de la DCA continue et les spectateurs retiennent leur respiration, espérant que le pilote s'en est sorti. Il vire et fonce sur la DCA en tirant avec ses armes de bord. Quelle démonstration d'audace et de bravoure ! Le pilote dégage et repart vers la sécurité. Il est salué silencieusement par ceux qui se trouvent au poste d'observation.* »

Le **27 septembre**, l'aube éclaire un ciel radieux et, pour bénéficier au maximum de l'appui aérien, le général commandant la division donne l'ordre de commencer l'attaque à 14 h 15. En plus de son 2e Bataillon, le colonel Yuill disposera d'éléments suivants en appui : une compagnie de chars, une compagnie de mortiers chimiques et une compagnie médicale. Le *19th Field Artillery Battalion* est détaché pour assurer l'appui feu et l'artillerie divisionnaire interviendra sur simple demande. Bien que des plans des forts aient pu être obtenus, les dessins détaillés ne sont pas encore disponibles pour être distribués et les compagnies d'assaut du *11th Infantry Regiment* ont été instruites sur la seule base de quelques vagues croquis montrant la surface de l'objectif. Tandis que les troupes se rassemblent dans les bois situés au sud-ouest du fort, les chasseurs-bombardiers en bombardent et mitraillent toute la surface. Cela contribue probablement à renforcer le moral de la garnison allemande en leur prouvant que leur protection bétonnée est efficace. Le QG principal du *11th Infantry Regiment* a été installé dans la localité de Bayonville, à quelques kilomètres à l'ouest d'Arnaville, en haut de la vallée du Rupt de Mad mais le colonel Yuill a établi un QG tactique avancé dans les bois qui s'étendent à proximité du fort.

Juste avant l'heure H, l'artillerie américaine déclenche le tir concentré de huit batteries, dont les obusiers de 8 pouces et de 240 mm, sans causer plus de désagréments aux canons allemands que les obliger à une brève pause lorsque leurs tourelles sont baissées. Le commandant du régiment a décidé d'engager seulement deux compagnies (F et G). Elles avancent en terrain découvert sur le flanc occidental du fort pendant le bombardement préliminaire. Pendant ce temps-là, les Allemands restent probablement tranquilles mais, à l'heure H, lorsque les troupes approchent, les Allemands ouvrent le feu avec leurs fusils, leurs mitrailleuses et leurs mortiers. La compagnie chimique répand alors du brouillard artificiel pour couvrir l'avance de l'infanterie qui se trouve bientôt face à l'obstacle des barbelés qui précèdent le fossé au nord-ouest des casernes centrales. Tout ce secteur peut être balayé par le feu d'un certain nombre de casemates bien camouflées et, bien que les hommes aperçoivent un chemin permettant de traverser le fossé, ils ne peuvent en approcher à moins de quelque trois cents mètres. Entretemps, des tanks destroyers se sont mis en route et s'en prennent à la casemate à courte portée sans faire plus que d'écorner le béton.

Les deux compagnies s'accrochent à des trous individuels rapidement improvisés jusqu'en début de soirée. Il est alors clair qu'elles ne pourront plus progresser. A 18 h 30, le commandant de la division leur donne la permission de se replier. Malgré la forte opposition, les pertes n'ont pas été lourdes : seuls 18 hommes ont été mis hors de combat pour ces deux compagnies. Il semble que le plus grand problème est causé par la profondeur des champs de barbelés qui ne permettent pas de se rapprocher assez des casemates pour placer des charges dans les embrasures. Une équipe de la *E Company* a réussi à couper une partie des barbelés puis s'est trouvée sur le terrain découvert sans aucun abri.

Le lendemain, la pluie tombe à nouveau et d'autres tentatives sont annulées en attendant qu'un plan plus explicite puisse être réalisé. Un plan détaillé du fort arrive alors mais les hommes avaient abandonné leur matériel de démolition en se repliant et il faut en recevoir à nouveau.

Mais alors, tous ceux qui sont concernés sont confrontés à un problème difficile. Bien que ce matériel soit disponible en petite quantité, la pénurie la plus grave est celle de personnel expérimenté, principalement à la *5th Division*. Le **28 septembre**, les généraux Patton, Walker et Irwin se rencontrent pour discuter des progrès de cette campagne. Il semble que, pour une fois, le général Patton n'est pas le boutefeu, il conseille au général Irwin d'utiliser cette pause pour que ses régiments puissent récupérer leurs forces. Cependant, Walker est partisan de l'action et il suggère que l'échec de la première attaque sur le Fort Driant serait due au manque d'esprit de commandement offensif au niveau du régiment et du bataillon.

C'est manifestement injuste et Irwin met en évidence le manque d'informations disponibles : les photos aériennes n'ont pas montré les rangs serrés de barbelés et le réseau de casemates autour du périmètre. Ceci est un autre exemple de l'attitude des supérieurs américains face au problème posé par les fortifications permanentes, un sujet sur lequel ils n'avaient pas eu d'expérience lors des guerres précédentes.

L'attaque doit donc reprendre, ce qui est finalement approuvé par Patton le **29 septembre**. Celle-ci est prévue par une directive opérationnelle publiée la veille. Celle-ci accorde la priorité à Metz dans le respect des opérations limitées et locales. Irwin n'est pas enthousiaste pour ce projet car il réalise mieux que quiconque les souffrances endurées par sa division pendant les premières phases de la bataille de Metz. Il tient un front de près de 20 kilomètres de large coupé en deux par la vallée de la Moselle et la *5th Division* a subi 3 056 pertes, tués, blessés et disparus. Cela représente approximativement un quart de la force combattante et les pertes dues à la maladie et au stress de guerre ne sont pas comprises dans ces chiffres, elles auront atteint un niveau élevé à la fin du mois. A ce moment-là, la division est en train d'absorber environ 4 000 recrues en renfort qui doivent être incorporées à l'intérieur du cadre régimentaire. Le bon sens aurait voulu que l'on bloque le Fort Driant jusqu'à ce que le ravitaillement et le niveau des effectifs permettent de mener l'opération avec une quelconque chance de succès.

L'attitude de Walker est difficile à comprendre. Admettons que sa vanité aurait probablement été blessée par le manque de succès devant Metz en comparaison avec les progressions réalisées par les autres unités alliées ; il ressemble à un bulldog et à la ténacité qu'on attribue habituellement à cet animal. Cependant, avec son expérience du combat pendant la Pre-

wings of individual bunkers. When Metz was finished, the team went on to do the same work for the Maginot Line and also made a number of models of the Metz forts for study by the various units. They were assisted by air surveys, and the reproduction was carried out by an engineer topographic battalion and a group of expert model makers.

Between 26 and 30 September, XIX Tactical Air Force fighter bombers flew a series of missions against the Metz forts as a whole, using napalm and 1,000-pound bombs dropped from P-47 Thunderbolt aircraft. An eyewitness described one such mission as follows:

« From observation posts near enemy-held Fort Driant, some officers and men were watching American Thunderbolts attack Fort Verdun 3,000 yards away on the other side of the Moselle River. A pilot peeled off high above, diving straight down for one of the turrets of the fort as a thunderous roar of enemy ack-ack rolled across the valley. The pilot bore down so low that it looked as though he would crash. The plane made a quick upturn, and the bombs could be plainly seen as they dropped. In a second or two a huge flame shot up, 'that's napalm and plenty hot for any Germans there. »

« The ack-ack roar continued and the spectators held their breath hoping the pilot would get through. He turned and then headed down for the ack-ack with his machine guns blazing. What a show of audacity and bravery ! The pilot pulled up and out on his way to safety, and a silent cheer went up from those on the observation post. »

27 September dawned with clear skies, and in order to gain the maximum advantage from air support, the division commander ordered the attack to start at 1415. Colonel Yuill, in addition to his 2nd Battalion, had the following elements in support: a company of tanks, a company of chemical mortars, and a medical company. The 19th Field Artillery Battalion was detailed for fire cover and divisional artillery was on call if required. In spite of having obtained plans of the forts, the detailed drawings were not ready by then for distribution, and the 11th Infantry assault companies had been briefed only on the basis of somewhat vague sketch maps of the surface of the target. While the troops were assembling in the woods to the southwest, fighter-bombers bombed and strafed the whole area of the fort. This probably contributed to raising the morale of the German garrison by demonstrating that their concrete protection was adequate. The main HQ of the 11th Infantry had been set up in the town of Bayonville, a few miles west of Arnaville, up the valley of the Rupt de Mad, but Colonel Yuill established a forward Tactical HQ in the woods closer to the fort.

Just prior to H-hour, American artillery fired a concentration from eight batteries, including 8-inch and 240-mm howitzers, without causing the enemy guns in the fort to do more than pause briefly when their turrets were lowered. The regimental commander had decided to commit only two companies (F and G), which during the preliminary bombardment worked along the open ground on the western flank of the fort. During this time the enemy remained fairly quiet, but at H-hour when the troops made their approach the Germans opened up with rifles, machine guns, and mortars. The chemical company laid down a smoke screen to cover the advancing infantry, who soon found themselves up against the barbed-wire obstacle covering the ditch to the northwest of the central barracks. This whole area could be swept with fire from a number of well-concealed pillboxes, and although the men could see a causeway leading over the ditch, they got no nearer than some three hundred yards. In the meanwhile, a number of tank

destroyers had moved up and took on the pillboxes at short range, without achieving more than chipping the concrete.

The two companies hung on in swiftly improvised foxholes until the early evening, by which time it was clear that they would make no further progress. At 1830, the division commander gave permission for them to withdraw. In spite of the amount of opposition, casualties had not been heavy - only 18 men from the two infantry companies were incapacitated. It would seem that the greatest problem was posed by the depth of the wire obstacles, which made it impossible to get close enough to the pillboxes to use pole charges poked in through the embrasures. One squad from E Company did manage to cut through part of the wire but then found themselves in open ground without any form of cover.

The following day the rain started again, and further attempts were called off until a more comprehensive plan could be made. A detailed drawing of the fort did arrive by then, but as the men had had to abandon their demolition equipment when they withdrew, new supplies had to be made up.

mière Guerre mondiale, il aurait dû réaliser que l'infanterie se trouve désarmée face à des barbelés intacts balayés par des mitrailleuses. Il ne semble pas avoir réalisé que la nature de la guerre a changé et que les Alliés ont temporairement perdu l'initiative à l'Ouest.

Un plan détaillé du fort a finalement été obtenu le 28 septembre et la prochaine phase de l'attaque a été prévue pour le 3 octobre. La préparation est menée au niveau du QG du régiment sur la base d'une attaque en pince d'équipes de chars et d'infanterie. De nouveau, le très éprouvé 2e bataillon est impliqué, il est renforcé par la *B Company* du 1er Bataillon. Cette fois, la *B Company* est dirigée sur l'angle sud-ouest du fort tandis que la *F Company* repartira vers l'angle nord-ouest. La *G Company* restera en réserve, prête à exploiter tout secteur d'approche qui deviendrait le plus favorable. Toute l'artillerie du corps d'armée est mise à la disposition pour appuyer l'opération et un appui plus immédiat est fourni par une compagnie composite de chars constituée avec des hommes sélectionnés. Cette compagnie aligne onze chars moyens, cinq chars légers, quatre obusiers automoteurs de 105 mm et deux *tank-dozers*. Ces derniers sont des chars normaux équipés de lames de bulldozers pour combler les fossés.

Les sapeurs du Génie attachés à l'opération ont préparé un formidable arsenal d'explosifs choisis pour détruire des obstacles. Outre les habituelles torpilles bangalore, les paquets de charges et celles placées au bout d'une perche, les lance-flammes, un certain nombre de « *snakes* »

(« serpents ») ont été fabriqués. Tom Tucker était alors simple soldat à la *B Company* du *7th Combat Engineer Battalion* qui était attachée à la *5th Division* : «... *mon équipe a été affectée pour aider à fabriquer les « snakes » qui allaient être utilisés pour ouvrir des brèches dans les larges réseaux de barbelés qui entouraient le fort. Ces larges réseaux de barbelés avaient 40 à 50 pieds (13 à 17 mètres environ) de profondeur. Les « snakes » sont des morceaux de tuyaux d'environ six pouces (15,24 cm) de diamètre, sondés les uns aux autres pour avoir 50 pieds (16 mètres) de long et remplis d'explosifs. Nous avions pour tâche de remplir ces tuyaux avec des explosifs après qu'ils aient été soudés ». Les «snakes » étaient amenés jusqu'aux réseaux de barbelés avec des chars, poussés par les tanks en dessous de ces réseaux puis on les faisait exploser. »* La fabrication de ces matériels avait lieu dans les bois situés au sud-ouest du fort et, selon Tom Tucker, elle a demandé un jour entier.

Les mortiers chimiques sont disponibles pour fournir des rideaux de brouillard artificiel et la préparation initiale sera assurée par les chasseurs-bombardiers. Sur le papier, le plan est bien conçu et il est clair que la *5th Division* a une lourde tâche. La veille de l'attaque, le *Technical Sergeant* Reeder, de la *B Company*, effectue une audacieuse reconnaissance de la ligne de l'avance prévue. Malgré des tirs adverses, il rampe à travers les barbelés, à l'angle sud-ouest du fort et, une fois à l'intérieur, il tourne autour de l'objectif initial de son unité, la batterie marquée « F » sur le plan. De retour sain et sauf, il refait le même chemin avec l'un des officiers de la compagnie de chars.

A cause de l'inévitable mauvais temps, l'appui aérien promis n'arrive pas, bien que, pendant l'après-midi, les chasseurs-bombardiers tentent de larguer quelques bombes au napalm. Ne voulant pas attendre plus longtemps, le général Irwin donne l'ordre pour lancer l'attaque à 12 heures. Pendant le rassemblement préliminaire, cependant le désastre commence à déployer ses ailes. L'un des tanks perd son « snake » et les deux *tank-dozers* ont des problèmes, l'un d'eux a brisé sa conduite de carburant et l'autre a son embrayage défectueux. Les troupes atteignent alors les barbelés sous la protection d'un brouillard artificiel, tous les « snakes » sont décrochés et laissés sur place.

La *B Company* tente de pénétrer dans les barbelés de l'angle sud-ouest alors que les blindés d'appui leur ouvrent un chemin au milieu de ce réseau. Laissant derrière eux les casemates pour les nettoyer ultérieurement, les hommes foncent avec agressivité, utilisant l'abri fourni par les nombreux cratères d'obus et par les buissons qui ont poussé sur le sommet du fort. Ils se dirigent vers leurs casernes en béton (S et R, notes 3 et 4 sur certains plans). Ils rencontrent alors l'opposition déterminée des armes légères adverses. Le *Technical Sergeant* Reeder a été blessé au début de l'attaque mais les troupes avaient bien été instruites sur le terrain à parcourir. Les chars de soutien utilisent leurs canons et leurs mitrailleuses pour occuper les défenseurs tandis que les sapeurs du Génie font de vaines tentatives pour ouvrir le chemin menant aux casernes. Vers 14 heures, cependant, la *B Company* est établie sur et autour de ses objectifs.

Dans l'angle nord-ouest, la *E Company* n'a pas autant de chance. Elle tente de percer à travers les barbelés mais, comme lors de la tentative précédente, elle est prise sous un intense rideau de feu. Comme les *tank-dozers*, qui devaient combler les fossés, ne sont pas disponibles, les chars de soutien ne peuvent pénétrer dans le fort et ils doivent se contenter de tirer sur les casemates qui s'offrent à eux. Les pentes sont trop raides pour leur permettre d'avancer devant l'infanterie qui n'a pas d'autre possibilité que de s'enterrer devant les barbelés. Elle va rester là la plus grande partie du temps sous des tirs violents, pendant quatre jours, sans être relevée. Sur un effectif initial de 140 hommes, il ne restera que 85 officiers et hommes de troupe à l'issue de ces quatre journées.

C'est pourquoi la suite de l'histoire des opérations menées contre le Fort Driant concerne l'angle sud-ouest. Le chef de la *B Company*, le *Captain* Anderson, arrive à l'intérieur du fort sur les talons de ses équipes de tête, accompagné par un petit groupe d'opérateurs radio et d'agents de liaison. L'un des radios, cherchant un endroit pour installer son matériel, examine un bunker qui s'avère encore occupé par les Allemands. Il avertit le *Captain* Anderson qui bondit dans la tranchée se trouvant devant le bunker et jette une grenade à l'intérieur de celui-ci. Il n'est pas satisfait du résultat et il en balance une autre. Il découvre alors que les occupants du bunker se sont échappés par la porte arrière donnant directement dans les tunnels. Le fait que presque tous les divers bunkers et postes d'observation sont reliés au réseau de communication souterrain va compliquer tout au long de l'opération les tentatives américaines de nettoyer la surface du fort.

By then, all concerned were facing a difficult problem. Although supplies were still short, the gravest lack was of experienced personnel, especially in the 5th Division. Generals Patton, Walker, and Irwin met on 28 September to discuss the progress of the campaign as a whole. It would appear that, for once, General Patton was not the firebrand on this occasion, as he instructed General Irwin to use the lull to recuperate his regiments. Walker, however, was all for action and made the suggestion that the failure of the first attack on Fort Driant was caused by lack of aggressive personal leadership at regimental and battalion level.

This was manifestly unjust, and Irwin pointed out the lack of available information - air photos had not shown the massed barbed wire and the network of pillboxes around the perimeter. This is just another example of the attitude of senior American commanders to the problem posed by permanent fortifications, a subject of which they had had no experience in previous wars.

Therefore the attack had to go on, being finally approved by Patton on **29 September**. This was based on an operational directive issued the previous day which allocated priority to Metz in respect of limited and local operations. Irwin himself was not keen on the idea as he realized better than anyone else, just how his division had suffered during the early stages of the Metz campaign. He was holding a front of some 12 miles split in two by the Moselle valley, and during September, the 5th Infantry Division had suffered 3,056 casualties-killed, wounded, and missing. These figures of roughly one quarter of the fighting strength do not include losses occasioned by sickness and combat fatigue, which were running at a high level by the end of the month. At that time, the division was in the process of absorbing nearly 4,000 replacements who had to be eased into the existing regimental framework. The sensible thing to do would have been to contain Fort Driant until such a time as supplies and personnel permitted the operation to be carried out with some chance of success.

It is Walker's attitude that is difficult to understand. Admittedly, his vanity had probably been wounded by his lack of success at Metz compared to the advances made by other Allied units. He looked like a bulldog and had the tenacity popularly ascribed to that animal. However, with his personal experience of combat during the First World War, he should have realized that infantry were powerless against uncut wire flanked by machine guns. It would seem that at this stage of the campaign, he still had not realized that the nature of the war had changed and that the Allies had temporarily lost the initiative in the West.

On 28 September a detailed plan of the fort had finally been obtained, and the next stage of the attack was scheduled for 3 October. Planning was carried out at regimental HQ on the basis of a two-pronged assault by tank-infantry teams. Again, the sorely tried 2nd Battalion was to be involved, reinforced by B Company of the 1st Battalion. This time, B Company was to aim for the southwestern corner of the fort, while F Company would return to the northwest. G Company would remain in reserve, ready to exploit whichever approach seemed to be the more favorable. The whole of corps artillery was allocated to support the operation, and support of a more immediate nature was provided by a composite tank company manned by picked men. This comprised eleven medium tanks, five light tanks, four self-propelled 105-mm howitzers, and two tank-dozers. The latter were normal tanks fitted with bulldozer shovels for filling in ditches.

The attached engineers had prepared a formidable arsenal of explosive devices to deal with the obstacles. In addition to the usual bangalore torpedos, satchel and pole charges, and flamethrowers, a number of « snakes » had been constructed. Tom Tucker served as a private in Company B of the 7th Combat Engineer Battalion which was assigned to the 5th Division – « …my squad was sent to help make the « snakes » that were going to be used to clear holes through the large barbed wire enclosures that surrounded the fort. These large barbed wire enclosures were 40 to 50 feet deep. The « snakes » were pieces of pipe about six inches in diameter, welded together until they were about 50 feet long and packed with explosive. It was our job to pack the explosive into the pipes after the welding was completed. The « snakes » were to be pulled up to the barbed wire enclosures by tanks, then pushed under the wire by the tanks and exploded. » The construction of these devices was done in the woods to the south-west of the fort and according to Tom Tucker, took about a day to complete.

The chemical mortars were on hand to provide smoke screens and a preliminary softening up was to be carried out by the fighter-bombers. On paper, the plan was well thought out and it was clear that the 5th Division meant business. The day before the attack, Technical Sergeant Reeder from B Company carried out a daring reconnaissance of the planned line of advance. In spite of enemy fire, he wormed his way through the wire at the southwestern corner of the fort, and once inside he made his way around his unit's initial objective, the battery marked F on the plan. Returning safely, he again set out over the same route with one of the tank company's officers.

Owing to the inevitable bad weather the promised air support failed to arrive, although during the afternoon the fighter-bombers did manage to drop some napalm. Unwilling to wait, General Irwin gave the order for the attack to commence on schedule at 1200. During the preliminary assembly, however, disaster was already hovering in the wings. One of the tanks lost its « snake » and both tank-dozers were in trouble-one with a broken fuel line and the other with a slipping clutch. By the time the troops reached the wire covered by a smoke screen, all the « snakes » had become detached and were abandoned.

B Company managed to penetrate the wire in the southwestern corner as the supporting armor blasted a way through for them. Leaving the pillboxes to be mopped up later, the men rushed through aggressively, using the cover provided by the many shell craters and the bushes which grew on top of the fort. They headed for the two concrete barracks (S and R, referred to as 3 and 4 on some plans), being met with determined opposition from enemy small arms. Technical Sergeant Reeder was wounded early in the attack, but the troops had been well-briefed on the terrain. The supporting tanks used their guns and machine guns to occupy the defenders while the engineers made futile attempts to blast their way into the barracks. By 1400, however, B Company was established on and around its initial objectives.

E Company in the northwest corner was not so lucky. They managed to break through the wire, but as on the previous occasion, they were then met by an intense hail of fire. As the tank-dozers, whose job had seen to fill in the ditch, were inoperative, the supporting tanks could not get inside the fort and had to content themselves with firing at the out lying pillboxes. The slopes were too steep to permit them to advance ahead of the infantry, who had no choice but to dig in just outside the wire. There they remained, most of the time under heavy fire, for four days

Thomas B. Tucker, *B Company, 7th Combat Engineer Battalion* de la 5th Div. US. Photo prise en décembre 1944.

Thomas B. Tucker, B Company, 7th Combat Engineer Battalion, 5th Div. US. December 1944.

Ci-dessous : Thomas B. Tucker en 2002.

Below: *Tom Tucker at the annual reunion of the 5th Infantry Division at Reading PA in August 2002. (photo author.)*

Le *Captain* Anderson retourne ensuite à la brèche ouverte dans les barbelés pour rameuter les sections suivantes mais un autre bunker suscite sa méfiance. Rassemblant les grenades de ses agents de liaison et, couvert par un fantassin, il s'approche de cette vaste structure en béton et jette une grenade au phosphore dans l'entrée. Les portes de tels bunkers dans les forts de Metz sont protégées par un mur pare-éclats avec une entrée à chaque extrémité. Mais un vent favorable pousse la fumée vers l'intérieur. Comme personne ne tire sur lui, Anderson approche encore et lance deux autres grenades pour plus de sécurité. Six Allemands titubent en agitant un morceau de tissu blanc, deux d'entre eux sont grièvement blessés. L'un des deux officiers capturés fait partie du *Fahnenjunker-Regiment*, unité dont le 3e Bataillon forme le gros de la garnison, sous le commandement du *Hauptman* Weiler.

A ce moment-là, le gros de la *B Company* est en train d'essayer de forcer les entrées des casernes R et S. Ce sont des blocs en béton à deux étages dont les parois ont plus de 1,30 mètre d'épaisseur. Leurs toits sont au niveau du sol mais leurs murs arrière sont à l'air libre dans une tranchée avec leurs entrées masquées par une palissade en acier. Bien que des tubes d'artillerie des tanks et de l'un des canons automoteurs aient été amenés à une portée d'une trentaine de mètres, ils ne réussissent qu'à écorner le béton armé et, à ce moment-là, l'élan de l'attaque est momentanément brisé. Les forts voisins et d'autres éléments de l'artillerie allemande tirent sur les sommets du Fort Driant ce qui, ajouté au feu des mitrailleuses et des mortiers, commence à imposer un lourd tribut aux assaillants.

L'homme qui relance l'initiative est le *Private* Holmlund. Il réussit à grimper sur le toit de la caserne S où il trouve un certain nombre de puits d'aération. Bien qu'il soit sous le feu adverse, il donne tout simplement des coups de pied dans les couvercles et glisse des torpilles bangalore dans les ouvertures. Les explosions atteignent les fondations et les occupants sortent en titubant. Holmlund dira plus tard : « *Je pouvais les entendre jurer et se piétiner les uns les autres pour essayer de sortir.* »

Il devient rapidement évident que la plupart des Allemands se sont échappés par le tunnel jusqu'à la caserne R car, en nettoyant le premier casernement et en essayant de pénétrer dans le passage, les Américains sont repoussés par une grêle de balles de mitrailleuse. Holmlund sera décoré de la *Distinguished Service Cross* pour sa participation à cette action mais il sera tué plus tard sur le fort lorsqu'il sera en train de vérifier les positions tenues par son équipe. Les hommes qui se trouvent à la surface de la caserne R sont incapables de réaliser le même exploit car ils se trouvent sous des tirs précis qui s'abattent sur le toit. Mais l'un des canons automoteurs réussit à détruire l'une des portes. A ce moment-là, l'équipe américaine ne compte plus que quatre hommes mais ceux-ci se mettent à l'intérieur et nettoient le bunker, pièce par pièce.

Une autre section passe au milieu des hommes qui sont en train de se battre autour des casernes et se dirige vers la batterie la plus au sud (F). Les hommes de cette section ont quatre lance-flammes avec eux mais seul l'un d'eux peut marcher correctement. La 2e section s'installe autour de la *Battery D* et son chef, le lieutenant Van Horn, un exemple de bravoure téméraire, se rue dans l'entrée de la caserne principale (A), appuyé par un seul fantassin. Tous deux sont tués sur place.

Bien que ses hommes soient arrivés sur l'objectif, le *Captain* Anderson se trouve en difficulté pendant la fin de la soirée. Ses hommes sont dispersés sur toute la surface de l'angle sud du fort et il est clair qu'avec les armes disponibles les hommes ne feront pas grande impression. Il doit organiser la position pour la défense et tenter simplement de tenir face à des contre-attaques adverses et à un volume de feu accru. Il installe son poste de commandement dans la caserne S autour de laquelle il place les tanks, gardée par des fantassins qui s'enterrent simplement là où ils peuvent.

Au quartier général du *11th Infantry Regiment*, cette journée a vu passer un flot permanent de hautes personnalités, allant et venant, mouvements soigneusement notés par l'officier adjoint, le *Captain* Cooper. Le général Irwin arrive à 9 h 30 et il doit écouter les plaintes du colonel Yuill concernant le fait que l'appui aérien promis n'est pas apparu. A 11 h 15, le général Patton arrive avec sa suite. Cooper note ceci à 11 h 45 : « *Le général Patton raconte une histoire qui semble vraiment drôle car presque tous éclatent de rire.* » A 11 h 47, le général Irwin raconte une histoire. *Même résultat. Quelqu'un attend la sonnerie du téléphone.* »

Peu après, « *conversation stupide* » est noté et on a l'impression que le jeune capitaine n'est pas impressionné par le comportement des officiers supérieurs bien qu'ils ne puissent pas faire grand-chose pour modifier le résultat.

A 17 heures, la *G Company*, unité de réserve commandée par le *Captain* Gerrie (qui s'était distingué à Dornot), commence à arriver au sommet du fort bien qu'il soit trop tard pour accomplir quoique ce soit, la nuit étant tombée. Si elle avait été amenée promptement derrière la *B Company*, elle aurait pu atteindre ses objectifs, les deux batteries B et C situées au nord. Dans ces conditions, les hommes, inexpérimentés, ne peuvent voir où ils vont et ils descendent sur le flanc droit de la *B Company*.

Il est probable que la garnison allemande ait été renforcée pendant la nuit, ce qui est assez facile car elle tient la route venant d'Ars-sur-Moselle et l'extrémité basse de la ravine de la Mance. Surgissant du labyrinthe des sorties de tunnels jusqu'à la surface, les Allemands lancent de vigoureuses contre-attaques. Vers l'aube, il semble que la *G Company* a été mise en déroute mais des renforts arrivent juste à temps. Il s'agit de la *K Company* du *2nd Infantry Regiment*.

until they were relieved- -only 85 officers and men marched back out of a complement of 140.

Therefore, the rest of the story of the Fort Driant operation is concerned with the activities in the southwestern corner. The commander of B Company, Captain Anderson, arrived inside the fort hard on the heels of his leading squads, accompanied by a small staff of radio operators and runners. One of the radiomen, looking for a place to set up his equipment, investigated a bunker, which proved to be still occupied by the enemy. He alerted Captain Anderson, who jumped into the trench in front and heaved a grenade into the bunker. Not satisfied that it had gone off properly, he chucked in another, only to discover that the occupants had escaped from the rear entrance down into the tunnels. The fact that nearly all the various bunkers and observation posts were connected to the underground communications system was to bedevil American attempts to clear the surface of the fort throughout the operation.

Captain Anderson then returned to the breach in the wire to hurry on the next platoons, but his suspicion was aroused by another bunker. Collecting grenades from his runners and covered by a rifleman, he approached this large concrete structure and threw a phosphorous grenade at the entrance. The doors to such bunkers in the Metz forts had a blast wall in front of them with a way around at each end, but a favorable wind blew the smoke inside. As nobody shot at him, Anderson went nearer and heaved in two more grenades for good measure. Out stumbled six Germans waving a white piece of cloth, three of whom were badly wounded. One of the two officers was found to be from the Officer Candidate Regiment, the 3rd Battalion of which formed the bulk of the garrison, under the command of Captain Weiler.

The bulk of B Company by that time was occupied in trying to force an entrance into barracks R and S. These were two-story concrete blocks whose walls were more than four feet thick. Their roofs were flush with the ground, but their rear walls were exposed in a trench and the doorways were barred by an iron palisade. Although tanks and one of the self-propelled guns had been brought to within 30 yards range, they could only chip the reinforced concrete, and it was at this stage that the momentum of the attack was temporarily lost. The neighboring forts and other German artillery had opened up on the top of Fort Driant, which coupled with machine gun and mortar fire, began to take a steady toll of the attackers.

The man who regained the initiative was Private Holmlund who managed to clamber on top of Barrack S where he found a number of ventilator shafts. Although under fire, he simply kicked off the covers and stuffed bangalore torpedos down the openings. The explosions went off in the basement and the occupants came tumbling out. Holmlund later reported, « I could hear 'em swearing and trampling over one another trying to get out. »

It soon became clear that most of the enemy had escaped along the tunnel to Barrack R, because when the Americans had cleared the first building and tried to get into the passage they were driven off by a burst from a machine gun. Holmlund was awarded the Distinguished Service Cross for his part in this action but was later killed on the fort while checking the positions held by his squad. The men on the surface at Barrack R were unable to perform the same feat as there was an accurate cross fire laid on the roof, but one of the self-propelled artillery tubes managed to blast in one of the doors. By then the American squad was down to only four men, but they rushed inside and cleared the bunker room by room.

Another platoon passed through the men fighting around the barracks and moved toward the southernmost battery (F). They had four flamethrowers with them, but only one could be persuaded to work properly. The 2nd Platoon established themselves around Battery D; and the commander, Lieutenant Van Horn, in an example of foolhardy bravery, rushed the entrance to the main barracks (A), supported by only one rifleman. Both men were killed on the spot.

Although his men were on their objectives, Captain Anderson was in difficulty during the late afternoon. His men were scattered all over the surface at the southern corner of the fort, and it was clear that with the available weapons the men were not going to make much of an impression. He had to organize the position for defense and simply try to hang on against enemy counterattacks and an ever increasing volume of fire. He set up his command post in Barrack S, around which he placed the tanks, guarded by infantry who simply dug in where they could.

Back at the headquarters (« Dusty Rear ») of the 11th Inf. Regt. the whole day had seen a constant stream of high ranking VIP's, coming and going, all carefully logged by the adjutant Captain Cooper. At 0930 General Irwin arrived and had to listen to Col. Yuill's complaints that the promised air support had not appeared. At 1115 General Patton and retinue arrived. At 1145 Cooper noted « Gen. Patton tells a story which seems to be very funny as nearly everyone splits a gut laughing. 1147, Gen.Irwin tells a story. Same result. Everyone waiting for phone to ring ». Shortly afterwards « idle conversation » was noted and one gets the impression that the young captain was not impressed by the behaviour of the senior officers, although there was little they could do to effect the outcome.

At 1700, the reserve G Company, commanded by Captain Gerrie (who distinguished himself at Dornot), began to arrive on top of the fort, although far too late to be able to achieve anything, as darkness was already falling. Had they been brought up promptly behind B Company, they might have gained their objectives, which were the two northern batteries B and C. As it was, they could not see where they were going and the inexperienced men went to ground on the right flank of B Company.

It is probable that, during the night, the German garrison was reinforced, which was quite easy as they held the road up from Ars-sur-Moselle and the lower end of the Mance ravine. Erupting from the maze of tunnel exits onto the surface, they pressed home a number of vigorous counterattacks. Toward dawn it seemed that G Company would be routed; but just in time, reinforcements arrived in the shape of K Company, 2nd Infantry Regiment.

Thus by the morning of the second day, the Americans had a toehold on the southern edge of the fort occupied tenuously by three infantry companies, two of which had suffered heavy casualties. Below them sat an enemy virtually undamaged and secure in the knowledge of adequate overhead protection. Neither of the two barrack blocks that had been captured was in any way vital to the overall defense of the fort, and 110 casualties had already been suffered (roughly 50 percent of the first two companies deployed !). Colonel Yuill was ordered by the divisional commander to hang on and extend his area of occupation, and in the background, General Patton is reported to have said, « if it took every man in the XX Corps, [he] could not allow an attack by this army to fail. » Thus, the die was cast.

During the day, further futile efforts were made to break into the batteries and the main barracks, while the Germans brought up every gun available to fire

Ainsi, à l'aube du second jour, les Américains ont pris pied sur le flanc méridional du fort, l'occupant de manière ténue avec trois compagnies d'infanterie, deux d'entre elles ayant subi de lourdes pertes. En dessous de ces compagnies, leur adversaire se tient virtuellement indemne et à l'abri en sachant qu'il bénéficie d'une protection adéquate au-dessus de lui. Aucun des deux blocs de casernements n'a été pris ce qui est de toute façon vitale pour la défense générale du fort, et les Américains déplorent déjà 110 pertes (approximativement 50 % des deux premières compagnies engagées !). Le colonel Yuill a reçu l'ordre du général commandant la division de s'accrocher et d'étendre le secteur occupé et on rapporte que le général Patton aurait dit « si ça doit coûter chaque homme du XX Corps, (il) ne faut pas permettre qu'une attaque de cette armée échoue. » Ainsi, les dés sont jetés.

Ce jour-là, d'autres futiles efforts sont faits pour percer jusqu'aux batteries et aux casernes principales tandis que les Allemands font tirer tous les canons disponibles sur la surface du Fort Driant. De jour, tout mouvement en surface devient impossible et la seule méthode pour amener du ravitaillement est de le faire avec les tanks qui ont été attribués aux observateurs d'artillerie. Les hommes essaient tout simplement de disparaître dans le sol, là où ils peuvent, dans le labyrinthe de tranchées et toutes les tentatives pour pénétrer dans les tunnels sont écrasées par la garnison. Avec la tombée de la nuit, les Allemands surgissent à nouveau en surface de toutes les directions, causant la confusion et de nouvelles lourdes pertes parmi la bande décroissante des Américains. Les Allemands ont tous les avantages : la surprise et la connaissance du terrain, ils sont protégés de leur propre artillerie et de celle des Américains et ils ont des lignes de communication sûres avec l'arrière.

Le **5 octobre**, l'artillerie allemande continue d'arroser la surface du Fort tandis que les GI's, qui tentaient d'être les assiégeants, deviennent à leur tour les assiégés. Quoique les canons du fort ne puissent tirer sur les attaquants se trouvant en surface, les deux canons de la Batterie Moselle peuvent être utilisés très efficacement pour produire des éclats dans les arbres sur le secteur d'approche situé dans l'angle sud-ouest. En fin d'après-midi, le rapport suivant, rédigé par le commandant de la *G Company*, arrive au quartier général. Le style médiocre doit être attribué au fait que l'officier concerné n'a pas dormi depuis 48 heures et a peu mangé : « *La situation est critique, deux autres barrages d'artillerie et une autre contre-attaque et nous sombrons. Nous n'avons pas d'hommes, notre matériel a été utilisé et nous ne pouvons avancer. Les troupes de la G sont au bout, elles sont juste là ce qui reste d'elles. L'ennemi s'est infiltré et immobilise ceux qui sont là. Nous ne pouvons pas avancer, ni la K Company, ni la B Company, qui sont dans le même état que nous. Nous ne pouvons attendre plus longtemps pour les renforts. Nous serons capables de tenir jusqu'à la tombée de la nuit mais si quelque chose arrive cet après-midi, je ne peux jurer de rien. L'artillerie ennemie est en train de massacrer ces troupes et il ne nous restera bientôt plus rien pour faire front. Nous ne pouvons sortir pour évacuer nos blessés et il y a un foutu nombre de morts et de disparus. Il n'y a plus qu'une seule réponse pour ce qui nous reste à faire. Ou bien nous replier et effectuer un bombardement de saturation avec des bombardiers lourds ou bien être renforcés avec une force satanément puissante. Cette force puissante pourrait tenir ici mais elle pourrait aussi subir l'artillerie. Tous ces endroits sont repérés par l'artillerie. Les forts ont des murs latéraux de 5 à 6 pieds (près de deux mètres) d'épaisseur et des toits de béton armé de 15 pieds (cinq mètres) d'épaisseur. Toutes nos charges ont été efficaces contre ça. Les quelques chefs ont tenté de garder intact ce qui reste et c'est tout ce qu'ils peuvent faire. Les troupes n'ont pas été assez bien entraînées et, de plus, elles n'ont même pas l'instruction de base de l'infanterie. Tout a été engagé et nous ne pouvons suivre le plan d'attaque. Je n'ai qu'une suggestion mais, si nous voulons prendre ce maudit fort, engagez ce qui faut pour le prendre et en avant. Maintenant, vous ne l'avez pas encore pris. (signé) Gerrie, Capt. Inf. »*

C'est un sobre rapport de situation écrit par un soldat courageux, ce n'est pas un cri de panique quémandant du secours. Il faut ajouter avec tristesse que, peu après, Jack Gerrie, officier détenteur de hautes décorations, recevra l'ordre de rejoindre les USA mais décédera en chemin pour Londres tandis qu'il sera en train de nettoyer un pistolet qu'il ramenait chez lui en souvenir.

Au moment où arrive ce message, il devient évident pour le général Irwin que l'attaque se trouve paralysée et qu'une douloureuse décision doit être prise. Les compagnies B et G ont été réduites à un total d'une centaine d'hommes et, après une réunion tenue par les commandants de compagnie, des officiers rejoignent le poste de commandement du bataillon. Sur la base des informations reçues, le général Irwin décide qu'il n'y a plus qu'à alléger le dispositif et ramener des troupes fraîches. Il met alors sur pied une *task force* (un groupement tactique) qui sera commandée par le commandant adjoint de la division, le *Brigadier General* Alan Warnock, qui prendra en charge la suite de l'opération Driant.

Durant la nuit du **5 au 6 octobre**, les restes décimés du 2e Bataillon du *11th Infantry Regiment* sont relevés par le 1er Bataillon du *10th Infantry Regiment* qui monte en ligne. Les hommes sont amenés jusqu'à l'abri de la caserne S et, de là, ils vont trébucher dans l'obscurité, vers la sécurité, portant leurs blessés sur des civières. Le lendemain matin, arrivent d'autres troupes. Les hommes du 3e Bataillon du *2nd Infantry Regiment*, accompagnés par le *7th Combat Engineer Battalion* forment le restant de la *Task Force Warnock*. Il est décidé que l'attaque sera relancée le 7 octobre mais il a été prouvé qu'un mouvement en surface de jour est plus ou moins impossible. On mettra l'accent sur une pénétration du système de tunnels souterrains.

Pendant toute l'opération, une vaste concentration d'artillerie américaine a été rassemblée pour contrer les batteries allemandes et pour appuyer l'infanterie. A cause du manque de munitions, toute l'artillerie du corps d'armée est virtuellement engagée, y compris les obusiers de 8 pouces et de 240 mm. Ils ont certainement causé des pertes aux Allemands lorsqu'ils sortaient la nuit mais peu de dégâts ont été causés au fort lui-même malgré les rapports optimistes des Américains. L'historien de l'artillerie du corps d'armée note : « *Nos obusiers de 240 mm et de 8 pouces ont été incapables de détruire ou neutraliser les tourelles en acier des Forts Driant et Verdun. Quelques rares coups directs ont pu être effectués mais ils ont tout simplement glissé sans causer de dommage.* » Ce commentaire équitable a été émis après une inspection récente du Fort Driant effectuée par l'auteur et qui lui a montré que rien ne montrait que les canons aient été touchés. Tout ce qui était visible, c'était des rainures et des traces d'abrasion sur la surface du blindage des tourelles. Cependant, les sources font état que les canons automoteurs de 155 mm installés à découvert près des cibles : « *sont entrés dans un duel de six semaines éprouvant et dangereux pour se trouver victorieux à la fin... Lorsque les canons ennemis ont été élevés en position de tir, ce fut le début du furieux duel direct. Avec un tir plus rapide et plus précis, les équipages de nos canons ont rendu la position si chaude pour l'ennemi qu'invariablement il cessait de tirer et se repliait en position d'absence de tir. De cette façon, nos sections d'artillerie ont réussi à neutraliser presque complètement les canons ennemis... Le fait qu'un canon ennemi ne reparaissait plus indiquait qu'un dommage avait été infligé. L'inspection réalisée après la reddition finale des forts a révélé que plusieurs canons avaient été endommagés.* » Ce qui est certain c'est que les calibres de l'artillerie de campagne, en 1944, n'étaient pas appropriés pour se charger de forts conçus pour résister à des pièces de siège d'une ère révolue.

Pour le 7 octobre, le plan exigeait une attaque simultanée en surface et dans la partie souterraine. Une observation attentive des plans détaillés nouvellement arrivés montrait que le tunnel courrait de la caserne R à la caserne S puis à la Batterie P et, de là, via la Batterie O, jusque dans les casernes principales situées au centre. Il est décidé de pénétrer tout au long de ce tunnel tandis que les troupes se trouvant à la surface étendront leur maigre territoire et maintiendront les Allemands occupés. La veille, les troupes fraîches avaient été engagées dans quelques accrochages préliminaires et avaient permis de s'emparer d'une casemate gênante au sud des casernements R. Une équipe d'infanterie avait été installée et une ligne de téléphone avait été tendue jusqu'au quartier général du bataillon. Durant la nuit, de fréquents appels avaient été lancés en direction de ce poste auquel il avait été répondu avec assurance que tout était OK. Au quartier général, les plans pour l'attaque du lendemain avaient été commentés à proximité de ce téléphone mais en ignorant qu'à présent le bunker avait été repris par les Allemands. Un officier parlant anglais avait été placé là avec l'ordre de répondre au téléphone ce qui se fit, apparemment, à la satisfaction de tous ! En tout cas, l'attaque ne sera pas une surprise.

Le **7 octobre**, précédé par un barrage d'artillerie, le 1er Bataillon du *10th Infantry Regiment* bondit à l'attaque à 10 heures et réussit à reprendre la plupart du terrain situé au sud du fort pendant la journée, terrain qui avait été abandonné quand le *11th Infantry Regiment* s'était replié. Cependant, ce sera tout et, durant l'après-midi, il est contre-attaqué sur ses deux flancs. Deux sections de bonne qualité sont liquidées et le chef de la *B Company* et deux officiers d'observation d'artillerie sont faits prisonniers. Renforcé par des troupes du 3e Bataillon du *2nd Infantry Regiment*, le 1er Bataillon tente de maintenir ses positions mais, jusqu'à l'abandon de l'opération, aucun gain appréciable de terrain ne sera obtenu en surface.

onto the surface of Fort Driant. Movement on the surface in daylight became impossible, and the only method of bringing in supplies was by the tanks that had been allocated to the artillery observers. The men simply went to ground wherever they could in the maze of trenches and concrete shelters, and any attempts to break into the tunnels were beaten off by the garrison. As soon as darkness fell, the Germans again burst out onto the surface from all directions, causing confusion and more heavy losses among the dwindling band of Americans. The enemy had all the advantages— surprise and knowledge of the ground, safe cover from their own and American artillery, and secure communications with the rear.

During **5 October**, the enemy artillery kept up their pounding of the surface of the fort, while the GI's, who had intended to be the besiegers, became in turn the besieged. Although the actual guns of the fort could not be depressed sufficiently to fire against attackers on the surface, the two guns of Battery Moselle were used most effectively to create tree bursts over the approaches to the southwestern corner. During the late afternoon, the following report was received at headquarters from the officer commanding G Company. The poor grammar can be accounted for by the fact that the officer concerned had had no sleep for at least 48 hours and little food.

« The situation is critical a couple more barrages and another counterattack and we are sunk. We have no men, our equipment is shot and we just can't go. The troops in G are done, they are just there what's left of them. Enemy has infiltrated and pinned what is here down. We cannot advance nor can K Co., B Co. is in same shape I'm in. We cannot delay any longer on replacement. We may be able to hold till dark but if anything happens this afternoon I can make no predictions. The enemy artillery is butchering these troops until we have nothing left to hold with. We cannot get out to get our wounded and there is a hell of a lot of dead and missing. There is only one answer the way things stand. First either to withdraw and saturate it with heavy bombers or reinforce with a hell of a strong force. This strong force might hold here but eventually they'll get it by artillery too. They have all these places zeroed in by artillery. The forts have 5-6 feet walls inside and 15 feet thick roofs of reinforced concrete. All our charges have been useless against this stuff. The few leaders are trying to keep what is left intact and that's all they can do. The troops are just not sufficiently trained and what is more they have no training in even basic infantry. Everything is committed and we cannot follow attack plan. This is just a suggestion but if we want this damned fort lets get the stuff required to take it and then go. Right now you haven't got it. (signed) Gerrie, Capt. Inf. »

This was a sober statement of fact written by a gallant soldier, not a panic-stricken cry for help. Sad to relate though, Jack Gerrie was shortly afterwards ordered to return to the USA as a highly decorated officer, but was killed en route in London while cleaning a German pistol that he had intended to take home as a souvenir.

At about the time this message was received, it was obvious to the division commander that the attack was stalemated and that a painful decision would have to be made. B and G Companies had been reduced to around a hundred men between them, and after a meeting of the company commanders present at the fort, a number of officers reported back to the battalion command post. On the basis of information received, General Irwin decided that the only course was to denude the line even further and to bring in fresh troops. He therefore organized a task force to be commanded by the assistant division commander, Brigadier General Alan Warnock, who was to take charge of the continuation of the Driant operation.

During the night **of 5/6 October**, the battered remnants of the 2nd Battalion, 11th Infantry were relieved by the incoming 1st Battalion, 10th Infantry. The men were pulled back to the shelter of Barracks S, and from there stumbled through the dark to safety, carrying their wounded on stretchers. The following morning, more troops from the 3rd Battalion, 2nd Infantry, arrived, and together with the entire 7th Combat Engineer Battalion, they made up the strength of Task Force Warnock. It was decided that the attack would restart on 7 October, but as daylight surface movement had proved to be more or less impossible, the emphasis would be placed on an attempt to penetrate underground into the tunnel system.

During the whole operation, a vast concentration of American artillery had been amassed to counter the enemy batteries and to support the infantry. In spite of ammunition shortages, virtually the whole of corps artillery became involved, including 8-in, and 240-mm howitzers. They certainly managed to cause casualties when the Germans emerged during the night, but little damage was done to the fort itself in spite of somewhat optimistic American reports. The corps artillery historian wrote, « Our 240-mm and 8-in, howitzers had been unable to knock out or neutralize the steel-turreted guns of Forts Driant and Verdun. A few direct hits had been obtained but they merely 'slipped off without causing damage. » This was fair comment as a recent inspection of Fort Driant made by the author produced no evidence of any of the guns having been dismounted. All that can be seen are grooves and abrasions on the surface of the turret plating. However, the above source goes on to state that 155-mm self-propelled (SP) guns sited in open emplacements fairly close to the target « entered into a gruelling dangerous six-week duel to emerge victorious in the end… As the enemy guns elevated into firing position, that was the start of a furious direct-fire duel. By faster and more accurate fire our gun crews made it so hot for the enemy that they invariably broke off firing and retracted to non-firing positions. In this manner our gun sections achieved almost complete neutralization of the enemy guns… The failure of an enemy gun to reappear indicated damage inflicted. Subsequent inspection after the final surrender of the forts revealed several of the guns damaged. » All that is certain is that field artillery of the calibers available in 1944 was not adequate for dealing with forts designed to withstand the siege guns of a bygone era.

The plan for 7 October called for a simultaneous attack both above and below ground. Careful scrutiny of the newly-arrived, detailed plans showed that the tunnel ran from R and S Barracks to Battery P and from there via Battery O into the main central barracks. It was decided to attempt to penetrate along this tunnel while the troops on the surface extended their slender hold and kept the enemy occupied. The previous day, the fresh troops engaged in some preliminary skirmishing, during the course of which a troublesome pillbox to the south of Barracks R was captured. An infantry squad was installed inside and a sound-power telephone link with battalion headquarters was rigged up. During the night, frequent calls to this post were made, to be answered with assurances that everything was OK. At headquarters, the plans for the attack on the following day were discussed in the vicinity of this phone, but unknown to those present, the bunker had been recaptured by the Germans. An English-speaking officer had been placed there with orders to answer

Tous les espoirs sont ainsi tournés vers l'opération dans la partie souterraine, bien que le commandant, en tant qu'expert de ce lieu, l'ait déconseillé. La C Company du *10th Infantry Regiment* et des sapeurs du Génie entrent dans le tunnel à partir de la caserne R mais ils trouvent le chemin barré par une porte en acier. Travaillant dans cet espace limité (trois pieds/un mètre de large sur sept pieds/2,30 m de haut), les sapeurs percent un trou dans la porte de cinq centimètres d'épaisseur pour se rendre compte que l'autre côté a été bloqué par un enchevêtrement de morceaux de métal, de vieux canons et autres débris. Tout ceci s'étend sur six mètres et demi (vingt pieds) de long et est entassé jusqu'au plafond, cet amas a été placé intentionnellement par les Allemands quand les Américains se sont emparés de la surface jusqu'aux deux blocs de casernements.

Le seul moyen de traverser cet amas est de le débiter morceau par morceau et il y a une pause jusqu'à ce que les chalumeaux soient amenés jusque-là. En travaillant dans le noir, les hommes réussissent à dégager ces débris dans la matinée du **8 octobre**. Mais ils se trouvent alors confrontés à une autre porte en acier qui est supposée être le dernier obstacle avant la batterie P. Cependant, ces gains limités n'ont pas été obtenus sans de grandes difficultés. Le principal problème était dû à la fumée causée par l'explosion des charges et par le gaz des chalumeaux. Après le placement de chaque charge, les hommes devaient évacuer le tunnel et l'utilisation d'appareils respiratoires était inefficace. En outre, on supposait que les Allemands se préparaient à tout bloquer car le bruit causé par le dégagement de ces débris dans le tunnel était clairement entendu par eux, leur indiquant la possibilité d'une contre-charge.

L'histoire du 3e Bataillon du *2nd Infantry Regiment* rapporte que « *quand ils entendaient des bruits de cisaillement et de pics à travers les parois latérales du tunnel, il devenait évident que les Allemands étaient en train de préparer une charge pour faire sauter le tunnel. Nos sapeurs du* 7th Engineers *arrivèrent et placèrent une vaste bombonne proche du côté du tunnel où on pouvait entendre résonner. Le lieutenant D'Imperio et huit hommes, équipés de masques à gaz, étaient prêts à pénétrer par le trou pour dégager toute position du fort que la charge aurait détruite et c'est ce que le Lieutenant D'Imperio désirait mais la bombonne n'a pas pénétré le mur.* » (communiqué par Joseph Rahle.)

Le témoignage précédent fait mention d'une charge placée contre la paroi du tunnel là où l'historique officiel de la Campagne de Lorraine mentionne la tentative de faire sauter une porte en acier. Pour contrer les tentatives adverses de creuser, une charge de 60 livres est amenée dans le tunnel et placée contre la porte. Après l'explosion, les fumées dégagées sont si intenses que ce secteur doit être évacué pendant deux heures. En fait, les fumées s'insinuent jusque dans les parties supérieures des casernements où un bon nombre des troupes s'est abrité et où les blessés sont soignés. A moitié gazés, les hommes se ruent jusqu'aux embrasures de tir des parois extérieures pour aspirer de l'air frais et les plus audacieux préfèrent risquer les impacts de l'artillerie à l'extérieur que les fumées à l'intérieur. Toutes sortes d'expédients sont essayés pour créer diverses formes de ventilation mais la visibilité est réduite à quelques pas.

Finalement, un officier du Génie tente de se faufiler de nouveau dans le tunnel (le lieutenant D'Imperio ?) pour découvrir que seul un petit trou a été percé dans la porte. Mais, avant qu'il soit possible d'amener plus d'explosifs, les Allemands ouvrent le feu avec des mitrailleuses et lancent des grenades dans le tunnel. Le *Sergeant* Klakamp, un sapeur, bondit en avant et, frénétiquement, il commence à construire un parapet avec des sacs de sable, aidé par les quelques hommes qui peuvent se déployer dans un espace aussi limité. Les Allemands contre-attaquent en faisant exploser une charge mais quand, à nouveau, les fumées se dissipent, les Américains essaient de monter une mitrailleuse au sommet de leur barricade, échangeant des tirs avec leurs adversaires pendant la nuit de manière intermittente.

A la surface, une attaque, prévue contre les deux batteries méridionales (E et D) pour la nuit du 8 au 9 octobre, est annulée à cause de la confusion générale. Le *Brigadier General* Warnock a amené des troupes fraîches sous la forme du 3e Bataillon du *2nd Infantry Regiment* et l'a installé dans les casernements S avec son poste de commandement et ses infirmiers, là où les survivants du 1er Bataillon sont aussi installés mais tout cela rend impossible l'établissement d'une compagnie cohérente et de positions de sections dans un espace disponible aussi réduit.

Donald Walen est alors l'officier de transmissions du 3e Bataillon du *2nd Infantry Regiment* et, le **9 octobre**, de jour, il fait une avance de 250 mètres, à partir des bois, en direction des casernements S, avec le chef de bataillon, le lieutenant-colonel Connor et le *Captain* Thompson, le S-3, pour contrôler la position tenue par le 1er Bataillon du *10th Infantry Regiment*. Ensuite, ils reviennent sur leurs pas et, à la nuit tombée, ils amènent leurs propres troupes. « *Une partie des deux compagnies se trouve dans des positions creusées à l'extérieur, face au fort principal, tandis que le reste est installé dans les casernements avancés R. Le poste de commandement se trouve dans les premiers casernements S.* » Walen installe son centre de transmissions dans la petite pièce des casernements S faisant saillie dans le mur arrière. « *Pendant la journée, les casernements que nous occupons sont presque continuellement bombardés (…) Le centre de communications résonne comme une cloche, toute la journée apparemment.* » (communiqué par *Thanks-GI's Archive*.)

Le réapprovisionnement est aussi un problème sérieux. Les munitions, les rations et le matériel du Génie avaient été amenés initialement avec des chars légers mais ceux-ci faisaient trop de bruit. « *Quand les Allemands entendaient les tanks, ils arrosaient l'endroit où les équipes de transport amenaient le ravitaillement des tanks jusque dans les casernements d'un tir meurtrier de mortiers et d'artillerie. Le S/Sgt* Mc Donald *était chargé du ravitaillement du fort et il avait 15 hommes avec lui pour transporter les rations, les munitions, etc. (cela lui vaudra la* Silver Star). *Plusieurs hommes furent blessés lors de ces rotations. Parmi le ravitaillement, quelques masques à oxygène, 40 appareils respiratoires pour la poussière et un ventilateur qui ramenait plus de poussière qu'il n'en évacuait.* » (Historique du 3e Bataillon du *2nd Infantry Regiment*)

Le *Private* Tom Tucker de la *B Company* du *7th Combat Engineers* arrive au fort à ce moment-là. Voici son témoignage : « *Quelques jours plus tard, notre équipe reçoit l'ordre de rejoindre le fort pour appuyer l'attaque de l'infanterie. Nous sommes amenés au fort par les tanks. Nous rencontrons les tanks près de la lisière d'une forêt, à environ 500 ou 600 mètres au sud-ouest du fort. Le seul tankiste restant dans l'engin est le conducteur qui nous amène jusqu'au fort. Cela permet d'emmener environ 5 sapeurs dans le tank. Je suis dans la tourelle. Je me souviens qu'elle était peinte en blanc à l'intérieur et je n'aimais pas me trouver dans un tank. Ils semblaient toujours attirer le feu de l'artillerie allemande. Nous avions installé notre équipement et un peu de ravitaillement à l'extérieur du tank pour grimper jusqu'au fort. En arrivant à la zone de débarquement, juste au sud de ce que nous apprendrons être les casernements « S », nous nous trouvons très exposés tandis que nous récupérons notre équipement et le ravitaillement. Nous nous jetons dans un fossé. Là nous rencontrons un guide qui traverse une palissade en acier percée par une porte qui court à une ouverture arrivant au second niveau des casernements « S ». Plus tard, nous appellerons cette ouverture « la porte » (« The Door »).*

« *Nous passons en peu de temps dans les casernements "S". Je serai seulement une fois dans le tunnel qui relie les casernements "S" aux casernements "R"… Les fumées des charges de démolition rendent alors impossible un long stationnement dans le tunnel. Nous sommes ensuite affectés au transport du ravitaillement, nous avons aussi rencontré les tanks à l'endroit même où nous avons débarqué en arrivant. Nous avons déchargé le ravitaillement du tank pour l'amener jusque dans les casernements "S". Nous passons beaucoup de temps à la surface du fort, exposés à ce que les Allemands décident de jeter sur nous. La surface est dénudée et noire à cause du bombardement et de tous les obus qui sont tombés. Il ne reste plus debout que quelques troncs d'arbres déchiquetés. Chaque voyage auquel nous survivons est un miracle. Il y a deux choses dont je me rappellerai toujours quand je courais des tanks aux casernements. Il semblait qu'il y avait toujours un GI mort près de la palissade en acier. L'autre chose, c'était la vue de l'ouverture (The Door) dans les casernements, ce qui signifiait la sécurité. Une petite histoire au sujet de cette porte. Il y avait un officier de transmissions avec son matériel près de la porte, à l'intérieur, si bien qu'à chaque fois que nous nous ruons à l'intérieur, nous le rencontrons. Quarante-cinq ans plus tard, lors d'un circuit effectué avec des membres de la 5th Division, je rencontre cet officier. Il habite près de chez moi, à San Diego ; nous sommes devenus bons amis.* »

« *Notre mission suivante consiste à occuper un grand bunker au sud de la soute "P" et à environ deux cents mètres à l'est des casernements "S". De nouveau, cela consiste à transporter du ravitaillement, à faire un certain nombre de voyages des casernements "S" au bunker. Nous sommes toujours exposés aux tirs allemands sur tout le parcours, à l'exception de quelques petits abris souterrains situés le long de notre itinéraire. A l'est du bunker se trouve un trou individuel qui est utilisé la nuit comme poste avancé et poste d'écoute. Apparemment, il a été creusé par nos fantassins qui occupaient le bunker et ce secteur avant qu'ils soient capturés. Je passe trois nuits dans ce trou individuel avec mon copain Chuck Risser. Nous quittons toujours le bunker pour rejoindre le trou individuel à la tom-*

the telephone, which he apparently did to the satisfaction of all concerned! At any rate, the attack failed to achieve surprise.

Preceded by an artillery barrage, the 1st Battalion, 10th Infantry, jumped off at 1000 hours on **7 October** and succeeded in recovering much of the ground in the south of the fort during the day, ground which had been abandoned when the 11th Infantry withdrew. That, however, was all, and during the afternoon they were severely counterattacked from both flanks. Two valuable platoons were wiped out and the commander of B Company and two forward artillery observers were taken prisoner. Stiffened by 3rd Battalion, 2nd Infantry troops, the 1st Battalion managed to hold their positions, but between then and the abandonment of the operation, no further useful gains were made on the surface.

All hopes were thus pinned on the subterranean campaign; although Commandant Nicolas, as the expert on the spot, advised against it. C Company, 10th Infantry and engineers entered the tunnel at Barracks R but found their way barred by an iron door. Working in the cramped space of the passage (three-feet wide and seven-feet high) the engineers blew a hole in the two-inch thick door, only to find that the other side had been blocked by a tangle of scrap metal, including old gun barrels and other debris. This extended 20 feet back along the tunnel and was stacked right up to the ceiling, having obviously been placed there by the Germans when the Americans captured the surface areas of the two barrack blocks.

The only way to shift that lot was to cut it piece by piece, and a lull ensued until welding equipment could be brought up during the night. Working in the dark, the men managed to clear the debris by midmorning of **8 October** but were then faced by another iron door which was presumed to be the last hurdle before reaching Battery P. These limited gains, however, had not been made without great difficulty. The main problem was the fumes caused by the explosion of the charges and from the welding gas. After each charge the men had to be evacuated and the issue of respirators proved to be ineffective. In addition, it was thought that the enemy were about to take a stand, as sounds of digging were plainly heard in the tunnel indicating the possibility of a countercharge.

The History of the 3rd Bn. 2nd Infantry stated – « when they heard chiseling and digging sounds through the walls along the side of the tunnel, it was quite obvious the Germans were preparing a charge to blow the tunnel in. Our 7th Engineers went in and placed a large « beehive » next to our side of the tunnel where the sounds were heard. Lt. D'Imperio and eight men equipped with gas masks were ready to go in through the hole to grab any portion of the fort possible the charge went off and Lt. D'Imperio want in but the « beehive » did not penetrate the wall ». (communicated by Joseph Rahie).

The above account refers to a charge being placed against the tunnel wall, whereas the official history of the Lorraine Campaign refers to an attempt to blow open a steel door. To counter enemy attempts to dig, a 60-pound beehive charge was rushed into the tunnel and placed against the door. When it was exploded, the carbide fumes released were so intense that the area had to be evacuated for two hours. In fact, the fumes crept back into the upper parts of the barracks where many of the troops were sheltering and the wounded were being tended. The half-gassed men rushed to gulp fresh air through the rifle slits in the outside walls, and the bolder spirits chose to risk the artillery outside rather than the fumes within. All sorts of expedients were tried to create some form of ventilation, but visibility below ground remained limited to a few feet in any direction.

Finally an engineer officer managed to crawl back into the tunnel (Lt. D'Imperio?), to discover that only a small hole had been blown in the door. But before more explosives could be produced, the Germans opened fire with a machine gun and grenades along the tunnel. Sergeant Klakamp, an engineer, jumped forward and frantically began to build a parapet of sandbags, helped by the few men who could be deployed in the limited space. The enemy countered this by exploding a charge, but when the fumes cleared again, the Americans managed to mount a machine gun on top of their barricade, exchanging occasional fire with the enemy during the night.

On the surface, an attack on the two southern batteries (E and D) planned for the night of 8/9 October was abandoned owing to the general confusion. General Warnock had brought in fresh troops in the shape of the 3rd Battalion, 2nd Infantry, and had stationed them in Barracks S with their command post and medics where the survivors of the 1st Battalion were also installed, but it had proved impossible to establish cohesive company and platoon positions in the limited space available.

Donald Walen was the signals officer for the 3rd Battalion of the 2nd Inf. Regt and on **9 October** during the day made the 250 yard dash from the woods to Barracks S, together with the Battalion CO, Lt-Col. Connor and Capt. Thompson, the S-3, to check the positions held by the 1st Bn of the 10th Infantry. Afterwards they returned and after dark led in their own troops. « Part of two companies were dug in outside facing the main fort while the balance was in the forward Barracks R. The 3rd Bn. CP was in the first barracks S ». Walen set up his communications center in the Barracks S in the small room that projected out from the rear wall. « During the day the barracks we occupied were almost continually bombarded (…) The communications center rang like a bell, it seemed all day long ». (Courtesy Thanks-GI's archive).

Resupply was also a serious problem. Ammunition, rations and engineer stores were initially brought up in light tanks but they made too much noise. « When the Germans heard the tanks, they would place murderous mortar and artillery fire around the area where the carrying parties had to carry supplies from the tanks into the barracks. S/Sgt. McDonald was in charge of supplies at the fort and had 15 men under him to carry the rations, ammo. Etc.. (For this he was awarded the Silver Star). Several men were wounded on this detail. Among the supplies brought in were several oxygen masks, 40 dust respirators and a blower to clear the fumes out of the tunnel and barracks, but the blower stirred up more dust itself than it cleared out. » (3rd Bn. 2nd Infantry History).

Private Tom Tucker of Company B, 7th Combat Engineers also arrived on the fort at that time. The following is his graphic account -

« A few days later our squad was ordered to go into the fort in support of the attacking Infantry. We were to go up to the fort by tanks. We met the tanks near the edge of a forest, about 500 or 600 yards southwest of the fort. The only member of the tank crew that remained with the tank for the trip up to the fort was the driver. This would permit about 5 Engineers to squeeze into the tank. I was in the turret. I can remember that it was painted white inside and I did not like being in a tank. They always seemed to attract a lot of German artillery fire. We had secured our equipment and some supplies to the outside of the tank for the ride up to the fort. When we arrived at the drop off area, just south of what we later learned

bée de la nuit et nous retournons au bunker le lendemain à l'aube. Pendant la journée, le bruit des tirs d'artillerie, des tirs de mortiers et des armes automatiques est quasi continuel. Mais, la nuit, c'est si calme qu'on peut entendre le moindre bruit. Vraiment étrange !!! Chaque nuit, nous prenons une caisse de grenades pour l'amener au trou individuel et, si nous entendons un bruit, nous pourrons balancer une grenade. Nous jetons des grenades à chaque bruit, toute la nuit. Quand nous aurons quitté le fort, Risser et moi, il nous arrivera de rire en pensant à toutes les souris que nous avons probablement tuées. Sur le toit du bunker, il y a une mitrailleuse de la 1re section d'armes lourdes du 10th Infantry Regiment. Risser et moi nous sommes toujours concernés par elle car elle pourrait tirer dans notre direction et nous ne sommes pas sûrs qu'elle viserait assez haut pour tirer au-dessus de nous. Un matin, le jour commence à pointer et nous nous apprêtons à rejoindre le bunker pour le restant de la journée quand nous entendons le bruit d'un clic-clac venant de la direction du bunker. Nous attendons, cachés dans le trou individuel. Quand le bruit arrive sur nous, nous jetons un petit coup d'œil. Il y a là deux gars des transmissions descendant le chemin avec un rouleau de fil entre eux. Ils se dirigent vers l'est et sont en train de poser une ligne. Risser et moi, nous les arrêtons et nous leur disons qu'il y a une personne là-bas, que nous sommes le dernier poste avancé. Ils disent OK et continuent. Nous ne les reverrons jamais. »

Les attaques de jour s'étaient avérées trop coûteuses mais les opérations nocturnes avaient tendance à dégénérer en un combat individuel contre les Allemands qui jaillissaient des tunnels et des bunkers. Entre le 3 et le 8 octobre, 21 officiers et 485 hommes ont été tués, blessés ou portés disparus. En considérant le nombre relativement réduit de troupes engagées et le total manque de succès, ce fut un lourd prix à payer.

Durant la matinée du **9 octobre**, le général Patton envoie le général Gay pour le représenter à une conférence avec les généraux Walker, Irwin et Warnock où on discuta du problème de la poursuite de l'opération. Le général Warnock met en avant que d'autres attaques de surfaces seraient bien trop coûteuses et il émet l'opinion qu'il faudrait encercler le fort et détruire les souterrains ennemis. Ceci nécessiterait quatre bataillons d'infanterie supplémentaires et il était évident que cette idée n'était pas un bon moteur et le général Gay donne l'ordre de suspendre l'opération. En faisant cela, il avait de toute évidence l'accord de Patton qui montre beaucoup de bon sens à cette occasion que ce soit la première défaite officielle subie par la *Third Army*. Les revers précédents subis dans le secteur de Metz avaient été camouflés par des communiqués claironnants mais l'actuel abandon des objectifs annoncés ne peut être facilement camouflé.

Entre-temps, les escarmouches souterraines se poursuivent, le *2nd Infantry Regiment* a relevé le *10th Infantry Regiment* dans cette mission peu enviable. Il améliore le mur de sacs de sable et, malgré la poussière et les fumées acres, il aura deux mètres d'épaisseur et une équipe de mitrailleuse et une autre de bazooka sont placées à un sommet pour contrôler le tunnel malgré le fait qu'on peut entendre les Allemands faisant d'importants travaux à proximité. Et arrive ce qui devait arriver. Vers 16 h 50, une terrible explosion traverse le tunnel, tuant quatre hommes et en blessant huit autres. Les fumées remplissent tout cet espace confiné, gazant sérieusement 23 autres hommes. La cause de cette explosion restera peu claire : ou ce fut un accident ou elle avait été voulue par les Allemands. Ce qui est incroyable, c'est qu'elle n'a pas causé l'effondrement du plafond du tunnel car les hommes sur place ont estimé sa puissance au triple d'une charge standard de 60 livres.

De nouveau, dès la dispersion des fumées, des hommes intrépides repartent à l'intérieur et rebâtissent le mur, plaçant un sous-officier et deux hommes au sommet pour empêcher les Allemands d'occuper le tunnel. C'est une mission suicide car, l'un après l'autre, ils sont touchés par les tirs des snipers ou l'explosion des grenades lancées sur le sol.

La pause va continuer trois jours supplémentaires car l'état des troupes américaines empire régulièrement. L'eau et les munitions commencent à manquer. En fait, le combat cesse car les hommes s'accrochent à leurs positions avec une grande ténacité. Les morts et les blessés grimpent et ceux qui survivent à l'air libre, dans leurs trous individuels au milieu de leurs ordures, sont incapables de bouger pour les nécessités humaines les plus basiques. Ceux qui sont à couvert ont un sort à peine meilleur car ils se trouvent au milieu de la poussière et des fumées.

L'évacuation a lieu après la tombée de la nuit du **12 au 13 octobre** sans que les Allemands tirent un seul coup de feu. Les hommes fatigués et hébétés vacillent en descendant de la colline, à travers les bois. Outre les nombreux morts et les quelques prisonniers, ils abandonnent derrière eux six tanks qui seront ultérieurement détruits par l'artillerie américaine. Lors de l'évacuation des abris par l'infanterie, les équipes d'arrière-garde du Génie s'accrochent avec l'ordre de détruire tout ce qui pourrait être utilisé par une garnison ultérieure.

Le *Pvt.* Tom Tucker fait partie de cette arrière-garde du Génie : « *A la fin de l'attaque du fort, nous sommes renvoyés aux casernements "S". Je pense que nous allons être là une seule journée. Tous sont en train de décrocher du fort. Nous avons pour mission finale de rester et d'attendre pour activer les charges de démolition qui ont été placées dans les casernements "R" et, je crois, les casernements "S". L'équipe et un officier sont les seuls qui restent et on nous a laissé le choix de quitter le fort avec les tanks ou en courant. Le vote est unanime. Pas les tanks !!! C'est assez d'une fois. Nous allumons les charges et partons en courant des casernements "S", descendons le flanc de la colline jusqu'aux bois situés à 500 mètres de là. Nous retournons à Lorry (dans la tête de pont de la Moselle).* »

Ils ont placé les charges dans les bunkers, les abris et les entrées des tunnels avec les retards réglés pour exploser à des intervalles divers. Et, suprême raffinement, des torpilles bangalore ont été placées dans les conduits de service avec un retard réglé sur six heures. En tout, un total de 6 000 livres d'explosifs a été laissé en arrière.

Les dernières troupes quittent la surface du fort à 23 h 30, couvertes par un barrage d'artillerie massif et, une heure plus tard, on peut entendre les premières explosions à l'intérieur du fort. Tout ce qui reste à faire est d'essayer d'encercler la place aussi loin que possible et d'attendre une opportunité plus favorable.

Ainsi, de façon peu glorieuse, se termine l'une des plus courageuses et des plus difficiles opérations de la guerre. Bien que de telles comparaisons peuvent être blessantes, il est tentant à nouveau de se tourner vers la Première Guerre mondiale car l'opération du Fort Driant rappelle l'une des petites actions menées par des groupes des survivants au milieu des redoutes allemandes situées autour de Thiepval le premier jour de la bataille de la Somme en 1916. Même si elles avaient été disponibles, il aurait été inutile d'y déverser d'autres troupes qui n'auraient pas eu de place pour manœuvrer au sommet du fort. La seule méthode pour en finir rapidement et efficacement avec la place auraient été les bombes spéciales de la RAF pour détruire les bunkers mais elles n'étaient pas non plus disponibles et on peut difficilement imaginer le général Patton les réclamant ! Bien que l'idée première de prendre le fort aurait renforcé la position pour une attaque générale si le ravitaillement avait pu arriver de nouveau, elle n'aurait pas conduit à un effondrement général du front allemand. Il n'y avait pas assez de troupes alliées disponibles pour cela et celles qui l'auraient été auraient été confrontées à une succession de forts Driant et auraient été forcées de combattre d'un fort à l'autre.

Dans cette attaque, la *5th Infantry Division* a perdu 64 tués, 547 blessés et 187 disparus, en gros la moitié de la force d'attaque et bien plus d'hommes ont été mis hors combat temporairement par l'effet des gaz ou simplement d'épuisement. Il est impossible d'évaluer les pertes allemandes mais elles ne sont certainement pas aussi hautes. Le haut-comamndement allemand annonce une journée de victoire et le compte rendu de la Wehrmacht pour le 19 octobre comprend le rapport suivant : « *Au cours de l'action menée avec succès à la* Feste Kronprinz *(Fort Driant), le* Hauptmann Weiler, *chef au* IIIe *Bataillon du Régiment Stressel (faute de frappe , il s'agit de Stössel qui commande le* Fahnenjunker-Regiment*) ainsi que les lieutenants Woesner et Hohmann ont fait preuve d'un courage exemplaire. Avec leurs groupes d'assaut, ils ont encerclé et détruit des forces ennemies supérieures en nombre, dans les casemates et les tunnels de la forteresse.* »

Du point de vue américain, le seul résultat positif de cette affaire est que les chefs d'unité concernés ont finalement pris conscience de la futilité d'attaques sur les forts avec les moyens à leur disposition. Un programme d'entraînement intensif est mis en place tandis que les garnisons des forts sont contenues par des lignes d'avant-postes jusqu'à ce que vienne le moment d'un grand mouvement d'encerclement. L'histoire de l'opération sera ensuite pratiquement oubliée, considérée comme trop peu importante pour être digne des mémoires des généraux. De son perchoir élevé, en tant que chef d'un groupe d'armées, le général Bradley a été capable d'envoyer une note témoignant de son impatience au sujet de ce tragique événement : « *Durant les mois d'octobre, il* (Patton) *a entrepris une campagne non autorisée d'un coup de griffe contre la position fortifiée ennemie de Metz. Quand je l'ai trouvé en train d'essayer d'ébrécher ces remparts, je lui ai témoigné mon impatience. "'Pour l'amour de Dieu, George, arrêtez", lui dis-je, "je vous promets que vous aurez votre chance. Quand nous repartirons, vous pourrez plus facilement serrer Metz et la prendre par l'arrière. Pourquoi salir votre nez dans cette campagne de grignota-*

was Barracks « S », we were very exposed while we retrieved our equipment and supplies. We dropped into a ditch, were met by a guide, ran through a gate in an iron fence and into an opening that was the second floor of the « S » Barracks. We later named this opening « The Door »

We spent a little time in Barracks « S ». I was only in the tunnel that connected Barracks « S » to Barracks « R »... one time. The fumes from demolition made it impossible to stay in the tunnel very long. We were then assigned the job of bringing in supplies so we had to meet the tanks at the same drop off spot where we first arrived, unload the supplies from the tank and then carry the supplies into the « S » Barracks. We spent a lot of time outside, on the surface of the fort, exposed to whatever the Germans decided to throw at us. The surface was barren and black from the bombing and all of the shelling. There were only a few shattered tree trunks standing. Every trip that you survived was a miracle. There are two things that I will always remember about running from the tanks back to the barracks. It seemed that there was always a dead G.I. near the iron fence. The other was the sight of the opening (The Door) into the barracks which meant safety. A little story about the door. There was a communication officer with his equipment just inside the door so that every time we ran into the opening we ran over him. About forty five years later while on a tour with members of the 5th Division I met this officer. He lived near me in San Diego and we became good friends.

Our next assignment was to occupy a large bunker south of Casement « P » and a couple of hundred yards East of the « S » Barracks. Again, this meant carrying supplies, making a number of trips, from the » S « Barracks to the bunker. We were always exposed to German fire for the entire distance except for a few small dugouts that were along the track we ran down. To the East of the bunker was a foxhole that was used at night as a forward outpost and a listening post. It was apparently dug by our Infantry who had occupied the bunker and this area before they were captured. I spent three nights in the foxhole with my buddy, Chuck Risser. We always left the bunker and went to the foxhole just as it was getting dark and returned to the bunker the next morning just at daylight. During the daytime the noise from artillery fire, mortar fire and automatic weapons was almost continuous but at night is was so quite you could hear the slightest sound. Really eerie !!! Every night we took a case of hand grenades out to the foxhole and if we heard any sound we would throw a grenade. We threw hand grenades at every sound, all night long. After we withdrew from the fort Risser and I used to laugh about how many field mice we probably killed. On top of the bunker was a machine gun from the 10th Infantry Heavy Weapons Platoon. Risser and I were always concerned because he would have to shoot in our direction and we were not sure that he was aiming high enough to shoot over us. One morning, it was just getting light and we were about to return to the bunker for the rest of the day, when we heard a click - clack sound coming from the direction of the bunker toward us. We waited. Hidden in the foxhole. When the sound was opposite to us we peeked out. There was two Signal Corps guys walking down the track with a roll of wire between them. They headed East and were laying wire. Risser and I stopped them and told them there was no one out there. That we were the last outpost. They said O.K. and kept on going. We never saw them again ».

The daylight attacks had proved too costly, but night operations tended to degenerate into individual combat against the Germans, who swarmed up from the tunnels and bunkers. Between 3 and 8 October, 21 officers and 485 men were either killed, wounded, or missing. In view of the relatively small numbers of troops involved and the total lack of success, this was a high price to pay indeed.

During the morning of **9 October**, General Patton sent General Gay to represent him at a meeting with Generals Walker, Irwin, and Warnock, where the whole question of continuing the operation was discussed. General Warnock pointed out that further surface attacks would be far too costly, and stated that in his opinion the fort should be surrounded and the enemy destroyed underground. As this would have required an extra four infantry battalions, it was clear that the idea was a nonstarter, and General Gay reluctantly gave the order for the operation to be abandoned. In doing so he obviously had Patton's agreement, who showed great common sense in this case, although this was the first publicized defeat suffered by his Third Army. Previous reverses in the Metz area had been cloaked by placatory « bromides » but the actual withdrawal from a publicized objective could not be easily hidden.

In the meanwhile, the subterranean skirmishing continued, the 2nd Infantry having relieved the 10th Infantry in the unenviable task. They set about improving the baffle wall, and in spite of the dust and the choking fumes, made it six-feet thick and reaching almost up to the roof. On top they mounted both a machine gun and a bazooka crew to control the line of the tunnel, in spite of the fact that the Germans could be heard busily working in the vicinity. Then it happened. At about 1650, a tremendous explosion ripped through the tunnel, killing four men and wounding eight others. Fumes filled the whole of the confined space, seriously gassing a further 23 men. What caused the explosion seems to be unclear — either it was accident or design on the part of the Germans. What is incredible is that it did not bring down the roof of the tunnel, as the men on the spot estimated its force as three times that of the standard 60-pound beehive charge.

Again, as soon as the fumes cleared, the intrepid men actually went down inside and rebuilt the wall, stationing an NCO and two men on top to keep the enemy from occupying the tunnel. This was a suicide job as relay after relay was picked off by sniper fire or grenades bounced off the floor.

This stalemate was to continue for an additional three days as the state of the troops steadily worsened. Water was getting short and ammunition began to run out. Fighting in fact ceased as the men clung to their positions with ratlike tenacity. The dead and wounded piled up, and those who survived in the open stood in their foxholes in their own filth, unable to move for even the most basic human needs. Those under cover fared little better as they lay choking in the dust and fumes.

The actual evacuation was carried out after dark during the night of **12/13 October** with hardly a shot being fired by the enemy. The tired and dazed men staggered away down the hill and through the woods. In addition to many dead and some prisoners, they left behind them six tanks, which were later destroyed by American artillery. As the infantry evacuated the shelters, the rear guard parties of engineers moved in with orders to blow up everything that could possibly be used by the garrison at some later stage.

Pvt. Tom Tucker was one of the 7th Engineer rearguard – « At end of the attack on the fort we were pulled back to the « S » Barracks. I think we were there for about a day. Everyone was withdrawing from the fort. Our final assignment was to stay and start the time fuses for the demolition that had been

ge ?" George acquiesça mais la diversion continua. Il dit alors, "nous utilisons Metz pour aguerrir les nouvelles divisions. Bien que j'étais irrité par la persistance de George à mener les incursions à Metz, je refusais d'en faire une affaire !" »

C'était un non sens car il n'y avait pas de « nouvelles » divisions dans le secteur ; les seules troupes « aguerries » furent les recrues de remplacement mal entraînées qui furent jetées dans le brasier de la bataille. Le Fort Driant mérite de devenir un monument au courage de deux grandes unités combattantes : le *Fahnenjunker-Regiment* et l'*US 5th Infantry Division*, et plus spécialement le 2e Bataillon du *11th Infantry Regiment* qui avait déjà donné le meilleur de lui-même à Dornot.

Aujourd'hui, le Fort Driant est toujours techniquement la propriété de l'Armée Française mais il est plus ou moins abandonné et il est à vendre. Sa surface a généralement été envahie par la végétation mais tout est encore là : les tranchées, les casemates et les batteries. Les casernements « S » sont encore dans l'état où ils se trouvaient quand le Génie a essayé de les démolir, laissant des morceaux de béton dispersés aux alentours. Les tanks abandonnés ont été récupérés par les ferrailleurs. Tout le secteur est parsemé de munitions d'entraînement de l'Armée Française et de caisses vides de fusils *US M-1* et de fusils allemands *Mauser*. Il n'y a pas de mémorial à tous ceux qui sont morts si héroïquement et qui méritent qu'on conserve leur mémoire.

set in Barracks « R » and I think Barracks « S ». The squad and an officer were only ones left and we were given a choice of leaving the fort by tanks or by running out. The vote was unanimous. No tanks !!! Once was enough. We set the time fuses, ran out of the « S » Barracks, down the hill to the woods which were about 500 yards away. We returned to Lorry (in the bridgehead east of the Moselle). »

They placed their charges in the bunkers, shelters, and tunnel entrances, with fuses timed to explode at various delayed intervals, and as a further refinement, bangalore torpedos were left in the utility conduits with six hour delay fuses. In all, a total of 6,000 pounds of explosive were left behind as a memento of their brief stay.

The last troops left the surface of the fort at 2330 hours under the blanket of a massive artillery barrage, and an hour later, the first explosions from inside the fort were heard. All that remained was to try to surround the place as far as was possible and to wait for a more favorable opportunity.

Thus, somewhat ingloriously, ended one of the toughest and most difficult small operations of the war. Although such comparisons may be invidious, it is tempting once again to look back at the First World War, as the Driant operation reminds one of the small actions fought by groups of survivors among the German redoubts around Thiepval on the first day of the Somme battles in 1916. Even if they had been available, it would have been pointless to pour in more troops as there was no room to maneuver on top of the fort. The only method of dealing with the place quickly and cleanly would have been the special bunker-busting RAF bombs, but they too were not available and one can hardly imagine General Patton asking for them ! Although the initial idea of capturing the fort would have improved the position for a general attack when supplies became available again, it would not have led to a general rolling up of the German front. For this there were simply not enough allied troops available, and those that were would have been faced with a succession of Fort Driants, being forced to fight from fort to fort.

In the attack, 5th Infantry Division lost 64 killed, 547 wounded, and 187 missing—roughly half the attacking force, and many more were temporarily disabled by gassing or simple exhaustion. German casualties are impossible to calculate, but were almost certainly not nearly as high. Their high com-

L'avancée vers Metz passe par des villages où les combats font rages comme ici dans la rue principale de Distroff (voir chapitre suivant) où l'on distingue nettement les cadavres de soldats allemands.

La même vue en 2002.

The same view in 2002.

mand made a field day of the victory, and the Wehrmacht Report of 19 October included the following statement: « In the course of the successful action at Fort Driant, Captain Weiler, commander of the 3rd Battalion, Regiment Stressel [misprint for Stössel, CO of the Officer Candidate Regiment] and Lieutenants Woesner and Hohmann displayed exemplary courage. With their assault groups they surrounded and destroyed superior enemy forces in the casemates and tunnels of the fortress. »

The only positive result of the affair from the American point of view was that the commanders concerned finally recognized the futility of attacks on the forts with the facilities at their disposal. A crash training program was instituted while the fort garrisons were contained by outpost lines until the time would be ripe for a grand encircling movement. The story of the operation was then conveniently forgotten, being far too unimportant to be worthy of a place in the generals' memoirs. From his lofty perch as army group commander, General Bradley was able to inject a note of impatience into the otherwise tragic event. « During October he [Patton] undertook an unauthorized pecking campaign against the enemy fortress position at Metz. When I found him probing those battlements, I appealed impatiently to him. 'For God's sake, George, lay off,' I said, 'I promise you'll get your chance. When we get going again you can far more easily pinch out Metz and take it from

behind. Why bloody your nose in this pecking campaign?' George nodded but the diversion went on. 'We're using Metz,' he said, 'to blood the new divisions. Though I was nettled over George's persistence in these forays at Metz, I declined to make an issue of it. »

This was nonsense as there were no « new » divisions in the area; the only troops « blooded » were the poorly trained replacements who were thrust unprepared into the heat of battle. Fort Driant deserves to be remembered as a monument to the courage of two great combat units, the Officer Candidate Regiment and the U.S. 5th Infantry Division, and especially to the 2nd Battalion, 11th Infantry, who had already given of their best at Dornot.

Fort Driant today is still technically the property of the French Army but has been more or less abandoned and is up for sale. The surface has generally become overgrown but everything is still there in the way of trenches, pillboxes and the batteries. Barracks S is still as it was when the departing engineers tried to demolish it leaving lumps of concrete littered around. The abandoned tanks have been recovered for scrap. The whole area is littered with expended French Army training ammunition and spent US M-I and German Mauser rifle cartridge cases. There is no memorial there to the many who died so heroically, yet deserve to be remembered.

1. Vue aérienne du Fort Driant prise le 12 septembre 1944 par l'aviation américaine.

2. Autre vue aérienne du Fort Driant avec en contrebas le village d'Ars-sur-Moselle.

1. Aerial view of Fort Driant taken on 12 September 1944 by an American aircraft. The central barrack block and its ditch can clearly be seen in the center. (NA.)

2. A different low level aerial view with the town of Ars-sur-Moselle and the river in the background.

Aperçu d'un contrefort de Driant, photo prise en septembre 1944 par les troupes US après un bombardement massif de l'artillerie de la *5th Division*.

A view of the central barrack block of Fort Driant taken in December 1944 after the surrender showing the limited amount of damage inflicted by 5th Division artillery. (NA.)

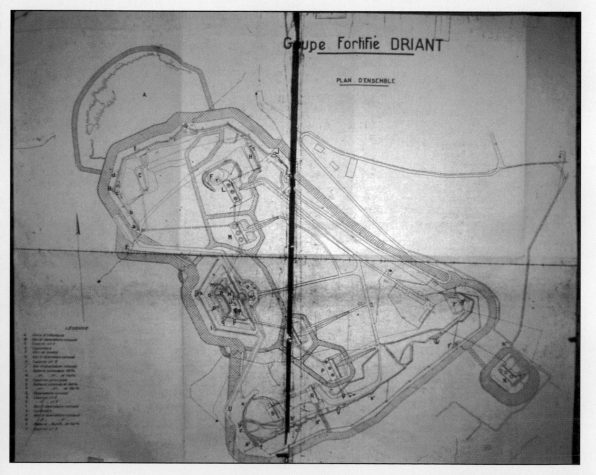

Plan original du groupe fortifié Driant qui était un des éléments de la ceinture fortifiée protégeant Metz depuis la fin du XIXᵉ siècle.

Plan of the fort prepared by the US Army on the basis of a French original. (coll. author.)

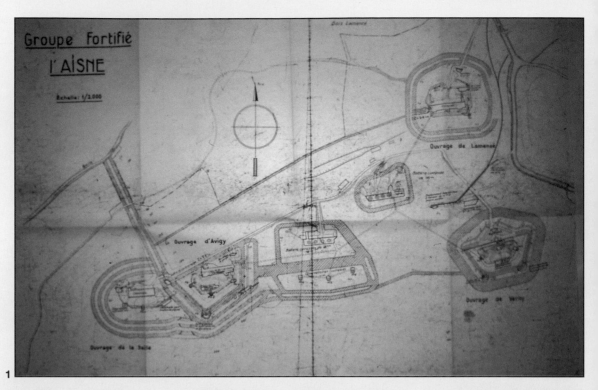

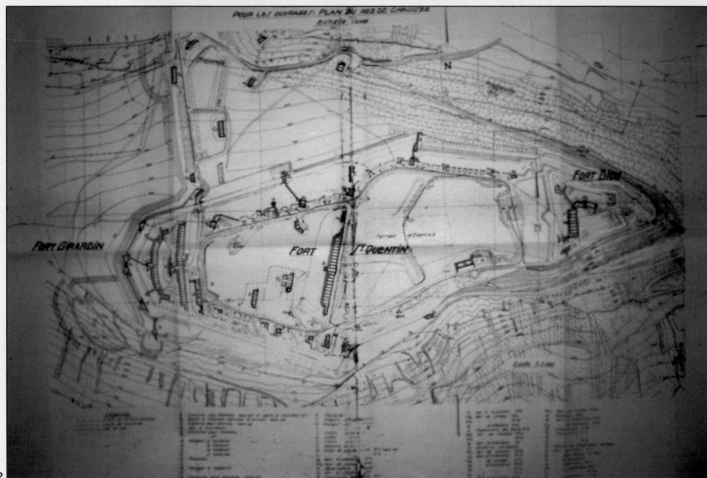

1. Plan original du groupe fortifié L'Aisne qui fut un autre élément de la ceinture de fort entourant Metz.

2. Plan original du groupe fortifié Saint-Quentin également destiné à protéger les abords de Metz.

3. Coupe d'une tourelle pour canon de 100 mm modèle 1908 équipant les forts autour de Metz dont celui de Driant.

1. A plan of the fortified group Aisne prepared by the US Army. This group, similar in date to Fort Driant was to the south of Metz overlooking the Seille crossings. (coll. author.)

2. The St. Quentin fortified group on the ridge of hills to the west of Metz. From a US Army original. (coll. author)

3. Plan and cross-section of a turret mounted 100mm long barrel gun, 1908 model. These guns, manually operated, equipped the forts on the perimeter of Metz although many were inoperative in 1944.

Tourelle pour canon de 10 cm modéle - 08.

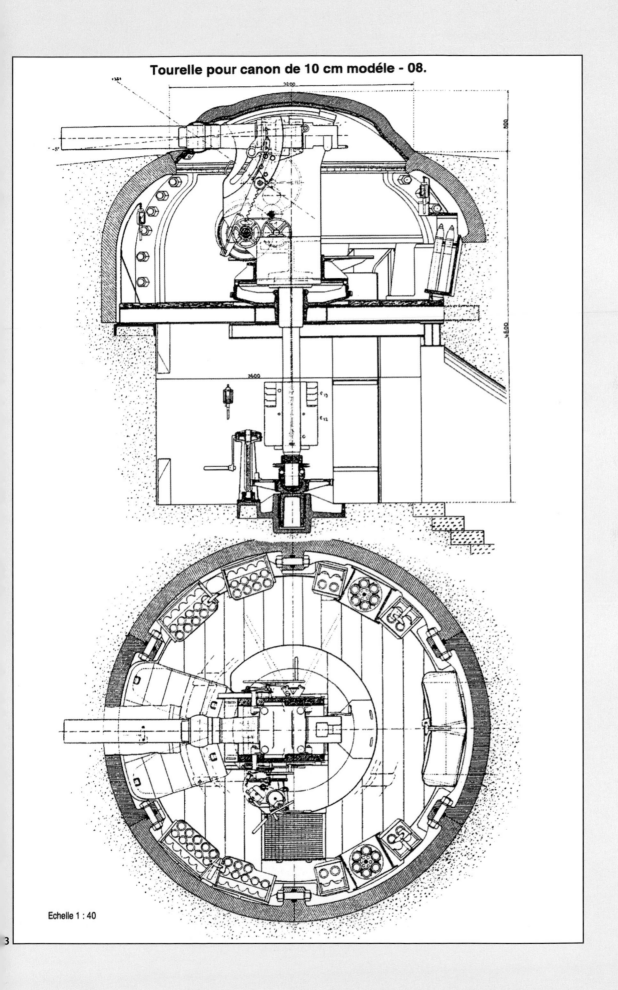

Echelle 1 : 40

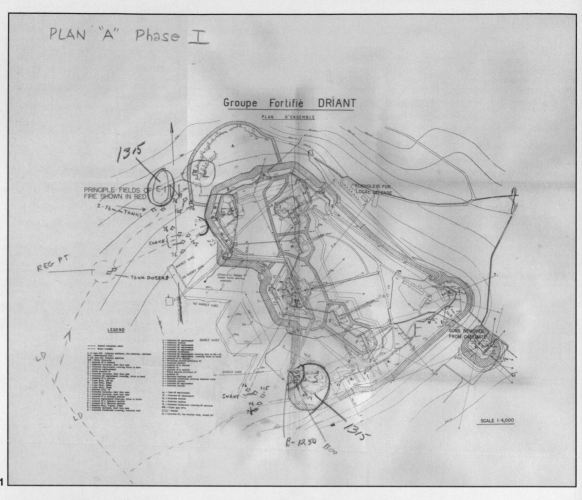

PLAN "A" Phase I

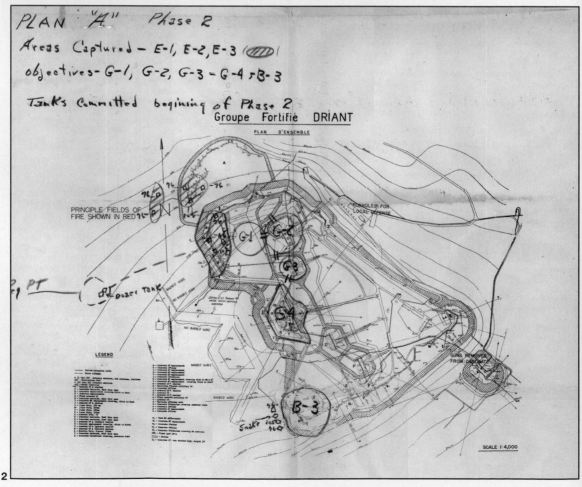

PLAN "A" Phase 2

Areas Captured — E-1, E-2, E-3 (▨)

objectives — G-1, G-2, G-3 — G-4 & B-3

Tank's Committed begining of Phase 2

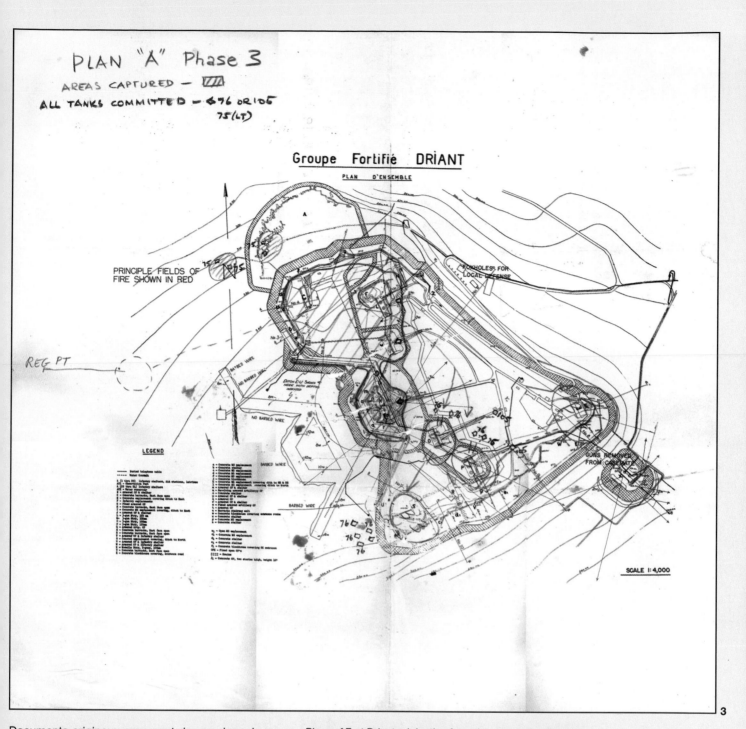

PLAN "A" Phase 3
AREAS CAPTURED — ▨
ALL TANKS COMMITTED — 4-76 OR 105
75 (LT)

Groupe Fortifié DRIANT
PLAN D'ENSEMBLE

PRINCIPLE FIELDS OF
FIRE SHOWN IN RED

FOXHOLES FOR
LOCAL DEFENSE

REG PT

BARBED WIRE

NO BARBED WIRE

NO BARBED WIRE

LEGEND

BARBED WIRE

BARBED WIRE

GUNS REMOVED
FROM CASEMATE

SCALE 1:4,000

3

Documents originaux provenant des services de renseignements US montrant le déroulement des différentes phases d'attaques du fort Driant à partir de la mi-septembre 1944. Ces plans sont annotés de la main du « G2 » qui était l'officier chargé du renseignement et de la planification des opérations militaires. Ces trois rarissimes documents présentent les axes d'attaques ainsi que les défenses et les zones capturées selon le plan A.

1. Plan A, première phase de l'opération soulignant les axes de progression ainsi que les deux zones ou se concentrent les troupes US.

2. Plan A, seconde phase. Cette fois-ci, les annotations du « G2 » marquent précisément l'avancée difficile des éléments de la *5th Division*, avec deux zones chèrement acquises dans l'enceinte fortifiée ainsi que les objectifs à venir concernant les principaux ouvrages défensifs du groupe Driant.

3. Plan, troisième phase. Les objectifs assignés ont été atteints. Les marquages de la main du « G2 » montrent la progression des troupes et des blindés sur le site même du fort Driant.

Plans of Fort Driant originating from the personal collection of the late Col. Yuill commander of the 11th Infantry Regiment, annotated either by himself or his G-2 intelligence officer. They show the initial stages of the two company attack by his 2nd. Bn in the north west and south west corner as well as the objectives.

1. *Plan A showing the first phase of the attack.*

2. *Plan A of the second phase with the cautious advance of the troops in the south west corner of the fort together with the objectives to be attained.*

3. *Phase 3 showing objectived « captured » and the commitment of the tanks.*

(The above plans courtesy of Mrs Julia Yuill (dauthter).)

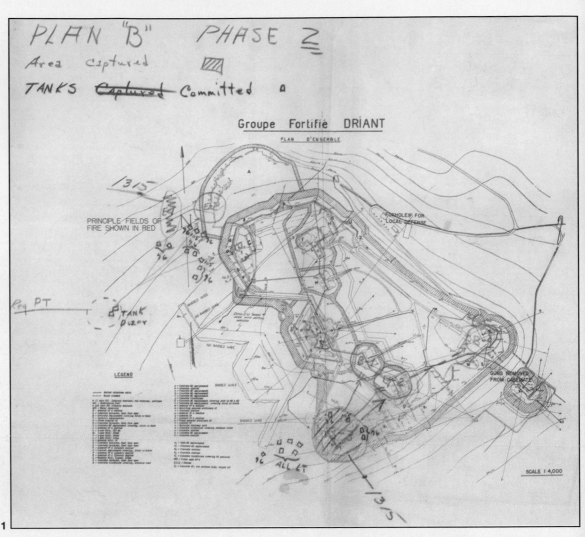

1

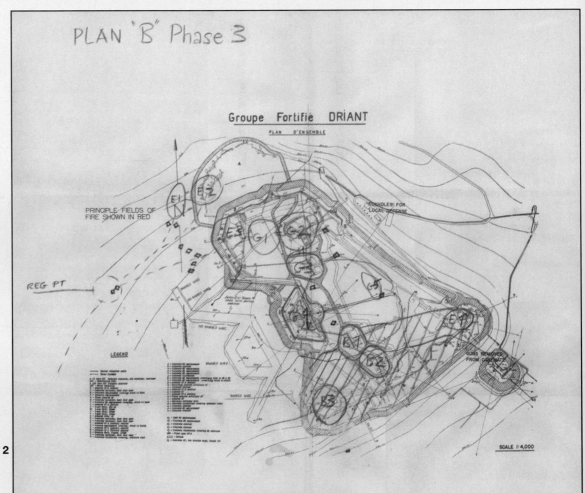

2

Les officiers américains avaient également prévu un plan différent après la première phase d'assaut.

1. Plan B, seconde phase. A partir des deux zones de regroupement, l'axe de progression est plus marqué au sud du fort Driant avec une pression plus forte sur les objectifs B1 et B2.

2. Plan B, troisième phase. Dans cette configuration d'attaque, c'est maintenant tout le sud du fort Driant qui est l'objectif prioritaire avec une occupation centrée sur les éléments fortifiés au sud et avec une volonté de progression vers le nord et les objectifs G1, G2 , G3, G4 et G5.

3. Vue du contrefort après les lourds bombardements de la mi-septembre 1944 ; À noter au fond, un véhicule *SPW* recouvert de gravats.

Two further plans from the Yuill collection showing Plan B and the development of the 11th Infantry attack

1. Plan B second phase showing the emphasis on the attack on the south western corner of the fort.

2. Showing the stage reached when the tired men of the 2nd. Battalion were pulled out of the fort. The areas marked as occupied were only tentatively held.

3. The rear uncovered wall of one of the buildings in the south west of the fort. A GI is examining the damage inflicted to the concrete by US artillery which managed to chip off some sizeable lumps of concrete but not destroy the building. The projecting part at the end is a flanking caponnier fitted with firing slits to fire along the rear wall. (NA.)

Malgré la planification des officiers de renseignement US, la préparation reste insuffisante et occasionnera de ce fait de lourdes pertes en hommes. C'est d'autant plus inconcevable que, dès le début du mois de septembre, les Américains avaient à leur disposition un fort intact et semblable au fort Driant : le fort de Guentrange dans la partie occidentale de Thionville occupée par les troupes de la *90th Division*. Voici un aperçu de ce fort, dont les similitudes techniques n'ont pas été utilisées par le renseignement américain pour l'attaque du fort Driant.

1. La route menant au fort de Guentrange avec sa double palissade métallique.

2. Un des principaux bâtiments intérieurs.

3. Vue rapprochée des ouvertures du même bâtiment fortifié.

4. Entrée d'un bunker du fort.

5. Tourelle blindée abritant un canon de 100 mm faisant partie d'une des batteries du fort de Guentrange, c'est un modèle identique au plan présenté précédemment. Le canon a été détruit par le génie américain en octobre 1944 au cas ou les forces allemands auraient réinvesti le fort.

In spite of the planning by 5th Inf. Div. Staff officers, the attack on Fort Driant caused heavy losses, yet oddly enough, a fort largely similar fell intact into the hands of the 90th Inf. Div. right at the beginning of September 1944. This was Fort Guentrange on the hills to the west of Thionville. This selection of views is to illustrate the technical similarity of the two forts.

1. The road leading into Fort Guentrange through the gates in the double iron palisade fence.

2. The rear exposed all of the immense main barrack block which also house the electricity generating pland, kitchens, bakery and sick quarters.

3. A close up view of the caponnier protecting the entry into the main barracks. The large embrasure on the left was for a searchlight.

4. The blockhouse covering the entrance gateway.

5. A view of one of the 100mm guns in the north battery. The shattered gun barrel was caused by US engineers who were sent to the fort at the beginning of the Ardennes offensive in late December 1944 to render the guns unusable in the case of a German break-through.

(all photos coll. author)

1. Tourelle blindée du fort de Guentrange abritant deux mitrailleuses.

2. Le mécanisme de pivot d'une des armes du fort de Guentrange détruit par le génie américain en 1944.

3. Les vestiges d'un parapet pour l'infanterie sur le site du fort de Guentrange.

4. Exemple typique des parapets pour l'infanterie que l'on trouve dans les forts réaménagés par les forces allemandes entre 1914 et 1918.

5. Exemple de poste d'observation blindée dénommé *Schneke* par les Allemands, commun à tous les forts du type *Feste*.

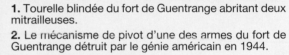

4

1. A turret to mount twin machine guns as fitted to the infantry strong-points in Metz-type forts.

2. The pivot mechanism of one of the 100mm guns in Battery Moselle destroyed by US engineers.

3. Remains of a concreted infantry parapet at Fort Guentrange

4. Fort Guentrange infantry parapet sited on top of one of the many infantry shelters built in under the earth rampart.

5. Galvanised iron observation post for infantry, emplaced at all the German forts and known by them as a schnecke (snail).

(coll. author.)

5

1

L'attaque du Fort Driant, malgré ce que montrent ces quelques images américaines, commence avec une préparation insuffisante comme pour le renseignement en face d'un adversaire bien protégé et accompagné d'éléments blindés.

1. Le génie américain assemble des « Snakes » destinés à détruire les lignes de fortifications du fort. Il s'agit tout simplement d'une tête explosive soudée à une hampe.

2. Cette hampe est ensuite fixée à un blindé, ici un *Sher-*

man, ce qui lui permettra de nettoyer un champ de mines ou d'ouvrir un passage dans un parapet. A noter sur ces deux photos le signe distinctif apposé sur les blousons M41, un diamant rouge, identifiant la *5th Division*.

3. Malgré l'usage intensif du *Piper*, le renseignement US reste insuffisant pour estimer le potentiel défensif allemand du fort.

4. Un *foxhole*, ou trou d'homme, autour du fort Driant, la légende originale précise que le soldat passe, depuis presqu'un mois, des heures entières dans ce trou mal-

2

adroitement protégé et camouflé et qu'il se trouve à moins de 1000 yards du fort Kronprinz, c'est-à-dire du fort Driant.

5. Les troupes US montent toutefois à l'assaut du fort Driant. A noter la tenue camouflée américaine, peu utilisée en France, sur l'homme au premier plan.

6. Vestiges d'un blindé allemand, sans doute un *Sturmgeschütz*, dans le secteur du fort Driant. En face, un *Sherman* détourellé, peut-être le résultat d'un duel entre les deux blindés !

The attack on Fort Driant was insufficiently prepared in spite of the impression given in the following photos. Initially lacking adequate maps and facing a well protected and determined enemy, lives were inexcusably wasted.

1. Men from the 7th Combat Engineer Battalion assembling a « snake ». These devices consisted of an explosive head and tube designed to be pushed under barbed wire by tanks and then detonated like a hugs Bangalore torpedo. (NA.)

2. A « snake » being fitted to a Sherman tank. In the two photos note the distinctive Red Diamond shoulder patches of the 5th Infantry Div. being work on the M41 blouses of the men. (Photo courtesy of Tom Tucker.)

3. Intensive use was made of Piper Cub artillery spotter aircraft for reconnaissance flights over Fort Driant prior to the attack. (Coll 287th Arty. Bn.)

4. Typical GI foxhole on the perimeter of Fort Driant in which the occupant almost a month. (Coll 287th Arty. Bn.)

3

5

4

6

5. 2nd. Bn. 11th Inf. Regt. Troops getting ready to attack Fort Driant. Note the camouflage pattern tunic worn by the man in foreground, little used in France in 1944. He has set up a light mortar. (NA.)

6. Destroyed German tanks.

209

Le fort Driant en décembre 1944 après la bataille.

Ce reportage unique a été réalisé par le commandant de la compagnie « I » du *2th Infantry Regiment*, Karl Johnson après la reddition du fort.

A. Un des bâtiments principaux du groupe fortifié Driant au début de décembre 1944 où logeait alors la compagnie « I » de Karl Johnson.

B. Vue d'une des tourelles blindées du fort Driant, le cliché a été réalisé de l'intérieur d'une autre tourelle blindée.

C. Photo prise de la même tourelle blindée montrant l'épave d'un char américain. D'après la légende originale, Karl Johnson précise que ce blindé a été détruit au cours de la tentative d'assaut en octobre 1944. A noter que le char est détourellé et qu'elle gît à sa droite.

D. Encore deux *Sherman* détruits à l'intérieur de l'enceinte du fort Driant. Pour Johnson, ils ont été touchés au cours de l'échec de l'attaque en octobre 1944.

Very few photographs were taken of Fort Driant, It seemed to be something everyone wanted to forget. There were no Signal Corps photographers or war correspondents on the scene during the attack but the following is a unique series of photos taken in December 1944 just after the fort surrendered. The photographer was Capt. Karl Johnson, commanding I Company 2nd Inf. Regt.

A. The rear wall of one of the batteries of Fort Driant, occupied by I Company which Tom Tucker has deduced was probably Battery O. Virtually undamaged.

B. View of one of the armoured turrets on a battery at fort Driant (thought to be "O"). Photo taken from the neighbouring turret which had the barrel missing.

C. View through the same embrasure of the wreck of an abandoned American tank. Armored vehicles left behind on top of the fort were subsequently destroyed by US artillery. This one has lost its turret.

D. Two more Shermans. Tom Tucker places them as being in the barbed wire to the west of Battery "O". It is obvioue that the turret used by the photographer could be rotated as per the different viewpoints used.

(Photos Karl Johnson, kindly furnished by Tom Tucker.)

1. *Fort Driant, actual view : main barracks.*

2. *In 1944.*

3. *Today.*

4. *A recent photo of the tunnel leading from Barracks R to Battery O in Fort Driant at the spot where the debris was cut away and the explosions occurred. (Photo J-M Paulin.)*

1. Vue actuelle du fort Driant avec le bâtiment principal.

2. Vue générale du bâtiment en 1944.

3. De nos jours, les ruines d'un bâtiment secondaire.

4. Vue actuelle des couloirs d'accès à l'intérieur du bâtiment. (photo J-M. Paulin.)

4

1. Visite d'un des éléments fortifiés du fort Driant par une partie des officiers des unités ayant participé à l'assaut du fort.

2. Gros plan des personnages identifiés :

Major John T Russell commandant du deuxième bataillon du *11th Infantry regiment* ①

Le garde du corps du major Russell ②

Capitaine Jack Gerrie, G Compagny ③

Capitaine Wilbur Wood, Battaillon S-2 ④

Capitaine Ferris Church ⑤

Capitaine Stanley Connor ⑥

Capitaine Spiller, conducteur du major Russell ⑦

Officier de liaison du *19th Field Artillery Battalion* ⑧

1. A very rare example of a photograph taken in late September at the start of the attack. It shows a group of officers and soldiers in front of one of the many bunkers built into the surface of the fort to serve as infantry shelters. The men are obviously the CO and staff of the 2nd Bn. 11th Inf. Regt. Responsible for mounting the assault.

2. Close-up view;

(1) Major John T Rusell, commanging the 2nd Battalion of the 11th Infantry.

(2) Major Russell's bodyguard

(3) Capt. Jack Gerrie, G Company

(4) Capt. Wilbur Wood, battalion S-2

(5) Capt. Ferris Church, S-3

(6) Capt. Stanley Connor

(7) Major Russell's driver

(8) Liaison officer from the 19th Field Artillery Bn.

(9) Unidentified officer

(10) Panel identifying the 2nd Bn. 11th Infantry Regt.

(photo courtesy of Tom Tucker)

3. German graffiti still visible today, noting that it was hunger rather than force of arms which forced the garrison to surrender. (photo Tom Tucker.)

Officier non identifié ⑨

Non identifié ⑩

Panneau identifiant le deuxième battalion du *11th Infantry* regiment.

3. Graffiti à l'intérieur d'un des bunkers du fort Driant exprimant que c'est la faim qui a permis la reddition des troupes allemandes du fort et non pas les attaques des troupes américaines. Il est daté du 8 décembre 1944.

A l'exception des actions de l'un des régiments de la *90th Infantry Division* qui est en train d'essayer de prendre Maizières-les-Metz, les combats ont virtuellement cessé tout au long du front du *XX Corps* après l'abandon de l'opération contre le Fort Driant. La *Third Army* est toujours victime de la réduction générale du ravitaillement et, avec des effectifs disponibles limités, il n'y a rien d'autre à faire que de contenir les positions adverses et attendre des jours meilleurs. Les combats se trouvent réduits à des escarmouches de patrouilles et à des duels entre l'artillerie à longue portée, dans la mesure où les restrictions de munitions le permettent. Tout au long des 70 kilomètres du front du *XX Corps*, deux divisions américaines US, renforcées par de la *Cavalry* et d'autres unités diverses, font face à quatre divisions allemandes très affaiblies qui ont l'avantage de positions bien fortifiées et, au nord, à la ligne de la Moselle.

Durant une partie de l'accalmie, la crise des effectifs américains dans le secteur est un peu améliorée mais pas assez pour mener une offensive conséquente. Du 21 septembre au 11 octobre, la *83rd Infantry Division* est confiée au *XX Corps* pour aider à garder le flanc nord. Cette unité remplace temporairement l'écran de *Cavalry* au nord de Thionville et, à partir de là, elle occupe des positions situées au nord, jusqu'au Luxembourg. Ses actions ne concernent pas l'histoire de la Bataille de Metz mais la présence de cette division signifie que le point faible sur l'aile gauche du corps peut être renforcé. Après le 11 octobre, lorsque la *83rd* passe sous le contrôle de la *Ninth Army* (9ᵉ Armée), elle est remplacée par la *Task Force Polk* qui revient garder la ligne de la Moselle, ayant été rejointe par son *3rd Squadron* qui a été relevé du secteur du Fort Driant où il avait été engagé. Ainsi, le lieutenant-colonel Polk disposer enfin de toute son unité et est renforcé par un groupe *(battalion)* d'artillerie de campagne, un bataillon

Apart from the activities of one regiment of the 90th Infantry Division, which was occupied in trying to capture Maizières-les-Metz, fighting along the XX Corps' front virtually ceased after the abandonment of the Driant operation. The Third Army was still a victim of the general logistical shortage, and with the limited manpower available, there was nothing for it to do but contain the enemy positions and wait for better times. Combat became reduced to patrol skirmishing and long-range artillery duels - as and when the ammunition shortage permitted. Along the 40-mile front of XX Corps, two U.S. infantry divisions strengthened with cavalry and other miscellaneous units faced four understrength German divisions,

Patton est immobile depuis septembre alors que son homologue, le général Hodges, a déjà franchi la frontière allemande. Le 10 novembre, le commandant en chef des forces américaines, le général Marshall, se déplace personnellement pour connaître les explications de ce retard et sur ce qui va ouvrir sur la pause d'octobre. Au QG de la *5th Inf. Div.*, devant une maquette du groupe fortifié Verdun, on voit de gauche à droite : Patton, Walker, Irvin et Marshall. (NA)

Patton hasn't moved an inch, while his colleague, Hodges, already storms through Germany.The commander of American Forces, Marshall, pops in personally on November, 10th to ask for explanations about this delay. Around a model of the Verdun group fortifications are, left to rignt, Patton, Walker, Irvin and Marshall.

which had the advantage of well-fortified positions, and in the north, the line of the Moselle in front of them.

During part of the lull, the American manpower crisis in the sector was relieved a little, but not enough to warrant offensive action. From 21 September to 11 October, the 83rd Infantry Division was loaned to XX Corps to help guard the northern flank. This unit temporarily replaced the cavalry screen to the north of Thionville and occupied positions from there northward into Luxembourg. Its activities are of no concern to the history of the Metz operation, but the presence of the division did mean that the weak spot on the left wing of the corps could be strengthened. After 11 October, when the 83rd was transferred to the control of Ninth Army, it was replaced by Task Force Polk, which returned to guard the line of the Moselle having been rejoined by its 3rd Squadron which had been relieved from the Fort Driant area. Thus Lt-Col Polk had his unit together at last and stiffened by a field artillery battalion, a tank destroyer battalion, a combat engineer battalion and a « simulated » armored unit complete with inflatable tanks. On top of this was an ever increasing French presence as another battalion was added to « Colonel » Fabien's 1st Regiment of Paris, bringing it up to a total of 2,600 men. Later in the month they were sent to the south to the Colmar area on the Upper Rhine, and Polk was quite happy to see them go. That was quite a command for a very young colonel! Otherwise the Task Force, strung out along a front of 20 miles was very active in patrolling.

Col. Polk wrote – « on the 13th we witnessed an extraordinary event. Lt. Downs, one of our finest platoon leaders, and just a kid, went to his squadron commander and said he was sure that the Germans slept during noontimes and so he asked permission to row across the river in broad daylight, grab a prisoner and row back (...) His squadron commander agreed and Lt. Downs and a sergeant rowed across the Moselle, stepped next to a foxhole, jerked a German out of it, rowed back across the river and got within ten feet of our shore before somebody finally shot at him. Naturally we had him protected with all the artillery and mortars we could arrange, so all hell broke loose and he walked into headquarters with his sergeant and the prisoner and not a scratch on him ». Downs was put in for a DSC, but sadly did not live to receive it – a week later, leading another patrol he was shot through the head while attempting to rescue two other officers who had been captured. (Polk letters and notes) .

In such a position of stalemate, one automatically tends to think in terms of the situation on the Western Front during the First World War. There, however, the trench lines were continuous and constructed (at least by the Germans) in depth. During the autumn of 1944 in Lorraine, the Americans held their line extremely thinly, relying on chains of outposts with the few available reserves held in the rear. To keep the outpost line manned, they were forced at times to rely on engineer units insufficiently trained in infantry tactics and on platoons of service troops. It was in fact lucky for XX Corps that their opponents also had problems of their own and were not seeking much in the way of active confrontation.

General Walker was able to put the lull to good use by instituting a much needed period for rest and training. The tired units were pulled out of the line in

de tank-destroyers, un bataillon du Génie de combat et une unité blindée complète avec des chars amphibies. Pour couronner le tout, il y a une présence française sans cesse accrue avec un autre bataillon qui se voit rejoint par le 1er Régiment de Paris du « colonel » Fabien, portant cette force à un total de 2 600 hommes. Un peu plus tard ce mois-là, il rejoindra un secteur situé au sud de Colmar dans le Haut-Rhin, Polk sera assez content de les voir partir. C'est un sacré commandement pour un jeune colonel ! En outre, la *Task Force* est très active en patrouillant sur un front de 32 kilomètres de large.

Le colonel Polk écrit alors : « *Le 13, nous sommes le témoin d'un événement extraordinaire. Le lieutenant Downs, l'un de nos meilleurs chefs de section, et encore un gamin, va voir son chef d'escadron et lui dit qu'il est certain que les Allemands dorment à l'heure de midi et, ainsi, il demande la permission de traverser la rivière en plein jour, de capturer un prisonnier et de rentrer (...) Son chef d'escadron accepte et le lieutenant Downs et un sergent traversent la Moselle en pagayant, grimpent jusqu'au plus proche trou individuel, en extraient un Allemand, rentrent en pagayant et il n'est plus qu'à un peu plus de trois mètres de la berge amie quand quelqu'un tire finalement sur lui. Naturellement, nous l'avons protégé avec toute l'artillerie et les mortiers dont nous pouvons disposer et, l'enfer s'est déchaîné et il a rejoint le quartier-général et le prisonnier, sans une égratignure.* » Downs est proposé pour la DSC mais, malheureusement, il ne vivra pas assez pour la recevoir. Une semaine plus tard, menant une autre patrouille, il est atteint par une balle en pleine tête en tentant de récupérer deux autres officiers qui avaient été capturés. (D'après les lettres et les notes de Polk).

Dans une telle impasse, on pense aussitôt à la situation qui était celle du front de l'Ouest pendant la Première Guerre mondiale. Ici, cependant, les lignes de tranchées étaient continues et aménagées (au moins par les Allemands) en profondeur. Pendant l'automne de 1944, en Lorraine, les Américains tiennent leurs lignes de façon extrêmement légère, reliant des réseaux de postes avancés avec les quelques réserves disponibles maintenues à l'arrière. Pour tenir la ligne d'avant-postes, ils sont parfois forcés de s'appuyer sur des unités du Génie insuffisamment entraînées aux tactiques de l'infanterie et sur des sections d'unités de l'intendance. En fait, il est alors heureux pour le *XX Corps* que ses adversaires ont aussi leurs propres problèmes et qu'ils ne recherchent pas une confrontation active.

Le général Walker est capable de faire un bon usage de l'accalmie en l'utilisant pour le repos bien nécessaire des troupes et leur entraînement. Les unités fatiguées sont retirées par rotations de la ligne de front et envoyées à l'arrière dans des camps de repos. Pour la première fois, depuis la percée en Normandie, l'équipement individuel des troupes arrive avec toutes sortes de matériels comme des articles de sport. Du courrier arrive et il est possible d'écrire des lettres, de prendre des bains chauds, de nettoyer ses vêtements, de prendre de bons repas chauds. Des représentations et des films sont proposés pour gonfler le moral des troupes, ainsi que des spectacles de Marlène Dietrich et de Jack Benny. Et, plus important, un sérieux programme d'entraînement est organisé sur le secteur du fort de Rochonvillers, élément de la Ligne Maginot situé au nord-est de Thionville, à proximité de la frontière luxembourgeoise.

Marlène Dietrich vient soutenir le moral des troupes de la troisième armée US.
Marlene Dietrich, entertaining front-line soldiers of the Third Army.

Au sujet de cette période, Don Walen écrit : « *Du 21 au 27 octobre, le 3ᵉ Bataillon* (du 2nd Inf. Regt.) *subit un très dur stage d'entraînement à Filliers, en France. Dix heures par jour sont consacrées à cet entraînement. Les hommes utilisent toutes les armes et les hommes de remplacement sont incorporés à des équipes de combat. Tous les équipements sont nettoyés et remplacés. Je me souviens d'une période de repos où nous pouvons avoir des douches, toucher des tenues propres, réparer ou améliorer notre matériel de communications.* »

Là, on explique aux hommes comment attaquer des positions fortifiées, en bénéficiant des leçons apprises durant la première phase de la campagne. On essaie tout une variété de nouvelles méthodes, basées sur une ferme détermination de ne pas se trouver impliqué à nouveau dans un autre fiasco à la Driant. Cela va affecter particulièrement les unités épuisées de la *5th Inf. Division*, retirées du Fort Driant pour être réparties de l'autre côté de la Moselle et afin de réoccuper leurs positions dans la tête-de-pont qui n'avaient été tenues jusque-là que par une mince ligne d'avant-postes. Le colonel Yuill réoccupe alors le château d'Arry (où ce qui en reste) avec l'état-major du *11th Infantry Regiment* et doit alors opérer les mutations nécessaires parmi son personnel. Pour remplacer Jack Gerrie à la tête de la *G Company* du 2ᵉ Bataillon, il choisit le *Captain* Richard Durst qui se trouve dans un champ près du pont d'Arnaville quand il apprend sa nouvelle affectation. Il écrira : « *Je me rappelle bien le moment où j'ai rejoint la compagnie dans un secteur boisé situé à l'ouest d'Arry. Je suis alors complètement sidéré. Au lieu de trouver un groupe de sous-officiers enthousiastes et environ 125 jeunes fantassins arrogants, je trouve une poignée de sous-officiers découragés par l'épreuve du combat et approximativement 40 simples soldats aux yeux vides (…) Je passe mes premiers jours dans l'unité à examiner les missions du personnel avec le Sergent Wright, interrogeant les hommes, leur montrant ce qu'ils ont à faire et soumettant des propositions pour les promotions et/ou les médailles.* » (D'après les archives de *Thanks GI's*).

En ce qui concerne le plus haut niveau stratégique, l'effort est toujours porté vers le nord. Pendant le mois d'octobre, le *21st Army Group* de Montgomery est occupé à tenter de nettoyer l'estuaire de l'Escaut situé en aval d'Anvers où la *First Canadian Army* est impliquée dans un combat acharné face à un adversaire tout aussi déterminé. Les premiers dragueurs de mines n'atteindront pas le port avant le 3 novembre et le port d'Anvers ne sera pas complètement opérationnel avant la fin de ce mois. La *First US Army* continue de mener ses combats autour d'Aix-la-Chapelle jusqu'au 21 octobre, lorsque la ville est finalement prise. C'est la première cité allemande importante à tomber aux mains des Alliés. Cela libère alors la *First US Army* qui pourra ainsi prendre part à une nouvelle offensive générale mais, à la fin du mois, aucune percée sérieuse n'aura eu lieu dans les défenses occidentales de l'Allemagne.

A partir de la mi-octobre, on travaille à divers niveaux sur des plans prévoyant le redémarrage de l'avance alliée. On reparlera dans le prochain chapitre de ceux qui concernent l'attaque finale sur Metz mais le plan du général du SHAEF place toujours son effort sur une poussée en direction du nord, dirigée vers la Ruhr. Cependant, la stratégie du large front ne pourra être appliquée que dans la mesure où la *Third Army* ne pourra être autorisée à marcher sur le Rhin que seulement si la situation du ravitaillement le permet. Patton utilise cette accalmie forcée pour conserver ses stocks et constituer une réserve capable de lui permettre d'atteindre ce but lointain.

Durant cette période, il tourne dans son secteur « comme un lion en cage » et donne corps au surnom de « *Blood and Guts* » que son « O1 » lui a donné. Des pénalités draconiennes sont infligées aux unités qui n'ont pas une allure conforme à ses hautes exigences et, selon les dessins humoristiques de cette époque, les chauffeurs en transit préféraient faire un détour de plusieurs centaines de kilomètres que de prendre le risque de traverser les zones arrière de la *Third Army*. Cependant, nous n'avons aucun témoignage du fait que cette manie de « l'astiquage » aurait créé une crise morale au sein de la *Third Army*. On a pu l'évoquer mais les hommes étaient fiers de faire partie des standards de Patton. Le temps est alors leur vrai ennemi. Il pleut à verse, rendant très difficile l'application des règlements concernant le port de la tenue. Des souliers rutilants sont une impossibilité dans la boue collante de cet automne lorrain.

En lisant les témoignages des hommes concernés, on ne peut qu'être ému par les terribles privations dont ils ont souffert pendant ces combats de 1944 en Lorraine, aussi bien pour les hommes que pour les officiers subalternes. Cet automne, le temps est vraiment consternant, une pluie permanente, des températures fraîches et un vent transperçant sans fin, pendant des jours entiers. Passer la nuit dans une grange envahie par les

rotation and sent to rest camps in the rear. For the first time since the breakout from Normandy, the troops' personal equipment arrived together with such items as sports equipment. There was mail from home and the chance to write letters in reply, hot baths, clean dry clothing, and adequate hot meals. Shows and films were laid on to boost morale including performances by Marlene Dietrich and Jack Benny. More importantly, a serious training program was organized in the area of the Maginot Line fort of Rochonvillers to the north-west of Thionville, close to the Luxembourg border

Don Walen wrote of this period – « From 21-27 October the 3rd Battalion (2nd Inf. Regt) underwent a very strenuous training program at Filliers, France. Ten hours per day were devoted to this training. Men fired all weapons and replacements were broken into their squad teams. All equipment was cleaned and replaced. I remember it as a rest period where we could shower, get clean clothes and repair or upgrade our communications equipment ».

There, the men were taught how to attack fortified positions, benefiting from the lessons learned during the earlier part of the campaign. A whole variety of new methods were tried out, based on a firm determination not to become involved in another Driant fiasco. This particularly affected the exhausted units of the 5th Inf. Div. which, when pulled out from Fort Driant, trickled back across the Moselle and reoccupied their positions in the bridgehead which had only been thinly held by outposts. Col Yuill reoccupied the chateau at Arry (or what was left of it) with the staff of the 11th Infantry Regiment, and had to make the necessary changes in personnel. To replace Jack Gerrie in command of G Company of the 2nd Battalion he chose Captain Richard Durst who was told of his reassignment standing in a field near the Arnaville bridge. He wrote – « I could still recall the moment I joined the company in a wooded area to the west of Arry. I was utterly flabbergasted. Instead of finding a group of enthusiastic NCO's and a 125 or so cocky young infantrymen, I found a handful of downcast battle-weary NCO's and approximately 40 hollow-eyed privates. (…) I spent my first few days in the unit considering personnel assignments with Sergeant Wright, interviewing men, assigning them duties, and submitting recommendations for promotion and/or awards ». (Thanks GI's archive).

As far as the wider strategic background was concerned, the emphasis was still in the north. During October, Montgomery's 21st Army Group was busy attempting to clear the Scheldt estuary leading up to Antwerp, where the First Canadian Army was involved in bitter fighting against an equally determined enemy. The first minesweepers did not reach the port until 3 November, and it was not until the end of that month that Antwerp was fully operational. First U.S. Army continued its battles around Aachen until 21 October when it was finally captured - the first major German city to fall to the Allies. This freed the U.S. First Army to take part in a new general offensive, but by the end of the month, no serious dent had been made in the western defenses of Germany.

From the middle of the month, planning was in progress at various levels for a resumption of the Allied advance. This will be dealt with later in the following chapter as it concerns the final attack on Metz, but the overall SHAEF plan still placed the emphasis on the northern thrust toward the Ruhr. The broad-front strategy, however, would still apply in that the Third Army would ultimately be released to go for the Rhine only when the supply situation permitted. Patton had to use the enforced lull to conserve stocks and build up a reserve capable of putting him over that distant goal.

The commanding general prowled around his sector during this time « like a caged tiger », in the process living up to his nickname of « O1 » Blood and Guts. » Draconian penalties were meted out to units that did not live up to his high standards of appearance, and according to the cartoons of the period, drivers in transit would rather make a detour of several hundred miles than risk driving through the Third Army rear areas. There is, however, no real evidence that his love of spit-and-polish caused a morale crisis in the Third Army. It may at times have been resented, but the men were proud to belong to Patton's outfit. Their real enemy was the weather. It rained in torrents, making it extremely difficult to comply with the dress regulations. Polished boots were an impossibility in the clogging mud of Lorraine that autumn.

On reading the accounts of the men involved, one cannot help being moved by the dreadful privations suffered, both by the GI's and the junior officers during the fighting in Lorraine in 1944. The weather that autumn was truly appalling, constant rain, freezing temperatures and cutting winds for days on end. A night in a flea and rat-ridden barn on damp straw was a luxury but the norm was to try to sleep in a waterlogged foxhole in the front line. The men did not have comfortable down-filled waterproof sleeping bags which are the norm today. Nor were they adequately kitted out in protective clothing, thermal underwear etc. Their boots leaked, hence the large numbers of non-battle casualties who suffered from exposure and trench foot. The photographs in this book bear adequate witness to the all pervasive mud in which everything became mired. Hot and adequate meals were an added problem when in the front line and men lived for days on cold K ration packs. Imagine a modern soldier being expected to put up with lengthy periods of up to four weeks without the possibility of a daily hot shower and change of clothing. One can only surmise that the GI of 1944 stank like a polecat! Capt. Herb Williams, commander of Company L, 3rd. Bn. 11th Inf. Regt, wrote – « As fall lengthened toward winter, the temperature continued to fall and rain became more frequent. The ground often was a sea of mud and the damp, cool, fall weather became more disagreeable. Frost at daybreak made the breath a cloud of steam. We were living in the open on the southwest slope of a hillside. Since we were on the reverse slope, out of sight of the enemy, we could move about to warm up and relieve the ache and pain from the night. It was standard operating procedure for everyone to stand to at their post for about one hour before light until one of two hours after sun rise. The slit trenches were cold, muddy and uncomfortable. »

Human ingenuity, however, soon came into play and the men did the best they could to make their living conditions bearable. Lawrence Nickell, a mortarman with the 2nd Infantry wrote an excellent account of his war in « Red Devil »(see bibliography),one of the best GI's accounts I have read. He described the abode he shared with a comrade – « (Andy) and I dug a hole about five feet deep and six or eight feet square and covered it with logs, then with three or four feet of dirt which gave protection from anything but a direct hit from a large caliber artillery shell. The holes were lined with empty sand bags to keep the dirt from crumbling in on us. Shelter halves were placed on top of the dirt to divert rain and then foliage was placed on that to camouflage the area. (...) I couldn't have asked for more and an infantryman really shouldn't develop a long term outlook ».

It was not until the third week of the month that the first reinforcements arrived in the form of the 95th (Victory) Infantry Division.

puces et les rats, sur un tas de paille, est alors un luxe. La norme est plutôt d'essayer de dormir dans un trou individuel empli d'eau sur la ligne de front. Les hommes n'ont pas de confortables sacs de couchage étanches, ce qui est aujourd'hui la norme. Ils ne disposent pas non plus de vêtements de protection adéquats, de sous-vêtements en thermolactyl, etc. Leurs souliers sont percés, d'où le nombre élevé de pertes dues aux inflammations des pieds. Les photographies de ce livre portent suffisamment témoignage de cette boue dans laquelle tout vient s'engluer. Des repas chauds et corrects sont un autre problème pour les hommes sur la ligne de front qui doivent se contenter pendant des jours de rations K froides. Imaginez un soldat moderne exposé à de longues périodes durant jusqu'à quatre semaines sans la possibilité d'une douche chaude quotidienne et de changer de vêtements. On peut seulement supposer que le GI de 1944 puait comme un putois ! Le *Captain* Herb Williams, qui commandait la *L Company* du 3e Bataillon du *11th Inf. Regt*, a écrit : « *En approchant de l'hiver, la température a continué à chuter et la pluie est devenue plus fréquente. Le sol était souvent une mer de boue et le temps humide et frais devint de plus en plus désagréable. A l'aube, le gel transformait la respiration en un nuage de buée. Nous vivions en plein air sur le versant sud-ouest d'une colline. Depuis notre arrivée sur le versant opposé, à l'abri des regards de l'ennemi, nous pouvons bouger pour nous réchauffer et évacuer la douleur et la souffrance de la nuit. C'est la procédure habituelle pour tous ceux qui se sont trouvés à leur poste depuis une heure avant la tombée de la nuit jusqu'à deux heures environ après le lever du soleil. Les tranchées sont froides, boueuses et inconfortables.* »

L'ingéniosité humaine, cependant, intervient et ces hommes font de leur mieux pour vivre dans des conditions supportables. Lawrence Nickell, un servant de mortier au *2nd Infantry Regiment*, a écrit un excellent témoignage sur sa guerre dans « *Red Devil* » (voir la bibliographie), l'un des meilleurs témoignages de GI's que j'aie pu lire. Il décrit l'abri qu'il partage avec un camarade : « *(Andy) et moi nous avons creusé un trou d'environ 1,60 mètre de profondeur et de deux mètres ou 2,60 mètres de côté et nous l'avons couvert de troncs d'arbre puis d'un mètre ou un mètre trente de terre qui le protège de tout sauf d'un coup direct d'un obus de l'artillerie lourde. Les trous étaient bouchés par des sacs de sable vides pour que la terre ne tombe pas sur nous. Des moitiés d'abris avaient été placées au sommet pour empêcher les infiltrations de la pluie et le tout avait été recouvert de feuillage pour camoufler ce secteur. (...) Je ne peux alors demander plus et un fantassin ne peut vraiment mener une perspective sur le long terme.* »

Les premiers renforts n'arrivent pas avant la troisième semaine du mois, ce sera la *95th (Victory) Infantry Division*.

Les hommes de la *95th* arrivent sur le front à la mi-octobre, sales, pas rasés et fatigués après un interminable voyage en train, principalement dans les wagons à bestiaux pour être remis en forme dans les bases arrières de la *5th Division* avant d'être envoyés sur la Moselle. Les renforts sont amenés de nuit, les nouveaux arrivants prennent en charge les positions et les armes lourdes des anciens occupants de la *5th Division* qui retournent à leurs bases arrière et à leurs bases de repos. A l'aube, lorsque les hommes de la *95th* se lèvent, ils examinent un paysage inconnu et imaginent avec sérieux qu'il y a un soldat SS fanatique derrière chaque buisson. Cependant, ces bleus vont bientôt recevoir leur baptême du feu à l'occasion d'un programme de patrouilles actives et ils auront leurs premières pertes au combat.

Comme pour tous les soldats du monde et dans n'importe quelle guerre, la nourriture et la boisson sont l'une des principales préoccupations des GI's et des histoires de ravitaillement pillé sont racontées avec force détails lors des réunions de vétérans. Le *Captain* Bruce Campbell a ainsi raconté l'histoire suivante dans un récit après la guerre (rapporté sur le CDrom *Diamond Dust*) : « *Un incident impliquant le général Patton est aussi survenu à Reims. Celui-ci a commencé lorsqu'un* Captain *Lyndon Allen de Winfield, en Louisiane, et un* Captain *William Patrick, diplômé de Princeton, membres du quartier général de la* 5th Division, *découvrirent un important dépôt de champagne encore inconnu. Ils réquisitionnèrent alors l'une des plus luxueuses maisons de la ville pour y installer un poste de commandement pour leur bref séjour ne durant que quarante-huit heures. Ils stockèrent le champagne et les caisses de liqueurs dans la cave et, à leur départ, ils rendirent la maison à leur propriétaire qui leur fit la promesse de leur servir d'intendant pour leur ravitaillement. Allen et Patrick reprirent joyeusement leur route, assurés de pouvoir compter sur une réserve illimitée de boisson où ils pourraient envoyer un messager pour reconstituer leur réserve "portable" après épuisement.*

La 95th (Victory) Infantry Division, surnommée « Les hommes d'acier de Metz »

La division aura eu une brève existence tout à la fin de la Première Guerre mondiale et elle se trouve encore à l'entraînement quand survient l'armistice et, en décembre 1918, elle est dissoute. Cependant, entre les deux guerres, elle est constituée en tant que division de réserve basée à Oklahoma City. En mai 1942, le *Major General* Harry L. Twaddle en prend le commandement. Des officiers subalternes et des recrues commencent à la rejoindre et, en juin, à l'issue d'une cérémonie qui se déroule à Fort Swift au Texas, la division est officiellement réactivée. C'est une division triangulaire constituée avec les 377ᵉ, 378ᵉ et 379ᵉ régiments d'infanterie et les habituelles unités organiques, Génie, artillerie, unités sanitaires, de services, etc. Pour compléter les effectifs, des hommes arrivent de diverses origines mais majoritairement du Mid-West et l'habituel entraînement de base commence. L'emblème de la division est adopté dès le camp Swift. Il consiste en un « 9 » arabe associé avec un « V » romain.

La division suit ensuite le programme de base de toutes les nouvelles divisions US, se déplaçant à travers le pays d'un camp à l'autre pour des manœuvres et un entraînement spécialisé. Le programme se poursuit tout au long de l'année 1943 et jusqu'en 1944. Il est extrêmement approfondi, comprenant de l'entraînement à la guerre dans le désert et en montagne. Vers la fin du mois de juillet 1944, les diverses unités commencent à rejoindre le Camp Miles Standish par le train pour se préparer à l'engagement outremer et elles rejoignent ensuite le port de Boston pour être embarquées. Entassée à bord de deux navires de transport de troupes, la division bénéficie d'une traversée sans problème et débarque à Liverpool du 14 au 17 août. De là, elle rejoint par le train le secteur de Winchester sur la côte sud de l'Angleterre. Elle n'y reste qu'environ trois semaines avant de rejoindre Southampton où elle embarque pour la France. A la mi-septembre, toute la division est arrivée à Omaha Beach où elle est confrontée aux premiers aspects de dévastations de la guerre : bateaux coulés, véhicules abandonnés et les tombes provisoires des tués.

Une fois arrivée à terre, la division rejoint des bivouacs mais, en attendant son affectation à une zone de combats, ses camions sont utilisés pour renforcer le *Red Ball Express*. Nombreux sont ceux qui sont employés comme chauffeurs de camions sur l'itinéraire allant de Cherbourg à la ligne de front via Paris, charriant toutes sortes de ravitaillement et ramenant des jerricans vides et des prisonniers allemands. Après un mois passé en Normandie sous des tentes, la division est informée qu'elle est affectée à la *Ninth Army* et les diverses unités se mettent en route pour le front, dans le secteur de Metz, en camions ou en wagons à bestiaux. Elle y arrive à la mi-octobre. Les éléments avancés apprennent alors que l'affectation a changé, la division sera rattachée à *Third Army*.

Après avoir joué un rôle majeur dans la réduction finale de la forteresse de Metz, la division avancera ensuite vers la Sarre et prendra part au combat pour Saarlautern sur la « Ligne Siegfried ». Au début du mois de février 1945, la division sera transférée à la *Ninth US Army* du général Simpson et se dirigera vers le nord, en Belgique puis en Hollande pour prendre part à la campagne de Rhénanie connue sous le nom d'Opération Grenade. Après avoir traversé le Rhin, la *95th* prendra part aux opérations de réduction de la Poche de la Ruhr puis se dirigera vers l'est en direction du cœur de l'Allemagne vaincue, terminant son parcours à Leipzig pour le 8 mai 1945. Suivra alors l'habituelle période de l'occupation et, en juillet 1945, la division rejoindra les USA pour un éventuel entraînement pour la guerre dans le Pacifique qui sera annulé par le largage des bombes atomiques. Sa participation relativement brève à la Seconde Guerre mondiale aura coûté 6 521 pertes à la division.

Les *Iron Metz of Metz* (« les hommes d'acier de Metz »), un surnom donné par le général Kittel, le commandant allemand de la forteresse de Metz, seront démobilisés le 15 octobre 1945 et la division reprendra son rôle d'avant-guerre, celui d'un cadre de réserve basé dans l'Oklahoma. Aujourd'hui, la division continue sa mission d'entraînement en tant que *95th Division (Training),* elle est toujours basée à Oklahoma City.

Quelques semaines plus tard, le personnel de la Communications Zone *rejoignit Reims et la* Oise Base Section *y établit son quartier général. Un* Brigadier General, *du nom de Thatcher, s'attribua la même maison que Patrick et Allen avait déjà prise et il s'appropria le champagne se trouvant dans la cave.*

Des semaines plus tard, lorsque la 5th Division *se trouve bloquée le long de la Moselle, les deux capitaines se trouvent à court de champagne et Patrick est envoyé pour en reconstituer le stock. Ravi à la pensée des petites bulles qui l'attendaient, Patrick pénètre dans les quartiers du général qui l'informe promptement que le rang a ses privilèges, que le champagne lui appartient maintenant, qu'il a l'intention de le conserver, et que les capitaines peuvent être heureux de ne pas passer en cour martiale.*

Furieux, Patrick et Allen racontent leur histoire au G-4 de la division, le lieutenant-colonel McKee, qui réclame le champagne à ce général de Reims. La réponse est un colérique "Non". McKee informe le chef d'état-major de la Third Army *de l'existence de cette cache de champagne de la* 5th Division *qu'un général à une étoile des services de l'arrière s'est réservé.*

Le chef d'état-major, le Major-General *David Gay, chef d'état-major de la* Third Army, *se met à hurler une question tout au long des kilomètres de fils de téléphone le reliant à Reims :* "Voulez-vous redonner ce champagne à la 5th ou désirez-vous que le général Patton lâche un bataillon d'infanterie pour vous le reprendre ?"

Ainsi, la 5th *récupéra ce qui restait et Patrick et Allen en feront chacun une dépression.* »

Entre le 18 et 21 octobre, la *95th Division* relève la *5th Infantry Division* épuisée dans le sud de la tête-de-pont où elle reçoit une introduction valable et assez correcte aux conditions de combat. La *95th* ne souffre pas apparemment des habituels problèmes subis par les autres unités de

The men of the 95th arrived in the middle of October at the Front, dirty, unshaven and tired after an interminable train journey mostly in box cars, to be decanted in the 5th Division rear areas from where they were shifted over the Moselle. At night the reliefs were carried out, the newcomers taking over the positions and heavy weapons of the previous 5th Division occupants, who in their turn moved off to their training and rest areas. As the men of the 95th stood to at dawn they looked out over the unfamiliar countryside, no doubt imagining a fanatic SS trooper behind every bush. The green troops, however, soon received their baptism of fire in a program of active patrolling, and took their first casualties in combat.

Like soldiers the world over and in any war, food and drink were one of the main preoccupations of the GI's and tales of looted supplies of the latter are recounted in great detail at veterans' gatherings. Captain Bruce Campbell recounted the following tale in an essay written shortly after the war (Diamond Dust Cdrom) – « At Rheims also occurred an incident that involved General Patton. It began with a Captain Lyndon Allen of Winfield, Louisiana, and Captain William Patrick, a Princeton graduate, of 5th Division Headquarters who found a large champagne warehouse unknown to anyone else. They then appropriated one of the most palatial houses in town to use as a command-post during their brief two-day stay. They stored the champagne and cases of liquor in the basement and as they departed turned the house back to its owner who promised to act as steward for the

The 95th (Victory) Infantry Division. « The Iron Men of Metz ».

The division had a brief lease of life right at the end of WWI but was still in training when the armistice intervened and in December 1918 it was deactivated, although between the wars it existed as an organized reserve division based in Oklahoma City. In May 1942, Maj-General Harry L. Twaddle was appointed as commander. A cadre of junior officers and enlisted men began to be posted in and the division was officially activated at a ceremony in June at Fort Swift, Texas. It was a triangular division made up of the 377th, 378th and 379th Infantry Regiments, as well as the usual organic divisional, troops, engineers, artillery, medical, quartermaster etc. To make up the numbers, men from many backgrounds continued to arrive, predominantly from the Mid-West and started the usual round of basic training. It was while at Camp Swift that the insignia was adopted – the Arabic 9 combined with the Roman V.

The division then followed the basic pattern of all the new US divisions, moving throughout the country from camp to camp for maneuvers and specialized training. The program continued throughout 1943 and into 1944, and was extremely thorough, including desert and mountain warfare training. Toward the end of July the various units began to move by train to Camp Miles Standish to prepare for employment overseas, and then to the port of Boston for embarkation. Crammed on board two troopships, the division enjoyed an untroubled crossing and on August 14 and 17, docked at Liverpool. From there they traveled by train to the Winchester area near the south coast of England. Their stay only lasted about three weeks before they moved down to Southampton to embark for France and in mid-September the entire division arrived off Omaha beach where they were confronted by a first taste of the devastation of war – sunken ships, abandoned vehicles and the provisional graves of the fallen.

Once ashore the division moved into bivouac quarters, but while awaiting assignment to combat, its trucks were taken to assist in the Red Ball Express. Many of the men found themselves employed as truck drivers on the run from Cherbourg via Paris to the front line, hauling supplies of all description and bringing back empty jerricans and German prisoners. After about a month of marking time in the Normandy tents the division was informed that it would be assigned to Ninth Army and the various units set off for the front in the Metz sector both by truck and box-car, arriving in mid-October. When the advance party arrived they were informed that the assignment had changed to Third Army

After playing a leading role in the final reduction of the Metz fortress, the division moved off eastwards towards the Saar river and took part in the Saarlautern fighting in the Siegfried Line. At the beginning of February 1945 the division was transferred to General Simpson's Ninth US Army and moved north into Belgium and then into Holland to take part in the Rhineland campaign known as Operation Grenade. Once over the Rhine, the 95th took part in the operations to reduce the Ruhr Pocket and then moved eastwards into the heart of defeated Germany ending up in the Leipzig area on VE Day. This was followed by the usual round of occupation duties and in July 1945, the division sailed for home and eventual retraining for the War in the Pacific, annulled by the dropping of the atomic bombs. Its relatively brief bur strenuous combat history in WWII, cost the division 6;591 casualties.

The Iron Men of Metz, a title given to them by General Kittel, the German fortress commander of Metz, were stood down on 15 October and the division returned to its pre-war role as an Oklahoma based reserve cadre. The division continues today in a training role as the 95th Division (Training), still headquartered in Oklahoma City.

---

supply while Allen and Patrick set happily out on the trail again, secure in the knowledge that they had a limitless supply of drink which they could send a messenger after when their portable supply became exhausted.

A few weeks later the Communications Zone personnel moved up to Rheims and the Oise Base Section headquartered there. A Brigadier General named Thatcher commandered the same house Patrick and Allen had taken and found himself sitting over a basement of champagne.

Weeks later, as the 5th Division was stalemated along the Moselle River at Metz, the two Captains ran out of champagne and Patrick was dispatched to re-load. Drooling at the thought of the supply of giggle bubbles awaiting, Patrick walked into the quarters of the General, who promptly informed him that Rank had Its Privileges, that he was now in possession of the champagne, that he didn't believe Patrick's claim and that he intended to keep it and the Captains could go whistle for it and be glad they weren't court-martialed.

Furious, Patrick and Allen took their story to the Division G-4, Lt. Col. McKee, who asked the Rheims General for the champagne. The reply was a choleric "No." McKee enlightened the Chief of Staff of Third Army about the champagne cache of the 5th Division which a rear echelon star was hoarding.

The Chief of Staff, Major- General David Gay, Third Army Chief-of-Staff, roared a question over miles of telephone wire to Rheims:

"Do you want to release that champagne to the 5th or do you want General Patton to unleash a battalion of infantry for the purpose of taking it from you?"

So the 5th got what was left and Patrick and Allen each received a case on the breakdown. »

« bleus » et lorsqu'il faut passer à l'action, ça se passe bien à tous les niveaux. En fait, la *5th Division* avait été en contact permanent avec les Allemands pendant 44 jours, à la date où elle fut relevée.

L'autre fidèle unité du *XX Corps*, la *90th Infantry Division*, à l'exception de la participation à l'attaque sur Maizières-les-Metz (qui sera examinée séparément), contient toujours le saillant fortifié tandis que d'autres unités sont dispersées le long des rives de la Moselle en direction de Thionville où elle assure la jonction avec la *Task Force Polk.*

La situation des forces allemandes pendant le mois d'octobre

Nous avons déjà vu qu'il y a eu un changement à la tête de la *Heeresgruppe G* vers la fin du mois de septembre lorsque le général Balck en a pris le commandement. Bien que Cole estime que Balck ait eu connaissance pour la première fois du projet d'offensive dans les Ardennes le 1er novembre, son ancien chef d'état-major, von Mellenthin, dénie cette affirmation ; ses deux officiers allemands ont été mis dans la confidence par le Führer et informés des grandes lignes de l'opération lors d'une réunion avec Hitler, le 20 septembre. Balck avait pour mission de tenir l'Alsace-Lorraine à tout prix et d'éviter que les forces choisies pour l'offensive soient détournées vers la *Heeresgruppe G.*

Les chefs d'unité allemands sont alors sans illusions sur leur sort final, réalisant pleinement que cette période calme n'est qu'une accalmie avant la tempête. Leur principal problème est de prévoir quand et où l'attaque arrivera et la solution n'est pas difficile à trouver car il y a peu de possibilités. Mellethin devine correctement le cours futur de la bataille, en tant que bon officier d'état-major : « *Nous prévoyons que la prochaine attaque américaine viendra par le "seuil historique de Lorraine", entre Metz et les Vosges. C'était l'objectif du célèbre plan 17 de 1914 et Castelnau a été battu par Rupprecht entre Château-Salins et Morhange (...) Vers la fin du mois d'octobre, il m'apparaît clairement qu'une autre grande offensive est imminente sur notre front. (...) Nous estimons que l'une des poussées américaines aura lieu sur Thionville et nous prévoyons une autre grande pous-*

LA BANDE DE BRAS
« METZ 1944 »
(Aermelband « Metz 1944 »)

Le 22 janvier 1945, les *Allgemeinen Heeresmitteilungen* (Bulletin officiel de l'armée de terre allemande) publient le texte suivant : *« 23. Ordonnance sur la création de la bande de bras « Metz 1944 ».*

1. A la suite de la défense héroïque de la Forteresse de Metz par le *Kampfgruppe von Siegroth* (*Kriegsschule Metz* avec les unités de la Wehrmacht et de la *Waffen-SS* qui lui étaient rattachées), combat mené contre un adversaire largement supérieur en nombre et en matériel, le Führer a décidé la création d'une bande de bras pour immortaliser ce fait d'armes, comme décoration et insigne commémoratif, elle portera l'inscription « Metz 1944 ».

2. Cette décoration sera constituée d'une bande de tissu noir avec une inscription « Metz 1944 » en fils d'argent, bordée d'une soutache en fils d'argent.

3. D'après la décision du *Führer*, l'attribution de la bande de bras aura lieu dans les conditions suivantes : en tant que décoration de combat pour tous les membres du *Kampfgruppe von Siegroth* qui ont participé activement au combat pour la Forteresse de Metz, en tant qu'insigne commémoratif pour tous les officiers, fonctionnaires, sous-officiers et hommes de troupe de la *Schule VI für Fahnenjunker der Infanterie Metz* (École NI VI pour aspirant-officiers d'infanterie de Metz), maintenant transférée à Meseritz, incluant le personnel enseignant et le personnel administratif ainsi que les élèves pendant leur appartenance à l'école.

4. Le Directeur de l'intendance du Heer est responsable de la fabrication des bandes de bras, selon le paragraphe 2, un modèle sera présenté au *Führer* pour accord.

5. L'attribution des bandes de bras, en suivant les dispositions du paragraphe 3, aura lieu dès réception des bandes de bras de manière solennelle.

6. Application sera exécutée par le chef de l'intendance du Heer en accord avec l'O. K. H./ PA.

7. Le jour prévu pour la remise est fixé par le Quartier-General du Führer au 24 octobre 1944.

Signé par le Chef de l'OKW Keitel
Heerestab (1) Nr.1835/44.

Application de l'O.K.H. (commandement en chef de l'Armée de terre) pour l'attribution le 24.10.1944 de la bande de bras « Metz 1944 ».

1. La bande de bras « Metz 1944 » sera attribuée à celui qui a été engagé du 27.8. au 25.9.1944, dans le cadre du *Kampfgruppe von Siegroth,* pour la défense de la Forteresse de Metz et qui a rempli les conditions suivantes :

a) au moins 7 jours de combat dans le cadre du *Kampfgruppe von Siegroth,*

b) blessure.

2. La bande de bras « Metz 44 » est attribuée comme décoration de tradition à tous les officiers, fonctionnaires et hommes de troupe de la *Schule VI f.Fhj. d. Inf. Metz.*

3. La bande de bras « Metz 1944 » sera attribuée par le chef du *Kampfgruppe* ; le *Generalmajor* von Siegroth.

La décoration sera portée sur le bas de la manche gauche de l'uniforme (de même que sur la capote).

(...) 7. (...) Pour les pièces d'uniformes en dotation (y compris la capote), la Wehrmacht fournira les bandes nécessaires gratuitement, à chacun, cinq de celles-ci pour les coudre. Le personnel décoré garde gratuitement ces bandes de bras lorsqu'il quitte le service actif (...).

8. La bande de bras peut être portée sur tous uniformes du Parti ou de l'État sur décision du Führer.

9. L'attribution peut être faite aussi à titre posthume. Dans ce cas, la bande de bras « Metz 1944 » est envoyée avec le brevet aux membres de la famille du disparu. O.K.H., 28.12.44 - 12647/44-G.J.F./a 29e/14-PA/P 5(f).

(traduit par G. Bernage)

Brevet d'attribution de la bande de bras « Metz 1944 ».

Photo de la bande de bras « Metz 1944 ». (Photo Stöber.)

Between 18 and 21 October the 95th relieved the battered 5th Infantry in the southern bridgehead, where it received a valuable and comparatively gentle introduction to combat conditions. The 95th did not apparently suffer from the usual teething problems suffered by other « green »units, and when the time came for action, it operated well at all levels. In point of fact, the 5th Division had been in constant contact with the enemy for 44 days on the date that they were relieved.

The other stalwart unit of XX Corps, the 90th Infantry Division, apart from engaging in the attack on Maizières-les-Metz (to be described separately), was still containing the western fortified salient while other units were strung out along the banks of the Moselle toward Thionville where they joined with Task Force Polk.

The German situation during October

We have already seen that there was a change of command at Army Group G toward the end of September, when General Balck took over. Although Cole states that the first intimation Balck had of the planned Ardennes offensive was on 1 November, this is belied by the former's chief of staff, von Mellenthin. At a meeting with Hitler on 20 September, the two German officers were taken into the Fuehrer's confidence and told about the offensive in outline. Balck's mission was to hold Alsace-Lorraine at all costs and to avoid forces earmarked for the offensive having to be sidetracked to Army Group G.

The German commanders were under no illusions about their ultimate fate, fully realizing that the quiet period was but the lull before the storm. Their basic problem was to foretell when and where the attack would come, and the solution was not difficult as there were few possibilities. Mellenthin correctly divined the future course of the battle, as a good staff officer should: « We anticipated that the next American attack would come through the historic 'Lorraine Gateway' between Metz and the Vosges. This was the aim of the notorious 1914 Plan 17, and Castelnau was defeated by Rupprecht between Chateau Salins and Morhange. (...) During late October it became very clear to me that another big offensive was impending on our front. (.. .) We estimated that one of the American thrusts would come through Thionville and we anticipated another big push in the Chateau Salins area, aimed directly at Saarbrücken; the effect of these two drives would be to 'bite out' the fortress of Metz."

The lull in active combat was also utilized by the Germans for a wholesale regrouping of their forces. Of immediate importance to the future conduct of the Metz battle, Division No. 462 was forced by OKH (Army High Command) to part with the Officer Candidate and NCO School troops. They were transferred out of the fortress, as on no account could they be allowed to be left behind in a futile siege operation. Many of them were needed as cadres for the new Volks-Grenadier Divisions that were in process of formation. This in effect meant that two of the three regiments directly defending Metz were more or less dissolved. The crack troops were replaced by a number of low-grade units that had originally been intended for use in the Westwall. According to Mellenthin, « The defensive strength of the Metz garrison was reduced, not numerically but in fighting efficiency."

In recognition of their fighting abilities, the members of the Officer Candidate Regiment were granted the right to wear an armband inscribed Metz 1944, while their commander, Colonel von Siegroth, was promoted to major general and became a minor hero.

Général Balck. (BA 732/118/3.)

sée dans le secteur de Salzburg (Château-Salins) avec Saarbrücken comme objectif direct ; l'effet de ces deux progressions sera d'étrangler la forteresse de Metz. »

L'accalmie dans les combats est aussi utilisée par les Allemands pour opérer un regroupement général de leurs forces. En raison de l'importance immédiate de la conduite future de la bataille de Metz, la 462. Division était forcée par l'OKH (le haut commandement de l'Armée de Terre) de se séparer du Fahnenjunker-Regiment et des troupes de l'école de sous-officiers. Ces unités sont évacuées de la forteresse et en aucun cas il ne serait permis qu'elles soient laissées en arrière dans une futile opération de siège. Beaucoup de membres de ces unités sont nécessaires comme cadres des nouvelles divisions de Volks-Grenadiers qui sont en cours de formation. Cela signifie en fait que deux des trois régiments défendant directement Metz sont plus ou moins dissous. Les troupes d'élite sont remplacées par des unités de moindre qualité qui avaient été prévues à l'origine pour garnir le Westwall. Selon von Mellenthin : « La force défensive de la garnison de Metz est réduite, pas en nombre mais en efficacité combattante. »

En reconnaissance de leurs prouesses au combat, les membres du Fahnenjunker-Regiment reçoivent la permission de porter une bande de bras avec l'inscription « Metz 1944 » tandis que leur chef, le colonel von Siegroth, est promu au grade de Generalmajor et devient un héros. La résistance fournie par le régiment est utilisée par les services de la propagande comme justification de la doctrine de Hitler selon laquelle les positions doivent être tenues et le terrain perdu repris par des contre-attaques. Leur renommée a cependant était desservie par les idéaux pour lesquels ils combattaient et il faut à nouveau insister sur le fait que ce n'était pas des troupes de la Waffen-SS, contrairement à l'opinion américaine courante à cette époque.

Après le retrait des troupes d'élite, la garnison de Metz est réorganisée en tant que 462. Volksgrenadier-Division avec trois régiments d'infanterie à deux bataillons chacun. Sous le commandement du Generalmajor Luebbe, la division reste une force organisée et, après le 5 octobre, le Ia (1er chef d'état-major responsable des opérations) est le Major Zimmermann. L'ordre de bataille exact est quelque peu confus mais voici la composition probable.

1. Le Volksgrenadier-Regiment 1215 est constitué avec des restes du Fahnenjunker-Regiment. Il est commandé par le colonel von Stoessel.

2. Le VG-Regiment 1216 est constitué avec des restes du régiment de l'école de sous-officiers. Il est commandé par le colonel Stolz.

3. Le VG-Regiment 1217 est en partie constitué avec le régiment de sécurité, le Sicherungs-Regiment 1010, plus des bataillons de dépôt. Il est commandé par le lieutenant-colonel Richter.

4. L'Artillerie-Regiment 1462 est constitué seulement de trois batteries légères et une batterie lourde. Il est commandé par le colonel Palm.

5. Le groupe antichar, la Panzerabwehr-Abteilung 1462 est fort de trois batteries commandées par le capitaine Lautenschlager.

6. Une compagnie (ou bataillon ?) de *Füsilier* est probablement commandée par le *Major* Voss.

7. Le *Pionnier-Bataillon 1462* est commandé par le capitaine Hasselmann.

8. La compagnie de transmissions, la *Nachrichten-Kompanie 1462*, est commandée par le *Hauptmann* Friemel.

9. Le bataillon de dépôt et d'instruction, l'*Ersatz-Bataillon 1462*, est commandé par le *Hauptmann* Gratwohl.

L'autorité qui a fourni cet ordre de bataille, le général Kittel, signale que cette dernière formation comprend une unité indépendante connue sous le nom de *Festungsgruppe Kronprinz* (groupe de forteresse Driant), ce que je n'ai pu vérifier ailleurs. Les seules traces documentaires pour les activités de la division durant cette période qui aient survécu sont les « ordres du jour ». En eux-mêmes, ils ne sont pas très importants mais ils illustrent le fait, que dans toute armée à toute époque, il y a quelqu'un dans un bureau derrière une machine à écrire... Ce qui suit sont des exemples de documents conservés au Bundesarchiv.

N° 14. 18.9.44. Les disponibilités en carburant nécessitent dans la mesure du possible que tous les véhicules motorisés seront remplacés par des véhicules hippomobiles.

N° 24. 28.9.44. Les ordres ci-inclus concernent la fourniture de savon, chiffons et brosses. Il est aussi interdit de réquisitionner auprès des civils. Dans ce contexte, on doit rappeler que la Lorraine n'est pas occupée mais est une partie intégrante de l'Empire allemand où les citoyens sont protégés par la loi allemande.

N° 37. 11.10.44. Ordres concernant la fourniture des *Heeresdruckschriften* (formulaires imprimés de l'Armée de Terre). Les séries complètes de ces ordres sont pleines d'exemples de toutes les sortes de formes qui sont requises.

N° 60. 5.11.44. Un ordre interdisant la manufacture de « souvenirs » à partir de métaux de la Wehrmacht.

Un autre fait curieux de cette période est la présence dans le secteur d'un grand canon allemand sur voie ferrée. Il semble que cette arme était utilisée le long de la voie ferrée principale nord-sud s'étirant parallèlement au front car la pièce ouvrit le feu à la fois contre le *XX Corps* et le *XII Corps*. Le 5 octobre, le poste de commandement de l'artillerie du *XX Corps*, situé dans les bâtiments de l'école de Jarny, est secoué par les explosions de tirs d'artillerie lourde allemande. Immédiatement, des hommes sont envoyés pour chercher des fragments d'obus. Durant cette opération, l'assistant du S-2 est touché à la jambe par une sentinelle trop zélée et il doit être évacué vers l'Angleterre. Les calculs établissent que les obus ont été tirés par une pièce de 280 mm mais il n'est pas facile de la trouver car, pendant la journée, le canon stationne dans un tunnel pratique. Il tire à nouveau le 7 octobre et, immédiatement, les pièces lourdes américaines ouvrent le feu sur sa position supposée, infligeant probablement quelques dommages car il disparaît près de deux semaines. Le 19 octobre, tirant depuis une position située au sud-est de Metz, il envoie 20 coups sur Jarny et, le lendemain, les Américains reçoivent une information selon laquelle un grand canon sur voie ferrée serait en cours de réparation dans des ateliers à Metz. Aidé par l'observation aérienne, le *733rd Field Artillery Battalion* envoie 120 coups de ses « Long Toms » sur la cible, déclenchant de grands incendies et démolissant les hangars. Des informations ultérieures des services de renseignement établissent qu'une arme de gros calibre a été détruite et que de nombreux membres de l'équipage ont été tués.

Outre tout ceci à Metz, il y a d'autres changements de long du reste de la ligne allemande faisant face au *XX Corps*. Au sud, dans la tête de pont, la résistance est toujours offerte par la *17. SS-Panzergrenadier-Division*. Mellenthin dit qu'à cause de la perte d'officiers et de sous-officiers expérimentés et l'arrivée de recrues de remplacement inexpérimentées, son efficacité combattante s'est détériorée. Cependant, d'après le colonel Koch, le chef des services de renseignements de la *Third Army*, cette division est l'une des « préférées » de la *Third Army*. « *Chaque fois qu'elle apparaît, il se passe des choses. Quand on perd le contact avec elle, il se passe quand même des choses.* » Il raconte l'histoire d'une patrouille de la 17e SS qui traverse la Moselle à Corny pendant la nuit du 31 octobre et qui est capturée le lendemain matin à Bayonville. En le fouillant, on découvre que l'un des prisonniers possède une carte montrant la localisation précise du poste de commandement de la division près de Peltre (au sud-ouest de Metz). En conséquence, celui-ci est violemment bombardé le 8 novembre et, apparemment, sérieusement endommagé.

Au nord de Metz, le long de la ligne de la Moselle, jusqu'au secteur de Thionville, il y a deux divisions. Sur la droite, il y a la *19. Volksgrenadier-*

Général Kittel.

The resistance put up by the regiment was used by the propaganda people as a justification of Hitler's doctrine of holding positions and immediately recapturing ground lost by counterattacking. Their fame, however, was well deserved, whatever one may think about the ideals for which they were fighting, and in addition, it must again be emphasized that they were not SS troops, in spite of American opinions current at the time.

When the crack troops were withdrawn, the Metz garrison was reorganized as the 462nd Volksgrenadier Division with three regiments, each of two battalions. Under the command of Major General Luebbe, the division remained an organized force and the Ia (chief of staff) was Major Zimmermann after 5 October. The exact order of battle is somewhat confused, but was probably somewhat as follows:

1. 1215 VG Regiment, Made up from the remainder of the Officer Candidate Regiment; new commanding officer, Colonel von Stoessel.

2. 1216 VG Regiment, Made up from remainder of the NCO School Regiment; commanding officer, Colonel Stolz.

3. 1217 VG Regiment, Parts of the 1010th Security Regiment plus the replacement battalions; commanding officer, Lieutenant-Colonel Richter.

4. Artillery Regiment 1462, 3 light and 1 heavy battery; Colonel Palm.

5. Anti-tank battalion 1462, 3 companies; commanding officer, Captain Lautenschlager.

6. Fusilier Company (or battalion?); Probable commanding officer, Major Voss.

7. Pioneer Battalion 1462; commanding officer, Captain Hasselmann.

8. Communication company 1462; commanding officer, Captain Friemel.

9. Divisional Combat School, Field Replacement Battalion 1462; commanding officer, Captain Gratwohl.

The authority for the above order of battle (General Kittel) states that the latter formation included an independent unit known as Festungsgruppe Driant (Fortress Group), which I have been unable to confirm elsewhere. The only documentary evidence for the activities of the division from this period to survive is a section of « Daily Orders. »These in themselves are uniportant but do illustrate that, in any army at any time, there is someone in the orderly room busy with a type-writer. The following are a sample from the document in the Bundesarchiv.

No. 14. 18.9.44 The fuel position requires that as far as possible all motorized vehicles be replaced by horse-drawn transport.

No. 24. 28.9.44 This includes orders concerning the issue of soap, dusters and brooms. It also forbids « requisitioning » from civilians. In this context it must be remembered that Lorraine was not occupied territory but an integral part of the German Reich where the citizens were protected by German law.

No.37, 11.10.44 Orders concerning delivery of Heeresdruckschriften. (Army printed forms.) The whole series of these orders is full of examples of all sorts of forms that were required.

No.60. 5.11.44 An order forbidding manufacture of « souvenirs »from Wehrmacht metal.

Another odd item from this period was the presence of a large German railway gun in the area. It seems that this weapon was used along the main north-south railway lines running parallel to the front because it fired both at XX Corps and XII Corps. On 5 October, the XX Corps Artillery command post, located in the buildings of a school at Jarny, was shaken by a number of explosions from heavy enemy artillery. Immediately a number of men were sent out to search for shell fragments, during which the assistant S-2 was shot in the leg by an overenthusiastic sentry and had to be evacuated to England. Calculations established the fact that the shells fired were from a 280-mm gun, but finding it was not so easy, as the gun was parked in a convenient tunnel during the day. It fired again on 7 October and immediately American heavy guns opened up on the suspected position, possibly inflicting some damage, as it disappeared for nearly two weeks. On 19 October, firing from a position to the southeast of Metz, it fired 20 rounds at Jarny, and the following day, information was received that a large railway gun was in the repair shops at Metz. Helped by air observation, the

Division dont les deux régiments d'infanterie ont subi de lourdes pertes, jusqu'à 15 à 20 %. Elle dispose de dix canons antichars lourds, d'un groupe d'artillerie moyenne et de deux groupes d'artillerie légère mais d'aucun automoteur. Sur la gauche, se trouve la *416. Infanterie-Division*. Elle est arrivée du Danemark au début du mois d'octobre pour remplacer la *559. Volksgrenadier-Division*. Ayant été confinée dans un rôle statique de troupe d'occupation, la 416e n'a aucune expérience du combat et est constituée avec des hommes relativement âgés. Le commandement allemand l'a surnommée la division de la *Schlagsahne* (la crème chantilly) en référence au régime calorique attribué à ces hommes. Mellenthin considère qu'elle est seulement apte au combat défensif.

Cependant la supériorité numérique allemande est une illusion car ses unités ne disposent au mieux que d'une faible proportion de blindés et les moyens de transport motorisés sont quasiment inexistants. Les divers régiments ne sont guère que des groupements tactiques de la taille d'un bataillon. Les moyens aériens des Alliés signifient qu'il est très difficile pour les Allemands d'amener du ravitaillement et des renforts, les convois et les trains ne peuvent rouler que la nuit. Patton peut bien râler contre la priorité donnée au ravitaillement en direction du nord, Balck se trouve placé dans le même bateau. Ses besoins sont toujours dépendants de ceux attribués aux unités combattant autour d'Aix-la-Chapelle et en Hollande ainsi que de ceux attribués aux unités rassemblées pour l'opération des Ardennes.

Cette dernière signifie que Balck doit prendre acte de la perte de la plupart de ses blindés qui étaient sa seule chance de disposer d'une réserve mobile capable de réagir à une attaque américaine qui ne saurait tarder. Par exemple, les *3.* et *15. Panzergrenadier-Divisionen* sont placées en réserve derrière le Rhin et, bien qu'elles se trouvent en théorie sous le commandement de von Rundstedt, en tant que commandant en chef à l'Ouest, en pratique, leur utilisation ne peut avoir lieu qu'avec l'autorisation de Hitler. Balck avait ordonné de former une réserve de quatre divisions d'infanterie et de trois divisions blindées mais l'OKW ne lui en a pas donné les moyens. En fait, quand l'offensive américaine sera lancée au début du mois de novembre, seule la *11. Panzer-Division* sera disponible derrière le front de la 1re Armée allemande.

Bien que von Mellenthin ait prévu d'où l'attaque viendrait, les Allemands n'en sont encore pas certains mais ils peuvent compter sur une attaque

Général Balck. (collection Charita.)

Général von Mellenthin. (collection Charita.)

frontale contre Metz. Ils réalisent que leur seule chance réside dans une bataille défensive qui leur permettra de gagner du temps et de pratiquer une certaine forme de défense élastique - en contradiction directe de la doctrine de Hitler de tenir le terrain. Le futur champ de bataille favorise la défense et a été quelque peu amélioré par l'homme. Outre les fortifications de Metz, il y a la Ligne Maginot qui bloque la route menant vers la Sarre. Bien que celle-ci ait été construite par les Français pour bloquer une attaque venant du nord-est et ait été utilisée par les Allemands pour récupérer du métal, certains des canons sont encore en état de tirer et le réseau de fossés et de casemates peut être utilisé pour la défense.

La *Weststellung*, dont la construction avait été ordonnée dès le 24 août, a été envisagée comme une série d'ouvrages de campagne précédant le *Westwall* (avec lequel elle ne doit pas être confondue). Ces travaux sont effectués par la population civile et Himmler est en charge du projet en raison de ses fonctions de chef de l'armée de remplacement. Le contrôle local est dans les mains des officiels du Parti ; en ce qui concerne le secteur de la Moselle il s'agit du *Gauleiter* Josef Bürckel. Il est très facile pour Hitler de donner de tels ordres mais il n'a ni le personnel compétent ni le matériel disponible pour mener à bien cette entreprise. Les interférences avec le Parti Nazi conduisent à des heurts avec les autorités militaires pour déterminer l'endroit où la ligne doit passer. Et, en Lorraine, il y a le problème supplémentaire des allégeances diverses de la population locale qui va manier les pelles. Cependant, quelques fossés antichars sont creusés et un grand nombre de mines sont placées.

A cause du manque de canons antichars, les mines vont constituer la principale défense face aux véhicules blindés américains dans le secteur de la 1re Armée allemande. Des milliers de mines sont mises en place mais les mines ne peuvent compenser le manque de soutien aérien allemand. Tout au long du mois d'octobre, apparemment, les Allemands imposent un strict rationnement des munitions afin de reconstituer les stocks mais cela ne semble pas évident pour les troupes américaines impliquées dans les « attaques limitées » de Patton sur Driant et à Maizières-les-Metz.

Les Américains aussi sont rationnés en munitions mais leur objectif est de constituer des stocks pour l'offensive à venir car la situation du ravitaillement s'améliore régulièrement. Les pièces ennemies capturées sont très utilisées dans la mesure du possible et beaucoup d'obus allemands sont ainsi renvoyés à leurs premiers propriétaires. Le colonel Polk raconte l'histoire d'un de ces exemples d'improvisation (lettre et note) : « *A cette date* (le 22 novembre), *Fred Hughes, un lieutenant-colonel qui commande le 244th Field Artillery, nous a été rattaché pour nous appuyer, cette unité sera connue sous le nom de « Battery Thionville ». A ce moment-là, nous sommes très limités pour les munitions que nous pouvons tirer. Nous avons un sérieux problème pour permettre à nos groupes de 155 mm et de 105 mm de pouvoir tirer. La Battery Thionville est constituée de six canons sous tourelles blindées sur une grande colline derrière Thionville.* (Il fait allusion au Fort Guentrange commencé en 1898 et équipé de huit canons de 100 mm sous coupoles répartis en deux batteries séparées que les Américains ont capturé intactes et qu'ils ont remis en état de marche au début du mois de septembre). (…) *Fred Hughes calcule pour eux une table de tir et, naturellement, il est particulièrement à l'abri sous tout cet acier si bien qu'il devient l'objet de nombreuses visites. A une occasion, lors de la visite du général Patton, nous nous trouvons là et nous essayons de repérer des soldats allemands sur l'autre rive de la Moselle. Finalement, nous en voyons un. Le général Patton met l'un des canons en position, les cinq autres s'alignent sur le même axe de tir et, à son commandement, nous tirons. Il est tout simplement ravi des résultats. Mais les obus sont si vieux et si lents qu'on peut les voir traverser l'air. L'Allemand plonge au sol et je suis certain que nous le touchons pas mais nous avons déclenché l'enfer sur lui. Nous avons tout un tas d'histoires amusantes au sujet de cette* Battery Thionville *et de destructions de l'autre côté de la rivière pour rien du tout.* » Cependant, avant de traverser la rivière le mois suivant, les Américains vont saboter les canons au cas où les Allemands reviendraient et tenteraient de les réutiliser.

Les opérations de Maizières-les-Metz

En examinant une carte de Metz et des positions fortifiées situées à l'est de la ville, on remarque la présence d'une trouée entre le flanc nord de la Crête des Fèves et la rivière. La plaine inondable est traversée, du nord au sud, par la route principale Metz-Thionville et par la voie ferrée et offre le seul accès à la cité en évitant les fortifications. C'est le long de cet axe que les troupes françaises ont fait leur dernière tentative pour sortir de Metz en 1870.

733rd Field Artillery Battalion poured 120 rounds from their « Long Toms »onto the target, starting large fires and demolishing the sheds. Subsequent information from intelligence stated that a large-caliber weapon had been destroyed and a number of the crew killed.

Besides those in Metz, there were other changes along the rest of the German line facing XX Corps. To the south, the opposition in the bridgehead was still the 17th SS Panzergrenadier Division. Mellethin says that on account of the loss of experienced officers and NCO's and the arrival of inexperienced replacements, its combat efficiency was impaired. However, according to Colonel Koch, the Third Army intelligence chief, this division was one of the Third Army's « favorites. » « Whenever it appeared, things were bound to happen. When it broke contact, things were bound to happen elsewhere. » He tells the story of a patrol from the 17th SS that crossed the Moselle at Corny during the night of 31 October and was captured the following morning at Bayonville. When searched, it was found that one of the prisoners was carrying a map showing the precise location of the division command post near Peltre (southwest of Metz). As a result, this was heavily bombed on 8 November and apparently severely damaged.

To the north of Metz, along the line of the Moselie as far as the Thionville area, were two divisions. On the right was the 19th Volksgrenadier Division, the two regiments of which had suffered losses of between 15 to 20 percent. It had ten heavy antitank guns, one medium and two light artillery battalions, but no self-propelled assault guns. On the left was the 416th Infantry Division. This had arrived from Denmark at the beginning of October to replace the 559th Volksgrenadier Division. Having been occupied in a static security role, the 416th had no combat experience and was composed mainly of elderly men. The German command slightly nicknamed it the Schlagsahne (whipped cream) division on account of the calorie-filled individuals who served in it. Mellenthin regarded it as fit only for defensive combat.

The German numerical superiority, however, was a delusion as none of their units had more than a small proportion of armor and general motor transport was almost nonexistent. The various regiments were little more than battalion-sized battle groups. Allied air power meant that it was extremely difficult for the Germans to move supplies and reinforcements, and convoys and trains had to run at night. Patton may well have grumbled about priority of supply to the north, but Balck was in the same boat. His needs were always subservient to those of the units fighting around Aachen and in Holland, as well as those units being assembled for the Ardennes operation.

The latter also meant that Balck had to reckon with losing most of his armor, which was his only chance of being able to hold a mobile reserve capable of reacting to the American attack that was bound to come. For example, 3rd and 15th Panzergrenadier Divisions were withdrawn into reserve behind the Rhine; and although in theory under the command of von Rundstedt as Commander-in-Chief, West, in practice only Hitler could authorize their employment. Balck had been glibly ordered to form a reserve of four infantry and three armored divisions, but OKW had failed to provide the means. In effect, when the American offensive was launched in early November, only the 11th Panzer Division was available behind the German First Army front.

Although Mellenthin had predicted where the attack would come, the Germans were still not sure, but they did discount a frontal assault on Metz. They realized that their only chance lay in fighting a defen-sive batt-le as a delaying action and to use some form of elastic defense—in direct defiance of the Hitler doctrine of holding on to territory. The coming battlefield favored defense and had been somewhat improved by man. Apart from the Metz fortifications, there was the Maginot Line, which blocked the way to the Saar. Although this had been built by the   French to stop an attack from the northeast and had been used by the Germans as a convenient source of scrap metal, some of the guns could be made to fire and the maze of ditches and pillboxes could be used for defense.

The Weststellung, the construction of which had been ordered as far back as 24 August, was envisaged as a series of fieldworks in advance of the Westwall (with which it should not be confused). This work was to be carried out by the civilian population, and Himmler was in charge of the project in his capacity of chief of the replacement army. Local control was in the hands of the party officials, which in the case of the Moselle district, was the Gauleiter, Josef Buerckel. It was all very well for Hitler to issue such orders, but there were neither the skilled personnel nor the material available to carry them out. Interference by the Nazi Party led to clashes with the military authori-ties about where the line was to run; and in Lorraine, there was the additional problem of divided loyalties within the local population, who should have been wielding the spades. However, some antitank ditches were dug and a large number of mines were laid.

In view of the lack of antitank guns, mines were to form the main defense against American armored vehicles in the German First Army sector. Literally thousands were laid, but the mines could not compensate for the German lack of air support. Throughout October, the Germans apparently imposed strict ammunition rationing in order to be able to build up stocks, but this was not apparent to those American troops involved in Patton's « limited attacks » at Driant and Maizières-les-Metz.

The Americans too were rationing ammunition, but their aim was to build up stocks for the coming offensive as the supply situation gradually improved. Much use was made of captured enemy artillery pieces wherever possible and many a German shell was fired back at its previous owners. Colonel Polk tells the tale of an example of improvisation (letters and notes). – « On this date (22 October), Fred Hughes, a Lt-Col. Commanding the 244th Field Artillery and attached in support of us, activated what became known as Battery Thionville. At this point in time we were very severely limited on the ammunition we could fire. It had to be a very serious problem to allow our 155mm or 105mm battalions to shoot at all. Battery Thionville was composed of six guns in steel turrets on a big hill behind Thionville. (He is referring here to Fort Guentrange, commenced in 1898 and mounting eight 100mm cupola guns in two separate batteries, which the Americans had captured intact and in working order in early September). (….) Fred Hughes figured out a firing table for them and of course, it was perfectly safe to fire under all that steel, so it came to be quite a visitors' mecca. On one occasion when General Patton came up, we stood there and tried to find some German soldier across the Moselle river. Finally we saw one. Gen. Patton laid one gun, the other five were laid parallel, and on his command we fired. He was simply delighted with the results. But the shells were so old and so slow, you could actually see them going through the air. The German ducked and I'm sure we didn't hurt him but we must have scared the hell out of him. We had a lot of fun with this Battery Thionville and knocked things down across the river for no reason at all". The Americans, however, before crossing the river the following month, spiked all the guns in case the Germans came back and tried to use the battery.

Pendant le mois de septembre 1944, une partie de la *7th Armored Division* a nettoyé cette route en direction du sud jusqu'à la petite ville minière de Maizières-les-Metz qui compte alors environ 3 000 habitants (les Américains l'appellent « Mazie »). Sa possession renforcerait la ligne de départ de l'avance sur Metz.

Entre le 10 et le 14 septembre, la *7th Armored Division* a fait un certain nombre de tentatives pour pénétrer dans la ville mais elle a été forcée de se retirer sous le couvert du Bois de l'Abbé - mise en échec par des tirs intenses venant de la rive opposée de la Moselle et depuis les sommets de deux immenses terrils, qui dominent le secteur. Quand les blindés sont partis vers le sud pour être engagés dans la tête de pont d'Arnaville, le secteur a été pris en charge par la *90th Infantry Division* dont le *357th Regiment* tient alors une ligne d'environ huit kilomètres de long s'étirant approximativement de Talange, sur la rivière, à Saint-Privat, au sud-ouest. Tandis que le reste de la division se trouve occupé à de futiles attaques contre les fortifications, cette section du front est relativement tranquille, bien qu'en face se trouve une partie du régiment de l'école de sous-officiers.

L'idée de prendre Maizières est apparue la première fois le 24 septembre lorsque l'enthousiasme initial pour des attaques frontales a commencé à décroître. Le général Mclain a alors proposé au corps d'armée d'utiliser cette opération à la fois comme exercice d'entraînement et comme un gain d'une base de départ valable. Ceci est conforme à la sage conception du général Walker de la « défense active », bien que quelques-unes des opérations basées sur ce concept aient été très prudentes. Walker émet l'idée que si une armée est contrainte à la défensive à cause du manque de moyens pour mener l'attaque, il faut occuper l'ennemi pour ne pas perdre l'initiative. A l'opposé de l'opération du Fort Driant, l'attaque sur Maizières est bien conçue et ne causera pas beaucoup de pertes. Les Allemands ont le principal avantage ; ils ont pu renforcer le secteur, par leurs lignes de communication pendant l'accalmie générale alors que les lignes américaines sont très étirées.

Le **3 octobre**, le jour même où commence la phase principale de l'opération sur le Fort Driant, deux compagnies du *357th Infantry Regiment* sortent du couvert du Bois de l'Abbé et occupent le terril situé au nord de la localité. Cela leur procure un excellent point d'observation sur tout le secteur et, logiquement, il doit rendre Maizières intenable pour les Allemands. Un témoignage rapporte que l'attaque a été menée au pas de charge par un sergent tirant avec deux pistolets dans le plus pur style du *Wild West*. Juste en arrivant au sommet, il tombe raide mort, une balle en pleine tête - l'une des trois pertes subies lors de cet assaut surprise. « *Il en était ainsi des bons fantassins - s'ils étaient de bons soldats, ils étaient généralement tués.* »

Bien qu'elles aient été violemment bombardées par l'artillerie et contre-attaquées, les deux compagnies restent sur le terril. Cependant, au lieu de se retirer de la localité située en dessous, ce qu'ils auraient dû faire d'après la théorie, les Allemands s'enterrent tout simplement. Les maisons de Maizières sont solides et beaucoup d'entre elles sont en pierre. En outre, les mines, les installations industrielles et les voies ferrées constituent un parfait terrain défensif. Les Américains n'ont alors qu'une solution pour réduire la place : l'écraser sous les bombes et combattre ensuite d'une ruine à l'autre.

La prochaine étape de l'attaque est prévue pour le 7 octobre et elle est présentée dans le *Field Order N° 16*, publié par le chef du régiment, le colonel Barth. Celui-ci demande au 2e Bataillon d'envoyer deux compagnies dans la ville depuis la direction du terril, appuyées par des tanks, des tanks destroyers et toute l'artillerie disponible. La veille, dans l'après-midi, une sortie de chasseurs-bombardiers a causé de graves dommages et, juste après l'aube, l'assaut commence. Les Allemands lancent une contre-attaque de diversion contre le terril. Là, ils sont balayés par les tirs d'armes automatiques alors qu'ils sont en train d'escalader les pentes dénudées et les deux compagnies d'assaut américaines peuvent se diriger vers leurs objectifs avec peu d'opposition. A la tombée de la nuit, ils ont réussi à occuper la plus grande partie du nord de Maizières et ils ont pris pied dans le secteur de l'usine. Là, cependant, ils sont bloqués par une infanterie déterminée et par un grand nombre de mines S. Celles-ci sont de petites mines antipersonnelles perfides qui, lorsqu'on marche dessus, bondissent en l'air et explosent à la hauteur de la ceinture. Tout ce qui est visible à la surface, ce sont trois petits fils de fer.

Cette nuit-là, les Allemands amènent des renforts, dont des éléments de la *19. VG-Division* qui n'avaient pas fait partie auparavant de la garnison de Metz et passent sous le contrôle de la *462. VG-Division*. Ils commencent aussi à masser de l'artillerie, malgré le rationnement en munitions et, en tout, trois groupes d'artillerie sont placés au nord-est de Metz, sur l'autre rive de la Moselle. Dans Maizières, presque chaque maison a été transformée en fortin tenu par un petit groupe d'Allemands déterminés, renforcé par des fils de fer barbelés, des mines et des sacs de sable. Le point fort central est l'hôtel de ville.

Conforté par son succès initial, le 2e Bataillon poursuit son attaque les jours suivants. Il progresse lentement, utilisant des charges de démolition et des lance-flammes tandis que l'artillerie de soutien matraque les routes menant à Metz pour décourager l'arrivée de renforts. A l'extrémité sud de la localité, il y a un autre terril qui est arrosé d'obus fumigènes pour gêner l'observation allemande. Après que les ruines aient été dégagées, quelques tanks sont amenés mais ils démontrent leurs handicaps dans un tel combat à bout portant. C'est simplement une mission pour des fantassins qui se termine souvent dans un corps à corps, les yeux dans les yeux.

La plupart des combats ont lieu de part et d'autre de la rue principale nord-sud que les GI's vont surnommer le « 88 Boulevard ». Pour progresser quelque peu, sans être touchés, les fantassins utilisent la technique du « trou de souris », creusant à l'abri d'une cave pour déboucher dans la cave de l'immeuble voisin et avancer, gagnant quelques mètres dans l'opération. Dans le cas où les Allemands se trouvent près de l'ouverture, les attaquants prennent un jerrican de cinq gallons (19 litres) plein d'essence, ouvert avec un morceau de chiffon sortant de l'orifice. Ils l'allument et le lancent dans la prochaine cave, une sorte de cocktail Molotov ultime.

Le **11 octobre**, d'autres petits progrès ont été réalisés par le seul bataillon engagé et le colonel Barth recommande l'utilisation de deux bataillons. L'incapacité d'utiliser un nombre de troupes suffisant pour contourner la position signifie que le combat aura lieu le long de la rue principale nord-sud et au milieu du réseau de murs de jardins et de cours entourant les maisons. Cependant, comme ce sera le cas pendant toutes les opérations de la Bataille de Metz, il n'y a pas de bataillon de réserve disponible et la seule solution, pour remplacer le 2e Bataillon fatigué, est d'engager le 3e Bataillon. Mais les plans pour une attaque coordonnée sont réduits à néant lorsque, le **13 octobre**, la *Third Army* donne l'ordre de geler toutes les munitions d'un calibre supérieur au 3 pouces (76,2 mm) et qu'une réduction de 95 % de la consommation est instituée. C'est un autre exemple des contraintes auxquelles Patton est réduit dans ses problèmes de ravitaillement, ce qui est à l'opposé de l'image habituelle des ressources illimitées de l'*US Army* à cette époque. Pour y pallier, les canons et les munitions capturés sont utilisés de manière intensive.

Sans soutien d'artillerie, il est évidemment impossible de réduire Maizières par un assaut général. Il est donc décidé de faire le travail petit à petit, utilisant les ruines comme terrain d'entraînement pratique (mais dangereux) pour le combat de rue. Des attaques soigneusement planifiées, avec des objectifs strictement limités, faites au niveau de la compagnie, de la section et même de l'équipe. Des expériences sont faites et des leçons sont apprises. En plus du combat physique, on rattache au bataillon une unité de guerre psychologique qui utilise un haut-parleur pour exhorter les Allemands à se rendre. William Weaver (assistant du commandant de la division) était alors présent sur place et a écrit à quoi ce matériel pouvait bien servir : « *à se sauver des rigueurs de la bataille. Mais ces adorateurs du Dieu Hitler, auxquels nous étions confrontés, n'étaient pas assez pour succomber à notre persuasion qui les faisait rire.* » Weaver prend en charge l'opération lorsque le colonel Barth est blessé sur la ligne de front à la fin d'une attaque : « *La perte du colonel a été durement ressentie par tout le régiment. Son jugement pénétrant, son habileté tactique et son bon sens avaient été à l'origine de nombreux succès du régiment obtenus avec le minimum de pertes de vies humaines. L'évacuation du colonel marqua la perte de l'un de ses meilleurs soldats.* » (D'après un court historique du *357th*).

Les Allemands semblent se satisfaire de cette forme de guerre limitée et ne reprennent pas l'initiative. Le général Mclain quitte la *90th Division* durant cette période pour prendre le commandement d'un corps d'armée et il est remplacé par le *Brigadier General* James Van Fleet. Ce dernier avait commandé le premier régiment à débarquer (le *9th Infantry Regiment*) sur *Utah Beach* le Jour J.

Sa nomination à la tête de « *Tough Hombres* » coïncide avec l'achèvement des plans pour l'assaut final sur Metz et son premier résultat consiste à accorder des munitions pour l'opération de Maizières. La situation était devenue intolérable avec les Américains et les Allemands partageant la même localité et le général Van Fleet ordonne alors au *357th Infantry Regiment* de nettoyer l'endroit pour le 2 novembre. Réalisant avec justesse que l'hôtel de ville est la clé des défenses allemandes, le colonel Barth décide qu'il doit être attaqué en premier. Le **20 octobre**, un canon automoteur de 155 mm est amené à environ 150 mètres du bâtiment, il

The operation at Maizières-les-Metz

A glance at the map of Metz and the fortified positions to the west of the city will show that there was a gap between the northern edge of the Fèves Ridge and the river. This flood plain is traversed from north to south by the main Metz-Thionville road and railway, and offered the only way into the city avoiding the fortifications. It was along this axis that the French forces made their last attempt to break out from Metz in 1870.

During September 1944, part of the 7th Armored Division had cleared this road as far south as the industrial mining town of Maizières-les-Metz, which at the time had a population of some 3,000 (it was known to the Americans as « Mazie »). Its possession would improve the start line for any advance into Metz itself.

Between 10 and 14 September, the 7th Armored had made a number of attempts to move into the town but had been forced to retire into the shelter of the Bois de l'Abbé—defeated by intense fire coming from the opposite bank of the Moselle and from the tops of the two huge slag heaps that dominated the area. When the armor departed to the south for employment in the Arnaville bridgehead, the sector was taken over by the 90th Infantry Division, whose 357th Regiment held a line about five miles long running roughly from Talange on the river, to St. Privat to the southwest. As the rest of the division was occupied in the futile attacks against the fortifications, this section of the front was relatively quiet, although the opponents were a part of the NCO School Regiment.

The idea of capturing Maizières first appeared on 24 September, when the initial enthusiasm for frontal attacks had begun to wane. General Mclain put the proposal to corps to use the operation both as a training exercise and to gain a valuable jump-off position. This was in line with General Walker's wise concept of « active defense », although some of the operations planned on account of this were hardly prudent. Walker reasoned that if an army were forced on the defensive through lack of resources to press home the attack, the enemy must be kept busy in order not to lose the initiative. As opposed to the Driant operation, the attack on Maizières was well thought out and not too costly in terms of casualties. The general advantage lay with the Germans; because of the general lull they could reinforce the sector via their internal lines of communication, whereas the American line was overstretched, to say the least.

On **3 October**, the same day as the main phase of the Driant operation got under way, two companies of the 357th Infantry Regiment moved out from the shelter of the Bois de l'Abbé and occupied the slag heap to the north of the town. This gave excellent observation over the whole area, and logically, it should have made Maizières untenable by the enemy. One account says that the attack was led at the charge by a sergeant blazing away with two pistols in true Wild West style. Just as he reached the top, he fell dead from a bullet in the head—one of three casualties suffered in the surprise assault. « So it was with good infantrymen—if they were good soldiers, they usually were killed. »

Although violently shelled and counterattacked, the two companies remained masters of the slag heap. However, instead of the Germans withdrawing from the town below, as they should have done according to theory, they simply dug in. The houses of Maizières were solid and many of them were built from stone. In addition, the mines, industrial plants, and railways formed a perfect defensive terrain. The only way for the Americans to reduce the place was to bomb it flat and then fight from ruin to ruin.

The next stage of the attack was planned for 7 October and laid down in Field Order No. 16, issued by the regimental commander, Colonel Barth. This called for the 2nd Battalion to send two companies into the town from the direction of the slag heap, supported by tanks, tank destroyers, and all the available artillery. The previous afternoon a fighter-bomber sortie caused heavy damage, and just after dawn, the assault went in. The enemy launched a diversionary counterattack against the slag heap. There the enemy were cut down by automatic weapons as they tried to scramble up the bare slopes, and the two American assault companies could thus move toward their objectives with little hindrance. By dusk they had managed to occupy most of the northern part of Maizières and had a foothold in the factory area. There, however, they were held up by determined infantry and large numbers of S-mines. The latter was a small but vicious antipersonnel device which, when triggered, flew into the air and detonated at waist height. All that could be seen of S-mines above ground were three small wires.

That night the Germans brought in reinforcements, including part of the 19th VG Division, which had not previously been part of the Metz garrison under the 462 VG Division. They also began to mass artillery, in spite of ammunition rationing; and in all, three battalions of guns were positioned to the northeast of Metz on the far bank of the river. Within Maizières, almost every house was transformed into a miniature fort, held by a small group of determined Germans, strengthened with wire, mines, and sandbags. The central strongpoint was the Hotel de Ville or city hall.

Emboldened by their initial success, the 2nd Battalion continued their attacks during the following days. They moved slowly forward using demolition charges and flamethrowers while their support artillery hammered the roads leading into Metz in an effort to discourage reinforcement. At the southern end of the

envoie dix obus. Cependant, il faudra six jours de plus pour que l'infanterie puisse s'en approcher.

Le **26 octobre**, une compagnie d'infanterie tente d'atteindre le rez-de-chaussée mais elle est repoussée par des matelas enflammés et des lance-flammes. Le lendemain, quatre équipes de dix hommes sont formées. Trois d'entre elles sont bloquées par des fils de fer barbelés et des mines mais le quatrième groupe réussit à ramper à travers un trou ouvert par le canon automoteur. Arrivés à l'intérieur, les hommes se battent au corps à corps jusqu'à ce que tous, à l'exception d'un seul, soient tués ou blessés. Les survivants qui peuvent encore bouger tentent d'échapper tandis que le seul qui ne soit pas blessé retient les Allemands.

Le **29 octobre**, quatre compagnies d'infanterie sont engagées, avec un appui massif dans ce qui va être l'assaut final sur Maizières. L'artillerie divisionnaire envoie des tirs de contre-batterie pour occuper les artilleurs allemands tandis que trois compagnies attaquent de front, depuis le sud, vers le centre de la localité. Deux autres s'y dirigent depuis le nord. Alors qu'elles avancent, l'artillerie déclenche un tir de barrage, écrasant les maisons et faisant exploser les mines. Les Allemands commencent à se replier au milieu d'une certaine confusion et se rendent par petits groupes. Dans la soirée, le gros de la cité est aux mains des Américains, à l'exception de l'hôtel de ville et de quelques maisons au sud et à l'est.

Le lendemain, les poches restantes sont nettoyées et, quand l'infanterie entre enfin dans l'hôtel de ville, elle n'y trouve que des cadavres. Le chef du 3e Bataillon le lieutenant-colonel Mason et le commandant du régiment, le colonel Barth, sont tous deux, décorés de la *Distinguished Service Cross* pour leur participation à l'opération. Bien que le combat ait été acharné, les pertes américaines sont étonnamment légères : 55 officiers et hommes de troupe pendant l'attaque finale. Les pertes allemandes ne peuvent être données avec précision mais il est certain que la plus grande partie d'un bataillon a été liquidé. C'est un pur résultat de la tactique de tenir à tout prix dans des positions intenables. Un délai a été imposé mais les pertes sont hors de proportion avec ce qui a été défendu. Cependant, avec la réduction de Maizières-les-Metz, la *90th Division* a éliminé un important barrage routier sur le chemin menant au cœur de Metz et a ouvert la voie à un mouvement de contournement du saillant fortifié à l'ouest.

L'infanterie US dans les décombres de Maizières-les-Metz au soir du 30 octobre 1944 après que le *357th* ait investi la ville. (NA.)

American infantry in Maizieres-les-Metz. By the evening of the 30 october the 357th held what was left of this town.

town was another slag heap which was blanketed with smoke shells in an effort to hamper enemy observation. Some tanks were brought up after the mines had been cleared, but they proved a liability in such close range fighting. This was simply a job for the infantryman, who often ended up struggling eyeball to eyeball with his opposite number.

Most of the fighting took place on either side of the main north-south street which became known to the GI's as « 88 Boulevard ». To make any progress without being shot at the infantry resorted to a technique known as « mouse-holing » safe and snug in the cellar of one house, they broke into the cellar of the neighboring building and moved through, gaining a further few yards in the process. In case the enemy was nest door, the attackers took a five gallon jerrican full of gasoline, opened the top and stuffed in a piece of rag. This they would light and chuck it through the hole into the next cellar – the ultimate Molotov Cocktail.

By **11 October**, little further progress had been made by the one battalion committed, and Colonel Barth recommended the use of two. The inability to use sufficient troops to outflank the position meant that fighting had to take place along the main north-south street and among the maze of walled gardens and yards surrounding the houses. However, as was usual during the Metz operation, there simply was no spare battalion available, and the only solution was to replace the tired 2nd with the 3rd Battalion. But plans for a coordinated attack were stymied when on **13 October**, a Third Army order instituted a freeze on all ammunition of more than 3-inch caliber, and a 95 percent reduction in expenditure was achieved. This is but another graphic illustration of the straits to which Patton had been reduced by the supply situation and is in direct contrast to the popular image of the unlimited material resources of the U.S. Army at the time. One palliative was the extensive use made of captured guns and ammunition.

Without artillery support, it was obviously impossible to reduce Maizières by all-out assault. It was therefore decided to do the job piecemeal using the ruins as a practical (if dangerous) training ground for street fighting. Carefully-planned attacks with strictly limited objectives were made at company, platoon, and even squad level. Experiments were made and lessons learned. As an addition to the physical combat, a psychological warfare unit was attached, which used a loudspeaker to exhort the Germans to surrender. William Weaver, (Assistant Divisional Commander) who was present at the time, wrote that this outfit might well « have been saved the rigors of battle for all the good it did. Those minions of the Great God Hitler, with whom we were confronted, were not gullible enough to fall for such persuasion and only laughed at it ». Weaver took charge of the operation when Colonel Barth was wounded in the front line towards the end of the attack. « The loss of Colonel Barth was sorely felt by the entire regiment. His keen judgment, tactical skill and employment of common sense, had been directly responsible for the many successes of the regiment carried out with the absolute minimum loss of life. The evacuation of Colonel Barth marked the loss by the regiment of its finest soldier ». (from A short history of the 357th).

The Germans seem to have been content to go along with this limited form of warfare, not taking the initiative themselves. It was during this period that General Mclain left the 90th Division to take command of a corps, and he was replaced by Brig. Gen. James Van Fleet. The latter had led the first regiment to land on D-day at Utah Beach (9th Infantry).

His appointment to command the « Tough Hombres » coincided with the completion of plans for the final assault on Metz, and as a result, ammunition supplies were freed for the Maizières operation. The situation had become intolerable with both Americans and Germans sharing the same town, and General Van Fleet ordered the 357th Infantry to clear the place by 2 November. Colonel Barth, realizing correctly that the Hotel de Ville was the key to the enemy defenses, decided that this had to be tackled first. On **20 October**, a 155mm SP gun was brought up to within 150 yards of the building and fired 10 rounds into it. However, it took six more days before the infantry got near the place.

By **26 October**, an infantry company managed to reach the lower floor but was driven out again by piles of burning mattresses and by flamethrowers. The following day, four ten-man assault teams were formed. Three of them were brought to a halt by mines and wire, but the fourth group managed to crawl in through a hole blasted by the SP gun. Once inside they fought hand to hand until all but one were killed or wounded. The survivors who could still move managed to escape while the one unwounded man held off the Germans.

On **29 October**, five infantry companies with massive fire support were employed in what was to prove the final assault on Maizières. The divisional artillery fired counterbattery shoots to keep the German gunners busy, while three infantry companies attacked abreast toward the town center from the south. Two more moved in from the north. As they advanced, the artillery fired a creeping barrage, smashing the houses and detonating mines. The Germans began to fall back in some confusion and to surrender in small groups. By the evening the bulk of the town was in American hands, except for the city hall and a few houses to the south and east.

The following day these remaining pockets were cleared, and when the infantry finally entered the city hall, they found only corpses. Both the commanding officer of the 3rd Battalion, Lieutenant Colonel Mason and the regimental commander, Colonel Barth, were awarded the Distinguished Service Cross for their part in the operation. Although the fighting had been bitter, the American casualties had been surprisingly light — 55 officers and men during the final attack. German losses cannot be accurately given, but it is certain that the best part of a battalion was wiped out. This was purely as a result of the hold-fast tactic in untenable positions - a delay was imposed but troop losses were out of all proportion to the value of the object defended. However, with the reduction of Maizières-les-Metz, the 90th Division had removed an important roadblock on the way to the heart of Metz and had opened the way for a movement to outflank the fortified salient to the west.

1. Troops put new tracks on a 105 mm Howitzer of the 276th Field Artillery in Metz area.

2. Working hip-deep water, these US Army Engineers rush completion of a ponton bridge across the Moselle River in France.

1. Dans le secteur de Metz, des soldats US réparent un canon automoteur Howitzer de 105 mm appartenant au *276th Field Artillery*, l'accalmie d'octobre va permettre de s'occuper pleinement du matériel avant de se retourner vers Metz. (NA)

2. Les troupes américaines vont également profiter de la relative accalmie d'octobre pour améliorer les lignes et la logistique. On voit ici des *engineers* US monter des passerelles sur la Moselle. (NA)

La pause d'octobre 1944/The october lull

A Thiaucourt, le 2 octobre, les convois du Red Ball Express acheminent les premiers ravitaillements frais à la *5th Inf. Div.* depuis le début de la bataille pour Metz. (NA.)

Thiaucourt, 2 october. The first fresh supplies to arrive since the battle started are being carried by the convoys of Red Ball Express to the 5th Inf. Div.

On profite de cette halte dans les combats pour dégager les véhicules embourbés, quelquefois depuis plusieurs semaines. Photo prise le 17 octobre. (NA.)

This pause was a good occasion for pulling the bogged vehicles clear out of the mud where they were sometimes stuck for weeks.

Les unités de réparation américaines fabriquent des outils qui serviront aux futurs assauts. Au *712th Tank Battalion*, les ouvriers adaptent un pont métallique à un char de dépannage. Photo prise le 25 octobre. (NA.)

GI's of a repair unit weld a bridge to a tank recovery vehicle of the 712th Tank Battalion for use in a attempt to cross the moats surrounding the forts near Metz.

A court de munitions et d'artillerie et privés d'essence pour les colonnes de ravitaillement, les Américains utilisent de manière intensive, près de Metz, le matériel laissé sur place par les Allemands.

US troops, running short of Artillery ammo and gas for the supply convoys, had frequently use the equipment left behind by the Germans.

1. Le 7 octobre 1944, au sein du *344th Field Artillery Battalion* de la *90th Inf. Div.*, les soldats Cleaver, Malecava, Lara et Himler entourent une pièce de prise allemande *Kanone 18* de 100 mm. Les munitions sont d'origine soviétique. (NA)

2. Un autre canon K 18 est repeint en « olive drab » pour lui donner l'apparence du matériel US par George Burito de la *790th Ordonnance Section.* (NA)

1. The 344th Field Artillery Battalion draws a 100 mm K 18 gun. Inscription on the shell fuses are in cyrillic alphabet, showing these are russian shells captured by the Germans. Gisae Glenn Cleaver, Michael Malecalva, Ramon Lara and Joe Himler.

2. A German 100 mm K 18 was captured near Verdun. George Burito, of the 790 th Ord. Sect. Sprays the gun with olive drab paint.

3. Un canon de 76,2 mm d'origine soviétique en usage à la *90th Inf. Div.* (NA)

4. Les troupes US se sont emparés d'un canon de 88 mm dans le secteur de Metz, le 29 octobre 1944. (NA)

3. The 90th Inf. Div. Using a gun taken from the enemy. It's a 76,2 mm, russian made.

***4.** Men of the 733rd Field Artillery Battalion, 90th Inf. Div., captured this 88mm German field piece.*

3

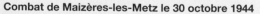

5

Combat de Maizères-les-Metz le 30 octobre 1944

1. Trois hommes de l'équipe de bazooka, Due, Donnely, et Taylor ont détruit un *Panther* dans le secteur de Maizières. (NA.)

2. Dans la ville anéantie par les bombardements, une patrouille US progresse lentement dans Maizières-les-Metz. (NA)

3, 4 et 5. Vues du village.

1. These men of 90th Inf. Div. Bazooka team are H. Due, J. Donnely and J. Taylor fired and knocked out a Panther tank.

2. A patrol moves slowly in the ruined city for fear of German traps.

3, 4 and 5. Views of the destruction caused by the shelling.

Les plans américains

Bien qu'il y ait eu peu de combats en Lorraine pendant la plus grande partie du mois d'octobre, cela ne signifie pas que les chefs et leurs états-majors, aux différents niveaux, soient restés inoccupés. Tous étaient conscients que la situation ne pouvait aller de l'avant et que l'assaut final vers le Rhin était une question de temps. Cependant, établir des plans sur le papier est un exercice frustrant pour un général, spécialement pour l'un d'eux qui a le tempérament de Patton.

A la mi-octobre, le général Eisenhower est confronté à un choix angoissant. Il peut s'enterrer pour l'hiver avec les troupes dont il dispose, reconstituer son ravitaillement grâce au port d'Anvers et assurer le coup final au printemps. Il a une alternative : il reprend l'offensive immédiatement avec les ressources dont il dispose. Le premier plan a le désavantage de laisser du temps aux Allemands pour leur permettre de recompléter leurs effectifs en homme et reconstituer leur matériel. En outre, les responsables de la conduite de la guerre craignent que la production d'avions à réaction va permettre aux Allemands de briser la supériorité aérienne des Alliés et d'obtenir ainsi un répit des missions des bombardiers stratégiques.

The American planning

Even though throughout most of October there had been little fighting in Lorraine, that did not mean that the commanders and their staffs at various levels had been idle. All were aware that the situation could not go on forever and that the final assault toward the Rhine was but a matter of time. Paper planning, however, is a frustrating exercise for a general, especially one with a temperament like Patton's.

In mid-October, General Eisenhower was faced with an agonizing choice. He could dig in for the winter with the troops he had, build up supplies through Antwerp, and strike the knockout blow in spring. The alternative was to resume the offensive immediately with the resources that were available. The former plan had the disadvantage that the enemy would also have time to build up stocks of men and materials. On top of this, those responsible for the war in the air feared that production of jet fighters and pos-

Eisenhower et Bradley en Normandie en juillet 1944, au centre le *Major General* Gerow. (IWM.)

Eisenhower and Bradley in Normandy in July 1944, with in the center, Major-General Gerow.

session of the proximity fuse would enable the Germans to break the stranglehold of Allied air superiority and thus gain a respite from the attentions of the strategic bombers.

On 18 October, Eisenhower met Bradley and Montgomery at Brussels for a top-level conference on future strategy. There, the « great argument » once again reared its ugly head, having been slumbering during the past weeks of comparative inaction. With the prospect of once again getting on the move, both army group commanders staked their claims for the relative slices of the supply cake. Montgomery naturally pleaded priority for his northern thrust to cut off the Ruhr, on the grounds that there were insufficient resources available to support an attack along the whole line. Bradley demanded a double advance to envelop the Ruhr, with Patton coming in from the south via the Saar Basin. The result had to be a compromise between varying national aspirations. Eisenhower agreed, as he had before, that the northern thrust was more important but to appease Bradley, Patton was given the green light for the Saar campaign, « when logistics permit ». Bradley, however, writing after the war, stated that the « target date for the First and Ninth Armies » offensive (north of the Ardennes) was fixed for 4 November. The Third Army was to go « by the tenth ». The operations of the latter, according to Eisenhower would be « subsidiary to » and « so timed as best to assist the main effort in the north. »

Although the Supreme Commander's instructions placed the role assigned to the Third Army in perspective, it would seem that Bradley interpreted this policy declaration somewhat liberally. On **21 October** he sent instructions to his army commanders ordering all three armies to be prepared to advance to the Rhine. As far as the Third Army was concerned, the mission was to cross the Rhine in the Mainz-Worms area, but if a crossing could not be immediately forced, the army was to turn northward toward Frankfurt and Koblenz to clear the west bank of the river. The target date for this operation was set for 10 November. However, at a meeting on the same day, it was agreed between Patton and Bradley that « the date of the attack, fixed by weather conditions rather than by the calendar, being after 5 November. »

Le 18 octobre, Eisenhower rencontre Bradley et Montgomery à Bruxelles pour une conférence au plus haut niveau concernant la stratégie future. Là, le « grand argument » brandit à nouveau sa tête horrible après son assouplissement durant la relative inaction des semaines passées. Avec la perspective de se remettre en mouvement, les deux chefs de groupes d'armées présentent leurs doléances pour les modestes parts du gâteau du ravitaillement. Naturellement, Montgomery plaide pour obtenir la priorité à sa poussée vers le nord en vue de couper la Ruhr, sur la base qu'il n'y aurait pas assez de ressources disponibles pour soutenir une attaque menée sur toute la ligne de front. Bradley demande une double attaque pour encercler la Ruhr avec Patton arrivant par le bassin de la Sarre. Il en résulte un compromis entre les diverses aspirations nationales. Eisenhower donne son accord, comme il l'avait fait auparavant, au fait que la poussée vers le nord reste la plus importante mais, pour calmer Bradley, il donne le feu vert à Patton pour la campagne vers la Sarre, « quand la logistique le permettra ». Cependant, Bradley écrira après la guerre en affirmant que la « date prévue pour le lancement de l'offensive des *First* et *Ninth Armies* » (au nord des Ardennes) avait été fixée au 4 novembre. Celle de la *Third Army* était prévue « pour le dix ». D'après Eisenhower, les opérations de cette dernière étaient « subsidiaires » et « prévues au mieux pour pouvoir soutenir l'effort principal dans le nord. »

Bien que les instructions du *Supreme Commander* aient mis en perspective le rôle attribué à la *Third Army*, il semble que Bradley ait interprété cette déclaration d'intention de manière quelque peu libérale. Le **21 octobre**, il envoie des instructions à ses commandants d'armée en donnant l'ordre à ses trois armées de se préparer à avancer vers le Rhin. En ce qui concerne la *Third Army*, sa mission est de traverser le Rhin dans le secteur de Mayence et de Worms mais, si un franchissement ne peut être obtenu immédiatement, l'armée devra se diriger vers le nord, vers Francfort et Coblence pour nettoyer la rive occidentale du fleuve. La date de lancement de l'opération est prévue pour le 10 novembre. Cependant, lors d'une réunion ce même 21 octobre, Patton et Bradley s'accordent sur le fait que « la date de l'attaque sera fixée plus par les conditions météorologiques que par celles du calendrier, après le 5 novembre. »

Cependant, cet accord est précédé d'une plaidoirie quelque peu optimiste de la part de Patton. Le 17 octobre, son état-major avait produit un plan pour une offensive qui commencerait avec un mouvement du *XII Corps* pour établir une tête de pont de l'autre côté de la Seille. Une fois que celle-ci serait assurée, deux divisions blindées y seraient envoyées, l'une pour sécuriser les hauteurs situées à l'est de Metz tandis que l'autre foncerait directement vers le Rhin. Le *XX Corps* traverserait la Moselle au nord de Thionville, ferait sa jonction avec le *XII Corps* en arrière de Metz et sa *10th Armored Division* se joindrait à la course vers le Rhin. C'est étrange car la

Omar Bradley en 1944.
General Omar Bradley in 1944. CG 12th Army Group. (Heimdal.)

Montgomery en 1944.
Field Marshal Montgomery in 1944 CG 21st Army Group. (Heimdal.)

10th Armored Division ne rejoindra le front du *XX Corps* qu'au début du mois de novembre !

Dans une lettre, Patton met le plan en évidence et va jusqu'à promettre à Bradley qu'il peut atteindre le *Westwall* en trois jours et, à la conférence du **22 octobre**, il déborde d'éloquence. Il demande d'avoir la possibilité de reprendre aussitôt la progression et, si les réserves en munitions du Groupe d'Armées sont mises en commun, il peut partir dans un délai de quarante-huit heures avec d'excellentes perspectives de succès. Cependant, Bradley est prudent et il dit qu'il préfère attendre que tout le front allié se mette en mouvement.

C'est un flagrant exemple d'optimisme de la part de Patton qui tient un front de 85 miles (130 kilomètres de large) avec seulement neuf divisions. Son *XII Corps* est plutôt concentré à l'est de la Moselle mais, s'il avait voulu tenir sa promesse d'attaquer sous 48 heures, il aurait dû complètement redéployer le *XX Corps* pour le concentrer dans le secteur de Thionville, sans une division blindée et lancer ensuite l'assaut au-delà de la rivière. Beaucoup de troupes sont alors dispersées dans des camps de repos et des centres d'entraînement et la *95th Division*, inexpérimentée, est juste en train de s'installer dans la tête de pont du sud de Metz. Si nous croyons le témoignage concernant la conférence avec Bradley, il en aurait résulté le chaos.

En complet contraste avec l'optimisme de leur chef, le rapport d'activité de la *Third Army* signale le **30 octobre** que : « *Le niveau du ravitaillement est tout à fait incapable de soutenir une offensive si celle-ci est lancée immédiatement.* » C'est le sobre jugement des officiers d'état-major mais les choses vont s'améliorer. Le 5 novembre, la date qui avait été évoquée par Bradley, la même source rapportera « *qu'en préparation de la reprise de l'offensive, le ravitaillement en carburant et en rations est d'un bon niveau.* » Cette amélioration est principalement due à l'ouverture de nouvelles têtes de pont ferroviaires directement derrière la ligne de front mais des fournitures telles que les pneus ou le gas-oil sont toujours difficilement disponibles. Comme nous l'avons vu, les munitions ont toujours constitué un problème particulier dans les conditions de la guerre statique qui prévaut alors et avec le *XX Corps* utilisant largement les canons de prise. Mais, le 6 novembre, « *les munitions d'artillerie redeviennent à nouveau disponibles pour une utilisation en quantités relativement importantes.* »

Il est paradoxal que les plans de la *Third Army*, à cette époque, sont basés sur un emploi du *III Corps* qui, en effet, ne prendra pas part aux opérations de Metz. Cette unité est arrivée en tant que formation d'état-major et a été attribuée à la *Third Army* de Patton le 10 octobre, alors qu'elle était restée auparavant en Normandie, manquant de divisions pour la rendre opérationnelle. Les plans A et B sont donnés en détail dans le rapport d'activité *(After Action Report)* en date du 18 octobre mais ils sont résumés ci-dessous uniquement pour montrer comment les plans d'une attaque majeure pouvaient être modifiés juste au moment de l'assaut. Le plan A présente l'idée évoquée ci-dessus des deux corps principaux avançant de chaque côté de Metz avec le nouveau *III Corps* opérant sur l'aile gauche. Le plan B demande au *III Corps* de franchir la Moselle à Thionville tandis que les deux autres corps avancent ensemble au sud de Metz. A ce moment-là, le seul point commun réunissant ces deux projets est une détermination évidente de ne pas attaquer Metz frontalement mais de plutôt contourner la ville.

Cependant, il devient bientôt évident qu'il n'y aura pas assez de troupes disponibles pour utiliser le *III Corps* et que Patton devra faire avec ce qu'il a. Lors d'une conférence, le **1er novembre**, avec ses chefs des unités aériennes et terrestres, il présente l'essentiel de ce qui sera le plan final de l'offensive principale de la *Third Army*, à l'exception des dates et des horaires. Il est supposé que la *First Army* attaquera au nord le Jour J et, à J + 1, le *XII Corps* traversera la Seille. Au même moment, la *95th Division* mènera une attaque de diversion suivie, à J + 2, par la *90th Division* qui traversera la Moselle au nord de Thionville. Dès que le *XII Corps* aura nettoyé le front, la *5th Division* attaquera depuis la tête de pont du *XX Corps* au sud. Et alors, le *III Corps* apparaîtra sur la scène quand il aura finalement obtenu quelques troupes « *pour nettoyer la poche de Metz* ».

Cependant, il y a des problèmes dans le nord qui conduisant à l'annulation de l'attaque de la *First Army* et, le **2 novembre**, Bradley demande à Patton s'il est prêt à y aller seul. La réponse est prévisible et il est décidé d'y aller dès qu'un ciel clément permettra aux chasseurs-bombardiers de faire leur travail. Sinon, l'attaque commencera le 8 novembre, quel que soit le temps. Il en résulte une directive opérationnelle de Bradley le **3 novembre** ordonnant à la *Third Army* d'encercler Metz depuis le nord et le sud et de détruire les troupes allemandes évacuant ce secteur, puis d'avancer vers le Rhin. C'est la première confirmation écrite que j'aie pu

This agreement, however, was preceded by some optimistic pleading on Patton's part. By 17 October his staff had produced a plan for an offensive which would start with a movement by XII Corps to seize a bridgehead across the Seille. Once this was secure, two armored divisions would pour through, one to secure the high ground to the west of Metz while the other would head straight for the Rhine. XX Corps would cross to the north of Thionville, join up with XII Corps behind Metz, and its 10th Armored Division would join in the race for the Rhine. This is odd, for the 10th Armored did not arrive on the XX Corps front until early November!

In a letter, Patton outlined the plan and went as far as to promise Bradley that he could make it to the Westwall in three days, and at the **22 October** meeting, he waxed eloquent. He begged to be able to resume the advance at once, and if the Army Group's ammunition reserves were pooled, he could start within forty-eight hours, with excellent prospects of success. Bradley, however, was cautious and said that he preferred to wait until the entire Allied front could get under way.

This was a piece of blatant optimism on Patton's part, as he was holding a front of 85 miles with only nine divisions. His XII Corps was fairly concentrated to the east of the Moselle, but to attack within 48 hours as promised, he would have had to completely reshuffle XX Corps, concentrate it in the Thionville area without an armored division, and then assault across the river. Many of the troops were spread out in rest camps and training centers and the inexperienced 95th Division was just settling down in the bridgehead south of Metz. The result would have been chaos, if we can believe the account of the meeting with Bradley.

As a complete contrast to their commander's optimism, the Third Army After Action Report stated, on **30 October**, « The supply situation is still incapable of sustaining an offensive if launched immediately. » This was the sober judgment of staff officers, but things were obviously on the mend. On 5 November, the date tentatively set by Bradley, the same source reported, « In preparation for renewal of offensive, supplies of gasoline and rations were in a sound condition. » Much of this was due to the opening of new railheads directly behind the front line, but items such as tires and diesel fuel were still in short supply. As we have seen, ammunition had become a particular problem in the static war conditions that had prevailed, with XX Corps relying largely on captured guns; but on 6 November, « artillery ammunition again became available for expenditure in substantial quantities. »

It is a paradox that Third Army planning at this time was based on the employment of III Corps, which, in effect, never took part in the Metz operation. This unit had arrived as a staff formation from the U.S. and had been assigned to Patton on 10 October — since then it had sat in Normandy for lack of divisions to make it operational. Plans A and B are given in detail in the After Action Report for 18 October 1944, but are summarized below only as an indication of how planning for a major attack can alter right up to the moment of assault. Plan A was the abovementioned scheme for the two main corps to advance on either side of Metz with the new III Corps operating on the left wing. Plan B called for III Corps to make the Thionville crossing while the other two corps moved together south of Metz. The one common factor of all the schemes put about at the time was an obvious determination not to assault Metz frontally, but rather to surround the city.

It soon became apparent, however, that there would not be enough troops available to employ III Corps and that Patton would have to make do with what he had. At a meeting with his air and ground commanders on **1 November**, he laid down the essence of what was to be the final scheme for the main offensive on the Third Army front, except insofar as timing was concerned. It was assumed that the First Army would attack in the north on D-day, and on D+1, XII Corps would move across the Seille. At the same time, the 95th Division would carry out a diversion, followed on D+2 by the 90th Division who would cross the Moselle north of Thionville. As soon as the XII Corps had cleared the front, the 5th Division would attack from the XX Corps southern bridgehead. Even then, III Corps appeared in the outline as it would ultimately be given some troops « to mop up the Metz pocket. »

However, there were problems in the north which led to the postponement of the First Army attack, and on **2 November**, Bradley asked Patton if he was prepared to go it alone. The answer was predictable and it was agreed to go as soon as good flying weather enabled the fighter-bombers to get to work—if not, the attack would be started on 8 November regardless of the weather. As a result, Bradley issued an operational directive on **3 November**, ordering the Third Army to envelop Metz from north and south and to destroy German troops withdrawing from the area, after which they were to advance to the Rhine. This is the first written confirmation that I can find of Metz being treated as a specific objective by 12th Army Group. All previous directives had spoken in broad terms of the Saar and the Rhine.

The same day, Patton issued his directives for the coming operation. The XX Corps was to contain the fortifications to the west of Metz and to cross the Moselle at Koenigsmacker with a minimum of one infantry and one armored division. Once safely across, the corps was to seize road and rail facilities in the vicinity of Boulay, and in conjunction with XII Corps to the south, to destroy enemy forces retiring from Metz. Only then was there talk of the Rhine.

One problem facing the whole of the Third Army at the time was one which could not be solved by the best of planning staffs. The Lorraine area was in the throes of the worst autumn weather for years, characterized by cold temperatures and torrential rain. At the beginning of October, total strength was down to 220,000; 18,000 of whom were out of action with influenza, trench foot, and other weather-conditioned ailments. Vital space had to be taken up with shipments of extra blankets, socks, tents, and waterproof clothing. Ultimately the weather was to prove the undoing of much of the optimistic planning, not only on account of bogged-down vehicles, but because it also negated so many of the vital air support missions - the one great advantage that the Americans possessed over the Germans.

From army level, we now step down to corps. Although General Walker's staff had also been busy committing plans to paper, their final scheme was based on Patton's letter of instruction of 3 November. The corps had the veteran 5th and 90th divisions, the 95th, and newly arrived from America, the fresh 10th Armored Division, commanded by Major General Morris. On the left wing there was still the 83rd Division, but this played no role in the battle for Metz. Walker only had « operational control » over this unit and it was limited to providing fire cover for the Koenigsmacker crossing. With the above order of battle, the corps had 30 infantry battalions, some 500 tanks, and more than 700 guns. In addition, large stocks of engineer bridging equipment and special supplies for dealing with fortifications had been built

trouver de Metz considérée par le *12th Army Group* en tant qu'objectif spécifique. Toutes les directives précédentes avaient évoqué en termes généraux la Sarre et le Rhin.

Le même jour, Patton publie ses directives pour l'opération à venir. Le *XX Corps* devra contenir les fortifications situées à l'ouest de Metz et traversera la Moselle à Koenigsmacker avec un minimum d'une division d'infanterie et d'une division blindée. Une fois en sécurité de l'autre côté, le corps prendra des axes routiers et ferroviaires à proximité de Boulay, et, en coordination avec le *XII Corps* au sud, il détruira les forces allemandes évacuant Metz. C'est seulement alors qu'on évoquera le Rhin.

A ce moment-là, toute la *Third Army* est confrontée à un problème qui ne peut être résolu que par les meilleurs états-majors de planification. La région de la Lorraine se trouve au milieu du pire automne qu'elle ait connu depuis des années. Il est caractérisé par des températures froides et des pluies torrentielles; Au début du mois d'octobre, la force totale de la *Third Army* est tombée à 220 000 hommes ; 18 000 hommes ont été retirés du front à cause de la grippe, des engelures aux pieds et d'autres problèmes dus aux aléas du climat. Il faut amener aussi du matériel de simple survie comme des couvertures supplémentaires, des chaussettes, des tentes et des vêtements imperméables. Finalement, le temps va ruiner bien des plans optimistes, pas seulement à cause des véhicules englués dans la boue mais aussi parce qu'il faut annuler tant de missions vitales d'appui aérien, ce qui est alors le grand avantage dont les Américains disposent face aux Allemands.

Du niveau de l'armée, descendons maintenant à celui du corps. Bien que l'état-major du général Walker ait été aussi actif à élaborer des plans sur le papier, leur cadre final est basé sur une lettre d'instructions de Patton écrite le 3 novembre. Le corps dispose des vétérans de la *5th Division* et de la *90th Division*, de la *95th Division* récemment arrivée d'Amérique et de la toute fraîche *10th Armored Division*, division blindée commandée par le *Major General* Morris. Sur l'aile gauche, il y a toujours la *83rd Division* mais elle ne jouera aucun rôle dans la bataille de Metz. Walker n'a qu'un « contrôle opérationnel » sur cette unité et elle se limitera à fournir un appui feu sur le carrefour de Koenigsmacker. Avec l'ordre de bataille décrit ci-dessus, le corps d'armée dispose de 30 bataillons d'infanterie, de quelque 500 tanks et de plus de 700 canons. En outre, ont été constitués d'importants stocks d'équipement de pont du Génie et de matériel spécial pour attaquer les fortifications. Tout ceci est en contraste flagrant avec les efforts hasardeux pour traverser la Moselle au mois de septembre. Patton se moquait toujours de Montgomery seulement capable, selon lui, d'attaques très organisées mais, ici, il doit franchir une importante rivière plus par ses plans que par son improvisation.

Le 3 novembre, le *Field order N°12* est envoyé aux commandants des divisions. Bien qu'un plan précédent avait parlé de la « réduction » des forts de Metz, cet ordre précise la mission du corps d'armée : il doit encercler et détruire l'ennemi dans la garnison de Metz et s'emparer d'une tête de pont sur la Sarre. Le premier but est la « destruction ou la capture de la garnison de Metz sans investir ou assiéger les forts de Metz ». La leçon du fiasco du Fort Driant semble avoir bien été fidèlement apprise.

Dans le détail, le plan demande à la *90th Division* et à la *5th Division* d'encercler Metz depuis le nord et le sud tandis que le saillant occidental sera contenu par la *95th Division*. Dès que la cité aura capitulé, cette dernière avancera pour liquider toute résistance adverse subsistant. La *10th Armored Division* traversera la Moselle à travers la tête de pont de la *90th Division* et foncera vers la Sarre. Et, petit raffinement, la *95th Division* reçoit une mission supplémentaire. A 15 heures, le Jour J, elle fera une démonstration en traversant la Moselle à Uckange (à quelques kilomètres au nord de la ville) et tiendra là quinze heures au minimum. Ainsi, l'attaque aura lieu en deux phases : d'abord, Metz sera encerclée et, ensuite, le corps traversera la Sarre.

Cependant, avant que tout ceci puisse être appliqué, les troupes doivent être considérablement redéployées. Entre le 31 octobre et le 2 novembre au soir, la *5th Division* quitte ses secteurs de repos pour réoccuper les anciennes positions dans la tête de pont méridional, relevant ainsi la *95th Division*. Cette dernière se met en marche, régiment après régiment, glissant latéralement vers le nord pour prendre des positions autour du saillant fortifié occidental. Là, elle libère des éléments de la *90th Division* et l'infanterie de la *10th Armored Division*. Cette dernière unité doit se concentrer autour de Mars-la-Tour, bien que certaines de ses troupes aient été placées en ligne pour couvrir le redéploiement.

Le rassemblement de la *90th Division* est masqué par un plan compliqué destiné à tromper ces Allemands. Initialement, elle est envoyée vers le

1. Les inondations dans le secteur de Metz, on voit au fond la côte de Mousson.

2. 8 novembre 1944, des éléments de la 5th Infantry Division progressent dans la boue au sud de Metz.

3. Les inondations dans le secteur de la Moselle obligent les Américains à monter des ponts spéciaux.

1. Aerial view of the flooding of the Moselle valley south of Metz. In the background is the Cote de Mousson. (US Army)

2. On 8 November 1944, troops of the 5th Infantry Div. struggling with the mud south of Metz. « Metz Mud » is remembered by all the veterans of the campaign. (NA.)

3. Flooding of the Moselle forced the American engineers to construct special footbridges. (NA.)

nord, dans le secteur d'entraînement situé autour des forts de la ligne Maginot près d'Aumetz - ostensiblement, pour un stage de destruction de fortifications. Leurs positions d'artillerie abandonnées sont munies de leurres
en caoutchouc avec quelques vrais canons disposés pour tirer un coup
ou deux. Cette tromperie est connue sous le nom d'Opération Casanova et
elle utilise tous les trucs décrits dans le manuel. Outre les canons fac-
tices, il y a alors des unités de tromperie phonique qui simulent des bruits
de déplacements de véhicules et d'autres matériels. Dans le secteur de
franchissement, la ligne de la Moselle est tenue par le *3rd Cavalry* et les
officiers de la *90th Division* qui vont effectuer des reconnaissances avancées doivent peindre les marquages du *3rd Cavalry* sur leurs jeeps. Le 1er
Bataillon du *377th Infantry Regiment*, qui se trouve en stage de démonstration à Uckange, reçoit les marquages du *359th Infantry Regiment*, une
unité de la *90th Division*. Le gros de la *90th* ne rejoint pas son secteur de
concentration avant le 7 novembre. Celui-ci est situé dans les profondeurs
de la forêt de Cattenom, juste en face du site de franchissement prévu.
Les unités se déplacent tous feux éteints, les marquages des véhicules
ont été enlevés, ainsi que les insignes de pattes d'épaule.

Nous connaissons les dates des mises en place de ces troupes et aussi
le fait que l'opération n'a pas eu le feu vert avant le 2 novembre. Cependant, dans le registre téléphonique de la *Heeresgruppe G,* on trouve mention à la date du 24 octobre d'une conversation entre le général von Knobelsdorf, commandant en chef de la *1. Armee*, et le général Balck.
Knobelsdorf dit alors qu'il a reçu des rapports selon lesquels la *90th Division* est en mouvement et que « l'armée suppose » que la *5th Division* a
relevé la *95th* qui, à son tour, se dirige à l'ouest de Thionville. C'est très
étrange car il n'y a pas trace dans les sources américaines d'une opération d'intoxication avant les premiers jours de novembre. Cependant,
comme l'attaque ultérieure de la *90th Division* surprendra les Allemands,
on peut seulement supposer que cette opération d'intoxication a été efficace.

Les mouvements présentés ci-dessus en détails ont placé le *XX Corps* sur
des positions d'où il pourra lancer ses attaques. Cependant, il existe encore un petit obstacle qu'il faut d'abord éliminer. Les Allemands ont laissé
une petite tête de pont sur la rive occidentale de la Moselle, au nord de
Thionville. Ils occupent toujours la petite ville de Berg qui domine directement le site de franchissement prévu pour la *90th Division*, une situation
qui ne peut être tolérée. Ainsi, durant la nuit du 2 au **3 novembre**, le *3rd
Cavalry Group* est envoyé pour éliminer ce poste avancé. Le lendemain
matin, avançant à pied, les cavaliers tentent de s'établir eux-mêmes sur
la colline qui domine la localité mais ils sont délogés dans l'après-midi par
une contre-attaque. Ils y retournent le matin suivant avec un appui massif d'artillerie, ils reprennent la colline et nettoient la localité - cette fois
pour de bon. Cette petite attaque est juste l'une des nombreuses opérations qui contribueront au succès du franchissement de la Moselle et,
durant cette attaque, deux *Distinguished Service Cross* sont gagnées.

Le plan général ayant été fixé, les divisions doivent faire leurs propres plans
et les communiquer aux régiments, bataillons, compagnies et sections qui
vont les exécuter. Il semble qu'il règne une bonne dose d'optimisme au
sein du *XX Corps* à cette époque, les hommes étant soulagés par la perspective de repasser à l'action et ayant été amusés par les nombreux exposés faits par Patton ici et là, au long de la ligne de front.

La situation des Allemands au moment de l'attaque

A cause de la pénurie de documents subsistants venant des unités les
moins élevées et à cause du fait que de nombreux témoignages allemands
ont été écrits après la guerre rétrospectivement, il est difficile de se faire
une idée précise de la situation. Cependant, il y a assez d'informations
pour établir un tableau correct des troupes faisant face au *XX Corps* au
début du mois de novembre 1944. C'est essentiel si l'on veut comprendre
ce qui n'allait pas au mois de septembre et pourquoi l'attaque a réussi
deux mois plus tard.

L'aile droite de la *1. Armee* est tenue par les trois divisions du *LXXXII.
Armee-Korps*, couvrant un front allant depuis Metz, tout au long de la
Moselle, jusqu'à l'endroit où la Sarre la rejoint. Comme auparavant, la *462.
VG-Division* est dans Metz et, de là, jusqu'à Koenigsmacker, un front d'une
trentaine de kilomètres de large est tenu par la *19. VG-Division*. Celle-ci
est commandée par le colonel Karl Britzelmayer et elle ne rassemble que
quelque 9 000 hommes. Sur sa droite, il y a toujours la *416. Division* (celle
de « la crème fouettée ») qui est commandée par le *Generalleutnant* Kurt
Pflieger. Cette unité est articulée sur la base habituelle de trois régiments
d'infanterie mais, à l'instar d'une *Volksgrenadier-Division*, chacun n'a que

up. All this was in contrast to the haphazard efforts
to get over the Moselle in September. Patton always
scoffed at Montgomery as only being capable of set-
piece attacks, but here he was having to force a major
river crossing by plan rather than improvisation.

On 3 November, XX Corps issued Field Order No. 12
to the division commanders. Although an earlier plan
had spoken of the « reduction » of the Metz forts, this
order specified the corps mission: as being to encircle
and destroy the enemy in the Metz garrison and capture a bridgehead over the Saar. The primary aim
was the « destruction or capture of the Metz garrison without the investiture or siege of the Metz forts. »
The lesson of the fiasco at Driant seemed to have
been well and truly learned.

In detail, the plan called for the 90th Division and the
5th Division to encircle Metz from the north and south,
while the western salient would be contained by the
95th Division. Once the city was surrounded, the latter would move in to mop up any remaining enemy
resistance. The 10th Armored would cross the Moselle through the 90th Division bridgehead and strike
out for the Saar. As a small refinement, the 95th Division was given an additional mission. At 1500 on D-
day they were to make a demonstration by crossing
the Moselle at Uckange (a few miles north of the city)
and hold out there for a minimum of 15 hours. Thus
the attack was to be two-phased: first, Metz was to
be surrounded, and second, the corps would cross
the Saar.

However, before this could be put into operation, the
troops had to be shuffled around extensively. Between 31 October and the evening of 2 November,
the 5th Division moved from their rest areas to reoccupy their old positions in the southern bridgehead,
relieving in the process the 95th Division. The latter,
moving out regiment by regiment, side-slipped to the
north to take up positions around the western fortified salient. There they freed elements of the 90th
Division and the infantry of the 10th Armored. The
latter unit had been concentrated around Mars-la-
Tour, although some of their troops had been placed in the line to cover the reshuffle.

The assembly of the 90th Division was cloaked by a
complicated deception scheme. Initially they were
moved north into the training area around the Maginot forts near Aumetz—ostensibly for a course in
demolishing fortifications. Their vacated gun positions were filled with rubber dummies, with a few real
guns interspersed for firing an odd round or two. The
deception was known as Operation Casanova, and
employed all the tricks in the book. In addition to the
dummy guns, sound-deception units were on hand
to simulate the movement of vehicles and other
equipment. The line of the Moselle in the area of the
crossing site was held by the 3rd Cavalry, and 90th
Division officers going forward on operational reconnaissance had to paint 3rd Cavalry markings on their
jeeps. The 1st Battalion of the 377th Infantry Regiment who were to stage the demonstration at Uckange, were given the markings of the 359th Infantry, a
90th Division outfit. It was not until 7 November that
the bulk of the 90th moved into their assembly area
situated in the depths of the forest of Cattenom,
directly opposite the crossing site—traveling without
lights and with their vehicle markings obliterated and
their shoulder patches removed.

We know the dates on which these troop movements
took place and also the fact that the Metz operation
was not given the go-ahead until 2 November. However, in the German Army Group G telephone log there
is a record of a conversation between General von
Knobelsdorf, CG of First Army, and General Balck,
on 24 October. In this, Knobelsdorf says that he has

received reports that the 90th Division had moved and « the army assumes » that the 5th Division had relieved the 95th, who in turn had moved to the west of Thionville. This is very strange as there is no evidence from American sources of any deception having been organized before the first few days in November. However, as the subsequent attack by the 90th Division did achieve surprise, one can only assume that the deception operation was effective.

The movements detailed above placed XX Corps on the positions from which it would mount its attack. There was, however, one small nuisance that first had to be eliminated. The Germans had been left with a small bridgehead on the west bank of the Moselle to the north of Thionville. They still occupied the small town of Berg which directly overlooked the planned 90th Division crossing site, a state of affairs that could not be tolerated. Accordingly, during the night of **3 November**, the 3rd Cavalry Group was sent to eliminate this outpost. The following morning, operating on foot, the cavalry managed to establish themselves on the hill overlooking the town, but were dislodged by a counterattack during the afternoon. They returned the following morning with massive artillery support, retook the hill and cleared the town—this time for good. This small attack was just one of the many operations that contributed to the success of the Moselle crossing, and during the attack, two Distinguished Service Crosses were won.

The overall scheme having been fixed, it was up to the divisions to make their individual plans and pass these on to the regiments, battalions, companies, and platoons which were to execute them. It would seem that there was a fair amount of optimism in XX Corps at the time, the men being relieved by the prospect of action once again and having been enlivened by the many pep talks that Patton had been delivering up and down the line.

The German situation at the time of the attack

Owing to the lack of surviving documents from lower-level formations, and the fact that many German accounts were written after the war with the benefit of hindsight, it is difficult to accurately assess their situation. However, there is enough information to give a reasonable picture of the opposition facing XX Corps at the beginning of November 1944. This is essential if we are to understand what went wrong in September and why the attack succeeded two months later.

The right wing of the First Army was held by the three divisions of LXXXII Corps, covering a front from Metz along the Moselle to where that river is joined by the Saar. As before, the 462nd VG Division was in Metz; and from there to Koenigsmacker, a front of some 20 miles was occupied by the 19th VG Division. This was commanded by Colonel Karl Britzelmayer, and had a total strength of some 9,000 men. On their right, there was still the 416th (whipped cream) Division under the command of Lt. Gen. Kurt Pflieger. This unit was organized in the normal three regiments, but like a Volksgrenadier division, each had only two battalions. Its strength was estimated at 8,500. The corps had no tanks, although some antitank and SP guns had arrived toward the end of October. Artillery was also limited and included a number of Russian booty weapons.

South of Metz was the XIII SS Corps, although this was SS in name only—most of its units were from the ordinary army. Facing the 5th Division in the southern bridgehead were their old adversaries, the 17th SS PG Division. The chief of staff of the XIII SS Corps

deux bataillons. Sa force est estimée à 8 500 hommes. Le corps d'armée n'a pas de panzers bien qu'il ait reçu quelques canons antichars et quelques canons automoteurs vers la fin du mois d'octobre. L'artillerie aussi est réduite et elle comprend un certain nombre de canons russes de prise.

Au sud de Metz se trouve le XIII⁰ Corps SS, bien qu'il n'ait de SS que le nom, la plupart de ses unités viennent de l'Armée de Terre. Face à la *5th Division*, au sud de la tête de pont, se trouve son vieil adversaire, la *17. SS-Panzergrenadier-Division*. Le chef d'état-major du XIII⁰ corps SS est le colonel Kurt von Einem. Dans un rapport rédigé après la guerre, il écrira ce qui suit concernant l'attaque attendue : « *Après la fin des combats, le 19 octobre 1944, le corps pensait que, sur toute la ligne de front, les Américains avaient atteint la ligne de départ souhaitée pour une importante offensive. Deux semaines après cette date, on avait mis en évidence que les préparatifs ennemis étaient achevés et que l'offensive pouvait commencer d'un jour à l'autre… Le corps d'armée était tout à fait conscient qu'il n'aurait pas à faire face à une attaque ennemie menée sur un large front. Outre la supériorité bien connue de l'ennemi en matériel, le corps d'armée ne disposait d'aucune forme de réserves et ne devait pas attendre de renforts.* »

Au plus haut degré, une certaine confusion règne alors au sujet du statut de Metz et sur l'endroit exact où l'attaque sera lancée. L'OKW, l'*OB West* et la *Heeresgruppe G* sont impliqués. La question de base pose le sort de la garnison de Metz, doit-elle être livrée à elle-même ou doit-elle être intégrée au front de l'armée ? Cette dernière proposition pose le problème si, comme prévu, les Américains percent au nord et au sud. Dans ce cas, les ailes de la 1ʳᵉ Armée allemande seront repoussées, faisant de Metz un saillant dangereux. Un bon sens tactique conduirait à replier cette armée sur une ligne plus facilement défendable laissant cette armée fixer le plus possible de troupes américaines. Von Rundstedt n'avait pas une grande confiance dans la valeur de Metz en tant que forteresse et, par deux fois en octobre, il avait proposé de l'abandonner. Cependant, l'OKW, qui exprimait la volonté de Hitler, insistait pour la garder dans la ligne générale de défense.

Il est tout à fait évident que la *Heeresgruppe G* attend alors une attaque dans le secteur de Metz et, pour cette raison, la *1. Armee* a été renforcée aux dépens de la *19. Armee*, sa voisine de gauche. D'après la même source, il est aussi évident que les Allemands ont une très bonne idée de l'ordre de bataille américain et qu'ils connaissent le type de concentration qui a été opéré à l'ouest de Thionville ce qui, naturellement, les amène à conclure que l'assaut principal aura lieu en franchissant la Moselle, au nord. Cependant, comme cela a été évoqué précédemment leurs appréciations sont confuses, ce qui est dû, de toute évidence, aux efforts de tromperie des Américains. Dans son livre, von Mellenthin admet qu'ils étaient convaincus que la *14th Armored Division* se trouvait à Thionville alors qu'à cette date elle n'avait pas encore débarqué en Europe. Il signale aussi que « *durant la fin du mois d'octobre, il m'apparut très clairement qu'une autre grande offensive menaçait notre front…* (il y avait) *des indications d'une forte concentration dans le secteur de Thionville, au nord de Metz.* »

Sachant qu'il n'y a pas eu de concentration dans ce secteur avant le début du mois de novembre, on peut seulement supposer que l'auteur fait une confusion dans les dates ou croît quelque chose là où il n'y a rien à voir. En tout cas, sur la base de ces opinions, la *Heeresgruppe G* renforce la liaison entre les 19ᵉ et 416ᵉ divisions avec cinq groupes d'artillerie de campagne, il s'agit précisément de la position qui est le but de l'attaque américaine. En outre, plus de 20 000 mines ont été posées en face de Thionville.

Cependant, il existe des témoignages contraires. Le 29 octobre, au cours d'une conversation téléphonique avec Balck, le général von Knobelsdorf dit qu'il ne croit pas qu'une offensive est imminente et qu'il pense que l'ennemi a étendu trop largement ses moyens. Quatre jours plus tard, parlant à von Mellenthin, von Knobelsdorf dit exactement le contraire, croyant que l'ennemi va alléger sa ligne face à Metz et tentera de prendre la ville par un mouvement en tenaille ou en attaquant par le nord.

Ou que soit la vérité, les sources allemandes admettent que l'attaque de la *90th Division* sera une surprise tactique bien que la *Heeresgruppe G* attende une attaque pour le 9 novembre. Cette date particulière a une signification magique dans la mythologie nazie, elle y est connue comme le *Tag der Bewegung* (le jour du mouvement). C'est l'anniversaire du putsch de 1923 et von Rundstedt envoie un message à Balck : « *Le commandant en chef considère une attaque générale comme possible* ». L'ironie c'est que les Américains sont apparemment complètement ignorants de la signification de la date de leur attaque, qui a été fixée plus par les conditions météorologiques que par le sentiment.

En ce qui concerne Metz, à cause du manque de documents, il nous reste un rapport valable, rédigé après la guerre, par le *Generalleutnant* Heinrich Kittel. Il prendra le commandement de la forteresse le 14 novembre mais il se trouvait dans la ville, recommandant des mesures de défense depuis le 8 novembre. Nous avons vu, dans le chapitre précédent, que la garnison avait été réorganisée en tant que *Volksgrenadier-Division* après que les troupes des écoles militaires soient parties au début du mois d'octobre. Mais l'un de ses régiments (le *VG.-Regt 1216*) avait été transféré le 1er novembre à la *19. VG.-Division* voisine. Cela avait laissé une brèche qu'il avait fallu combler. Le *Sicherungs-Regiment 1010* avait été retiré de 1217e et réorganisé sous le commandement du colonel Antom. Il se composait d'un bataillon de mitrailleuses lourdes de forteresse et d'un bataillon d'infanterie de forteresse (le terme « forteresse » signifie qu'il ne dispose pas de véhicules) et Kittel signale que sa santé est mauvaise et que l'équipement est inadapté.

Ainsi, il a alors sous son commandement trois régiments en sous-effectifs (chacun ne dispose approximativement que de la force d'un bataillon), les troupes divisionnaires citées dans le chapitre précédent et un fatras d'unités diverses qui arriveront jusqu'au 17 novembre. Ceci est à mettre en relation à la politique de Hitler concernant les garnisons des forteresses constituées de soldats médiocres auxquels s'ajoutent un certain nombre de bataillons de mitrailleuses et de bataillons d'infanterie, une compagnie de marins, un bataillon du service du travail (*Reichsarbeitsdienst*) en sous effectifs et un bataillon du *Volkssturm* (territoriale). En ce qui concerne ce dernier, Kittel dira : « *Ses capacités au combat étaient nulles et sa fidélité était douteuse car il y avait des FFI dans ses rangs.* » La seule réserve disponible est le *SS-Panzergrenadier-Regiment 38*, détaché de la *17. SS-Panzergrenadier-Division* et qui est engagé dans la ville.

Kittel donne le chiffre total de 12 000 hommes pour la garnison mais signale que la force combattante de cette division ne se monte qu'à 5 500 hommes, peu d'entre eux sont des troupes aptes au combat.

Kittel est alors un expert de la guerre défensive dans laquelle il s'est déjà distingué sur le front russe. Il a fait de son mieux pour constituer les défenses de Metz, jusqu'au 12 novembre, lorsque le commandant de la forteresse, le général Luebbe, est victime d'une attaque. Kittel sera alors convoqué au quartier général du corps d'armée et se verra confier la tâche peu enviable de freiner l'attaque américaine qui sera alors bien en cours. Il prendra officiellement son commandement le 14 novembre, à son poste de commandement situé à la caserne Riberpray au centre de la ville, sur l'Ile Chambrière. Cet emplacement a été choisi, pour l'ensemble de la forteresse, car cette caserne est installée dans les casemates des vieux ouvrages défensifs du XVIIIe siècle et est reliée à la ligne de forts par des lignes téléphoniques enterrées.

L'artillerie de la division est répartie en deux sections, à cause du manque de mobilité, et son chef, le colonel Vogel, est en charge du nord, il est basé au Fort Plappeville. La section du sud est commandée par le colonel Palm, chef de l'*Artillerie-Regiment 1462*. Les canons disponibles forment un ensemble hétéroclite. Au début du mois de novembre, 30 des canons sous tourelles installés dans les forts sont en ordre de combat, bien que ne disposant pas de matériels de visée et de tables de tir adéquates. Jusqu'à un certain niveau, les forts sont maintenus en état par des spécialistes du Génie qui ne permettent l'accès à quiconque (même au commandant de la forteresse) sans la permission du général commandant le Génie à l'OKH à Berlin !

L'artillerie de campagne consiste en deux groupes d'obusiers de 105 mm, d'une batterie lourde antiaérienne et de deux batteries antiaériennes lourdes fixes. S'y ajoutent une collection de canons divers, principalement des armes de prise italiennes qui seront amenées le 15 novembre. Généralement, les munitions sont rares mais le problème principal réside dans le manque de mobilité. Les tracteurs motorisés sont pratiquement inexistants et il y a une grave pénurie de chevaux. Il semble que la population locale ne souhaite pas aider le camp des perdants et est extrêmement réticente à vendre des chevaux aux Allemands.

Il est clair que, pendant l'accalmie du mois d'octobre, les mesures nécessaires n'ont pas été prises pour assurer un ravitaillement adéquat de la ville. Kittel rapporte que , le 12 novembre (quatre jours après le début de l'attaque américaine), il n'y a de la nourriture que pour deux jours. Ce jour-là, un train arrive mais, au lieu des rations réclamées pour un mois entier, il n'en amène que pour deux à trois semaines. Le dernier train arrivera le 17 novembre, après l'isolement complet de la ville.

Il y a un problème commun aux deux camps, qui a déjà été évoqué, c'est celui de la présence d'une importante population civile à Metz. En ce qui

was Colonel Kurt von Einem. In a report prepared after the war, he wrote as follows concerning the expected attack: « After combat ceased on 19 October 1944, the corps was of the opinion that the Americans along the whole front had achieved the desired start line for a major offensive. After two weeks had passed from this date, it had to be reckoned with that the enemy preparations had been completed and that the offensive could begin any day... . The corps was fully aware that it could not deal with an enemy attack carried out along a broad front. Apart from the well known enemy superiority in materiel, the corps was minus any form of reserve and reinforcements were not to be expected. »

At the highest levels there was some confusion about the status of Metz and exactly where the attack would be launched. OKW, OB West, and Army Group G were all involved. The basic question to be settled was whether the Metz garrison should be left to fend for itself or whether it should still be included in the army front. The latter posed a problem if, as expected, the Americans broke through to the north and south. In this case, the wings of the German First Army would be bent back, leaving Metz as a dangerous salient. It would be good tactical sense if the army could withdraw to a more easily defended line, leaving the city to tie down as many American troops as possible. Von Runstedt did not have much faith in the value of Metz as a fortress, and twice during October he proposed that it be abandoned. OKW, however, as the mouthpiece of Hitler, insisted that it be retained within the general defensive line.

It is quite clear that Army Group G was expecting an attack in the Metz area, and for this reason, the First Army was strengthened at the expense of the 19th Army, its neighbor on the left. From this same source it is also plain that the Germans had a pretty good idea of the American order of battle and were aware of some sort of concentration to the west of Thionville — which naturally led them to conclude that the main assault would be over the Moselle in the north. However, as mentioned in the previous section, there was confusion, no doubt fired by American deception efforts. In his book, von Mellenthin admits that they were convinced that the 14th Armored Division was at Thionville, whereas at that date it had not even landed in Europe. He also states that « during late October it became very clear to me that another big offensive was impending on our front . . . (there were) indications of a strong concentration in the Thionville sector north of Metz.

Knowing that there was no concentration in the area until early November, one can only assume that the writer was confusing his dates or was looking where there was nothing to see. At any rate, as a result of these opinions, Army Group G reinforced the boundary between the 19th and 416th divisions with five field artillery battalions - precisely the position where the American attack was aimed. In addition, more than 20,000 mines were laid opposite Thionville.

However, there were contrary statements. On 29 October, in the course of a telephone conversation with Balck, General von Knobelsdorf said that he did not believe that an offensive was imminent as the enemy had stretched their resources far too widely. Four days earlier, speaking to von Mellenthin, von Knobelsdorf said exactly the opposite, believing that the enemy would thin out his line in front of Metz and would try to take the city either with a pincer movement or by attacking from the north.

Whatever the truth of the matter, the German sources admitted that the 90th Division attack achieved tactical surprise, although Army Group G was warned to expect an attack on 9 November. This particular date had a magical significance in Nazi mythology, being known as the Tag der Bewegung (the day of the movement). This was the anniversary of the 1923 beer hall putsch, and von Rundstedt sent a message to Balck: « The C-in-C regards a general attack as possible. » The irony is that the Americans were apparently blissfully unaware of the significance of the date of their attack—which was determined by weather rather than sentiment.

For Metz itself, in spite of the lack of documentary evidence, we have the valuable postwar report prepared by Lt. Gen. Heinrich Kittel. He took over as fortress commander on 14 November, but had been in the city advising on defense measures since 8 November. We have seen in the previous chapter that the garrison was organized as a Volksgrenadier division after the school troops left in early October, but one of its regiments was transferred to the neighboring 19th VG Division on 1 November (the 1216th VG). This left a gap, and to fill it, the old 1010th Security Regiment was extracted from the 1217th VG and reorganized under the command of Colonel Anton. It was composed of one heavy fortress machine-gun battalion and one fortress infantry battalion (the term « fortress » indicates that it was without vehicles), and Kittel states that its health was poor and the equipment was inadequate.

Thus his command was made up of the three understrength regiments (each worth roughly a battalion), the division troops listed in the previous chapter, and a hodge-podge of miscellaneous units, which were still coming in as late as 17 November. This was in keeping with Hitler's policy of garrisoning fortresses with halb-soldaten, and the additions included a number of fortress machine-gun and infantry battalions, a company of sailors, an understrength battalion of the Reichsarbeitsdienst (Labor Service), and a Volkssturm (Home Guard) battalion. Of the latter, Kittel said, « Fighting qualities were equivalent to zero and reliability doubtful, as there were FFI men in the ranks. » The only available reserve was the 38th SS Panzergrenadier Regiment, which was attached from the 17th PG Division and saw service in the city.

Kittel gives the total ration strength for the garrison as about 12,000, but states that the fighting strength of his division amounted to only 5,500 men, few of whom were proper combat troops.

Kittel was a defensive warfare expert who had distinguished himself on the Russian front. He did his best to build up the Metz defenses, until on 12 November, the fortress commander, General Lueb-be, suffered a stroke. Thus Kittel was summoned to corps HQ and ordered to take over the unenviable task of stemming the American attack, which by then was well under way. He assumed command officially on 14 November in the command post in the Riberpray Barracks which was in the center of the city on the Ile Chambière. The reason for this was that the command post for the entire fortress was situated under the barracks in the casemates of the older 18th century defensive works, and was connected to the outlying forts by buried telephone lines.

The division artillery was split into two sections, due to the chronic lack of mobility, and its commander, Colonel Vogel, was in charge in the north, based on Fort Plappeville. The southern section was commanded by Colonel Palm, CO of the 1462nd Artillery Regiment. The available guns were a mixed bag. By early November, 30 of the turret guns in the forts were in working order, although still without optical sighting equipment or adequate range tables. The forts were still maintained to a certain extent by specialist engineers, who would not allow anyone (even the fortress commander) to enter the works without

La caserne Riberpray en 1944 après les combats et actuellement. Le général Kittel qui commande la place de Metz sera fait prisonnier dans ce bâtiment alors qu'il était blessé à la fin de la bataille pour Metz.

Riberpray Barracks as it was in 1944 after the final battle for the city and as it is today. This was the site of the fortress command post, and the last commander, General Kittel, wounded in the fighting, was taken prisoner in the field hospital in the next building. (both photos courtesy Vincent Geiger.)

concerne les Américains, sur la question morale et politique, celle-ci est gênée par les bombardements à grande échelle de l'aviation et de l'artillerie en soutien des attaques d'infanterie. Ils peuvent cependant compter sur une masse d'informations provenant de sympathisants français et du soutien actif d'unités FFI clandestines. Les Allemands aussi peuvent compter sur le soutien de certaines parties de la population mais doivent rester constamment sur leurs gardes à cause d'une potentielle cinquième colonne. Quand la ville sera prise, la plupart des civils allemands auront quitté le secteur, partis vers l'est sans avoir eu besoin de beaucoup de persuasion.

Nous avons déjà vu que, pendant la plus grande partie du mois d'octobre, les Américains se trouvaient surpassés en effectifs si on comptait les divisions disponibles de part et d'autre. Cependant, au début du mois de novembre, ils avaient été renforcés par deux divisions fraîches avec un équipement complet. Les Allemands avaient été incapables d'utiliser l'accalmie pour reconstituer leurs forces et, en fait, leur capacité défensive s'était progressivement dégradée, à la fois en terme de quantité et de qualité des effectifs. Face à quatre divisions américaines complètement organisées, on trouve quatre faibles divisions allemandes sur une ligne de front d'une soixantaine de kilomètres. Mais, dès que les pinces de la tenaille se seront renfermées sur Metz, le général Kittel se trouvera conduit à défendre un périmètre d'environ soixante-dix kilomètres de long avec seulement une division en sous-effectif, la 1. Armee ayant été repoussée et ayant perdu tout contact avec la ville.

permission from the General of Engineers at OKH in Berlin!

The field artillery consisted of two battalions of light 105-mm howitzers, one heavy antiaircraft battery and two fixed heavy antiaircraft batteries. This was supplemented by a trainload of assorted guns, mainly Italian booty weapons, which was brought in on 15 November. Ammunition was generally scarce, but the main problem was lack of mobility. Motor-tractors were virtually nonexistent and there was a grave shortage of horses. It seems that the local population, not wishing to back the losing side, were extremely reluctant to sell draft horses to the Germans.

It is clear that during the October lull, the necessary steps had not been taken to ensure an adequate supply for the city. Kittel states that on 12 November (four days after the start of the American attack) there was food available for only two days. That day a train arrived, but instead of the requested rations for one month, only enough for two to three weeks was received. The last train came in on 17 November, after which the city was entirely cut off.

One problem common to both sides, which has been touched on before, was the presence of a large civilian population in Metz. As far as the Americans were concerned, on moral and political grounds, they were precluded from large-scale air and artillery bombardments in support of infantry attacks. They could, however, reckon with a flow of intelligence from French sympathizers and active support from underground FFI units. The Germans too could count on support from some sections of the populace, but had to be constantly on guard against potential fifth columnists. By the time the city was captured, most of the German civilians in the area had been moved away to the east, without much persuasion being required.

We have already seen that during most of October, the Americans were actually outnumbered if you count the divisions available on both sides. By the beginning of November, however, they had been reinforced by two fully-equipped fresh divisions. The Germans had been unable to use the lull to build up their forces and, in fact, their defensive capability had gravely deteriorated—both in terms of quantity and quality of manpower. Four fully-organized American divisions faced four weak German divisions along a linear front of some 40 miles, but as soon as the pincers closed around Metz, General Kittel found himself defending a perimeter of 45 miles with only one understrength division—the German First Army having been forced back and having lost contact with the city.

Le *Field Order N° 12* du *XX Corps*, publié le 3 novembre, spécifie que la date du Jour J pour cette opération sera annoncée. Cette décision importante sera prise par le général Patton qui passe la plupart de son temps anxieusement, examinant les rapports de la météo. Le **7 novembre**, la pluie intermittente évolue en pluie torrentielle qui dure plus de 24 heures. Le général Eddy, dont le *XX Corps* marchera en tête, vient réclamer un report de l'opération mais Patton reste de marbre. Il dit que l'attaque va commencer avec ou sans soutien aérien, le lendemain. Ainsi, les dés sont jetés pour l'assaut qui va mener son armée au-delà de la Moselle, jusqu'à la Sarre, avant que n'intervienne l'offensive des Ardennes pour bousculer tous les plans. Ce qui suit est en fait un récit des activités du *XX Corps* pendant les trois semaines suivantes lorsqu'il n'aura pas seulement l'ennemi à affronter mais aussi le mauvais temps, le cinquième élément de Napoléon - la boue !

Dans un souci de clarté, j'ai séparé les phases initiales de la bataille, où les unités se trouvent géographiquement encore dispersées, en exposés séparés sur les diverses divisions. Il est souvent difficile de comprendre les ouvrages consacrés à cette bataille du fait de la nécessité de noter successivement ce qui concerne les divisions, les régiments et les bataillons. Dès que les diverses formations entrent dans Metz, il est possible de comprimer le récit en un éventail plus réduit.

En balayant le champ de bataille

L'intrépide colonel Polk et ses cavaliers blindés se voient confier une tâche mineure. Juste au nord du principal point de franchissement prévu au nord de Thionville, se trouve le dernier poste avancé allemand restant sur la rive occidentale de la Moselle. Il s'agit de la petite ville de Berg, sur une colline dominant directement le point de franchissement. Le *3rd Cavalry Group* l'attaque le **5 novembre** et doit la nettoyer en combattant, souvent au corps à corps. Deux officiers sont blessés et quatre hommes du rang sont tués dans cette opération au cours de laquelle 60 Allemands auraient été tués ou blessés et 45 d'entre eux ont été capturés. Le colonel Polk est décoré d'une étoile de bronze pour ce travail bien accompli.

La conclusion de la bataille de Maizières-les-Metz, le 30 octobre, coïncide avec un réalignement général des forces pour l'offensive finale. Les hommes fatigués du *357th Infantry Regiment* se sont repliés pour panser leurs blessures et ont été remplacés, dans la nuit du 1er novembre, par les 2e et 3e Bataillons du *377th Infantry Regiment* de la *95th Division* qui a quitté ses positions, dans la tête de pont de la *5th Division* pour rejoindre le sud de Metz. Les nouveaux arrivants du *377th* bataillon découvrent qu'il y a encore du travail à faire pour s'attaquer à la sortie orientale de Maizières : le second des deux terrils et un secteur boisé comprenant le château Brieux. Ces objectifs doivent être nettoyés avant l'ouverture de la route menant à Metz. Les premiers jours passés sur la ligne de front, les diverses compagnies envoient des patrouilles pour sonder les positions allemandes, découvrant que ces dernières sont protégées par d'importants champs de mines. L'attaque est programmée pour le soir du **8 novembre**, une attaque de nuit pour des « bleus » qui n'ont jamais pratiqué une telle manœuvre. La *K Company* est lancée sur le terril, partant à 21 heures. Elle charge sur la pente mais elle est fauchée sur le sommet par les mitrailleuses, perdant une section entière dans l'opération et ne réussissant pas à prendre pied.

La *I Company* n'aura pas un meilleur sort. Par une nuit noire, les hommes doivent avancer vers le château par un chemin d'approche boueux sur un terrain dégagé littéralement semé de mines. Ils sont bien appuyés par une artillerie tirant un barrage préliminaire durant 30 minutes, sur l'actuel châ-

The XX Corps Field Order No. 12, issued on 3 November, specified that the date of D-day for this operation would be announced. This momentous decision had to be made by General Patton, who spent much of his time anxiously scanning weather reports. On **7 November**, the intermittent rain changed to a torrential downpour which lasted for more than 24 hours. General Eddy, whose XII Corps was to lead off, came in to plead for a postponement, but Patton was adamant. He said that the attack would go on, with or without air support, the following day. Thus the die was cast for the assault that would carry his army over the Moselle and on toward the Saar—until the Ardennes offensive intervened to upset everyone's calculations. What follows is basically an account of the activities of XX Corps during the next three weeks as they struggled not only with the enemy but also with the weather and Napoleon's fifth element—mud !

For the sake of clarity, I have broken down the initial stages of the battle, where the units were still spread geographically, into separate accounts of the activities of the various divisions. Books about battles are often difficult to understand on account of the necessity for quoting strings of divisional, regimental, and battalion identifications. Once the various different formations moved into Metz, it has been possible to compress the narrative into a narrower compass.

Tidying up the battlefield

The intrepid Colonel Polk and his armored cavalrymen had a minor matter of business to attend to. Just to the north of where the main crossing was to be made north of Thionville was the last remaining German outpost on the west bank of the Moselle, the small town of Berg, on a hill directly overlooking the crossing site. 3rd Cavalry Group attacked it on **5 November** and it had to be cleared by fighting, often hand to hand. Two officers were wounded and four enlisted men were killed in the process which resulted in the killing or wounding of some 60 of the enemy and taking 45 prisoners. Colonel Polk was decorated with a bronze Star for a job well done.

The conclusion of the battle for Maizières-les-Metz on 30 October coincided with the general realignment of the forces for the final offensive. The tired men of the 357th Infantry withdrew to lick their wounds and were replaced on the night of 1 November, by the 2nd and 3rd Battalions 377th Regt of the 95th Division who had moved up from their positions in the 5th Division bridgehead to the south of Metz. The newcomers from the 3rd Bn. found that there was still some unfinished business to tackle at the southern end of Maizières – the second of the two slag heaps and an area of woods including the Chateau Brieux. These objectives had to be cleared of the enemy before the road to Metz could be opened. The first few days in the line, the various companies sent out patrols to feel out the German positions, discovering that the latter were covered with extensive minefields. The attack was set for the evening of **8 November** – a night attack by green troops who had never practiced such a maneuver. K Company was launched at the slag pile, setting out at 2100 hrs. They charged up the slope but were cut down by the machine-guns on the top, losing an entire platoon in the process and failing to secure a foothold.

I Company hardly fared any better. On a pitch-black night the men were to advance towards the chateau down the muddy approach road across open terrain liberally strewn with mines. They were well supported by artillery firing a 30 minute preliminary barrage on the actual chateau and then moving onto the woods behind. Pvt. Ceo Bauer had volunteered to fire a bazooka and he remembered that attack well. "In the darkness, the men became disorganized and milled around excitedly (...) Our barrage lifted and the voices of our squad leaders could be heard rallying their squads. I went towards Sergeant Griese's voice and found the squad. Almost immediately we moved out. In the darkness 'seeing' was difficult and we used white armbands for identification purposes. I could see the other two squads of the first platoon moving out too. Since we were heavily laden with equipment progress was slow. We had gone only fifty yards when I fell into a deep shell hole – perhaps 7 or 8 feet deep. It had been raining and the sides of the hole were slippery clay soil. With all my equipment I found it almost impossible to crawl out of the hole. Several times I slid back to the bottom before I finally made it to the top. The attack platoon had moved on, I was alone". As Ceo Bauer started off again he was aware that the enemy machine guns had opened up, and he passed his buddy, Steve Bodnar lying wounded in the road who tells how – "I approached the barbed wire obstacles in front of the German outposts, a German machine-gun was firing at my platoon mates off to the right. I stopped and fired three quick rounds from the hip. The gun was turned toward me and fired. I was then hit in my lower right leg. It felt like someone hit my leg with a baseball bat, and I fell. "Son-of-a-bitch", I said more surprised than hurt. Where was my immortality gone? »

That was the end of Bodnar's brief combat career and shortly afterwards it was his mate Bauer's turn. He found his sergeant cutting the wire in front of the chateau and crawled through followed by his two assistants on the bazooka. "I got down on my knees to wait. As I did so, a flare arched toward us from the chateau. It hit between Kellogg and me. (...) I felt sharp stings as shrapnel tore into my left arm, side, face and leg. I was wounded. I believe I said 'God, I didn't think you'd do this to me'.

Bauer and Bodnar managed to struggle back into Maizières despite their wounds and were brought to the aid post.. Both survived although Bodnar had his lower leg amputated in hospital because of gangrene setting in. The night attack all in all was a costly if gallant failure. The following day in the morning the survivors of I Company managed to force their way into the chateau, driving out the enemy, while on their right, K Company managed to clear the slag heap. On the **10th November** the Germans demolished the retaining bank of a canal running parallel to the main river, causing a considerable flood which filled the basement of the chateau. The defenders had to climb onto furniture and make platforms. Today, little remains of the once fine chateau, but in 1991, some of the surviving I Company veterans placed a plaque in the grounds.

The Uckange brigehead

As a small contribution to the overall plan, a sideshow was planned, to be carried out by the 95th Divi-

teau, et progressant ensuite sur les bois situés en arrière. Le *Private* Leo Bauer s'était porté volontaire pour servir un bazooka et il se rappelle bien de l'attaque : « *Dans l'obscurité, les hommes commencent à se désorganiser et à s'agiter excités en tous sens (…) Notre barrage commence et on peut entendre nos chefs d'équipe rassemblant leurs équipes. Je me dirige vers le son de la voix du* Sergeant *Griese et je trouve mon équipe. Nous nous mettons en route presqu'immédiatement. Dans l'obscurité, il est difficile de "voir" et nous utilisons des brassards blancs pour nous identifier. Je peux voir les deux autres équipes de la première section avancer aussi. Comme nous sommes lourdement chargés, la progression est lente. Alors que nous avons avancé d'une cinquantaine de mètres, je tombe dans un profond trou d'obus, qui a peut être 7 à 8 pieds (2,20 à 2,50 mètres) de profondeur. Il a plu et les flancs du trou sont constitués d'argile glissante. Avec tout mon équipement, il m'est quasiment impossible de m'extraire du trou. Je glisse plusieurs fois jusqu'au fond avant que je puisse atteindre finalement le sommet. La section d'attaque a avancé, je suis seul.* »

Lorsque Leo Bauer se remet en route, il se rend compte que les mitrailleuses allemandes ont ouvert le feu et il rejoint son camarade, Steve Bodnar, gisant blessé sur le chemin qui lui raconte ceci : « *Je m'approchais des obstacles en fil de fer barbelé devant les postes avancés allemands, une mitrailleuse allemande était en train de tirer sur les camarades de ma section sur la droite. J'ai stoppé et j'ai tiré trois courtes rafales à la main. La mitrailleuse a alors été dirigée vers moi. J'ai alors été touché au bas de ma jambe droite. Je me sentais un peu comme quelqu'un touché à la jambe par une bate de base-ball et je suis tombé. Plus surpris que choqué, j'ai dit alors "fils de pute". Où est passée mon immortalité ?* »

Ce fut la fin de la brève carrière de combattant de Bodnar et peu après c'est le tour de son camarade Bauer. Il trouve son sergent en train de couper le fil de fer devant le château et rampe dans la brèche suivi par ses deux assistants pour le bazooka. « *je me mets sur mes genoux pour attendre. Alors que je me mets ainsi, une fusée arrive vers nous depuis le château. Elle percute le sol entre Kellog et moi (…) Je ressens des éclats aigus comme des Schrapnels se loger dans mon bras gauche, mon flanc, mon visage et ma jambe. Je suis blessé. Je crois que je dis alors "Dieu, je pense que vous n'avez pas fait cela pour moi ?* »

Bauer et Bodnar essaient de revenir à Maizières malgré leurs blessures et sont amenés au poste de secours. Tous deux survivront bien que Bodnar ait été amputé d'une partie de la jambe à l'hôpital à cause de la gangrène. L'attaque de la nuit est malgré tout un échec coûteux même s'il fut brave. Le lendemain matin, les survivants de la *I Company* tentent de forcer le chemin menant au château, repoussant les Allemands tandis que, sur sa droite, la *K Company* tente de nettoyer le terril. Le **10 novembre**, les Allemands démolissent la berge de retenue du canal parallèle au cours principal de la rivière amenant un flot considérable qui remplit les caves du château. Les défenseurs doivent grimper sur les meubles et faire des plateformes. Aujourd'hui, il reste peu de vestiges du beau château mais, en 1991, quelques vétérans survivants de la *I Company* ont placé une plaque sur les fondations.

La tête de pont d'Uckange

Une action collatérale avait été prévue, petite contribution au plan général, sur le flanc nord, par la *95th Division* afin de persuader les Allemands que le franchissement aurait lieu au sud de Thionville. L'unité désignée pour cette mission était le 1er Bataillon du *377th Infantry Regiment* tandis que les deux autres unités de la division, le *358th* et le *359th*, contiennent le saillant fortifié occidental autour de Metz. Le *field order* de la division spécifie que l'attaque sera menée le 8 novembre - Jour-J pour l'avance du *XII Corps* et un jour avant que le *XX Corps* ne se mette en route. Ainsi, le premier sang versé dans la bataille finale de Metz sera versé par les « nouveaux gars » de la *95th*.

Le 1er Bataillon avait été choisi pour franchir la rivière et, après le mouvement effectué depuis le sud de la tête de pont, il est transféré sur la berge de la rivière dans le secteur d'Uckange. Tous les marquages de la *95th Division* ont été enlevés, de faux messages de circulation sont maintenus et ils se camouflent comme des hommes du *359th Infantry Regiment* en route vers le nord, en direction d'Aumetz. Ils ont pour mission de franchir la Moselle, de traverser la plaine inondée sur l'autre rive et occuper la localité d'Immeldange, à cheval sur la route principale nord-sud entre Metz et Sierck-les-Bains. Ils devront alors s'enterrer et attendre d'être relevés par des troupes descendant du principal site de franchissement.

Les déplorables conditions météorologiques font annuler l'attaque aérienne préliminaire prévue contre les Allemands installés sur l'autre rive mais une concentration d'artillerie a bien lieu. Au crépuscule, une compagnie du *320th Combat Engineer Battalion* se glisse par-delà la rivière, fait exploser des mines et ouvre une brèche dans les barbelés. A 21 heures, la *C Company* du *377th* traverse en pagayant dans 17 barques d'assaut sur une distance d'environ 200 mètres. Une fois arrivée de l'autre côté, elle ne rencontre pas d'opposition de la part des Allemands qui sont retranchés un peu en arrière le long de la ligne de la route principale et le *Regiment 73* de la *19. VG-Division* mettra un certain temps à réagir. Cela est surprenant à cause des activités des sapeurs du Génie qui avaient fait un terrible vacarme.

Le petit groupe de fantassins avance de quelque 400 mètres à travers la plaine inondée informe et il s'enterre pour attendre l'aube. C'est alors que l'artillerie allemande s'abat sur eux tandis qu'ils se trouvent à portée de la concentration de canons qui a été amassée pour contrer les attaques précédentes sur Maizières-les-Metz. Cependant, la plupart des obus tombent derrière la *C Company*, sur le site de franchissement où les sapeurs du Génie essaient frénétiquement de lancer une passerelle pour piétons. A cause de ce bombardement, celle-ci est abandonnée et la *A Company* est transférée de l'autre côté dans les premières heures du **9 novembre**. Cependant, c'est alors que le temps montre son influence funeste. La nuit précédente, alimentée par des pluies torrentielles, la rivière commence à déborder et, dans la matinée, elle recouvre les berges. Les eaux turbulentes se sont répandues sur la plaine inondée, doublant la largeur normale de la rivière et accroissant fortement la vitesse du courant. La route approchant le site de franchissement a disparu sous les eaux et tous les efforts pour tendre un fil téléphonique sont anéantis par le courant. Ainsi, les seuls moyens de communication sont assurés par une frêle liaison radio.

A l'aube du 9 novembre, le 1ᵉʳ Bataillon a transféré deux compagnies d'infanterie et une section d'armes lourdes de l'autre côté de la rivière tourbillonnante. Elles commenceront alors à avancer vers l'intérieur, dépassent le village de Rertrange et s'établissent sur une colline basse vers l'est, hors de portée de l'eau envahissante. Bien qu'il n'y ait pas de menace directe de l'infanterie allemande, les tirs de l'artillerie et des mortiers tombent drus et les hommes s'enterrent pour maintenir un peu de chaleur. A 9 h 55, le bataillon transmet ce rapport au QG du régiment : « *Deux compagnies ont traversé la rivière. La rivière est très haute et nous n'allons pas en envoyer d'autres.* »

L'inondation empêche toutes les tentatives de ravitaillement des deux compagnies qui sont alors complètement isolées. La vitesse du courant et les tirs précis de l'artillerie allemande rendent toute traversée de la Moselle de jour plus ou moins impossible, même quand des moteurs de hors-bord sont placés sur les embarcations d'assaut. Il est ainsi décidé de tenter un ravitaillement aérien avec les avions de l'observation d'artillerie. Deux L-4 s'envolent cet après-midi-là avec un « largueur » qui s'est porté volontaire pour s'installer derrière le pilote. En volant à seulement 25 pieds (environ huit mètres) d'altitude, ils tentent de larguer 1 080 rations K, 46 000 cartouches, 4 000 balles de calibre .50, du ravitaillement médical, des cigarettes, des tablettes pour purifier l'eau, du plasma et un sac de papier hygiénique. Les largages sont certainement précis et un chef de section dira : « *Nous avons obtenu des avions toutes les rations dont nous avons besoin.* » Le *Major* Neumann, qui a effectué plusieurs missions aériennes, racontera qu'il pouvait « *voir quelques-uns de nos hommes, debout dans l'eau dans leurs trous individuels. Ils faisaient signe et criaient quand nous jetions quelques rations juste à côté de leurs trous individuels.* » C'est la première des nombreuses occasions où, pendant la Bataille de Metz, de tels avions légers seront utilisés pour des missions de ravitaillement de troupes isolées.

Une indication de l'attitude chevaleresque, qui prévaut alors, est fournie lorsqu'un bateau, chargé de personnel médical et déployant la Croix rouge, tente de traverser la rivière. Entraînés par le courant, sur l'autre rive, ils tombent sur deux soldats allemands qui émergent d'un abri. En bon anglais, ils disent aux infirmiers qu'ils sont au mauvais endroit et ils leur indiquent l'aval. Quelque peu perplexes et méfiants, ils tentent de retourner à leur point de départ où le chef de bataillon les redirige. Engagés dans une nouvelle tentative, ils traversent la rivière et pagaient sur la plaine inondée et arrivent ainsi en lisière de Bertrange. Là, un officier allemand apparaît et leur dit : « *Ici, pas de troupes anglaises. Nous soignons un blessé américain. Vos troupes ? Là-bas.* » Il leur indique alors l'endroit où les Américains sont enterrés.

Le **10 novembre**, malgré le danger de givrage sur les ailes, d'autres missions de ravitaillement ont lieu. On se préoccupe du largage d'obus de mortier qui risqueraient d'exploser à l'impact. En guise de test, un avion

sion on their northern flank to persuade the enemy that the crossing would take place to the south of Thionville. The unit assigned to this mission was the 1st Battalion 377th Infantry, while the other two divisional units, the 358th and 359th, contained the western fortified salient around Metz. The division field order specified that the attack would be carried out on 8 November—D-day for the XII Corps advance and one day before the rest of XX Corps would get under way. Thus first blood in the final battle for Metz was to be scored by the "new boys" of the 95th.

The 1st Battalion was chosen to make the river crossing, and after the move from the southern bridgehead, they were transferred to the riverbank in the Uckange area. All 95th Division markings were removed, fake message traffic was maintained and they disguised themselves as the 359th Infantry Regiment, by then on the way north toward Aumetz. Their mission was to cross the Moselle, move across the flood plain on the far side and occupy the small town of Immeldange astride the main north-south road between Metz and Sierck-les-Bains. There they were to dig in and wait to be relieved by troops moving down from the main crossing site.

The appalling weather conditions precluded the planned preliminary air attack on the enemy on the far bank, but an artillery concentration was fired. At dusk, a company of the 320th Combat Engineer Battalion slipped across the river, detonated mines, and blew a gap through the barbed wire. At 2100, C Company of the 377th paddled across in 17 assault boats, a distance of some 200 yards. Once over they met with no immediate opposition as the Germans were entrenched further back along the line of the main road, and the 73rd Regiment of the 19th VG Division required some time to react. This is surprising because the activities of the engineers must have made a tremendous racket.

The small group of infantry advanced some 400 yards across the featureless floodplain and then dug in to await daylight. It was then that enemy artillery homed in on them, as they were well within range of the concentration of guns that had been amassed to counter the earlier attacks on Maizières-les-Metz. However, most of the shells fell behind C Company on the crossing site where the engineers were frantically trying to construct a footbridge. On account of the shelling, this had to be abandoned, and A Company was ferried over in the early hours of **9 November**. By then, however, the weather had begun to exert its baneful influence. During the previous night the river had started to flood, fed by the torrential rain, and by the morning had burst its banks. The turbulent waters had spread out over the flood plain, doubling the normal width of the river and vastly increasing the speed of the current. The approach road to the crossing site disappeared under the water and all efforts to get a telephone line across were frustrated by the current. Thus the only means of communication were via a frail radio link.

By daybreak on 9 November, the 1st Battalion had two rifle companies and a heavy weapons platoon across the swirling river. They then began to move off further inland, bypassed the village of Rertrange, and established themselves on a low hill to the east, out of reach of the spreading water. Although not directly menaced by enemy infantry, shelling and mortar fire were heavy and the men dug in to keep warm. At 0905, the battalion reported hack to Regimental HQ: "Two companies are across river. River is very high and we're not sending others over."

The flood waters frustrated all attempts to supply the two companies, who were by then entirely cut off. The speed of the current and accurate enemy shelling made daylight movement across the Moselle more or less impossible—even when outboard motors were attached to the assault boats. It was therefore decided to try air supply by artillery spotter aircraft. Ten L-4's flew throughout the afternoon, each with a "dropper" who had volunteered to squat behind the pilot. Flying at only 25 feet, they managed to deliver 1,080 K-rations, 46,000 rounds of small-arms ammunition, 4,000 rounds of .50-caliber ammunition, medical supplies, cigarettes, water purification tablets, plasma, and even a sack of toilet paper. The drops were certainly accurate; and a platoon leader said, "We got all the rations we needed from the planes." Major Neumann, who flew several missions, reported that he "could see some of our men standing in water in their foxholes. They waved and shouted when we dropped some rations right down next to the foxhole." This was the first of several occasions during the Battle of Metz when such light aircraft were used for resupply missions to isolated troops.

An indication that gentlemanly conduct could still prevail was provided when a boatload of medical personnel, displaying the Red Cross, tried to get over the river. Dragged away by the current, they were met on the far bank by two German soldiers, who emerged from a dugout. In good English the medics were told that they were in the wrong place and were directed further downstream. Somewhat puzzled and suspicious, they managed to return to their starting point where they were redirected by the battalion commander. Setting off for another attempt, they crossed the river and paddled on across the flood plain until they arrived at the outskirts of Bertrange. There, a German officer appeared and told them, "No English troops here. We are taking care of one wounded American. Your troops? Up there." He then redirected them to where the Americans were dug in.

On **10 November**, in spite of the danger from icing on the wings, further supply missions were flown. There was worry about dropping mortar rounds as it was feared that they would go off on impact. As an experiment, an aircraft flew over German-held Bertrange and dropped several rounds on the human guinea pigs below. Not observing any explosions, the pilots assumed that it was safe to drop the rounds on their own men.

During the **night of 11/12 November**, the flood waters began to recede, and the following night it proved possible to ferry across the remainder of the battalion. This was undertaken without loss, as the engineers carried out a feint crossing by running their outboard motors, to distract the German artillery observers.

The operation in the Uckange bridgehead failed to tie down any significant numbers of German reserves. The main attack which started on the following day was immediately recognized to be the more important thrust. Thus the point of the deception was lost. The 19th VG Division did not have any reserves to commit anyway and would soon have realized that only small numbers of Americans were involved. By then the Germans had identified the 10th Armored Division north of Thionville and had observed the buildup of bridging equipment in the area. Even if the flood had not hindered the construction of the bridge, an unsupported battalion could not have achieved more than local harassment. As later transpired, a strong armored task force was required to penetrate into Metz from the north, and only succeeded after several days of bitter fighting.

Insigne de la 90th Infantry Division.
The « Tough Hombres ».

survole la localité de Bertrange, tenue par les Allemands, et largue quelques obus sur des cochons d'inde. Ne remarquant pas d'explosions, les pilotes supposent qu'ils peuvent larguer sans risque les obus sur leurs propres hommes.

Pendant la **nuit du 11 au 12 novembre**, l'inondation commence à se résorber et, la nuit suivante, il deviendra possible de transférer le reste du bataillon sur l'autre rive. Ceci est réalisé sans pertes car les sapeurs du Génie ont distrait l'attention des observateurs d'artillerie allemands par une traversée fictive en faisant marcher leurs hors-bords.

L'opération de la tête de pont d'Uckange ne réussit pas à attirer un nombre significatif de réserves allemandes. L'attaque principale, qui commencera le lendemain, sera aussitôt repérée comme étant la plus importante poussée. Ainsi, l'effet de surprise est perdu. La *19. Volksgrenadier-Division* n'a pas de réserves à engager et réalise rapidement que les Américains impliqués dans cette attaque sont peu nombreux. Les Allemands ont alors identifié la *10th Armored Division* au nord de Thionville et ont observé l'accumulation de matériel de pontonement dans le secteur. Même si l'inondation n'avait pas empêché la construction du pont, un bataillon sans soutien n'aurait pu effectuer qu'un harcèlement local. Comme cela apparaîtra plus tard, une puissante force tactique *(task force)* blindée sera nécessaire pour pénétrer à Metz depuis le nord et elle ne réussira qu'après plusieurs jours de combat acharné.

La traversée de la *90th Division* au nord de Thionville

Les « Tough Hombres » ont alors pour mission de réussir ce que le *XX Corps* a été incapable de réaliser en septembre : forcer un franchissement de la Moselle et établir une tête de pont viable. Bien que ce n'était « qu'une rivière de plus » sur la route du Rhin jusqu'aux plus hauts échelons de commandement concernés, pour beaucoup d'hommes de la *90th*, ce sera la dernière rivière sur le chemin du « Jourdain ». La division ne doit pas seulement vaincre les Allemands, elle doit aussi affronter la nature sous la forme d'inondations, d'un froid vif et de la boue omniprésente.

Une reconnaissance préalable a sélectionné une série de sites de franchissement en face des villages de Cattenom et de Gavisse. Ils se dressent à environ un kilomètre et demi de la plaine inondée et, sur la rive opposée, se dresse respectivement Koenigsmacker et Malling. Juste au nord, les hauteurs dévalent directement sur la rivière canalisant ainsi toute approche de la vallée par les Allemands et fournissant un solide ancrage à l'aile gauche de la division. En face du secteur de franchissement, il y a à nouveau environ un kilomètre et demi de terrain plat jusqu'à pouvoir atteindre la route principale entre Metz et Sierck. Derrière celle-ci, le terrain grimpe en pente raide jusqu'à des hauteurs boisées. Au sud-ouest de Koenigsmacker, il y a un fort du type de ceux de Metz antérieurs à 1914 et, au sud-ouest de Malling, il y a un des grands forts de la Ligne Maginot, l'ouvrage de Metrich. Cole décrit ce dernier comme une collection de bunkers et d'ouvrages de campagne mais, en fait, il s'agit d'un fort hautement sophistiqué qui avait été, à l'origine, équipé d'un certain nombre de canons de 75 mm et de 135 mm sous tourelles. Il est heureux pour la force d'assaut que ce fort n'est alors pas opérationnel car les Allemands n'utilisent que quelques-uns de ses abris de surface. Une pièce jumelée de 75 mm du type des tourelles de la Ligne Maginot peut tirer 24 coups à la minute avec une portée d'environ douze kilomètres. Les Français considèrent qu'une telle tourelle est plus redoutable qu'une batterie de canons de campagne.

Le **Fort Koenigsmacker** a été construit en tant qu'élément de la position de Metz-Thionville avant la Première Guerre mondiale. Entre les deux guerres, il a été conservé par les Français en tant que position d'appoint en arrière de la Ligne Maginot. Plus petit que la plupart des forts de Metz, il ne possède qu'une batterie d'artillerie sous tourelles équipées de quatre

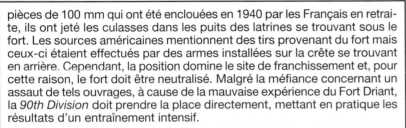

Vues actuelles du site de Cattenom.

Cattenom in 2002.

pièces de 100 mm qui ont été enclouées en 1940 par les Français en retraite, ils ont jeté les culasses dans les puits des latrines se trouvant sous le fort. Les sources américaines mentionnent des tirs provenant du fort mais ceux-ci étaient effectués par des armes installées sur la crête se trouvant en arrière. Cependant, la position domine le site de franchissement et, pour cette raison, le fort doit être neutralisé. Malgré la méfiance concernant un assaut de tels ouvrages, à cause de la mauvaise expérience du Fort Driant, la *90th Division* doit prendre la place directement, mettant en pratique les résultats d'un entraînement intensif.

Deux jours avant le début de l'offensive, la *90th Division* quitte l'abri offert par la forêt de Cattenom pour rejoindre directement l'arrière du secteur de franchissement. Comme celui-ci est placé sous l'observation des Allemands se trouvant sur l'autre rive, tout mouvement a lieu la nuit et, pour empêcher tout espionnage local, tous les marquages d'unités sont effacés. Le gros des troupes doit avancer d'environ 23 kilomètres depuis le secteur de repos situé autour d'Aumetz par des routes transformées en fondrières avec une copieuse couche de boue. Le *3rd Cavalry Group* patrouille activement pour couvrir ce mouvement et pour écarter toute patrouille allemande.

Pendant le début de l'attaque, les officiers de la division sont gratifiés d'un des fameux laïus d'encouragement de Patton dans lequel on note à peu près ce qui suit : « *J'ai circulé aujourd'hui de haut en bas de la ligne de front donnant énormément à tout le monde mais je n'ai pas besoin de vous asticoter bande de salauds. Je m'arrête seulement pour dire salut parce que je pense que je vous insulterais si je ne le faisais pas. Je n'ai rien à vous dire, fils de putes. Je suis certain de la façon dont vous allez vous battre, bandes de salauds.* » Assez curieusement ces sentiments trouvent un écho dans un document allemand capturé qui rapporte ceci : « *L'ennemi* (la 90e) *ne considère plus le combat comme un sport mais combat fanatiquement pour tenir les gains de terrain. Le moral de ses troupes est bon et il attaque vigoureusement même avec des pertes.* » Cette réputation a été gagnée auprès des Allemands durant les combats futiles pour obtenir une tête de pont dans les fortifications occidentales pendant le mois de septembre.

Durant la nuit du **7 au 8 novembre**, les derniers éléments de l'infanterie sortent de la forêt et l'équipement de pontonniers est avancé. Le plan a prévu la traversée avant l'aube du 9 novembre. Sur la droite, le *358th Infantry Regiment* doit traverser sur le site de Cattenom avec son 1er Bataillon détaché pour attaquer le Fort Koenigsmacker. Les deux autres bataillons doivent contourner le fort par le nord et s'établir sur la crête dirigée vers le sud-est. Le *359th Infantry Regiment* est chargé du site de Malling et doit occuper les hauteurs situées en face. Le *357th Infantry Regiment* est tenu en réserve et devra traverser derrière l'un des deux régiments d'assaut et nettoyer la localité de Koenigsmacker. Il devra ensuite avancer le long de la principale crête dirigée vers le sud-est et sur laquelle sont situés les ouvrages de la Ligne Maginot. Ces lignes de crêtes sont importantes car

The 90th Division crossing north of Thionville

It fell to the lot of the "Tough Hombres" to achieve what XX Corps had been unable to do in September - to force a crossing of the Moselle and establish a viable bridgehead. Although this was "just one more river" on the way to the Rhine as far as the higher echelons of command were concerned, for many 90th men, it would be the last river on the way to "Jordan." The division did not only have to conquer the Germans, but also had to cope with nature in the form of floods, bitter cold, and the ever prevailing mud.

Previous reconnaissance had selected a series of crossing sites in front of the villages of Cattenom and Gavisse. These are about a mile hack from the river flood plain and on the on the opposite bank are the villages of Koenigsmacker and Malling, respectively. Just to the north, high ground runs right down to the river, thus channeling any German approach into the valley and providing a secure anchor for the left wing of the division. Opposite the crossing area there is again about one mile of flat ground until the main road between Metz and Sierck is reached. Beyond this the terrain rises steeply onto wooded heights. Southwest of Koenigsmacker was a fort of the pre-1914 Metz type, and southwest of Malling was one of the larger forts of the Maginot Line. the Ouivrage de Mètrich. Cole refers to the latter as a collection of bunkers and field works, 'but it was in fact, a highly sophisticated fort which had originally been equipped with a number of 75-mm and 135-mm guns in turrets. It was lucky for the assault force that this fort was not in operation at the time as the Germans only made use of some of the surface shelters. A pair of 75's in a Maginot-type turret could fire 24 rounds per minute at a range of 12.000 yards. The French reckoned such a turret to be worth a battery of field guns.

Fort Koenigsmacker had been built as part of the Metz-Thionville position prior to the First World War. Between the wars it had been maintained by the French as a backup position behind the Maginot Line. Smaller than many of the Metz torts, it had only one battery of turreted artillery equipped with four 100-

mm guns, which had been spiked by the retreating French in 1940 – they had flung the breech blocks into the latrine pits under the fort. American sources. refer to fire coming from the fort, but this came from weapons sited on the ridge behind. The position, however, dominated the crossing site, and for this reason the fort had to he neutralized. In spite of general reluctance to assault such works as a result of the Driant experience, the 90th Division would have to tackle the place directly, putting into practice the results of intensive training.

Two days prior to the start of the offensive, the 90th Division was moved under cover into the Forest of Cattenom, directly to the rear of the crossing area. As this was subject to enemy observation from the far bank, all movement was by night, and to hinder the local spies, all unit markings were obscured. The bulk of the troops had to move some 15 miles from the rest areas around Aumetz over roads made treacherous with a liberal coating of mud. The 3rd Cavalry Group patrolled actively to cover this movement and to keep German patrols at bay.

Shortly before the attack was due, the officers of the division were regaled with one of Patton's famous pep talks, which went roughly as follows: "I've been going up and down the line today giving hell to everybody, but I don't need to chew out you bastards. I just stopped by to say hello, because I thought you'd be insulted if I didn't. There's nothing I can tell you sons of bitches. You bastards sure know how to fight." Oddly enough, these sentiments were echoed in a captured German document, which stated, "The enemy (the 90th) no longer considers combat a sport but fights fanatically to hold territorial gains. The morale of his troops is good and he attacks vigorously, even in the face of losses." This reputation among the Germans must have been gained during the futile fighting to gain a foothold in the western fortifications during September.

During the night of **7/8 November**, the last of the infantry was secreted in the forest and bridge-buil-

Rocko Gedaro, *C Company, 359th Infantry Regiment.*

la seule route permettant de sortir de la tête de pont de Koenigsmacker court entre elles. En suivant cette direction, la *90th Division* finira par rejoindre les hommes de la *5th Division* venant du sud et fermant ainsi la poche autour de Metz. Dès que la tête de pont sera établie, la *10th Armored Division* traversera et avancera vers la Sarre.

Un témoin décrit le temps comme « *terrible, froid, boueux et pleuvant à verse. La boue est pire que tout. Je sais ce que l'infanterie subit, le temps infect et le sale boulot qui l'attend ne va pas améliorer son sort.* »

L'appui aérien

Pour la première fois pendant la Bataille de Metz, il y a un plan complet pour l'appui aérien et des avions disponibles bien qu'il y ait les habituelles permissions de vol avec les contraintes météo. Ainsi que nous l'avons vu au chapitre précédent, il avait été décidé que l'attaque serait lancée quoi qu'il en soit, que les avions prennent l'air ou pas. Le nom de cette opération a pour nom de code « Madison » et a deux objectifs : tuer des troupes adverses situées sur des positions exposées et causer le plus de dégâts possibles aux principaux forts du secteur. Des cibles subsidiaires comme les installations ferroviaires de Saarbrücken sont aussi prévues. Les bombardiers lourds B-17 de la *Eighth Air Force* et de la *XIX Tactical Force* attaqueront les principaux forts, leurs bombardiers moyens attaqueront les forts moins importants, les dépôts de ravitaillement et les concentrations de troupes dans les bois et leurs chasseurs-bombardiers attaqueront les quartiers généraux.

L'attaque commence le **8 novembre** avec 389 chasseurs-bombardiers menant des attaques à base altitude et, le **9 novembre**, les bombardiers moyens et lourds interviennent, 25 *Wings* avec un total de 1 299 appareils. Cependant, le temps est nettement défavorable, forçant les bombardiers à larguer leurs bombes à 25 000 pieds (un peu plus de 8 000 mètres) d'altitude, à travers les nuages. Le rapport officiel de Madison signale que « *bien que l'efficacité des attaques lourdes du 9 novembre ait été excellente (?), la précision a été très faible. Seulement un a deux pour cent des bombes sont tombées sur les sept secteurs d'objectifs attribués au secteur de Metz. A Thionville, seulement trois des 36* Squadrons *engagés ont été capables d'attaquer les deux cibles principales et aucune n'a été touchée.* » Aucun des forts principaux n'est endommagé sérieusement mais on peut dire que les missions aériennes ont considérablement interrompu les communications allemandes et ont dopé le moral des troupes américaines partant au combat en voyant les bombes pleuvoir sur l'ennemi.

Juste avant minuit, les bataillons d'assaut des *358th* et *359th* commencent leur parcours d'environ 400 mètres en portant leurs embarcations jusqu'au bord de la rivière en suivant des bandes qui avaient été déroulées par les sapeurs du Génie. Mais alors, la plaine inondée s'était muée en un marécage dans lequel les hommes lourdement chargés s'enfoncent jusqu'aux genoux ce qui impose un sérieux effort physique avant même de partir au combat. Les champs qui sont traversés sont déjà en partie sous les eaux de l'inondation qui s'étend et les hommes s'accrochent dans les barbelés et dans les clôtures pour le bétail qui sont en partie submergées. Après avoir surmonté ces écueils, les bataillons de tête grimpent dans leurs embarcations alors qu'ils ont de l'eau jusqu'à la taille et les poussent dans la rivière tourbillonnante. Ils ont alors la chance de pouvoir traverser sans pertes et la plupart d'entre eux atteignent l'autre rive. Assez curieusement, le haut niveau des eaux les a avantagés bien que personne ne l'ait tout d'abord admis. Premièrement, les inondations ont délogé les Allemands de leurs avant-postes situés sur le bord de la rivière et ils avaient dû se replier sur les hauteurs. Deuxièmement, l'eau recouvre les importants champs de mines qui avaient été disposés à proximité de la rive et les embarcations d'assaut sont tout simplement passées au-dessus. Et, certainement, en attaquant sans un bombardement préliminaire, ils ont obtenu une surprise tactique. A 5 heures du matin, les Américains sont établis sur l'autre rive de la Moselle où ils sont rapidement rejoints par deux bataillons supplémentaires qui souffrent de l'attention des artilleurs allemands maintenant alertés.

Le *Sergeant* Rocko Gedaro se souvient bien de la traversée de la Moselle inondée *(C Company, 359th Infantry Regiment)* : « *Je me souviens de cette matinée comme si c'était hier. Nous nous trouvons alors sur les bords de la Moselle et on nous a dit avant que nous allions attaquer à 5 heures du matin et qu'à 4 heures l'artillerie, les mortiers et les mitrailleuses auraient ouvert le feu sur les positions ennemies situées sur la rive opposée. Nos tirs commencent à 4 heures et cessent à 5 heures quand mon équipe grimpe dans l'embarcation de pontonniers. Il y a 4 à 6 hommes dans chaque embarcation et nous devons pagayer pour atteindre la rive opposée et atta-*

quer l'ennemi. Nous pagayons aussi rapidement que nous pouvons alors que l'ennemi envoie dans le ciel des fusées éclairant notre traversée et ils envoient sur nous des obus des mortiers et de l'artillerie. Mon embarcation et quelques autres atteignent l'autre rive. D'autres embarcations sont retournées à cause du courant tourbillonnant et rapide de la Moselle. D'autres enfin sont touchées par les tirs des mortiers et de l'artillerie.

« Nous sautons de nos embarcations et nous commençons à tirer avec nos fusils depuis le sommet de la berge de la rivière. Là, nous voyons l'un des meilleurs sites et des meilleures surprises de la guerre. Face à nous, il y a une tranchée de 5 pieds (environ 1,60 mètre) et d'environ 2 pieds (60 cm) de large. Je cours longtemps, principalement sur la gauche de là où nous sommes et sur notre droite. Sur le côté droit de notre front, il y a des arbres, probablement trois ou quatre, hauts d'environ vingt à trente pieds (6,4 à 9,6 mètres). Nous sautons dans la tranchée et nous savons que nous n'aurons pas à creuser de trou individuel cette nuit. Les Allemands se sont repliés et nous sommes seuls. A 14 heures, on nous apprend d'être sur nos gardes pour une contre-attaque et de voir si nous pouvons faire des prisonniers s'ils mènent une contre-attaque. Juste avant la tombée de la nuit, les Allemands contre-attaquent. Nous ne savons pas quel peut être leur nombre. Ils disposent de peu de couverts et nous tirons sur eux. Certains d'entre nous ont des pistolets allemands et d'autres choses et nous commençons à les jeter dans la Moselle. Nous ne souhaitons pas être pris avec eux de peur de ce qu'ils pourraient faire de nous. Quand ça arrive, nous les stoppons net et ils tournent les talons et courent. A la tombée de la nuit, un soldat ennemi est blessé et n'arrête pas de gémir "ma, ma, ma", toute la soirée. C'est terrible de l'entendre toute la soirée et, si nous pouvions, nous le tuerions. C'est très démoralisant. A minuit, nous pouvons entendre l'ennemi se déplacer autour de nous. Nous supposons que les Allemands sont en train de récupérer leurs blessés et leurs morts. Quand l'aube arrive, nous voyons deux infirmiers allemands agitant un petit drapeau blanc et nous indiquant qu'ils souhaitent évacuer leurs blessés et leurs morts. Ce que nous leur accordons et la matinée est pacifique. »

Sur l'autre site (Malling), le franchissement se déroule aussi selon le plan et les trois bataillons du 359th Infantry Regiment traversent en sécurité. Ils occupent Malling, s'établissent de part et d'autre de la route principale nord-sud à Petit-Hettange et avancent ensuite vers l'est en direction de Kerling. C'est un village qui est un carrefour vital sur la crête qui est leur objectif initial. Là, ils rencontrent la première opposition sérieuse de la part des Allemands mais le 3e Bataillon attaque quatre canons antichars et prend la position.

A Cattenom, le 3e Bataillon du 358th Infantry Regiment traverse la rivière malgré le fait que l'officier commandant l'unité est blessé à la main alors qu'il est en train d'aider à transporter une embarcation. Huit hommes sont nécessaires pour chaque embarcation et un homme de son groupe a glissé dans la boue déclenchant le tir de son fusil qui a atteint le colonel. Charles Bryan, qui commandait alors la L Company décrit la participation de son unité à cette opération : « Notre point de rassemblement était une cimenterie… Les Allemands avaient un poste d'observation sur la rive qui était occupé pendant la nuit. Une équipe avait été désignée pour l'éliminer. Nous ne souhaitons pas faire de prisonniers avant l'aube. Leur mission est accomplie avec le minimum de bruit. Une patrouille allemande forte de deux hommes arrive à la cimenterie alors que nous nous y trouvons. L'élément de sécurité les prend en embuscade mais l'un d'eux est blessé et nous l'installons dans une pièce de la cimenterie. Le PC du bataillon et le poste de secours viennent s'installer ici avant l'aube. A 4 heures, les compagnies K et L ont rassemblé tous leurs hommes et constituent une ligne de départ sur la voie ferrée qui court parallèlement à la rivière. Quand il fait assez jour pour voir, nous avançons sur une colline basse jusqu'au terrain découvert. Quelques Allemands sont installés sur cette colline mais nous sommes sur eux avant qu'ils ne se réveillent. La plupart se rendent mais quelques-uns tentent de combattre. Depuis que nous sommes montés en ligne, nous ne pouvons ouvrir le feu et nous devons combattre au corps à corps. L'un de mes meilleurs sergents, qui rentre juste de l'hôpital (il avait été blessé en Normandie), ne peut extraire sa baïonnette de la poitrine d'un Allemand. Il doit tirer avec son fusil et réduire l'homme en morceaux. Il peut alors dégager sa baïonnette mais il est couvert de sang et de chair. S'il avait pu changer de vêtements et prendre un bain, tout irait bien. Au fil du temps et de l'augmentation de la température, l'odeur lui tape sur les nerfs. Il sera évacué la nuit suivante pour battle fatigue ». (Expression pour désigner l'épuisement psychique au combat, NDT).

Rocko Gedaro se trouve toujours sur la berge de la rivière où il a quelques soucis à cause des snipers : « Dans l'après-midi, quelques balles pénètrent dans la terre de notre tranchée et nous regardons s'ils sont en train

ding equipment was dragged forward. The plan called for the crossing to be made before dawn on 9 November. On the right, the 358th Infantry was to cross at the Cattenom site, with the 1st Battalion detailed to attack Fort Koenigsmacker. The other two battalions were to move past the fort on the north and establish themselves on the ridge leading southeast. The 359th Infantry was allotted to the Malling site and was to occupy the high ground in front. The 357th, in reserve, was to cross behind either of the assault regiments, secure the town of Koenigsmacker, and then move along the main southeast ridge on which the works of the Maginot Line were situated. The emphasis on these ridge lines was important, because the only road leading out from the bridgehead at Koenigsmacker, ran between them. By following that direction, the 90th would ultimately meet up with the 5th Division men coming up from the south, thus closing the neck of the bag around the city of Metz. Once the bridgehead was established, the 10th Armored Division would cross and move off toward the Saar.

An eyewitness described the weather as "terrible—cold, muddy, and pouring rains. The mud was worst of all, I knew how the infantry must be feeling, The miserable weather and the nasty job ahead would not make their lot any easier."

Air support

For the first time during the Battle of Metz there was a comprehensive plan for air support and enough aircraft available, although with the usual proviso – weather permitting. As we have seen in the previous chapter, though, it had been decided that the attack would go ahead anyway, whether the aircraft could fly or not. The codename for the operation was "Madison" which had two main aims – to kill enemy troops in exposed locations and to cause as much damage as possible to the major forts in the area. A subsidiary range of distant targets such as the railway yards at Saarbruecken was also allotted. Eighth Air Force and XIX Tactical Air Force allocated B-17 heavy bombers for attacking the major forts, medium bombers for the lesser forts, supply dumps and troops concentrations in woods, and the fighter-bombers were to attack enemy headquarters.

The attack began on **8 November** with 389 fighter-bombers airborne carrying out low level attacks and on **9 November**, the mediums and heavies intervened. – 25 wings of 1299 aircraft in total. The weather, however, was distinctly unfavorable forcing the bombers to bomb from 25,000 ft. through cloud . The Madison official report states that "although the effectiveness of the heavy attacks on 9 November was excellent (?), accuracy was very low. Only one or two per cent of bombs fell in the seven target areas assigned to the Metz area. At Thionville only three of 36 squadrons dispatched were able to attack the two primary targets, and neither was hit." No major forts were seriously damaged but one can say that the air missions caused considerable disruption to German communications and did wonders for the morale of American troops going into battle, seeing bombs rain down on the enemy.

Just before midnight, the assault battalions of the 358th and 359th began the 400 yard trek to carry their boats to the edge of the water following tapes that had been laid by the engineers. By then the flood plain had degenerated into a bog into which the heavily-laden men sank up to their knees, which imposed a severe physical strain even before they got into action. The fields they were crossing were already partly under water from the rising flood, and the men tripped over barbed-wire and cattle fences that were already partly submerged. After negotiating these hazards, the lead battalions clambered into their boats from waist-high water and pushed out into the raging stream. Luckily they managed to cross unscathed and most of them reached the far bank. Oddly enough, the high water had been to their advantage— although nobody would have admitted it at the time. Firstly, the flood had forced the German advanced posts out of their foxholes near the riverbank from where they had retreated to higher ground. Secondly, the water covered the extensive minefield that had been laid on the far bank, and the assault boats simply floated over them. Certainly, by attacking without a preliminary bombardment, they achieved a tactical surprise. By 0500 they were established on the far side of the Moselle where they were shortly joined by two more battalions, which did suffer from the attentions of the awakened enemy gunners.

Sgt. Rocko Gedaro has vivid memories of crossing the flooded Moselle (C Company 359th Infantry) – "I remember it this morning as if it were yesterday. We were on the banks of the Moselle River and had been told earlier that we were to attack at 0500 and at 0400 the artillery, mortars, and machine guns would open fire on the enemy positions on the opposite bank. At 0400 our firing began and it stopped at 0500 and my squad climbed into pontoon boats. There were 4 to 6 men in each boat and we had to paddle to the opposite shore and attack the enemy. We paddled as fast as we could, all the while, the enemy sent flares into the sky, lighting up our crossing and firing mortar and artillery shells at us. My boat and some others made it to the other side. Other boats overturned due to the swollen and swift current of the Moselle. Others were hit with mortar and artillery fire.

We jumped out of our boats and started to fire our rifles at the top of the bank. We received no return fire and climbed to the top of the river bank. There we saw one of the best sites and surprises of the war. In front of us was a trench about 5 ft. deep and about 2 ft. wide. It ran quite a long way, mostly to the left of where we were and at our right, it curved and went inland. On our right side front, were trees, probably 3 or 4, about twenty to thirty feet tall. We jumped into the trench and knew that we would not have to dig a foxhole tonight. The Germans had retreated and we were alone. At 1400 word came down to us to be on the lookout for a counter attack and see if we can take any prisoners if they do counter attack. Just before darkness, the Germans counter attacked. We didn't know how many of them there were. They had very little cover and we kept firing at them. Some of us who had German pistols and other stuff began to throw them into the Moselle River. I threw my German Luger pistol into the river. We didn't want to be caught with them for fear of what they would do to us. As it happened, we stopped them cold and they turned and ran. As darkness came, one enemy soldier was wounded and kept moaning «Ma, ma, ma» all evening long. This was terrible to listen to all evening and if we could, we would have killed him. It was very demoralizing. At midnight we could hear the enemy moving around. We surmised that the Germans were removing their wounded and dead. As daylight arrived we saw two German medics waving a white flag and motioning to us that they wanted to remove their wounded and dead. This, we let them do and it was a peaceful morning."

At the other site, (Malling) the crossing also proceeded according to plan and all three battalions of the 359th Infantry got across safely. They occupied Malling, established themselves astride the main north-

de nous attaquer. Pas d'ennemis en vue. Nous supposons qu'il s'agit de snipers tirant perchés dans les arbres. Nous trois dans la tranchée, nous décidons que je suis le plus proche des arbres. Je dois tirer un chargeur de balles dans les arbres et rejoindre une nouvelle position, ensuite le second homme fera la même chose puis le troisième tirera en espérant toucher le sniper. Nous avons de la chance. Un sniper tombe des branches auxquelles il était attaché et y reste pendu. Tous trois, nous vidons un chargeur sur lui. Nous voulons être certains qu'il est mort. Peu après, un autre sniper saute ou tombe des arbres. Nous ne pouvons le voir. Quelques minutes plus tard, j'entends quelque chose qui ressemble à une personne courant vers nous. Je me replie du coin où je me trouve en direction de mes hommes. Le sniper arrive et je lui crie "Hand De Hock" (transcription "américaine" pour Hände hoch, "mains en l'air"). Il s'arrête et fait rapidement ce que je lui ai ordonné de faire. Il est jeune et effrayé. Il n'a pas de fusil et je cherche s'il a un pistolet. Il n'en a pas. Quand il est tombé ou a sauté, il a dû s'égarer et a couru vers nous. Nous avons notre prisonnier. Je l'amène à notre Sergeant en suivant la tranchée et celui-ci l'envoie à l'arrière pour être interrogé. Ce sniper ne saura jamais quelle chance il a eu de rester en vie. Tous les fantassins engagés au combat haïssaient et détestaient les snipers. Les snipers se cachaient et nous tiraient dessus. Nous ne les gardions pas. »

A partir de là, le 3e Bataillon du *358th Infantry Regiment* passe à côté du **Fort Koenigsmacker**, se dirigeant vers Inglange et, comme prévu, le 1er Bataillon occupe le petit village de Basse-Ham, en dessous du fort. A partir de là, il commence à grimper à travers les bois en direction du périmètre défensif. Le fort est grossièrement de forme pentagonale, mesurant environ 700 mètres sur 600 mètres. Il est entouré des habituels réseaux successifs de barbelés et d'un fossé revêtu d'un mur de pierre sur son flanc extérieur. Assez curieusement, à la différence des forts de Metz, il n'a pas de palissade en acier. A l'intérieur, il y a trois casernes en béton et une seule batterie sous tourelles « qui n'a jamais tiré ». Il s'y ajoute un certain nombre d'abris d'infanterie en béton, de postes d'observation blindés et de tranchées. Le fort possède alors une garnison d'environ 300 hommes du *Grenadier-Regiment 74* de la *19. VG-Division*, soit un bataillon en sous-effectifs.

Cette fois les attaquants se sont préparés, ils ont été équipés avec des plans convenables du fort et de ses installations souterraines. L'attaque commence à **7 h 15** et les deux compagnies (A et B) avancent à travers le fossé et dans les tranchées situées à l'intérieur du fort avant que la garnison ne réagisse. Une fois arrivées là, cependant, elles subissent les tirs des mortiers réglés à « zéro » sur les tranchées et des sentinelles installées dans les postes d'observation.

Si les défenseurs avaient été correctement entraînés à utiliser de telles fortifications, les Américains n'auraient jamais pu aller aussi loin. Chaque angle du fossé pouvait être flanqué par le tir de mitrailleuses provenant de casemates en béton adroitement camouflées, chacune surmontée d'un dôme d'observation. Cependant, les plans américains réalisés spécialement pour l'attaque, montrent un nombre considérable de buissons dans le fossé qui auraient dû être enlevés par la garnison. SI le *Fahenjunker-Regiment* avait été là, l'histoire aurait pu être bien différente.

A la lumière des erreurs précédentes, aucune tentative de pénétrer dans les tunnels n'a lieu. En commençant par les postes d'observations gênants, des équipes de deux hommes, portant des charges dans les sacoches de 34 livres, courent jusqu'aux portes des bunkers, placent les explosifs et se mettent à l'abri. Après l'explosion de la charge, deux autres hommes avec une autre charge courent à travers le trou et la placent dans les escaliers descendant au réseau de souterrains pour empêcher les Allemands de s'infiltrer à nouveau à la surface du fort. Pendant une phase de l'attaque, une charge est lancée dans le puits de ventilation. Il en résulte une explosion si puissante qu'elle projette un Allemand à la surface. A d'autres endroits, de l'essence est versée dans les ventilateurs et incendiée avec une grenade thermique. C'est une leçon valable tirée de l'action du *Private* Holmlumd contre les puits de ventilation du Fort Driant. Mais il a alors un problème, les réserves d'explosifs et d'essence sont bientôt épuisées. Tout a dû être transporté à la main au-delà de la rivière et jusqu'au fort par les sapeurs du Génie et les fantassins déjà lourdement chargés de leur équipement de combat normal, de leurs armes personnelles et de munitions. Le seul moyen d'obtenir d'urgence du ravitaillement est assuré grâce à un avion d'observation et 500 livres d'explosifs sont largués par parachute le long de la route, à l'arrière du fort.

Durant l'après-midi, le régiment de réserve tente de faire passer deux bataillons et, à la tombée de la nuit, il nettoie la localité de Koenigsmacker. Ainsi, à la fin de cette première journée, la division a huit bataillons d'infanterie sur la rive orientale mais les seules armes lourdes dont elle dispose sur celle-ci sont quelques canons antichars portables. Cette force est complètement isolée et on ne peut compter sur le lancement immédiat d'un pont. Si les Allemands disposent d'assez de réserves, cette force risquera d'être anéantie car le seul soutien dont elle dispose est celui de l'artillerie massée sur la rive occidentale. Les missions aériennes sont impossibles mais, malgré cela, sept villes et villages ont été nettoyés et la tête de pont a environ dix kilomètres de large pour trois kilomètres de profondeur. Les efforts pour construire un radeau sur le site de Malling sont réduits à néant quand celui-ci se retourne, perdant son chargement dans la rivière.

A la nuit tombée, des sérieux efforts de ravitaillement ont lieu, couverts par une artillerie allemande active. Un témoin décrit ces conditions comme terribles : « *Les équipages cherchent leur chemin à tâtons au milieu des champs inondés. Le temps passe et, de nouveau, l'embarcation heurte des poteaux de clôture et l'enchevêtrement des haies endommagent les hélices rendant inefficaces les bateaux à moteur et, au milieu du courant, ils sont secoués, ballottés et déviés de leur cours...* » Arrivés de l'autre côté, le ravitaillement doit être transporté au milieu de la boue arrivant aux genoux. Les équipes chirurgicales opèrent les blessés qui restent autant que possible dans la tête de pont. Seuls ceux dont la vie est en grand danger, s'ils n'ont pas de soins hospitaliers, sont transférés à l'arrière. Certaines unités du Génie responsables des opérations de transbordement ne sont pas à la hauteur de leur tâche. Il y a des cas où les embarcations sont abandonnées, laissant les fantassins livrés à eux-mêmes et un temps considérable est perdu pour les diriger. Il semble que certaines unités du Génie disposaient de personnels non spécialistes qui n'avaient pas été correctement entraînés pour opérer sous le feu.

Le **10 novembre**, l'action est très importante sur la gauche, dans le secteur tenu par le **359th Regiment**. Le 3e Bataillon est repoussé de Kerling par une attaque allemande désespérée et on découvrira plus tard que les positions américaines avaient été quadrillées pour les attaquants par un Français sympathisant des Allemands. Le régiment est alors obligé de se replier pour se réorganiser et la route vitale pour la tête de pont se trouve exposée. La maîtrise de cette route est vitale si la *10th Armored Division* veut être capable de remplir sa mission en avançant vers la Sarre. Cependant, les Allemands n'ont pas de réserves pour faire face et, soutenus par un appui massif de l'artillerie, les trois bataillons avancent à nouveau pendant la matinée. Dans la soirée, bien que Kerling soit toujours aux mains des Allemands, les Américains tiennent un front solide depuis Rettel, sur la rivière, jusqu'aux hauteurs situées au nord de Kerling et s'étendant au sud en direction d'Oudrenne, dans la prochaine vallée.

Au centre, le **357th** avance pour attaquer le fort de Metrich qui est son premier objectif. La pluie est remplacée par du brouillard qui gène les mouvements mais il rend aussi l'observation difficile pour les Allemands. Il paraît impossible de nettoyer tout le secteur, mais, à la tombée de la nuit, les ouvrages sont encerclés et le régiment est solidement installé sur la crête vitale.

Sur la droite, les compagnies A et B du 1er Bataillon du **358th** tiennent approximativement la moitié de la surface du Fort Koenigsmacker. La *C Company*, après avoir repoussé une contre-attaque menée contre Basse-Ham, avance ensuite pour renforcer les troupes sur le fort. Elle approche depuis l'arrière mais se trouve confrontée à une portion particulièrement profonde du fossé et est forcée de faire un détour par l'ouest. Arrivée au sommet, elle peut se joindre aux deux autres compagnies pour repousser une contre-attaque de la garnison qui surgit d'un abri situé tout à fait au sud-est du périmètre. Les tactiques américaines continuent comme auparavant, en avançant d'un abri à l'autre et en les détruisant avec des explosifs et de l'essence qui sont largués à nouveau par des avions légers. Les 2e et 3e Bataillons subissent cependant des tirs depuis le fort et depuis ses arrières et tentent de passer à la faveur du brouillard matinal. Cette dernière unité tente de s'installer sur la crête d'Elzange mais la première, avançant plus tard, est clouée au sol et contrainte de s'enterrer à proximité de son objectif.

Après une seconde journée complète de combat, la situation des troupes dans la tête de pont est tout à fait précaire. Il n'y a toujours pas de tanks ou de tank destroyers sur la rive orientale et l'artillerie reste le seul appui possible : « *En opérant avec de la boue jusqu'aux genoux et tirant à longueur de journée.* » L'infanterie est trempée jusqu'aux os et à moitié gelée. Dans de telles conditions, une bonne division devient mauvaise. La *90th* continue d'avancer. A la tombée de la nuit, toute l'attention se concentre sur les problèmes de ravitaillement et, alors, il faut trois heures pour traverser la rivière. Le 1er Bataillon du *359th*, la dernière réserve res-

south road at Petite-Hettange and then moved off to the east toward Kerling. This was a vital cross-roads village astride the ridge that was their initial objective. There they met the first serious opposition from the enemy, but the 3rd Battalion charged four anti-tank guns and captured the position.

At Cattenom, the 3rd Battalion of the 358th Infantry crossed, in spite of the fact that the commanding officer was wounded in the hand as he helped to carry a boat. Eight men were needed for each boat and one of his group slipped in the mud, discharging his rifle and managing to hit the colonel. Charles Bryan commanded L Company, and described his unit's part in the operation: "Our assembly point was a cement factory. The Germans had a listening post on the riverbank which was occupied at night. A squad was assigned the job of eliminating this. We didn't want any prisoners until after daylight. Their mission was accomplished with a minimum of noise. A two-man German patrol came by the factory while we were there. The security ambushed them, but one was wounded so we put him in a room in the factory. The Battalion HQ and Aid Station was moving in there before daylight. About 0400, K and L Companies had assembled all their men and formed a line of departure on a railroad track running parallel to the river. When it was light enough to see, we advanced up a low hill over open ground. Some Germans were dug in on this hill but we were on top of them before they woke up. Most surrendered but some tried to fight. Since we were integrated, we couldn't fire and had to resort to hand-to-hand combat. One of my best sergeants who had just returned from hospital (wounded in Normandy) could not extract his bayonet from a German's chest. He had to fire his gun and blow the man to pieces. He was able to free the bayonet, but he was smeared with blood and flesh. If he could have changed his clothing and bathed, he would have been alright. As time wore on and the temperature rose, the smell got on his nerves. He was evacuated that night for battle fatigue."

Rocko Gedaro, still down on the river bank was having a slight spot of bother with snipers – "in the afternoon we had several bullets hit the dirt in our trench and looked to see if we were being attacked. No enemy was in sight. We figured it was snipers firing from the trees. The three of us in the trench decided that I was closest to the trees. I would fire a clip of bullets into the trees and move to a new position, then the second man would do the same thing and then the third man would fire and hope we would hit the sniper. We got lucky. A sniper fell from the branch he was tied to and hung there. All three of us emptied our clip into him. We wanted to make sure he was dead. A short time later another sniper jumped or fell from the trees. We could not see him. A few minutes later I heard what sounded like a person running towards us. I backed away from the corner towards my men. The sniper came around the corner and I yelled «Hand De Hock» (meaning, put your hands above your head). He stopped and quickly did as I ordered him to. He was young and frightened. He did not have a rifle and I searched him for a pistol. He had none. When he fell or jumped he must have become confused and ran right into us. We had our prisoner. I led him down our trench to our Sergeant and he sent him to the rear for questioning. That sniper never knew how lucky he was to be alive. All combat infantrymen hated and despised snipers. Snipers would hide and fire at us. Sometime wounding or killing some of our men. We had no use for them."

From there the 3rd Battalion of the 358th moved past Fort Koenigsmacker toward Inglange, and as planned, the 1st Battalion occupied the small village of

Basse Ham below the fort. From there they began to climb up through the woods toward the perimeter. The fort was roughly pentagonal in shape, measuring some 800 by 700 yards. It was surrounded by the usual multistrand barbed-wire entanglement and a ditch revetted on the outside rim by a stone wall. Oddly enough, unlike the Metz forts, there was no iron palisade. Inside there were three concrete barracks and the single turreted battery "which had never been fired." These were supplemented by a number of concrete infantry shelters, armored observation posts and trenches. The fort was garrisoned by some 300 men of the 74th Infantry Regiment of the 19th VG Division (an understrength battalion).

This time the attackers were prepared, being equipped with adequate plans of the fort and its underground installations. At 0715 that attack started, and the two companies (A and B) moved through gaps in the barbed wire which had been blown by bangalore torpedoes. Initial surprise was achieved in that the attackers managed to get through the wire, across the ditch, and into the trenches inside the fort before the garrison reacted. Once there, however, they came under fire from mortars zeroed in on the trenches, and from sentries in the armored observation posts.

Had the defenders been properly trained in the use of such fortifications, the Americans would never have got that far. Each arm of the ditch could be flanked by machine-gun fire from cunningly-concealed concrete blockhouses, each topped by an observation dome. However, American maps made specially for the attack, show a considerable growth of bushes in the ditch, which should have been cleared by the garrison. Had the Officer Candidate Regiment been there, the story might well have been different.

Learning from previous mistakes, no attempts were made to penetrate into the tunnels. Starting with the troublesome observation posts, two-man squads carrying 34-pound satchel charges ran to the doors of the bunkers, placed the explosive and took cover. After the charge went off, two more men with another charge ran in through the hole and placed it on the stairs leading down to the tunnel system to prevent the enemy from filtering back onto the top of the fort. At one stage a charge was dropped down a ventilator shaft. The resulting explosion was so heavy that it blew a German back up to the surface. At other points, fuel was poured down the ventilators and ignited with a thermite grenade. A valuable lesson had been learned from Pvt. Holmlund's work with ventilation shafts at Fort Driant. The problem was that supplies of explosives and fuel were soon exhausted. Everything had to be hand carried across the river and up to the fort by engineers and infantry already heavily laden with their normal battle equipment, personal weapons, and ammunition. The only way to get supplies across in a hurry was by spotter aircraft, and 500 pounds of explosives were dropped by parachute along the road to the rear of the fort.

During the afternoon, the reserve regiment managed to cross two battalions and by nightfall they had cleared the town of Koenigsmacker. Thus by the end of the first day, the division had eight infantry battalions on the east bank, but the only heavy weapons were a few portable antitank guns. The force was completely cut off, and there was no immediate expectation of a bridge being built. Had the enemy possessed sufficient reserves, the force could well have been annihilated as their only support was from the artillery massed on the west bank. Air missions were impossible, but in spite of this, seven towns and villages had been cleared and the bridgehead was

tant sur la rive occidentale, tente de traverser mais est repoussé par le courant. Tout dépend alors des compagnies du Génie debout jusqu'à la taille dans l'eau glaciale et tourbillonnante, essayant de construire les ponts vitaux. A minuit, la structure d'un pont est en place à Malling mais il faudra attendre la nuit suivante pour que les premiers véhicules puissent l'utiliser. Ainsi, les troupes dépendent tout simplement du ravitaillement limité qui peut être transféré ou largué par les pilotes des avions d'observation.

Ce serait le moment pour une contre-attaque allemande efficace qui pourrait prendre au piège les Américains ne disposant pas de blindés et comprimés dans un secteur toujours étroit et sans les yeux de la couverture aérienne. En fait, l'état-major de la division est sur des charbons ardents, il n'est apparemment pas au courant de la faiblesse des Allemands. Purement par chance, la *90th Division* se trouve à la liaison entre la *416. Division* et entre la *19. VG.-Division*, ce qui signifie que le QG du corps d'armée allemand doit prendre le contrôle de la bataille.

Aux premières heures matinales du **11 novembre**, les trois régiments repartent à l'attaque. Leur moral est remarquable si l'on considère que tous ceux qui sont concernés n'avaient quasiment pas dormi depuis 48 heures, sont trempés jusqu'aux os, ont froid et faim. Au nord, le **359th Regiment** repart à l'attaque juste avant l'aube. Le 1er Bataillon, qui se trouve à l'extrême gauche de la tête de pont, subit de violents tirs d'artillerie et est ensuite attaqué par une force d'environ 150 hommes et trois canons d'assaut qui sortent des bois à l'est de Malling. Heureusement pour lui, ce bataillon dispose d'un certain nombre de canons antichars qui ont été transférés durant la nuit et sont en mesure de détruire deux des canons d'assaut allemands. Cependant, l'infanterie est en difficulté et abandonne du terrain. Cette situation critique est rétablie quand une section en sous-effectifs de seulement dix hommes de la *A Company* charge le flanc allemand. Cette action est suivie par des tirs précis de l'artillerie américaine et par une autre attaque de flanc d'une section du bataillon de réserve, conduite par le *Captain* Albert Budd. Bien que sérieusement blessé, Budd continue à diriger ses hommes jusqu'au repli allemand.

Sur la droite du régiment, le 3e Bataillon, en position sur les hauteurs situées au nord de Kerling, est aussi contre-attaqué par de l'infanterie et des canons d'assaut contre lesquels les bazookas se révèlent inefficaces. En désespoir de cause, le bataillon est forcé de réclamer des tirs d'artillerie sur ses propres positions. Deux commandants de compagnie sont tués alors qu'ils rallient leurs hommes mais les Allemands sont contraints de se replier à cause du manque de réserves pour suivre leur pénétration initiale. Cette sorte d'action est souvent menée au corps à corps par de petits groupes d'hommes isolés, réclamant l'initiative et un grand courage personnel. Sans un moral élevé et un sérieux entraînement, de petites unités auraient pu s'effondrer à la mort de leurs officiers et à la réponse des communications.

Au centre, deux bataillons du **357th** avancent en dessous de la crête de la Ligne Maginot, courant au sud-est de la localité de Koenigsmacker. Les ouvrages fortifiés sont plus ou moins hors service. Des troupes spécialisées auraient été nécessaires pour gérer leurs moyens complexes de ravitaillement et leurs systèmes de ventilation. En 1940, ce secteur particulier disposait de 21 canons avec une garnison de 1 400 hommes ; ils ne sont que 250. Cependant, si on fait abstraction des forts actuels, il y a un grand nombre d'abris, de bunkers et de casemates d'intervalle dans le « sous-secteur d'Elzange », dans lequel une force déterminée peut tenir pendant des jours. En accord avec les nouvelles tactiques concernant les fortifications, les Américains ne tenteront pas de pénétrer dans les ouvrages souterrains. Les bunkers qui ne pourront être pris facilement seront simplement détruits avec des explosifs et, si une résistance a lieu, quelques hommes seront engagés pour encercler la place. A la tombée de la nuit, le régiment se trouve sur les hauteurs dominant Briestroff, bien en avance sur les unités de l'autre flanc. Cela l'oblige à transporter son ravitaillement sur près de 4 000 mètres dans un terrain boisé et accidenté, coupé par des ravines.

Sur le flanc sud de la tête de pont, le **358th Regiment** connaît une « journée exceptionnelle », d'après les termes du rapport d'action de la division. Pendant la matinée, le 3e Bataillon tente de capturer une force de secours allemande comptant environ 150 hommes qui tombent dans une embuscade. Elle se dirigeait vers le fort mais son groupe de tête, fort de trois hommes, est capturé et vend la mèche. Le 2e Bataillon tente finalement de passer au nord du fort tandis que le 1er Bataillon continue de combattre à l'intérieur de celui-ci, renforcé par la *G Company*. Une par une, les entrées des bunkers sont détruites à l'explosif ce qui a pour résultat de repousser progressivement la garnison dans les parties souterraines de l'angle sud-ouest. Les effets de l'essence versée dans la ventilation ne se font pas attendre et entraînent les premières redditions. Entre-temps, la *G Company* a progressé autour des arrières du fort où elle va avoir dans le fort

décident qu'ils en ont assez subi et qu'il est temps de se retirer de bonne grâce. Depuis l'entrée arrière du fort, un tunnel court sur près de 400 mètres en direction du nord-ouest, jusqu'à un puits. Les Allemands se faufilent dans le tunnel (apparemment 150 hommes) et lorsqu'ils émergent à l'autre extrémité, ils tombent sur la *G Company* et ils sont capturés.

En tout, les Américains ont fait environ 300 prisonniers dans l'opération du Fort de Koenigsmacker mais les Allemands tués ne sont pas comptabilisés. Leurs propres pertes sont de 111 hommes, tués, blessés et capturés. Le fort est le seul de ceux du type de Metz qui a pu être pris d'assaut avec succès, une action qui doit être portée au crédit du 1er Bataillon du *358th Infantry Regiment*. Cependant, il faut dire qu'ils furent confrontés à des troupes inférieures qu'on ne peut comparer à celles du *Fahnenjuker-Regiment* qui a défendu si habilement le Fort Driant. Les attaquants disposaient aussi de plans convenables et furent capables d'encercler le fort empêchant ainsi tout renfort. Le secteur du Fort Koenigsmacker avait la moitié de la surface de celle du Fort Driant et ses structures intérieures étaient moins compliquées. Cela signifie qu'il était possible d'occuper le secteur avec les troupes disponibles et d'isoler la garnison sans avoir à pénétrer dans la partie souterraine. Les nouvelles tactiques consistant à enfumer systématiquement les défenseurs avaient payé remarquablement.

Tout au long de la journée, le travail avait continué sur le pont à Malling. L'anniversaire de Patton a lieu ce 11 novembre et Bradley rapporte un incident qui a eu lieu quand il lui a téléphoné pour le féliciter. Patton lui raconte que les sapeurs du Génie s'étaient démenés pendant deux jours pour construire le pont et, une fois fini, un tank destroyer commence à traverser. « *En s'approchant de l'extrémité, il quitte le plancher et accroche le câble ancrant le pont à la rive. En un instant, la structure oscille tombe vers l'aval. Toute la maudite compagnie se retrouve assise dans la boue,* dit Patton, *et babille comme des bébés.* » Une autre source signale cette anecdote pour le 12 novembre et signale que cet effondrement serait dû à un impact de l'artillerie allemande. Cette version note que le pont aurait été achevé le 11 novembre à 21 h 11 mais dit que, la voie d'accès étant submergée par l'inondation, elle ne pourra être utilisée avant le lendemain matin. Les premiers véhicules à traverser sont des camions du Génie, à cause de la hauteur de leur châssis surélevé et ils emmènent avec eux des jeeps, des canons antichars et des munitions si nécessaire. Finalement, deux tank destroyers approchent de la rivière qu'ils commencent à franchir lentement endommageant temporairement le pont et en causant la perte du troisième tank destroyer.

La construction du pont sur le site de Cattenom est émaillée de difficultés et les sapeurs du Génie sont constamment gênés par les tirs de l'artillerie allemande. Lorsqu'une section se trouve achevée, on se rend compte que son extrémité est installée sur un champ de mines quand le niveau de l'eau se met à baisser. Toute la section doit être à nouveau mise en flottaison et le secteur doit être déminé avant qu'elle puisse être remise en position.

Cependant, il est certain qu'aux premières heures de la matinée du **12 novembre**, il y a deux tank destroyers dans la tête de pont et qu'avec la baisse du niveau des eaux, il y aura une légère amélioration du ravitaillement, ce qui est heureux pour la *90th Division*. Pour l'instant, les problèmes commencent à surgir. Après l'échec des contre-attaques locales, les Allemands réalisent qu'ils n'ont pas assez de forces pour menacer la tête de pont et réclament une *Panzer-Division* auprès de l'*OB West*. Après une journée de disputes avec l'OKW, on leur octroie finalement un *Kampfgruppe* de la *25. Panzergrenadier-Division* qui avait été mise au repos et pour se reconstituer près de Trèves. La permission finale d'utiliser cette force est donnée avec hésitation bien qu'on réalise alors qu'un succès de Patton en direction de la Sarre pourrait compromettre l'opération prévue dans les Ardennes. Cependant, à cause du manque actuel de carburant, il n'est pas prévu que l'unité puisse arriver avant le 11 novembre, prête pour attaquer comme prévu dans l'après-midi. En fait, le groupe arrive au goutte à goutte selon les disponibilités du carburant si bien que l'attaque est repoussée au lendemain matin.

L'*OB West* a ordonné que l'attaque ait lieu au sud de Sierck qui se trouve à côté de la Moselle mais le plan est changé à cause de l'impraticabilité du terrain, la force aurait dû traverser une ravine escarpée dans laquelle coulent les flots du Montenach. Ainsi, vers 3 heures du matin le 12 novembre, les Allemands bousculent les positions du *359th Infantry* en venant de l'est. La force est constituée du *Panzergrenadier-Regiment 35*, renforcée par dix blindés et canons d'assaut. La première poussée rejette les avant-postes du 3e Bataillon de Kerling et du carrefour vital de routes menant dans la tête de pont. Trois heures plus tard, l'attaque principale se développe selon un axe dont l'intention évidente est de pénétrer jusqu'à Petit-Hettange et de menacer ainsi directement le pont de Malling. Les

some six miles wide by two miles deep. Efforts to construct a raft at the Malling site had been frustrated when it overturned, dumping its load into the river.

After dark, resupply efforts were started in earnest, cloaked from the inquisitive enemy artillery. An eye-witness described the conditions as terrible: "Crews groped their way across inundated fields. Time and again the craft smashed into submerged fence posts and sank. Fence wire and tangled hedges fouled propellers, rendering motorboats helpless; and out in the stream they were rocked, tossed, and swept off their course… » Once on the other side, the supplies had to be carried through knee-deep mud. Surgical teams operated on the wounded, who were retained as far as possible in the bridgehead - only those whose life was in acute danger without hospital treatment were ferried back. Even perambulators were pressed into service for carrying equipment. There is some evidence that the engineer units responsible for the ferry operation were not quite up to the task. There were cases where boats were abandoned, leaving the infantry to man them themselves, and considerable time was lost on account of this. It would seem that some engineer units were filled up with non-specialist personnel who were inadequately trained for action under fire.

During **10 November**, there was considerable action on the left in the area held by the **359th Regiment.** The 3rd Battalion was expelled from Kerling by a spirited German attack, and it was later discovered that the American positions had been pinpointed for the attackers by Frenchmen who sympathized with the Germans. As it was, the regiment was forced to fall back for reorganization and the vital road out of the bridgehead was exposed. Possession of this road was vital if the 10th Armored was to be able to fulfill its mission of moving to the Saar. However, the enemy did not have the reserves to back up the thrust, and backed by massive artillery support, the three battalions advanced again during the morning. By the evening, although Kerling remained in German hands, the Americans held a solid front from Rettel on the river to the high ground north of Kerling and extended south toward Oudrenne in the next valley.

In the center, the **357th** moved off to attack the Metrich fort which was their initial objective. The rain had been replaced by fog which hindered movement, but it also made observation difficult for the enemy. It proved impossible to clear the whole area, but by nightfall the works were surrounded and the regiment was firmly established on the vital ridge.

On the right, A and B Companies of 1st Battalion, the **358th**, were in possession of roughly half the surface of Fort Koenigsmacker. C Company, having repulsed a counterattack against Basse-Ham, then moved up to reinforce the troops on the fort. They approached from the rear, but found themselves faced with a particularly deep portion of the ditch and were forced to move around to the west. Once on top they were able to join the other two companies in repulsing a counterattack by the garrison which erupted from a shelter point in the extreme southeast of the perimeter. The American tactics continued as before, moving from shelter to shelter and destroying them as they went with explosives and fuel, which again had to be dropped by light aircraft. The 2nd and 3rd Battalions, although fired on from the area of the fort and from behind it, managed to slip past during the early morning fog. The latter unit managed to establish themselves on the Elzange ridge, but the former, moving later were pinned down and forced to dig in short of their objective.

After the second full day of fighting, the situation of the troops in the bridgehead was just as precarious. There were still no tanks or tank destroyers on the east bank, so the only support available was from the artillery— "working in mud up their knees and firing round the clock". The infantry were soaked to the skin and half frozen, and it is such conditions that sort out good divisions from bad ones. The 90th kept going. As darkness fell, all attention was diverted to the problems of supply, as by that time, it was taking up to three hours to cross the river. The 1st Battalion of the 359th, the last reserve remaining on the west bank tried to cross, but were forced back by the current. Everything thus depended upon the engineer companies, standing up to the waist in the freezing, swirling water, trying to construct the vital bridges. At midnight, the bare structure of a bridge was in place at Malling, but it was not until the following night that the first vehicles were able to cross. Thus the troops had to simply hang on, depending on the limited supplies ferried over or dropped by the spotter plane pilots.

That was the time for an effective German counterattack, which if pressed home would have caught the Americans unsupported by armor and compressed into a still narrow area and without the eyes provided by air cover. Indeed, the divisional staff were on tenterhooks, apparently unaware of the weakness of the enemy. Purely by chance the 90th Division had hit the boundary between the 416th and 19th VG divisions, which meant that the German corps headquarters had to take over control of the battle.

Early on the morning of **11 November**, all three regiments returned to the attack. Their spirit was remarkable in view of the fact that all concerned had had hardly any sleep for 48 hours, were soaked to the skin, and were both cold and hungry. In the north, the **359th Regiment** again came under attack just before dawn. The 1st Battalion, which was on the extreme left of the bridgehead was violently shelled and then attacked by a force of some 150 men and three SP assault guns that moved out of the woods to the east of Malling. Luckily the battalion had a number of antitank guns which had been ferried across during the night and were able to knock out two of the German guns. The infantry, however, were put off balance and began to give way. This critical situation was rescued when an under-strength platoon of only ten men from A Company charged into the German flank. This was followed up by accurate American artillery fire and another flank attack from a platoon of the reserve battalion, led by Captain Albert Budd. Although seriously wounded, Budd continued to direct his men until the enemy withdrew.

On the right of the regiment, the 3rd Battalion on the high ground to the north of Kerling was also counterattacked by infantry and SP guns, against which their bazookas proved ineffective. In desperation they were forced to call for artillery fire on their own positions. Two of the company commanders were killed as they rallied their men, but the Germans were forced to withdraw owing to lack of reserves to follow up their initial penetration. This sort of action, often fought hand to hand by small isolated groups of men, calls for initiative and great personal courage. Without high morale and thorough training, small units can fall to pieces when their officers are killed and communications break down.

In the center, two battalions of the **357th** moved on down the ridge of the Maginot Line, running southeast from the town of Koenigsmacker. The works themselves were manned only by a scratch security detachment of some 250 men, and the forts were

blindés avancent le long de la route avec l'infanterie marchant en une seule file à gauche et à droite de cette route, en direction de la position de réserve tenue par le 2ᵉ Bataillon, laissant le flanc exposé à une attaque menée du nord par les deux autres bataillons contre qui une attaque secondaire est lancée.

Une première résistance est offerte quand la colonne allemande tombe dans une embuscade tendue par la *G Company* du 2ᵉ Bataillon qui est appuyé par un détachement d'armes lourdes. Les mortiers et les mitrailleuses de cette dernière tentent de la mettre en échec et force les attaquants à détacher une partie de leurs forces pour faire face à cette menace. Un certain *Private* Oliver continue à servir sa mitrailleuse jusqu'au moment où il est tué avant d'avoir lui-même tué 22 Allemands. Un *Sergeant* de la section de mortiers est si serré de près par les Allemands qu'il jette le bipied de son arme et continue de tirer à la hanche. Bien qu'elle soit encerclée, la *G Company* continue de tenir jusqu'à ce que les Allemands soient repoussés par les tirs d'artillerie venant de la rive occidentale de la Moselle.

Le *Sergeant* de la section de mortiers qui s'est couvert de gloire ce jour-là est Forrest Everhart de la *H Company*, 2ᵉ Bataillon du *359th Infantry Regiment*, il obtiendra une citation pour la Médaille d'Honneur du Congrès, la plus haute décoration américaine pour le courage individuel.

« *Il commandait une section qui portait le poids d'une contre-attaque désespérée de l'ennemi près de Kerling, en France, avant l'aube du 12 novembre 1944. Quand les chars et les canons automoteurs allemands ont pénétré son flanc gauche et menacé de submerger les forces d'infanterie, la seule mitrailleuse restant dans le secteur. Il courut environ 400 mètres à travers des bois retournés par l'artillerie et des concentrations de mortiers pour renforcer la défense. Avec un tireur restant, il dirigea un tir furieux sur les hordes avançant jusqu'à grouiller près de la position. Il laisse son arme et charge courageusement les attaquants et, après un échange de grenades durant 15 minutes, il les force au repli en laissant derrière eux 30 morts. Il retraverse le terrain balayé par les tirs pour rejoindre le flanc droit alors menacé, exhortant ses hommes et dirigeant un feu meurtrier à partir de la seule mitrailleuse se trouvant sur cette position. Là, à la lumière de l'explosion des obus de mortiers, il s'engage à nouveau avec l'ennemi dans un duel à la grenade et, après un féroce combat de 30 minutes, il force les Allemands à se replier, laissant 20 autres morts. Le courage et l'intrépidité du T/Sgt Everhart, en raillant ses hommes et en refusant de se replier face à une terrible menace ont été en grande partie à l'origine du rejet de la fanatique contre-attaque ennemie dirigée contre la tête de pont américaine de l'autre côté de la Moselle.* »

Le reste de la force d'attaque se presse sur la route vers Petit-Hettange, laissant ses flancs plus ou moins exposés. Elle tente de détruire deux canons antichars qui ont été placés à l'entrée du village mais un troisième canon bloque temporairement l'avance à seule un kilomètre et demi du site du pont. A ce moment-là, le chef de bataillon, le colonel Booth, tente de rassembler une force composite formée avec du personnel des services, des cuisiniers, des chauffeurs, des secrétaires et autres, au carrefour situé juste au nord-ouest du village. Ces hommes envoient une grêle de tirs de bazooka et d'armes légères au milieu des Allemands désorganisés. Les canons de 20 groupes d'artillerie américains se mettent alors à tirer et, juste à ce moment-là, les deux seuls tank-destroyers de la tête de pont surgissent sur ce théâtre à la pâle lumière de l'aube.

Au centre, ce 12 novembre, le *357th Infantry Regiment* fait d'autres progrès le long de la crête centrale bien qu'il soit ralenti par des résistances isolées provenant des bunkers de la Ligne Maginot qui parsèment le terrain. Avec quelque difficulté, le bataillon de réserve a pu traverser la rivière la nuit précédente. Il est réclamé d'urgence car les deux bataillons de tête commencent à ressentir les pertes subies et la fatigue du combat per-

La Médaille d'Honneur du Congrès.
The Congress Medal.

manent. Un membre de la *L Company* du 3ᵉ Bataillon se voit aussi attribuer une médaille d'Honneur à titre posthume ; il s'agit du PFC Sayers. Voici le texte de la citation : « *Il a déployé un courage remarquable au-delà de son devoir lors du combat du 12 novembre 1944 près de Thionville, en France. Durant une attaque contre de solides forces hostiles retranchées sur une colline, il a couru sans peur sur le chemin d'approche escarpé vers son objectif et a installé sa mitrailleuse à une vingtaine de mètres de l'ennemi, il a ramassé son arme et a chargé au milieu de tirs dévastateurs de mitrailleuse et de fusil jusqu'à la limite de la position et a tué douze soldats allemands avec un tir à bout portant ravageur. Il s'est installé en position derrière un tronc d'arbre et a engagé de flanc l'infanterie hostile dans une tentative héroïque d'attirer son attention tandis que ses camarades atteignaient leur objectif sur la crête de la colline. Il a été tué par une très forte concentration de tirs mais son assaut impavide a permis à sa compagnie de balayer la colline avec un minimum de pertes, tuant ou capturant tous les soldats ennemis sur celle-ci. L'esprit combatif indomptable du Pfc. Sayers, son agressivité, et son suprême engagement à son devoir sont un exemple des plus hautes traditions du service militaire.* »

Sur la droite, le 1ᵉʳ Bataillon du **358th Infantry Regiment** est placé en réserve pour récupérer des attaques menées sur le Fort Koenigsmacker. Les deux autres bataillons tentent de nettoyer les villages de Valmestroff et Fizange après un combat de rue acharné. C'est là qu'une arme nouvelle est rencontrée pour la première fois : une mine faite de bois et de plastique et qui ne peut être trouvée par les détecteurs de mines que les Américains utilisent à cette époque.

Ainsi, à la fin de cette journée du 12 novembre, il est établi que la tête de pont est sécurisée bien que la progression ait été bien plus lente que prévue et la *10th Armored Division* n'a toujours pas traversé. Le pont de Malling a été réparé et, alors que le niveau de l'eau continue de descendre, deux sections de tanks et d'autres véhicules d'appui traversent. La construction d'un pont sur le site de Cattenom est en cours et un efficace écran de brouillard artificiel a été mis en place. Cependant, tout ceci apporte peu de confort aux troupes de la rive orientale. La force des effectifs de quelques unités a été réduite de moitié et la plupart des hommes manquent de couvertures, de nourriture chaude et de vêtements secs. La résistance allemande n'est pas brisée et plus la *90th Division* avance, plus elle s'éloigne du parapluie protecteur de l'artillerie massée sur la rive occidentale. Sans un soutien aérien efficace, il est vital de faire traverser des canons avant de continuer à avancer.

Le commandement allemand est encore plus critique au sujet de la qualité de la *19. VG-Division* et de la *416. Division*. « *Les deux divisions ont offert peu de résistance dans le secteur… leur qualité combative est basse et, de toute façon, elles étaient étirées sur un front trop large.* » Cependant, si on considère à quel point elles étaient pauvrement armées, elles ont combattu sacrément bien ; la *90th Division* avait quelque chose à affronter sur son chemin. Il n'y a pas eu de redditions de masse et les deux unités ont tenté de maintenir un front cohérent. Mais, au soir du 12 novembre, à la *Heeresgruppe G*, le général Balck a abandonné l'espoir d'éliminer la tête de pont située au nord de Thionville. Confronté à une autre menace au sud de Metz, il a mis ses forces au nord sur la défensive, ayant appris qu'il ne pourrait obtenir aucun renfort.

Le franchissement de la 95th Division à Thionville

Nous avons laissé la *95th Division* en train de contenir le périmètre occidental des fortifications de Metz et avec un bataillon établi en face d'Uckange dans une tête de pont quelque peu périlleuse - une tête de pont qui n'avait été simplement prévue que comme une diversion. Cependant, le 10 novembre, confronté aux inondations de la Moselle et à l'apparente impossibilité d'établir un pont pour appuyer l'effort de la *90th Division*, le général Walker décide de mener un effort subsidiaire. Il a besoin d'un pont pour faire traverser la *10th Armored Division*, en conformité avec les ordres. Les seules troupes disponibles sont celles du 2ᵉ Bataillon du *378th Infantry Regiment*, commandé par le lieutenant-colonel Autrey Maroun, qui est une réserve de la division. Comme la plupart des unités de la *95th Division*, il n'a pratiquement pas d'expérience du combat mais, comme les événements vont le prouver, ce n'est apparemment pas un désavantage.

Dans une lettre envoyée à l'auteur, le colonel Maroun (maintenant *Major General* en retraite) a écrit ce qui suit : « *Je fus appelé au QG de la* 95th Division *où le chef d'état-major, le colonel Harvey Golightly me montra un ordre du XX Corps signé par le G-3, le colonel Snyder. Je devais reconnaître à* Thionville *un site pour un pont possible sur lequel la* 10th Armored Division *(à ce que je crois) pourrait passer. Après une conférence avec*

more or less inoperative. Specialist troops would have been required to man their complicated power supply and ventilation systems—that particular sector in 1940 had 21 mounted guns and had been garrisoned by 1,400 men. However, disregarding the actual forts, there were a large number of shelters, bunkers, and interval casemates in the so-called Elzange Subsector, in which a determined force could have resisted for days. In accordance with the new tactics for dealing with fortifications, the Americans made no attempt to penetrate into the underground workings. Bunkers that could not easily be taken were simply demolished with explosives, and where opposition was discovered, a few men were dropped off to surround the place. By nightfall, the regiment was on the high ground overlooking Briestroff, well in advance of the units on either flank. This left them with a 4,000-yard carry for supplies across a series of gullies and in broken, wooded country.

On the southern flank of the bridgehead, the **358th Regiment** had what the Division After Action Report termed an "exceptional day." During the morning, the 3rd Battalion managed to capture a German relief force of some 150 men who walked into an ambush. They were heading for the fort but their three-man advance party was captured and gave the game away. The 2nd Battalion finally managed to get past the fort to the north, while the 1st Battalion continued the struggle inside, reinforced by G Company. One by one the remaining bunker entrances were blown in, with the result that the garrison was gradually forced back into the underground parts at the southwest corner. The effects of more fuel poured down the ventilators prompted the first surrenders. In the meanwhile, G Company had moved around to the rear of the fort, where they were due to receive a surprise. The Germans in the fort decided that they had had enough and that it was time to retire gracefully. Leading from the rear entrance of the fort was a tunnel that ran some 400 yards north-west toward a well. The Germans filed through the tunnel (apparently about 150 men), and as they emerged from the other end, they ran slap into G Company and were taken prisoner.

In all, the Americans took some 300 prisoners in the Koenigsmacker operation, but the enemy dead were never counted. Their own losses were 111, killed, wounded, and captured. The fort was the only one of the Metz type to be successfully taken by storm, an action which redounds to the credit of the 1st Battalion, 358th Infantry. However, it must be said that they were faced by inferior troops, not to be compared with the Officer Candidate Regiment which so ably defended Driant. Also, the attackers were furnished with adequate plans and were able to surround the fort, thus hindering reinforcement. The area of Koenigsmacker was only half that of Driant and the interior structures were less complicated. This meant that it was possible to occupy the area with the troops available and to isolate the garrison without having to penetrate underground. The new tactics of proceeding systematically to smoke out the defenders had paid off handsomely.

Throughout the day, work had been proceeding on the bridge at Malling. 11 November was Patton's birthday, and Bradley relates an incident when he telephoned his congratulations. Patton told him that the engineers had struggled for two days to build the bridge, and when it was finished, a tank destroyer started across. "As it neared the end, it suddenly veered off the planking and snapped the cable anchoring the bridge to the shore. In an instant the structure snaked and tumbled off downstream. 'The whole damn company sat down in the mud,' Patton said, 'and bawled like babies". Another source puts this

Le lieutenant-colonel Autrey Maroun commandant le 2ᵉ Bataillon du *378th Infantry Regiment*. Photo prise en Corée alors qu'il était colonel. (coll. Maroun.)

Ci-contre : *Major-General* Maroun, Thionville, 1994. (Coll. Kemp.)

Left : Autrey Maroun in Korea as a colonel. In 1944, he was the commander of the 2nd Battalion, 378th Infantry Regiment.

Right : Autrey Maroun in 1994. (Coll. Kemp.)

on 12 November and states that the reason for the collapse was that the bridge was hit by enemy artillery. This version gives the completion of the bridge as 0211 on 11 November, but says that owing to the causeway leading to it being flooded, it could not be used before the morning of the following day. The first vehicles to cross were engineer trucks, on account of their high-chassis construction, and they took with them jeeps, antitank guns, and much-needed ammunition. Finally two tank destroyers made their way over the river, which was slowly beginning to recede, and at this point the bridge was temporarily damaged, causing the loss of the third tank destroyer.

Work on the bridge at the Cattenom site was plagued by difficulties, and the engineers were constantly disturbed by German shelling. When one section was ready, it was discovered that the end had settled down on a minefield as the water level dropped. The whole section had to be refloated and the area under it demined before it could be placed in position.

However, it is certain that by the early morning of **12 November**, there were two tank destroyers in the bridgehead, and that with the flood receding, there was a slight improvement in the supply position— luckily for the 90th Division. For in the meanwhile, there was trouble brewing on the other side of the hill. After the failure of the local counterattacks, the Germans realized that they did not have sufficient forces to disturb the bridgehead, and appealed to OB West for a panzer division. After a day of wrangling with OKW, they were finally allocated the Kampfgruppe of the 25th Panzergrenadier Division, which was resting and refitting near Trier. Final permission to use this force was reluctantly given, although it was realized that success by Patton

Cérémonie commémorative à Thionville en 1994, en présence d'Autrey Maroun.

Autrey Maroun during a dedication of plaque in Thionville, november 1944. (coll. Kemp).

le commandant de la division et sur ma recommandation, on me donna l'ordre de faire une reconnaissance en force. C'était à 15 h 15, le 10 novembre. On nous donna des recommandations préalables comme le fait que Thionville ne se trouvait pas dans la zone de la 95th Division. »

Le colonel Maroun se rend immédiatement à Thionville avec son S-3 tandis que le Génie est contacté et que son officier opérations, le *Major* Granzin, reçoit l'ordre de mettre le bataillon en route. Celui-ci se trouve à Batilly, cela signifie qu'il a une bonne trentaine de kilomètres *(22 miles)* à parcourir dans l'obscurité et sur des routes mal connues, étroites et sinueuses. Les ordres ont spécifié une mission de reconnaissance et, quand celle-ci aura été effectuée, il se retirera sur la rive occidentale.

Avec la Moselle dont les rives sont partout inondées, Thionville est un choix important car, comme la rivière traverse la ville, elle est ici canalisée par de hauts quais. Naturellement, ceci rend le cours de la rivière plus étroit mais avec le désavantage que la vitesse du courant est dramatiquement accrue par l'effet venturi. La ville est séparée en deux par la rivière avec les Américains sur la rive occidentale et les Allemands à l'est.

Les troupes arrivent à 3 h 30 du matin et, à 4 heures, le colonel Maroun donne ses ordres aux commandants de compagnie. On ne dispose pas de temps pour faire une observation appropriée du terrain et il fait noir, il doit accepter l'avis des sapeurs du Génie en ce qui concerne l'endroit où installer les bateaux. A la fin, un site est choisi à l'extrémité méridionale de Thionville ce qui les amènera sur une île largement occupée par la gare et des entrepôts. Derrière celle-ci, il y a un canal qui passe devant **Fort Yutz**. C'est une fortification bastionnée démodée construite au dix-huitième siècle par l'ingénieur français Cormontaigne pour garder les approches de la ville en direction du sud-est. Le rapport officiel note par erreur qu'il a été construit en 1857 et une autre source parle des canons du fort « commandant » la Moselle. Ceci donne une fausse impression de la place car elle n'est alors conservée que comme monument historique et elle n'a pas d'artillerie intégrée du type qu'on trouvera plus tard dans les forts de Metz. Elle consiste en un haut rempart de pierre avec des talus herbeux au sommet et avec un large fossé à l'avant. Ses défenseurs ne disposent que d'armes d'infanterie mais ont l'avantage d'une position bien protégée. Aujourd'hui, le fort est toujours là et constitue un attrayant parc de verdure aux portes d'une ville sans grand caractère.

Il est alors décidé que la *E Company*, commandée par le lieutenant James Prendergast, traversera tout d'abord le **11 novembre** à 8 h 30, suivie par la *F Company*. Le premier bateau est lancé à temps. Celui-ci et le second bateau traversent sans être repérés. Le troisième bateau subit des tirs venant d'une casemate située juste au sud du point de franchissement et, tandis que les hommes des deux premiers bateaux avancent pour s'en occuper, les mortiers et les mitrailleuses ouvrent le feu.

Malgré cela, 150 hommes de la *E Company* ont traversé la rivière en l'espace d'une heure et demie. Mais, comme l'effet de surprise n'existe plus, les pertes commencent à grimper et d'autres traversées deviennent hasardeuses. A la tombée de la nuit, peu d'hommes de la *F Company* ont traversé.

La *E Company* passe la journée à nettoyer l'île entre la rivière et le canal tandis que les sapeurs du Génie inspectent un site pour un pont. Cependant, pendant la matinée, les ordres de Maroun sont accrus par le général Walker. Il lui ordonne d'utiliser tout le bataillon pour occuper une tête de pont assez profonde afin d'interdire aux Allemands l'usage des armes légères et des mortiers contre le site du pont. Pour accomplir cette mission, il faut conquérir les hauteurs situées à l'est autour de Haute-Yutz.

Après l'arrivée bienvenue de l'obscurité,le reste de la *F Company* est amené sur l'île bien que plusieurs bateaux aient été balayés. Après avoir mené plus d'embarcations, il devient possible de transporter les compagnies G et H en début de matinée. Entre-temps, des patrouilles de la *E Compnay* ont repéré deux ponts sur le canal, à chaque extrémité du Fort Yutz (ce sont en fait des écluses construites en 1746 par Cormontaigne pour contrôler le niveau de l'eau dans le fossé du fort). La *F Company* décide de lancer une attaque simultanée sur les deux ponts, appuyée par un bombardement d'une demi-heure de l'artillerie du corps. Un appui feu complémentaire est fourni par les tank destroyers depuis la rive occidentale et une compagnie de réserve est prête à exploiter le premier accès dégagé.

L'opération commence à 7 heures. La 2ᵉ section réussit son effet de surprise sur ce pont sud, tuant onze Allemands et, à 8 heures, elle se trouve à l'intérieur de la clôture du fort. Cependant, la poussée nord rate son effet de surprise car elle a été ralentie pour s'occuper de casemates gênantes. Les hommes sont bloqués sur le pont par de violents tirs allemands et sont

toward the Saar could jeopardize the planned Ardennes operation. However, due to an immediate shortage of fuel, it was not expected that the unit could arrive before 11 November, ready to attack as planned during the afternoon. In fact, the group arrived in dribs and drabs as fuel became available, with the result that the attack was postponed until the following morning.

OB West had ordered that the attack be made due south from Sierck which lies beside the Moselle, but the plan was changed owing to the unsuitability of the terrain— the force would have had to cross a steep ravine in which a small river called the Montenach flows. Thus at around 0300 on 12 November, the Germans struck the positions of the 359th Infantry, coming in from the east. The force was made up from the 35th Panzer Grenadier Regiment stiffened by ten tanks and assault guns. The first rush drove the 3rd Battalion outposts out of Kerling once again, the vital crossroads on the road leading into the bridgehead. Three hours later the main attack developed along this axis with the obvious intention of penetrating as far as Petite-Hettange and thus directly threatening the Malling bridge. The armor moved along the road with the infantry marching in single file on either side, toward the reserve positions held by the 2nd Battalion— leaving their flank open to attack from the north by the other two battalions, against whom a secondary attack was launched.

First resistance was encountered when the German column ran into an ambush laid by G Company of the 2nd Battalion which was supported by a heavy weapons detachment. The mortars and machine guns of the latter managed to impose a valuable check, and forced the attackers to detach a portion of their forces to deal with the threat. A certain Private Oliver continued to man his machine gun until killed, accounting for 22 German dead. A sergeant in the mortar platoon was so close-pressed by the enemy that he threw away the weapon's bipod and fired it from the hip. Although surrounded, G Company continued to hold out until the Germans were driven off by artillery fired from the west bank of the Moselle

The mortar platoon sergeant who won glory that day was Forrest Everhart of H Company, 2nd Bn. 359th Infantry and the following is his citation for the Congressional Medal of Honor, America's highest decoration for individual gallantry.

"He commanded a platoon that bore the brunt of a desperate enemy counterattack near Kerling, France, before dawn on 12 November 1944. When German tanks and self-propelled guns penetrated his left flank and overwhelming infantry forces threatened to overrun the 1 remaining machinegun in that section, he ran 400 yards through woods churned by artillery and mortar concentrations to strengthen the defense. With the 1 remaining gunner, he directed furious fire into the advancing hordes until they swarmed close to the position. He left the gun, boldly charged the attackers and, after a 15-minute exchange of hand grenades, forced them to withdraw leaving 30 dead behind. He re-crossed the fireswept terrain to his then threatened right flank, exhorted his men and directed murderous fire from the single machinegun at that position. There, in the light of bursting mortar shells, he again closed with the enemy in a hand grenade duel and, after a fierce 30-minute battle, forced the Germans to withdraw leaving another 20 dead. The gallantry and intrepidity of T/Sgt. Everhart in rallying his men and refusing to fall back in the face of terrible odds were highly instrumental in repelling the fanatical enemy counterattack directed at the American bridgehead across the Moselle River."0

The rest of the attacking force pressed on down the road toward Petite-Hettange, leaving their flanks more and more exposed. They managed to destroy two antitank guns which had been emplaced at the entrance to the village, but a third gun brought the advance to a temporary halt only a mile from the bridge site. At that moment, the battalion commander, Colonel Booth, had managed to gather a scratch force of service personnel—cooks, drivers, clerks, and the like—at the crossroads just to the southwest of the village. These men poured a hail of bazooka and small-arms fire into the disorganized Germans. The guns of 20 American artillery battalions opened up, and just in the nick of time the only two tank destroyers in the bridgehead rumbled onto the scene in the half-light of dawn.

This nearly provoked a tragedy, however, as the Americans were not expecting any of their own armor. An enthusiastic bazooka team was just about to take a potshot at the vehicles when the men were brought down by a flying tackle executed by Sergeant Land. Just at the last moment he had recognized the American M-10's. The latter, saved from immediate destruction, managed to knock out two German assault guns and damaged a third one.

Faced with such determined opposition and the hail of artillery, the German force began to retreat, at first in an orderly manner but leaving some 200 dead behind them. However, as they made back down the road toward Kerling, E and G Companies tore into their exposed flank in a wild charge, transforming the retreat into a rout. The German attack against the rest of the 359th Regiment to the north was also repulsed after savage hand-to-hand fighting.

In all, this effort had cost the Germans more than 400 killed, some 150 prisoners, 4 valuable tanks, and 5 assault guns. Although the 359th Regiment had been hit hard, by the afternoon they had reorganized and were able to recover most of the lost ground. The Germans had had high hopes for the attack by the 25th Panzer Grenadiers, but the forces employed were far too weak to be able to disturb the buildup of the bridgehead.

In the center during 12 November, the **357th Infantry** made further progress along the central ridge, although still hampered by isolated resistance from the Maginot bunkers which dotted the terrain. With some difficulty their reserve battalion had been brought across the river during the preceding night. This was urgently required as the two lead battalions were beginning to feel their losses and the strain of continual combat. A member of L Company of the 3rd Battalion was also awarded a posthumous Medal of Honour, PFC Sayers. His citation stated – "He displayed conspicuous gallantry above and beyond the call of duty in combat on 12 November 1944, near Thionville, France. During an attack on strong hostile forces entrenched on a hill he fearlessly ran up the steep approach toward his objective and set up his machinegun 20 yards from the enemy. Realizing it would be necessary to attract full attention of the dug-in Germans while his company crossed an open area and flanked the enemy, he picked up his gun, charged through withering machinegun and rifle fire to the very edge of the emplacement, and there killed 12 German soldiers with devastating close-range fire. He took up a position behind a log and engaged the hostile infantry from the flank in an heroic attempt to distract their attention while his comrades attained their objective at the crest of the hill. He was killed by the very heavy concentration of return fire; but his fearless assault enabled his company to sweep the hill with minimum of casualties, killing or capturing every enemy soldier on it. Pfc. Sayers' indomitable

en outre bloqués par une porte en acier qu'il faut faire sauter. Des éléments du *Volksgrenadier-Regiment 74* de la *19. VG.-Division* défendent le secteur.

Ayant déjà perdu 20 hommes, l'officier chargé de l'attaque nord réclame un arrêt pour se réorganiser. Ainsi, la poussée sud est la seule qui puisse être immédiatement exploitée, avec un combat confus dans et autour de l'ancien fort, appuyé par une section de la *G company*. les Allemands se battent avec acharnement mais seront finalement pris par leurs arrières quand les hommes du pont nord réussiront à faire sauter la porte d'acier et à se ruer à l'intérieur du fort. Dans la soirée, le bataillon contrôle la plupart de l'intérieur et il est prévu le nettoyage final le lendemain.

Toute l'opération prend une plus grande importance au cours des combats. Influencé par les premières contre-attaques contre la *90th Division* et avec Patton trépignant pour faire passer des blindés, le général Walker donne des ordres au Génie pour commencer la construction d'un pont à Thionville, sans égard pour les pertes. Durant l'après-midi, la *95th Division* publie son *Operational Instruction n° 5*. Celle-ci demande au 2ᵉ Bataillon d'en finir avec le Fort Yutz, de prendre Basse-Yutz (un faubourg autour du fort) et d'occuper finalement Haute-Yutz et le Fort d'Illange. C'est la première étape d'un plan qui tend à rejoindre le 1ᵉʳ Bataillon du *377th Infantry Regiment* isolé dans la tête de pont d'Uckange à une dizaine de kilomètres au sud. Le **Fort d'Illange** est le « jumeau » du Fort Koenigsmacker. Il est situé sur une hauteur à environ deux kilomètres et demi de Thionville et avec une batterie (inopérante) de quatre canons sous tourelle de 100 mm. C'est juste une part de gâteau pour un seul bataillon d'infanterie manquant d'un soutien en blindés et sans signe adverse d'une volonté de combattre.

Durant la nuit, le ravitaillement est transféré par la rivière et les pertes sont évacuées sur la rive occidentale. Pour le lendemain, **13 novembre**, la *F Company* renforcée par deux sections de la *G Company* a pour mission de nettoyer les poches allemandes restant à Fort Yutz, mission achevée en milieu de matinée. Cela permet de sécuriser le secteur pour les sapeurs du Génie qui commencent à travailler à lancer le pont bien qu'il soit toujours sous le feu des mortiers et de l'artillerie et, pour suivre les ordres, des mesures sont prises pour accroître la tête de pont. Un obus d'artillerie tiré sur Basse-Yutz produit l'agitation de morceaux de tissu blancs. Les Allemands sont partis et les Américains sont capables de former un périmètre défensif à partir duquel des patrouilles peuvent établir le contact avec les troupes de la *90th Division*.

Le colonel Maroun transmet ses ordres pour les opérations du lendemain : « *Après une préparation d'artillerie, de 6 h 30 à 6 h 45, la* G Company *attaquera et prendra la localité de Haute-Yutz à 8 h 30… Les compagnies E et F entreront dans Haute-Yutz après sa prise par la* G Company *et se trouvera sur la ligne de départ (à la limite sud-ouest de la localité) à 8 h 30, prêtes à lancer une attaque sur la colline à 300 mètres au sud-ouest de Haute-Yutz. Un double enveloppement aura lieu avec le* E Company *attaquant la colline depuis l'est et la* F Company *attaquant depuis le nord en utilisant une route couverte… dès la prise de leur objectif, toutes les compagnies se garderont vis-à-vis d'une contre-attaque et seront prêtes à poursuivre l'attaque du Fort d'Ilange sur ordre du bataillon.* »

La *G Company* attaque sur la route principale menant à Haute-Yutz et, malgré une considérable résistance adverse, elle s'installe dans la localité plus ou moins selon l'horaire prévu. Les deux compagnies suivantes chargent ensuite la colline voisine, tirant à la hanche. A 9 h 40, elles sont au sommet faisant 11 prisonniers et, selon les ordres, elles se reforment pour attaquer le fort.

Le colonel Maroun envoie ensuite le *Lieutenant* James Billings au fort avec un interprète, lui ayant passé des barrettes de capitaine pour des raisons de prestige. La raison de cette entreprise est due au fait qu'un soldat allemand avait déployé un drapeau blanc à l'approche des Américains. Une compagnie du *Grenadier-Regiment 74* constituait la garnison du fort. Son chef, un *Major* (certains rapports parlent d'un capitaine) reçoit les émissaires mais refuse de discuter et répond en ces termes : « *Je me battrai jusqu'à la dernière extrémité.* »

Ainsi, il ne reste plus qu'à prendre le fort d'assaut, en utilisant les techniques qui avaient fait leurs preuves au Fort Koenigsmacker. La place doit être éliminée si on veut empêcher les Allemands d'observer le site de franchissement où le Génie US est déjà en train d'essayer de construire le pont vital. Un appui est fourni par l'artillerie du corps d'armée qui déclenche un spectaculaire barrage d'obus de 155 mm et 240 mm sur le sommet du fort, plus pour briser le moral que dans l'espoir de causer quelque dommage.

Les compagnies E et F avancent ensuite le long de la petite route venant de Haute-Yutz. Cette dernière avance pour se mettre à couvert dans le Bois d'Illange où elle réduit rapidement au silence quelques mitrailleuses allemandes gênantes. Cependant, la *E Company* connaît des problèmes dès que ses hommes quittent les couverts. Les Allemands avaient placé six mortiers de 120 mm dans le fort et ceux-ci déclenchent un feu dévastateur, forçant les attaquants à se replier dans le bois. Ils font ensuite une seconde tentative en utilisant la route principale passant au sud du fort et, de nouveau, ils doivent se replier, cette fois sous des tirs de mitrailleuses. Ayant perdu 32 hommes ils se replient dans les bois et sont placés en réserve. Au nord du fort, la *F Company* progresse lentement en grimpant sous des tirs intenses de mortiers. Comme aucun véhicule n'a pu traverser la rivière, elle manque des torpilles bangalore qui sont habituellement aux dépôts du Génie pour attaquer de tels forts. Confrontés aux habituels rangs de réseaux de barbelés, les hommes doivent s'ouvrir le chemin à la main, de jour et sous des tirs violents !

Deux brèches sont faites et deux sections entrent dans le fort. Pour remplacer la *E Company* bien éprouvée, le gros de la *G Company* est amené dans l'après-midi et tente aussi de traverser le périmètre de barbelés.

Ainsi, dans la soirée, le colonel Maroun a quatre sections sur l'objectif. C'est un résultat incroyable si on considère que la petite force a été constamment en action pendant quatre jours, sans une pause et c'est sa première expérience du combat. Durant le début de l'après-midi, un pont a été achevé ce qui permet au QG arrière du bataillon et à des services sanitaires de venir s'installer au Fort Yutz. Et, plus important encore, deux sections de tank destroyers et un certain nombre de canons antichars traversent pour rejoindre la rive orientale.

Ainsi, durant la nuit, des éléments de la *H Company* amènent les explosifs tant attendus et l'équipement de démolition tandis qu'au sommet du fort des patrouilles recherchent les points défensifs allemands. Cinq d'entre eux sont définitivement localisés et, aux premières heures du jour, ils sont attaqués avec des charges lourdes. Le *Captain* Adair, le commandant de la *F Company* est en charge de cette mission et, tandis que les mortiers de 81 mm occupent les défenseurs, des équipes de deux hommes se ruent sur les portes avec des charges. Quand elles explosent, des équipes sont prêtes à lancer des charges dans les trous (des paquets de 10 livres de TNT). Ces méthodes viennent effectivement à bout de la résistance des bunkers. Malgré cela, des petits groupes d'Allemands continuent de tenir, bien que la plupart d'entre eux vont abandonner pendant la nuit, y compris le commandant de la garnison qui sera le dernier à combattre. Un homme s'est distingué ce jour-là, il s'agit du *Sergeant* Bussard. Il sera décoré de la *Distinguished Service Cross* pour avoir chargé seul une casemate. Bien qu'il ait été blessé aux deux genoux, en approchant, il tuera quatre de ses occupants et en capturera douze. Il sera à nouveau blessé en retournant auprès de sa section.

fighting spirit, aggressiveness, and supreme devotion to duty live on as an example of the highest traditions of the military service."

On the right, the 1st Battalion of the **358th Infantry** was placed in reserve to recuperate from the attack on Fort Koenigsmacker. The other two battalions managed to clear the villages of Valmestroff and Fizange after bitter street fighting. It was there that a new weapon was encountered for the first time: a mine made from wooden and plastic parts which could not be found by the mine detectors which the Americans used at the time.

Thus by the end of 12 November, it could be stated that the bridgehead was secure, although progress had been far slower than anticipated, and the 10th Armored Division was still not across. The Malling bridge was repaired, and as the waters receded still further, two platoons of tanks and other support vehicles drove across. Construction of a bridge at the Cattenom site was well under way and an efficient smokescreen was in position. All this, however, was little comfort to the troops on the east bank. The personnel strength of some units had been halved, and the men were still largely without blankets, warm food, and dry clothes. German resistance was still not broken and the further the 90th Division advanced, the more they moved away from the protective umbrella of the massed artillery on the west bank. In the absence of effective air support, it was vital to get the guns across the river before any further advances could be made.

The German commanders were most scathing about the quality of the 19th VG and 416th Divisions. "Little resistance was offered by the two divisions in the area. . . their fighting quality was low and in any case they were stretched out on far too wide a front. However, if one considers how poorly armed they were, they managed to fight pretty well; the 90th Division certainly did not have everything their own way. There were no mass surrenders, and both units managed to maintain a cohesive front of sorts. But by the evening of 12 November, General Balck at Army Group G had given up hope of eradicating the bridgehead north of Thionville. Faced with a further threat from the south of Metz. he ordered his forces in the north onto the defensive, having been told that he could not expect any further reinforcements of any size.

The 95th Division crossing at Thionville

We left the 95th Division containing the western perimeter of the Metz fortifications and with one battalion established in the somewhat precarious bridgehead opposite Uckange— a bridgehead which had been planned simply as a diversion. However, on 10 November, faced by the flooded Moselle and the apparent impossibility of bridge building to support the 90th Division effort, General Walker decided upon a subsidiary effort. He needed a bridge for the 10th Armored Division to cross in compliance with his orders. The only spare troops available were the 2nd Battalion of the 378th Infantry, commanded by Lt. Col, Autrey Maroun, who were in division reserve. Like most of the 95th, they had virtually no combat experience, but as events were to prove, this was apparently no disadvantage.

In a letter to the author, Colonel Maroun (now Major General, retired) wrote as follows: "I was called to 95th Division HQ, where the chief of staff, Colonel Harvey Golightly showed me a XX Corps order signed by the G-3, Colonel Snyder. I was to reconnoiter at Thionville for a site for a possible bridge over which the 10th Armored Division (so I believe) could cross.

Distinguished Service Cross.

General Twaddle.

Upon consultation with the division commander and upon my recommendation, I was ordered to make a reconnaissance in force. This was at 1515, 10 November. We had no prior warnings as Thionville area was not in the 95th Division's zone."

Colonel Maroun proceeded immediately to Thionville with his S-3, while his engineers were contacted and his executive officer, Major Granzin, was ordered to get the battalion on the move. They were at Batilly, which meant that they had 22 miles to cover in the dark and over unfamiliar narrow and winding roads. The orders specified reconnaissance, and when this had been carried out, it was assumed that the battalion would retire to the west bank.

With the Moselle everywhere flooding its banks, Thionville was a sensible choice; for where the river ran through the town it was contained between high artificial banks. This naturally narrowed the stream, but the disadvantage was that the speed of the current was dramatically increased by the venturi effect. The town itself was split in two by the river, with the Americans on the west bank and the Germans on the east.

The troops arrived at 0330 hours and at 0400, Colonel Maroun issued his orders to the company commanders. There had been no time for a proper survey of the terrain, and as it was dark, he naturally had to accept the advice of the engineers on the spot who were to provide the boats. In the end, a site was chosen at the southern end of the town, which would bring them onto an island largely occupied by the railway station and storage yards. Beyond this was a canal which backed onto **Fort Yutz.** This was an outdated bastioned fortification built by the French engineer Cormontaigne in the mid-eighteenth century to guard the approaches to the town from the southeast. The official report states wrongly that it was built in 1857, and another source speaks of the guns of the fort "commanding" the Moselle. This gives a false impression of the place because it was retained purely as a historic monument and had no integral artillery of the type found in the later Metz forts. It consisted of a high stone-faced rampart with grassy slopes on top and a wide ditch in front. Its defenders were armed only with the normal infantry weapons but had the advantage of a well-protected position. The fort is still there today and forms an attractive grassy park on the outskirts of an otherwise undistinguished town.

It was decided that E Company, commanded by Lt. James Prendergast, would cross first at 0830 on **11 November**, followed by F Company. The first boat was launched on time, and it and the second boat managed to cross without being detected. The third boat was fired on from a pillbox just to the south of the crossing site, and while the men from the first two boats moved off to deal with it, mortars and machine guns opened up.

In spite of this, 150 men of E Company were over the river within an hour and a half. But as the advantage of surprise had been lost, casualties began to mount and further boat trips became hazardous. By dark, only a few men from F Company had crossed.

E Company spent the day clearing part of the island between the river and the canal, while the engineers surveyed for a bridge site. During the morning, however, Maroun's orders were expanded by General Walker. He was ordered to use the whole battalion in order to seize a bridgehead deep enough to deny the enemy the use of small arms and mortars against the bridge site. To achieve this, the high ground to the east around Haute-Yutz had to be captured.

Under the welcome cover of darkness, the rest of F Company was brought over to the island, although

A 10 h 40, 67 survivants se rendent au colonel Maroun qui a été lui-même blessé durant l'attaque, et 74 cadavres de membres de la garnison sont dénombrés. Maroun avait refusé d'être évacué mais la prise finale du fort terminait virtuellement la carrière des « Maroun's Marauders » (c'est ainsi qu'on les appellera) en tant qu'unité de commandement séparée. En reconnaissance de ses actions, le 2ᵉ Bataillon du *378th Infantry Regiment* se verra honoré des *battle honors* par le général Twaddle le 23 novembre. En mars 1945, le bataillon recevra la plus haute décoration, la *Distinguished Unit citation*. Elle commence ainsi : « *Durant les cinq jours de son action, le 2ᵉ Bataillon, 378th Infantry, a été engagé dans sa première opération offensive et, fonctionnant jusqu'au dernier jour en tant que commandement séparé, il força un passage sur la Moselle inondée, avança de plus de quatre kilomètres et demi contre un ennemi offrant une résistance déterminée, tuant un nombre estimé de 300 Allemands, faisant 215 prisonniers, réduisant deux importantes fortifications et mettant en déroute une importante force ennemie. Durant cette période, le bataillon a subi plus de 200 pertes.*

« *La détermination désespérée, le grand courage personnel et la remarquable habileté personnelle des officiers et des hommes du 2ᵉ Bataillon du* 378th Infantry *ont conquis la tête de pont de Thionville qui a rendu possible l'exécution réussie du plan du XX Corps en vue de la prise de Metz. Leur exemple est un sujet d'inspiration pour tous les hommes de ce commandement.* »

Des mots aimables mais à peine exagérées. Il faut une formation bien entraînée et bien commandée dans toute armée pour réussir aussi remarquablement lors d'une première opération. Si le corps n'était pas si impatient d'obtenir un pont, elle n'aurait peut-être pas eu cette chance.

Ce n'est cependant pas la fin de l'histoire. Tandis que le 2ᵉ Bataillon était en train d'enfumer les défenseurs du Fort d'Illange, le colonel Bacon recevait le commandement de toutes les forces de la *95th Division* se trouvant sur la rive orientale de la rivière. Bacon avait commandé auparavant un régiment de la *90th Division*. Il était un de ces hommes d'action qui surgissent dans chaque guerre et dont le nom se trouve toujours en avant quand on a besoin de formations spéciales. Il avait été relevé du commandement de son *359th Regiment* quand le général Van Fleet avait pris le commandement de la *90th Division* et il avait alors été réaffecté à la *95th Division.* Sa mission est alors de regrouper le 2ᵉ Bataillon plus quelques tanks et tank destroyers et attaquer vers le sud pour relever les défenseurs de la tête de pont d'Uckange. Ceci fait, la *Task Force Bacon* doit continuer vers le sud et forcer son chemin jusqu'à Metz. Comme le gros de cette force est toujours occupé, le colonel Bacon est forcé de démarrer avec les troupes qu'il peut récupérer pour la marche vers le sud alors qu'entre-temps la situation du 1ᵉʳ Bataillon à Uckange est devenue désespérée.

Durant la matinée du 13 novembre, la dernière compagnie de fantassins est transférée sur l'autre rive de la Moselle qui s'est assez étendue. La *95th Division* donne ensuite l'ordre au 1ᵉʳ Bataillon d'avancer vers le nord, de passer à Bertrange et Immeldange et de prendre Illange où il fera sa jonction avec les hommes du colonel Maroun. Les hommes de ce bataillon prennent sans difficulté les deux premières localités mais, alors qu'ils se regroupent avant de reprendre la progression, ils sont attaqués par un *Kampfgruppe* (groupement tactique) du *Grenadier-Regiment 73* (une partie de la *19. VG.-Division*), appuyé par quelques canons antichars. Les forces se trouvant dans les deux localités se trouvent alors séparées et se jettent au sol quand les Allemands circulent dans un bruit d'enfer tout au long des rues principales dans des véhicules blindés de transport de troupes, tirant sur tout ce qui bouge. Les Américains n'ont alors plus de communications avec leur artillerie située sur la rive occidentale.

Celles-ci ne seront rétablies que dans la matinée du **14 novembre**, avec un *First Sergeant* de la *A Company* faisant fonction d'observateur avancé. Cependant, malgré l'efficacité habituelle de l'artillerie américaine, les Allemands ne sont pas facilement découragés. Ils poussent leurs attaques toute la journée, appuyés par des véhicules blindés légers, à tel point qu'à 22 heures le chef de bataillon américain signale que sa position est « désespérée ». Il suffit de se rappeler que les hommes du 1ᵉʳ Bataillon sont seulement armés de ce qu'ils peuvent emmener avec eux et qu'ils combattent sans interruption depuis le 8 novembre au soir. Les troupes américaines ont souvent été critiquées pour avoir été trop molles et ne pas avoir eu de capacité de résistance mais ce jugement facile est démenti par les actions de tant de petites unités qui constituent l'histoire de la bataille de Metz.

Durant la soirée, les communications sont à nouveau interrompues et, dans la matinée du **15 novembre**, les restes du bataillon tiennent toujours dans les ruines des deux villages. La force de Bacon arrive juste à temps mais, durant l'avance, le colonel Maroun est à nouveau blessé. Cette fois, il ne peut plus continuer et ne prendra plus part à l'opération de Metz. Il est décoré de la *Distinguished Service Cross* pour ses qualités personnelles de commandement et sa valeur. Voici le texte de sa citation : « *Pour son extraordinaire héroïsme en rapport avec les opérations militaires contre les forces armées ennemies. Le remarquable héroïsme et l'exemplaire commandement du colonel Maroun constamment déployé, tandis qu'il commandait personnellement son bataillon du 378th Infantry contre l'ennemi le 15 novembre 1944, pour relever des forces assiégées à Bertrange et Immeldange, l'ont distingué en tant que chef exceptionnel. Durant l'action, il a subi une grave blessure au dos mais refusa d'être évacué, continuer à diriger l'avance de son bataillon étant transporté sur une civière au milieu des tirs de mitrailleuses ennemies et de ceux des snipers. Le colonel Maroun a déployé un courage significatif et son intrépide commandement et son loyal dévouement au service sont exemplaires des plus hautes traditions du service militaire.* »

Utilisant ses tank destroyers comme de l'artillerie automobile, le colonel Bacon ouvre le feu sur les Allemands se trouvant à Bertrange et Immeldange et, à 13 heures, les forces encerclées sont relevées. Cependant, leur puissance a été réduite à une poignée d'hommes et d'officiers mais, au lieu d'être envoyées en réserve, elles sont aussitôt intégrées à la *Task Force Bacon*. Cette force composite est constituée du 1er Bataillon du *377th Regiment*, du 2e Bataillon du *378th Regiment*, de la *95th Reconnaissance Troop*, du *807th Tank Destroyer Battalion* et du *778th Tank Battalion*. Cependant, leurs exploits seront relatés dans un chapitre ultérieur.

L'exploitation des têtes de pont par la *10th Armored Division*

Lorsque l'offensive principale a été lancée, la *10th Armored Division* était rassemblée dans le secteur de Molvange à près de huit kilomètres au nord-ouest de Thionville et assez éloignée de la Moselle pour ne pas être repérée par l'observation allemande. Elle avait pour mission de passer au travers de la tête de pont de la *90th Division* et, quand elle aurait percé, d'avancer en deux colonnes principales. Celle de gauche devra foncer vers le franchissement de la Sarre tandis que la colonne de droite aura pour objectif l'important centre de communications de Bouzonville sur la Nied. Là, elle sera en position d'aider à couper les communications ferroviaires et routières par lesquelles la garnison de Metz peut être renforcée.

En examinant les actions de la seule force blindée du général Walker, il faut garder à l'esprit qu'aux plus hauts niveaux de commandement concernés, la prise de Metz n'est que marginale dans le grand plan d'établissement d'une tête de pont sur la Sarre et de l'avance vers le Rhin. C'est pourquoi cette formation disparaîtra rapidement du sujet concerné par ce livre. Metz est un problème qui sera réglé par l'infanterie.

Ainsi que nous l'avons précédemment mentionné en examinant les problèmes auxquels Patton était confronté en septembre, le terrain qui s'étend entre la Moselle et la Sarre n'est pas particulièrement favorable à une exploitation par les blindés. Le réseau routier est limité et, à cause du temps affreux, les véhicules blindés sont réduits à utiliser le revêtement solide des principales routes utilisables. Nous avons vu que les voies sortant de la tête de pont de la *90th Division* sont limitées et que la seule route vraiment utilisable est celle menant vers le nord-est à partir du carrefour de Kerling, d'où les efforts pour garder le contrôle de ce village.

La division passe cinq jours frustrants à attendre des ordres de se mettre en route, à la merci d'une rivière qui a débordé et des vaillants efforts des sapeurs du Génie. En fin de compte, c'est la traversée des *Maroun's Marauders* qui a ouvert le chemin à la *10th Armored Division*. Ce site est particulièrement favorable pour construire un pont qui peut être fermement ancré à ses deux extrémités sur les solides murs de pierre des quais de la rivière, évitant le problème des approches inondées auxquelles ont été confrontés les sapeurs à Malling et à Cattenom.

Le travail, sur le site de Thionville, a été entrepris le 12 novembre par le *1306th Engineer General Service Regiment* qui a reçu l'ordre du général Walker de faire son travail sans se soucier des pertes. Un écran de fumée a été mis en place mais, avec le changement de sens du vent le lendemain, les sapeurs se trouvent cruellement exposés aux tirs de l'artillerie et des mortiers. D'où la nécessité pour le 2e Bataillon du *378th Infantry Regiment* de prendre la hauteur dominant le site et d'éliminer les mortiers lourds installés au Fort d'Illange.

several boats were swept away. When more craft were obtained, it proved possible to transport G and H Companies during the early morning. In the meanwhile, patrols from F Company had located two bridges over the canal, one at either end of Fort Yutz. (These were in fact, sluices built in 1746 by Cormontaigne to control the level of the water in the moat of the fort.) F Company decided upon a simultaneous attack on both bridges, supported by a half-hour bombardment by corps artillery. Additional fire cover was provided by tank destroyers emplaced on the west bank, and a reserve company was ready to exploit the first entrance gained.

At 0700 the operation commenced. The 2nd Platoon achieved surprise at the southern bridge, killing eleven of the enemy, and by 0800 was inside part of the fort enclosure. The northern thrust, however, lost the element of surprise as it had to delay to deal with troublesome pillboxes. The men were brought to a halt on the bridge by heavy German fire, and were further hindered by an iron door which had to be blasted open. Elements of the 74th Infantry Regiment from the 19th VG Division were defending the area.

Having already lost 20 men, the officer in charge of the northern attack called a halt for reorganization. Thus the southern thrust was the one to be immediately exploited, with confused fighting in and around the ancient fort supported by a platoon from G Company. The enemy put up a stiff fight, but were finally taken in the rear when the men on the northern bridge succeeded in breaking down the iron door and rushing inside the fort. By the evening the battalion controlled most of the interior, and it was planned to undertake the final clearance the following day.

The whole operation assumed even greater significance while this fighting was in progress. General Walker, influenced by the first counterattacks against the 90th Division and with Patton breathing down his neck to get the armor across, gave orders for the engineers to start work on the Thionville bridge regardless of casualties. During the afternoon, 95th Division issued Operational Instruction No. 5. This required the 2nd Battalion to finish off Fort Yutz, take Basse-Yutz (the suburb around the fort), and finally occupy Haute-Yutz and the Fort d'Illange. This was the first step in a plan to link up with the isolated 1st Battalion, 377th Infantry, in the Uckange bridgehead some six miles to the south. Fort d'Illange was the twin of Fort Koenigsmacker, situated on high ground about a mile and a half south of Thionville and with one (inoperative) battery of four 100-mm turret guns. This was quite a large slice of cake for a single infantry battalion to cope with, lacking in armored support and with no sign of enemy willingness to give up the struggle.

During the night, supplies were ferried across the river and the casualties were evacuated to the west bank. For the following day, **13 November,** F Company reinforced by two platoons of G Company was assigned to mop up the remaining enemy pockets in Fort Yutz, a task that was achieved by midmorning. This secured the area for the engineers to start work on their bridge although it was still under mortar and artillery fire, and in accordance with orders, steps were taken to expand the bridgehead. One artillery shell was fired into Basse-Yutz, which produced a fluttering of white sheets. The Germans had departed and the Americans were able to form a defensive perimeter from which patrols were able to establish contact with 90th Division troops.

For operations the following day, Colonel Maroun issued this order: "After an artillery preparation from 0630 to 0645, G Company will attack and seize the town of Haute-Yutz by 0830... E and F Companies will enter Haute-Yutz upon its capture by G Company and will be at the line of departure (the south-western edge of the town) by 0830 ready to launch an attack on the hill 300 yards southwest of Haute-Yutz. Double envelopment will be used with E Company attacking the hill from the east, and F Company attacking from the north using a covered route ... upon capture of the objective, all companies will guard against counterattack and will be ready to continue the attack of Fort d'Illange on battalion order."

G Company attacked up the main road leading to Haute-Yutz and despite considerable enemy resistance, were established in the town more or less on schedule. The two follow-up companies then charged up the neighboring hill, firing from the hip. By 0940 they were on the top, having taken 11 prisoners in the process and according to orders, began to re-form for the attack on the fort.

Colonel Maroun then sent Lt. James Billings with an interpreter to the fort, having promoted him for prestige purposes with a spare pair of captain's bars. The reason for this was that a German soldier had displayed a white flag as the Americans approached. The fort was garrisoned by a company of the 74th Regiment. Their commander, a major (some accounts say that he was a captain), received the envoys but declined to discuss terms. "I will fight to the last," he said, in true Hollywood style.

Thus there was no solution but to assault the fort, using the same techniques that had proved successful at Koenigsmacker. The place had to be eliminated if the Germans were to be denied observation of the crossing site, where the engineers were already toiling to construct the vital bridge. A call was put through to corps artillery, who produced a spectacular barrage of 155-mm and 240-mm shells onto the top of the fort—more as a morale booster than with the hope of doing any damage.

E and F Companies then moved off along the small road from Haute-Yutz. The latter moved into the shelter of the Bois d'Illange, where they swiftly silenced some troublesome German machine guns. E Company, however, found itself in trouble as soon as the men broke cover. The Germans had emplaced six 120-mm mortars in the fort and these opened fire with devastating effect, forcing the attackers back into the wood. They then made a second attempt to get over the main road leading south past the fort, and again were forced back, this time by machine-gun fire. Having lost 32 men, they retired into the woods and were placed in reserve. F Company, to the north of the fort, progressed slowly uphill under intense mortar fire. As no vehicles had been able to cross the river, they were lacking bangalore torpedos and engineer stores normally required for tackling such forts. Faced by the usual multistrand wire obstacle, they had to cut their way through by hand—in daylight and under heavy fire!

Two gaps were made and two platoons entered the fort, capturing three heavy mortars in the process. To replace the shattered E Company, the bulk of G Company was brought up during the afternoon and also managed to get through the perimeter wire.

Thus, by evening, Colonel Maroun had four platoons on the objective. This was an incredible achievement when one considers that the small force had been in constant action for four days without a pause—their first real experience of combat. During the early afternoon a bridge had been completed, which enabled the battalion rear HQ and medical facilities to move over into Fort Yutz. Of more immediate importance was the fact that two platoons of tank destroyers and

Portant des tenues de Flak, les sapeurs travaillent toute la journée et, le 14 novembre à 9 h 30, ils ont terminé ce qui sera le plus long Bailey en Europe à cette époque. Les véhicules d'appui pour l'infanterie sont les premiers à traverser mais, dans l'après-midi, la priorité est donnée au CCB. Il passe sur le pont et avance ensuite vers le nord, en direction du secteur de la *90th Division* et se dirige derrière la position de Kerling tenue par le *359th Infantry Regiment*. A ce moment-là, le pont de Malling se trouve libre pour le CCA.

Le 15 novembre, l'offensive blindée est en route et, malgré une certaine opposition, elle réussit à briser le léger front allemand et à se répandue sur de mauvaises routes. Les **17 et 18 novembre**, à cause des surfaces fermes limitées, les blindés sont obligés de se diviser en petites unités mais le temps s'éclaircit et permet aux chasseurs-bombardiers de prendre l'air. Le **19 novembre**, le CCA réussit à prendre pied de l'autre côté de la Nied mais, à ce moment-là, l'infanterie encercle Metz. Comme il n'y a pas de force de secours allemande en perspective, les blindés obliquent alors vers le nord, en direction de la Sarre laissant Metz à liquider par les *5th* et *95th Divisions*.

La *5th Division* attaque au sud

Durant les premiers stades de la Bataille de Metz, l'action spectaculaire avait lieu dans le nord où il fallait traverser la Moselle d'assaut. Au sud, la *5th Division* l'avait déjà traversée au mois de septembre et était en attente dans sa tête de pont pour achever l'encerclement de la cité. Cependant, ses actions doivent être considérées à la lumière d'un plan plus vaste pour la campagne de novembre. Outre la mission du *XX Corps* consistant à prendre Metz et avancer ensuite vers le nord-est, en direction de la Sarre, le *XII Corps*, sur la droite, devait attaquer à travers la plaine de Lorraine en direction de Faulquemont. La *6th Armored Division*, qui fera partie plus tard de ce corps, utilisera la tête de pont de la *5th Division* et il y a un certain chevauchement à la limite des deux corps. Dès le début de l'attaque, les Allemands vont être convaincus que la *6th Amored Division* et la *10th Armored Division* se rejoindront à proximité de Faulquemont.

Bien que les opérations du *XII Corps* ne concernent pas cet historique, il est intéressant de noter que son avance depuis ses positions situées à l'est de Nancy a exactement le même terrain que l'offensive française avortée en août 1914. Assez curieusement, ce fut alors un XXe Corps, commandé cependant par un certain général Foch, qui porta le poids du combat et mena une vaillante action d'arrière-garde près de Château-Salins. Les Français sont de retour en 1918, assistés par six divisions américaines mais avant le début de l'offensive vers Faulquemont et la Sarre, les Allemands se rendirent obligeamment.

Pour récapituler, la *5th Division* a relevé la *95th Division* au début du mois de novembre et a rejoint ses anciennes positions. Sur la droite, le *2nd Infantry Regiment* a pris des positions dans le coude de la Seille en face de Cheminot, le village qui avait barré l'avance de la *7th Armored Division* à la mi-septembre. Au centre, le *10th Infantry Regiment* fait face à la Seille, vers l'est et, à gauche, le *11th Infantry Regiment* occupe une ligne entre Sillegny et la Moselle à Corny. Durant leur période de repos, les régiments ont reconstitué leurs effectifs après les pertes subies durant les premières phases de la bataille.

Le général Irwin a pour mission d'attaquer vers l'est, parallèlement au *XII Corps*, sur la droite, et ensuite de se préparer à avancer vers le nord pour rejoindre la *90th Division*, complétant ainsi l'étau autour de Metz. L'attaque doit contourner par le sud de la ville les défenses extérieures de la cité et tourner ensuite autour d'elle. Ce mouvement doit être mené par les *2nd* et *10th Regiments*. Le *11th Regiment* tiendra le reste de la ligne de la division initialement et avancera ensuite vers le nord dans les faubourgs de Metz pour aider à la réduction de la cité.

La division a pour objectif de prendre et tenir un passage sur la Nied, à environ une quinzaine de kilomètres de la ligne de départ, dans le secteur de Sanry-sur-Nied. Quand ceci sera fait, le virage vers le nord commencera. Le contrôle de la vallée de la Nied interdira aux Allemands l'utilisation des voies de communication qui s'y trouvent, y compris la principale voie ferrée menant vers Strasbourg avec un embranchement vers Saarbrücken. Ni la Seille ni la Nied ne sont une barrière difficile à franchir par un temps normal mais, avec des pluies torrentielles qui ont fait déborder la Moselle, l'effet est identique sur les plus petits cours d'eau du secteur. La boue omniprésente rend difficile tout mouvement d'un véhicule et la vie très désagréable pour l'infanterie.

L'ancien adversaire de la *5th Division*, la *17. SS-Panzergrenadier-Division*, tient toujours la plupart de la ligne de front faisant face aux hommes du général Irwin. Ce n'est pas une division de panzers, elle ne dispose plus que de quatre Panzer IV et six canons d'assaut. Cependant, elle dispose d'un régiment d'artillerie complet et la division est en sureffectifs mais seulement sur le papier. Le gros des effectifs de remplacement sont médiocrement entraînés et la division n'est plus une unité « d'attaque ». Son aile droite rejoint les troupes de la *462. VG.-Division*, la garnison de Metz, mais, dans le secteur situé au sud de la cité, elle ne peut rassembler qu'un certain nombre de bataillons de mitrailleuses et de médiocres troupes de sécurité.

Le haut commandement allemand du secteur (le *XIII. SS-Korps*) est limité dans ses tactiques par l'ordre de rester en contact à tout prix avec la garnison de Metz. Quand il a été atteint par l'attaque du *XII Corps*, il a été forcé de se replier sur lui-même au lieu d'être capable de mener un combat en bon ordre vers la Sarre et le *Westwall*.

Après s'être installés à nouveau dans leurs anciennes positions, les régiments de la *5th Division* s'occupent avec des patrouilles actives pour sonder la ligne adverse et, en nettoyant les champs de mines qui avaient été placés pendant l'accalmie d'octobre. L'inévitable unité de guerre psychologique apparaît aussi avec ses haut-parleurs qui incitent les Allemands à se rendre en les tentant avec la perspective de nourriture chaude et d'énormément de cigarettes. Ces opérations ne semblent pas avoir eu de résultats spectaculaires durant la bataille de Metz, mais une poignée de déserteurs arrive, fournissant des informations sur les positions allemandes.

La plus longue portion de la ligne de front est tenue par le *11th Infantry Regiment*, formant le pivot autour duquel tournent les deux autres régiments. Ils ont dû combler leurs rangs avec des sections d'occasion constituées avec des troupes des services, des cuisiniers et des secrétaires. Bien que des comparaisons puissent être choquantes, on se reportera toujours à des exemples de la Première Guerre mondiale quand une attaque sur un tel front avait été menée par une armée entière, précédée par un bombardement d'artillerie qui pouvait durer une semaine. En 1918, les forces rassemblées pour l'attaque sur le front du sud de Metz à Dieuze comptaient 31 divisions, appuyées par quelque 600 batteries d'artillerie !

Durant la période d'attente, un certain nombre d'avions allemands sont signalés au-dessus du secteur de la *5th Division*. Ce ne sont que des appareils de reconnaissance mais cela démontre que la *Luftwaffe* peut voler. Cependant, dans le secteur de la *90th Division*, le vrai ennemi, c'est le temps. Des trous individuels remplis d'eau sous des pluies torrentielles et les rares routes détrempées, ralentissent le mouvement du ravitaillement. Les ponts vitaux d'Arnaville, qui ont résisté à l'artillerie allemande en septembre, ont tous été détruits, si bien que la communication avec l'arrière est sérieusement détériorée. Toutes les traversées de la rivière, à part des bacs hasardeux, doivent avoir lieu par les ponts de Pont-à-Mousson et Nancy dans le secteur du *XII Corps*. L'objectif initial, la Seille, s'est gonflé de sa largeur habituelle d'une vingtaine de mètres à une largeur de 200 mètres, ce qui a emporté les rares ponts disponibles et a recouvert les gués. Ainsi, juste au départ, la situation générale est très défavorable à une attaque avec de telles forces.

Initialement, on a dit au général Irwin que la *5th Division* n'attaquerait pas en même temps que le *XII Corps* mais, apparemment, le général McBride, qui commande la *80th Division* voisine n'en avait pas été informé. C'est curieux car le *Field Order N° 12*, publié par le *XX Corps*, spécifie que le *XII Corps* voisin attaquera le Jour J tandis que la *5th Division* avancera « sur l'ordre du corps ». L'ordre originel de la *Third Army* spécifie que sur ordre de l'armée, le contrôle opérationnel sur la *80th Division* passera au *XX Corps* mais il n'y a pas de trace de transmission de cet ordre. S'il avait été communiqué, les problèmes concernant les limites de secteurs auraient été considérablement facilités.

Pour la *Third Army*, le Jour J a été fixé au 8 novembre, malgré la météo et ce manque de soutien aérien. Le *XII Corps* s'est mis en marche, y compris la *80th Division* qui comptait être accompagnée sur sa gauche par la *5th Division*. Comme les communications des deux formations étaient inextricablement embrouillées, ceci peut aboutir à un désastre. Mais le premier jour de l'attaque de la *80th Division* fournit un avantage, celle-ci force les Allemands à abandonner la ligne de la Seille.

Tout au long de la nuit du **8 au 9 novembre**, les sapeurs travaillent à la finition de leurs ponts sur la rivière et au balisage des approches pour l'infanterie. A 6 heures du matin, le *2nd Infantry Regiment* lance l'attaque de la « *Red Diamond* » *5th Division*, traverse la rivière grossie par les inon-

a number of antitank guns crossed to the east bank. After that, priority was given to 10th Armored Division traffic which poured across the bridge during the night and the following day. Patton had his bridge, although not in the intended place.

Also during the night, carrying parties from H Company brought up the much needed explosives and demolition equipment, while patrols on top of the fort searched for the German strongpoints. Five were definitely located, and at first light, were attacked with heavy charges. Captain Adair, CO of F Company, was in charge, and while the 81-mm mortars kept the defenders busy, two-man squads rushed the doors, carrying beehive charges. When these went off, other squads were ready to throw threaded charges through the resulting holes (10-pound packs of TNT strung together with primer cord). These methods effectively ended resistance in the bunkers. Yet in spite of this, small groups of German continued to hold out; although many of them had left during the night, including the garrison commander who was going to fight to the last. One man out of the many who distinguished themselves during the operation, was Sergeant Bussard. He was awarded the Distinguished Service Cross for charging a pillbox alone, although he was wounded in both knees as he approached. He killed four and captured twelve of the occupants, and was again wounded as he tried to return to his platoon.

At 1040, 67 survivors surrendered to Colonel Maroun, who himself had been wounded during the attack, and 74 dead members of the garrison were counted. Maroun had refused to be evacuated, but the final capture of the fort virtually ended the career of "Maroun's Marauders" (as they became known), as a separate command entity. In recognition of their activities, the 2nd Battalion, 378th Infantry, was awarded battle honors by General Twaddle on 23 November. In March 1945, the battalion was given the highest unit award possible - the Distinguished Unit Citation. This stated, "During the five days of this action, the 2nd Battalion, 378th Infantry, engaged in its first offensive operation and, functioning until the last day as a separate command, forced a crossing of the flooded Moselle River, advanced more than three miles against a stubbornly resisting enemy, killed an estimated 300 Germans, captured 215 prisoners, reduced two major fortifications and routed a large enemy force. During this period the battalion suffered more than 200 casualties.

"The desperate determination, great personal courage and outstanding personal skill of the officers and men of the 2nd Battalion, 378th Infantry gained the bridgehead at Thionville, which made possible the successful execution of the XX Corps plan for the capture of Metz. Their example is an inspiration to all members of this command."

Fair words, but hardly exaggerated. It takes a very well trained and officered formation in any army to perform so outstandingly in their first operation. If corps had not been so desperate for a bridge, they would almost certainly never have been given the chance.

That was not the end of the story, however. While the 2nd Battalion was still smoking out the defenders at Fort d'Illange, Colonel Robert Bacon was given command of all the 95th Division forces on the east bank of the river. Bacon, who had previously commanded a regiment in the 90th Division, was one of those men of action who crop up in any war and whose names are always in the forefront when special formations are required. He had been relieved of command of the 359th Regiment when General Van Fleet took over the 90th Div. and had been reassigned to the 95th Division. His mission was to gather the 2nd Battalion plus some tanks and tank destroyers, and attack southward to relieve the defenders in the Uckange bridgehead. This achieved, Task Force Bacon was to carry on south and force their way into Metz. As the bulk of his new force was still occupied, Colonel Bacon was forced to start off with the troops that he could scrape together for the drive south, as in the meanwhile, the situation of the 1st Battalion at Uckange had become desperate.

During the morning of 13 November, the last of the rifle companies was finally ferried over the Moselle when it had receded sufficiently. The 1st battalion was then ordered by 95th Division to move off to the north, bypass Bertrange and Immeldange, and capture the town of Illange—where they would link up with Colonel Maroun's men. They took the two former towns without difficulty, but as they regrouped prior to moving off, they were struck by a task force from the 73rd Regiment (part of the 19th VG Division), supported by some antitank guns. The forces in the two towns became separated and went to ground as the Germans roared up and down the long main streets in armored personnel carriers shooting at anything that moved. Communication with their artillery on the west bank broke down.

It was only restored early in the morning of **14 November**, with the first sergeant of A Company acting as forward observer. However, in spite of the usually effective American artillery response, the Germans were not easily discouraged. They pressed their attacks all day, supported by light armored vehicles—to such an extent that at 2200, the battalion commander reported that his position was "desperate." One must remember that the 1st Battalion men were armed only with the weapons that they could carry and had been in action nonstop since the evening of 8 November. American troops have often been criticized for being too soft and having no staying power, but this facile judgment is belied by so many of the small-unit actions that combined to make up the story of the battle of Metz.

During the evening, communications again broke down, and on the morning of **15 November**, the remainder of the battalion was still holding out in the gutted ruins of the two villages. Bacon's force arrived just in the nick of time, but during his advance, Colonel Maroun was again wounded. This time he was unable to carry on and played no further part in the Metz operation. For his personal leadership and valor, he was awarded the Distinguished Service Cross. His citation read – "For extraordinary heroism in connection with military operations against an armed enemy. The conspicuous heroism and inspiring leadership Colonel Maroun repeatedly displayed, while personally leading his battalion of the 378th Infantry against the enemy on 15 November 1944, to relieve besieged forces in Bertrange and Immeldange, distinguishes him as an outstanding commander. During the action he suffered a severe back wound but refused to be evacuated ; I continuing to direct the advance of his battalion while being transported on a stretcher through enemy machine-gun and sniper fire. Colonel Maroun's significant display of courage and his intrepid leadership and loyal devotion to duty exemplify the highest tradition of the military service. "

Using his tank destroyers as self-propelled artillery, Colonel Bacon shelled the Germans out of Bertrange and Immeldange, and by 1300, the beleaguered forces were relieved. Their strength, however, had been reduced to a mere handful of officers and men, but instead of being sent into reserve, they immediately became a part of Task Force Bacon. This composite force was made up from the 1st Batta-

dations face une opposition négligeable et trouve le village de cheminot inoccupé.

Lawrence Nickel était alors membre d'une équipe de mortiers du 1er Bataillon et a traversé la Seille à la hauteur de Cheminot. Dans son livre « *Red Devil* », il décrit la scène alors que sa section est en train d'avancer. « *Le terrain est dégagé et ondulant et, suite aux pluies violentes, le sol est mou, boueux et très difficile pour progresser. A chaque pas, la boue tente de pénétrer par le haut des bottines. Nous traversons un champ de mines juste après avoir franchi la rivière. Personne n'est blessé car le sol est spongieux et les mines n'explosent pas. (…) et nous voyons le strafing des P-47 et le bombardement en piqué des positions se trouvant devant nous. Des bombardiers B-17 et B-25 passent au-dessus de nous en un flot interminable, visible aujourd'hui avec un ciel ensoleillé avec quelques rares nuages. Ils attaquent des cibles situées derrière les lignes allemandes. (…) Cela semble particulièrement facile.* »

Finalement, quelques-uns peuvent voir « Madison » en action car, dans le nord, le ciel est toujours bouché.

Au même moment, le *10th Infantry Regiment* franchit la Seille sur des passerelles pour piétons installées par les sapeurs, avec le 3e Bataillon en tête. Il avance sur un sol détrempé, laissant derrière lui de petites poches de résistance qui seront liquidées plus tard par le 2e Bataillon. Quand ce dernier traverse la rivière, une heure plus tard, il tombe sur une opposition déterminée centrée sur la ferme Hautonnerie, un groupe de solides bâtiments de pierre à environ un kilomètre et demi derrière la rivière. Devant cette position, le terrain est découvert et les champs sont parsemés de mines, restes des attaques précédentes menées par la même formation sur Pournoy-la-Chétive. En fait, c'est la *F Company* qui doit mener le poids de l'attaque ; elle a été virtuellement reconstituée après avoir été quasiment anéantie lors de l'attaque précédente. Inexpérimentée, elle se jette rapidement au sol. Elle est y clouée par une grêle de tirs d'armes légères, de mortiers et d'artillerie. Les hommes sont ralliés par leur chef, le *Captain* Kubarek qui court d'un groupe à l'autre pour encourager ses hommes. Au début, par un, puis par deux et ensuite en petites équipes, ils se regroupent et rejoignent le capitaine. Les équipes *(squads)* forment des sections *(platoons)* et, tirant à la hanche, la compagnie submerge le petit groupe d'Allemands retranché dans la ferme. Tandis qu'ils consolident leurs acquis, les vagues de bombardiers moyens passent en grondant au-dessus de leurs têtes pour larguer leurs bombes sur Goin et Pommerieux, des villages situés directement en face de la ligne d'où le *10th Infantry Regiment* est en train d'avancer.

C'est le résultat de « Madison » et la première réponse concrète des forces aériennes maintenant possible. Mais, malgré le nombre d'appareils engagés ce jour-là, les résultats sont apparemment négligeables et sont durement ressentis par les troupes au sol. (Les rapports d'action de la *90th Division* concernant cette période ne signalent pas ces activités aériennes). Les nuages forcent les bombardiers à larguer leurs bombes d'une altitude de 20 000 pieds et bien qu'un grand nombre d'entre elles sont destinées aux forts de Metz, la plupart semblent avoir manqué leurs objectifs; Il en résulte plus une quantité qu'une qualité. Les chasseurs-bombardiers, qui opèrent par identification visuelle, sont sérieusement entravés dans leurs efforts mais réussissent à ralentir le mouvement des renforts allemands.

Lors de sa première journée de progression, la *5th Division* a subi des pertes généralement légères et le gros des Allemands tend à se replier vers le nord-est. Deux bataillons du *10th Infantry Regiment* et les trois du *2nd Infantry Regiment* ont établi une solide tête de pont sur la Seille et, le lendemain, la *6th Armored Division* sera engagée. Elle va opérer étroitement avec le *2nd Infantry Regiment* et la *Task Force Lagrew* avancera pour Vigny qui sera laissée au GI's qui suivent la *Task Force*. Les blindés vont ensuite avancer pour prendre Buchy. Cette opération rétablit finalement les communications le long de la limite entre les deux corps d'armée. Ainsi, dans la soirée du **11 novembre**, les blindés ont traversé la Nied, ayant obliqué devant le front du *2nd Infantry Regiment* et forcé un passage à Sanry. Cette avance spectaculaire a permis à l'artillerie américaine d'être amenée à portée de la route principalement de Metz à Saarbrücken et elle est aussi capable de tirer sur Courcelles-Chaussy, gênant la sortie et l'entrée de la cité.

Le **12 novembre**, la *5th Division* est forcée de marquer une pause pour se regrouper et réorganiser ses lignes de communications. Durant l'avance des autres régiments, le *11th Infantry Regiment* a été capable d'obtenir de petits gains, suivant de près les Allemands se repliant par étapes. Il est aussi capable de se renforcer pour aider le *10th Infantry Regiment* à se concentrer contre le Bois de l'Hôpital. C'est dans ce secteur boisé que le gros de l'artillerie allemande offre de bons points d'observation. Le *2nd*

Infantry Regiment pénètre dans la tête de pont de la Nied qui a été constituée par la *6th Armored Division* où des contre-attaques successives du *SS-Panzergrenadiers-Regiment 21* de la *17. SS-Panzergrenadier-Division* sont repoussées pendant la nuit. Dans cette petite localité (Sanry) située au bord de la rivière, a lieu un combat qui va prendre des proportions épiques. Le lieutenant-colonel Ball (*2e Bataillon* du *2nd Infantry Regiment*) laisse là le capitaine Joseph Feket (*E Company*) pour tenir cette localité. Mais les Allemands réagissent vigoureusement pour contrôler leur seule route de repli restante. Alors que les obus s'abattent pour déloger les hommes de Feket, ils envoient une compagnie de grenadiers dans la première attaque ; il y en aura six en tout dans la soirée, la nuit et le lendemain à l'aube. Les Allemands réussissent à submerger les postes avancés et à pénétrer dans la localité mais ils ne réussiront pas à chasser la *E Company*. GI's et grenadiers se trouvent complètement mélangés, tirant les uns sur les autres depuis les toits et depuis des tas de décombres. Les tanks et les tank destroyers utilisent des tirs en ricochet dans les rangs serrés des grenadiers qui se replient finalement en ayant subi de lourdes pertes. Feket et ses hommes seront gratifiés de la *Presidential Unit Citation*.

Le lendemain, **13 novembre**, les sapeurs lancent un pont sur la Nied et d'autres troupes du *2nd Infantry Regiment* viennent renforcer la tête de pont. La pluie, et même la neige, amènent de grands désagréments à tous et ce temps affreux contribue à accroître le nombre de pertes qui ne sont pas dues au combat aussi banales que des pieds en mauvais état. Malgré le manque général d'opposition de la part des Allemands, chaque kilomètre gagné par la *5th Division* accroît ses lignes de communication. Les efforts allemands sont principalement concentrés pour l'élimination de la tête de pont de la Nied car celle-ci se trouve solidement installée sur l'une des routes permettant de sortir de Metz et contrôle la voie ferrée menant à Saarbrücken. Toute la puissance de l'artillerie allemande est concentrée sur Sanry où cinq compagnies et quelques véhicules blindés s'accrochent désespérément. Durant la nuit, une force importante tente de forcer un chemin à travers la petite localité mais est repoussée après un combat de rue acharné. Les tanks effectuent des tirs en ricochet sur la surface des rues pour envoyer leurs obus au milieu des Allemands qui auraient perdu 200 hommes.

Ailleurs dans le secteur de la *5th Division*, le *10th Infantry Regiment* occupe les deux groupes de forts désarmés (Yser et Aisne), au sud du Bois de l'Hôpital. Le *11th Infantry Regiment* a l'amère satisfaction de réoccuper le secteur de Pournoy-la-Chétive et Coin-les-Cuvry que la division avait dû abandonner en septembre après avoir subi tant de pertes en vies humaines. Bien que la résistance commence à faiblir, dans la soirée du **14 novembre**, le régiment se trouve juste au sud du Groupe de forts Verdun et a pris la ferme Prayelle après un dur combat.

Durant la soirée du 13 novembre, le Général Irwin a été contacté par Walker qui l'a félicité du succès de ses hommes. Durant la conversation, il lui a donné le choix de décider s'il doit ou non garder la petite force à l'est de la Nied ou la ramener en arrière de façon à se concentrer à la poussée vers le nord pour encercler Metz. Comme le bataillon peut être facilement appuyé par l'artillerie et que son retrait exposerait son flanc droit, Irwin a décidé qu'il devait tenir là.

Le lendemain, le 14, le *10th Infantry Regiment* fait à nouveau des progrès en nettoyant la partie sud du Bois de l'Hôpital, ce qui le conduit à quatre kilomètres et demi des faubourgs de Metz. Le corps lui ayant signalé que sa division a la possibilité de pénétrer dans la cité, Irwin décide que le *10th Infantry Regiment* se trouve dans la meilleure position pour le faire. Mais, s'il avance vers le centre de celle-ci, il pourrait perdre le contact avec la tête de pont du *2nd Infantry Regiment*. C'est pourquoi il revient sur sa décision précédente et demande la permission d'évacuer ses forces situées de l'autre côté de la Nied. Cependant, cette requête est refusée avec bon sens par Patton car cela conduisait à exposer le flanc du *XII Corps*.

Ainsi, au soir du **14 novembre**, six jours après le commencement de l'offensive, les pinces de la tenaille sont en train de se refermer progressivement autour de Metz bien que plusieurs routes, à l'est de la cité, restant ouvertes, soumises au harcèlement de l'artillerie américaine; En fait, les progrès ont été plus lents que prévu mais, si l'on tient compte du temps et du faible nombre de forces engagées, ce n'est pas surprenant. Les Allemands se plaignent qu'ils n'ont plus de réserves pour boucher les brèches de leur front usé mais il faut dire que les Américains ne disposent pas non plus de réserves. Et, si les Allemands avaient été en mesure d'assembler une puissante force blindée, ils auraient percé les lignes trop étendues de la *5th Division* à plusieurs endroits et l'auraient rejeté sur la Moselle. Patton a fait un pari en attaquant avec toutes les forces dont il disposait mais ce pari a payé, malgré le manque de couverture aérienne.

lion, 377th Regiment and the 2nd Battalion 378th Regiment, plus the 95th Reconnaissance Troop, the 807th Tank Destroyer Battalion and D Company of the 778th Tank Battalion. Their exploits, however, belong to a later chapter.

The 10th Armored Division exploitation of the Bridgeheads

When the main offensive started, the 10th Armored Division was assembled in the Molvange area about five miles northwest of Thionville and far enough away from the Moselle to be free from German observation. Its mission was to pass through the 90th Division bridgehead and, when it had broken out, to advance in two main columns. The one on the left was to race for the Saar crossings, while the column on the right was to aim for the important communication center of Bouzonville on the Nied River. There, it would be in a position to help cut rail and road communications with which the Metz garrison could still be reinforced.

When discussing the activities of General Walker's only armored force, it must be borne in mind that, as far as the higher echelons of command were concerned, the capture of Metz was only incidental to the greater plan of establishing a bridgehead over the Saar and advancing to the Rhine. Therefore, this formation soon fades from the picture as far as the subject of this book is concerned. Metz remained a problem for the infantry to solve.

As mentioned earlier when discussing the problems faced by Patton in September, the country between the Moselle and the Saar was not particularly suitable for exploitation by armor. The road system was limited, and in view of the terrible weather, armored vehicles would he restricted to using what hard-surface highways were available. We have seen that the ways out of the 90th Division bridgehead were limited, and the only really useful road was the one leading northeast from the crossroads at Kerling— hence the efforts made to retain command of this village.

The division spent a frustrating five days waiting for orders to move, at the mercy of the flooded river and the valiant efforts of the engineers. In the end, it was the Thionville crossing by Maroun's Marauders that opened the way for the 10th Armored. This site was particularly suitable for bridge constructions as both ends could be securely anchored on the solid walls of the riverbank, avoiding the problem of flooded approaches faced by the engineers at Malling and Cattenom.

Work at the Thionville site was commenced on 12 November by the 1306th Engineer General Service Regiment, which was ordered by General Walker to get on with the job regardless of casualties. A smoke screen was provided, but when the wind changed the following day, the engineers were cruelly exposed to German shelling and mortar fire. Hence the need for the 2nd Battalion, 378th Infantry, to capture the high ground overlooking the site and to eliminate the heavy mortars emplaced at Fort d'Illange.

Wearing flak suits, the engineers worked all through the day and at 0930 on 14 November, they had completed what was stated to be the longest Bailey bridge in Europe at that time. Support vehicles for the infantry were the first across, but in the afternoon, CCB was given traffic priority. They started to lumber over the bridge and then drove north toward the 90th Division area where they moved in behind the Kerling position held by the 359th Infantry. At the same time, space on the Malling bridge was freed for CCA.

On 15 November, the offensive by the armor got under way, and in spite of some opposition, managed to break through the German crust and fan out over the poor roads. On **17 and 18 November**, owing to the limited hard surfaces, they were forced to split into small units, but the weather cleared and enabled their airborne artillery to take to the air. On **19 November**, CCA managed to gain a foothold across the Nied river, hut by that time the infantry had surrounded Metz. As there were no signs of a German relief force in the offing, the armor was then switched north toward the Saar—leaving Metz to be mopped up by the 5th and 95th Divisions.

The 5th Division attack in the South

During the early stages of the Battle of Metz, the spectacular action was in the north, where an assault crossing of the Moselle had to he made. In the south, the 5th Division had already crossed this hurdle back in September, and were poised in their bridgehead to complete the encirclement of the city. Their actions, however, must also he considered in the light of the broader plan for the November campaign. Apart from the XX Corps mission to take Metz and move northeast toward the Saar, this called for XII Corps on the right to attack across the Lorraine plain toward Faulquemont. The 6th Armored Division, which belonged to the latter corps, was to use the 5th Division bridgehead, and there was a certain amount of overlapping on the intercorps boundary. Once the attack got under way, the Germans were convinced that 6th Armored and 10th Armored would meet up in the vicinity of Faulquemont.

Although the operations of XII Corps do not form part of this story, it is interesting to note that their advance from their positions to the east of Nancy was to be over exactly the same ground as the abortive French offensive that opened the war in August 1914. Oddly enough it was a XX Corps, commanded however, by a certain General Foch, which bore the brunt of the fighting and carried out a gallant rear-guard action near Chateau-Salins. The French were back again in 1918, assisted by six American divisions, but before the offensive toward Faulquemont and the Saar could begin, the Germans obligingly surrendered.

To recapitulate, the 5th Division relieved the 95th Division at the beginning of November and moved back into their old positions. On the right, 2nd Infantry took up positions in the bend of the Seille opposite Cheminot - the village that had barred the advance of the 7th Armored Division in mid-September. In the center, the 10th Infantry Regiment faced the Seille River facing east, and on the left, 11th Infantry Regiment occupied a line between Sillegny and the Moselle at Corny. During their rest period, the regiments had been brought up to strength after losses suffered during the earlier stages of the battle.

The mission assigned to General Irwin was to attack toward the east, parallel with XII Corps on the right, and then to be prepared to move north to meet up with the 90th Division, thus completing the ring around Metz. The attack would skirt to the south of the known outer defenses of the city and then swing around them. This movement was to be carried out by the 2nd and 10th Regiments —the 11th Regiment would hold the rest of the division line initially, and would then move north into the suburbs of Metz to help in the reduction of the city itself.

The division objective was to seize and hold a crossing over the river Nied, about ten miles east of the start line, in the area of Sanry-sur-Nied. When this was achieved, the northward swing could commence. The control of the Nied valley would deny to the Germans the use of the communications that ran along it, including the main railway to Strashourg and the branch line to Saarbrücken. Neither the Seille nor the Nied was a difficult barrier to cross in normal weather, but the torrential rain that had swollen the Moselle had an identical effect on the smaller streams in the area. The ever-present mud would make vehicle movement difficult and life most unpleasant for the infantry.

The old adversaries of the 5th Division, the 17th SS Panzer Grenadiers, still held most of the line facing General Irwin's men. This was no longer a "panzer" division as such as its armor was virtually nonexistent - it had four Mark IV tanks and six SP assault guns. It did, however, have a fully equipped artillery regiment, and the division as a whole was overstrength. This may have sounded good on paper, but the bulk of the newly-arrived replacements were poorly trained, and the division no longer rated as an "attack" unit. Its right wing was joined to troops from the 462 VG Division, the Metz garrison force; but in the area to the south of the city, they could only muster a number of static machine-gun battalions and low-grade security troops.

The higher German command in the area (XIII SS Corps) was hampered in its tactics by the order to keep contact at all costs with the Metz garrison. When hit by the XII Corps attack, they were forced to wheel back on themselves instead of being able to conduct an orderly fighting retreat toward the Saar and the Westwall.

After settling back in their old positions, the 5th Division regiments busied themselves with active patrolling to feel out the enemy line, and with clearing the minefields that had been laid during the October lull. The inevitable psychological warfare unit also made an appearance, broadcasting loudspeaker appeals to the Germans to give themselves up, with the tempting prospect of hot food and plentiful cigarettes as bait. These operations never seemed to have any spectacular result during the Metz battle, but a trickle of deserters did come over, offering information about the German positions.

The longest stretch of front line was held by the 11th Infantry, forming the pivot around which the other two regiments would wheel. They had to resort to filling out their ranks with scratch platoons made up from service troops, cooks, and clerks. Although comparisons are invidious, one is always drawn back to the example of the First World War, when an attack on such a front would have been carried out by an entire army, preceded by a bombardment possibly lasting as long as a week. In 1918, the forces assembled for the attack on the front from south of Metz to Dieuze numbered 31 divisions, supported by some 600 batteries of artillery!

During the waiting period, a number of German aircraft were reported over the 5th Division sector. These were only reconnaissance machines, but it did demonstrate the Luftwaffe could still fly. The real enemy, however, just as in the 90th Division zone, was the weather. Foxholes filled with water in the downpour and the few roads were washed out, hampering the movement of stores. The vital Arnaville bridges, which had withstood German artillery in September, were all swept away, so that communication with the rear was seriously impaired. All movement across the river, apart from hazardous ferry trips, had to be made via the bridges at Pont-à-Mousson and Nancy in the XII Corps area. The initial objective, the Seille River, had swollen from its normal 20 yards to a width of 200 yards, in the process washing away the few available bridges and overflowing the fording sites. Thus right from the outset, the general situation was highly unfavorable for an attack with such slender forces.

General Irwin originally had been told that the 5th Division would not start its attack simultaneously with that of XII Corps - but General McBride, commanding the neighboring 80th Division, had apparently not been informed of this. This is odd, as Field Order No. 12 issued by XX Corps specified that the neighboring XII Corps would attack on D-day, whereas 5th Division would move "on Corps order." The original Third Army order specified that on army order, operational control of the 80th Division would pass to XX Corps, but there is no evidence of this having been carried out. Had the order been carried out, the boundary problems would have been considerably eased.

D-day for the Third Army attack was set for 8 November, in spite of the weather and the lack of air support. The XII Corps moved off, including 80th Division, who expected to be joined on their left by 5th Division. As the communications of the two formations were inextricably muddled, this could have led to disaster, but the one-day lead by the 80th Division was to yield a hidden bonus in that it forced the Germans to abandon the line of the Seille.

Throughout the night of **8/9 November**, the engineers labored to complete bridges across the river and to mark the approaches for the infantry. At 0600 hours, the 2nd Infantry launched the attack of the "Red Diamond" 5th Division, crossed the swollen river against negligible opposition, and found the key village of Cheminot unoccupied.

Lawrence Nickell was a mortarman in the 1st Battalion and followed through over the Seille at Cheminot. In his book "Red Devil" he describes the scene as his platoon advanced – "the terrain was open and rolling, and, as a result of the heavy rains, the ground was soft, muddy, and very difficult to talk in. At every step the mud would ooze in over our boot tops. We walked through a mine field soon after crossing the river. No one was injured as the ground was soaked and the mines didn't detonate. (…) and we could see P-47's strafing and dive bombing positions ahead of us. B-17 and B-25 bombers flew over in a steady stream, visible on this sunny day with only scattered cloud cover, striking targets behind the German lines. (…) So far it was deceptively easy."

At least some of the men got to see "Madison" in action as in the north the weather was obviously far more unfavorable.

At the same time, the 10th Infantry crossed on footbridges provided by the engineers, with the 3rd Battalion in the lead. They moved on across the soggy ground, leaving small pockets of German resistance to be mopped up later by the 2nd Battalion. When the latter moved across the river about an hour later, they ran into determined opposition centered on Hautonnerie Farm, a group of solid stone buildings about a mile back from the river. In front there was virtually no cover and the fields were strewn with mines—reminiscent of the earlier attacks on Pournoy-la-Chétive by the same formation. In fact it was F Company, virtually reconstructed after having been almost wiped out during the latter operation, which had to bear the brunt of the attack. Being inexperienced, they promptly hit the ground. Pinned down by a hail of small arms, mortar, and artillery fire, the men were rallied by their commanding officer, Captain Kubarek, who ran from group to group encouraging them. Initially in ones and twos and then in small squads, they picked themselves up and straggled after the captain. The squads formed into platoons, and firing from the hip, the company drove the small group of Germans out of the farm. While they consolidated,

waves of medium bombers roared overhead to drop their loads on Goin and Pommerieux, villages directly in front of the 10th Infantry line of advance.

This was the result of "Madison" and the first cconcrete response by the air forces which had been possible, but in spite of the large numbers of aircraft involved that day, results were apparently negligible and were hardly felt by the troops on the ground. (Accounts of the actions of the 90th Division during this period do not mention air activities.) The clouds forced the bombers to drop their loads from upward of 20,000 feet, and although many of the bombs were destined for the Metz forts, most of them seemed to have missed—quantity rather than quality was the result. It was only where breaks in the clouds allowed the pilots to identify their targets that anything significant was achieved. The fighter-bombers, who naturally relied on visual identification, were severely hampered in their efforts, but did manage to delay the movement of German reinforcements.

On the first day of the 5th Division advance, casualties were generally light and the bulk of the enemy tended to melt away to the northeast. Two battalions of the 10th Infantry, and all three of the 2nd, had a secure bridgehead over the Seille; and the following day, the 6th Armored Division was committed. They worked closely with the 2nd Infantry, and Task Force Lagrew drove forward to take Vigny which was handed over to the GI's who followed. The armor then moved on to take Buchy, and this operation finally cleared communications along the intercorps boundary. By the evening of **11 November,** the armor was across the Nied, having swung across the front of the 2nd Infantry and forced a crossing at Sanry. This spectacular advance enabled American artillery to be brought up within range of the main road from Metz to Saarbrücken which they were able to shell at Courcelles-Chaussy thus hindering movement in and out of the city.

During **12 November,** the 5th Division was forced to pause to regroup and reorganize lines of communication. During the advance of the other regiments, 11th Infantry had been able to make small gains, following on the heels of the gradually retiring Germans, and was even able to extend its thin crust to assist the 10th Infantry to concentrate against the Bois de l'Hôpital. It was within this area of woods that the bulk of the German artillery south of Metz was emplaced and the high ground afforded valuable observation. The 2nd Infantry moved into the Nied bridgehead that had been created by 6th Armored, where they defeated counter-attack after counter-attack by elements of the 17th SS Panzer-Grenadiers and 21st SS PG's during the night. In that small riverside town there was a struggle of epic proportions. Lieutenant-Colonel Ball (2nd Bn. 2nd Inf) left Capt. Joseph Feket's E Company there to hold the town, but the German reacted vigorously to that threat to their remaining escape route. When shelling failed to dislodge Feket's men they sent in a company of grenadiers in the first of six attacks during the evening, the night and in the early morning. Although the Germans did manage to overrun the outposts and get into the town, they were unable to evict Company E. GI's and Grenadiers were all mixed up, firing at each other from rooftops and from behind piles of rubble. Tanks and tank destroyers used ricochet fire into the packed ranks of grenadiers, who finally withdrew after suffering severe casualties. Feket and his men were awarded the Presidential Unit Citation.

The following day, **13 November,** engineers bridged the Nied and more troops from the 2nd Infantry reinforced the bridgehead. Rain and even snow brought great discomfort to all concerned, and the foul weather naturally tended to increase the number of non-battle casualties from such mundane but crippling ailments as trench foot. In spite of general lack of opposition by the Germans, every mile advanced by the 5th Division extended its lines of communication to the overextended front. German efforts were mainly concentrated on eradicating the Nied bridgehead as this lay firmly across one of the escape routes from Metz and controlled the use of the railway to Saarbrücken. The full might of the German artillery was concentrated on Sanry where five companies and a few armored vehicles clung on desperately. During the night a large force tried to force their way into the small town, but were driven off after bitter street fighting. The tanks fired for ricochet effect against the road surfaces and bounced their shells into the Germans who suffered an estimated 200 casualties.

Elsewhere in the 5th Division sector, the 10th infantry occupied the two disarmed groups of forts (Yser and Aisne) to the south of the Bois de l'Hôpital. The 11th infantry had the grim satisfaction of reoccupying the area of Pournoy-la-Chétive and Coin-les-Cuvry, which the division had had to abandon in September after so much loss of life. Although resistance was beginning to stiffen, by the evening of **14 November**, the regiment had closed up to the south of the Verdun group of forts and had taken Prayelle farm after a hard fight.

During the evening of 13 November, General Irwin was contacted by Walker, who congratulated him on the performance of his men. During the conversation he was given authority to decide whether or not to keep the small force across the Nied or to bring them back in order to concentrate on the northward drive to encircle Metz. As the battalion could be ade-

quately supported by artillery, and its withdrawal would leave his right flank in the air, Irwin decided that they should hang on.

On the following day, the 10th Infantry again made steady progress as they cleared the southern part of the Bois de l'Hôpital, which brought them to within three miles of the suburbs of Metz. Having been told by corps that his division would be able to enter the city, Irwin decided that 10th Infantry was best situated; but if they moved inward, the 2nd Infantry bridgehead could well lose contact. He therefore reversed his earlier decision and requested permission to evacuate the forces back across the Nied. This request, however, was sensibly denied by Patton as it would have meant exposing the flank of the XII Corps.

Thus by the evening of **14 November**, six days after the commencement of the offensive, the pincers were gradually closing around Metz, although several routes to the east of the city remained open, albeit subject to harassment by American artillery. Progress had in fact been slower than expected, but taking the weather into consideration and the small number of forces employed, this is hardly surprising. The Germans complained that they did not have any reserves to plug the gaps torn in their front, but in fairness one must state that there were no reserves to back the Americans either. If the Germans had been able to assemble a powerful armored force, they could have torn through the overextended 5th Division lines at one of several places and forced them back to the Moselle. Patton took a gamble by attacking at all with his limited forces, but it was a gamble which paid off in spite of the lack of air cover.

1

Après la tête de pont établie par la *95th Infantry Division* à Uckange le 8 novembre 1944, la *90th Infantry Division* entreprend un assaut au nord de Thionville. Malling et Cattenom sont atteints le soir du 9 novembre. L'avance vers la Sarre peut commencer.

1. Un pont métallique est en cours de préparation dans le village de Cattenom avant d'être transporté sur le site.

2. Un autre pont en cours d'installation.

3. Les soldats du Génie installent les éléments flottants dans des conditions météorologiques épouvantables.

4. Photo prise le 17 novembre, les flots ont commencé à baisser. Une jeep médicale évacue un blessé de la tête de pont pendant qu'un convoi du Génie transporte des embarcations d'assaut.

(Photos NA.)

2

3

After a diversionary bridgehead had been established by a 95th infantry unit at Uckange on 8 November 1944, the 90th Inf. Div. made assault crossings north of Thionville. Two crossing sites were used at Malling and Cattenom, and by the evening of 9 November, bridgeheads had been seized. The eastward advance to the Saar could begin.

1. An inflatable heavy pontoon being prepared in Cattenom village before being transported down to the crossing site.

2. Another pontoon being hauled down to the crossing site,

across the flood plain of the Moselle valley which was totally inundated by the heavy rainfall.

3. Engineers at work up to their waists in the icy flood waters. Those men achieved miracles in assembling bridges under those conditions.

4. 17 November. The floods have begun to recede. A medical jeep evacuates wounded from the bridgehead while an engineer truck hauls up a load of assault boats.

(All photos NA.)

4

1

2

278

3

4

1. Beaucoup de pièces d'artillerie US utilisées pendant la campagne de Lorraine seront à court de munitions. Ici, les artilleurs du *XX Corps* examinent un 88 mm allemand avant de l'utiliser.

2. Le ponton construit sur le site d'Uckange sera le plus long réalisé en France.

3. Une colonne de véhicules traverse un pont flottant *Bailey* construit à Thionville par le Génie américain.

4. Le principal pont de Thionville construit sous l'égide de Erich von Stroh qui a utilisé les vestiges du pont original démoli lors de la campagne de France en 1940.

(Toutes les photos US Army/Via Tom Tucker.)

1. Much use was made of captured guns in the Lorraine campaign, helping to alleviate the ammunition shortage. Here, XX Corps gunners examine a German 88mm prior to firing it back at its previous owners.

2. The pontoon bridge constructed at the Uckange site which was 765 feet long and said to have been the longest built in France.

3. A vehicle column crossing a single floating Bailey bridge built at Thionville by US engineers

4. The main bridge at Thionville, constructed beside the Erich von Stroh Bridge, which in turn had been built on top of the remains of the original bridge demolished by the retreating French Army in 1940. The 1306th Engineer General Service Regiment started construction of the largest Bailey bridge built in Europe on 12 November. It was finished two days later, enabling the 10th Armored Div. to cross the Moselle and join in the battle.

(All photos US Army, courtesy of Tom Tucker.)

1. Une ambulance entre dans le village de Basse-Ham dans le secteur atteint par la *90th Infantry Division* le 9 novembre. Tous les villages de la Moselle furent renommés lors de l'annexion allemande. Le Kreis « l'équivalent du canton » porte le nom de Diedenhofen c'est-à-dire de Thionville, à noter l'arrêt de bus typique de l'Allemagne.

2. Un camion *GMC* passe devant le panneau indicateur de Koenigsmacker sur lequel a été rajouté le nom français original.

3. Un char TD du nom de *Duke of Padua* appartenant au *712th Tank Battalion* amorce un virage dans le centre du village de Metzervisse. Photo prise le 17 novembre.

4. Le même endroit pris en 2002. On reconnaît les deux mêmes maisons qui sont au fond à gauche sur la photo originale. (Collection de l'auteur.)

5. Les soldats du *90th Infantry Division* marchent dans Metzervisse. A noter la femme au centre de la photo qui ne semble pas s'émouvoir et part faire ses courses comme si de rien n'était.

(Photos NA.)

1. A US Ambulance enters the village of Basse-Ham on the east bank of the Moselle where part of the 90th Div. stormed ashore on 9 November. All villages were renamed during the German annexation, but the sign has been changed back into French. The Kreis (county district) is still given as Diedenhofen (=Thionville) Beside the sign there is still a typical German bus stop.

2. A standard GMC truck parket besoide the entrance sign to the village of Koenigsmacker which has likewise reverted to its original name.

3. A Tank Destroyer, « Duke of Padua » belonging to the 712th Tank Bn executes a smart left turn in the centre of the village of Metzervisse, heading off to deal with some enemy still holding out in nearby woods. 17 November 1944.

4. This crossroads in 2002.

5. 90th Infantry troops marching through Metzervisse. The woman in the centre appears quite unconcerned as she goes about her shopping.

(All photos NA.)

3

1. Un bunker de la Ligne Maginot sur les hauteurs de Thionville. Les premiers éléments de la *90th Infantry Division* après avoir traversé la Moselle, se dirigent vers un secteur fortifié par la Ligne Maginot.

2. Début novembre, les troupes américaines stationnent dans le village tout juste libéré de Moyenvic. A noter au premier plan, le panneau indicateur avec le nom en allemand.

3. Un véhicule allemand construit spécialement pour le Front russe, dénommé *Raupenschlepper Ost* qui a été capturé, stationne à côté d'une jeep dans le village de Sierck-les-Bains en Moselle.

4. Le caporal Krysko pointe un *Panzerschreck* qui a touché le premier *Sherman* entrant à Metzervisse le 16 novembre. Le *Sergeant* Achermann indique le point d'impact sur le char. Ils appartiennent au *712th Tank Battalion* rattaché à la *90th Infantry Division*.

5. Une pièce de 20 mm anti-aérienne appartenant au *547th A.A.A. Battalion* rattaché à la *95th Infantry Division* en position près de Boulay. A l'arrière-plan, des éléments de la Ligne Maginot.

(Photos NA.)

1. A typical Maginot Line interval casemate built into the side of a hill. The route taken by elements of the 90th Inf. Div. after crossing the Moselle ran directly along the ridge occupied by the Maginot Line, although the Germans made little use of the fortifications.

2. Early November. Us troops moved into the newly liberated village of Moyenvic prior to setting up a supply point.

3. A captured German tracked carrier, specially built for the Russian Front and known as a Raupenschlepper Ost, parked beside a jeep in a courtyard at Sierck-les-Bains on the Moselle.

4. Cpl Krysko holding the Panzerschreck or « stove pipe » that knocked out the first US tank to enter Metzervisse on 16 November. Posing beside the tank is Sgt Achermann, indicating the small hole punched through the armor by the projectile. Both men were from the 712th Tank Bn. attached to the 90th Division.

5. A towed 20mm anti-aircraft gun belonging to the 547th A.A.A. Bn. attached to the 95th Division, taken near Boulay In the field in the background is the entrance to a Maginot Line casemate. It is ready to fire against ground targets.

(All photos NA.)

4

5

1. Les premières neiges tombent début novembre dans le secteur de Thionville, un half-track vient d'être fraîchement camouflé.

2. Deux membres du *Signal Corps* discutent avec des mineurs français lors de leur visite de la mine de fer de Burce à l'ouest de Thionville. Cette mine a abrité des V1.

3. La visite d'un général français, Henri Giraud, au quartier général du *XX Corps* à Thionville le 26 novembre 1944. De gauche à droite : Général Giraud, Général Patton, le *Brigadier General* Collier et le Général Walker.

4. Dans le secteur de Thionville, le *Sergeant* T. Thompson examine les dommages infligés aux éléments fortifiés de la Ligne Maginot par sa pièce d'artillerie.

(Photos NA.)

1. The first snow fell in early November and this photo taken in the Thionville area, a half-track has been freshly camouflaged for winter at the front

2. Two members of a US Signal Corps photo team meeting up with French miners while investigating the Burce iron mine west of Thionville, thought to have been used for making VI flying bombs by the Germans.

3. High powered turn-out for visiting French general at XX Corps HQ in Thionville. Left to right, Gen. Henri Giraud, once seen as an alternative to de Gaulle, Gen. Patton, Brig. Gen. Collier, XX Corps chief-of-staff and Gen. Walker in usual bulldog pose.

4. Sgt. Wilburn T. Thompson of Salisbury, N.C., looks over at the damage inflicted by his gun on an enemy observation post located north of the Maginot Line in the area of Thionville.

(All photos NA.)

3

4

1

2

1 et 2. Peu à peu les soldats de la *90th Infantry Division* investissent les casemates de la Ligne Maginot.

3. De nos jours, l'entrée du bâtiment.

1, and 2. *The way taken a by element of the 90th Infantry Division after crossing the Moselle ran directly along the ridge occupied by the Maginot Line.*

3. *The same view in 2002.*

3

4. Un officier américain examine à l'intérieur d'une casemate une pièce d'artillerie détruite. (Collection de l'auteur.)

4. US officer examining a 75mm gun emplaced inside a casemate in one of the larger forts of the Maginot Line. These French guns although lacking in range had an extremely high rate of fire. (Coll A. Kemp.)

90th Infantry Division

5. 377th Infantry Regiment.

6. 378th Infantry Regiment.

7. 379th Infantry Regiment.

On peut vraiment dire que le sort final de Metz s'est joué le 14 novembre, quand la *95th Division*, dont le gros montait la garde devant les fortifications occidentales, est rentré dans la bataille. Au nord, les ponts de Malling et Thionville fonctionnent, la *90th Infantry Division* et la *6th Armored Division* attendent d'avancer vers la Sarre. En fait, ces deux unités n'auront presque plus aucun rôle dans la bataille de Metz, à l'exception de leur aile droite qui avancera vers le sud-est en direction de Boulay et Saint-Avold fermant ainsi finalement les mâchoires en coopération avec la *5th Division* venant du sud. A partir de maintenant, nous sommes principalement concernés par les actions de la *95th Division*, de la *5th Division* et de la *Task Force (TF) Bacon*. De nouveau, le récit va être subdivisé en secteurs de front, pour un souci de clarté.

La 95th Infantry Division attaque depuis l'ouest

Bien que la division avait eu pour mission originelle de contenir les Allemands installés dans les fortifications situées à l'ouest de Metz, ce n'avait pas été une sinécure. Les patrouilles avaient été intensives car elles tentaient d'ouvrir des chemins vers les positions allemandes et, durant la nuit du 12 au 13 novembre, le *378th Infantry Regiment* avait tenté de prendre pied à Amanvillers, ce qui avait été impossible en septembre.

La division du général Twaddle avait pour mission d'attaquer la cité de front dès que les mâchoires seront refermées par les *5th* et *90th Divisions*. Ce plan de base avait été confirmé par le *Field Order N° 12* de la division, qui avait été publié le 7 novembre. Mais celui-ci ne donnait pas de dates et d'horaires précis. Entre-temps, cependant, la situation s'était détériorée pour la *95th Division*. Elle avait deux bataillons de l'autre côté de la rivière, au lieu d'un seul comme prévu à l'origine, et ceux-ci étaient en passe de constituer la *TF Bacon*. C'est pourquoi, le **14 novembre**, Twaddle demande au corps la permission de lancer son attaque avant que les pinces soient entièrement fermées et, au lieu d'une simple attaque depuis l'ouest, ce sera un assaut de part et d'autre de la rivière. Bien que ce soit une modification du projet original, il en reçoit la permission et, ainsi, le général Twaddle publie le *Change N° 1* à son *field order*. Celui-ci demande de commencer les attaques au niveau du régiment le 15 novembre (le *377th* et le *378th*, moins un bataillon chacun de l'autre côté de la rivière). L'action sera poursuivie par le *379th*. Ainsi, les trois régiments et la *TF Bacon* semi-indépendante fourniront quatre axes d'attaque avant d'avancer finalement ensemble pour la marche vers le cœur de la cité. Les trois groupements tactiques régimentaires (*Regimental Combat Teams* ou RCT) sont répartis comme suit :

Le *379th Infantry* occupe une ligne courant au sud-est, de Gravelotte à Novéant sur la Moselle, faisant face aux principaux forts, Driant et Jeanne d'Arc, plus les *Seven Dwarfs* (les « Sept Nains ») et un fouillis d'ouvrage de campagne. Ce secteur est tenu par le *Volksgrenadier-Regiment 1217*.

Le *378th Infantry* (deux bataillons) est en position sur une ligne courant de Gravelotte jusqu'à l'extrémité de la crête des Fèves. Il fait face aux autres fortifications, comme les ouvrages Canrobert et le Groupe Lorraine. Ce secteur est tenu par le *Sicherungs-Regiment 1010 (Regiment Anton)*, sur une distance d'environ douze kilomètres.

Le *377th Infantry* (deux bataillons) tient la plaine inondée au sud de Maizières-les-Metz, entre la crête des Fèves et la Moselle. Il fait face au *Volksgrenadier-Regiment 1215*.

Tactiquement, la *95th Division* est confrontée aux mêmes problèmes que ceux qui ont conduit le *XX Corps* à la défaite au début du mois de septembre : un vaste front tenu par relativement peu de troupes face à des adversaires installés dans des positions bien fortifiées. Il s'y ajoute aussi le problème des communications avec la *Task Force Bacon*, de l'autre côté de la rivière. Bien que la qualité des forces adverses se soit réduite, il n'y a pas de signes d'un effondrement général. Par contre, les Américains

A gauche, le colonel Bacon.
Left, colonel Bacon.

One can really say that the final doom of Metz was determined on 14 November, when the 95th Division, the bulk of which had been guarding the western fortifications, was committed to an active role. In the north, the bridges at Malling and Thionville were in action and the 90th Infantry and 10th Armored were poised to advance toward the Saar. In fact, these two units played little further part in the story of the Battle of Metz, except insofar as their right wing moved southeast toward Boulay and St. Avold, thus closing the jaws finally in conjunction with the 5th Division from the south. From now on we are mainly concerned with the activities of the 95th Division, the 5th Division, and Task Force (TF) Bacon. Again the narrative will be subdivided into sectors of the front for the sake of clarity.

The 95th Infantry Division attack from the West

Although the original mission of the division had been to contain the Germans holed up in the fortifications to the west of Metz, they had not been idle. Patrol activity had been intense as they tried to feel their way toward the German positions, and during the night of 12/13 November, the 378th Infantry Regiment managed to seize a foothold in Amanvillers, a feat which had proved impossible in September.

The mission assigned to General Twaddle's division was to attack frontally into the city once the pincers had been closed by the 5th and 90th Divisions. This basic plan had been embodied in division Field Order No. 2, which had been issued on 7 November. But this had contained no specific dates or timings. In the meanwhile, however, the situation had altered to the good as far as the 95th was concerned. They had two battalions across the river, instead of the one originally envisaged, and these were in the process of being united as TF Bacon. Therefore, on **14 November**, Twaddle requested permission from corps to start his attack before the pincers were entirely shut, and instead of the simple attack from the west, to assault astride the river. Although this was a modification of the original corps scheme, permission was granted, and General Twaddle issued

Change No. 1 to his field order. This called for regimental attacks to commence on 15 November (377th and 378th, each minus a battalion on the other side of the river) and for the action by the 379th to be continued. Thus, the three regiments and the semi-independent TF Bacon would provide four axes of attack before finally uniting on the drive into the city center. The three regimental combat teams were aligned as follows:

The 379 Infantry occupied a line running southeast from Gravelotte to Noveant on the Moselle, facing the main forts at Driant and Jeanne d'Arc, plus the so-called Seven Dwarfs and a maze of field-works. This sector was garrisoned by the 1217th VG Regiment.

The 378th Infantry (2 battalions) were posted on a line running from Gravelotte as far as the end of the Fèves ridge. They were faced by the remaining fortifications, such as the Canrobert works and the Lorraine Group. This area was garrisoned by the 1010th Security Regiment (Regiment Anton), a distance of some eight miles.

The 377th Infantry (2 battalions) held the flood plain to the south of Maizières-les-Metz, between the Fèves ridge and the Moselle. They were faced by the 1215th VG Regiment.

Tactically, the 95th Division was confronted by the same problems that had defeated XX Corps in early September, a lengthy front held by comparatively few troops faced by an enemy in well-fortified positions. There was also the added problem of communication with Task Force Bacon on the far side of the river. Although the quality of the opposition had been reduced, there were no signs of a general collapse. On the plus side, however, the Americans were much better informed about the fortifications and all concerned were agreed that there would be no further frontal attacks. The scheme was to penetrate between the forts and move into the city itself, leaving the isolated garrisons to be starved out.

The mission assigned to the 379th Infantry was to penetrate on both sides of the Jeanne d'Arc group. On their left, the 378th Regiment was to attempt to wheel around to the north of the Fèves ridge and roll up the defenses from the rear. The 377th Infantry and TF Bacon were to advance into the city astride the Moselle.

This plan was well thought out, but it had the inherent risk that, by dividing the forces, they were being exposed to defeat in detail—as very nearly happened. As we shall see, certain elements became cut off and had to be supplied by air drop from light aircraft.

The Operations of the 379th Infantry Regiment

The attack by the 379th had been ordered on 13 November, one day earlier than the main division assault, and was to commence on 14 November by not later than 1430 hours. Support consisted of two field artillery battalions and a company of tank destroyers plus a variety of captured weapons. As the shells from the latter repeatedly fell short, their use was soon discontinued! There is nothing worse for the morale of infantry than to be shelled or strafed by their own side.

The regimental commander, Colonel Chapman, from his HQ at Gravelotte, placed his 3rd Battalion in reserve, thinly spread along the whole of the regimental front as a holding force. The mission of the 1st Battalion was to force a way over the infamous Mance ravine and to clear the Seven Dwarfs. The latter had

Les troupes US dans Novéant.

US soldiers in Novéant.

sont bien mieux informés sur les fortifications et tous ceux qui sont concernés ne seront plus impliqués dans des attaques frontales. Le plan a prévu de s'infiltrer entre les forts et d'avancer vers la cité, laissant les garnisons isolées et mourant de faim.

Le *379th Infantry* a pour mission de pénétrer de part et du groupe Jeanne d'Arc *(Feste Kaiserin)*. Sur sa gauche, le *378th Regiment* tentera d'obliquer en contournant la crête des Fèves par le nord et prendre les défenses par l'arrière. Le *377th Infantry* et la *TF Bacon* avanceront dans la cité, de part et d'autre de la Moselle.

Ce plan est bien conçu mais il comporte un risque inhérent au fait qu'en divisant les forces, celles-ci sont exposées à être écrasées l'une après l'autre, comme cela aurait pu être le cas. Comme nous le verrons, certains éléments se trouveront isolés et ne pourront être ravitaillés que par la voie des airs.

Les opérations du 379th Infantry Regiment

Le *379th Infantry Regiment* a reçu l'ordre d'attaquer le 13 novembre, un jour plus tôt que l'assaut principal de la division et celui-ci doit commencer le 14 novembre, pas plus tard que 14 heures. L'appui est fourni par deux groupes d'artillerie et une compagnie de tank destroyers plus diverses armes de prise. Comme les obus de ces dernières tombaient trop court, leur utilisation sera bientôt abandonnée ! Il n'y a rien de pire pour le moral de l'infanterie que d'être bombardé ou strafé par les siens.

Depuis son QG à Gravelotte, le chef du régiment, le colonel Chapman, place son 3ᵉ Bataillon en réserve, réparti sur tout le front du régiment comme force de recueil. Le 1ᵉʳ Bataillon a pour mission de forcer son chemin à travers l'infâme ravive de la Mance et de nettoyer les Sept Nains. Ceux-ci ne disposent pas d'artillerie et ne sont qu'une série de points d'appui d'infanterie de forme irrégulière bien qu'ils disposent d'abris en béton pour leurs défenseurs. La force d'attaque est bien pourvue de plans des ouvrages et les soldats ont même reçu des plans en éclaté en trois dimensions de l'intérieur des bâtiments donnant des détails tels que les escaliers, la façon d'y accéder et comment trouver les chambres de tir derrière les embrasures. Sur la gauche, le 2ᵉ Bataillon doit avancer le long de la route menant le Groupe Jeanne d'Arc et le Fort de Guise.

Après le puissant (et prévisiblement inefficace) bombardement des forts à l'aube, les deux bataillons d'assaut se mettent en route vers 6 heures du matin. Bien qu'il subisse les tirs venant du Fort Driant et de la Batterie Moselle, le 2ᵉ Bataillon essaie de se frayer un chemin en contournant le Fort Jeanne d'Arc par le nord et il est sur son objectif à midi, près de 500 mètres à l'arrière du fort. Il doit traverser la plaine dégagée, champs de massacre en 1870, passer à côté des fermes fortifiées Moscou et Leipzig et pénétrer ensuite dans des bosquets menant aux pentes qui dévalent vers Metz depuis les hauteurs. Là, il est contre-attaqué, probablement par des troupes du fort bien que le commandant de la forteresse ait décrit ces efforts comme « faibles ». Ces attaques sont repoussées mais la force américaine (deux compagnies d'assaut) se trouve dans une position dangereuse. Les attaquants ont été capables de pénétrer dans la ligne tenue par le *Volksgrenadier-Regiment 1217* mais ils ne peuvent détacher assez de forces pour déloger les Allemands installés dans le réseau de bunkers et de tranchées. Ainsi, la ligne de front allemande se referme après qu'ils l'aient traversée et se trouvent ainsi en fâcheuse position. Leur compagnie de réserve est incapable de les rejoindre et est repoussée par des tirs violents.

L'assaut du 1ᵉʳ Bataillon connaît aussi un succès initial. Bien que soumis à des tirs violents dans la ravine, il réussit à traverser et, à midi, il est sur les Sept Nains. Il prend le Fort Jussy au nord mais au sud, il est repoussé du Fort Bois la Dame. A ce stade, il se trouve aussi isolé et sa compagnie de réserve ne réussit pas non plus à traverser la ravine.

A 12 heures, le général Kittel est informé de l'état de la situation et il décide d'engager ses réserves pour raidir ses troupes sur leurs positions. Il donne l'ordre au *Füsilier-Bataillon 462*, commandé par le *Major* Voss, de repousser les Américains des Sept Nains. Cette force tente de s'infiltrer dans la ravine mais elle y subit de lourdes pertes. En faisant partir un régiment avant le reste de la division, le général Twaddle a permis à son adversaire d'engager sa maigre réserve sur une simple menace.

Les unités encerclées sont ravitaillées en début de soirée par des avions d'observation d'artillerie qui essuient les tirs adverses. Ils larguent des munitions, des batteries pour les radios et du ravitaillement médical. Il est impossible d'évacuer les blessés qui doivent être soignés sur place. Les deux bataillons d'attaque avaient reçu l'ordre de se déplacer légers avec un minimum de rations, avec seulement de l'eau dans leurs bidons et sans couvertures. Ce jour-là tombe un léger crachin qui se transforme bientôt en neige fondue ; imaginez comment vous pourriez dormir dans de telles conditions. Pat Thornton est alors *Private* (simple soldat) dans la A Company qui a été repoussée du Bois la Dame et les survivants se dirigent sur Jussy au sud : « *Nous sommes maintenant coupés de toutes les unités de soutien et nous sommes encerclés avec quelques prisonniers allemands avec nous. Tout ce que nous avons, ce sont nos blousons et nous avons froid alors que nos prisonniers ont des manteaux que nous leur envions. En approchant du Fort Jussy Sud, maintenant tenu par la B Company, nous recevons des tirs intenses de la part des hommes de la B Company. Il n'est pas facile de les convaincre que nous sommes des Américains de la A Company et que les manteaux allemands qu'ils voient sont ceux de nos prisonniers.* »

Durant la nuit, des plans sont élaborés pour relever les troupes isolées mais, malgré plusieurs tentatives, le **15 novembre**, le gros des 1ᵉʳ et 2ᵉ Bataillons reste encerclé, incapable d'avancer ou de reculer. L'après-midi suivante, il n'y a rien d'autre à faire que d'engager le 3ᵉ Bataillon et laisser la ligne de front de la division dénudée, laissée à sa force de recueil. Le bataillon lance son attaque le long de la route prise par le 2ᵉ Bataillon - la route entre le Fort de Guise et le Fort Jeanne d'Arc. La I Company tente d'éjecter les Allemands des fermes Moscou et Saint-Hubert, des bâtiments

no built-in artillery and were really only a series of irregularly shaped infantry strongpoints, although adequately constructed with concrete shelters for their defenders. The attacking force was well supplied with plans of the works, and individual soldiers were even given three-dimensional exploded drawings of the interior buildings showing such details as where the staircases led and how to find the firing chambers behind the embrasures. On the left, the 2nd Battalion was to move along the road leading between the Jeanne d'Arc group and Fort de Guise.

After a heavy (and predictably useless) bombardment of the forts at dawn, the two assault battalions moved off at around 0600. Although shelled by Fort Driant and the Moselle Battery, the 2nd Battalion managed to make its way around to the north of Jeanne d'Arc and by midday were on their objective, 500 yards to the rear of the fort. They had had to cross the open plain over the 1870 killing fields, bypass Moscou and Leipzig fortified farms and then enter a patch of woodland which led to the slope running down into Metz from the heights. There they were counterattacked, probably by troops from the fort, although the fortress commander described the efforts as "feeble." These attacks were beaten off, but the American force (two assault companies) was out on a limb. The attackers had been able to penetrate the line held by the 1217th VG Regiment but could not detach sufficient forces to mop up the Germans holed up in the maze of bunkers and trenches. Thus, the German line closed up again after they had moved through and they found themselves out on a limb. Their reserve company was unable to get through to them and was forced back by heavy fire.

The assault by the 1st Battalion also enjoyed initial success. Although brought under heavy fire in the ravine, they managed to get across it and by noon were in among the Seven Dwarfs. They captured Forts Jussy North and South but were driven off from Fort Bois la Dame. At this stage they too were cut off and their reserve company also failed to cross the ravine.

General Kittel was informed of the state of affairs at 1200 hours and decided to commit his reserve to stiffen the troops on the spot. He ordered the 462nd Fusilier Battalion under Major Voss to drive the Americans from their foothold in the Seven Dwarfs. A part of this force managed to infiltrate back into the ravine although they suffered heavy casualties in the process. By starting one regiment in advance of the rest of the division, General Twaddle enabled his opponent to shift his meager reserve to deal with a single threat.

The encircled units were supplied during the early part of the evening by artillery spotter aircraft running the gauntlet of enemy fire. They dropped ammunition, radio batteries, and medical supplies. It proved impossible to evacuate the wounded, who had to be cared for on the spot. Both attacking battalions had been ordered to travel light with a minimum of rations, only the water in their water-bottles and without blankets. A light drizzle was falling that day which soon turned into sleet and just imagine having to sleep out in such conditions. Pat Thornton was a private in A Company which had been driven off from Bois la Dame and the survivors made their way to Jussy South – "we were now cut off from all out support units and were surrounded with a few German prisoners with us. All we had on was out jackets and we were cold whereas out prisoners had overcoats which was envied. As we approached Fort Jussy South, now held by B Company, we received a hail of fire from the B Company men. It was a difficult job convincing them that we were Americans from A

Company and that the German overcoats they saw were on our German prisoners".

During the night, plans were made to relieve the isolated troops, but in spite of several attempts during **15 November**, the bulk of the 1st and 2nd Battalions remained cut off, unable to move forward or backward. The following afternoon, there was nothing else to do but to commit the 3rd Battalion and leave the divisional line more or less denuded of its holding force. They launched their attack along the route taken by the 2nd Battalion—the road between Fort de Guise and Jeanne d'Arc. Company I managed to eject the Germans from Moscou and St. Hubert farms, fortified buildings that had previously hindered the relief attempts. Company K moved against a strong-point that also barred the way. This consisted of a number of concrete bunkers well blended into the terrain and with a wide field of fire.

However, in view of pressure in the north being exerted by the 378th Infantry, German resistance in the south was beginning to break up. A sergeant and an enlisted man crept forward through a hail of fire to a mound directly in front of the bunkers. There they set up a heavy machine gun and swept the area with a hail of bullets until the Germans stopped firing. The German officer in charge of the strong-point then surrendered with 46 men, and it later transpired that he had (wrongly) assumed that he was surrounded by a considerable force of Americans.

The elimination of this strongpoint was a great help toward reestablishing contact with the 2nd Battalion, but while forts Driant and Jeanne d'Arc could still fire, movement by road was extremely hazardous. It was intended that at this juncture the 1st Battalion would fight their way northward to join up with the rest of the force, but this had to be postponed for a day. It was not until the morning of **18 November** that the regiment managed to link up its scattered formations, but they were through the main fortified line and able to look down on Metz in the valley below. It was only that night, however, that the first supplies could be brought in by road. During daylight, aircraft still had to be used because of accurate fire from the forts, but as landing strips had been cleared, they were able to evacuate the more seriously wounded.

Operations by the 378th infantry Regiment

Events on the right wing of the division tended to be overshadowed by the activities of the 378th Infantry in the center. It was in this sector that the decisive move in the last phase of the Battle of Metz was carried out. The 378th succeeded where the Prussians had failed in 1870, in that they managed to turn the entire fortified line by moving around the north of the Fèves ridge. In the orders issued on 14 November, the regiment had been ordered to attack at 0800 on the following day. Patrols had shown them the futility of a frontal assault on the ridge, which was guarded by the Canrobert forts. Although only infantry positions, they were fronted along the entire length by a high concrete wall which had previously defeated the 90th Division. They therefore decided to execute a turning movement around the northern edge of the ridge, following the approximate line of the post-war autoroute from Paris to Metz, through the sector held by the 377th Infantry. As they only had two battalions available, it was necessary to strip the force holding the front opposite the ridge to the bare minimum—without letting the enemy know, naturally. Colonel Metcalf, the regimental commander, entrusted the execution of a daring deception sche-

fortifiés qui avaient auparavant empêché les tentatives de secours. La *K Company* avance contre un point d'appui qui lui barre aussi le chemin. Il y a là un certain nombre de bunkers en béton bien camouflés dans le terrain et avec un large champ de tir.

Cependant, à cause de la pression exercée au nord par le *378th Infantry*, la résistance allemande dans le sud commence à s'effondrer. Un sergent et un simple soldat rampent vers l'avant sous des tirs intenses jusqu'à un monticule situé directement devant les bunkers. Là, ils installent une mitrailleuse lourde et balaient le secteur avec une grêle de balles jusqu'à ce que les Allemands cessent de tirer. L'officier allemand en charge du point d'appui se rend alors avec 46 hommes et on apprendra plus tard qu'il avait cru (faussement) qu'il était encerclé par une force considérable d'Américains.

L'élimination de ce point d'appui va être d'un grand secours pour rétablir le contact avec le 2ᵉ Bataillon mais, tandis que les forts Driant et Jeanne d'Arc sont toujours en mesure d'ouvrir le feu, les mouvements par la route sont extrêmement périlleux. Le moment est critique et le 1ᵉʳ Bataillon doit tenter de s'ouvrir un chemin vers le nord pour rejoindre le reste des forces mais cette tentative est annulée ce jour-là. Il faut attendre le matin du **18 novembre** pour que le régiment tente de rejoindre les formations dispersées mais elles se trouvent au travers de la ligne fortifiée principale et sont en mesure d'observer Metz dans la vallée, en dessous de celles-ci. Cependant, les premiers ravitaillements pourront être amenés par route cette nuit-là. Dans la journée, les avions sont toujours utilisés à cause des tirs précis provenant des forts. Mais, comme les pistes ont été dégagées, il est possible d'évacuer les blessés les plus graves.

Les opérations du 378th Infantry Regiment

Les événements survenus sur l'aile droite de la division ont tendance à être éclipsés par les actions du *378th Infantry Regiment* au centre. Le mouvement décisif de la deuxième phase de la Bataille de Metz aura lieu dans ce secteur. Le *378th* va réussir là où les Prussiens avaient échoué en 1870 ; il va tenter de contourner toute la ligne fortifiée par le nord de la crête des Fèves. Selon les ordres publiés le 14 novembre, le régiment devait attaquer le lendemain à 8 heures. Des patrouilles avaient établi la futilité d'un assaut frontal sur la crête qui était défendue par les forts Canrobert. Ce ne sont que des positions d'infanterie mais elles sont précédées sur toute leur longueur par un haut mur en béton qui a précédemment mis en échec la *90th Division*. Il décide ainsi d'exécuter un mouvement tournant autour de la limite nord de la crête, suivant la ligne approximative de l'autoroute Paris-Metz construite après la guerre à travers le secteur tenu par le *377th Infantry Regiment*. Comme il ne dispose que de deux bataillons, il est nécessaire d'étendre la force tenant le front faisant face à la crête à son strict minimum, sans que les Allemands le sachent, naturellement. Le colonel Metcalf, qui commande le régiment, confie l'exécution d'une opération d'intoxication au *Captain* St-Jacques, qui commande la compagnie des services du régiment. Pour tenir un front d'environ treize kilomètres, la *Task Force St Jacques* dispose de trois sections de fantassins, étoffées avec des radios, des chauffeurs et d'autres personnels du QG. Elle dispose d'une section de canons antichars, de quelques mitrailleuses lourdes et de quelques canons de prise d'origine danoise. Cela comporte un risque terrible mais c'est un risque calculé. L'intoxication réussit et les Allemands ont eux-mêmes trop étiré leurs forces pour être capables d'une action offensive.

Précédé par un bombardement de 15 minutes, le 1ᵉʳ Bataillon attaque à 8 heures depuis ses positions de départ qu'il a occupées durant la nuit. A l'aube, la visibilité est mauvaise à cause de la brume et d'une couverture nuageuse qui recouvre la crête. Cependant, à 11 heures, la *A Company* a réussi à occuper le Fort de Fèves, la plus septentrionale des positions défensives des hauteurs. Ce fort n'avait jamais été terminé et était constitué en fait de fortifications de campagne avec quelques abris d'infanterie en béton. Bien que le commandant de compagnie ait été blessé, un autre officier blessé avait pris le commandement et, tirant à la hanche, les hommes s'étaient rués dans le fort. La prise de cette position relativement faible n'eut pas grand écho mais, à plusieurs égards, elle a été décisive. Tout d'abord, cela signifie qu'une petite force se trouve maintenant derrière les fortifications et qu'elle a atteint la jonction entre le *Sicherungs-Regiment 1010* et le *Volksgrenadier-Regiment 1215*. Deuxièmement, les Allemands ont perdu un poste d'observation vital. A cause du manque d'équipement optique pour les canons sous tourelle, le fort était le centre de direction de tir pour toute la position située à l'ouest de Metz et, dès qu'il a été pris, la précision de l'artillerie allemande s'est considérablement détériorée. Le fort est relié au réseau principal de communications de la forteresse et, selon les experts qui l'examineront plus tard, il était bourré d'équipements radio.

Comme on peut l'imaginer, c'est un coup amer pour la garnison allemande. De façon erronée, le général Kittel date l'attaque du 14 novembre et continue en disant que la gravité de la situation ne lui est apparue qu'à 13 heures. Une contre-attaque locale menée par 200 hommes environ est écrasée par les troupes au sol américaines et par l'artillerie. A cause de la contre-attaque, le chef du régiment décide de marquer une pause et que le 3e Bataillon sera amené pour renforcer les forces d'assaut éparses. Cependant, avant que les ordres soient communiqués, la *B Company* avance à proximité de Semécourt, croyant que les Allemands sont toujours désorganisés. Elle essaie de pénétrer jusqu'au Bois de Woippy et, à cause d'une contre-attaque dans la soirée, elle s'y installe en sécurité. Durant la nuit, le 3e Bataillon avance et, le lendemain, il nettoie les villages situés derrière la crête de Fèves. A partir de là, le terrain descend doucement vers la cité dans la vallée, un secteur avec peu de routes, parsemé de petits villages et coupé par des ravines. Ce terrain est complètement défavorable aux véhicules blindés et peut être arrosé par les tirs provenant des forts Lorraine et Plappeville. Selon toutes les lois de la guerre, une petite force d'attaque devait être anéantie par une garnison déterminée sortant allègrement des forts. Mais, à ce stade de la bataille, les commandements allemands commencent à se désagréger. Le problème des Américains réside dans le fait qu'ils doivent s'occuper des forts, alors qu'ils n'ont pas assez de forces, et continuer à avancer vers la cité.

Le lendemain, **17 novembre**, le colonel Metcalf reçoit l'ordre de ne pas lancer son attaque après 13 heures (portée ultérieurement à 14 heures) et de prendre les ponts sur la Moselle menant au centre de la cité. Ceci fait partie d'une attaque concentrique menée par les trois régiments et la *Task Force Bacon*. Cependant, il y a encore un nombre considérable d'Allemands au milieu des positions des régiments, spécialement dans les forts Canrobert. Aujourd'hui, tout ce secteur est complètement recouvert de verdure mais, au moment de l'attaque, la végétation était limitée. Ainsi, le 3e Bataillon a pour mission d'avancer vers la cité tandis que le 1er Bataillon restera en arrière pour tenir les lignes de communication. En début d'après-midi, les forts situés sur la crête sont nettoyés et, à l'issue, la position de la carrière d'Amanvillers est trouvée inoccupée. Cependant, il reste le problème des trois compagnies disponibles pour le chef de bataillon, elles sont constamment ponctionnées de petits éléments détachés pour garder les forts capturés, diminuant ainsi un peu plus les forces disponibles.

Durant cette opération, le régiment reçoit des ordres pour avancer aussi vers le sud-ouest et aider l'arrivée des renforts attendus par les bataillons du *379th Infantry Regiment* toujours encerclés. Cependant, dans la soirée, il y a un changement car les tirs provenant du Fort Plappeville harcèlent les troupes tentant d'approcher des ponts sur la Moselle. Le 1er Bataillon reçoit l'ordre d'envoyer des patrouilles afin de déterminer la force des Allemands installés dans le fort et, au cours de celles-ci, on découvre que le Fort Lorraine est vide, il a été abandonné par sa garnison. C'est une faute grave de la part des Allemands car le Fort Lorraine avait quelques-unes de ses tourelles en état de marche (une batterie de deux pièces de 100 mm) ; elles auraient pu être utilisées à empêcher les Américains d'atteindre la cité.

Le lendemain matin, le 1er Bataillon reçoit l'ordre d'attaquer le Fort Plappeville. Celui-ci se trouve au sommet d'une crête et bien qu'il s'agisse d'un des vieux forts datant de 1868, tous ses alentours sont couverts d'un réseau d'abris, de bunkers et de tranchées. A partir de là, au lieu d'être relevé par le *359th Infantry Regiment* le 21 novembre, le 1er Bataillon fait de vaines tentatives pour déloger les Allemands. A ce stade, une compagnie tente d'atteindre le sommet mais elle est bientôt contrainte au repli. La seule solution possible consiste à encercler le secteur. Comme elle tente d'infliger des pertes, la force disponible est bien trop petite pour causer des dommages. Des tanks arrivent alors pour tirer des obus fumigènes dans les ventilateurs, mais sans résultat spectaculaire.

Les opérations du 377th Infantry Regiment

Ayant nettoyé la dernière résistance allemande du secteur de Maizières-les-Metz lors d'une attaque précédente, les deux bataillons du régiment occupent des positions de l'autre côté de la plaine inondée, entre la Crête de Fèves et la Moselle. Au château Brieux, la *I Company* a reçu le 11 novembre quinze remplacements qui sont bienvenus, y compris le lieutenant Vincent Geiger, qui commandera ultérieurement la compagnie et écrira son histoire (voir la bibliographie). La première tâche du lieutenant Gei-

me to Captain St. Jacques who commanded the regimental service company. To hold a front of almost 9 miles, Task Force St. Jacques was assigned three rifle platoons, padded out with signallers, drivers, and other HQ personnel. They were armed with a platoon of antitank guns, some heavy machine guns, and a few captured guns of Danish origin. This may sound like a terrible risk, but it was a calculated one. The deception succeeded and the Germans themselves were far too extended to be able to contemplate offensive action.

Preceded by a 15-minute bombardment, the 1st Battalion attacked at 0800 from the assembly positions that they had occupied during the night. Early morning visibility was poor on account of fog and the blanket of smoke that had been laid over the ridge. However, by 1100, Company A had managed to occupy Fort de Fèves, the most northerly of the defensive positions on the heights. This fort had never been completed and really only consisted of field fortification plus a number of concrete infantry shelters. Although the company commander was wounded, another injured officer took over, and firing from the hip, the men rushed into the fort. The capture of this relatively weak position may not sound like all that much, but in many ways, it was decisive. First, it meant that a small force was in behind the fortifications and that they had hit the boundary between the 1010th Security Regiment and the 1215th VG Regiment. Second, the enemy had been robbed of a vital observation post. Owing to the lack of optical sighting equipment for the turret guns, the fort was the main fire control center for the whole of the position to the west of Metz, and as soon as it was captured there was a remarkable lessening in the accuracy of the German artillery. The fort was tied into the main fortress communications network, and according to experts who later examined it, it was stuffed with signal equipment.

As can be imagined, this was a bitter blow to the German garrison. General Kittel wrongly dates the attack as having been carried out on 14 November, and goes on to say that the seriousness of the situation only dawned on him at 1300 hours. A local counterattack by around 200 men was defeated by American ground troops and artillery. On account of the counterattack, the regimental commander decided that a pause should be instituted and the 3rd Battalion be brought up to reinforce the scattered assault force. However, before the orders could be circulated, B Company moved off from the vicinity of Semécourt in the belief that the enemy was still disorganised. They managed to penetrate as far as the Bois de Woippy, and in spite of a counterattack during the evening, established themselves securely there. During the night, the 3rd Battalion moved up, and the following day, cleared out the villages behind the Fèves ridge. From there the terrain sloped steeply down toward the city in the valley—an area with few roads, dotted with small villages, and broken by ravines and gullies. It was totally unsuitable for armored vehicles and could be brought under fire from Forts Lorraine and Plappeville. By all the rules of war, the small attacking force should have been annihilated by a determined garrison sallying out from the forts, but by this stage of the battle, the German command had begun to disintegrate. The problem for the Americans was how to deal with the forts as they did not have sufficient forces to attack them and still continue to advance into the city.

The following day, **17 November**, Colonel Metcalf was ordered to start an attack not later than 1300 (later modified to 1400) to capture the Moselle bridges that led into the city center. This was to be part of a concentrated attack by all three regiments plus Task

Vincent Geiger, *I company, 377th Infantry Regiment.*

Force Bacon. However, there were still considerable numbers of Germans in among the regimental positions, especially holed up in the Canrobert forts. Today, this whole area is totally overgrown, but at the time of the attack the vegetation would have been limited. Thus the 3rd Battalion was assigned to move toward the city while the 1st Battalion had to be left behind to clear the lines of communication. By the early afternoon, the forts along the ridge had been cleaned out, and at the far end, the Amanvillers Quarry position was found to be unoccupied. The problem that remained, however, was that from the three companies available to the battalion commander, small numbers constantly had to be detached to guard the captured forts, thus diminishing the force even further.

During this operation, orders were received for the regiment also to advance toward the southwest to help in the relief attempt for the still encircled battalions from the 379th infantry. In the evening, however, there was a change, as fire from Fort Plappeville had been harassing troops trying to approach the Moselle bridges. The 1st Battalion was ordered to send out patrols to determine the strength of the Germans in the fort, and in the process it was discovered that Fort Lorraine was empty, having been abandoned by its garrison. This was a grave mistake on the part of the Germans, as Lorraine had some of its turret guns operating (a battery of two 100-mm weapons), which would have been well employed firing at the Americans trying to cross into the city.

The following morning, the 1st Battalion was ordered to attack Fort Plappeville. This lay on top of a ridge, and although it was one of the old forts dating from 1868, the whole of the surrounding area was a maze of shelters, bunkers, and trenches. From then on, until relieved by the 359th Infantry on 21 November, the 1st Battalion made vain attempts to dislodge the Germans. At one stage, a company managed to get on top but were soon forced to retire. The only possible solution was for the area to be surrounded,

ger sur le front est de s'attacher aux questions de détail et de faire évacuer les corps de ceux qui ont été tués lors du combat pour le château, « gelés et raides comme des piquets. »

Le régiment reçoit l'ordre de mener l'effort principal de la division contre la cité, le **15 novembre** à 10 heures. Bien qu'une compagnie reste engagée dans un petit secteur autour de l'un des terrils au sud de Maizières, les 2ᵉ et 3ᵉ Bataillons se mettent en route à temps. Le 2ᵉ avance sur la droite en descendant la route principale et l'axe de la voie ferrée en direction de Saint-Rémy et Metz. Sur la gauche, le 3ᵉ avance parallèlement à la rivière. *«Nous quittons la localité en passant le cimetière piégé dont les nombreuses mines causent beaucoup de pertes parmi les nôtres. »* La I Company atteint le faubourg de la Maze dans la soirée. Le lieutenant Geiger sort pour contrôler les avant-postes, il se souvient : *« A un endroit, nous découvrons ce que nous croyons être des traces de bottes à clous allemands. Nous les contrôlons et rien ne survient sauf le fait que l'on continue de marcher. Nous sommes prêts à tirer quand nous rencontrons un cheval. Imaginez nos têtes ! »*

Dans la soirée, le 2ᵉ Bataillon a nettoyé Saint-Rémy et a pénétré dans Woippy, un faubourg direct de la cité et le point de départ final pour la traversée de la rivière. Le 3ᵉ Bataillon nettoie la résistance se trouvant entre là et la Moselle. Le lendemain, Woippy est nettoyé par un difficile combat d'une maison à l'autre. Cependant, de nouvelles progressions sont bloquées par deux des vieux forts, Gambetta et Déroulède. Ils n'ont pas d'artillerie mais ils sont appuyés par les canons tirant depuis Saint-Julien, situé de l'autre côté de la rivière. Ceux-ci peuvent atteindre les flancs du *377th Infantry Regiment*. Ce jour-là en fin de soirée, les bataillons reçoivent l'ordre de maintenir leurs positions et de se réorganiser le lendemain pour une attaque générale le 18 novembre, quand la *Task Force Bacon* aura liquidé l'artillerie gênante de Saint-Julien. Cependant cet ordre est modifié le lendemain matin et ils vont commencer à se diriger vers la rivière pour la traverser un jour plus tôt.

Les opérations de la Task Force Bacon

Organiquement la *Task Force* fait partie de la *95th Division* mais est étudiée ici comme entité distincte. Elle est placée sous un commandement indépendant et est séparée du reste de la division par la Moselle. Ses communications se font par le pont de Thionville dans la zone de la *90th Division* bien que la TF n'ait rien à voir avec cette formation.

Toute la journée du **15 novembre** se passe à réorganiser et à fondre ensemble les deux bataillons quelque peu décimés qui constituent sa force de combat de base, et la force ne sera pas en mesure de reprendre son avance, depuis une zone de concentration autour de Bertrange, avant le lendemain matin. Cependant, Bacon est un fantassin utilisant sa force composite avec l'habileté d'un vrai cavalier. Il avance en deux colonnes parallèles, chacune étant menée par quelques tanks et tank destroyers avec l'infanterie suivant sur des camions ou à pied. Lorsque deux canons automoteurs de 155 mm s'ajoutent à cette force, ils sont aussi placés dans les points blindés des colonnes. L'artillerie mobile et les canons des tanks dégagent les chemins des points d'appui adverses qui sont ensuite nettoyés par l'infanterie qui suit. Les objectifs préférés des tank destroyers sont les snipers isolés !

Les deux colonnes du colonel Bacon avancent au sud, suivant le cours de la Moselle jusque dans Metz. Sur sa gauche, il est séparé des unités les plus proches, celles de la *90th Division* par un immense champ de mines qui a été mis en place par les Allemands. Dans le secteur, les forces adverses sont celles du *Volksgrenadier-Regiment 1216* qui faisait partie, à l'origine, de la garnison de Metz mais a été transféré à la *19. Volksgrenadier-Division*. Cette dernière, repoussée par l'avance de la *90th Division*, a été écartée de Metz et ainsi du *VG-Regiment 1216* qui retourne à la garnison, de fait si ce n'est sur le papier.

L'avance commence à 7 heures avec les deux bataillons et les blindés avançant ensemble jusqu'à Bousse où, une arrière-garde allemande d'une vingtaine d'hommes est rapidement mise en fuite. A partir de là, le 2ᵉ Bataillon du *378th Infantry Regiment* descend la route principale en direction d'Avy-sur-Moselle sans arrêt chef car, à ce moment-là, le colonel Maroun a été évacué sur un hôpital. Les Allemands ont miné la route de part et d'autre de façon à canaliser toute attaque mais le 1ᵉʳ Bataillon du *377th Infantry Regiment* avance sur des routes secondaires, parallèlement, en direction d'Ennery. Quand une colonne est stoppée, l'autre peut obliquer pour porter une attaque de flanc.

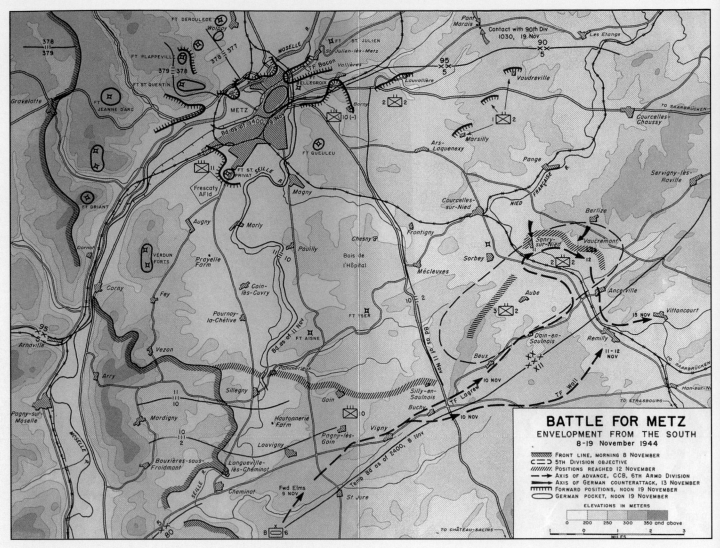

Les opérations du 8 au 19 novembre 1944 au sud de Metz.

Ayant avancé de 66 kilomètres, le colonel Bacon arrête ses colonnes pour la nuit, soucieux à cause de son flanc à découvert car il croit que la *90th Division* n'a pas suivi son avance. Il envoie la *95th Reconnaissance Troop* pour établir le contact et pour être certain qu'aucune force adverse ne s'est infiltrée dans la brèche.

L'avance continue le lendemain toute la journée, après une nuit d'intense activité de patrouilles. Ceci doit être examiné en se souvenant que l'infanterie de la *Task Force* a été continuellement en action depuis six à sept jours avec un sommeil insuffisant, pas de nourriture chaude et avec des possibilités limitées de séchage des vêtements. Le 2ᵉ Bataillon prend Malroy dans l'après-midi mais est ensuite cloué au sol par des tirs concentrés d'artillerie provenant des canons placés autour du Fort Saint-Julien. Ainsi, les deux colonnes sont temporairement arrêtées par le fort qui est le dernier avant-poste barrant le chemin vers la cité, à seulement 4 800 mètres. Les rapports américains parlent des « canons du Fort Saint-Julien » mais le fort lui-même n'a pas son artillerie propre. Comme Plappeville et Queuleu, c'est un ouvrage datant de l'époque précédant juste la guerre franco-prussienne. Mais le gros de l'artillerie de la *19. Volksgrenadier-Division* a été basé là pendant le mois d'octobre pour appuyer les défenseurs de Maizières. C'est cette masse de canons qui a gêné le *377th Infantry Regiment* quand il a essayé d'avancer vers les franchissements de la Moselle à Woippy.

La situation allemande

Avant d'examiner les dernières phases de l'attaque de la *5th Division* depuis le sud, examinons rapidement la situation des défenseurs dans la cité et dans un contexte plus large. En trois jours, le gros de la *95th Division* a

for although they had managed to inflict casualties, the force available was far too small to cause any serious damage. At one stage, tanks were brought up to fire smoke shells into the ventilators, without any spectacular success.

Operations
by the 377th infantry Regiment

Having cleared the last German opposition from the area of Maizières-les-Metz during an earlier attack, the two battalions of the regiment occupied positions across the flood plain between the Fèves ridge and the Moselle. I Company at the Chateau Brieux received fifteen welcome replacements on 11 November, including Lt. Vincent Geiger, who later commanded the company and wrote its history. (see bibliography). Lt. Geiger's first job at the front was to take a detail and remove those killed during the battle for the chateau – "frozen and stacked like cordwood".

The Regiment was assigned to make the main division effort against the city, starting at 1000 on 15 November. Although one company was still involved in a local scrap around one of the slag heaps to the south of Maizières, the 2nd and 3rd Battalions moved off on time. The former, on the right, advanced down the main road and railway axis toward St. Remy and Metz. On the left, the latter unit advanced parallel to the riverbank. "We left town through the booby-trapped cemetery which was heavily mines causing many friendly casualties." Company I reached he suburb of La Maxe that evening. Lt. Geiger went out to check the outposts and remembers, "at one point we encountered what we considered to be German hobnailed boot steps. When we challenged them, nothing happened but the continuation of marching. When about to shoot, we met a horse – can't remember the condition of our pants".

By the evening the 2nd Battalion had cleared St. Remy and had moved into Woippy, a direct suburb of the city and the final springboard for the river crossings. The 3rd Battalion cleared out the opposition between there and the Moselle. The following day, Woippy was cleaned out in difficult house-to-house fighting. Further advances, however, were held up by two of the older forts, Gambetta and Deroulède. These had no artillery but were supported by guns firing from St. Julian on the other side of the river, which could shoot into the flanks of the 377th Infantry. Late that evening, they were ordered to maintain their positions and to reorganize the following day for an all-out attack on 18 November, by which time Task Force Bacon would have cleared out the troublesome artillery at St. Julian. However, this was modified the next morning, and they started to move toward the river crossings a day early.

Operations by TF Bacon
Task Force Bacon

Although organically part of the 95th Division, the task force has to be treated as a separate entity. It formed an independent command and was separated from the rest of the division by the Moselle. Its communications ran via the Thionville bridge in the 90th Division zone although it had nothing to do with the latter formation.

All of **15 November** was spent in reorganizing and welding together the two somewhat shattered battalions that formed its basic fighting strength, and the force was not able to start its advance from an assembly area around Bertrange until the following morning. Bacon, although an infantryman, used his composite force with all the skill of the born cavalryman. He advanced in two parallel columns, each headed by a few tanks and tank destroyers, with the infantry following on trucks and on foot. When two 155-mm SP guns were added to his force, they too were attached to the armored spearheads. The mobile artillery and the guns of the tanks battered the way through enemy strongpoints which were then mopped up by the following infantry. Well-aimed rounds from tank destroyers were used against individual snipers!

Colonel Bacon's two columns moved south following the course of the Moselle into Metz. On his left, he was separated from the nearest units of the 90th Division by a huge minefield which had been laid by the Germans. The enemy in the sector was the 1216th VG Regiment, which had originally been part of the Metz garrison but had been transferred to the 19th VG Division. The latter, swept away by the advance of the 90th, had become detached from Metz and thus from the 1216th which returned, in fact if not on paper, to the garrison.

The advance started at 0700 with both battalions and the armor advancing together as far as Bousse, where a German rear guard of some 20 men was speedily put to flight. From there, the 2nd Battalion, 378th Infantry moved down the main road toward Ay-sur-Moselle, although without their intrepid commander, as by that time, Colonel Maroun had been evacua-

pénétré et a commencé la réduction finale de la cité. Bien qu'il y ait encore un nombre considérable de troupes allemandes dans le secteur, la plupart d'entre elles sont bloquées dans les forts qui résistent toujours ; ce qui signifie aussi qu'il y a un nombre correspondant d'Américains qui sont engagés pour les surveiller. Même s'ils sont limités par le manque de moyens de transport et le manque d'armes lourdes, les Allemands ne cesseront pas de résister, bien qu'ils soient sérieusement désorganisés.

Le sort de la garnison de Metz est influencé par la situation générale à laquelle toute la *Heeresgruppe G* doit faire face à cette époque. Dans la soirée du 16 novembre, le général Balck discute de la situation en détail avec von Mellenthin, son chef d'état-major, et il est évident, d'après le rapport rédigé après la guerre par ce dernier, que l'état-major était bien au courant des mouvements des troupes américaines et des identités des unités impliquées. Après une discussion approfondie de la position, ils arrivent alors à la conclusion qu'ils ne pourront plus longtemps obéir aux ordres de Hitler de maintenir le contact avec la garnison de Metz. Le seul moyen de sauver leur *1. Armee* en tant que force cohérente est d'ordonner un repli sur des positions le long de la Nied et à Faulquemont pour garder les approches de la Sarre et du *Westwall*. Des ordres sont donc donnés pour effectuer ce mouvement et la *1. Armee* informe le général Kittel à Metz que, le 17 novembre, il sera livré à lui-même. Cependant, c'est la seule confirmation officielle d'un état qui existait depuis plusieurs jours : la perte du Fort d'Illange le 15 novembre avait finalement brisé le contact existant entre la *19. Volksgrenadier-Division* et la garnison de la cité.

Nous avons vu que le général Kittel avait pris officiellement le commandement de Metz le 14 novembre, le jour où l'assaut final sur la cité avait sérieusement commencé. Dès que les attaques américaines avaient commencé à se développer, il avait utilisé ses maigres réserves contre le *379th Infantry Regiment* aux Sept Nains et avait demandé l'aide de la *1. Armee* ; Tout ce qui avait pu être donné, c'était le *SS-Panzergrenadier-Regiment 38* mais cette unité avait été sérieusement étrillée dans le combat mené à Sanry contre la tête de pont du *2nd Infantry Regiment* et, à ce moment-là, il est réduit à rameuter le peu d'hommes qu'il peut conserver pour boucher les trous qui commencent à surgir un peu partout.

Le **15 novembre**, les quelques véhicules restants sont concentrés pour recompléter le ravitaillement des principaux forts qui résistent encore et, malgré le risque d'être interceptées, les communications téléphoniques avec la *1. Armee* sont abandonnées. Kittel reconnaît que ses pertes sont montées à un niveau de 15 % de l'effectif, quotidiennement. Le lendemain, le **16**, surgissent les premiers signes que les rats sont en train de quitter le navire en train de sombrer. Le *Kreisleiter* (le chef local du Parti Nazi) se faufile hors de la cité avec son état-major et un certain nombre de sympathisants. Le général Kittel ordonne alors au chef de la Gestapo et chef de la police, Anton Dunkern, de partir mais celui-ci a reçu de Himmler l'ordre de rester. Il est donc chargé du point de contrôle des déserteurs. Dans l'après-midi, la situation interne s'est si détériorée que des FFI, sont apparus ouvertement dans les rues, portant des brassards et des drapeaux français sont en place sur certaines maisons dans l'attente d'une libération proche. Comme Kittel l'admettra : « *La police allemande ne contrôle plus la situation* ». Une tentative est faite d'évacuer la population allemande, escortée par huit compagnies de police militaire spécialement envoyées de Darmstadt mais cela va s'avérer impossible et les unités de police sont dissoutes. Observant la situation ce soir-là, le général Kittel arrive à la conclusion qu'il ne peut plus espérer un sursaut, même de façon modérée. Ecrivant après la guerre, il dira qu'à ce moment-là, il avait pensé que Metz devait être déclarée ville ouverte au dernier moment mais une attitude aussi généreuse était bien éloignée de la façon de voir de Hitler.

La 5th Division au sud de Metz

La plus grande partie de la journée du **15 novembre** se passe à regrouper les unités pour la progression finale vers Metz et à établir le contact avec les troupes de la *90th Division* descendant du nord pour fermer les routes de repli. Celles-ci sont encore ouvertes bien qu'elles soient soumises aux tirs de l'artillerie des canons de la *5th Division* pointés sur le carrefour vital de Courcelles-Chaussy.

Le général Irwin a toujours le problème d'avoir ses forces étendues sur un large front avec une partie du *2nd Infantry Regiment* tenant la tête de pont de Sanry de l'autre côté de la Nied. Quand le *10th Infantry Regiment* se met en marche vers Metz, son flanc va se trouver dangereusement exposé. Ceci est accentué dans l'après-midi quand les Allemands font une autre tentative pour déloger les défenseurs de Sanry. Un bataillon du *SS-Panzergrenadier-Regiment 38* tente d'attaquer les Américains sur leurs arrières

1 et 2. Les troupes américaines investissent l'aéroport de Frescaty. Cet aéroport était très important pour la *Luftwaffe* et il fut souvent bombardé. On voit ici des épaves de chasseurs allemands du *Messerschmitt 109* au *Focke-wulf.*

1 and 2. *The US soldiers became involved in a hard fight on Frescaty airfield. The airfield was a very important Luftwaffe base and had been often bombed by the Allies.*

3. Le général Stafford Le Roy Irwin commande la *5th Infantry Division* qui forme la première mâchoire de l'encerclement qui se dessine autour de Metz. A la fin de novembre 1944, il est fait membre d'honneur du régiment de chasseurs à pied dont il porte sur la photo la fourragère.

3. *Major-General Irwin was the commander of the 5th Infantry Division. His division started South of Metz and formed the firts jaw of the planned pincer movement. End of november, he was made an honorary member of the French Chasseurs.*

(Photos DAVA/Coll. Heimdal.)

ted to a hospital. The Germans had mined the road on either side in an attempt to canalize any attack, but the 1st Battalion 377th Infantry moved onto side roads to advance in parallel toward Ennery. When one column was held up, the other could swing in to carry out a flank attack.

Having advanced 4 1/2 miles, Colonel Bacon halted his columns for the night, worried about his open flank as he believed that the 90th Division had not kept pace with his advance. He sent the 95th Reconnaissance Troop off to establish contact and to make sure that no enemy force could infiltrate the gap.

The advance was continued throughout the following day, after a night of intense patrol activity. This has to be seen in perspective by remembering that the infantry component of the task force had by then been in action continuously for between six and eight days with insufficient sleep, no proper hot food, and with limited possibilities of drying their clothing. The 2nd Battalion took Malroy during the afternoon but was then pinned down by massed artillery fire coming from the guns emplaced around Fort St. Julian. Thus

the two columns were temporarily halted by the fort, which was the last outpost barring the way into the city, only 3,000 yards away. American reports speak about "the guns of Fort St. Julian" but the fort itself had no integral artillery of its own. Like Plappeville and Queuleu, it was a work dating from just before the Franco-Prussian War, but the bulk of the artillery from the 19th VG Division had been based there during October to support those defending Maizières. It was this mass of guns that had proved such a hindrance to the 377th Infantry as they tried to move toward the river crossings from Woippy.

The German Situation

Before going on to consider the later stages of the attack from the south by the 5th Division, it is worth briefly examining the state of the defenders, both in the city and in the wider sense. In three days the bulk of the 95th Division had penetrated the fortified salient to the west and were poised to commence the final reduction of the city itself. Although there were still considerable numbers of German troops in the area, most of these were locked up in the forts that were still resisting—a factor that meant that a correspondingly large number of Americans were engaged in watching them. In spite of being hampered by lack of transport and heavy weapons, the Germans had not ceased to resist although severely disorganized.

The fate of the Metz garrison was influenced by the general situation facing the whole of Army Group G at the time. During the evening of 16 November General Balck discussed the situation in detail with von Mellenthin, his Chief of Staff, and it is apparent from the postwar report of the latter that the staff were well aware of American troop movements and the identities of the units involved. After a thorough discussion of the position, they came to the conclusion that they could no longer comply with Hitler's orders to maintain contact with the Metz garrison. The only way to save their First Army as a cohesive force was to order a withdrawal to positions along the Nied and to Faulquemont to guard the approaches to the Saar and the Westwall. Orders for this movement were therefore issued and the German First Army informed General Kittel in Metz that from 17 November, he would be on his own. This, however, was only the official confirmation of a state that had existed for some days—the capture of Fort d'Illange on 15 November finally broke the connection between the 19th VG Division and the garrison of the city.

We have seen that General Kittel officially took command in Metz on 14 November, the day the final assault on the city began in earnest. As soon as the American attacks began to develop, he used his meager reserves against the 379th Infantry at the Seven Dwarfs and appealed to First Army for help. All that he could be given was the 38th SS PG Regiment, but this unit had been severely mauled in the fighting at Sanry against the 2nd Infantry Regt. bridgehead and at the time was engaged in combat around Chesny. From then on, he was reduced to shuffling the few men who could be spared into the gaps which were beginning to appear all over the place.

During **15 November**, the few remaining vehicles were concentrated on replenishing the supplies of the major forts that were still resisting, and owing to the danger of interception, telephone communication with First Army was abandoned. Kittel reckoned that his casualties were running at the rate of 15 percent of effective strength daily. The following day there were the first signs that the rats were leaving the sinking ship. The Kreisleiter (the local Nazi Party boss) slunk out of the city together with his staff and a num-

en avançant sur la rive occidentale de la Nied mais il est dispersé, par les réserves du *2nd Infantry Regiment*. Les Allemands battent en retraite vers le nord, laissant leurs positions précédentes inoccupées. L'historique de la *5th Division* fait état de celle-ci en les qualifiant de « Sorbey forts » mais, en fait, l'ouvrage en question consiste seulement en une simple position avancée de batterie construite vers 1910 et qui n'a jamais été armée.

Les forces allemandes, faisant face à la *5th Division* dans le sud, consistent principalement en éléments de la *17. SS-Panzergrenadier-Division* qui ont subi de lourdes pertes. La pression sur la droite du *XII Corps* a détérioré ses communications avec la garnison de Metz, laissant seulement au contact des restes du *SS-Panzergrenadier-Regiment 38*. Le 14 novembre, cette unité avait été placée à la disposition du général Kittel en tant que formation de réserve. Mais elle aura besoin d'une journée entière pour se reconstituer après les inutiles tentatives de reprise de la tête de pont de Sanry. Le secteur de front faisant face aux *10th* et *11th Infantry Regiment* est tenu par des bataillons statiques de mitrailleuses de forteresse. Et, à ce moment-là, le *SS-Obersturmbannführer* (lieutenant-colonel von Matzdorf semble avoir reçu le commandement des unités hétéroclites concentrées dans les faubourgs sud de Metz. Kittel ne dit pas comment l'officier SS von Matzdorf a reçu ce commandement mais, d'après ses commentaires, on peut considérer que c'était son statut.

La *5th Division* reprend sa progression générale le **16 novembre**. Laissant son 3e Bataillon pour contenir une compagnie du 48e Bataillon de mitrailleuses de forteresse qui est installée dans les deux forts du Groupe Verdun, le *11th Infantry Regiment* avance vers le nord depuis Augny mais se trouve bientôt bloqué par une résistance désespérée venant de l'aérodrome de Frescaty. Ayant déjà souffert des pertes non liées au combat, le régiment perd ce jour-là, 4 officiers et 118 hommes, tués et blessés. Il peut sembler extravagant d'avoir besoin d'un bataillon pour contenir une compagnie mais le périmètre des deux forts du Groupe Verdun fait près de cinq kilomètres de long. Le régiment ne peut se permettre de laisser une telle force allemande derrière ses lignes de communication mais a besoin d'un bataillon, ayant été affaibli par les pertes, pour encercler correctement les forts et bloquer la garnison pour l'empêcher de se ruer à l'extérieur.

La *G Company* du *2nd Battalion*, commandée par le *Captain* Richard Durst, avance depuis Augny jusqu'à la limite de l'aérodrome. « *Nous passons la demi-heure suivante à sortir les Allemands des bâtiments bordant la limite orientale de l'aérodrome. Pendant les dernières phases de l'attaque, je prends position près de l'entrée de la gare ferroviaire locale pour attendre si quelqu'un peut venir m'aider à la nettoyer. Hélas, l'un de mes chefs d'équipe surgit avec deux hommes et approche de la porte avant que je puisse le prévenir. Une rafale de mitrailleuse le fauche. Le Sergeant s'effondre sur le sol, le corps déchiqueté par les balles. Que puis-je dire ? Tout sous-officier expérimenté aurait dû savoir qu'il faut approcher d'une porte d'un bâtiment occupé par l'ennemi après une préparation préalable. Il est regrettable que la plupart de mes sous-officiers n'aient pas d'expérience. Ils ne sont guère plus que des recrues portant des chevrons sur les manches. Leurs chances de survie sont pratiquement nulles.*

« *Quelques-uns de mes fantassins ouvrent le feu dans la porte de la gare avec des fusils automatiques.*

« *Un peu plus tard, à l'intérieur du bâtiment, quelqu'un se met à crier qu'ils souhaitent se rendre. Ensuite, dix Allemands portant de grands manteaux gris commencent à s'aligner avec les mains sur la tête devant le bâtiment à la porte criblée de balles. Je suis furieux. Quelques moments plus tôt, ils ont tué l'un de mes sous-officiers sur ces marches. Maintenant, ils me demandent de les faire prisonniers. Je sens que je vais tous les tuer sur place. Heureusement pour eux, je suis pressé. Je dois rejoindre mes sections d'assaut avant que tous les hommes soient massacrés.* » (D'après GI's archive).

Plus la division approche de la cité, plus les Allemands combattent avec acharnement. Von Matzdorf installe son quartier-général dans le Fort Saint-Privat et fait de son mieux pour organiser la défense avec les forces limitées dont il dispose. Il reçoit un soutien utile de la part des canons du Fort Driant qui tirent par-dessus la rivière depuis leurs positions sur les hauteurs situées au-dessus d'Ars-sur-Moselle.

Au centre, le *10th Infantry Regiment* nettoie la localité de Mary qui est défendue par de petites poches de troupes allemandes, puis il avance vers Magny. Sur la droite, le *2nd Infantry Regiment* reçoit l'ordre de laisser un bataillon derrière lui, dans la tête-de-pont de Sanry, et avance vers le nord avec les deux autres bataillons pour suivre le *10th Infantry Regiment* qui doit laisser son aile droite étagée vers l'arrière.

Après l'échec et le repli du *SS-Panzergrenadier-Regiment 38*, la résistance allemande faiblit le **17 novembre** bien qu'il n'y ait pas encore de signes d'un effondrement général. Le *10th Infantry Regiment*, avec son flanc droit maintenant sécurisé, avance dans les faubourgs sud-est de la cité avant d'être arrêté par le Fort Queuleu. C'est un autre des vastes vieux forts édifiés avant 1870, similaire au Fort Saint-Julien. Pendant l'occupation allemande, il avait été utilisé par les SS locaux comme un petit camp de concentration et, aujourd'hui, il abrite un petit musée et un mémorial dédiés à la résistance locale.

Ce jour-là, il y a un repli général des troupes de l'arrière de la *17. SS-Panzergrenadier-Division*. Cette unité est en passe d'être retirée par ordre du haut commandement et est désignée pour l'offensive des Ardennes. Cependant, personne n'en a informé le général Kittel. Quand il reçoit à son QG un appel à l'aide des troupes défendant le Fort Queuleu, il ordonne au *SS-Panzergrenadier-Regiment 38,* qu'on lui a attribué comme réserve, d'aller les aider. D'après ce qu'il sait, ce régiment se trouve au Fort Bellecroix, à l'est de la cité. Mais, quand il s'en inquiète, il découvre que cette unité est pauvre. *« Il était difficile de savoir clairement si le repli du régiment SS résultait de sa propre décision ou, comme je l'ai supposé, a été déterminé par des ordres de la division SS ».* C'est une déclaration de faiblesse de la part d'un *Generalleutnant* allemand mais qui est typique des relations existantes entre la Wehrmacht et les unités de la Waffen-SS, qui avaient souvent leurs propres lois.

Sur l'aile gauche américaine, les deux bataillons du *11th Infantry Regiment* connaissent une dure journée. Ils se trouvent impliqués dans un combat acharné pour la prise de l'aérodrome de Frescaty que les Allemands défendent avec détermination. Les deux bataillons ne réussiront à nettoyer les hangars et les nids de bunkers sur la partie nord du périmètre que dans la soirée. Toute autre progression est stoppée par des tirs intenses provenant du Fort Saint-Privat qui a été dépassé. Le *10th Infantry Regiment* s'est établi autour du Fort Queuleu et prend Borny, une petite localité située directement à l'est de Metz.

Suite aux rapports établissant que les Allemands sont en train de partir de la cité par les routes restant ouvertes, le général Patton donne finalement la permission de retirer le bataillon restant de la tête de pont de Sanry qui est confié au CCR de la *6th Armored Division*. Encouragé par Patton et Walker, le gros du régiment se presse vers le nord pendant la nuit. A l'aube, il s'empare de l'embranchement ferroviaire de Courcelles-sur-Nied par lequel les derniers ravitaillements ferroviaires entraient et sortaient de Metz la veille. Cela ne laisse utilisable que la route menant à Metz par Saint Avold. Le général Irwin infléchit ensuite l'axe de progression de son régiment vers le nord-ouest pour appuyer le *10th Infantry Regiment*. Durant l'après-midi du **18 novembre**, elle submerge les derniers des grands groupes de fortifications à l'est de la cité, le groupe de la Marne qui a servi auparavant de quartier général à la « Götz von Berlichingen ».

En début de soirée, le *2nd Infantry Regiment* reçoit des ordres du corps d'armée lui enjoignant de faire un autre changement de direction. Il doit avancer de nouveau vers le nord de façon à faire sa jonction avec des patrouilles de la *90th Division*. Le colonel Roffe, qui commande le régiment, détache rapidement le 1er Bataillon et une compagnie de tanks. Au cours de la nuit suivante, il traverse la route nationale 3 menant à Saarbrücken et, le lendemain matin à 10 h 30, il entre au contact avec une *Reconnaissance Troop* de la *90th Division* à Pont-Marais. Elle est située sur la route nationale 54 menant à Saarlouis, à une douzaine de kilomètres à l'est de Metz. Ainsi, un mince rideau de troupes américaines est à cheval sur les routes de repli et la cité est finalement encerclée onze jours après le lancement de l'assaut combiné.

Entre-temps, le 18 novembre, des troupes des *10th* et *11th Infantry* entrent à l'intérieur de Metz, depuis le sud et le sud-ouest. Bien que les forts de Saint-Privat et Queuleu continuent de résister, les hommes de la *5th Division* passent à côté d'eux et commencent à nettoyer les faubourgs sud, bloc par bloc, combattant à travers le fouillis de voies ferroviaires des Sablons.

Bien que l'assaut ait pris plus de temps que prévu, le **19 novembre**, les Américains sont idéalement placés pour asséner le coup-de-poing final aux défenseurs de la cité où la cohésion est en train de s'évanouir.

ber of sympathizers. General Kittel then ordered the Gestapo chief and police president, Anton Dunkern, to depart, but this worthy had received orders from Himmler to stay put. He was therefore placed in charge of the straggler assembly point. By the afternoon, the internal situation had so deteriorated that FFI men were appearing openly in the streets wearing armbands, and French flags were fluttering from some of the houses in expectation of early liberation. As Kittel himself admitted, "The German police no longer controlled the situation." An attempt was made to evacuate the German population, escorted by eight companies of military police specially sent from Darmstadt, but this proved impossible and the police units were disbanded. Surveying the situation during the evening, General Kittel came to the realization that he could no longer hope for a revival, even to a moderate extent. Writing after the war, he said that up to that point he had thought that Metz would be declared an open city at the last moment, but such a generous gesture was far from the mind of Hitler.

The 5th Division to the South of Metz

The main part of **15 November** was spent in regrouping for the final move toward Metz and for making contact with 90th Division troops coming down from the north to seal off the escape routes. These were still nominally open although subject to artillery fire from 5th Division guns ranged on the vital crossroads at Courcelles Chaussy.

General Irwin still had the problem that his limited forces were extended over a wide front, with part of the 2nd Infantry holding the Sanry bridgehead over the Nied. When the 10th Infantry moved inward toward Metz, this flank could become uncovered and dangerously exposed. This was emphasized during the afternoon when the Germans made another attempt to dislodge the defenders of Sanry. A battalion of the 38th SS PG Regiment attempted to take them in the rear by moving along the west bank of the Nied, but were dispersed by 2nd Infantry reserves. The Germans retreated back to the north leaving their previous positions unoccupied. The 5th Division history refers to these as the "Sorbey forts," but in fact, the work consisted only of a simple advanced battery position built around 1910 and never armed.

The German forces in the south opposing the 5th Division still consisted mainly of elements of the 17th SS PG Division, which by then had suffered heavy casualties. Pressure on the right from XII Corps had severed their communications with the Metz garrison, leaving only remnants of the 38th SS PG Regiment in contact. On 14 November, this unit was placed at the disposal of General Kittel as a reserve formation, but it spent a whole day refitting after the fruitless attempts to recapture the Sanry bridgehead. The sector of the front facing the 10th and 11th Infantry Regiments was held by static fortress machine-gun battalions, and at about that time, Obersturmbannführer (Lieutenant-Colonel) von Matzdorf seems to have been appointed to command the motley units concentrated in the southern suburbs of Metz. Kittel does not say how SS officer von Matzdorf got the job, but from his comments, one can infer that this was his status.

The 5th Division recommended its general advance on **16 November**. Leaving its 3rd Battalion to contain a company of the 48th Fortress Machine Gun Battalion who were holed up in the two Verdun forts, the 11th Infantry moved north from Augny, but soon found themselves pinned down by desperate resistance coming from the Frescaty airfield. Already suffering from non-battle casualties, the regiment lost 4 officers and 118 men, killed and wounded, on that day. Needing a battalion to contain a company may sound extravagant, but the perimeter around the two Verdun forts was some three miles. The regiment could not afford to leave such a German force at large astride their lines of communication, but needed a whole battalion, weakened by losses, to adequately surround the forts to stop the garrison from sallying out.

Capt. Richard Durst's G Company of the 2nd Battalion, advanced north from Augny to the edge of the airfield. "We spent the next half-hour or so rousting Germans from the buildings which bordered the airfield's eastern boundary. During the latter stages of the attack, I took up a position beside the entrance to the local railroad station to await someone to help me clear it. Alas, one of my squad leaders rushed up with a couple of men and approached the door before I could prevent it. A bust of "burp" gun fire rang out. The sergeant slumped to the ground his body riddled with bullets. What could I say?? Any experienced NCO would have known better than to approach the door of an enemy occupied building without suitable preparation. Regrettably, most of my NCO's weren't experienced. They were little more than recruits with chevrons. Their chances of survival were practically nil.

I had a nearby automatic riflemen fir several bursts the station's door.

Moments later, someone inside the building commenced shouting that they wished to surrender. Then, 10 grey-overcoat-clad Germans commenced filing out of the building's bullet-riddled door with their hands atop their heads. I was furious. Moments earlier, they had killed one of my NCO's on those very steps. Now, they wanted us to take them prisoner. I felt like killing all of them on the spot. Fortunately for them, I was in a hurry. I had to get back to my assault platoons before all of the men were slaughtered". (Thanks GI's archive).

The nearer the division approached to the city, the more stubbornly the Germans fought. Von Matzdorf set up his headquarters in Fort St. Privat and did his best to organize defense with the limited forces available. He received useful support from the guns of Fort Driant firing across the river from their positions on the high ground above Ars-sur-Moselle.

In the center, 10th Infantry cleared the town of Mary, which was defended by small pockets of German troops, and then advanced toward Magny. On the right, 2nd Infantry was ordered to leave one battalion behind in the Sanry bridgehead and to advance with the other two northward to keep pace with the 10th Infantry, which had had to leave its right wing echeloned to the rear.

After the defeat and withdrawal of the 38th SS, German resistance weakened to a certain extent on **17 November**, although there was still no sign of a general collapse. The 10th Infantry, with their right flank now secure, pushed into the southeastern suburbs of the city until brought to a halt by Fort Queuleu. This was another of the large old forts of pre-1870 vintage, similar in configuration to Fort St. Julian. During the German occupation it had been used by the local SS as a mini concentration camp, and today houses a small museum and memorial devoted to the local Resistance movement.

During the day there was a general eastward withdrawal by the rear echelon troops of the 17th SS PG Division. This unit was in process of being pulled out on orders from above, as it was earmarked for the Ardennes offensive. No one, however, informed General Kittel of the fact. As requests for help from the troops defending Fort Queuleu were received at his headquarters, he ordered the 38th SS, which had been assigned to him as a reserve, to go to their aid. As far as he knew, the 38th SS was at Fort Bellecroix to the east of the city; but when he made enquiries, he discovered that the unit had decamped. "It was difficult to know clearly whether the withdrawal of the SS Regiment resulted from their own decision or, as I assumed, was determined by orders from their SS Division." This was surely a declaration of poverty on the part of a German Lieutenant General, but was typical of the relationship between Wehrmacht and SS units—who were often a law unto themselves.

On the American left wing, the two battalions of the 11th Infantry had a hard day. They became involved in a bitter struggle for the possession of Frescaty airfield, which the Germans defended stubbornly. It was not until the evening that they managed to clear the hangar buildings and the nests of bunkers at the northern edge. Further movement was stopped by intense fire directed from Fort St. Privat, which had to be bypassed. The 10th Infantry established themselves around Fort Queuleu and captured Borny, a small town directly to the east of Metz.

On account of reports that the enemy was still pouring out of the city along the open escape routes, General Patton finally gave permission for the remaining battalion to be pulled out of the Sanry bridgehead, which was to be handed over to CCR of the 6th Armored Division. Egged on by Patton and Walker, the bulk of the regiment hurried north through the night. Early in the morning they captured the key rail junction at Courcelles-sur-Nied through which the last rail shipments in and out of Metz had been made the previous day. This left only the road via St. Avold to Saarbrücken available as an escape route. General Irwin then switched the axis of advance of the regiment to the northwest to support the 10th Infantry. During the afternoon of **18 November**, they overran the last of the large groups of fortifications to the east of the city, the Marne group, which had earlier served as the headquarters of the 17th SS.

In the early evening, orders were received from corps for the 2nd Infantry to make another change of direction. They were to push north again in order to link up with patrols from the 90th Division. The regimental commander, Colonel Roffe, promptly detached the 1st Battalion and a company of tanks. In the course of a further night march they crossed the main N. 3 road to Saarbrücken, and at 1030 the following morning, they made contact with the 90th Division Reconnaissance Troop at Pont Marais. This is situated on the N.54 road to Saarlouis, some 8 miles east of Metz. Thus a thin crust of American troops was astride the remaining escape routes and the city was finally encircled, 11 days after the launch of the final combined assault.

In the meanwhile, during 18 November, troops from both the 10th and 11th Infantry entered the city limits of Metz from the south and southwest. Although forts St. Privat and Queuleu continued to resist, the 5th Division men bypassed them and began to mop up the southern suburbs block by block, fighting their way through the maze of railway yards at Sablon.

Although the assault had taken far longer than planned, the Americans were ideally positioned by **19 November** to deliver the knockout blow to the defenders of the city, where cohesion was rapidly disappearing.

12 La réduction finale de la cité
The Final Reduction of the City

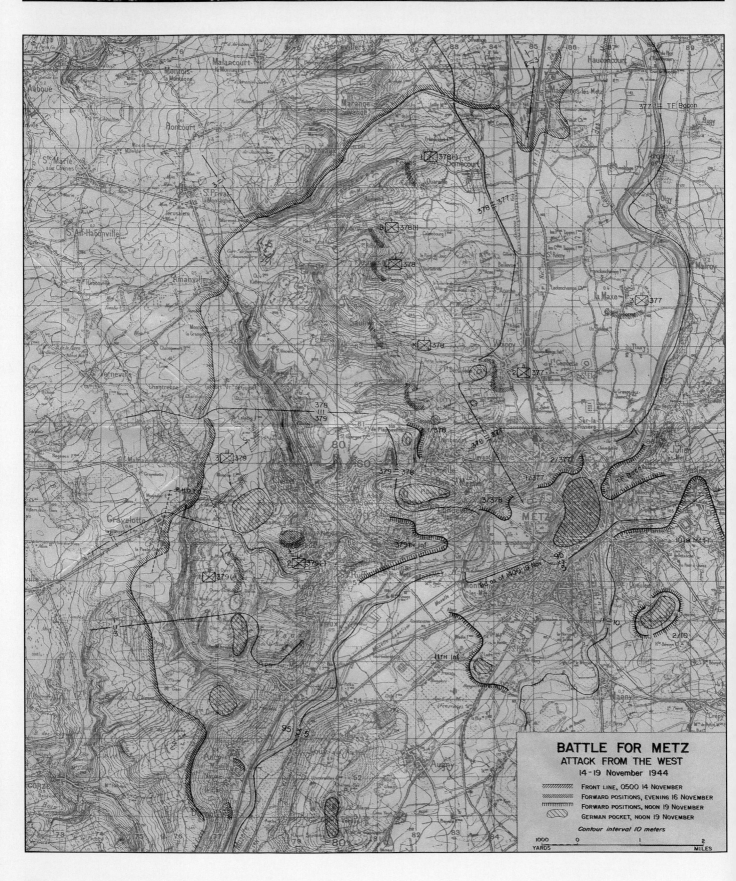

BATTLE FOR METZ
ATTACK FROM THE WEST
14-19 November 1944

Front line, 0500 14 November
Forward positions, evening 16 November
Forward positions, noon 19 November
German pocket, noon 19 November

Contour interval 10 meters

1000   0   1   2
YARDS   MILES

300

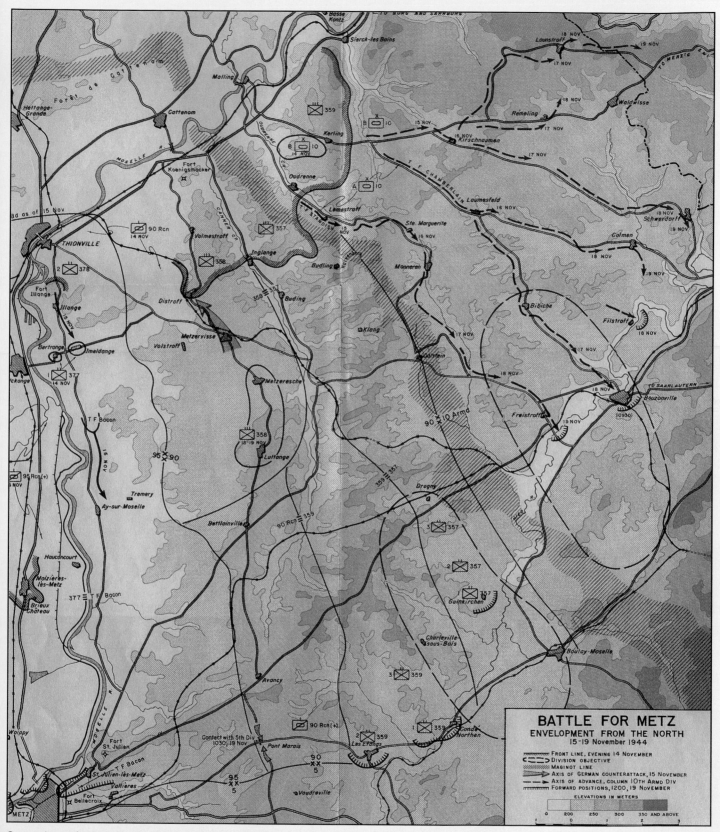

Cartes des opérations au nord de Metz du 14 au 19 novembre 1944.

By the evening of 17 November, American units were poised to enter the city limits from a number of directions. In order to establish the story of the final encirclement of the city, I have previously followed the operations of some of them up to the morning of 19 November, but this chapter is concerned with the fighting in Metz itself.

Reading counterclockwise from the north, Task Force Bacon was in the area of Fort St. Julian, preparing

Dans la soirée du 17 novembre, les unités américaines sont prêtes à entrer dans la cité depuis un certain nombre de directions. Pour présenter l'histoire de l'encerclement final de la cité, j'ai précédemment suivi les opérations de certaines d'entre elles jusqu'à la matinée du 19 novembre mais ce chapitre concerne uniquement le combat à l'intérieur de Metz.

En regardant une carte dans le sens contraire des aiguilles d'une montre depuis le nord, la *Task Force Bacon* se trouve dans le secteur du Fort Saint-

Julien, se préparant à un assaut pour le lendemain. De l'autre côté de la Moselle, au nord-ouest de la cité, le gros des *377th* et *378th Infantry Regiments* sont tout près du *Hafen Kanal* (maintenant canal de la Moselle) qui, à cet endroit, court parallèlement à la rivière. A l'ouest, les bataillons encerclés du *379th Infantry Regiment* commencent à avancer en descendant les pentes depuis les fortifications. Directement au sud, les *10th* et *Infantry Regiments* de la *5th Division* sont aussi dans les faubourgs extérieurs. Toutes les formations sont handicapées par le manque d'effectifs, du fait des pertes (dont beaucoup ne sont pas dues au combat) et du fait des unités détachées qui ont été laissées en arrière devant les forts.

Les forts suivants sont toujours actifs et ne montrent pas de signes d'une proche reddition : Saint-Julien, Queuleu, Gambetta, Saint-Privat, Plappeville, Saint-Quentin, Jeanne d'Arc, Driant, Verdun et deux des Sept Nains. Naturellement, les troupes qui se trouvent à l'intérieur de ces ouvrages manquent au général Kittel afin de mener une défense flexible mais elles affaiblissent réciproquement les forces américaines. Ces dernières sont en outre limitées par les restrictions données au bombardement et aux tirs d'artillerie pour des raisons morales. Elles doivent se restreindre strictement à tirer sur des objectifs purement militaires à cause du grand nombre de civils français encore présents dans la cité. Aucune des unités américaines n'a une réelle expérience du combat de rue, à l'exception de celles qui ont combattu à Maizières-les-Metz et, à ce stade de la bataille, elles sont en train d'avancer vers la Sarre.

Le cœur de Metz est situé sur la rive orientale de la Moselle et occupe encore l'espace originellement entouré par les fortifications du dix-huitième siècle. Ce vieux quartier est entouré par des faubourgs des dix-neuvième et vingtième siècles, avec des usines et des installations ferroviaires. A l'ouest, le secteur urbain est bordé par le canal et, à l'est, par la Seille qui se jette dans la Moselle. Entre le canal et le cours de la Moselle, il y a trois îles : Saint-Symphorien, l'île de Saulcy et l'île Chambière où se trouve le poste de commandement du général Kittel installé dans la caserne Mudra (maintenant Riberpray). Tout ce secteur de la rivière, du canal et des îles est traversé par un grand nombre de ponts dont beaucoup ont été détruits dans la soirée du 16 novembre. Le reste va sauter à la fin de la journée du 17 novembre, sur les ordres du général Kittel, à l'exception du Pont du Sauvage, détruit le 18 novembre (voir plus loin), isolant ainsi les troupes se trouvant encore sur la rive occidentale. Ainsi qu'il l'admettra plus tard généreusement, il détruisait aussi volontairement la ligne téléphonique entre son poste de commandement et les fortifications extérieures car le câble principal courait le long d'un des principaux ponts.

Cependant, Kittel sait tout à fait que sa situation est critique, mais il n'a pas l'intention de cesser le combat. Il prévoit de bloquer le plus grand nombre possible d'Américains et de les forcer à prendre la cité bloc par bloc. Dans la soirée du **17 novembre**, il publie son dernier jeu d'ordres cohérents aux forces qui restent sous son commandement :

Le *Volksgrenadier-Regiment 1215* doit se replier vers la position du Fort Saint-Quentin où l'état-major du régiment a établi son poste de commandement. Si le front est désintégré, il devra tenir le fort.

Le régiment Anton *(Sicherungs-Regiment 1010)* doit rester dans le secteur de Plappeville et le défendre aussi longtemps que possible. Si le front est percé, le commandant de l'artillerie divisionnaire, le colonel Vogel, prendra le commandement (à ce stade, le colonel Anton est manquant).

Le *Volksgrenadier-Regiment 1217* tiendra dans le secteur du Fort Driant et, dans la soirée, l'état-major du régiment, sous les ordres du colonel Richter, s'établira dans le fort.

Le *Füsilier-Bataillon 462* continuera d'engager les Américains sur les Sept Nains et son état-major se repliera dans le Fort Jeanne d'Arc *(Feste Kaiserin)* où sera aussi installé l'état-major de la *462. Volksgrenadier-Division*.

Le *Kampfgruppe von Matzdorf* s'installera autour du Fort Saint-Privat.

Dans la cité, des isolés et d'autres forces fragmentaires seront répartis autour des nombreuses casernes et d'autres centres. Des barrages sont dressés, de la nourriture et des munitions sont distribuées. Le général Kittel décide de rester et de diriger personnellement la défense de la cité plutôt que de se retirer au poste de commandement de la division établi dans la *Feste Kaiserin* (Fort Jeanne d'Arc). On peut avoir une indication de ses intentions concernant la défense de la ville en lisant son ordre du jour rédigé lors de sa prise de commandement le 14 novembre :

« *Il est possible que des troupes ennemies ou des tanks puissent déboucher des abords de la cité. Les troupes doivent être instruites de ce qui suit :*

for an assault on the following day. Across the Moselle to the northwest of the city, the bulk of the 377th and 378th Infantry Regiments had closed up to the Hafen (now Canal de la Moselle) Kanal, which at that point runs parallel to the main stream of the river. To the west, the encircled battalions of the 379th Infantry were at last beginning to move forward down the slopes from the fortifications. Directly to the south, the 10th and 11th Infantry from the 5th Division were also in the outer suburbs. All formations were hampered by lack of manpower, both on account of casualties (many of which were of non-battle origin) and the detachments which had been left behind to mask the forts.

The following forts were still in action and showed no signs of an early surrender: St. Julian, Queuleu, Gambetta, St. Privat, Plappeville, St. Quentin, Jeanne d'Arc, Driant, Verdun, and a couple of the Seven Dwarfs. Locking troops up inside these works naturally reduced the numbers available to General Kittel to conduct a flexible defense, but also correspondingly weakened the American forces. The latter were further hampered by the moral restrictions on bombing and artillery shelling. They had to restrict their fire to purely military targets on account of the large number of French civilians still present in the city. None of the American units had any real experience of street fighting except for those sho had fought in Maizières-les-Metz and by that stage of the battle, they were all heading towards the Saar.

The heart of Metz is situated on the east bank of the Moselle, still occupying the space originally enclosed by the eighteenth-century fortifications. This old quarter is surrounded by nineteenth- and twentieth-century suburbs, factories, and railway installations. To the west, the urban area is bounded by the Canal and to the east, by the Seille which runs into the Moselle. Between the canal and the main stream of the latter are three islands, St. Symphorien, Isle de Saulcy, and Isle Chambière, where the main command post was located in the Mudra (now Riberpray) barracks. This whole area of river, canal, and islands is crisscrossed by a large number of bridges, many of which were demolished during the evening of 16 November. The rest were blown on the orders of General Kittel late on 17 November, except for the Pont du Sauvage, blown on the 18 November (see below), thus finally cutting him off from the troops still on the west bank. As he later generously admitted, he also unwittingly destroyed the telephone link between the command post and the outer fortifications, as the main 40-strand cable ran along one of the main bridges.

Kittel was, however, fully aware that his situation was critical, but had no intention of giving up the fight. He still planned to pin down as many Americans as possible and force them to take the city block by block. On the evening of **17 November**, he issued his last set of comprehensive orders to the remaining forces under his command:

The 1215th VG Regiment was to withdraw toward the Fort St. Quentin position where the regimental staff were to set up their command post. If the front disintegrated, they were to hold out in the fort.

Regiment Anton (1010th Security Regiment) was to remain in the Plappeville area and defend it for as long as possible. If the front broke up, the divisional artillery commander, Colonel Vogel, was to assume command (at that stage, Colonel Anton was missing).

The 1217th VG Regiment was to hold out in the Driant area, and that evening, the regimental staff under Colonel Richter was to establish itself in the fort.

The 462 Fusilier Battalion was to continue to engage the Americans in the Seven Dwarfs, and the staff was to withdraw into Fort Jeanne d'Arc which would also be occupied by the staff of the 462nd VG Division.

Combat Group von Matzdorf was to allow itself to be surrounded in Fort St. Privat.

In the city itself, stragglers and various fragmentary forces were distributed around the numerous barracks and other centers, roadblocks were set up, and food and ammunition were issued. General Kittel decided to stay on and conduct the defense of the city personally, rather than retire to the division command post at Fort Jeanne d'Arc. An indication of his intentions regarding the defense of a town can be gained from the order of the day which he issued on taking over the command on 14 November:

« It is possible that enemy troops or tanks will break through the outskirts of the city. The troops will be instructed about the following:

a. During the day, the machine-guns and the bulk of the troops will occupy the second and third floors of corner buildings. The house entrance must be protected by two guards.

b. The corner house will be manned by no less than a squad.

c. At night, the troops will be on the ground floor.

d. To hang around street corners and then disappear at the first sign of the enemy is forbidden. Every street must give the appearance of emptiness and ambush.

e. The opening of fire in the streets is effective only if the enemy cannot find any cover.

f. Instead of extending in depth, the defense must be linear and should be echeloned in height up to the roofs on street corners and individual streets.

g. Panzerfaust (antitank rocket) troops must be on the ground floor. Window open! Ambush!

h. Running about in the streets is forbidden. It is necessary when occupying a house to establish a messenger and supply route not under enemy fire, through the courtyard and garden (by wall breakthroughs etc) ».

Herb Williams wrote in his memoir that when the 5th Div. arrived on the scene in September, the men were told to regard all civilians encountered on the east bank of the Moselle as potentially hostile. A large number of civilians had remained in Metz, mote or less Germanified, but by 1944, except for some diehards, were quite content to be liberated and to return to allegiance to France. Seeing that some Germans were prepared to fight for the city, most took shelter in their cellars. When the GI's arrived in what was visibly a German city (street names, shop signs etc), they were naturally nervous and initially the streets were empty of life – no crowds swarming around, girls offering kisses, bunches of flowers and strong drink. However, as they progressed, more and more civilians were encountered, many wearing tricolor armbands as members of the FFI resistance bands. They gave valuable help in guiding the Americans and were as eager as ferrets to round up prisoners, thus gaining a useful collection of weapons and their pick of wrist watches and other "souvenirs".

Action during 18 November

The key to an easy entry into the heart of the city lay in capturing any bridges left intact, but this hope was largely frustrated by the wholesale demolitions ordered by General Kittel. Other hopes were pinned on positive action by the FFI, who were estimated to number some 400 combatants. A BBC broadcast ordered the Metz FFI to hinder bridge destruction and this was repeated in a message from XX Corps broadcast in clear on the morning of 17 November.

a. Pendant la journée, les mitrailleuses et le gros des troupes doit occuper les deuxième et troisième étages des immeubles d'angle. L'entrée des maisons doit être protégée par deux gardes.

b. Une maison d'angle doit être tenue par une équipe au minimum.

c. La nuit, les troupes doivent descendre au rez-de-chaussée.

d. S'accrocher aux coins des rues et disparaître ensuite au premier signe de la mise en défense de l'ennemi. Chaque rue doit donner l'apparence du vide et de l'embuscade.

e. L'ouverture du feu dans les rues est effective seulement si l'ennemi ne peut pas se mettre à l'abri.

f. Au lieu de s'étendre en profondeur, la défense doit être linéaire et doit être échelonnée en hauteur jusqu'aux toits aux coins des rues et dans les rues individuelles.

g. Les troupes armées de Panzerfaust (roquette antichar) doivent être au rez-de-chaussée. Fenêtres ouvertes! Embuscade!

h. Il est interdit de courir dans les rues. Quand on occupe une maison, il est nécessaire d'établir une porte pour les agents de liaison et le ravitaillement qui ne soit pas sous le feu ennemi, à travers cours et jardins (en ayant percé des trous dans les murs, etc.) »

Dans ses mémoires, Herb Williams écrit que, quand la *5th Division* est arrivée sur la scène, on a dit aux hommes de considérer tous les civils rencontrés sur la rive orientale de la Moselle comme potentiellement hostiles. Un grand nombre de civils est resté à Metz, plus ou moins germanisés mais, en 1944, à l'exception de quelques réactionnaires, ils seront contents d'être libérés et de reprendre leur allégeance envers la France. Si certains civils allemands s'étaient préparés à se battre pour la cité, la plupart d'entre eux s'étaient réfugiés dans leurs caves. Quand les GI's arriveront dans une cité qui a tout des apparences d'une ville allemande (noms de rues, enseignes des boutiques, etc.), ils seront naturellement nerveux et, au début, ils la trouveront vide de toute vie : aucune foule autour d'eux, pas de filles les embrassant, leur offrant des brassées de fleurs et des alcools forts. Cependant, au fur et à mesure de leur progression, de plus en plus de civils apparaîtront, nombre d'entre eux membres de la résistance et portant le brassard tricolore des FFI. Ils fourniront une aide utile en guidant les Américains et en furetant pour dénicher des prisonniers, rassemblant ainsi une utile collection d'armes et des montres de prise et autres « souvenirs ».

Les combats du 18 novembre

La clé d'une entrée facile dans le cœur de la cité se trouvait dans la prise de quelques ponts intacts mais cet espoir est largement déçu par les démolitions systématiques ordonnées par le général Kittel. D'autres espoirs se basaient sur une action positive des FFI dont le nombre estimé était à quelque 400 combattants. Un message radio de la BBC avait ordonné aux FFI d'empêcher la destruction des ponts et cela avait été répété dans un message radio en clair du *XX Corps* dans la matinée du 18 novembre.

Sur la rive droite de la *95th Division*, les trois bataillons du *379th Infantry Regiment* établissent finalement le contact entre eux derrière la ligne fortifiée et une voie de ravitaillement par route est finalement ouverte. Il est décidé d'attaquer vers la vallée où se trouve la rivière le lendemain matin, avec les 1er et 3e Bataillons. Laissant deux compagnies pour garder les Sept Nains, le 1er Bataillon avance vers l'ouest à travers le plateau qui dévale dans la vallée au-dessus des faubourgs de Jussy et Vaux. Il tente alors de couper les communications à l'arrière de Jeanne d'Arc et, dans la soirée, le bataillon est devant la rivière, à Moulins-les-Metz, où il trouve le pont routier démoli. Cette journée-là, le 3e Bataillon nettoie les faubourgs à l'ouest de Jeanne d'Arc, isolant ainsi complètement la forteresse. Comme le pont de Moulins a été détruit et comme la rivière est considérée comme défavorable pour une traversée en bateau, le régiment reçoit alors l'ordre de contenir Driant et Jeanne d'Arc et de liquider les forces allemandes et les snipers dans son secteur.

Au centre de la division, le *378th Infantry Regiment* manque toujours dramatiquement d'effectifs. Avec son 2e Bataillon détaché auprès de la *Task Force Bacon*, le 1er Bataillon est complètement occupé à essayer de bloquer le Fort Plappeville. Là, le colonel Vogel a été ravitaillé en munitions et provisions par son voisin, au Fort Saint-Quentin (colonel von Stössel). Les deux forts constituent un îlot défensif relié par une voie située sur la crête et bordé de pentes raides de tous côtés excepté de face. Von Stössel dispose de son état-major régimentaire comprenant 25 membres environ plus un nombre équivalent de sapeurs. Les troupes de la garnison sont constituées du 55ᵉ Bataillon du Génie de forteresse et du IIᵉ Bataillon du *Sicherungs-Regiment 1010* plus divers isolés. Cela donne un total de 650 hommes pour défendre un vaste complexe et il base sa défense sur les quatre entrées. Il établit qu'il dispose de 18 jours de vivres mais le pain, les pommes de terre, le sel et le café sont limités. Il y a peu de munitions, pas de barbelés ni de mines. A part les armes individuelles et quelques mortiers, la puissance de feu se limite à quelques obusiers lourds d'infanterie mais ses deux mortiers de 80 mm n'ont pas de munitions. Sa position est valable car elle domine la rivière et le canal que les Américains devront traverser et de là on peut tirer sur la cité. Si les Allemands avaient pris à temps des mesures pour ravitailler ces forts avec assez d'armes et de munitions, la prise de la cité aurait pu demander beaucoup plus de temps et les immeubles auraient été détruits. Malgré des mauvaises liaisons radio von Stössel est en mesure de diriger le tir des canons sous tourelles de Forts Driant et Jeanne d'Arc de temps à autre. Cependant, « à cause du manque d'armes lourdes, nous ne pouvons faire grand-chose pour combattre l'ennemi. Il se met hors de portée de nos armes d'infanterie légères. »

Cela ne laisse que le 3ᵉ Bataillon du *378th Infantry Regiment* comme seule unité disponible pour prendre le principal pont routier allant de Longueville jusqu'à l'île Saint-Symphorien. Ses mortiers de 81 mm tirent des obus fumigènes pour aveugler les artilleurs allemands sur la crête contenant les forts Saint Quentin et Plappeville. Et, avec quelques tanks en soutien, la compagnie de tête tente de repousser une petite force allemande gardant l'extrémité occidentale. (C'est le pont que Kittel avait ordonné de garder intact jusqu'à la dernière minute). Une section de la *I Company* charge immédiatement pour le traverser mais les Allemands le font sauter, tuant les hommes qui sont déjà dessus et laissant trois hommes arrivés sur l'autre rive. John Kelly, qui était alors le chef de bataillon, m'a écrit en 1979 en me rappelant la courageuse action du lieutenant Crawford, l'un de ses chefs de section de la *I Company*. Crawford avait trouvé un petit bateau et, sous un feu violent, il a pagayé en traversant la rivière pour récupérer les hommes qui s'étaient trouvés aussi soudainement isolés. « Il va sans dire qu'il était notre héros de la bataille de Metz. »

Comme il avait été décidé que la traversée aurait lieu le lendemain, le reste du bataillon se rapproche de la rivière et tiraille sur les quelques Allemands restant sur la rive occidentale. Voici le témoignage de Crawford :

« Hardgrave (commandant de compagnie) revient du PC du bataillon vers 11 heures du soir (le 17 novembre) avec des ordres pour le départ de la compagnie à l'aube et la prise du pont principal partant de Longueville jusqu'à l'île Saint-Symphorien. Longeville et l'île sont une partie de la cité de Metz. Selon les ordres de Hardgrave, je devais mener la compagnie avec la troisième section avec pour mission de prendre le pont. Il me fournit une section de tanks. La distance jusqu'au pont est d'un peu moins de 3 000 mètres à travers un secteur industriel avec un réseau dense de propriétés résidentielles. De là le problème particulier de maintenir la route de progression aussi simple que possible pour réduire le nombre de routes et de coins de rue au strict minimum, si des ordres arrivent de parvenir au pont, sans se perdre. Mais nous ne pourrons suivre le plan à cause de l'obscurité. La 3ᵉ section, avec des tanks, part à l'heure prévue. Le reste de la compagnie suit. Tout se passe bien avec la marche dans l'obscurité jusqu'à ce que nous atteignions le dernier tournant, alors que les tanks continuent tout droit. Les tankistes n'aiment pas avancer à travers des zones bâties avec leurs tourelles ouvertes, ils s'étaient ainsi enfermés. Malgré tous nos efforts pour attirer leur attention, le grondement du moteur des engins et le cliquetis des chenilles étouffent nos tentatives. Je rappelle mes hommes et nous continuons sur la route prévue. Le chef de la section de tanks ne sera pas content quand il saura qu'il se trouvait dans une zone résidentielle sans protection d'infanterie. L'aube approche rapidement et j'espère que nous serons au pont avant le jour, mais ce ne sera pas le cas. Nous arrivons un bloc en dessous le pont, sur le boulevard parallèle à la Moselle. Entre le boulevard et la rivière, les Allemands ont placé des charges explosives sur une rangée d'arbres. En m'approchant des arbres, j'aperçois que les fils entre les charges ont été coupés. Les habitants de ce secteur ont pris cette mesure pour sauver les arbres. J'espère qu'ils ont fait la même chose pour le pont. Celui-ci est clairement visible et les Allemands ne le défendent pas. C'est une surprise car je m'attendais initialement à ce que le pont soit solidement défendu. Et ensuite, ils se seraient repliés sur le pont, pour occuper des positions préalablement préparées pour une défense plus déterminée. Le pont a environ quatre-vingts mètres de long avec une approche très étroite et sinueuse. Le tournant dans l'approche est causé par la courte distance du pont au boulevard et du fait qu'il faut gagner une élévation d'environ quatre mètres

On the right of the 95th Division, the three battalions of the 379th Infantry finally established contact with each other behind the fortified line and a supply route by road had at last been opened up. It was decided to attack toward the river valley the following morning with the 1st and 3rd Battalions. Leaving two companies to garrison the Seven Dwarfs, the 1st Battalion moved west across the plateau to where it dipped down into the valley above the suburbs of Jussy and Vaux. They thus managed to cut off the rear communications of Jeanne d'Arc, and by the evening the battalion was on the river at Moulins-les-Metz, where they found the road bridge demolished. During the day, the 3rd Battalion cleared the suburbs to the west of Jeanne d'Arc, thus completely isolating the fortress. As the bridge at Moulins had been blown and as the river there was considered unsuitable for a boat crossing, the regiment was then ordered to contain Driant and Jeanne d'Arc and to mop up the remaining German forces and isolated snipers in their area.

In the division center, the 378th Infantry was still gravely short of manpower. With the 2nd Battalion detached to Task Force Bacon, the 1st Battalion was fully occupied in trying to seal off Fort Plappeville. There, Colonel Vogel had been supplied with ammunition and provisions by his neighbor at Fort St. Quentin (Colonel von Stössel). The two forts formed a defended island linked by a causeway on the ridge and were surrounded by steep ridges on all sides except for the front. Von Stössel had his regimental staff, numbering around 25, plus a similar number of engineers. As garrison troops there was Fortress Engineer Battalion 55 and the 2nd Battalion of the 1010th Security Regiment plus various stragglers. This gave him a total of 650 men to defend a large complex, and he based his defense on the four entrances. He stated that there was food for 18 days, but bread, potatoes, salt, and coffee were scarce. There was little ammunition and neither barbed wire nor mines. Apart from personal weapons and a few mortars, firepower consisted of two heavy infantry howitzers, but his two 80-mm mortars were without ammunition. The value of the position was that it overlooked the river and canal which the Americans would have to cross, and it could fire into the city. If the Germans had taken steps in time to supply these forts with sufficient weapons and ammunition, the capture of the city would have taken much longer, and the buildings would have been destroyed in the process. In spite of poor radio communication, von Stössel was able to direct the turret guns of Fort Driant and Jeanne d'Arc from time to time. However, "Due to the lack of heavy weapons we could do little to fight the enemy. He keeps himself out of the range of small infantry weapons."

This left the 3rd Battalion of the 378th Infantry as the only unit available to seize the main road bridge running from Longeville across to the Isle St. Symphorian. Their 81-mm mortars fired smoke shells to blind the German gunners on the ridge containing Fort St. Quentin and Plappeville; and with a few tanks in support, the lead company managed to drive back a small force of Germans guarding the western end. (This was the bridge that Kittel had ordered left intact until the last minute.) A platoon of I Company immediately charged across, but the Germans blew the structure, killing the men who were still on it and leaving three men stranded on the far side. John Kelly, the battalion commander at the time, wrote to me back in 1979 about the courageous action of Lieutenant Crawford, one of I Company's platoon commanders. Crawford found a small boat, and under heavy fire, paddled across the river to retrieve the men who had been cut off so suddenly. "Needless to say—he was our hero of the Battle of Metz."

Sélection de vues des ponts de Metz détruits du 17 au 18 novembre sur ordre du général Kittel.

Views of several of the bridges leading into the city, demolished on 17 and 18 November as ordered by Gen. Kittel.
(Photos Supplied by Tom Tucker.)

Pont de Saint-Symphorien.

Ruines du pont ferroviaire.
Demolition of Canal Bridge.

Pont St Georges.

Pont de Thionville.

Ruines d'un autre pont ferroviaire.
Canal Bridge Demolition.

Un des rares ponts peu endommagés.
One of the Few Undamaged Bridges.

Le Pont Moyen.
Moyen Pont over the Canal.

Le pont Queuleu au-dessus de la Seille.
Queuleu Bridge across the Seille.

jusqu'au niveau du pont. Quand nous commençons notre approche, nous devons marcher autour d'une douzaine de mines antichars éparpillées sur la rampe sinueuse. A cet instant, nous n'avons encore reçu aucun tir enne-mi. L'ordre est de le franchir au pas de course. Le Platoon Sergeant Bakken est avec l'équipe de tête. Quand cette équipe atteint l'extrémité de la rive ennemie du pont, les Allemands ouvrent un tir précis sur le pont avec une mitrailleuse. Le premier homme à atteindre le côté ennemi est tué ins-tantanément par la première giclée de balles. En quelques secondes, le pont est couvert par des tirs intenses, principalement des balles traçantes depuis des immeubles situés à environ quatre-vingts mètres du pont. Les charges de démolition sont là et le pont explose, coupé en deux et s'effon-drant dans la rivière. Je me trouve sur la première travée du pont avec la 3ᵉ équipe de la section quand le pont explose. Nous faisons immédiate-ment demi tour et fonçons hors du pont, plongeant par-dessus la ram-barde jusqu'à la rampe d'accès. Aucun de nous n'est blessé. Une balle a touché le talon de mon soulier droit, mais pas plus. Quinze très bons sol-dats sont morts sur ce pont. Quand le pont a explosé, le Sergeant Bakken et deux autres hommes étaient arrivés sur l'autre rive. Simultanément à l'explosion du pont, les Allemands ont tiré sur nous avec un canon de 20 mm depuis un champ se trouvant à 250 mètres sur notre gauche, sur l'île. C'est une arme anti-aérienne qui peut être utilisée dans le combat d'infan-terie. Les obus passent au-dessus de nous, certains explosant comme des feux d'artifices chinois, causant très peu de mal mais nous troublant quelque peu car nous n'avons pas l'habitude de l'usage de telles armes dans le combat d'infanterie. Nous revenons vite de notre surprise et les tirs conti-

Un GI de la *5th Infantry Division* qui semble harassé à Crépy, au sud de Metz.

Top. Exhausted 5th Inf. Div. soldier beside a road leading into Metz at Crépy.

Le 17 novembre 1944 au matin, les troupes US entrent dans les fau-bourgs de Metz. Ils appartiennent au *378th Infantry Regiment.*

November 17, 1944, men of the 378th Infan-try Regiment are shown in pursuit of German sol-diers in the outskirts of Metz.

As it was then decided that a crossing would have to be carried out the following day, the rest of the battalion closed up to the river and winkled out the few Germans remaining on the west bank.

"Hardgrave (company commander) returned from battalion headquarters about 11:00 p.m. (Nov 17) with orders for the company to move out at daylight and capture the main road bridge running from Longeville across to the island of St Symphorian. Longueville and the island are a part of the city of Metz. Hardgrave's orders were that I would lead the company with the Third Platoon with the mission of seizing the bridge. He attached a platoon of tanks to me. The distance to the bridge was approximately 3,000 yards through a built-up area of industrial and dense residential properties. This created the special problem of keeping the route of advance as simple as possible to reduce the number of road and street turns to the absolute minimum order to arrive at the bridge without getting lost. Once we jumped elf, we would not be able to refer to the map because of darkness. The 3rd Platoon, with tanks, got off at the time designated. The remainder of the company was following. All went well with the march in the dark until we reached the next to last turn to be made, when the tanks continued straight ahead. Tankers don't like to move through built up areas with their tank turrets open, so they had closed them. Our best efforts to get their attention over the roar of the tank engines and the clatter of the tank tracks were to no avail. I called the men back and we continued on the pre-designated route. The tank platoon leader would not be happy when he knew that he was out there in the residential area without infantry protection. Dawn was rapidly approaching, and I had hoped we would make it to the bridge before daylight, but it was not to be. We came out one block below the bridge on the boulevard paralleling the Moselle River. Between the boulevard and the river, the Germans had placed explosive charges on a row of large shade trees. When I got nearer the trees, I noticed that the wires between the charges had been cut. The citizens of the area had taken steps to save the trees. I was hoping they had managed to do the same thing for the bridge. The bridge was in clear view and the Germans had not put up a defense. This was a surprise as I had expected the bridge to be heavily defended initially. Then they would withdraw across the bridge and take up previously prepared positions for a more determined defense. The bridge was about 250 feet long with a very short and winding approach. The twist in the approach was caused by the short distance of the bridge from the boulevard and having to gain about 12 feet of elevation up to the bridge level. As we started up the approach, we had to walk around about a dozen anttank mines scattered along the winding approach. At this time we had not received any enemy fire or seen any of the enemy. The order was passed along to move on the double. Platoon Sergeant Bakken was with the lead squad. When the lead squad reached the end of the enemy side of the bridge, the Germans opened up with accurate machine gun fire onto the bridge. The first man to reach the enemy side was killed instantly by the first burst of fire. For a few seconds the bridge was covered by a high volume of fire, mostly tracer ammunition, from buildings about 250 yards from the bridge. The previously set demolitions under: the bridge were detonated and the two center spans of the bridge blew up and settled hack into the river. I was on the first span of the bridge with the 3rd squad of the Platoon when the bridge blew up. We turned immediately and raced off the bridge, diving over the guard rail and down the bank of the bridge approach. None of us was

nuent de passer au-dessus de nos têtes, « mâchonnant » les immeubles se trouvant derrière nous. Le lieutenant Bill Harrigan, le chef de la première section, et moi, nous obtenons un fusil-mitrailleur, amené de l'arrière, nous rampons sur la rampe du pont et nous prenons le canon de 20 mm sous notre tir. Notre tir neutralise le canon de 20 mm et, soudain, il y a un silence de mort. Nous avions été si occupés que nous avions complètement oublié les tanks qui s'étaient fourvoyés. Je les entends au loin venant vers nous sur le boulevard. Je me mets à faire le clown pour attirer l'attention du chef de la section de tanks et lui indique d'avancer sur la rampe d'accès et de prendre sous son feu les immeubles d'où sont partis les tirs de la mitrailleuse. Alors qu'il commence à escalader la rampe, je me rends compte que les mines antichars sont encore sur la route. Je récupère rapidement deux hommes et nous les balançons par-dessus la rambarde. Les tanks continuent sur la rampe d'accès du pont et prennent les immeubles sous leur feu. Il n'y a pas de réplique, c'est de nouveau un silence soudain. A partir de maintenant le reste de la compagnie est à côté des immeubles bordant le boulevard. C'est alors que le lieutenant Charles Walsh me dit que Hardgrave et quelques autres ont été blessés à un croisement de rues peu après notre avance pour prendre le pont. Alors que les informations arrivent ensemble, nous apprenons qu'outre Hardgrave, neuf autres hommes ont été blessés par des tirs d'artillerie provenant des gros canons du Fort Saint-Quentin situé au-dessus de nous. Ce 18 novembre, la I Company a subi les plus lourdes pertes de la guerre. »

Modestement, Crawford omet de mentionner la tentative de sauvetage et le fait que le chef de bataillon lui donne immédiatement le commandement de la *I Company* du fait de l'incapacité de Hardgrave. Car j'ai ultérieurement découvert que Crawford a récupéré quelques bateaux à rames près de la rivière et que le *Sergeant* McCann a pris l'un d'eux. En ramant sous le feu, ils ont pu récupérer l'un de leurs hommes (le *Private* Brown). En grimpant sur les ruines du pont, ils l'ont ramené sur la rive pour le confier aux infirmiers. Ils repartent ensuite sur la rive pour récupérer les trois hommes sur la rive ennemie qu'ils transportent dans leur bateau sérieusement chargé avec les balles sifflant au-dessus de leurs têtes.

Dans le texte original de l'Album Mémorial « Bataille de Lorraine », j'ai écrit de manière erronée que huit hommes avaient été tués quand le pont a sauté, me basant sur diverses sources US. A partir de mon texte, les autorités françaises ont placé une plaque en 1994 qui portait huit noms. L'affaire aurait pu en rester là mais c'était sans compter avec la curiosité de M. Frank Messina dont le frère aîné Joe faisait partie des victimes. En fait, ce qui est arrivé, c'est que le courant rapide a emporté plusieurs corps des hommes qui avaient été projetés dans la rivière. Seuls les corps retrouvés au milieu des ruines du pont furent considérés comme tués au combat. Suite à la persévérance de M. Messina dans sa volonté de rétablir la vérité, une nouvelle plaque a été installée en 2002, portant la totalité des quinze noms.

Le *377th Infantry Regiment* a le gros de ses deux bataillons dans les faubourgs de Sansonnet et du nord de Metz. Le 2e Bataillon a pour objectif le pont sur le *Hafen Kanal*, au nord et, pour l'atteindre, il doit descendre la route principale, la RN 53, connue par les Américains sous le nom de « 88 Boulevard », à cause des tirs précis des canons de 88 mm placés sur l'île du canal de la place France, de l'autre côté du canal. A courte distance du pont, les attaquants sont reçus par une furieuse grêle de tirs de « 88 », de mitrailleuses et de canons antiaériens de 20 mm, provenant de l'île. La plupart de ces armes lourdes sont détruites par les tanks de soutien et on découvre alors que le pont, bien que détruit, peut tout de même être utilisé. La *G Company* grimpe sur les décombres et réduit bientôt toute résistance sur l'île tandis que les sapeurs tentent de réparer suffisamment le pont pour permettre le passage des jeeps. Durant la matinée, le 3e Bataillon tente aussi de traverser l'île où quelque 200 prisonniers sont capturés. Le régiment reçoit ensuite l'ordre de se forcer un passage par-dessus le bras principal de la Moselle, si cela peut se faire sans trop de pertes. On lui dit que des bateaux vont être disponibles mais, entre-temps, les Allemands se regroupent sur l'île Chambière, de l'autre côté. Là, le général Kittel est en train d'organiser les défenseurs pour une dernière position autour de son poste de commandement.

La *Task Force Bacon* a pour mission d'attaquer et de prendre le Fort Saint-Julien le 18 novembre. Le plan est prévu comme suit : le 2e Bataillon du *378th Infantry Regiment* attaquera le fort depuis l'arrière à 7 heures du matin tandis que le 1er Bataillon du *377th Infantry Regiment* passera à côté du fort et nettoiera le faubourg de Saint-Julien. Après cela, le bataillon avancera vers le fort Bellecroix et essaiera de traverser la Seille. Pendant la matinée, le 2e Bataillon avancera prudemment autour de l'arrière du fort où le gros de la garnison s'est réparti au milieu des fortifications de cam-

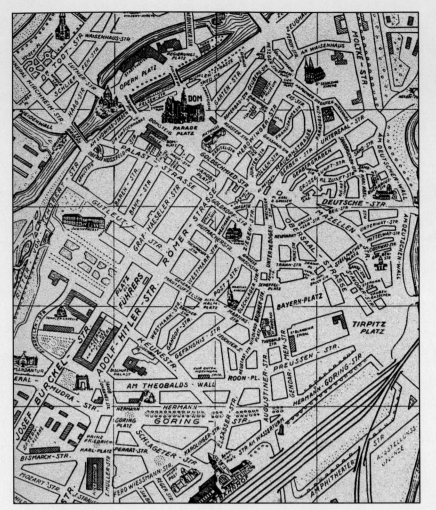

Plan du centre-ville de Metz avec les noms des rues en allemand.
Map of city centre showing German street names.

pagne. Les attaquants sont ainsi retardés par des snipers et de petits groupes qui sont sortis des casemates. Cependant, en début d'après-midi, ils ont atteint le fossé sec qui entoure l'ouvrage. Il y a un seul moyen de le franchir, par un chemin et un pont qui mène à l'entrée principale à l'intérieur du fort. L'extrémité du chemin est défendue par une cour entourée de murs épais disposant de meurtrières.

Malgré des tirs d'armes légères provenant de toutes les directions, cette cour est prise d'assaut tandis que la section d'armes lourdes tire dans ces meurtrières pour occuper les défenseurs. D'autres hommes ont cherché une voie le long de l'arrière du fort tentant de trouver un autre passage pour y entrer, mais sans succès. Ainsi, la seule voie passe par le pont et à travers la lourde porte en métal à l'extrémité.

Le Fort Saint-Julien est désigné pour pratiquer des méthodes d'attaque en usage durant la fin du dix-huitième siècle. Le mur arrière du fort se dresse verticalement à une douzaine de mètres depuis le fond du fossé et les casernes principales sont situées à l'arrière et à l'intérieur de ce rempart. Depuis ces casernes casematées, des ouvertures ou meurtrières sont placées pour tirer directement le long du fossé et pour couvrir le pont. Au centre et juste sur la droite de ce dernier se dresse un bâtiment en avancée qui a été conçu pour fournir des tirs de flanc. De tels forts, lorsqu'ils disposent d'une garnison complète jusqu'à 1 000 hommes, peuvent envoyer un tel rideau de feu le long du mur arrière et du fossé ce qui rend virtuellement toute traversée impossible sans utiliser des tunnels de mine. En ces temps-là, la guerre de siège était un travail frustrant de longs bombardements et un lourd labeur de terrassement.

A l'intérieur, les Allemands sont comparativement peu nombreux (362 hommes commandés par un *Major*). Ce dernier est probablement le *Major* Weller, un chef de bataillon du *VG-Regiment 1215* qui a tenté d'évacuer ses hommes de l'autre côté de la rivière quand ils ont été attaqués par le *377th Infantry Regiment* au sud de Maizières le 14 novembre. Les quelques

wounded. A bullet knocked the heel off my right boot but nothing more. Fifteen very fine soldiers died on that bridge. When the bridge went up, Sgt Bakken and two other men were stranded on the other side. Simultaneously with the bridge explosion, the Germans brought 20 millimeter cannon fire on us from a field about 250 yards to our left on the island. This was an anti-aircraft weapon that had been put into infantry use. As bullets passed overhead some of them exploded like Chinese firecrackers, causing very little harm, but somewhat unsettling since we had not had any previous knowledge of such weapons being put into use by the infantry. There was a quick recovery from the surprise, and fire continued to come over our heads and chew up the buildings behind us. Lt Bill Harrigan, First Platoon Leader, and I obtained a light machine gun from the rear and crawled forward up onto the bridge approach and took the 20mm position under fire. Our fire neutralized the 20mm gun and, suddenly, there was dead silence. We had been so busy that we had completely forgotten about the tanks that had gone astray. When I heard them in the distance coming toward us on the boulevard, I made my way clown to the tank platoon leader and directed him to move up on the bridge approach and place fire on the buildings from which the machine gun fire had come. As he started up the ramp, I noticed that the anti-tank mines were still in the road. I quickly got two men and we threw them over the guardrail. The tanks continued up the bridge approach and took the buildings under fire. When there was no return fire, there was a sudden silence again. By now the remainder of the company had closed up to the buildings along the boulevard. It was then that Lt Charles Walsh told me that Hardgrave and some others had been wounded at a road intersection soon after we moved out to capture the bridge. As information was put together, we learned that in addition to Hardgrave, nine other men had been wounded by artillery fire from the big guns of Fort St Quentin above us. On November 18, Company I suffered the heaviest casualties of any one day in the entire war."

Crawford, modestly, omitted to mention the rescue attempt and the fact that the battalion commander immediately gave him the command of Company I as a result of Hardgrave's incapacity. As I subsequently discovered, Crawford spotted some rowing boats tied up beside the river, and he and Sgt. McCann grabbed one of them. While rowing across under fire they spotted one of their men (Pvt. Brown) clinging to the ruins of the bridge, so they pulled him onto the boat and took him back to the bank for the medics to look after. Then they set off again to rescue the three men stranded on the enemy side and recovered them into their severely overloaded boat with bullets whistling over their heads.

In the original text of The Unknown Battle, I falsely stated that eight men had been killed when the bridge was blown, basing the figure on various US sources. Using my figure the French authorities put up a plaque with the eight names on it in 1994. There the matter would have rested but for the curiosity of Mr Frank Messina whose elder brother Joe was one of those unaccounted for. Basically what had happened was that several of the men had been blown into the river and their bodies were swept away by the fast-flowing current. Only the bodies discovered on the ruins were posted as killed in action, the others were listed as missing. As a result of Mr Messina's perseverance in getting at the truth, a new plaque was installed in 2002 listing the full fifteen names.

The 377th Infantry had the bulk of its two battalions in the suburbs of Sansonnet and Metz Nord. The 2nd Battalion's objective was the bridge over the Hafen

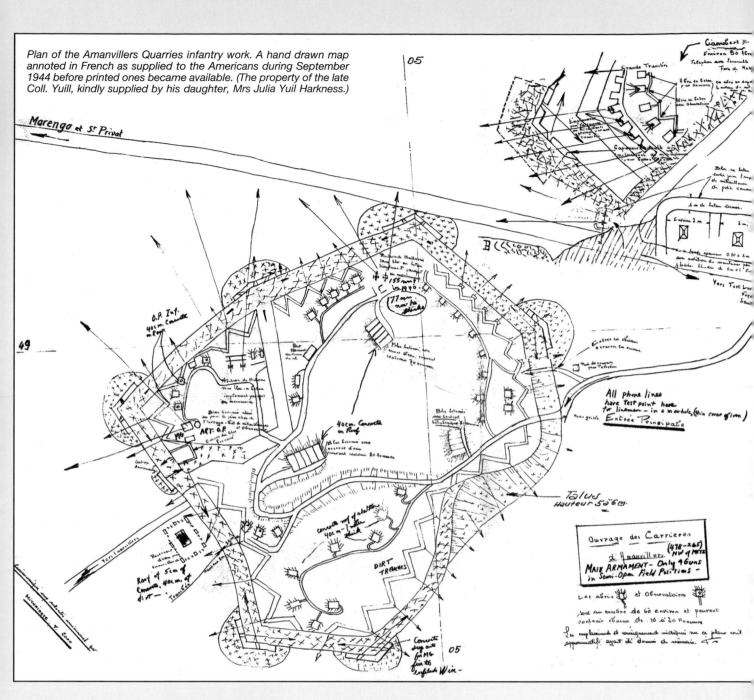

Plan of the Amanvillers Quarries infantry work. A hand drawn map annoted in French as supplied to the Americans during September 1944 before printed ones became available. (The property of the late Coll. Yuill, kindly supplied by his daughter, Mrs Julia Yuil Harkness.)

Plan du fort des carrières d'Amanvillers à Metz avec annotations manuscrites en français, plan fourni en septembre 1944 aux Américains. (Coll. Mrs Julia Yuill Harkness.)

Canal to the north, and to reach this, they had to advance down the main N.53 road—known to the Americans as "88 Boulevard." This was on account of accurate fire from one of these dual-purpose guns situated on the Isle de la Place de France on the other side of the canal. A short distance from the bridge, the attackers were met by a furious hail of fire from the "88," from machine guns, and 20-mm antiaircraft guns on the island. Most of these were knocked out by the supporting tanks, and it was then discovered that the bridge, although demolished, could still be used. G Company clambered over the wreckage and soon reduced all resistance on the island while engineers managed to repair the bridge sufficiently to permit the passage of jeeps. During the morning, the 3rd Battalion also managed to cross to the island where some 200 prisoners were captured. The regiment was then ordered to force their way across the main stream of the Moselle if this could be undertaken without incurring too many casualties. They were

hommes dans la cour sont incapables de forcer la porte, même avec le renfort de quelques muscles. Deux tanks légers sont amenés dans la cour (démolie depuis) et arrosent leurs meurtrières environnantes avec leurs mitrailleuses. Ensuite un tank destroyer est placé en position pour tirer à la fois des obus perforants et des obus explosifs sur la porte à une distance d'une cinquantaine de mètres! Tout ce bombardement a lieu pour faire quelques petits trous dans le métal. En vain, la *Task Force Bacon* va alors employer son arme ultime, l'un des canons automoteurs de 155 mm. Celui-ci est conduit jusqu'à l'accès du pont et, à bout portant, il tire dix coups sur la porte, à nouveau en vain. La cible s'étend ensuite à la maçonnerie alentour et, après vingt obus supplémentaires, les supports vacillent finalement, laissant la porte s'effondrer à l'intérieur en un puissant fracas. Bien qu'une nouvelle entrée ait été depuis lors ouverte au bulldozer dans le fort, on peut encore voir la porte originale et les dégâts autour. Si la garnison avait eu un seul canon antichar, les Américains n'auraient pas pu profiter d'un tel tir sans opposition. Il y a maintenant un restaurant apprécié installé dans une partie des bâtiments du fort et les visiteurs peuvent admirer l'évidence de l'action de la *Task Force.*

Au moment où la porte s'effondre, la nuit est tombée et, ainsi, il n'y a aucune tentative de pénétrer à l'intérieur. Cependant, entre-temps, le 1er Bataillon est passé à côté du fort et tente de continuer dans la localité de Saint-Julien. Là, il est arrêté par ce que l'historien de la division décrit comme des « tirs de mortiers lourds ». De l'autre côté, le général Kittel dit qu'il a

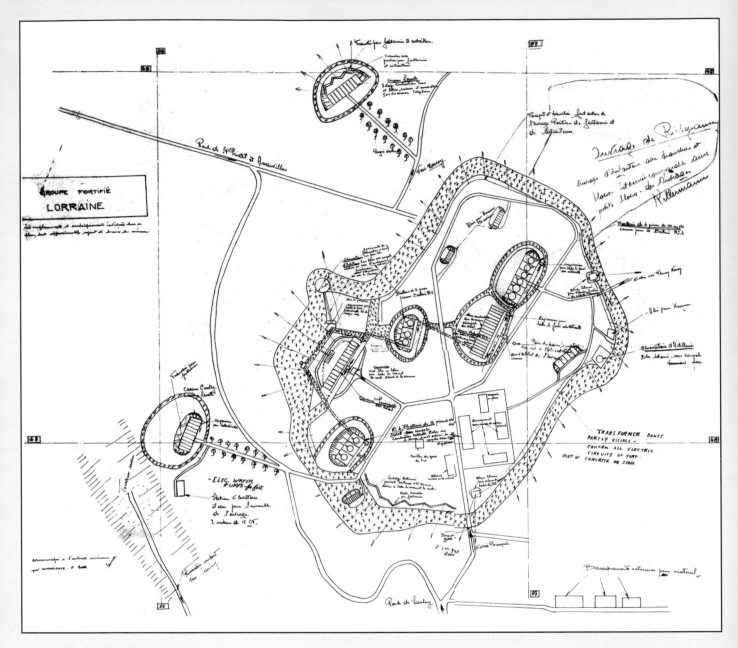

Plan du Groupe Fortifié Lorraine.

Plan of the Lorraine fortified group, from the same series. (Mrs Julia Yuill Harkness.)

appris par une liaison radio interceptée que le fort sera contourné et il décide d'envoyer une batterie antiaérienne lourde prendre position au nord du Fort Bellecroix « *dans le but de détruire des chars ennemis qui auraient percé.* »

Précédé par les tank destroyers, le bataillon tente d'avancer dans Saint-Julien en début d'après-midi quand l'opposition diminue, et il continue vers son objectif, le fort Bellecroix. C'est un immense ouvrage du dix-huitième siècle que les Allemands ont largement utilisé pour du stockage. La *A Company* avance autour de ses arrières où elle fait un certain nombre de prisonniers. Cependant, tandis que la *C Company* est sur la route qui court autour de la lisière nord du fort, il y a une terrible explosion. La *C Company* reçoit tout l'impact de l'explosion qui a été précédée par des soldats allemands surgissant en agitant des drapeaux blancs. Huit hommes sont tués et 48 sont blessés, réduisant ainsi la compagnie à virtuellement la moitié de sa force d'un seul coup. Ce qui est curieux, c'est que les quelques sources allemandes ne mentionnent pas du tout cet événement. On peut seulement supposer qu'un magasin a explosé, plus par accident que volontairement. En conséquence, le bataillon se replie sur Saint-Julien pour la nuit, pour se réorganiser et pour soigner ses blessés.

told that boats would be made available, but in the meanwhile, the Germans were rallying on the Isle Chambière on the far side. There, General Kittel was organizing the defenders for a last stand around his command post.

The mission for Task Force Bacon was to assault and capture Fort St. Julian on 18 November, planned as follows: The 2nd Battalion, 378th Infantry, was to attack the fort from the rear at 0700, while the 1st Battalion, 377th Infantry, was to bypass the fort and clear the suburb of St. Julian. After this, the battalion was to advance toward Fort Bellecroix and try to cross the Seille. During the morning, the 2nd Battalion moved cautiously around to the rear of the fort where the bulk of the garrison had been distributed among the field fortifications. The attackers were thus delayed by snipers and small groups who had to be flushed out of pillboxes. By early afternoon, however, they had reached the dry ditch that surrounded the work. There was only one way across this, via a causeway and a bridge that led to the main entrance to the interior of the fort. The outer end of the causeway was defended by a courtyard formed of thick walls well supplied with loopholes.

In spite of small-arms fire from all directions, this courtyard was taken by storm while the heavy-weapons section fired at the offending loopholes to keep the defenders busy. Other men had probed their way along the rear of the fort trying to find another way in, but were unsuccessful. Thus the only way was over the bridge and through the heavy metal door at the far end.

Fort St. Julian was designed to cope with methods of attack used during the latter part of the eighteenth century. The rear wall of the fort rose vertically some forty feet from the floor of the ditch, and the main barracks were situated behind this under the rampart. From the barrack casemates, apertures or loopholes were placed to direct fire along the ditch and to cover the bridge. In the center and just to the right of the latter was a projecting building which was also designed to provide flanking fire. Such forts, when fully garrisoned by as many as 1,000 men, could produce such a hail of fire along the rear wall and ditch, that it was virtually impossible to get across without resorting to mining underneath. Siege warfare in those days was a protracted business of lengthy bombardments and a lot of spade work.

The Germans inside were comparatively few in number (362 men commanded by a major). The latter was probably Major Weller, a battalion commander of the 1215th VG Regiment who had managed to evacuate his men across the river when attacked by the 377th infantry south of Maizières on 14 November. The few men in the courtyard were unable to make any impression on the door, so some muscle was called for. Two light tanks were run up into the courtyard (since demolished) and sprayed the surrounding loopholes with their machine guns. Then a tank destroyer was placed in position to fire both armor-piercing and high-explosive shells at the door from a range of fifty yards! All this bombardment accomplished was to make some small holes in the metal. In desperation, Task Force Bacon then produced their ultimate weapon, one of the 155-mm SP guns. This was driven up onto the bridge approach, and from point-blank range, it fired ten rounds at the door—again without success. The target was then switched to the masonry surround, and after a further twenty rounds, the supports finally gave way, leaving the door to collapse inward with a mighty crash. Although a new entrance has since been bulldozed into the fort, one can still see the original gateway and the smashed surround. Had the garrison possessed just one antitank gun, the Americans would not have enjoyed such an undisturbed shoot. There is now a popular restaurant installed in part of the fort buildings and visitors may admire the evidence of the task force's handiwork.-

By the time the entrance had been battered down it was dark, so no attempt was made to follow up and penetrate into the interior. In the meanwhile, however, the 1st Battalion, bypassing the fort, tried to push into the town of St. Julian. There it was held up by what the divisional historian refers to as "heavy mortar fire." On the other hand, General Kittel said that he learnt from intercepted radio traffic that the fort was to be bypassed, and that as a result, he sent a heavy antiaircraft battery to take position to the north of Fort Bellecroix "for the purpose of destroying enemy tanks that had broken through."

Headed by the tank destroyers, the battalion managed to move into St. Julian during the early afternoon when opposition slackened, and carried on toward their objective, Fort Bellecroix. This was a huge eighteenth-century work that the Germans largely used for storage purposes. Company A moved around to the rear, where they took a number of prisoners. However, while C Company was on the road that ran

L'autre élément mobile de la *Task Force Bacon*, la *95th Reconnaissance Troop*, passe la journée à avancer vers l'ouest en direction de Vallières, dans une vaine tentative d'établir le contact avec le *10th Infantry Regiment*.

Les mouvements de la *5th Infantry Division* ont été décrits en détail dans le chapitre précédent. A la fin de la journée, les *10th* et *11th Infantry* sont tous deux dans les faubourgs sud de Metz bien qu'ils soient gênés par la résistance des forts Saint-Privat et Queuleu. Ce dernier a une importante garnison comptant probablement quelque 500 hommes y compris les restes de la section d'artillerie du sud, un groupe de quelque 200 isolés, l'état-major du 22e Régiment d'infanterie de forteresse et quelques membres du *Volkssturm*. Des tentatives sont faites par le *10th Infantry Regiment* pour prendre la place d'assaut mais le secteur du fort est bien trop vaste pour être facilement défendu par les forces disponibles.

Le *11th Infantry Regiment* se trouve dans les faubourgs sud de la cité bien qu'il ait dû détacher un nombre considérable de ses effectifs pour surveiller le Groupe Verdun et le Fort Saint-Privat, commandé par l'énergique von Matzdorf. L'historique régimentaire raconte que des chars allemands ont été aperçus à l'est du fort mais il est tout à fait clair, d'après le témoignage du général Kittel, que les Allemands n'avaient pas de véhicules blindés à Metz. Karl Clarkson arrive comme remplacement au 1er Bataillon du *11th Infantry Regiment* alors que l'unité était en train d'entourer le fort. « Nous creusons un trou et, pendant quelques jours, nous n'en sortons pas car ils tirent sur notre trou. Nos tanks sont en train de tirer des obus perforants sur le fort et ils ricochent, et tombent dans la boue juste devant nous. La nuit, l'unité de guerre psychologique tente de convaincre les Allemands de se rendre en leur parlant avec des haut-parleurs, leur promettant de la nourriture américaine, des oranges et des cigarettes. À chaque fois que les Allemands n'acceptaient pas de se rendre, ils tiraient sur eux des obus au phosphore pour tenter de les calciner. »

Malgré les frustrations causées par les forts, le *10th Infantry Regiment* réussit ce jour-là à faire une intéressante capture. Le *SS-Brigadeführer* Anton Dunckern, l'ancien chef de la police et chef de la Gestapo de Metz, est trouvé par quelques hommes de la *E Company* rôdant dans une brasserie, accompagné par quelques hommes qui, comme lui, tentaient de fuir de la cité. On peut facilement imaginer que les hommes étaient en train de chercher autre chose qu'un général SS dans une brasserie ! Dunckern se trouvait dans le secteur de Metz depuis quelque temps et, à l'époque des premières attaques américaines en septembre, Erich Kemper, le commandant de l'école de transmissions SS, a dit ce qui suit concernant ses activités : « [Il] nous a donné toute information concernant tous ceux qui étaient opposés à l'Allemagne et sur les éléments criminels de la population et aidait à l'élimination de ces ennemis. »

Robert Allen revient quelque peu sur la capture de Dunckern en signalant que les hommes qui l'ont trouvé dans une cave à vin (pas une brasserie) l'avaient pris pour un officier de l'armée. Il sera amené à Patton sous forme d'un « présent de l'avant Noël ». Celui-ci aura le plaisir de l'interroger avec l'aide d'un interprète juif. Dunckern est alors le premier officier SS de ce grade élevé à être capturé par la *Third Army*. Et, de plus, étant un membre de l'*Allgemeine SS*, et pas un militaire de la *Waffen-SS*, il est considéré comme un délinquant politique.

Dunckern sera envoyé aux USA comme prisonnier mais, après la guerre, il retournera dans divers camps américains en Allemagne, y compris une convocation à Nuremberg comme témoin. Livré aux Français en 1948, il passera plusieurs années en observation avant d'être finalement jugé en 1951. Il sera condamné à 20 ans de travaux forcés mais sera rapidement libéré. Les temps ayant passé, les sentiments s'étaient calmés.

A l'intérieur de la cité, le 18 novembre au soir, le général Kittel avait cessé « de faire des plans » et, dès lors, il ne s'occupe plus que de la défense immédiate du secteur situé autour de son quartier général sur l'île Chambière. Cependant, il ordonne de détruire le central téléphonique civil, ce qui est fait le lendemain matin. Ainsi, toutes les communications téléphoniques dans la cité et ses connections avec le monde extérieur sont coupées.

Les événements du 19 novembre

La *Task Force Bacon* a encore un travail inachevé à terminer au Fort Saint-Julien. A l'aube, un officier et un sous-officier se glissent de l'autre côté du pont à la tête d'une section de la *F Company* du *378th Infantry Regiment*. Juste à l'intérieur du tunnel se trouvant derrière la porte arrachée, ils surprennent un sous-officier allemand en train de mettre en place une équipe feu. A la pointe de sa baïonnette, le *Sergeant* Rautman le force à le conduire au *Major* qui commande la garnison, ce dernier est persuadé de se rendre.

Le 1er Bataillon, qui s'était retiré pour la nuit afin de panser ses blessures subies lors de l'explosion au Fort Bellecroix, rejoint le secteur. Là, à sa grande surprise, il trouve que l'un des ponts sur la Seille situé à l'arrière du fort est toujours intact. Tandis qu'il se regroupe, il laisse une équipe pour garder un œil sur le pont et finalement un groupe d'Allemands arrive avec une mitrailleuse pour établir une position défensive. Au début, les Américains retiennent leurs tirs pour ne pas alerter les Allemands. Cependant, un camion chargé d'embarcations d'assaut arrive sans préavis à portée des Allemands qui, bien naturellement, ouvrent le feu. L'équipe d'observation américaine réplique en démolissant la mitrailleuse et ses servants, mettant en fuite le reste des défenseurs.

A 11 h 30, une compagnie de fantassins, appuyée par une section de tanks, traverse le pont et commence à se déployer dans les vieux quartiers de la cité, constamment harcelée par les snipers. Ce secteur est défendu par un groupe hétéroclite de quelque 700 hommes de diverses unités, commandés par le colonel Meyer qui est chef de la place. Ce dernier a son quartier général dans un bloc de casernes qui est impossible à défendre et, durant l'après-midi, il tente de contacter le général Kittel sur l'un des rares téléphones qui fonctionnent encore. Le colonel Meyer lui rapporte qu'il est impossible de tenter d'évacuer ses hommes sur l'île Chambière et demande l'autorisation de tenter de percer. La permission est accordée mais il sera par conséquence fait prisonnier.

Avançant prudemment, la *Task Force Bacon* tente d'obtenir le contrôle d'une grande partie du centre de la cité durant l'après-midi et, dans la soirée, elle est informée que le quartier-général de la Gestapo (dans le Grand Séminaire) est toujours occupé. Comme on redoute l'évasion de l'état-major, deux tanks destroyers et quelques fantassins sont guidés jusqu'à ces bâtiments par des FFI et 20 obus sont tirés sur eux.

La *95th Reconnaissance Troop* tente à nouveau d'entrer en contact avec la *5th Division* à l'est de la cité et, lors d'une virée en direction de Vallières, elle rejoint des éléments du *10th Infantry Regiment* à 11 heures du matin, peu après que les mâchoires se soient finalement refermées sur les routes de repli, grâce à l'action du *2nd Infantry Regiment* et de la *Reconnaissance Troop* de la *90th Division*. Plus tard dans la journée, le corps d'armée ordonne à la *Task Force Bacon* d'établir un autre point de contact à la hauteur du triangle ferroviaire, juste au sud du Fort Bellecroix. Des troupes s'y rendent mais, en y arrivant, elles sont reçues par un tel déluge de feu, expédié par l'artillerie de la division, qu'elles battent prudemment en retraite.

Le *377th Infantry Regiment*, qui s'est établi sur l'île entre le *Hafen Kanal* et la Moselle, reçoit l'ordre de traverser l'île Chambière où est attendu le gros de la résistance allemande. Au début, règne la confusion en ce qui concerne le choix du site de franchissement. Celle-ci est causée par le bombardement de soutien qui tombe à la mauvaise place. Les pertes sont lourdes dans les premiers bateaux mais, en milieu d'après-midi, une tête de pont de 200 mètres a été obtenue sur l'autre rive où 300 prisonniers sont rassemblés. Dans la soirée, la totalité du 2e Bataillon est de l'autre côté, ainsi qu'une compagnie du 3e Bataillon et ses unités tentent de pénétrer dans deux des grands ensembles de casernes se trouvant sur l'île.

Au centre, le 3e Bataillon du *378th Infantry Regiment* a pour mission de traverser l'île Saint-Symphorien. Appuyées par l'artillerie et les tirs de leurs blindés de soutien, deux compagnies pagaient dans des embarcations d'assaut dans la matinée. Les tirs d'appui désorganisent les quelques Allemands restés sur l'île faiblement peuplée et ils sont rapidement submergés. Mais, quand le 3e Bataillon atteint l'autre rive, il découvre que les ponts menant au cœur de la cité sont effondrés. Cela signifie une autre traversée en bateaux et l'effort de transporter les embarcations à la force des bras l'autre extrémité de l'île où les hommes tentent aussi de « libérer » quelques autres embarcations et canoës.

Cependant, avant qu'ils puissent traverser pour rejoindre le cœur de la cité, il faut établir la limite avec le secteur de la *5th Division*. Dans ses ordres, concernant ces limites, publiés par le *XX Corps* le 14 novembre, les parties de la cité situées à l'est du canal de la Moselle avaient été attribuées à la *5th Division*. Mais, comme les hommes du *378th Infantry Regiment* sont sur place et impatients d'avancer, la limite est modifiée et acceptée : la plus proche unité de la *5th Division*, le *11th Infantry Regiment*, n'a pas encore été capable de nettoyer le secteur autour des voies ferrées du Sablon. A 17 heures, la seconde traversée a lieu face à une résistance négligeable, d'après les sources américaines, tandis que le général Kittel

around the northern edge of the fort, there was a tremendous explosion. Company C took the full force of the blast, which had been preceded by German soldiers rushing out waving white flags. Eight men were killed and 48 were wounded, thus reducing the company to virtually half strength at one stroke. The odd thing is that the few German sources do not mention this event at all. One can only assume that a magazine exploded, either by accident or design. As a result, the battalion pulled back into St. Julian for the night, to reorganize and to care for the wounded.

The other mobile element of Task Force Bacon, the 95th Reconnaissance Troop, spent the day moving west in the direction of Vallières in a vain attempt to establish contact with the 10th Infantry Regiment.

The movements of the 5th Infantry Division were basically described in the previous chapter. By the end of the day, both the 10th and 11th Infantry were in the southern suburbs of Metz, although hampered by resistance from Fort St. Privat and Queuleu. The latter had a considerable garrison probably numbering some 500 men, including the remnants of the southern artillery section, a group of some 200 stragglers, the staff of the 22 Fortress Infantry Regiment, and a few members of the Volkssturm (Home Guard). Attempts were made by 10th Infantry to storm the place, but the area of the fort was far too large to be easily dealt with by the limited forces available.

The 11th Infantry were in the southern suburbs of the city, although they had had to detach considerable numbers to watch the Verdun Group and Fort St. Privat, commanded by the energetic von Matzdorf. The regimental history states that German tanks were sighted to the east of the fort, but it is quite clear from General Kittel's testimoy that the Germans had no armored vehicles in Metz. Karl Clarkson arrived as a replacement in the 1st Battalion, 11th Infantry, as they were surrounding the fort. "We dug a hole and for several days didn't get out as they were firing over our hole. Our tanks were firing armor piercing shells at the fort and they would ricochet off and plop into the mud right by us. At night the psychological warfare unit would try to convince the Germans to give up as they talked to them with a loudspeaker and promised them American chow, oranges, and cigarettes. Every time the Germans wouldn't give up, they fired white phosphorous shells to try and burn them out."

In spite of frustrations caused by the forts, the 10th Infantry did manage to capture one interesting item of booty that day. Brigadeführer (SS Brigadier) Anton Dunckern, the former police president and Gestapo Chief of Metz, was found skulking in a brewery by some men from E Cornpany. Accompanied by some of his men who like him had been trying to flee out of the city. One can imagine that the men were looking for something other than an SS general in a brewery! Dunckern had been around in Metz for some while, and at the time of the first American attacks in September, Erich Kemper, the commandant of the SS Signal School, had the following to say about his activities: "[He] gave us every information with regard to those opposed to Germany and criminal elements in the population, and assisted in the elimination of these enemies."

Robert Allen expands somewhat on the capture of Dunckern, stating that the men who found him mistook him for an army officer in the wine cellar (not brewery?). He was taken to Patton as a form of pre-Christmas present; who had the pleasure of interrogating him with the aid of a Jewish interpreter. Dunckern was the first high-ranking SS officer to be captured by the Third Army, and being a member of

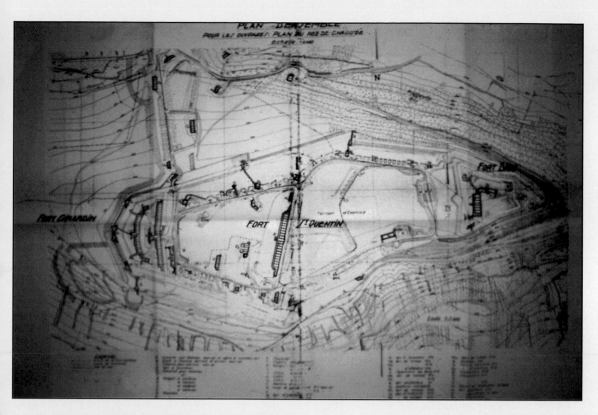

Plan du fort Saint-Quentin.

Plan of the fortifications on the Saint-Quentin plateau. (Mrs Julia Harkness.)

La une du « Stars and Stripes » annonçant la proximité des américains de Metz.

Article from the Stars and Stripes GI newspaper dated 14 November 1944. (Courtesy coll. Laurie Campbell Toth.)

prétend que la première vague d'assaut est repoussée par des troupes allemandes depuis la *Bayern Kaserne* (maintenant la caserne général de Lattre de Tassigny).

Confronté à une absence de site de franchissement praticable, le *379th Infantry Regiment* se voit priver de la gloire d'un assaut sur Metz. Le régiment reçoit l'ordre de nettoyer ses arrières et de se concentrer à accrocher les principaux forts. Dans la matinée, le contact est établi avec le 1er Bataillon du *378th Infantry Regiment* qui a attaqué le Fort Plappeville et la crête défendue entre celui-ci et le Fort Saint-Quentin. Malgré la difficulté de la tâche, le *378th* demande une modification de la limite de secteur pour qu'on lui attribue aussi le Fort Plappeville, constituant avec le Fort Saint-Quentin un seul ensemble défensif. Cependant, dans l'après-midi, le régiment réalise qu'il a eu les yeux plus gros que le ventre et demande qu'on veuille bien confier tout le complexe au *379th Infantry Regiment*. A ce moment-là, ce dernier est toujours occupé à nettoyer son propre territoire mais, durant la soirée, on lui dit, qu'il aura la responsabilité du Fort Saint-Quentin demain matin.

Dans le secteur de la *5th Division*, le *11th Infantry Regiment*, avec deux forts sur ses arrières, et isolé dans un combat qui se poursuit toujours sur l'aérodrome, n'a que son 3e Bataillon disponible pour la bataille autour des voies ferrées, un secteur dont la nature est idéale pour la défense. Le gros du *10th Infantry Regiment* se trouve dans les faubourgs est et sud-est mais il est toujours bloqué par le combat autour du Fort Queuleu. Cependant, les trois divisions d'infanterie ont le contact entre elles le 19 novembre au matin et la réduction finale de la cité n'est plus qu'une question de temps.

Ce soir-là, le général Kitel note : « *Un silence étrange règne dans la cité. Le barrage d'artillerie de la nuit précédente, qui a été par moments très gênant, s'est arrêté complètement. La nuit a été claire.* » Avec tant de ses troupes dispersées dans divers quartiers de la cité et avec une résistance allemande approchant inéluctablement de sa fin, l'artillerie américaine est contrainte de se restreindre. En tout cas, il n'y a pas de place pour écraser quelque endroit. Kittel mentionne le fait que des tentatives sont faites de larguer de nuit du ravitaillement par avion aux forts encerclés bien que ce fait ne soit signalé dans aucune source américaine. Il signale que, durant la nuit du 19 novembre, « *nous échouons dans notre seconde tentative effectuée avec trois avions pour ravitailler les forts Saint-Quentin et Plappeville avec des munitions d'infanterie. Bien que les avions soient arrivés ponctuellement à l'endroit prévu, les troupes défensives ne sont pas en position pour envoyer la fusée de reconnaissance, c'est ce détail qui a manqué.* » On ne peut qu'avoir la sympathie pour les garnisons qui ont entendu leur avion de ravitaillement au-dessus de leurs têtes mais qui n'ont pas pu envoyer le signal de reconnaissance !

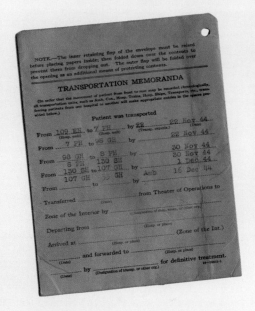

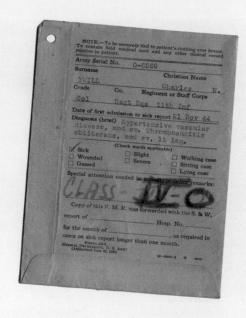

Les événements du 20 au 22 novembre

C'est une période quelque peu confuse de combats de rue alors que les unités d'assaut se trouvent au contact des derniers centres de résistance organisée. A côté du combat principal, le *379th Infantry Regiment* se rend compte que sa mission a été accrue. L'*Operation Instructions n° 7* donne l'ordre au régiment de prendre la responsabilité de tous les forts qui tiennent encore sur la rive occidentale. Pas plus tard que le 21 novembre à 7 h 30, il lancera une attaque pour contenir et ensuite prendre le Fort Plappeville, les deux principaux bunkers entre celui-ci et le Fort Saint-Quentin, ce dernier, le Fort Jeanne d'Arc, les Sept Nains et le Fort Driant! Le plus grand appui feu possible sera utilisé pour les prendre ou obtenir leur reddition. Mais l'instruction signale avec bon sens : « *Aucune fortification ne peut être prise d'assaut face à des tirs ennemis violents ou des tirs ennemis qui causeront des pertes.* » Ces ordres semblent être quelque peu contradictoires car ils parlent d'une attaque. En fait, cependant, ils signifient qu'aussi longtemps que les Allemands seront en mesure de combattre, ils resteront encerclés et contenus. Les fiers forts ne méritent qu'un régiment de la part des Américains qui ne sont pas prêts à faire couler leur sang dans une attaque de prestige.

En préliminaire à l'accomplissement de ces ordres, le 3e Bataillon relève le *378th Infantry Regiment* dans le secteur du Fort Saint-Quentin et, le lendemain matin, le 1er Bataillon prend le contrôle du Fort Plappeville. Là, il tente rapidement une attaque mais, comme l'artillerie est quasiment inefficace contre le fort, il la suspend rapidement pour éviter des pertes. Une attaque aérienne, prévue le 21 novembre contre le Fort Plappeville, ne se réalise pas. D'autres formes de persuasion plus subtiles sont aussi utilisées. Les membres du groupe de guerre psychologique, toujours confiants avec leurs camions surmontés de haut-parleurs, bombardent les Allemands encerclés avec des propos doucereux évoquant de la nourriture chaude, des cigarettes et d'autres douceurs chères au cœur des soldats. Le colonel Vogel émerge avec un drapeau de trêve et est d'accord pour rencontrer l'officier de renseignements du régiment. Il est prêt à négocier un cessez-le-feu pour l'évacuation des blessés mais refuse de se rendre avant d'être expulsé de force après épuisement de son ravitaillement et de ses munitions.

Durant cette période, la radio allemande exaltée à longueur de temps l'héroïsme des garnisons des forts, les poussant à faire leur devoir et à continuer de résister. Cependant, à l'intérieur des forts, les conditions de vie doivent être particulièrement dures. Avec les systèmes de ventilation en grande partie hors d'usage, le temps humide a dû produire une intense condensation et le froid vif a dû s'insinuer à l'intérieur des chambres en béton. La nourriture est généralement insuffisante et même les plus fanatiques peuvent réaliser que la situation est sans espoir. C'est tout à l'honneur que des soldats continuent de résister jusqu'à ce qu'ils manquent de nourriture et d'eau. Ce dernier élément est certainement un problème, bien

the general SS rather than the military Waffen-SS, was regarded as a political offender.

Dunckern was sent to the USA as a prisoner, but after the war was returned to various American camps in Germany including a spell at Nuremberg as a witness. Handed over to the French in 1948, it took several years of investigation before he was finally tried in 1951. He was sentenced to 20 years hard labor, but was soon released. After that lapse of time, sentiments had cooled somewhat.

Inside the city itself, by the evening of 18 November, General Kittel had ceased "to make plans," and from then on concerned himself purely with the immediate defense of the area around his head quarters on the Isle Chambière. He did, however, order the civilian telephone exchange to be demolished, a job which was carried out the following morning, thus cutting off all telephones in the city and its connections with the outside world.

Events of 19 November

Task Force Bacon had some unfinished business to complete at Fort St. Julian. At dawn, an officer and an NCO slipped across the bridge at the head of a platoon from F Company of the 378th Infantry. Just inside the tunnel leading back from the blasted doorway, they surprised a German NCO who was placing a squad in firing position. At bayonet point he was forced to take Sergeant Rautmann to the major commanding the garrison, who was persuaded to surrender to him.

The 1st Battalion, which had retired for the night to lick its wounds following the explosion at Fort Bellecroix, moved back into the area. There, somewhat to their surprise, they found that one of the bridges over the Seille at the back of the fort was still in one piece. While forming up, they left a squad to keep an eye on the bridge, and in due course, a group of Germans arrived with a machine gun to set up a defensive position. Initially, the Americans held their fire so as not to alarm the Germans. However, a truck loaded with assault boats arrived unannounced within range of the Germans, who quite naturally opened fire. The American observation squad replied by disabling the machine gun and its crew, putting the rest of the defenders to flight.

At 1130, a rifle company supported by a platoon of tanks crossed the bridge and began to fan out into the old part of the city, constantly harassed by snipers. This area was defended by a motley group of some 700 men from various units, commanded by Colonel Meier who was the city commandant. The latter had his headquarters in a barrack block that was impossible to defend, and during the evening he managed to contact General Kittel on one of the few telephones that was still working. Colonel Meier reported that it was impractical to try to evacuate his men to the Isle Chambières and requested permission to attempt to break out. Permission was granted, but he was subsequently taken prisoner.

Advancing steadily, Task Force Bacon managed to gain control of a large part of the city center during the afternoon, and in the evening they were informed that the Gestapo headquarters (in the Grand Seminary) was still occupied. As it was feared that the staff might escape, two tank destroyers and a few infantry were guided to the building by FFI men, and 20 rounds were fired into it.

The 95th Reconnaissance Troop tried again to make contact with 5th Division to the east of the city, and during a sweep toward Vallières, they met up with elements of the 10th infantry at 1110 hours—shortly after the pincers had been finally closed across the escape routes by the 2nd Infantry Regiment and the 90th Division Reconnaissance Troop. Later in the day, corps ordered Task Force Bacon to set up another contact point at the railway triangle just south of Fort Bellecroix. Troops were rushed there but on arrival they were met by such a hail of fire from 5th Division artillery, that they beat a prudent retreat.

The 377th Infantry, which had established themselves on the island between the Hafen Canal and the Moselle, were ordered to cross onto the Isle Chambière, where the main German resistance was expected. Initially there was confusion as to where the crossing should be made, which resulted in the support bombardment falling in the wrong place. Losses in the first boats were heavy, but by mid-afternoon a 200-yard foothold had been gained on the far bank where 300 prisoners were taken. By the evening the whole of the 2nd Battalion was across plus one company of the 3rd, and they had managed to enter two of the large barrack complexes on the island.

In the center, the mission of the 3rd Battalion, 378th Infantry, was to cross over the île St. Symphorian. Backed by artillery and fire from their supporting armor, two companies paddled across in assault boats during the morning. The support fire disorganized the few Germans left on the sparsely populated island who were overrun fairly quickly, but when the 3rd Battalion reached the far side, they found that the bridges leading into the city center were down. This meant another boat trip and the job of manhandling the craft from one side of the island to the other, where they had also managed to "liberate" a few rowing boats and canoes.

However, before they could cross into the city, the boundary with 5th Division had to be sorted out. In the last orders concerning boundaries issued by XX Corps on 14 November, the parts of the city to the east of the Moselle Canal had been assigned to the 5th Division, but as the men of the 378th were on the spot and raring to go, a boundary change was agreed—the nearest 5th Division unit, the 11th Infantry, had at that time not been able to clear the area around the railway yards at Sablon. At 1700, the second crossing was made against negligible resistance according to American sources, whereas General Kittel stated that the first assault wave was repul-

que la pluie ait fourni un ravitaillement bien venu. C'est une ironie de penser que le déluge subi par certains soldats soit un secours momentané pour d'autres soldats durant la bataille de Metz!

Cependant, d'autres changements sont en perspective et, avec la Bataille de Metz plus ou moins terminée, la guerre doit continuer et la *95th Division* est requise pour la campagne de la Sarre. Le 21 novembre, le *379th Infantry Regiment* reçoit l'ordre de se préparer à céder son secteur à des troupes de la *5th Division*. Le lendemain, le régiment ramène ses détachements isolés et, durant la matinée du 23 novembre, ils sont relevés par le *2nd Infantry Regiment*. Le *379th Infantry Regiment* rejoint une nouvelle position d'étape autour de Peltre, à quelques kilomètres au sud-est de la cité, disant adieu de façon peu enthousiaste aux forts.

Les unités se trouvant dans la cité se sont arrêtées pour la nuit et reprennent l'action à l'aube du **20 novembre**. Le seul bataillon du *378th Infantry Regiment* engagé là accomplit sa mission finale en s'emparant de la gare principale et, durant la matinée, des patrouilles établissent le contact avec des formations voisines.

La *I Company* du *378th Infantry Regiment* de Charles Crawford a passé la nuit sur l'île Saint-Symphorien et traverse le canal à 7 heures du matin le 20, avec des bateaux d'assaut, pour atteindre le cœur de la cité. Cette compagnie a pour mission d'atteindre la place se trouvant à l'intersection de la *Adolf Hitler Strasse* (rue Serpenoise) et de la *Hermann Göring Strasse* (rue Foch) mettant hors de combat tout Allemand trouvé sur le chemin. Sur la droite, la *L Company* est responsable des installations ferroviaires autour de la gare centrale. La *I Company* avance vers son objectif de chaque côté d'un parc et un homme de la 3e section arrive de l'arrière et parvient jusqu'à Crawford pour lui dire qu'il y a quelques Allemands dans un abri antiaérien qui souhaitent se rendre. Un *Sergeant* parlant allemand rejoint l'abri, dit à ceux qui s'y trouvent de déposer les armes et de lever les bras. En tout, 244 prisonniers émergent de l'abri dont sept SS. Continuant son avance, la compagnie atteint la *Adolf Hitler Strasse* et Crawford écrit : « *Soudain, la population commence à se déverser dans les rues, étreignant les hommes, offrant du vin et du champagne et criant vive la France, vive l'Amérique! C'est un signe évident que toute résistance organisée a cessé dans cette partie de la cité.* »

Les hommes de Charles Crawford sont rapidement engloutis dans la foule et cela prend un certain temps pour les rassembler à l'*Hôtel Pfeifer* (maintenant Hôtel Foch) où il installe le PC de sa compagnie.

A midi, la *Task Force Bacon* est en mesure de rendre compte que toute résistance a cessé dans son secteur de la cité et, le lendemain, cette unité composite sera officiellement dissoute. Les deux bataillons d'infanterie retournent à leurs régiments d'origine. Commandée par un officier efficace, cette *Task Force* a démontré à petite échelle la coopération entre l'infanterie et les blindés sur le champ de bataille. Dans son secteur, les Allemands s'étaient préparés à combattre contre des assauts conventionnels d'infanterie mais, en tournant autour des flancs et en utilisant ses blindés comme de l'artillerie mobile, le colonel Bacon a été en mesure de prendre l'initiative et de mener une campagne fluide.

Les unités de la *5th Division* tentent de nettoyer le secteur situé au sud de la cité et rendent compte officiellement que toute résistance a cessé le **21 novembre** à 12 heures, lors de la reddition du Fort Queuleu. A part le groupe Verdun à l'arrière, il ne reste plus que le Fort Saint-Privat qui concerne dans l'immédiat le *11th Infantry Regiment*. Durant l'après-midi du 20 novembre, deux silhouettes émergent du fort, brandissant un drapeau blanc. Supposant tout naturellement que la garnison souhaite se rendre, le chef du 1er Bataillon, et un docteur parlant allemand, s'avancent pour rencontrer le *SS-Obersturmbannführer* von Matzdorf. Cependant, tout ce qu'il souhaite, c'est évacuer dix hommes gravement blessés et continuer ensuite le combat. Le *Major* Shell lui fait remarquer qu'il pourrait tout simplement se rendre mais von Matzdorf réplique que lui et ses hommes se sont préparés à mourir au combat, « si nécessaire ». Plus tard, dans le même après-midi, quand arrivent les nouvelles de la reddition du Fort Queuleu, le *Captain* Kittstein retourne voir von Matzdorf mais ce dernier refuse toujours de se rendre. Cependant, il est probable qu'il parle seulement pour lui-même et quelques-uns qui le suivent. Ainsi, durant la nuit du 22 septembre, un certain nombre d'hommes désertent et signalent que le moral est bas à l'intérieur du fort.

Le **20 novembre**, le 1er Bataillon du *10th Infantry Regiment* reçoit l'ordre d'entrer dans Metz depuis ses positions, en contournant le Fort Queuleu et en avançant jusqu'à la plus proche rive de la Seille. Le récit du combat de la *A Company* donne une image claire de la méthode utilisée pour nettoyer un secteur d'habitations. « *La méthode utilisée par les équipes est* *simple et marche comme des rouages bien huilés. Une équipe de douze hommes nettoie une maison à un moment précis. Plusieurs hommes vont à l'arrière du bâtiment tandis que d'autres membres de l'équipe gardent les côtés. Une équipe de recherche entre dans le bâtiment et avance d'une pièce à l'autre pour rechercher l'ennemi. Dans le premier bâtiment qui a été nettoyé par la 1re section, il y avait un civil. Il proposa de se rendre. Quand Adams a pointé son fusil sur le ventre du civil, il cria "Ruski! Ruski!" Nous avons su plus tard qu'il s'agissait d'un Russe forcé de travailler pour les Allemands.* » (D'après GI's archive). Une compagnie doit avancer méthodiquement d'une maison à l'autre, de part et d'autre de la rue.

C'est souvent un travail dangereux et toutes les unités impliquées subissent des pertes continuelles. Les Allemands ont placé des fusils-mitrailleurs et des canons antiaériens de 20 mm à divers endroits du réseau de rues qui doivent être nettoyées successivement.

« *Le canon de 20 mm ennemi qui nous bloque est situé à découvert près d'une grange. Il est difficile de préciser l'emplacement de ce canon parce qu'il est bien camouflé. Les* Sergeants *Bohan, Zadwaski et Anderson le détruisent avec une volée d'obus de mortiers dès qu'il est repéré. Tandis que le canon de 20 mm était en train de tirer, les sections qui progressaient ont été forcées de s'abriter dans les bâtiments et le* Captain *Hallowell a demandé à l'artillerie d'envoyer des obus fumigènes. La compagnie a pu traverser à découvert sous un écran de fumée, disparaissant ainsi de l'observation ennemie.* »

Peu après, la *A Company* est bloquée pendant deux heures par un autre canon de 20 mm pris en sandwich entre un immeuble et un mur. Le commandant de compagnie et un autre officier arrosent le canon en grimpant au sommet d'un immeuble de cinq étages. Ils amènent le *Sergeant* Bohan et son équipe mortier qui essaient d'envoyer deux obus d'en haut sur la culasse du canon, et le détruisent.

Le **22 novembre**, le *11th Infantry Regiment* installe son poste de commandement avancé à l'Hôtel Royal, l'un des plus chics établissements de Metz qui avait eu auparavant les faveurs de la hiérarchie nazie (y compris Hitler) quand celle-ci visitait la cité. Les vainqueurs commencent à profiter de ces dépouilles qu'ils ont eu tant de mal à gagner. Assez curieusement, plusieurs unités prétendront successivement avoir eu leur QG au Royal, y compris Charles Crawford qui prétend que le 3e Bataillon du *378th Infantry Regiment* en a pris possession.

Le **21 novembre**, il y a des changements à la tête du *11th Infantry Regiment* quand le colonel Yuill est relevé de son commandement pour raisons médicales et rapatrié. Cependant, dans ses mémoires, Richard Durst fait allusion au fait que Yuil se serait attiré le courroux du général Walker en exprimant des critiques sur l'opération de Dornot. Le départ de ce populaire et compétent officier est une grande perte pour ce régiment qu'il avait mené si énergiquement tout au long du chemin depuis la Normandie. Il est remplacé par le colonel Black.

Le *377th Infantry Regiment* aura eu pour tâche de porter le poids du combat pour le reste de la cité. Le **20 novembre** à l'aube, deux bataillons ont déployés dans l'étroite tête de pont de l'île Chambière où le général Kittel et les derniers défenseurs sont retranchés dans la *Mudra Kaserne* (aujourd'hui Riberpray) et dans les bâtiments environnants. Sur la gauche, le 2e Bataillon a pour mission de nettoyer la partie nord de l'île. La progression est lente car de nombreux snipers et mitrailleuses sont cachés dans de solides bâtiments de pierre qui doivent être dénichés un par un. Les compagnies F et G sont bloquées par un tel bloc qui a un champ de tir direct tout au long de la rue qu'elles essaient de nettoyer. Le *Sergeant* Miller de la *G Company* prend un bazooka et grimpe sur le toit d'un immeuble voisin d'où il peut détruire la mitrailleuse gênante. Des infirmiers allemands apparaissent alors et demandent la permission d'évacuer les blessés. Cependant, le *Sergeant* Miller essaie de les inciter à se rendre et une longue file d'hommes émerge les mains en l'air. Cette soirée-là, le bataillon aura nettoyé sa portion de l'île et, à l'exception du ratissage le lendemain, sa part de la bataille sera terminée. L'histoire complète du *Sergeant* Miller est racontée dans le livre de Joe Januskiewicz (voir la bibliographie) commençant avec sa participation au nettoyage de Woippy et se terminant le 29 novembre lorsqu'il est tué dans la Sarre. Il sera décoré de la *Medal of Honour* à titre posthume.

Le 3e Bataillon a un sort bien plus dur dans la partie sud de l'île. Il y combat d'un bloc à l'autre et, dans la soirée, il arrive à proximité de la *Mudra Kaserne*. Là, le général Kittel rapporte que des balles traçantes ont mis le feu dans une partie des casernes et que les Américains se sont infiltrés dans les garages (la *I Company* a pénétré dans les garages et y passera la nuit à l'abri). Il craint qu'ils ne découvrent les passages souterrains qui

sed by German troops in the Bayern Kaserne (now the Général de Lattre de Tassigny barracks).

Faced by the lack of a suitable crossing site, the 379th Infantry was robbed of the glamour of a storm assault on Metz. The regiment was ordered to clear its rear area and concentrate on buttoning up the main forts. During the morning, contact was made with the 1st Battalion of the 378th who had been attacking Fort Plappeville and the defended ridge between it and Fort St. Quentin. In spite of having a hard nut to crack, the 378th requested a boundary change to give them St. Quentin as well, as it formed with Fort Plappeville, a single defended unit. However, by the afternoon they realized that they had bitten off more than they could chew and requested that the whole complex be turned over to the 379th. At the time, the latter was still busy mopping up its own territory, but during the evening was told to take over responsibility for St. Quentin by the morning.

In the 5th Division sector, the 11th Infantry with two forts in its rear and isolated combat still in progress at the airfield, had only the 3rdBattalion for the battle around the railway yards, a feature that by its very nature was ideally suited to defense. The bulk of the 10th Infantry was into the eastern and southeastern suburbs, but was still held up by fighting around Fort Queuleu. However, all three infantry divisions were in contact with each other by the morning of 19 November, and the final reduction of the city was purely a matter of time.

That evening, General Kittel noted, "a weird silence prevailed in the city. The previous nightly artillery barrage, which had been very annoying at times, had stopped entirely. The night was clear." With so many of their own troops scattered around the various quarters of the city and with German resistance obviously coming to an end, American artillery was forced to use restraint. Anyway, there was no point in smashing the place up any further. One fact mentioned by Kittel was that attempts were made to air-drop supplies to the encircled forts during the night, although this is not recorded in any of the American sources. He states that, during the night of 19 November, « We failed in our second attempt, by means of three supply planes, to furnish the forts St. Quentin and Plappeville with infantry ammunition. Although the planes were punctually at the arranged spot, the defense troops were not in a position to fire off the required recognition signal because this was the very thing which was lacking. » One can only have sympathy for the garrisons as they heard their supply aircraft overhead but could not fire the recognition signal!

Events from 20 to 22 November

This was a somewhat confused period of street fighting as the assault units closed in on the last centers of organized resistance. Aside from the main conflict, the 379th Infantry found that their mission had been greatly extended. Operations Instruction No. 7 was issued which ordered the regiment to take over responsibility for all the forts still holding out on the west bank. They were required not later than 0730 on 21 November, to launch an attack to contain and then capture Fort Plappeville, the two main bunkers between it and St. Quentin, St. Quentin itself, Jeanne d'Arc, the Seven Dwarfs, and Fort Driant! As much supporting fire as possible was to be employed to effect capture or surrender, but the instruction sensibly stated, "No fortification will be assaulted in the face of heavy enemy fire, or enemy fire that will result in casualties." These orders would appear to be somewhat contradictory as they specified an attack.

In practice, however, they meant that as long as the Germans were prepared to make a fight of it, they could only be buttoned down and contained. The proud forts were only worth a regiment to the Americans, who were not going to lose any blood in a prestige attack.

As a preliminary to carrying out these orders, the 3rd Battalion relieved the 378th Infantry in the St. Quentin area, and the following morning, the 1st Battalion took over control of Fort Plappeville. There, they promptly tried an attack, but as artillery was quite ineffective against the fort, they soon desisted in order to avoid casualties. An air strike arranged for 21 November against Plappeville failed to materialize. More subtle forms of persuasion were also tried. The ever-hopeful psychological warfare people were on hand with their loudspeaker trucks, bombarding the encircled Germans with mouth-watering offers of hot food, cigarettes, and other goodies dear to the hearts of soldiers. Colonel Vogel did emerge under a flag of truce and agreed to meet the regimental intelligence officer. He was prepared to negotiate a cease-fire for the evacuation of wounded, but refused to surrender until he was either expelled by force or his food and ammunition ran out.

During this period, the German radio extolled at great length the heroism of the fort garrisons, urging them to do their duty and to continue to resist. Conditions inside the forts, however, must have been pretty grim. With the ventilating and generating systems largely out of order, the wet weather would have produced massive condensation and bitter cold inside the bare concrete chambers. Food was generally in short supply, and even the most fanatical must have realized that the situation was hopeless. It is to their credit as soldiers that they continued to resist until forced to give in from lack of food and water. This latter element was certainly a problem, although the rain had provided a welcome source of supply. It was an irony that one soldier's deluge was another's momentary salvation during the Battle of Metz!

However, other changes were in the offing, and with the Metz battle more or less over, the war had to go on, and the 95th was required for the Saar campaign. Late on 21 November the 379th Infantry was ordered to prepare to hand over their zone to 5th Division troops. The following day the regiment pulled in its outlying detachments, and during the morning of 23 November they were relieved by the 2nd Infantry. The 379th moved to a new staging position around Peltre, a few miles to the southeast of the city, bidding a not too fond farewell to the forts.

The units in the city, having gone to ground for the night, were back in action at dawn on **20 November**. The single battalion of the 378th accomplished its final mission when it captured the main railway station, and during the morning, patrols made contact with the neighboring formations.

Charles Crawford's I Company of the 378th Infantry had spent the night on St. Symphorien Island and crossed the canal by assault boats into the city proper at 0700 on the morning of the 20th. Their mission as to reach the square at the intersection of the Adolf Hitler Strasse (rue Serpenoise) and the Hermann Goering Strasse (rue Foch), flushing out any German found en route. L Company on his right was responsible for the area of railway yards around the central station. I Company advanced towards their objective along either side of a park and a man from the 3rd platoon bringing up the rear came up to Crawford to tell him that there were some Germans in an air raid shelter who wanted to surrender. A German speaking sergeant went into the shelter, told them to lay down any weapons and file out with their hands

relient tout le secteur. Ceux-ci remontent aux fortifications du dix-huitième siècle mais ont été modifiés par les générations successives d'ingénieurs jusqu'à constituer un refuge à l'épreuve des bombes sous le poste de commandement. Il dit qu'une patrouille américaine, qui a découvert une des entrées à proximité de la centrale électrique, est repoussée par une attaque au lance-flammes. Le complexe de tunnels court sous la manufacture de tabac en direction de l'Hôpital Belle-Ile.

A l'aube du **21 novembre**, la *I Company* tente de pénétrer au rez-de-chaussée des casernes mais il y a toujours là des Allemands se battant dans les deux étages supérieurs. Cependant, les sapeurs ont maintenant lancé un pont capable de faire traverser la Moselle à des véhicules blindés et un *tank destroyer* du *807th Battalion* arrive. Il commence à tirer systématiquement sur les pièces supérieures, ce qui conduit à la reddition des derniers défenseurs du poste de commandement. Un tank est aussi utilisé pour tirer sur un groupe d'Allemands se trouvant dans l'église Saint-Vincent ; ils s'y étaient barricadés, au centre de l'île.

Voici maintenant le témoignage du lieutenant Geiger sur la phase ultime de la bataille : « *En début de journée, le lieutenant Canfield et le Sergeant Odun sont tous deux touchés par un tir de sniper et blessés par la même balle. Plus tard, le* Captain *Alex McIntyre est touché à la poitrine par un sniper et évacué. Il me dit de prendre en charge ce que je peux. Peu après, je traverse le no man's land et je pénètre dans la caserne qui a été nettoyée jusqu'au troisième étage (le bloc principal central). La résistance provenant des étages du sommet nécessite de réclamer l'aide du* 807th TD Battalion *et de notre compagnie antichar.*

« *Lorsqu'un tank destroyer du* 807th *ouvre un large trou dans la partie nord de Riberpray, les Allemands décident de se rendre mais refusent de négocier avec quiconque, si ce n'est pas un officier. Je suis le seul officier présent mais je n'ai pas de signe extérieur d'identification. Sous la protection d'un drapeau blanc (le leur), je me fabrique des barrettes de lieutenant à mon collet avec des morceaux de tissu. Ils demandent alors des civières pour leurs blessés ; nous les fournissons.* » (d'après l'histoire de la *I Company* par le lieutenant-colonel Vincent Geiger qui commanda cette unité jusqu'à la fin des hostilités).

On avait supposé qu'avec la prise de la *Mudra Kaserne,* le général Kittel serait capturé. Cependant, alors qu'il n'a plus de fonction de commandement à exercer, il participe au combat comme un soldat ordinaire. Vers 11 heures, il est blessé au genou et amené à la manufacture de tabac adjacente où les Allemands ont leur poste de secours. Au Fort Saint-Quentin, on informe von Stössel de l'incapacité du général et le colonel prend le commandement de la forteresse dans l'état où elle se trouve.

Peu après, une patrouille de la *K* et de la *I Company* trouve un infirmier américain (un homme de la *5th Division*) qui s'est évadé de la manufacture de tabac où il avait été prisonnier ; il leur raconte que Kittel s'y trouve. La patrouille se rue alors dans le bâtiment et réussit à l'occuper sans trop de problème. Quelques Allemands déterminés se barricadent dans la pièce du générateur mais leur envoyer des grenades aurait pu détruire l'alimentation électrique. Cependant, ils sont bientôt convaincus (ou menacés) de se rendre.

Le commandant de la forteresse est trouvé sur la table d'opération, toujours sous anesthésique. Quand il revient à lui, on lui demande la reddition de la garnison, ce qu'il refuse aussitôt de faire. Tout d'abord, il a officiellement transmis le commandement au colonel von Stössel. Ensuite, les forts extérieurs ne sont plus en contact. Bien que le *XX Corps* ait pris la cité de Metz d'assaut pour la première fois en 1 500 ans, il est privé d'une cérémonie officielle de reddition avec les appareils photos crépitant à l'arrivée du général Kittel remettant son épée et les clés de la forteresse. Pour beaucoup c'eut été le couronnement de cette bataille. La montre gravée du général est amenée au lieutenant Geiger qui la transmet au général Twaddle. « *J'apprendrai plus tard qu'il ne l'a jamais reçue mais je n'ai jamais su qui l'a détournée. Le butin a consisté en une remorque d'un quart de tonnes chargée de VAT 69.* »

up. In all 244 prisoners emerged including seven SS. Continuing the advance the company reached the Adolf Hitler Strasse and Crawford wrote – "Suddenly the people of the city began to pour into the streets, slapping and hugging the men, offering wine and champagne and yelling Vive la France, Vive Amerique! This was a clear sign that organized resistance in that part of the city had ceased."

Charles Crawford's men were rapidly engulfed in the crowd and it took some time to reassemble them in the Hotel Pfeifer (now Hotel Foch) where he had set up his company HQ.

By midday, Task Force Bacon was able to report that resistance had ceased in its sector of the city; and the following day, this composite unit was officially dissolved, the two infantry battalions returning to their parent units. Commanded by a resourceful officer, this task force had provided on a small scale, an able demonstration of cooperation between infantry and armor in the field. In their area the Germans had been prepared to fight against conventional infantry assaults, but by swinging around the flanks and using his armor as mobile artillery, Colonel Bacon had been able to seize the initiative and wage a fluid campaign.

The 5th Infantry Division units managed to clear the southern sector of the city and reported officially that all resistance had ceased at 1200 hours on **21 November**, by which time Fort Queuleu had surrendered. Apart from the Verdun Group in the rear, that left Fort St. Privat as an immediate concern for the 11th Infantry. During the afternoon of 20 November, two figures emerged from the fort bearing a white flag. Under the natural assumption that the garrison wished to surrender, the CO of the 1st Battalion and a doctor who spoke German, went forward to meet Obersturmbannführer von Matzdorf. All he wanted, however, was to evacuate ten severely-wounded men and then to continue fighting. Major Shell pointed out to him that he might just as well surrender, but von Matzdorf replied that he and his men were prepared to die fighting, "if necessary." Later the same afternoon when news of the surrender of Fort Queuleu was received, Captain Kittstein returned to see von Matzdorf, but the latter still refused to give up. It is probable, however, that he was only speaking for himself and a few devoted followers, for during the night of **22 November**, a number of his men deserted and reported that morale inside the fort was low.

On **20 November** the 1st Bn. 10th Infantry was ordered to move into Metz from their positions to the south-east, by-pass Fort Queuleu and advance up to the near bank of the Seille. The combat narrative of A Company gives a clear picture of the method of clearing a built-up area. "The method used by the squads was simple, and worked like a smooth running watch. A squad of 12 men cleared one house at a time. Several men went to the rear of the building while other members of the squad guarded the sides. A search party entered the building and proceeded from room to room in search of the enemy. In the first building that the First Platoon cleared there was a civilian. He wanted to give himself up. When Adams stuck his rifle in the belly of the civilian, he hollered, 'Ruski! Ruski'!. Later we found out that he was a Russian forced to work for the Germans." (Thanks GI's archive). A company would move methodically from house to house down each side of a street.

This was often dangerous work and all the units involved continued to take casualties. The Germans had positioned individual machine and 20mm AA guns at various locations in the network of streets which had to be eliminated piecemeal. "The enemy's 20mm gun that was holding us up was located in an open shed nest to a barn. It was difficult to pick up the location of the gun because it was so well camouflaged. Sgt. Bohan, Zadwaski and Anderson knocked out the gun with a mortar round as soon as it was located. While the 20mm gun was firing, the advancing platoons were forced to take cover in the buildings, and Capt. Hallowell called the artillery to lay smoke screens. The company could cross the open field under a blanket of smoke thus cutting off the enemy's vision for fire."

Shortly afterwards A Company was held up for two hours by another 20mm gun which was sandwiched between a building and a wall. The company commander and another officer spotted the gun by climbing to the top of a five story building. They brought up Sgt. Bohan and his mortar team who managed to drop two rounds from above onto the breech of the gun, destroying it.

On **22 November**, the 11th infantry set up its forward command post in the Hotel Royal, one of the smartest establishments in Metz that had previously been favored by the Nazi hierarchy (including Hitler) when they visited the city. The victors were beginning to enjoy the spoils which they had earned so bitterly. Strangely enough, several units have subsequently claimed to have had their HQ's in the Royale, including Charles Crawford who states that the 3rd Bn. 378th Inf. took possession.

On the **21 November**, there was a change at the top of the 11th Infantry, when Col. Yuill was relieved of command for medical reasons and repatriated. Richard Durst in his memoir hints, however, that Yuill had incurred the wrath of Gen. Walker by his outspoken criticism over the Dornot operation. The departure of this popular and able officer was a great loss to his regiment which he had led so energetically all the way from Normandy. He was replaced by Colonel Black.

It fell to the lot of the 377th Infantry to bear the brunt of the fighting for the remainder of the city. By the early morning of **20 November**, both battalions were deployed in their narrow foothold on the Isle Chambière, where General Kittel and the last defenders were holed up in the Mudra (Riberpray) Caserne and the surrounding buildings. The 2nd Battalion, on the left, was assigned to clear the northern part of the island. Progress was slow as numerous snipers and machine guns were concealed in the solid-stone buildings that had to be ferreted out one by one. Companies F and G were held up by one such block which had a direct field of fire along the street that they were trying to clear. Sergeant Miller of G Company took a bazooka and climbed onto the roof of a neighboring building, from where he was able to knock out the offending machine gun. German medical orderlies then appeared and requested permission to evacuate the wounded. However, Sergeant Miller managed to talk them into surrendering and a long file of men emerged with their hands up. By that evening, the battalion had cleared their portion of the island, and except for mopping up the following day, their part in the battle ended. The full story of Sgt Miller is told in Joe Januskiewicz's book (see bibliography) starting with his part in the clearance of Woippy and sadly ending on 29 November when he was killed on the Saar, being awarded a posthumous Medal of Honour.

The 3rd Battalion had a much harder time of it at the southern end. Fighting from block to block, by the evening they had managed to close in on the Mudra Caserne. There, General Kittel stated that tracer ammunition had set fire to part of the barracks and that the Americans had infiltrated into the garages. (I Company broke into the garages and put-buildings, spending the night under cover there). His fear was that they would discover the underground passages with which the whole area was honeycombed. These originated in the eighteenth-century fortifications, but had been modified by succeeding generations of engineers to form a bombproof refuge under the command post. He says that an American patrol who had discovered one of the entrances in the vicinity of the electricity works was driven out by a flamethrower attack. The tunnel complex ran under the neighboring tobacco factory towards the Belle-Isle hospital.

Early in the morning of **21 November**, I Company managed to get into the ground floor of the barracks, but there were still Germans fighting on the two floors above. However, by then the engineers had a bridge capable of bearing armored vehicles over the Moselle, and a tank destroyer from the 807th Bn. was brought up. This systematically proceeded to shoot the top floor to pieces, which led to the surrender of the remaining defenders of the command post. A tank was also used to shoot a group of Germans out of a church (St. Vincent's) in which they had barricaded themselves in the center of the island.

The following is Lt. Geiger's account of the final stages of the battle "Early in the day Lt. Canfield and Sgt. Odum were both hit by sniper fire and wounded by the same bullet. Later Capt. Alex McIntyre was hit in the chest by a sniper and evacuated. He told me to take over which I did. Shortly I crossed no man's land into the caserne which had been cleared to the third floor (the main central block). Resistance from the top floors resulted in requesting the help of the 808th TD Battalion and our own AT company.

When a tank destroyer of the 807th blew a large hole in the north end of Riberpray, the Germans decided to surrender but refused to negotiate with anyone but an officer. I was the only one present but had no outward identification. Under the protection of a white flag (theirs), I dug through a couple of layers of clothing to produce a lieutenant's bar on my collar. They then wanted stretchers for their wounded which we provided.". (from Lt-Col. Vincent Geiger;s history of I Company, which he led right up to the end of hostilities).

It was assumed that when the Mudra barracks fell, General Kittel would be captured. He, however, no longer having any useful command function to perform, had participated in the fighting as an ordinary soldier. At around 1100 hours he was wounded in the knee and taken to the adjacent tobacco factory where the Germans had their aid post. Von Stoessel at St. Quentin was notified of the general's incapacity, and the colonel then assumed command of the fortress, such as it was.

Shortly afterward, a patrol from K and I Company found an American medical orderly (a 5th Div. man) who had managed to escape from the tobacco factory where he had been held prisoner, and he told them that Kittel was there. The patrol then rushed the building and managed to occupy it without too much trouble. A few determined Germans barricaded themselves in the generating room, but to grenade them out would have robbed the place of power. They were, however, soon talked (or threatened) into surrender.

The fortress commander was found on the operating table, still under anesthetic. When he came around, he was requested to surrender the garrison, which he quite rightly refused to do. First, he had officially relinquished the command to Colonel von Stössel, and second, the outer forts were still unsubdued. Although they had taken the city of Metz by storm for the first time in some 1,500 years, XX Corps was robbed of the formality of a surrender ceremony with the cameras clicking as General Kittel marched up and handed over his sword and the keys of the fortress. For many, this would have set the seal on the successful outcome of the battle. The general's engraved pocket watch was brought to Lt. Geiger who sent it back to General Twaddle. "I later learned he did not receive it but never learned who wound up with it. The prize booty was a quarter ton trailer load of VAT 69".

All was not quite over, however. The following day, fighting still continued on the Isle Chambière, and the 3rd Battalion of the 377th Infantry had to go through the tunnels flushing out groups of Germans by using phosphorous grenades. At precisely 1435 hours, the regimental commander informed General Twaddle that all resistance in the city had ceased, and three minutes later, this information was logged at XX Corps HQ. The Battle of Metz was officially over, but large numbers of troops were still involved with the outlying forts. It would take another three weeks before the whole area could be reported clear of the enemy and be fully handed over to the French authorities.

Les GIs entrent enfin dans les premiers forts de Metz.

US soldiers in the first free forts of Metz.

1. Une pièce d'artillerie du *XX Corps* couvrant les routes de Metz.

2. Un groupe de soldats du *2nd Infantry Regiment* pose à côté d'une épave de canon allemand dans un village à l'est de Metz. Selon la légende US, ils écoutent l'avancée des combats vers Metz.

3. Un photographe du *Signal Corps* le sergent Meyer se tient devant le panneau du village de Flocourt.

4. Le *Technical Sergeant 5* Bostwick observe les coups au but lors d'un bombardement.

(Photos NA.)

3

1. *Heavy metal. A XX Corps Artillery 8 inch gun firing on the escape roads out of Mezt to the east.*

2. *A posed group of GI's from the 2nd Infantry Regt. seated on a wrecked German gun in a village to the east of Metz. According to the caption they are listening to German radio for news of the fighting in the city.*

3. *Sgt. George Meyer, a Signal Corps photographer, standing beside the entry sign to the village of Flocourt. The sign says that it was Flodaldshofen in a frontier area in the county district of Metz. Underneath the sign says that plunderers would be shot.*

4. *Tec. 5 Calvin Bostwick manning an observation post and observing the shellfire during a bombardment. (NA.)*

4

1. Le 17 novembre 1944, les hommes du *95th Infantry Regiment* entrent dans les faubourgs de Metz.

2. Le 19 novembre, les véhicules américains dépassent une ferme typique de la région avec les ruines de matériels agricoles.

3. Le 17 novembre, les troupes américaines pénètrent dans le nord de Woippy.

(Photos NA.)

1. *17 November. Men of the 95th Div. (1/378th) entering the western outskirts of Metz*

2. *19 November. US vehicles threat their way the remains of a futile roadblock of ancient farm equipment.*

3. *17 November. US troops from the 95th Infantry enter the northern suburb of Woippy. (NA.)*

2

1

3

1

1. Le 19 novembre, les hommes de la *5th Infantry Division* entrent dans Metz en inspectant maison par maison pour en chasser les éventuels snipers.

2. Des GI's de la *95th Infantry Division* entrent par le nord et passent devant le panneau indicateur de la ville.

3. Des hommes de la *G Company* du *377th Infantry Regiment,* accompagnés d'un canon léger, devant le panneau de la ville.

4. Les pinces de la mâchoire se referment. Les patrouilles des deux divisions *(5th et 95th)* se rencontrent dans les faubourgs de Vallières. Le civil français semble impressionné d'être le témoin de l'Histoire.

(Photos NA.)

2

3

1. Breaking and entering 5th Infantry Division style. On 19 November as men of the division entered Metz from the south, German stragglers had to be flushed out of the houses one by one.

2. GI's from the 95th Division entering Metz from the north on 17 November, pass the boundary sign marking the city limits.

3. Men from Company G of the 377th Inf. Regt. unhitch a light anti-tank gun during their march into the city.

4. The closing of the jaws. Patrols from the 5th and the 95th Divisions met up on 19 November in the suburb of Vallières, thus surrounding the city and cutting off the garrison. The civilian in the background was seemingly unimpressed at witnessing history being made.

(Photos NA.)

4

1. Dès le 20 novembre, des éléments du *377th Infantry Regiment* ont dépassé Woippy et ont traversé jusqu'à l'île Chambière. Sur cette photo, prêts à tirer, les soldats progressent et cherchent des snipers.

2. Un Char TD de la *801st TD Battalion* est en position au coin de l'avenue Foch (Hermann Goering pour les Allemands).

3. Une mitrailleuse Browning à refroidissement par eau couvre un carrefour dans la ville.

(Photos NA.)

1. By 20 November, elements of the 377th Regt. (95th Div. had moved in from Woippy and had crossed onto the île Chambière where the German command post was located. In this photo, rifles at the ready, the GI's are on the look out for snipers.

2. An M36 tank destroyer from TF Bacon (801st TD Bn.) in position on the corner of Avenue Foch (then Hermann Goering Strasse). The M36 was a brand new vehicle upgraded with a 90mm gun.

3. A Browning water-cooled heavy machine-gun set up to cover an open space in the city.

(All photos NA.)

1. Le danger des snipers force les soldats US à nettoyer la ville.

2. Un véhicule de la *Force Bacon* passe devant les immeubles près du fort Bellecroix, l'incendie qui les touche, résulte d'une formidable explosion au sein de ce fort.

3. Les soldats US sous les tirs de snipers allemands.

(Photos NA.)

1. Always aware of the danger posed by enemy snipers, men from the 95th Division clean out the city center.

2. A TF Bacon vehicle passes the barracks at the rear of Fort Bellecroix, still burning in the aftermath of the major explosion.

3. Snipers forced this infantry squad to hit the dirt.

(Photos NA.)

1

1. Le 21 novembre, les Allemands se rendent à la préfecture pour discuter des termes de la reddition. Sur la droite, le capitaine de la Vaisselais, officier de liaison de l'armée française.

2 Un canon antichar au cœur de la ville au coin de la rue du pont de la préfecture. Le 21 novembre, la résistance adverse se délite.

3. Les hommes de la *462. Volksgrenadier-Division* se rendent, ils passent devant le corps d'un de leurs camarades.

4. Ils sont ensuite fouillés et regroupés.

(Photos ECPA.)

3

1. *On 21 November the Germans holed up in the Prefecture sent a civilian to discuss surrender terms. On the right is Captain de la Vaisselais, a French Army liaison officer.*

2. *An anti-tank gun emplaced in the heart of Metz near the cathedral on the corner of the Rue du Pont de la Prefecture. On 21 November the latter was still resisting.*

3. *On 21 November the beaten men of the 462nd VG Division come out to surrender, passing the body of one of their comrades.*

4. *Prisoners being rounded up and searched.*

(All photos ECPA.)

4

1

1 et 2. La cathédrale de Metz sera relativement épargnée par les dommages causés lors de la bataille finale mais pas par contre les quartiers environnants. (Photos NA.)

3. Les civils ont souffert car beaucoup d'entre eux, pris au piège dans la ville, ont été les victimes des bombardements ou des tirs. Trois d'entre eux traversent sur un pont provisoire. (Archives Paul de Busson.)

1 and 2. *Although the cathedral survived relatively undamaged during the final battle, the surrounding area did not escape widespread destruction. (Photos NA.)*

3. *The civilians suffered too and many got caught up in the crossfire. There three men were photographed crossing one of the canals via a lock gate. (Archives Paul de Busson.)*

2

3

1. Le colonel Bell et le lieutenant Breckenridge du *10th Infantry Regiment* admirent un drapeau du *DAF (Deutsche Arbeit Front)* pris à Metz.

2. Le sergent Paul Fox du *166th Signal Corps Company* pose devant une devise qui dit que : *l'homme peut tomber mais jamais le drapeau*. Devise apposée sur l'un des bâtiments de l'aéroport de Frescaty.

3. L'esplanade de l'école de cavalerie de Metz sert aux Américains pour réunir le matériel allemand. Au premier plan, un GMC avec sa remorque porte un véhicule camouflé allemand.

(Photos NA.)

3

1. *Col. Robert Bell and Lt-Col. Breckenridge of the 10th Infantry Regt. admiring a Nazi party flag captured in Metz. It has the emblem of the DAF « Deutsche Arbeit Front », the Nazi labour organisation.*

2. *Sgt. Paul Fox of the 166th Signal Photo Company standing beside a nazi inscription in the city which reads « the man can fall, but the flag never ».*

3. *The parade ground of the cavalry barracks in Metz was used by the Americans as a collecting point for captured German vehicles and weapons. In the foreground, a GMC truck with a crane is loading scrap guns onto a trailer.*

(All photos NA.)

Die neue Brücke bei Sauvage
Le nouveau Pont du Sauvage

1

Le 17 novembre, le général Kittel, commandant la garnison de Metz ordonne que tous les ponts soient détruits. Celui nommé le pont de Sauvage reliant le quartier de Ban-Saint-Martin à l'île Saint-Symphorien va l'être le 18 au matin. La *I Company* du *378th Infantry Regiment* investit le pont au moment où celui explose tuant 15 hommes.

1 et 2. Vues originales du pont construit par les Allemands en 1906.

3. Les ruines après leur démolition.

4. Tout ce qui reste d'une arche du pont.

(Photos du Dr. François Jung, Ban-St-Martin.)

5. Joe Messina fut l'un des membres du *378th Infantry Regiment* qui investit le pont lors de son explosion. (Archive GI's Thanks.)

Metz. Die neue Brücke bei Sauvage.
Le nouveau pont près de Sauvage.

2

On 17 November, Gen. Kittel, the garrison commander ordered all the bridges to be blown that linked the city centre to the west bank of the Moselle. Only one was left, the Pont de Sauvage, linking the suburb of Ban-St-Martin to the St. Symphorien Island. The following morning a rifle platoon from I Company of the 378th Regt (95th Div) rushed onto the bridge which was then detonated by the Germans killing fifteen men.

1 & 2. Views of the original bridge built by the Germans before WWI.

3. All that is left is this one arch on the west bank of the Moselle.

4. The ruins after the demolition.

(Photos courtesy of Dr. François Jung, Ban-St-Martin.)

5. Joe Messina, 378th Infantry Regiment, killing in action during assault on the Pont de Sauvage. (Archive GI's Thanks.)

13 Et après
The Aftermath

Après la bataille, l'euphorie. Cependant, il y aura peu de temps accordé à la célébration de la Bataille de Metz qui n'est pas un événement isolé mais bien une partie de la campagne d'automne sur tout le front allié. La Moselle n'est qu'une rivière de plus - *just one more river* - qui a été franchie et l'objectif immédiat est la Sarre, en route pour le Rhin. Il n'y a qu'un bref intermède pour les coups de trompette tandis que les vainqueurs s'installent dans les meilleurs quartiers de la ville et peuvent panser leurs plaies.

Des messages de félicitations mutuelles fusent de toutes parts, pleins d'hyperboles et ignorant naturellement toutes les fautes commises. Toutes les troupes qui ne sont pas engagées sur le champ de bataille peuvent célébrer le *Thanksgiving Day* avec ses traditionnels extras, grâce aux efforts des services de ravitaillement. La cavalcade du général Patton traverse Metz toutes sirènes hurlantes, le général est dans la pose d'un conquérant médiéval quand il passe en revue les hommes épuisés de la *5th Division*. Des médailles sont distribuées en grand nombre et le laïus habituel est servi à un auditoire sous le charme « *Je suis très fier de vous. Votre pays est fier de vous. Vous avez été de magnifiques combattants. Vos exploits dans la Bataille de Metz rempliront des pages d'histoire pour un millier d'années.* » Cette prédiction ne s'est pas réalisée, sinon il n'aurait pas été nécessaire d'écrire ce livre !

Le seul mémorial dans le centre de la cité est une plaque rappelant le fait que, sur la place de la cathédrale, le général Walker a remis la ville aux autorités françaises. Une petite plaque, à la caserne Riberpray, est dédiée à la *I Company* du *377th Infantry Regiment*. Il faudra attendre le 50e anniversaire, en 1994, pour que les autorités pensent à honorer leurs libérateurs en installant un mémorial convenable. Cependant, celui-ci est seulement dédié aux hommes de la *95th Division* et ignore totalement la contribution des autres divisions. Le mémorial actuel est un aigle sculpté qui a été installé dans une partie du fossé du Fort Bellecroix près d'une rue fréquentée. (voir en fin d'ouvrage).

Le 22 novembre, le général Twaddle publie un message qui doit être lu aux hommes de la *95th Division*. En voici les termes :

« *Le 8 novembre, au début de notre offensive contre Metz, je vous ai dit : "la route qui mène à Metz est la route qui nous mènera en Allemagne. Sur celle-ci, nous gagnerons le titre que vous vous êtes choisi - La* Victory Division*"*.

« *Vous étiez des "bleus" quand vous avez entendu ces paroles. Maintenant, deux semaines plus tard, vous êtes de vieux soldats. Dans l'enfer de feu tout au long de la Moselle et autour des puissants forts, vous avez prouvé votre courage, votre esprit plein de ressources et votre talent.*

« *Je n'ai rien d'autre à dire pour ajouter à la fierté et à la satisfaction que vous devez ressentir dans vos cœurs. Votre magnifique performance, votre première bataille, ont matériellement raccourci la route qui mène en Allemagne et à la victoire.* »

Ces applaudissements sont bien mérités même s'ils sont un peu alambiqués. En fait, la *95th Division* a eu le plus gros des lauriers pour la prise de Metz ce qui cause des rancœurs au sein de la *5th Division* qui y a été engagée plus longtemps et dont les pertes ont été considérablement plus grandes. Les nouvelles recrues sont arrivées et bouchent les trous. En ce qui concerne les vaincus, la plupart des unités ont tout simplement cessé d'exister, comme la *462. VG.-Division* et ses unités rattachées qui ont été anéanties. La *17. SS-Panzergrenadier-Division* survivra en tant qu'unité jusqu'à la fin de la guerre mais désormais de la taille d'un *Kampfgruppe* (groupement tactique). Le même destin tombe sur la *19. VG.-Division* et sur la *416. Infanterie-Division* qui seront saignées à blanc dans les combats de la Sarre et du Palatinat.

Le bilan des pertes est impossible à déterminer avec une grande précision. Celles des Américains sont notées sur une base mensuelle et ne peuvent être isolées pour une période particulière. Les statistiques sont d'une lecture aride mais, comme exemple, je voudrais citer les pertes subies par

After the battle, the euphoria. However, there was little time for celebration as the Battle of Metz was not an isolated event but merely part of the general late autumn campaign all along the Allied front. The Moselle was still just one more river that had been crossed and the immediate concern was the Saar— en route to the Rhine. There was a short interval for trumpet blowing while the victors moved into the best quarters in town and were able to lick their wounds.

Mutually congratulatory messages poured in from all sides, full of bombast and, naturally, ignoring all the mistakes that had been made. Those troops not involved in the field were able to celebrate Thanksgiving Day with all the traditional trimmings, by courtesy of services of supply. General Patton's cavalcade roared into Metz with sirens blaring, the general in the pose of a medieval conqueror, where he reviewed the weary men of the 5th Division. Medals were dished out by the score and the usual roistering pep talk was delivered to an enraptured audience. "I am very proud of you. Your country is proud of you. You are magnificent fighting men. Your deeds in the Battle of Metz will fill the pages of history for a thousand years." This was a prophecy that was not fulfilled, otherwise there would have been no need to write this book!

The only memorial in the city center is a plaque recording the fact that in the Cathedral square, General Walker handed the city back to the French authorities. A small plaque at the Riberpray barracks is dedicated to I Company of the 377th Infantry. It was not until the 50th anniversary in 1994 that the authorities got around to honoring their liberators by placing a suitable memorial. This is however, dedicated solely to the men of the 95th and totally ignores the contribution made by the other divisions. The actual memorial is in the form of a sculpted eagle which has been set up in a section of the ditch at Fort Bellecroix beside a busy main road

On 22 November, General Twaddle issued a message to he read to the 95th Division, which ran as follows:

"On 8 November, at the beginning of our offensive against Metz, I told you: 'The road that leads through Metz is the road that will take us into Germany. On it we will earn the title you chose for yourselves— The Victory Division.'

"You were 'green' troops when you heard those words. Now, two weeks later, you are old soldiers. In the hell of fire along the Moselle and around the mighty forts of Metz you proved your courage, your resourcefulness, and your skill.

"Nothing I can say can add to the pride and satisfaction you must feel in your own hearts. Your magnificent performance in this, your first battle, has materially shortened the road that leads to Germany and to Victory."

These plaudits were well deserved, if somewhat flowery. In fact, the 95th got most of the credit for the capture of Metz, which rankled with the 5th Division who had been at it for much longer and whose losses had been considerably greater. The new boys had come in and swept up all the plums. As far as the vanquished were concerned, most of them simply ceased to exist, as the 462nd VG Division and its attached units were written off. The 17th SS PG Division survived as a unit until the end of the war, but seldom as more than a Kampfgruppe (battle group). The same fate befell the 19th VG and 416th Infantry Divisions, who were sucked up in the fighting around the Saar and in the Palatinate.

The "butcher's bill" is impossible to determine with any accuracy. American casualties were computed on a monthly basis and cannot be isolated for any particular period. Statistics make sterile reading matter, but as an example, I will cite the losses suffered by the 5th Division for November, most of which were incurred during the first three weeks of the month: 185 killed, 1,044 wounded, and 147 missing. As these probably include a large proportion of non-battle casualties, it is impossible to separate the combat losses. The really staggering losses were actually suffered during the early stages of the battle in September, when small units were reduced at times to half strength. As far as the Germans were concerned, General Kittel gives the following figures for the actual battle in the city - 400 killed and 2,200 wounded, but these naturally apply only to his own command and not the neighboring formations. This was probably on the low side, and the XX Corps estimate of 14,368 prisoners, 3,800 killed, and 7,904 wounded, seems rather high. As nobody kept accurate accounts in the heat of battle, we shall never know.

Generally speaking, those killed in the fighting along the Moselle are buried at the Lorraine American Cemetery at St. Avold, a few miles to the east of Metz which also contains the bodies of those killed in the Saar campaign. This beautifully laid out and landscaped 113 acre plot is the largest WWII American cemetery in Europe and contains the graves of 10,489 men but it has to be borne in mind that it was US policy to repatriate the bodies of men whose families wished them to be returned. 60% were later send back home for burial. The names of a further 444 men are inscribed in the Walls of the Missing on either side of the memorial chapel.

After the fall of the city, the mission of XX Corps was to move its tired troops out of Metz and to resume its place beside XII Corps in the advance to the Saar. The 90th Infantry and 10th Armored Division, who apart from initiating the pincer movement had not been involved in the reduction of the city, were stretched in an arc from the old crossing site at Cattenom, to Bouzonville. General Walker's immediate task was to extricate the 95th Division from Metz and to deploy it to the west for the advance to the Saar— still one more river. This was not so simple, owing to the general devastation in Metz and the lack of bridges. Vehicles were in urgent need of repair, casualties had to be replaced, and equipment overhauled. It was decided that the bulk of the 5th Division should remain behind to finish off the forts, and the relief was carried out in stages between 21 and 23 November. The 95th was to move into the former 5th Division sector and be deployed parallel to the 90th. General Twaddle sensibly asked for four days respite for rehabilitation, which was granted by corps. General Walker had been assigned by Patton the mission of clearing the country as far as the Saar and then of carrying out a number of crossings, following a general offensive to be launched on 25 November. The story of the XX Corps on the Saar and its involvement in the Ardennes campaign, however, belong to another period.

la *5th Division* pour le mois de novembre. La plupart de celles qui ont eu lieu sont survenues durant les trois premières semaines du mois : 185 morts, 1 044 blessés et 147 disparus. Comme ces chiffres incluent probablement les « pertes non dues à la bataille », il est impossible de les distinguer des pertes au combat. Ces pertes vraiment stupéfiantes ont été subies lors des premières phases de la bataille en septembre, quand de petites unités ont été parfois réduites à la moitié de leur force. En ce qui concerne les Allemands, le général Kittel donne les estimations suivantes concernant la bataille dans la cité : 400 morts et 2 200 blessés mais celles-ci ne se rapportent naturellement qu'à son propre commandement et pas aux formations voisines. C'est probablement une estimation basse et le *XX Corps* estime à 14 368 prisonniers, 3 800 morts et 7 904 blessés, ce qui semble élevé. Comme personne n'a fait de comptes précis, nous ne saurons jamais.

Généralement, ceux qui ont été tués dans les combats le long de la Moselle sont enterrés au *Lorraine American Cimetery* de Saint-Avold, à quelques kilomètres à l'est de Metz ; il contient aussi les corps de ceux qui ont été tués dans la campagne pour la Sarre. Ce magnifique parc paysager est le plus grand cimetière militaire américain en Europe. Il contient les tombes de 10 489 hommes mais il faut garder à l'esprit que la politique US de rapatriement des corps des soldats est liée au désir des familles ; 60 % d'entre eux ont été renvoyés au pays pour y être enterrés. Les noms de 444 autres hommes sont inscrits sur les murs des disparus ou sur les côtés de la chapelle mémorial.

Après la chute de la cité, le *XX Corps* a pour mission de retirer de Metz ses troupes fatiguées et de reprendre sa place auprès du *XII Corps* dans l'avance vers la Sarre. La *90th Infantry Division* et la *10th Armored Division* qui, à part leur rôle dans le mouvement en tenaille, n'ont pas été impliquées dans la réduction de la cité, sont étagées en arc de cercle depuis le vieux site de franchissement à Cattenom jusqu'à Bouzonville. Le général Walker a pour objectif immédiat d'extirper la *95th Division* de Metz et de résoudre le manque de ponts. Il y a un besoin urgent de réparer des véhicules, de remplacer les pertes et l'équipement fatigué. Il est décidé que le gros de la *5th Division* devra rester en arrière pour en finir avec les forts et le soulagement arrive par étapes entre le 21 et le 23 novembre. La *95th Division* doit avancer dans l'ancien secteur de la *5th Division* et sera déployée parallèlement à l'ancien secteur de la *90th Division*. Le général Twaddle demande avec bon sens quatre jours de répit pour qu'elle soit remise sur pied, ce qui est accordé par le corps d'armée. Le général Walker s'est vu confier par Patton la mission de nettoyer la région aussi loin que la Sarre et ensuite d'établir un certain nombre de franchissements, de poursuivre avec une offensive générale lancée le 25 novembre. L'histoire du *XX Corps* sur la Sarre et sa participation à la campagne des Ardennes appartiennent, cependant, à une autre période.

Le sort des forts

Quand la cité de Metz est prise, les forts suivants tiennent toujours : le Groupe Verdun, les forts Saint-Privat, Driant, Jeanne d'Arc, Saint-Quentin et Plappeville, plus une opposition existant toujours sur les Sept Nains. Comme auparavant, le *11th Infantry Regiment* reste au sud et le *10th Infantry Regiment* est dans le secteur du Fort Saint-Quentin tandis que le *2nd Infantry Regiment* couvre le secteur situé entre les forts Driant et Jeanne d'Arc.

Le premier à tomber est le **Groupe Verdun**. La garnison a entamé des discussions le 25 novembre et, à 8 heures, le lendemain matin, les deux forts se rendent au *Major* John Acuff, l'officier exécutif du 3e Bataillon. Deux officiers et 148 hommes sortent, ayant épuisé toute nourriture. Ce sont les restes du 48e Bataillon de mitrailleuses de forteresse. Après la capitulation, le drapeau américain est hissé sur les forts par la *K Company* du *11th Infantry Regiment*, qui a combattu si courageusement à Dornot en tant que partie du 2e Bataillon du régiment.

Entre le 24 et le 25 novembre, des patrouilles du *2nd Infantry Regiment* sondent la ligne des Sept Nains et les trouvent inoccupés ce qui rend possible la coupure des communications entre les forts Driant et Jeanne d'Arc. Il n'y a pas d'intention de gaspiller d'utiles munitions en bombardant les forts ou d'être impliqué dans des attaques énergiques. C'est pourquoi de plus subtiles formes de persuasion sont utilisées, y compris des envois de tracts. Ceux-ci informent la garnison de la chute de la cité et un tract présente ce texte :

« Information aux unités allemandes encerclées. Metz est tombée !

Parmi les nombreux prisonniers allemands, qui sont maintenant en sécurité comme prisonniers de guerre, se trouve le colonel Mayer, l'ancien commandant de la place de Metz. (Il avait essayé de percer pendant la nuit du 19 novembre).

Le colonel Mayer s'est rendu parce qu'il ne voulait pas charger sa conscience avec le sang de civils inutilement massacrés.

Si le colonel Mayer était avec vous, il vous dirait :

« Camarades !

Le front principal est déjà à 30 km à l'est de Metz.

Les dernières unités allemandes en Lorraine sont repoussées sur le Westwall, suivies par les Américains qui attaquent.

Poursuivre plus longtemps la résistance dans vos positions n'a pas de valeur tactique, ni pour le haut commandement américain, ni pour le haut commandement allemand.

Vous avez fait votre devoir de soldats.

Maintenant, votre devoir est de sauver vos vies.

La Bataille de Metz est perdue.

Vous pourrez sauver vos vies ! »

Derrière minute : le General Kittel, chef de la 462. Infantry Division (sic) et le SS-Brigadeführer Dunkern sont aussi prisonniers.

Cependant, quelques tirs d'artillerie sont effectués sur les forts et, plus tard, les prisonniers allemands diront que leurs effets étaient très redoutés. Des tirs d'armes légères américaines sont dirigés de jour sur tout ce qui bouge et, après la tombée de la nuit, des patrouilles sillonnent le secteur pour empêcher les Allemands de sortir furtivement. De telles tentatives ont certainement été faites. Le colonel von Stössel envoie, à la fin, deux patrouilles pour tenter d'obtenir un message du *LXXXII. Armee-Korps*, son autorité supérieure immédiate mais toutes deux sont capturées avec les plis dont elles étaient porteuses. L'un d'eux donne des détails sur l'histoire de l'occupation du fort *(Saint-Quentin)* par von Stössel, il décrit ses efforts pour maintenir le contact avec le monde extérieur. Apparemment, sa radio ne fonctionne plus le 25 novembre. Il termine en disant que le moral de ses troupes est bon, ce qui peut être une exagération. Les prisonniers capturés prétendent le contraire. Bien sûr, chacun d'eux dit ce qu'on attend de lui.

Le second fort à se rendre est le **Fort Saint-Privat**, qui pourra ainsi libérer le 1er Bataillon du *11th Infantry Regiment*. Il aurait continué de résister malgré l'action des haut-parleurs. Le 29 novembre, le colonel Black, le nouveau chef du 11e Régiment, qui a remplacé le colonel Yuill le 21 novembre, tient deux conférences avec von Matzdorf sous le drapeau blanc. Lors de la seconde entrevue, ce dernier accepte de capituler à 16 heures. Et, à l'heure dite, 22 officiers et 488 hommes émergent, 80 d'entre eux sont blessés.

Le 27 novembre, le 2e Bataillon du *11th Infantry Regiment* sort de Metz et relève les unités du *10th Infantry Regiment* dans le secteur de Plappeville-le-Saint-Quentin. Dans le secteur du *2nd Infantry Regiment*, des propositions faites au fort Driant sont ignorées mais une entrevue est arrangée avec le *Major* Voss qui commande le Fort Jeanne d'Arc. A la proposition de capitulation sans condition, ce dernier la considère comme « déshonorante et par conséquence inacceptable ». Il semblerait que certains officiers allemands pensent encore suivant les usages historiques de la guerre quand un commandant de forteresse pouvait capituler avec honneur après une résistance symbolique, la garnison sortant alors avec le « drapeau claquant, les tambours battant et les baïonnettes au bout du fusil », et les officiers ayant la permission de conserver leurs épées. En 1944, l'âge de la chevalerie dans la guerre européenne est terminé, hélas.

Durant la dernière semaine de novembre, le *10th Infantry Regiment* est retiré et avance vers l'est pour rejoindre la *95th Division*. L'approche suivante du colonel von Stössel aura lieu le 1er décembre au Fort Saint-Quentin. Le colonel Black, avec le *Captain* Kittstein (de l'unité de guerre psychologique) comme interprète, marche jusqu'au fort avec un drapeau blanc. Kittstein et un simple soldat entrent à l'intérieur et prévoient une entrevue entre les deux chefs respectifs. A cette conférence, on discute des termes d'une reddition qui n'est pas acceptée. Il faudra attendre encore cinq jours pour qu'un drapeau blanc soit aperçu sur le fort et un message sera reçu demandant une conférence pour 11 h 30, au pied de la colline menant à l'entrée occidentale. Le *Major* J.T. Russell et le *Captain* Pete Smith, le S2 du 2e Bataillon, discutent des modalités d'une reddition qui aura lieu le lendemain, 6 décembre, à 13 heures. Tous les Allemands seront rassemblés au sommet du fort avec leurs armes posées sur le sol.

The fate of the Forts

When the city of Metz was captured, the following forts were still holding out - the Verdun Group, St. Privat, Driant, Jeanne d'Are, St. Quentin, and Plappeville, plus some opposition still in the Seven Dwarfs. As before, the 11th Infantry remained in the south and the 10th Infantry were in the St. Quentin sector, while the 2nd Infantry covered the area between Driant and Jeanne d'Arc.

The first to fall was the **Verdun Group**. The garrison had initiated discussions on 25 November, and at 0800 the following morning, the two forts were surrendered to Major John Acuff, executive officer of the 3rd Battalion. Two officers and 148 men marched out, their food having been exhausted. They were the remnants of the 48th Fortress Machine Gun Battalion. After the capitulation, the American flag was aptly raised on the forts by K Company, 11th Infantry, who had fought so gallantly at Dornot as part of the regiment's 2nd Battalion.

Between 24 and 25 November, 2nd Infantry patrols probed the line of the Seven Dwarfs and found them unoccupied, which made it possible to cut communication between Driant and Jeanne d'Arc. There was no intention of wasting valuable ammunition in shelling the forts or of becoming involved in all-out attacks. Therefore, more subtle forms of persuasion were tried, including barrages of leaflets. These informed the garrisons of the fall of the city, and one leaflet ran as follows:

Information for the surrounded German units.

METZ HAS FALLEN!

Among the many German soldiers who are now in safety as American prisoners of war, is Colonel Mayer, previously the Metz city commandant. [He had tried to break out on the night of 19 November].

Colonel Mayer surrendered because he did not want to burden his conscience with the blood of uselessly murdered civilians.

If Colonel Mayer was with you he would say:

"Comrades!

The main front is already 30 km to the east of Metz.

The last German units in Lorraine are pulling back into the Westwall followed by the attacking Americans.

Further resistance in your positions no longer has any tactical value for both the American and the German high commands.

You have done your duty as soldiers.

Your duty now is to save your lives.

The Battle of Metz is lost.

YOU CAN SAVE YOUR LIVES."

STOP PRESS: Lieutenant General Kittel, commander of the 462 Infantry Division (sic) and SS Brigadeführer Dunkern are also prisoners.

Some artillery was, however, fired at the forts, and German prisoners later stated that the effects were greatly feared. American small-arms fire was directed at anything that moved during daylight, and after dark, patrols crisscrossed the area to hinder the Germans from sneaking out. Such attempts were certainly made. Colonel von Stössel sent out at least two patrols in an effort to get a message to LXXXII Corps, still his immediate superior authority, but both were captured together with the letters they carried. One of these, as well as giving details of the earlier history of von Stössel's occupation of the fort (St. Quentin), described his efforts to maintain contact with the outside world. Apparently his radio failed on 25 November. He ended by stating that the morale of his troops was good, which may well have been an exaggeration. Prisoners captured stated exactly the opposite. Both, of course, would say what they knew was expected of them.

The second fort to surrender, which freed the 1st Battalion, 11th Infantry, was **Fort St. Privat**, which had continued to resist in spite of repeated loud-speaker bombardment. On 29 November, Colonel Black, the new regimental commander who had replaced Colonel Yuill on 21 November, held two conferences under flag of truce with von Matzdorf. After the second meeting, the latter agreed to surrender the fort at 1600, and at the time appointed, 22 officers and 488 men emerged, 80 of whom were wounded.

On 27 November, the 2nd Battalion, 11th Infantry, moved out of Metz and relieved the 10th Infantry units in the Plappeville-St. Quentin sector. In the 2nd Infantry area, appeals to Fort Driant were ignored, but a meeting was arranged with Major Voss, commanding at Fort Jeanne d'Arc. Upon being required to surrender unconditionally, the latter termed this "dishonorable and therefore unacceptable." It would seem that some of the German officers were still thinking in terms of the historic usages of war, where the commander of a fortress could capitulate with honor after a token resistance had been made—the garrison would then march out with "flags flying, drums beating, and bayonets fixed" and officers would be permitted to retain their swords. By 1944, the age of chivalry in European warfare was over, alas.

During the last week in November, the 10th Infantry was withdrawn and moved to the east to join up with the 95th Division. The next approach was made on 1 December, to Colonel von Stössel at St. Quentin. Colonel Black, with Captain Kittstein (from a psychological warfare unit) as his interpreter, walked up to the fort with a white flag. Kittstein and an enlisted man actually went inside and arranged a conference to take place between the two respective commanders. At this meeting, terms were discussed but no surrender was agreed. It was not until five days later that a white flag was seen on the fort and a message was received requesting a meeting at 1130, at the bottom of the hill leading up to the western entrance. Major J.T.Russell and Capt. Pete Smith, the 2nd Bn. S2 discussed the modalities of the surrender, to take place the following day, 6 December, at 1300 hrs. All the Germans were to assemble on the top of the fort with their weapons laid on the ground.

The next morning Russell and Smith met the two German negotiators at the house and drove with them in their jeeps up to the fort where they found the garrison all lined up and ready. Major Russell described what happened – "The Col. was not out on top, but sent word that he was inviting me to see his C.P. I decided to go so took my bodyguard, and this Kraut took us in – down and around a short distance. The door was open and Col. von Stoessel arose from his chair, saluted, invited me to sit down, and be pulled a bottle of Calvados and 2 small glasses, which he filled and set down. Here we were in a 6 x 9 room, small table with a candle, 2 chairs and the two of us. Believe me, I was a bit gun shy. The war was over for him, so if that stuff was poison, we would both be gone at once. Well, I picked mine up, he said something and drank his. I fumbled a couple seconds and seeing he survived, drank mine"

So, the formalities were completed and the Germans piled their weapons onto a truck before being carted off to the divisional PoW cage. Finally, von Stoessel handed his pistol to Major Russell. (His account from a documentation prepared by Tom Tucker).

Le lendemain matin, Russell et Smith rencontrent les deux négociateurs allemands à la maison et montent avec eux en jeep jusqu'au fort où ils trouvent la garnison alignée et prête. Le *Major* Russell décrit ce qui survient alors : « *Le colonel n'est pas sur place au sommet du fort mais il me fait parvenir quelques mots pour m'inviter à aller le voir à son poste de commandement. Je décide d'y aller et je prends avec moi mon garde du corps et ce fridolin nous introduit, en descendant, à peu de distance. La porte est ouverte et le colonel von Stössel se lève de sa chaise, me salue et m'invite à m'asseoir. Il prend une bouteille de Calvados et deux petits verres qu'il remplit et s'assied. Nous sommes ici dans une pièce faisant 6 x 9, avec une petite table et une chandelle, deux chaises et nous deux. Croyez-moi, je suis sacrément intimidé. La guerre est finie pour lui. Ainsi, si ce truc est du poison, nous allons partir tous deux ensemble. Bien, je prends mon verre, il dit quelque chose et boit le sien. J'attends quelques secondes et voyant qu'il survit, je bois le mien.* »

Ainsi, les formalités sont accomplies et les Allemands empilent leurs armes dans un camion avant d'être amenés au camp de prisonniers de guerre de la division. Finalement, von Stössel remet son pistolet au *Major* Russel. (Ce témoignage provient d'une documentation préparée par Tom Tucker).

Les prisonniers sont au nombre de 22 officiers, 124 sous-officiers et 458 simples soldats affamés. Il y a en outre une grande partie d'armes et de magasins militaires.

Cependant, il est maintenant temps pour la *5th Infantry Division* de se mettre en route et de laisser les forts à d'autres. Le **6 décembre**, le 2e Bataillon est en train d'être relevé par des troupes de la *87th Division* et se tient prêt à marcher sur Lauterbach, sur la frontière allemande. Cependant, il reste encore du personnel de la *5th Division* dans le secteur où, le lendemain, on négocie la reddition du **Fort Plappeville** voisin. On parlemente dans la maison se trouvant à l'extérieur du fort le 7 décembre à 11 h 30. La conférence a été mise au point par le *Captain* Durst, chef de la *G Company* du *11th Infantry Regiment* et la *5th Division* est représentée par son chef d'état-major, le colonel Franson. La situation est exposée puis le colonel Vogel se rend sans condition et retourne au fort avec le *Captain* Durst. La garnison y est rassemblée dans la cour où la cérémonie officielle a lieu.

Et maintenant, il en reste deux - Driant et Jeanne d'Arc. Le premier est un sujet célèbre pour la radio allemande qui envoie toujours sur les ondes des appels pour regonfler le moral de la garnison. A l'aube du **8 décembre**, le *2nd Infantry Regiment* est en train d'être relevé par une unité de la *87th Division*. Cependant, il y a toujours du personnel du quartier général de ce régiment dans le secteur lorsque deux sous-officiers du Fort Driant arrivent pour réclamer une entrevue. Il y a des contacts en cours, et le 6 décembre, un officier de l'état-major, le *Captain* Britton, a vu le lieutenant-colonel Richter avec un drapeau de parlementaire.

C'est quelque chose que le *2nd Infantry Regiment* n'a pas l'intention de servir sur un plateau à son successeur. La prise du Fort Driant est une bataille pour l'honneur et, apparemment, le général Walker fait de son mieux pour prolonger l'opération de relève pour que la reddition puisse être prise en charge, avec justice, par des troupes de la *5th Division*. Le 8 décembre, à 15 heures, le colonel Richter, le chef de la garnison, rencontre le colonel Roffe, qui commande le *2nd Infantry Regiment*, à la base de la colline menant au fort. Après avoir parlementé environ une demi-heure, le colonel Roffe accepte officiellement la reddition, malgré les réclamations de la *87th Division* qui n'avait rien fait pour la mériter. Dix-neuf officiers et 592 hommes marchent vers la captivité.

Le seul fort que la *5th Division* laissera à ses successeurs est la *Feste Kaiserin*, le Fort *Jeanne d'Arc* qui continuera de résister jusqu'au **13 décembre**, quand il se rendra à la *26th Infantry Division*. Ce fort est le plus grand du secteur et nous savons par le général Kittel qu'il avait été réapprovisionné juste avant la coupure des communications. Il abritait aussi l'état-major de la *462. Volksgrenadier-Division* et était commandé par le compétent *Major* Voss du *Füsilier-Bataillon 462*. Sa garnison se monte alors à quelque 500 hommes de tous rangs.

Il faut maintenant se poser cette question : qu'est-ce que les Allemands retranchés dans les forts ont pu faire durant la vingtaine de jours qui suivit la chute de Metz le 22 novembre ? En termes d'effectifs, quelque 2 650 Allemands ont bloqué approximativement 9 000 Américains, soit deux régiments d'infanterie plus des états-majors et des troupes de soutien qui auraient pu être mieux employés ailleurs. Avec une division supplémentaire sur la ligne de front, Walker aurait bien pu être capable d'atteindre la Sarre plus rapidement. En fait, il aura deux têtes de pont à la mi-décembre,

Les entrées de Metz sont atteintes par les troupes US dès le 18 novembre 1944, les routes d'approche sont nettoyées et les prisonniers deviennent plus nombreux.

The road to Metz is open in mid-november. Prisoners coming in with German officer leading.

The prisoners taken were 22 officers, 124 NCO's, and 458 hungry enlisted men; in addition, there was a large quantity of weapons and military stores.

By then, however, it was time for the 5th Infantry to move on and leave the forts to others. On **December 6**, the 2nd Battalion was in the process of being relieved by 87th Division troops and getting ready to march to Lauterbach on the German border. However, there were still 5th Division personnel in the area, who on the following day, negotiated the surrender of the neighboring **Fort Plappeville**. A parley was held at a house outside the fort at 1130 on 7 December. The meeting had been set up by Captain Durst, commanding G Company of the 11th Infantry and the 5th Division was represented by its chief-of-staff, Col. Franson. After the situation had been explained, Colonel Vogel surrendered unconditionally and went back up to the fort with Capt. Durst where the garrison was assembled in the courtyard where the official ceremony took place.

And then there were two—-Driant and Jeanne d'Arc. The former was a cause celèbre for the German radio which was still broadcasting morale-boosting appeals to the garrison. Early in the morning on **8 December**, the 2nd Infantry Regiment was in the process of being relieved by a unit of the 87th Division. There were, however, headquarters personnel still in the area, when two NCO's from Fort Driant arrived to request a meeting. There had been ongoing contacts and on 6 December, one of Riffe's staff officers, Capt Britton had seen Lt-Col. Richter, under flag of truce.

This was something that the 2nd Infantry had no intention of handing over on a plate to their successors. The capture of Fort Driant was an important battle honor, and apparently General Walker did his best to prolong the relief operation so that the surrender could be taken, justly, by 5th Division troops. At 1500, on 8 December, Colonel Richter, the garrison commander, met Colonel Roffe, commanding the 2nd Infantry, at the base of the hill leading up to the fort. After a parley lasting about half an hour, Colonel Roffe formally accepted the surrender, in spite of claims made by the 87th Division—which had done nothing to deserve it. Nineteen officers and 592 enlisted men marched away into captivity.

The only fort that the 5th Division had to relinquish to their successors was Jeanne d'Arc, which continued to resist until **13 December**, when it surrendered to the 26th Infantry Division. This fort was the largest in area, and we know from General Kittel that it had been re-provisioned just before communications were cut, it also housed the staff of the 462nd VG Division and was commanded by the able Major Voss of the 462 Fusilier Battalion. His garrison amounted to some 500 of all ranks.

The question that remains is, just what did the Germans holed up in the forts achieve during the twenty-odd days after the fall of Metz on 22 November? In terms of manpower, some 2,650 Germans tied down approximately 9,000 Americans—two infantry regiments plus HQ staffs and support troops, who could have been better employed elsewhere. With an extra division in the line, Walker might well have been able to reach the Saar more quickly. As it was, he had two bridgeheads by mid-December, at Saarlautern and Dilligen, but the latter had to be evacuated as a result of the shift of troops northward to counter the threat in the Ardennes. In the time available, an extra American division would not have produced results sufficiently decisive to hinder German preparations for the offensive. On that basis, one can say that the fort garrisons achieved nothing apart from their nuisance value.

What the Germans did was to let slip a valuable opportunity which could have effected the outcome of their December offensive. It is invidious, of course, for a military historian, seated in a comfortable armchair, to point out the mistakes of his betters, but the following is worthy of consideration, as a historical "might-have-been." Now, there is no such thing as an "impregnable" fort or fortress; all must succumb at some time to starvation even if they cannot be taken by storm or guile. The true purpose of fortification, throughout history, has always been to gain time.

We know that the Ardennes offensive was in Hitler's mind in early September, if not in August, and that anything that would hinder the American advance was welcome. Hence his instructions to Balck in mid-September, to delay Patton as long as possible. During the September battle for Metz, both sides had initially tended to discount the value of the fortifications, and both were surprised that the supposedly outdated works could withstand so much bombardment. Those responsible for the defense of the city and in the higher German headquarters should have realized that they did not have the manpower to hold the Americans indefinitely in Lorraine, and instead of wasting their time trying to construct field works, should have concentrated on the Metz forts. During the October lull, every effort should have been made to get as many as possible of the turrets into working order, which would not have been beyond the bounds of German technical ingenuity. Once that was done, each of the forts should have been stuffed with supplies and ammunition, and garrisoned by small detachments of crack troops, supported by engineers and other specialists.

Well equipped with modern weapons, such troops first could have sallied out and menaced the thin line of Americans containing the salient, thus disturbing the preparations for the November offensive. Second, if that offensive had taken the course that it did, the forts could have successfully hindered attempts to break into the city by firing down on the crossing sites. The Americans might well have found themselves with another Stalingrad on their hands, and the whole of XX Corps would have become involved. A fortification can only fulfill a useful purpose if it forms the base for an active defense. But in the end, the Metz forts reacted passively to encirclement. Had they held out for just two weeks longer than the last of them did, Patton would have had his hands so full on the Moselle that he would have been unable to react so flexibly to the Ardennes offensive.

une à Saarlautern et l'autre à Dillingen, mais cette dernière devra être évacuée à cause du mouvement des troupes en direction du nord pour contrer la menace dans les Ardennes. Dans le temps disponible, une division américaine supplémentaire n'aurait pas eu de résultats suffisamment décisifs pour empêcher les préparatifs allemands de l'offensive. Sur cette base, on peut dire que les garnisons des forts n'ont réussi rien d'autre que leur capacité de nuisance.

Ce que les Allemands ont fait, c'est de permettre de gagner une possibilité valable qui aurait pu affecter le destin de leur offensive de décembre. Il est vain bien sûr, pour un historien militaire, assis dans un fauteuil confortable, de mettre en avant les fautes commises mais ce qui suit mérite d'être examiné comme un historique « cela aurait pu être ». Dorénavant, il n'y a pas de fort ou de forteresse imprenable ; tous vont succomber avec le temps, par la famine s'il ne peuvent être pris d'assaut ou par ruse. Le but réel d'une fortification, tout au long de l'histoire, a toujours été de gagner du temps.

Nous savons que l'offensive des Ardennes était présente à l'esprit de Hitler dès le début du mois de septembre, sinon en août, et que tout ce qui pourrait empêcher l'avance américaine était bienvenu. D'où ses instructions à Balck à la mi-septembre pour retarder Patton aussi longtemps que possible. Durant la Bataille de Metz pendant le mois de septembre, chaque camp a tout d'abord tendu à diminuer la valeur des fortifications et tous deux ont été surpris que ces ouvrages supposés démodés pouvaient résister à de tels bombardements. Les responsables de la défense de la cité et les grands quartiers généraux allemands auraient dû réaliser qu'ils n'avaient pas les effectifs pour bloquer indéfiniment les Américains en Lorraine et, au lieu de gaspiller leur temps en essayant d'édifier des ouvrages de campagne, ils auraient dû se concentrer sur les forts de Metz. Durant l'accalmie du mois d'octobre, tous les efforts auraient dû être faits pour remettre en ordre de combat le plus grand nombre de tourelles d'artillerie, ce qui était dans les cordes de l'ingéniosité technique allemande. Ceci fait, chaque fort aurait pu être fourni en ravitaillement et en munitions et doté de garnisons composées de quelques détachements de troupes d'élite, de sapeurs du Génie et d'autres spécialistes.

Bien équipées d'armes modernes, de telles troupes auraient, premièrement, menacé la mince ligne d'Américains présents dans le saillant, gênant ainsi les préparatifs de l'offensive de novembre. Deuxièmement, si cette offensive avait pris son cours prévu, les forts auraient pu gêner avec succès les tentatives de percer dans la cité en tirant sur les sites de franchissement. Les Américains auraient bien pu se trouver confrontés à un autre Stalingrad et tout le XX Corps aurait dû se trouver engagé. Une fortification ne peut trouver son plein-emploi que si elle constitue la base d'une défense active. Mais, à la fin, les forts de Metz ont réagi passivement à l'encerclement. S'ils avaient tenu seulement deux semaines supplémentaires, Patton aurait été si occupé sur la Moselle qu'il aurait été incapable de réagir avec tant de souplesse à l'offensive des Ardennes.

1

1. La reddition du Fort Saint-Quentin. Photo prise le 6 décembre 1944. le colonel von Stössel commandant les troupes du fort remet symboliquement son arme de poing, sans doute un P08 ou P38 aux vainqueurs américains. De gauche à droite : capitaine H. M. Smith, *2nd Battalion, 11th Infantry Regiment* ; *Major* J. T. Russel, caporal Spiller chauffeur du *Major* et le lieutenant-colonel Dewey Gill. (NA).

2. Le général Harlan N. Hartness salue l'officier allemand commandant le Fort Jeanne d'Arc qui se rend après avoir accepté la reddition de ses troupes, soit près de 500 prisonniers. Ce fort est le dernier à se rendre et à capituler après un intense bombardement. Photo prise le 13 décembre 1944. (NA).

3. Les soldats US du *101st Infantry Regiment* de la *26th Infantry Division,* apportent pour le hisser le drapeau américain sur le Fort Jeanne d'Arc. Photo datée du 13 décembre 1944. (NA).

4. Cérémonie pour la libération de Metz. Les Américains reçoivent des autorités françaises la médaille militaire ainsi que la Légion d'Honneur, place de la République à Metz, le 29 novembre 1944. On reconnaît de gauche à droite : le général W. A. Collier du *XX Corps*, le général Irwin, chef de la *5th Infantry Division*, les généraux Vandeveer et Warnock tous deux de la *5th Infantry Division* et le général Slack du XX Corps. (NA).

1. Surrender of Fort Saint-Quentin, 6 december 1944. From left to right : Captain H. M. Smith, 2nd Battalion, 11th Infantry Regiment ; Major J. T. Russel, Cpl. Spiller, driver for Major ; Lt. Col. Dewey Gill and german colonel von Stössel. (NA).

2. Brigadier General Harlan N. Hartness, saluting as he leaves Fort Jeanne d'Arc, after accepting formal surrender of the fort and 500 german prisoners. This was the last german fort to surrender, capituling after heavy bombardment.

3. 13 december 1944. The American soldiers of the 101st Infantry Regiment, 26th Infantry Division, carry the American flag that is to be raised over Fort Jeanne d'Arc.

4. View of officers at the decoration ceremonies held by French dignitaries at the Place de la Republique, where several American infantrymen received French military awards. Left to right: Brigadier General W. A. Collier, XX Corps, General Irwin, commander of the 5th Infantry Division, Vandeveer and Warnock both members of the 5th Infantry Division and General Slack, XX Corps.

2

3

4

1. Vue aérienne du Fort Plappeville qui capitule le 7 décembre 1944. (NA).

2. La reddition du Fort Plappeville, le 7 décembre. De gauche à droite : le capitaine Richard Durst, commandant le *2nd Battalion*, *11th Infantry Regiment*, le capitaine Harry M. Smith, *2nd Battalion*, *11th Infantry Regiment* et le colonel Vogel, commandant le Fort Plappeville qui se rend avec sa troupe. (NA).

3. Fort Plappeville, le 7 décembre. Les soldats allemands se préparent à quitter le fort après la reddition. (NA).

4. Fort Plappeville, le 7 décembre. Le colonel Vogel s'adresse à ses troupes avant le départ pour la captivité. Il évoque sans doute la camaraderie, la vaillance et la résistance à l'adversaire des troupes qu'il a commandées.

1. *This picture was a restricted aerial photo of Fort Plappeville which surrended Dec. 7, 1944.*

2. *Surrender of Fort Plappeville, 7 december 1944. From left to right : Capt. Richard Durst, commander of the 2nd Battalion, 11th Infantry Regiment: Captain H. M. Smith, 2nd Battalion, 11th Infantry and German colonel Vogel, commander of this fort. (NA).*

3. *Fort Plappeville, Dec. 7, German soldiers preparing to surrender and evacuate the fort. The verse on the wall says: "Do not scold the soldier's deeds. Leave them joking-leave them kissing. You cannot know when they must die".*

4. *Fort Plappeville, Dec. 7, colonel Vogel addresses an assembled group of German troops prior to their embarcation for POW camps.*

3

4

1. Fort Plappeville, le 7 décembre. Le colonel Vogel accompagné des troupes allemandes sort du fort. Ils sont encadrés par les soldats US pour leur départ pour les camps de prisonniers. (NA).

2. La reddition du Fort Saint-Quentin, le 6 décembre 1944. Les troupes allemandes quittent le groupe fortifié, ils sont encadrés par les MP's pour leur évacuation vers les camps de prisonniers. (NA).

3. Le Fort Plappeville après l'évacuation des soldats allemands. Il n'y règne plus désormais que mort et désolation. Au premier plan, le corps d'un GI, témoin des pertes US pour la prise des forts. (NA).

4. Extrait du « Stars and Stripes » du 23 décembre 1944 sur le Fort Driant et son utilisation par l'armée US après sa reddition.

1. *Fort Plappeville, Dec. 7, German troops leaving the fort.*

2. *Surrender of Fort Saint-Quentin, Dec. 6, 1944. German troops leaving the fort after the surrender ceremony.*

3. *Fort Plappeville, as it appeared on 7 December, the day it surrendred to the 11th Infantry Regiment. On the foreground, American causalities.*

4. *Dec. 23, issue of "Stars and Stripes". He deals with Fort Driant.*

Annexe I
L'évolution de la forteresse de Metz
Appendix I
The Development of Metz as a Fortress

Metz est une cité antique. Son nom vient de la cité romaine de *Mediomatrica* et elle a été tout d'abord fortifiée par les Romains en tant que centre d'un important carrefour de routes militaires. Avant l'attaque du *XX Corps* en 1944, elle n'a été prise d'assaut qu'une seule fois, par les Huns en 451. Durant le Haut Moyen Age, Metz devient le centre d'un important évêché et, en 1220, elle obtient la dignité et les privilèges d'une ville libre impériale. En 1552, Metz est occupée pacifiquement par une armée française et les travaux commencent immédiatement pour transformer les fortifications médiévales. Le secteur alors défendu est le cœur ancien de la cité, entre la Moselle et la Seille, il sera entouré de bastions et de remparts. Peu après, Metz est assiégée sans succès par l'armée de l'Empereur Charles Quint, qui la bombarde pendant deux mois et demi.

Nominalement indépendante, mais sous protection française, Metz, l'un des « trois évêchés » (Metz, Toul et Verdun), est l'une des bases défensives du secteur et, au Traité de Westphalie, en 1648, elle est finalement cédée à la France. En outre, Metz a une importance stratégique en tant qu'important point de franchissement d'une rivière et aussi qu'important centre de communications, ce qui justifie amplement les renforcements successifs de ses fortifications. Deux des portes de la fin du Moyen Age sont encore visibles bien qu'il reste actuellement peu de chose des fortifications des dix-septième et dix-huitième siècles. Vauban a entrepris des modifications radicales après 1676 et, entre 1728 et 1752, l'un de ses successeurs, Cormontaigne, prend la relève. Ce dernier édifie deux ouvrages de tête de pont pour garder les franchissements des rivières et l'un de ceux-ci, le Fort Bellecroix, joue un rôle dans les combats de 1944. Assez curieusement, la raison pour laquelle celui-ci a été conservé alors que le reste des anciennes fortifications a été démoli au début du vingtième siècle, c'est que les autorités allemandes redoutaient l'émotion des civils et Bellecroix a été alors prévu pour être un point fort de la garnison de la cité.

Comme la portée de l'artillerie s'est accrue durant le début du dix-neuvième siècle, il devint impératif de placer les défenses d'une ville à plus grande distance d'une ville pour garder le centre hors de portée des canons des assiégeants. Comme il était évidemment impossible d'édifier des lignes de défense continues sur des périmètres aussi étendus, des forts espacés sont devenus en vogue. Ceux-ci sont des ouvrages capables d'offrir une résistance déterminée et qui peuvent (en théorie) être appuyés par le feu de leurs voisins immédiats. Dans une situation de guerre, ils peuvent être rapidement reliés par une ligne de fossés et de remparts pris en charge par les troupes de l'armée de campagne. Idéalement, un cercle de tels forts peut être édifié sur toutes les hauteurs dominant la place qui doit être défendue.

En 1867, juste avant le début de la guerre franco-prussienne, Séré de Rivières, un autre célèbre ingénieur de forteresse français, commence le travail sur quatre forts détachés à Metz : Plappeville, Saint-Quentin, Saint-Julien et Queuleu. Selon l'usage français de cette époque, les forts sont conçus selon le système de bastions déjà démodé mais ils sont incomplets à l'époque du siège de 1870 et ils vont être rattrapés par les événements ; comme ils sont implantés entre trois et cinq kilomètres du centre de la cité, l'introduction de l'artillerie à chambre rayée durant les années 1860 accroît la portée des pièges de siège à environ 14 kilomètres.

Metz is an ancient city, deriving its name from that of the Roman city of Mediomatrica, and was first fortified by the Romans as the center of an important network of military roads. Prior to the XX Corps attack in 1944, it had only once before been taken by storm - by the Huns in A.D. 451. During the early Middle Ages, Metz became the seat of an important bishopric, and in 1220, attained the dignity and privileges of an Imperial Free City. In 1552, Metz was occupied peacefully by a French army and work was immediately started on a thorough modification of the medieval fortifications. (The area defended in those days was still the ancient heart of the city, between the Moselle and the Seille, which was surrounded by bastions and ramparts.) Soon afterward Metz was unsuccessfully besieged by the army of the Emperor Charles V, who bombarded it for two and a half months.

Nominally independent, but under French protection, Metz from then on was the basis of the defense of the area; and at the Treaty of Westphalia in 1648 it was finally ceded to France. In addition, Metz achieved strategic importance as a river crossing point as well as an important communications center, which was the main reason for its successive layers of fortification. Two of the late-medieval city gates can still be seen, although little now remains of the seventeenth- and eighteenth-century defenses. The late seventeenth-century French engineer Vauban undertook radical modifications after 1676; and between 1728 and 1752, one of his successors, Cormontaigne, was at work. 'The latter built two bridgehead works to guard the crossings over the rivers, and one of these, Fort Bellecroix, figured in the fighting in 1944. Oddly enough, the reason why this one was retained when the rest of the older fortifications were demolished at the beginning of the twentieth century was that the German authorities feared civil commotion and Bellecroix was envisaged as a strongpoint for the city garrison.

As the range of artillery improved during the early part of the nineteenth-century, it became imperative to place the defenses of a town farther out from the center to keep a besieger's guns at a distance. As it was clearly impossible to build continuous lines of defenses over such extended perimeters, detached forts came into fashion. These were individual works capable of putting up a stout resistance and which could (in theory) be supported by the fire of their immediate neighbors on either side. In a war situation, they could be rapidly connected by a line of ditch and rampart to be manned by the troops of a field army. Ideally, a ring of such forts would be built on any high ground overlooking the place to be defended.

In 1867, just before the outbreak of the Franco-Prussian War, Séré de Rivières, another well-known French military engineer, started work on four such detached forts at Metz—Plappeville, St. Quentin, St. Julian, and Queuleu. In keeping with French practice at the time, the forts were designed on the already outdated bastion system but were incomplete at the time of the 1870 siege, and had been overtaken by events in this regard: as they were sited between 2 and 3 miles of the city center, whereas the introduction of rifled artillery during the 1860's had increased the range of siege guns to up to 9 miles.

The Germans were content to surround Metz in 1870, and the garrison ultimately surrendered after a few half-hearted attempts to break out. After the war, the fortress was ceded to Germany as part of the provinces of Alsace and Lorraine. The new owners immediately set out to complete the four forts and started work on five new ones to finish off the ring around the city— Hindersin (Gambetta), Schwerin (Decaen), Kameke (Deroulède), Württemberg (St. Privat), and Zastrow (Des Bordes).

The five new forts were of a more modern polygonal design, which had been pioneered by German engineers earlier in the century. Although they had covered-barrack accommodation, the guns of forts from this period were all mounted in the open on top of the earth ramparts. However, as an indication of the way in which the minds of German engineers were working, the most interesting development during the late 1870s was on the St. Quentin plateau. Fort Girardin was built some 1,000 yards in advance of the earlier Fort St. Quentin, and the two were joined by defensible lines to form a large fortified complex, known as Feste Friedrich Karl. This was then connected to Fort Plappeville by further lines, and the whole area was formed into a strong position on the west bank of the Moselle—the supposed direction of a French attack.

Thus by around 1880, in addition to the eighteenth-century defenses of the city itself, there was a ring of forts on the surrounding heights. All might then have stopped there if the shell with high-explosive filling had not been invented; being introduced into most European armies by 1885. The immediate effect of this was that guns and infantry in the open were extremely vulnerable, especially as the symmetrically shaped forts of the period made easy targets. The initial solution to this threat was seen as dispersion - removing the guns from the forts and placing them in between. At Metz, eight batteries were built in the intervals between the works in 1889 and 1898, armed with either 150- or 210-mm guns, in rotating turrets. To protect the garrison, a large number of shelters were also built. This was perhaps the first manifestation of what came to be known as "the battlefield prepared in peacetime" in military literature. At this point, fortification began to concentrate on protection as armies started to burrow deeper and deeper into the ground. Forts began to resemble battleships on land in terms of cost and technical sophistication.

For the Germans, the original strategic importance of Metz was as a barrier against any French attempt to regain Alsace-Lorraine. Together with the fortress of Thionville, on the river to the north, the area was formed into the Mosel Stellung (Moselle Position) to block the river crossings and the natural avenue of approach. The physical presence of the forts was backed by a network of strategic railways to move the vast conscript army in case of hostilities. In the city too, the German engineers were busy constructing barracks capable of housing and supplying a

Les Allemands se contentent d'encercler Metz en 1870 et la garnison finit par se rendre après que quelques tentatives timorées aient été tentées. Après la guerre, la forteresse est cédée à l'Allemagne avec l'Alsace-Lorraine. Les nouveaux propriétaires complètent immédiatement les quatre forts et commencent le travail avec cinq nouveaux forts pour terminer le cercle autour de la cité : *Hindersin* (Gambetta), *Schwerin* (Decaen), *Kameke* (Déroulède), *Württemberg* (Saint-Privat) et *Zastrow* (Les Bordes).

Les cinq nouveaux forts sont d'un modèle polygonal plus moderne qui ont été terrassés par le Génie allemand au début des années 1870. Bien qu'ils disposent de casernes couvertes, les canons des forts de cette période sont montés dans des emplacements à ciel ouvert au sommet des talus de terre. Cependant, comme indication de l'évolution des conceptions du Génie allemand, les plus intéressants développements ont lieu à la fin des années 1870 sur le plateau Saint-Quentin. Le Fort Girardin est construit à environ 1 500 mètres en avant de l'*Ostfort*, l'ancien Fort Saint-Quentin ; tous deux sont reliés par des lignes défensives formant un large complexe fortifié connu sous le nom de *Feste Friedrich Karl*. Ce complexe est relié au nord, par d'autres lignes, au Fort *Alvensleben* (Plappeville) et tout cet ensemble est constitué en une puissante position sur la rive occidentale de la Moselle, la direction supposée de l'attaque française.

Ainsi, autour de 1880, outre les défenses du dix-huitième siècle de la cité, il y a un cercle de forts sur les hauteurs environnantes. Tout aurait pu s'arrêter là si l'obus explosif n'avait pas été inventé, introduit à partir de 1885 dans la plupart des armées européennes. L'effet immédiat de cette évolution entraîne la dispersion : les canons sont retirés des forts et placés entre eux. A Metz, huit batteries sont édifiées dans les intervalles, entre les ouvrages, en 1889 et 1898, armées avec des canons de 150 ou 210 mm dans des tourelles rotatives. Pour protéger la garnison, de très nombreux abris sont construits. C'est peut-être la première manifestation de ce qui sera connu dans la littérature militaire comme « le champ de bataille se prépare en temps de paix ». A ce moment-là, la fortification commence à se concentrer sur la protection car les armées commencent à s'enfoncer de plus en plus profondément dans le sol. Les forts commencent à ressembler à des navires de bataille sur terre, en termes de coût et de sophistication technique.

Pour les Allemands, l'importance stratégique de Metz est une barrière contre toute tentative française de reprendre l'Alsace et la Lorraine. Avec la Forteresse de Thionville, au nord sur la Moselle, le secteur est constitué en *Mosel-Stellung* (position de la Moselle) pour bloquer les franchissements de la rivière et l'approche naturelle. La présence physique des forts s'appuie sur un réseau de voies ferrées stratégiques pour déplacer la vaste armée de conscrits en cas de conflit. Dans la cité aussi, les sapeurs allemands s'activent à construire des casernes capables d'abriter et de ravitailler une armée en campagne. Ils ont aussi construit une magnifique gare, toujours en service actuellement, qui est alors capable de régler les mouvements militaires en temps de guerre.

Cette stratégie est essentiellement passive mais, en 1899, la première version du plan Schlieffen, qui prévoit la violation de la mentalité belge, est mis au point. Dans ce plan, la position de la Moselle constituera le pivot autour duquel toute l'armée allemande fera son mouvement tournant pour prendre l'armée française sur ses arrières. Dans l'opération, Metz ferait face temporairement à toute la puissance de l'armée française entière et, ainsi, elle doit être renforcée.

Pour ce faire, des plans sont établis en 1897 et sont basés sur un modèle révolutionnaire de fort qui a été expérimenté deux ans plus tard à Mutzig en Alsace. Cet ouvrage, connu sous le nom de *Feste Kaiser Wilhelm II*, est édifié sur les hauteurs dominant la route principale traversant les Vosges et menant à Strasbourg. C'est le premier d'un modèle qui deviendra célèbre, pour les spécialistes sous le vocable de *Feste* ou Groupe Fortifié en français. Auparavant, les forts étaient des structures composites de forme régulière et avec les éléments défensifs groupés ensemble, l'artillerie pour le combat à longue portée et l'infanterie pour la défense rapprochée.

Avec l'introduction du type *Feste*, les forts allemands deviennent des secteurs défensifs plutôt que des constructions monolithiques. Des sites particulièrement favorables sont choisis et, sur ceux-ci, des unités de combat séparées sont regroupées mais séparées les unes des autres. Utilisant la forme du terrain et faisant le meilleur usage du camouflage avec du feuillage naturel, un tel groupe constitue une forteresse indépendante qui peut tenir des semaines ou même des mois. Chacun peut appuyer ses voisins avec le feu de son artillerie et peut ainsi servir de point d'appui pour des troupes opérant dans les intervalles situés entre les ouvrages.

Pour la défense rapprochée, une *Feste* comporte des tranchées d'infanterie, des bunkers à l'épreuve des obus et un certain nombre de postes d'observation. Pour la défense à longue portée, deux types de batteries blindées sont utilisés. Premièrement, pour empêcher une concentration de troupes ennemies et pour un bombardement à distance, des canons de 100 mm sont montés individuellement dans des tourelles blindées avec une possibilité de tir tous azimuts. Deuxièmement, pour un tir de contre-batterie et pour disperser des attaquants, des obusiers de 150 mm montés de manière similaire. Si possible, les batteries sont placées sur les versants arrière. Chacune est armée de deux ou quatre canons et a ses propres casernes tandis que l'observation est effectuée à partir de postes blindés situés bien en avant. Ces postes sont reliés aux batteries et à toutes les autres parties du complexe par des tunnels. Les ordres sont transmis par téléphone ou tuyau de transmission.

Le secteur est aussi précédé par des obstacles. Chaque *Feste* est entourée par plusieurs rangs de réseaux de barbelés. Dans certains ouvrages, il y a des fossés secs et des palissades en acier de trois mètres de haut à l'intérieur du périmètre principal tandis que chaque unité (d'infanterie ou d'artillerie) a ses propres barbelés qui en font une unité indépendante en surface. En souterrain, la totalité du complexe est reliée par des tunnels qui peuvent être facilement démolis par la garnison si bien que, si un ennemi réussit à pénétrer dans une unité, il peut être isolé et le reste de la *Feste* peut continuer à résister.

Outre les unités de combat, chaque ouvrage de ce type dispose d'une ou de plusieurs casernes pour abriter le gros de la garnison. Ce sont des blocs à plusieurs étages équipés de chambrées, de boulangeries, de cuisines et d'hôpitaux. La station électrique centrale pour l'électricité et le chauffage est une autre unité séparée comme le poste de commandement principal et le central téléphonique. Le système de ventilation peut être mis en fonction à la main en cas de panne de la centrale. Les tourelles du modèle allemand sont manœuvrées à la main ce qui les met à l'abri d'incidents en situation de combat.

La faiblesse des premières (1899-1905) *Festen* est due au manque de protection des flancs et à l'incapacité de tirer par-dessus les intervalles. Principalement à cause des leçons tirées de la guerre russo-japonaise (1904), de nombreuses modifications sont effectuées. De nouveaux fossés sont creusés, le nombre d'abris d'infanterie est accru et des bunkers sont construits sur les flancs des fossés et des obstacles avancés.

La plus vaste de ces *Festen* couvre une surface étonnamment vaste : la *Feste Kronprinz* (Driant) occupe un peu plus de quatorze hectares. Elle est bien camouflée. Bien qu'elle soit présente dans diverses forteresses allemandes, la *Feste* est principalement associée à Metz et Thionville où elle a atteint des sommets. Les plans de 1897 prévoient une ligne d'ouvrages le long des hauteurs à l'ouest de la cité, correspondant grossièrement aux positions tenues par les Français en 1870. C'est une position naturellement forte et le travail commence en 1899 sur cinq forts : *Feste Lothringen* (Groupe Fortifié Lorraine), *Feste Leipzig* (Groupe Fortifié François de Guise), *Feste Kaiserin* (G.F. Jeanne d'Arc), *Feste Konprinz* (G.F. Driant) et les deux unités de la *Feste Haeseler* (G.F. Verdun) à l'est de la Moselle. A Thionville, la *Feste-Ober-Gentringen* (Quentrange) est construite à l'ouest et, tandis que ce programme est en cours de construction, des plans sont faits pour étendre les défenses sur la rive orientale de la Moselle.

La seconde période de construction commence en 1906 quand le travail démarre sur les trois *Festen* principales de cette rive : *Feste Luitpold* (G.F. l'Yser), *Feste Wagner* (G.F. l'Aisne) et *Feste von der Goltz* (G.F. La Marne), plus quelques plus petits ouvrages d'infanterie et les deux forts de Thionville, *Illingen* (Illange) et *Koenigsmachern* (Koenigsmacker). Ces derniers ouvrages ont moins de tourelles d'artillerie que les précédents et ce manque est compensé par un certain nombre de batteries avancées pour canons de campagne de 150 mm qui ne sont mis en place qu'en cas de mobilisation.

A la même époque, l'attention se tourne à nouveau vers la rive occidentale où certains défauts sont apparus. *Feste Lothringen* (G.F. Lorraine), l'un de ces ouvrages d'origine ne dispose pas d'une observation avancée suffisante et, pour l'améliorer, la position de la carrière d'Amanvillers est fortifiée. A partir de là, la ligne courant le long de la crête de Fèves est occupée par les ouvrages de Canrobert qui se termine par le Fort de Fèves. Entre la *Feste Lothringen* (Lorraine) et la *Feste Kaiserin* (Jeanne d'Arc), l'intervalle est protégé par un certain nombre de solides bunkers et la brèche de l'autre côté, vers la *Feste Kronprinz* (Driant) est remplie par une ligne de petits ouvrages connus par les Américains sous le nom de « Sept Nains ».

Plusieurs de ces derniers ouvrages ne sont pas terminés quand la guerre éclate en 1914. Cependant, la *Mosel-Stellung* est immédiatement garnie

field army. They also built a truly magnificent railway station which is still in use today, capable of handling military movements in time of war.

This strategy was essentially passive, but in 1899, the first version of the Schlieffen Plan appeared which involved violation of Belgian neutrality. In this plan, the Moselle Position would form the pivot around which the whole German army would wheel in its movement to take the French in the rear. In the process, Metz would temporarily have to hold the entire might of the French attack and would thus have to be strengthened.

Plans for this were initiated in 1897, and were based on a revolutionary type of fort that had been started two years earlier at Mutzig in Alsace. That work, known as Feste Kaiser Wilhelm II, was built on the heights overlooking the main road from Strasbourg through the Vosges. It was the first of a type that became known to specialists as a Feste, or fortified group. Previously, forts had been composite structures of regular shape and with the defensive elements grouped together, the artillery for long-range combat and the infantry for close defense.

With the introduction of the Feste type, the German forts became areas of defended real estate rather than monolithic buildings. Particularly favorable sites were selected, and on these were grouped together, but separate from each other, the necessary close and distant combat units. Using the shape of the terrain and making the best use of camouflage with natural foliage, such a group would form an independent fortress that could hold out for weeks or even months. Each could support its neighbors with fire from its artillery and could also act as a strongpoint for troops operating in the intervals between the works.

For close defense, a Feste consisted of infantry trenches, shell-proof bunkers and guardrooms, and a number of observation posts. For long-range defense, two types of armored battery were provided. First, for hindering an enemy troop concentration and for distant bombardment, 100-mm guns were mounted individually in rotating turrets with all-round fire capability. Second, for counterbattery work and for dispersing attackers, similarly mounted 150-mm howitzers were installed. The batteries were emplaced where possible on reverse slopes. Each mounted between two and four guns and had its own independent barracks; while observation was via armored posts situated well forward. These posts were connected to the batteries and all other parts of the complex by tunnels - orders were transmitted by telephone and speaking tube.

This subdivision of the defended area was further enhanced by obstacles. Each Feste was surrounded by a multistrand barbed-wire entanglement; in some works there were dry ditches, and in places, 10-foot-high iron palisades inside the main perimeter, while each unit (infantry or artillery) had its own wire surround to make it an independent unit on the surface. Underground, the entire complex was linked by tunnels which could be easily demolished by the garrison, so that if an enemy succeeded in penetrating into any unit, it could be isolated and the rest of the Feste could continue to resist.

In addition to the combat units, each such work had one or more main barracks to house the bulk of the garrison. These were multistory blocks equipped with sleeping quarters, bakeries, kitchens, and hospitals. The central power station for generating electricity and providing heating was another separate unit, as was the main command post and telephone exchange. Forced-feed ventilation was installed that could be operated by hand in case of power failure. The

German type of turret was hand-operated, which rendered it fairly foolproof in a combat situation.

The weakness of the early (1899-1905) Festen was the lack of flank protection and the inability to fire across the intervals. Mainly as a result of lessons learned from the Russo-Japanese War, (1904) a number of modifications were made. Extra ditches were excavated, the number of infantry shelters was increased and blockhouses were built to flank the ditches and forward obstacles.

The larger of the Festen covered a surprising amount of ground— Kronprinz (Driant) occupied 355 acres. Well camouflaged, they were virtually impossible to spot from the air, and as each one was different, each posed a different problem to an attacker. Although constructed at various German fortresses, the Feste type was mainly associated with Metz and Thionville, where it reached the peak of its development. The 1897 plans called for a line of works along the heights to the west of the city, roughly corresponding to the positions held by the French in 1870. This was a naturally strong position, and work started in 1899 on five forts, Feste Lothringen (Lorraine), Leipzig (de Guise), Kaiserin (Jeanne d'Arc), Kronprinz (Driant), and the two units of the Feste Haeseler (Verdun Group) to the east of the Moselle. At Thionville, Ober-Gentringen (Guentrange) was built to the west, and while this program was under construction, plans were being made to extend the defenses to the east bank of the river.

The second building period started in 1906, when work was started on the three on the main ones on the east bank, Yser, Aisne, and Marne—plus some smaller infantry works and the two forts at Thionville, Koenigsmacker and d'Illange. These later works had less turret artillery than the earlier ones, and this deficiency was compensated for by a number of advanced batteries for long-range 150-mm field guns, to be armed only on mobilization.

At the same time, attention was again turned to the west bank, where certain defects had become apparent. Lorraine, one of the original works, was found to have insufficient forward observation, and to correct this, the Amanvillers Quarry position was fortified. From there, the line along the Fèves Ridge was occupied by the Canrobert forts, which ended at the Fort de Fèves. Between Lorraine and Jeanne d'Arc, the interval was protected by a number of strong bunkers, and the gap on the other side toward Driant was filled by a line of smaller works known to the Americans as the Seven Dwarfs.

Several of the later works were unfinished when war broke out in 1914. However, the Moselle Position was immediately garrisoned by 85,000 men armed with 600 guns, 100 of which were under turrets. Although Metz was never attacked during the war, modifications were carried out, and after the German failure at Verdun in 1916, a large number of bunkers were built in advance of the main fortified positions. In 1914, Metz was probably the strongest fortress in Europe, and when fully garrisoned and supplied, could have held out for months. Had the French broken through in Lorraine, they would have been forced to besiege the place, reducing the works one by one and requiring probably an army of 250,000 men.

The above is just a brief sketch of what is a highly complex and technical subject that is beyond the scope of this book. The interested reader must search in military journals of the 1920s for more detailed information, as there are few comprehensive books on the pre-1914 German fortifications known to the author.

de 85 000 hommes, armée de 600 canons, dont 100 sous tourelles. Bien que Metz ne sera jamais attaquée durant la guerre, des modifications sont effectuées et, après l'échec allemand en 1916 à Verdun, un grand nombre de bunkers est construit en avant de la position fortifiée principale. En 1914, Metz est probablement la plus puissante forteresse en Europe et, en étant complètement garnie de troupes et ravitaillée, elle peut tenir des mois. Si les Français avaient percé en Lorraine, ils auraient été forcés d'assiéger la place, réduisant les ouvrages un par un et auraient probablement en besoin d'une armée de 250 000 hommes.

Ce qui précède n'est qu'une brève présentation de ce sujet très complexe et technique dépassant le cadre de ce livre. Le lecteur intéressé pourra chercher dans les revues militaires des années 1920 pour plus d'informations détaillées et dans l'ouvrage sur *La Bataille des forts* paru aux Editions Heimdal.

Le bois de Féves abritant le groupe fortifié Canrobert matérialisé par les trois cercles. (NA.)

Bois de Féves Ridge. Circle indicate positions of Canrobert Forts.

Vestiges actuels des fortifications entourant Metz. (Collection de l'auteur.)
Remains of forts near Metz in 2002. (Photo autor.)

MOSELLA

MILIEU XVIIᵉ SIÉCLE
METZ.

MOSELLA

Port denfer

Baſt
S.Pierre

B.
d'Enfer

La Citadelle

Baſt
Real

Baſt
Champ

Puilas

22

12

47

43

Place de Change

38

Le Champ à Seille

31

24

Seille Fl.

Port à Maselle

FLVVIVS

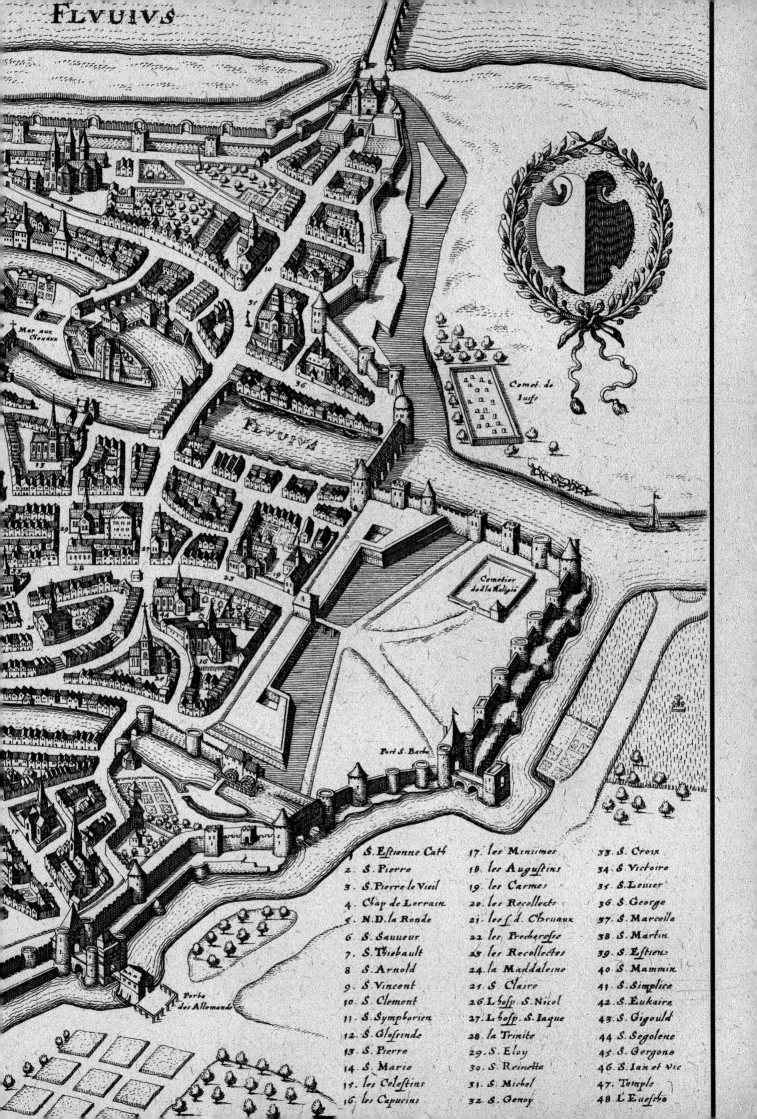

Mar aux Chenaux

FLVVIVS

Cemet. de Iuïfs

Cemetier de la Religion

Port S. Barbe

Porte des Allemands

1. S. Estienne Cath	17. les Minimes	33. S. Croix
2. S. Pierre	18. les Augustins	34. S. Victoire
3. S. Pierre le Vieil	19. les Carmes	35. S. Leuïer
4. Chap de Lorrain	20. les Recollects	36. S. George
5. N. D. la Ronde	21. les s. d. Chenaux	37. S. Marceïlle
6. S. Sauueur	22. les Prechqreffe	38. S. Martin
7. S. Thiebault	23. les Recollectes	39. S. Eftien
8. S. Arnold	24. la Maddaleine	40. S. Mammin
9. S. Vincent	25. S. Claire	41. S. Simplice
10. S. Clement	26. L hofp. S. Nicol	42. S. Eukaire
11. S. Symphorien	27. L hofp. S. Iaque	43. S. Gigould
12. S. Gloffinde	28. la Trinite	44. S. Segolene
13. S. Pierre	29. S. Eloy	45. S. Gergone
14. S. Marie	30. S. Reinette	46. S. Ian et Vic
15. les Celeftins	31. S. Michel	47. Teimple
16. les Capucins	32. S. Genoy	48. L Euefche

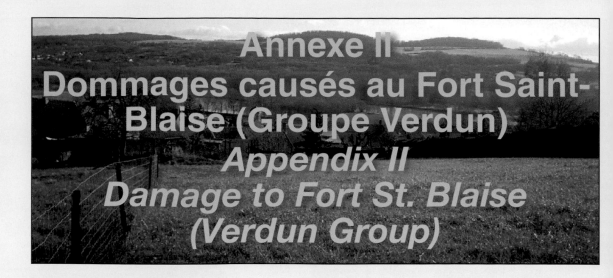

Annexe II
Dommages causés au Fort Saint-Blaise (Groupe Verdun)
Appendix II
Damage to Fort St. Blaise
(Verdun Group)

Dans le texte, on a beaucoup évoqué les efforts faits pour neutraliser les forts et le peu de succès qui en a découlé. Cet échec est particulièrement frappant si on se souvient qu'ils ont été construits pour faire face aux besoins de la guerre au début du vingtième siècle quand le bombardement aérien n'était encore qu'un rêve pour auteurs de science fiction.

Juste avant la fin de la Seconde Guerre mondiale, l'*United States Strategic Bombing Survey* envoie un groupe d'experts pour examiner en Europe une variété de cibles dans le but d'évaluer les effets des bombardements. A cause de la résistance acharnée des forces terrestres que les forts de Metz ont opposé et à cause du nombre de bombes qu'ils ont reçues, il est décidé que l'un des ouvrages sera examiné. Le *Field Team N° 17* est envoyé dans le secteur en février 1945 et choisit le Fort Saint-Blaise du Groupe Fortifié Verdun *(Feste Haeseler)* en tant que sujet d'observation. Les conclusions sont présentées dans l'*U.S.S.B.S. Report*, *European War, n° 144.*

J'ai décidé de résumer les conclusions dans une annexe plutôt que de les inclure dans le texte parce que le Fort Saint-Blaise n'est que l'un des forts soumis à des attaques similiaires. Comme il est le seul à avoir été officiellement inspecté, les conclusions ne sont pas réellement représentatives mais, comme certains détails de construction sont similaires, il peut être pris en considération.

A divers moments, la cible est attaquée par des troupes terrestres utilisant de l'artillerie jusqu'au calibre de 250 mm et par des chasseurs-bombardiers larguant des bombes de 250 à 1 000 livres. Le rapport établit que, suite à ces opérations, « aucun dommage structurel n'est apparent du fait de ces attaques ». Le 8 octobre 1944, 17 B-26 de la *9th Air Force* ont largué 332 000 livres de bombes sur la cible depuis une altitude de 12 000 pieds. Le rapport évoque 28 de ces bombes qui peuvent être dénombrées, six d'entre elles ont été des coups au but et quatre sont quasiment des échecs. Le reste des impacts se répartit entre 150 et 500 mètres de la cible qui consiste en trois blocs de casemates au centre du fort. Deux d'entre eux sont des batteries à simple niveau, le troisième est un bloc de casernes à trois étages.

Le Fort Saint-Blaise a été construit entre 1899 et 1905, constituant une partie du premier programme de construction du type *Feste* des forts de Metz. Les murs arrières (exposés) des blocs sont en grès tendre d'environ 65 centimètres d'épaisseur. Quelques-uns des autres forts furent modifiés plus tard en recouvrant la pierre par du béton mais cela ne sera pas réalisé sur ce Groupe fortifié. Le rapport évoque les plafonds qui n'ont pas été renforcés par du béton et l'intérieur de mauvaise qualité, un jugement qui est renforcé par les commentaires des ingénieurs français et allemands du début du vingtième siècle. Les voûtes intérieures sont supportées par des murs qui ont entre 1,30 et 2 mètres d'épaisseur, couverts par cinq mètres de terre. D'après le rapport, les seules modifications qui ont été apportées concernent certaines fenêtres et portes qui ont été bouchées par du béton. Trois emplacements de pièces antiaériennes de 20 mm ont été ajoutés. Ainsi, l'équipe de terrain (peut-être involontairement) a choisi l'un des plus faibles forts de Metz. Ceux qui ont été construits durant les derniers programmes ont été largement renforcés par du béton spécial et on peut affirmer que leur résistance au bombardement a été bien plus grande.

In the text, much has been said about efforts to neutralize the Metz forts and the comparative lack of success achieved. This failure is particularly striking when one remembers that they were constructed to cope with the demands of warfare at the beginning of the twentieth century, when bombardment from the air had been dreamed of only by writers of science fiction.

Just before the close of the Second World War, the United States Strategic Bombing Survey sent out teams of experts to examine a variety of targets in Europe for the purpose of evaluating the effects of bombing. In view of the stubborn resistance to the ground forces that the Metz forts had provided and the number of bombs expended on them, it was decided that one of the works should be surveyed. Field Team No. 17 went to the area in February 1945 and selected Fort St. Blaise of the Verdun Group as the object of their survey. Their findings are embodied in the U.S.S.B.S. Report, European War, No. 144.

I have decided to summarize the findings as an appendix, rather than include them in the text, because St. Blaise was just one of a number of forts subjected to similar attacks. As it was the only one officially inspected, the findings are not really representative; but since constructional details are similar, it can be taken as average.

At different times the target was attacked by ground troops using artillery of calibers up to 250-mm, and by fighter-bombers dropping 250- to 1,000-pound bombs. Of these operations, the report stated that "no structural damage was apparent from these attacks." On 8 October 1944, 17 B-26's of 9th Air Force dropped 332,000-pound bombs on the target from an altitude of 12,000 feet. The report deals with the 28 of these bombs which could be accounted for, six of which were direct hits, and four of which were near misses. The rest impacted between 500 and 1,500 feet of the target, which consisted of the three casemate blocks in the center of the fort. Two of these were single-story batteries; the third was a three-story barrack block.

St. Blaise was built between 1899 and 1905, forming part of the first program of construction of the Feste-type fort at Metz. The rear (exposed) walls of the blocks were of soft sandstone some 2-feet thick. Some of the other forts were later modified in that the stone was cased in concrete, but this was not carried out at the Verdun Group. The report states that the un-reinforced concrete of the roofs and the interior was of poor quality, a statement that is borne out by early twentieth-century comments by French and German engineers. The interior vaults were supported by walls between 4- and 6-feet thick, and the minimum roof thickness was 10 feet, covered with 15 feet of earth fill. According to the survey, the only modifications that had been carried out were that certain window and door openings had been filled with concrete and three 20-mm antiaircraft emplacements had been added. Thus, the field team (perhaps unwittingly) chose one of the weakest of the Metz forts. Those constructed during the later programs were largely of reinforced and special concrete, and one can assume that their resistance to bombardment would have been that much greater.

The armor plating of the German turrets was in two parts: the cupola-shaped turret itself and the surround, or apron. The turret was a one-piece cast construction 16 cm thick and lined with 4 cm of mild steel. The surrounds were made up of a number of segments embedded in a solid concrete block, the thickness of the metal varying between 20 and 30 cm.

Block No. I was a battery of four 15-cm howitzers with an armored observation dome at each end. It received three direct hits, two of which penetrated through the roof, while the third went through into a tunnel leading to the neighboring block. All three bombs exploded, blowing holes in the roof and damaging the immediate internal area. However, except for dismounting one turret, no severe structural damage was caused.

Block No. 2 also received three hits, one of which malfunctioned, causing only cracking of the concrete; the second went through the roof, resulting in purely local damage; the third struck the curved surface where the concrete roof blended into the rear masonry wall. A section of the concrete cracked off but no evidence of damage could be observed inside the casemate.

Block No. 3 suffered only minor external damage from a near miss. The surveyors discovered that the whole area was churned up by shell craters, none of which had caused any significant damage. The craters, identified as having resulted from the smaller bombs dropped by the fighter-bombers, showed no evidence of penetration, and displacement of earth was the only result. Despite the report's statement that "on the whole, these structures appeared to be slightly below the average in strength that would normally be expected in this type of construction," it was clear that no significant damage had been suffered—certainly not enough to cause the place to be evacuated. Although one gun was dismounted in the howitzer battery, two 100-mm guns in Block No. 3 were in operation in early November and continued to fire until shortly before the fort surrendered on 26 November.

The inspectors summarized their findings as follows: "It is the opinion of this team that penetration must be obtained before the bomb functions if any damage to forts of this nature is to be obtained, and even when penetration is gained before detonation, too great an area of damage cannot be expected due to the stability resulting from the mass weight of this type of construction."

I have already contended that the forts could have been eliminated by low-level precision attacks by the 617th Squadron, Royal Air Force, using the "Tallboy" and "Grand Slam" bombs specially developed for use against the German submarine pens. As 2,000-pound bombs did penetrate, however, real saturation attacks by the strategic bombing force could well have succeeded, provided that accuracy could have been obtained. During the Metz operation, in addition to the poor weather conditions, the heavy

Le blindage des tourelles allemandes est en deux parties : la tourelle en forme de coupole et l'embase circulaire. La tourelle est une construction d'un seul morceau de 16 cm d'épaisseur bordée de 4 cm d'acier doux. L'entourage est constitué d'un certain nombre de segments engagés dans un solide bloc de béton, l'épaisseur du métal variant entre 20 et 30 cm.

Le bloc N° 1 est une batterie constituée de quatre obusiers de 15 cm avec un dôme d'observation blindé à chaque extrémité. Il a reçu trois coups directs, deux d'entre eux ont traversé le toit tandis que le troisième a traversé un tunnel menant au bloc voisin. Les trois bombes ont explosé, ouvrant des trous dans le toit et endommageant le secteur intérieur immédiat. Cependant, à l'exception d'une tourelle démontée, aucun dommage de structure n'a eu lieu.

Le bloc N° 2 a aussi reçu trois impacts, l'un d'eux a mal fonctionné causant seulement des fissures dans le béton, le second a traversé le toit causant des dégâts purement locaux et le troisième a frappé la surface courbe du toit en béton, là où il s'arrondit vers le mur en maçonnerie à l'arrière. Une section de béton a cassé mais aucun dommage n'a pu être repéré à l'intérieur de la casemate.

Le bloc N° 3 n'a souffert que de dommages externes mineurs dus à une bombe qui a manqué la cible. Les observateurs ont découvert que tout ce secteur était retourné par des cratères de bombes mais aucune d'elles n'a causé de dommages significatifs. Les cratères, identifiés comme étant causés par des bombes plus petites larguées par des chasseurs-bombardiers, ne montrent pas d'évidence de pénétration et le seul résultat est un déplacement de terre. Malgré le jugement du rapport selon lequel « sur l'ensemble, ces structures apparaissent être en dessous de la résistance normalement prévue dans ce type de construction », il est clair qu'il n'y a aucun dommage significatif, certainement pour amener l'évacuation de la place. Cependant, bien qu'un canon ait été démonté dans la batterie d'obusiers, deux canons de 100 mm du bloc N° 3 seront opérationnels au début du mois de novembre et continueront de tirer peu avant la reddition, le 26 novembre.

Les inspecteurs résumeront ainsi leurs découvertes : « *Cette équipe pense que la pénétration doit avoir lieu avant que la bombe explose si des dommages veulent être obtenus sur des forts de cette nature et, même si la pénétration avant l'explosion de grands dommages ne peuvent être obtenus à cause de la stabilité de cette construction massive.* »

J'ai déjà soutenu que les forts pouvaient être éliminés par des attaques de précision à basse altitude du *617th Squadron* de la *Royal Air Force* utilisant des bombes « Tallboy » et « Grand Slam » spécialement conçues pour être utilisées contre les bases sous-marines allemandes. Cependant, comme des bombes de 2 000 livres peuvent pénétrer, des attaques de saturation menées par une force de bombardement stratégique auraient pu réussir, grâce à la précision obtenue. Durant l'opération de Metz, aucune des armées alliées n'est équipée d'artillerie de siège ultralourde. Elles ont pour but d'éviter à tout prix la guerre statique comme en 1914-18. Les canons les plus lourds disponibles dans les troupes de campagne de l'armée américaine sont les canons de 240 mm et les obusiers de 8 pouces. Si les Américains avaient utilisé un arme telle que l'obusier de 420 mm (la grosse Bertha utilisée par les Allemands contre les forts belges en 1914 et les forts français à Verdun en 1916), il est probable que les ouvrages de Metz auraient été détruits.

Il résulte de tout cela que les forts de Metz ont été capables de résister à d'énormes moyens de destruction, y compris le bombardement aérien, qui n'avaient pas été envisagés par les ingénieurs qui les ont conçus. L'auteur a exploré de nombreux forts et les seuls dommages sérieux qui peuvent être observés sont des démolitions effectuées par le Génie ultérieurement. Par exemple, tout ce qui reste de la batterie Moselle à Driant est un enchevêtrement de morceaux de béton. Autrement dit, la structure est intacte malgré des éraflures de surface causées par les obus et les tirs d'armes légères. Les seules tourelles détruites sont celles des batteries de Guentrange, à l'ouest de Thionville, et celles-ci ont été détruites par les sapeurs américains. La grande solidité des forts a fait des miracles pour le moral des troupes allemandes qui y ont combattu.

1

bombers were far too busy elsewhere, and Patton's priority was far too low.

During the Second World War, none of the Allied armies went in for superheavy siege artillery—the aim was to avoid, at all costs, a 1914-18 static-warfare situation. The heaviest guns available to the American field armies were 240-mm, and 8-inch howitzers. Had they possessed such a weapon as the 420-mm (Big Bertha) howitzer used by the Germans against the Belgian forts in 1914 and the French forts at Verdun in 1916, it is probable that the works at Metz could have been destroyed.

What does emerge from the foregoing is that the Metz forts were able to withstand a tremendous amount of punishment, including air bombardment, that was not envisaged by the engineers who designed them. The author has explored many of the forts, and the only serious damage that can be seen is demolition subsequently carried out by engineers. For example, all that remains of Battery Moselle at Driant is some massive lumps of collapsed concrete. Otherwise the structures are all sound in spite of surface chipping caused by shells and smallarms fire. The only turrets destroyed are on the batteries at Guentrange to the west of Thionville, and these were blown up in 1944 by American engineers. The very solidity of the forts must have done wonders for the morale of the German troops who fought in them.

3

2

1, 2 et 3. Vestiges d'un bombardier *B-17* dans les environs de Metz. Photos prises à la libération. Elles témoignent de l'engagement de l'*US Air Force* notamment dans les bombardements de saturation sur la ceinture de forts entourant la ville de Metz. De 1943 à novembre 1944, de nombreux raids sur la ville et ses points stratégiques furent entrepris notamment par la *9th Air Force.*

1, 2 and 3. *Wreck of B-17's of 9th Air Force, area of Metz. It's a testimony of heavy bombers of USAAF. Of course, this bombardment from air was an attempt to neutralize the Metz forts.*

4 **et 5.** Spectaculaire épave d'un bombardier B-24 de l'USAF dans la région de Metz. Photos non datées. Peut-être une victime de la Flak allemande au retour d'un raid sur l'Allemagne dès 1943 où un des bombardiers ayant visé les forts de Metz en 1944. (DR.)

4 and 5. Amazing wreck of B-24 in the Metz area. May be a result of the German Flak?

4

5

A LA
95ᵉ D.I. DES ETATS-UNIS

LES HOMMES DE FER DE METZ

NOVEMBRE 1944

THE IRON MEN OF METZ

Achevé d'Imprimer en juillet 2003
sur les presses de
Ferre Olsina S.A.
Barcelone, Espagne
pour le compte des Editions Heimdal